Helmut Willems

Jugendunruhen und Protestbewegungen

Eine Studie zur Dynamik innergesellschaftlicher Konflikte in vier europäischen Ländern

Leske + Budrich, Opladen 1997

Gedruckt auf säurefreiem und altersbeständigem Papier.

Die Deutsche Bibliothek – CIP-Einheitsaufnahme
Willems, Helmut
Jugendunruhen und Protestbewegungen : Eine Studie zur Dynamik innergesellschaftlicher Konflikte in vier europäischen Ländern / Helmut Willems. –
Opladen : Leske und Budrich, 1997

ISBN 3-8100-1837-6

Druck: Druck Partner Rübelmann, Hemsbach
Printed in Germany

Gliederung

I. Einleitung

1. Fragestellung und Gegenstand der Arbeit

Gegenstand der vorliegenden Arbeit sind verschiedene Formen der kollektiven Unruhen und des politischen Protests in den achtziger und frühen neunziger Jahren, die im folgenden unter dem Begriff des „nicht-institutionalisierten politischen Konflikts“ zusammengefaßt werden. Es handelt sich dabei um eine Vielzahl z.T. unterschiedlicher Phänomene: um spontane Unruhen und kurzlebige Krawalle (wie etwa von Immigrantenjugendlichen in den verschiedenen hoch segregierten Stadtvierteln Großbritanniens oder Frankreichs oder als fremdenfeindliche Krawalle in Deutschland), ebenso wie um Jugendproteste im engeren Sinn (siehe die Konflikte im Jugendzentrum in Zürich und Nürnberg), oder um die Konflikte von stärker organisierten und langlebigeren sozialen Bewegungen mit Wirtschaft und Staat (beispielsweise die Bewegung gegen die Startbahn West in Frankfurt oder die Anti-AKW-Bewegung in Deutschland und Frankreich).

Gemeinsam ist diesen verschiedenen Konflikttypen, daß sie außerhalb der etablierten institutionellen Wege und Möglichkeiten der Interessenartikulation und Interessendurchsetzung angesiedelt sind und (noch) keine eigenen institutionellen Formen des Konfliktaustrags gefunden haben. Die Akteure artikulieren ihre Interessen, Forderungen und Gefühle vielmehr in öffentlichen Aktionen und spektakulären Demonstrationen und rufen dadurch häufig gewalttätige Konfrontationen mit staatlichen Kontrollinstanzen hervor.

Die Untersuchung geht von der Frage aus, wie sich der Modus des Konfliktaustrags hier gestaltet und welche Bedeutung dem Handeln der Protestgruppen einerseits und der staatlichen Kontrollinstanzen andererseits für die Entwicklung oder gar die Eskalation der Konflikte beizumessen ist. Die vorliegende Arbeit analysiert daher die Verlaufs- und Eskalationsprozesse solcher Konflikte und versucht die Bedingungen und Mechanismen zu identifizieren, die diesen Prozessen zugrundeliegen. Im Zentrum der Aufmerksamkeit stehen die Interaktionen zwischen den verschiedenen Konfliktparteien. Es ist zu vermuten, daß sich aus der Analyse der Perspektiven, der Interaktionssequenzen und der Verlaufsformen Erkenntnisse gewinnen lassen, die die Beurteilung und Weiterentwicklung von Theorien des kollektiven Verhaltens, des politischen Protests und der sozialen Bewegungen ermöglichen. Die Arbeit liefert daher nicht nur eine vergleichende Dokumentation von unterschiedlichen Protestphänomenen der achtziger und neunziger Jahre in vier europäischen Ländern, sondern beansprucht darüber hinaus, entscheidende Hinweise für die Modifikation und Weiterentwicklung unterschiedlicher Theorien sozialer Unruhen, politischen Protests und kollektiver Gewaltphänomene geben zu können.

2. Die politische Relevanz des Themas

Das Thema der Arbeit ist über den wissenschaftlichen Bereich hinaus für die politische Praxis von Bedeutung. Drei Gesichtspunkte stehen hier im Vordergrund.

Erstens: Demokratische politische Systeme unterscheiden sich von anderen auch gerade darin, daß sie ein bestimmtes Maß an Dissens und Protest tolerieren können. Darin gründet nicht nur ihr Anspruch auf moralische Überlegenheit und höhere Legitimität; auch der Effektivitätsvorsprung bei der Lösung von „Anpassungsproblemen", der demokratischen Gesellschaften in der Regel zugesprochen wird, beruht auf ihrer Fähigkeit, Abweichungs- und Protestpotentiale als ‚Signalgeber' und als notwendiges Korrektiv gesellschaftlicher Entwicklungsprozesse zu nutzen um so rascher und angemessener auf die Probleme, Aufgaben und Herausforderungen der Zukunft reagieren zu können. Vor allem hochentwickelte, komplexe Gesellschaften sind daher zur Bewältigung der vielfältigen, oft unvorhersehbaren Konsequenzen eines rapiden, ökonomisch-technischen und sozialkulturellen Wandels und der sich daraus ergebenden Anpassungsleistungen und Steuerungsaufgaben verstärkt auf Informationen angewiesen, die auf die Kosten, die ungeplanten Nebenfolgen sowie auf die ökologischen, sozialen oder psychischen Grenzen gegenwärtiger Entwicklungen aufmerksam machen.

In den verschiedenen Formen des nicht-institutionalisierten politischen Konflikts können sich neben jugend- und generationsspezifischen Ängsten und Hoffnungen auch systematische Defizite, neue Konfliktlagen und veränderte Problemstellungen moderner Gesellschaften artikulieren. Soziale Unruhen und politischer Protest können daher möglicherweise *auch* als Spiegelbild ungelöster gesellschaftlicher und politischer Fragen und typischer Probleme und Widersprüche einer hochentwickelten, komplexen Industriegesellschaft verstanden werden. Ob und in welchem Maße freilich demokratische Gesellschaften nicht-institutionalisierte politische Konflikte als Indikatoren für neue, zukünftige Problemlagen zu nutzen verstehen, ist eine offene Frage. Sie entscheidet sich nicht zuletzt durch die Art und Weise, wie Verbände, Parteien und staatliche Instanzen mit Konflikten umgehen.

Zweitens: In den politischen Auseinandersetzungen werden Einstellungen und Grundüberzeugungen zumindest der an ihnen beteiligten Akteure, darunter insbesondere viele Jugendliche, geformt. Wie neue Konfliktlagen wahrgenommen, interpretiert und verarbeitet werden, hat also auch sozialisatorische Wirkungen, kennzeichnet somit das Gesellschaftsbild und Politikverständnis der beteiligten Akteure und beeinflußt damit zugleich auch die politische Kultur einer Gesellschaft. In diesem Sinne ist es Aufgabe der Politik, Instrumente und Maßnahmen zum Umgang mit nicht-institutionalisierten politischen Konflikten zu entwickeln, die zu einer Rationalisierung der Konflikte beitragen und der Gefahr der Desintegration, der Segmentierung und Polarisierung der politischen Strukturen und der Delegitimation von Demokratie und Rechtsstaat entgegenwirken.

Drittens: Im Rahmen einer politischen Praxis, die nach den Möglichkeiten und Bedingungen einer *friedlichen* Austragung gesellschaftlicher Konflikte sucht, sind fundierte Kenntnisse von Bedeutung, die Aufschluß geben über die Ursachen und Entstehungsbedingungen von nicht-institutionalisierten politischen Konflikten und über die eskalative Dynamik der Konfliktinteraktionen. Wir wissen insgesamt noch wenig über die Dynamik der Konflikte und damit auch über die Möglichkeiten, mit geeigneten Maßnahmen regulierend in eskalierende Konfliktverläufe einzugreifen. Von einer vergleichenden Rekonstruktion der Entstehungsbedingungen und der Interaktionsdynamik sind Aufschlüsse auch über Möglichkeiten einer regulierten, gewaltfreien Austragung von politischen Konflikten zu erwarten.

3. Die Relevanz für die soziologische Theorie

Vor dem Hintergrund des Forschungsstandes sind die in der Untersuchung gestellten Fragen auf zwei Ebenen von Bedeutung: auf der ersten Ebene betreffen sie Grenzen und Probleme der vorhandenen theoretischen Erklärungsansätzc von Unruhen und Rebellionen. Die meisten soziologischen Ansätze versuchen in konventioneller Manier, die Entstehung von öffentlichen politischen Konflikten durch die Identifizierung von Bedingungsfaktoren zu erklären, die entweder in gesellschaftlichen Strukturmerkmalen, oder aber in individuellen Dispositionen gesucht werden. Sie kommen damit häufig nicht über die Feststellung von Ausgangsbedingungen hinaus, können also gerade das „*Prozeßhafte*“ der Protestbewegungen nicht mehr erfassen. Dementsprechend hat die Frage nach den Entwicklungsverläufen und den Interaktionsprozessen in der *empirischen* Forschung erst in den letzten Jahren etwas mehr Aufmerksamkeit erfahren. Vor allem in den Theorien des kollektiven Verhaltens und der sozialen Bewegungen, die im Rahmen der interaktionistischen Theorie entwickelt wurden, gibt es Versuche, den Prozeßcharakter nicht-institutionalisierter politischer Konflikte und ihre oft überraschende Dynamik zu erklären. Sie waren aber bisher empirisch nur schwer einzulösen (Neidhardt/Rucht, 1993).

Auf einer zweiten Ebene beziehen sich die hier durchgeführten Untersuchungen auf die *Kluft zwischen mikrosoziologischen und makrosoziologischen Erklärungsansätzen*, die für den gegenwärtigen Stand der soziologischen Theoriebildung insgesamt kennzeichnend ist. In der Mikrosoziologie werden Prozesse unter Rückgriff auf individuelle Handlungsdispositionen wie Deprivationen, neue Wertorientierungen oder Identitätsstörungen erklärt. Makrosoziologische Erklärungen hingegen betonen die Relevanz gesamtgesellschaftlicher Strukturen und Spannungen als Voraussetzung für das Entstehen von Protest und politischen Konflikten. Das soziale Phänomen der kollektiven Unruhen und Protestbewegung ist aber gerade *zwischen* der Ebene des individuellen Handelns und der Ebene der gesellschaftlichen Strukturen anzusiedeln. Es ist somit weder durch mikrosoziologische noch durch makrosoziologische Theorien allein erklärbar, sondern bedarf einer theoretischen Perspektive, in der gerade die Wechselwirkung von individuellen Dispositionen und Kalkülen einerseits und strukturellen Gegebenheiten andererseits im Vordergrund steht.

Die vorliegende Untersuchung versucht daher über die Gräben konkurrierender Erklärungsansätze hinweg Einblick in eine komplexe, z.T. widersprüchliche und oft auch unverständliche soziale Wirklichkeit zu gewinnen. Sie geht dabei von den Annahmen aus, die im Rahmen der Theorien des symbolischen Interaktionismus über die Prozesse der Realitätskonstruktion und die Grundlagen individuellen und kollektiven Handelns gemacht worden sind.

4. Die empirischen Studien

Schwerpunkte der Untersuchung sind die Analyse der Verlaufsformen in nicht-institutionalisierten politischen Konflikten. Die Interaktionssequenzen, Eskalationsprozesse und die Verlaufsformen in verschiedenen Formen nicht-institutionalisierter politischer Konflikte in Deutschland, in Frankreich, in der Schweiz und in Großbritannien wurden aufgearbeitet und vergleichend dargestellt. Zu dieser historischen Rekonstruktion von Konflikten in Form von Fallstudien wurde auf bereits vorhandene wissenschaftliche Arbeiten und Dokumentationen (Sekundärmaterial) und auf Primärmaterial in Form von Erfahrungsberichten, Dokumentationen, Stellungnahmen und Interviews mit unterschiedlichen Quellen (Protestgruppen, Polizeiberichte, Journalisten, Politiker etc.) zurückgegriffen, zum Teil aber auch eigenständige Primärerhebungen durchgeführt. Insgesamt wurden 20 Fallstudien zu verschiedenen öffentlich ausgetragenen politischen Konflikten in den achtziger und neunziger Jahren ausgearbeitet.

Diese international vergleichend angelegte Konfliktaufarbeitung geht zum großen Teil auf ein vom BMFSFJ gefördertes Forschungsprojekt zurück, das an der Universität Trier zwischen 1983 und 1988 unter der Verantwortung von Prof. Eckert durchgeführt wurde. Nach Abschluß des ursprünglichen Manuskriptes 1991 kam es zu der Eskalation fremdenfeindlicher Gewalt in Deutschland. Aufgrund dessen habe ich mich entschlossen auch eine Analyse der fremdenfeindlichen Gewaltwellen in der BRD in die Studie mit einzuarbeiten, um diese bis daher in der BRD unbekannten Phänomene kollektiver Krawalle mit fremdenfeindlichem Hintergrund in den internationalen Vergleich mit einbeziehen zu können.

Die vorliegende Arbeit ist wie folgt aufgebaut. Zunächst werden in Kapitel II die verschiedenen theoretischen Konzepte und Ansätze zur Erklärung innergesellschaftlicher Konflikte, Proteste und sozialer Bewegungen dargestellt und hinsichtlich ihrer Reichweite und Grenzen diskutiert. In synoptischer Absicht geht es mir dabei um den Versuch, zu zeigen, daß die verschiedenen Ansätze nicht nur konkurrierend sondern durchaus auch komplementär interpretiert werden können. Daher werden neben soziologischen und sozialpsychologischen Theorien auch Ansätze der Massenpsychologie und Massensoziologie in die Darstellung miteinbezogen. Vor diesem theoretischen Hintergrund werden dann die inhaltlichen Kriterien für die Rekonstruktion der Ereignisse gewonnen.

In Kapitel III werden daran anschließend insgesamt 20 Fallstudien zu unterschiedlichen Formen nicht-institutionalisierter politischer Konflikte in vier europäischen Ländern präsentiert. Sie werden an Hand eines theoretisch erarbeiteten Kriterienkatalogs dargestellt und in Kapitel IV vergleichend analysiert, so daß sich auf dieser Grundlage erste Rückschlüsse auf die verschiedenen Theorien gewinnen lassen (Kapitel IV).

An den vielfältigen empirischen Untersuchungen, die in dieser Arbeit eingeflossen sind, waren neben mir eine Reihe von Personen beteiligt, denen ich zu Dank verpflichtet bin. Dies waren insbesondere Marianne Wolf und Stefanie Würtz sowie Harald Goldbach, Toni Loosen, Jürgen Klee, Hans Jürgen Zeimet und Linda Steinmetz. Bei der Überarbeitung des Manuskriptes wurde ich von Stefanie Würtz und Rosemarie Brandtstädter mit viel

Engagement und Umsicht unterstützt. Ein ganz besonderer Dank aber geht an Roland Eckert. Mit ihm zusammen habe ich die verschiedenen Forschungsprojekte durchgeführt und er hat mich bei der Erstellung dieser Arbeit unermüdlich unterstützt und kritisch begleitet.

II. Untersuchungsgegenstand und theoretisches Instrumentarium

Mit dem Begriff des „nichtinstitutionalisierten politischen Konflikts“ ist ein Forschungsfeld abgesteckt, zu dem eine Vielzahl von unterschiedlichen Phänomenen mit vielfältigen Erscheinungsformen zu zählen sind: von spontanen, unorganisierten Krawallen, öffentlichen Demonstrationen, politischem Protest bis hin zu langfristig geplanten und wohl-organisierten sozialen Bewegungen. Es ist von daher nicht erstaunlich, daß die Literatur zu diesem Forschungsfeld kaum zu überschauen ist. Es liegen nicht nur diverse Erklärungsansätze der verschiedenen wissenschaftlichen Disziplinen vor: von der Psychologie und Sozialpsychologie über die Soziologie und Politologie bis hin zu ökonomischen Ansätzen. Aufgrund der gesellschaftlichen Relevanz der Phänomene gibt es darüber hinaus noch eine Fülle von journalistischer Literatur sowie eine Vielzahl von Analysen, Einschätzungen und Erklärungen der verschiedenen gesellschaftlichen Gruppen (Staatliche Instanzen, Polizei, Justiz, Parteien, soziale Bewegungen etc.). Eine umfassende Gesamtschau der Literatur wird so immer schwieriger. Zugleich ist festzustellen, daß eine die Disziplinen übergreifende und unterschiedliche Theorien kombinierende Vorgehensweise vor allem im wissenschaftlichen Diskurs kaum zu finden ist. Es hat vielmehr den Eindruck, daß der wissenschaftliche Diskurs durch Segmentierungen nach Disziplinen gekennzeichnet ist, aus denen die Forscher nur selten zu einer übergreifenden, am Phänomen orientierten Betrachtungsweise finden.

Wenn daher hier ein weiterer Versuch gemacht wird, sich diesem Forschungsfeld zu nähern, so bedarf es vorweg sowohl einer genauen Eingrenzung und Beschreibung des Gegenstandes auf die sich die Analyse beziehen soll, als auch der (theoretischen) Perspektive, aus der die Analyse betrieben werden soll.

Es geht daher hier nicht einfach darum, eine vollständige Darstellung der vorhandenen Literatur zu geben oder aber einzelne theoretische Stränge und Erklärungen in aller Ausführlichkeit darzustellen. Auch geht es nicht darum, den vielfältigen Definitionen von kollektivem politischem Protest oder sozialen Bewegungen eine weitere hinzuzufügen. Ich gehe vielmehr von einer Frage aus, die bisher in der wissenschaftlichen Diskussion und Forschung nur selten im Zentrum stand (Ausnahmen sind: Willems, 1993a, Neidhardt/Rucht, 1993), die aber sowohl für die Weiterentwicklung des theoretisches Diskurses als auch für die politische Praxis von entscheidendem Interesse ist: die Frage nach dem Verlauf, den Entwicklungsprozessen und vor allem der Eskalation von nicht-institutionalisierten politischen Konflikten. Für die Darstellung der verschiedenen theoretischen Ansätze hat dies zur Folge, daß ich mich auf die Kernthesen und grundlegenden Erklärungsmuster konzentriere und danach frage, inwieweit die verschiedenen Theorien in der Lage sind, auf die für meine Arbeit zentrale Fragestellung zu antworten.

Im folgenden will ich daher zunächst versuchen, das Forschungsfeld und den spezifischen Untersuchungsgegenstand einzugrenzen (Kap. 1). Ich werde dann in einem weiteren Schritt (Kap. 2) einige konkurrierende Erklärungsmuster in ihren Grundannahmen skizzieren und dabei zeigen, daß sie (trotz unterschiedlicher Ausgangspunkte und Prämissen) hinsichtlich der Analyse von Entwicklungs- und Eskalationsprozessen, alle auf einen gleichen Faktor stoßen – den sie dann freilich im Rahmen der Theorie nicht mehr voll erfassen können: den Interaktionsprozeß zwischen den Konfliktbeteiligten (Interaktionspartnern) und die Bedeutung der Perzeption für das Konflikthandeln.

In einem dritten Schritt (Kap. 3) will ich dann versuchen, einige Ansätze zu skizzieren, deren Gegenstand die Dynamik von Massenphänomenen, Protestaktionen und politischen Konflikten ist. Dabei konzentriere ich mich vor allem auf jene Ansätze, die die Interaktions- und Kommunikationsprozesse als zentrale dynamische Kraft thematisieren und näher bestimmen.

Um freilich die Dynamik von Konfliktsituationen umfassend zu begreifen, wird es nötig sein, auch auf Erklärungsansätze zurückzugreifen, die im Bereich der persönlichen Beziehungen und der Kommunikations- und Wahrnehmungsforschung entwickelt worden sind (Kap. 4) und darum nicht in die bisher vorliegenden Theorien sozialer Bewegung und politischen Protestes integriert sind. Vor diesem theoretischen Hintergrund will ich dann (Kap. 5) die theoretische Perspektive und die zentralen Fragen beschreiben, die dieser interaktionistisch orientierten empirischen Untersuchung nicht-insititutionalisierter politischer Konflikte zugrunde liegen sollen. Bei der Abfolge der Theoriereferate sind somit nicht wissenschaftshistorische Gesichtspunkte maßgeblich; vielmehr soll mit ihnen die Fragestellung meiner empirischen Untersuchungen immer enger „eingekreist“ werden.

1. Forschungsfeld und Untersuchungsgegenstand

Die hier vorliegende Studie ist nicht allein akademischen Fragen verpflichtet, sondern zugleich an relevanten Fragen der politischen Praxis orientiert. Diese praktische Ausrichtung der Untersuchung betrifft vor allem die Wahl des Forschungsfeldes und hier insbesondere die Festlegung des Untersuchungsgegenstandes. Die Eingrenzung des Forschungsfeldes erscheint zunächst von den Phänomenen her relativ leicht möglich. Es geht um soziale Unruhen und Krawalle, um politischen Protest und soziale Bewegungen; um eine Vielzahl von Phänomenen also, die auf den ersten Blick, und so wie sie uns in den Medien präsentiert werden, in ihrer Erscheinungsform einiges gemeinsam haben. Was aber sind aus einer wissenschaftlichen Perspektive die gemeinsamen Kennzeichen dieser Phänomene? Es sind Konflikte, die insofern als öffentliche und politische Konflikte gekennzeichnet werden können, als staatliche Institutionen (Parteien, Parlamente, Justiz, Polizei) an ihnen als Akteure beteiligt sind, für die aber bisher noch keine institutionellen Formen des Konfliktaustrages und Mechanismen der Interessenartikulation gefunden worden sind. Eine solche negative Eingrenzung des Untersuchungsgegenstandes, die darauf verzichtet, inhaltliche Vorgaben zu machen, ist im Rahmen dieser Untersuchung von besonderem Vorteil. Sie erlaubt es, die recht engen Grenzen herkömmlicher Kategorisierungen (z.B. als soziale Bewegungen, als Jugendprotest, als Rassenunruhen etc.) zu überwinden und den Untersuchungsbereich so festzulegen, daß ein möglichst breit angelegter empirischer Vergleich von unterschiedlichen Konflikttypen möglich wird. Es ist daher möglich, die Entwicklungs- und Eskalationsdynamik von Konflikten zu vergleichen, auch wenn deren spezifischen Ursachen und Entstehungsbedingungen unterschiedlich sind.

2. Erklärungsansätze der Ursachen und Entstehungsbedingungen nicht-institutionalisierter politischer Konflikte

Die wissenschaftliche Auseinandersetzung mit sozialen Bewegungen, politischem Protest und sozialen Unruhen hat sich in erster Linie auf die Frage konzentriert, *warum* es zu diesen Konflikten kommt, welches also die allgemeinen Bedingungen und die spezifischen Ursachen für das Entstehen von Protestgruppen sind. Hier sind sehr unterschiedliche Ansatzpunkte der Erklärung auszumachen.

2.1 Die makro-soziologischen Ansätze der Konfliktforschung

Die makro-soziologischen Ansätze der Konfliktforschung betonen in erster Linie strukturelle Widersprüche und Spannungen in der Gesellschaft als entscheidende Determinanten für das Entstehen von Protest und sozialen Konflikten. Dazu gehören vor allem Aspekte der ökonomischen und sozialen Ungleichheit, der fehlenden soziokulturellen Integration bzw. der zunehmenden Desintegration oder der ungleichen politischen Partizipationschancen unterschiedlicher Bevölkerungsgruppen.

Die bedeutendsten Beiträge sind hier einmal in der marxistischen Theorie, zum anderen im Strukturfunktionalismus geleistet worden.

2.1.1 Marxistische Ansätze

In der marxistischen Theorietradition wird die Ursache der politischen Konflikte (Revolutionen) im Antagonismus zwischen den Produktivkräften Kapital und Arbeit und in der daraus resultierenden Klassenbildung gesehen.

Politische Konflikte sind hier ökonomische Interessenkonflikte zwischen gesellschaftlichen Großgruppen (Klassen), die sich durch den unterschiedlichen Besitz an Produktionsmitteln unterscheiden. Es sind die ökonomischen Bedingungen (Strukturen), die die gesellschaftlichen Verhältnisse ebenso prägen wie das (individuelle) Klassen-Bewußtsein. Obwohl in der marxistischen Revolutionstheorie die Analyse der gesellschaftlich-ökonomischen Strukturen im Vordergrund stand (aber die Entstehung einer revolutionären Bewegung als historisch notwendige Entwicklung daraus nur schlecht abgeleitet werden konnte) haben bereits Marx/Engels (1848) und Marx (1852) (vgl. ME-Studienausgabe 1966) darauf aufmerksam gemacht, daß das Entstehen des Klassenbewußtseins und damit die Entwicklung der Klassenkämpfe von einigen zusätzlichen Bedingungen abhängig ist:

a) von der Möglichkeit der Kommunikation und Organisation innerhalb der Klasse, wie sie vor allem durch die städtische Konzentration gegeben seien;
b) von der Entwicklung einer eigenen (kommunistischen) Partei;
c) – was häufig übersehen wird – von Erfahrungen in gewaltsamen Konfrontationen, Auseinandersetzungen, Konflikten mit dem „Klassenfeind“.

Dennoch spielen diese Überlegungen zur Erklärung revolutionärer Konflikte in der marxistischen Theorie letztlich eine untergeordnete Rolle. Es sind lediglich Zusatzbedingungen in einem gradlinigen und unumkehrbaren historischen Prozeß, der „notwendig“ abläuft und in seinen Gesetzmäßigkeiten durch die ökonomischen Strukturen der (Produktionsverhältnisse) der Gesellschaft bedingt ist.

2.1.2 Struktur-funktionalistische Ansätze

In die Reihe der makro-soziologischen Theorien ist auch der Ansatz von Smelser (1972a) einzuordnen. Auf der Basis der struktur-funktionalen Theorie Parsons entwickelte er eine Theorie kollektiven Verhaltens, die an gesellschaftlichen Strukturbedingungen ansetzt und strukturelle Spannungen als notwendige, wenn auch nicht hinreichende Erklärungsfaktoren definiert.

Smelser definiert insgesamt sechs Bedingungen, die zur Erklärung von spezifischen Protestphänomenen notwendig und hinreichend sind. Dabei spielen strukturelle Faktoren als Ausgangsbedingungen eine zentrale Rolle. Die Entstehung von Protestbewegungen setzt danach strukturelle Anfälligkeit und vor allem strukturelle Spannungen (Norm- und Wertkonflikte, ökonomische Benachteiligungen, Desintegration, Rollenkonflikte) als objektive Bedingung notwendig voraus. Zwar betont Smelser, daß neben strukturellen Bedingungen noch eine Anzahl weiterer notwendiger Bedingungen (etwa generalisierte Überzeugungen) existieren, die die Entwicklung von Protest und Unruhe vorbereiten, auslösen und in ihrer konkreten Form gestalten. Protest entsteht somit nicht automatisch als Ergebnis struktureller Spannungen, sondern nur dann, wenn zusätzliche Bedingungen erfüllt sind. Trotz dieser Öffnung der Theorie für dynamische Faktoren verzichtet Smelser jedoch darauf, jene Prozesse zu definieren und zu erklären, die in den Protestbewegungen für die Entwicklung gemeinsamer Überzeugungen oder geeigneter Mobilisierungsstrategien verantwortlich sind. Er überwindet so zwar einerseits das Defizit rein struktur-analytischer Interpretationen, die nicht erklären können, warum strukturelle Spannungen nur in einigen Fällen Proteste verursachen, in anderen aber nicht. Dennoch bleibt er mit seiner Theorie – wie auch die marxistischen Ansätze – stets der struktur-analytischen Anbindung verhaftet, da er das Entstehen von Protesthaltungen (generalisierten Vorstellungen) immer an das Vorhandensein ‚objektiver' struktureller Spannungen bindet. „Die Entstehung einer verallgemeinerten, wertorientierten Vorstellung wird hauptsächlich durch eine spezifische Kombination von Spannungen und Strukturbedingungen erklärt ..." (Smelser, 1972c, S. 87).

2.1.3 Ein-Faktor-Ansätze

Neben den marxistischen und struktur-funktionalistischen Ansätzen gibt es eine Vielzahl von struktur-analytischen Erklärungsmustern, die jeweils einzelne strukturelle Faktoren als Entstehungsbedingungen kollektiver politischer Konflikte besonders hervorheben.

So betont Charles Tilly (1978) vor allem die Bedeutung der städtischen Konzentration und die damit gegebenen Möglichkeiten einer schnellen und einfachen Organisation von Protestgruppen als zentralen Erklärungsfaktor. Für Kornhauser (1959) ist politischer Protest die Folge von Entwurzelung, Individualisierung und Entfremdung in der Massengesellschaft. An anderer Stelle wird die besondere Bedeutung der Expansion des Bildungssystems und der damit verbundenen Entstehung neuer sozialer Gruppen hervorgehoben (siehe Eckert, 1973; Kriesi, 1987). Offe (1980) und Halfmann (1984) betonen die Kartellierungstendenzen politischer Parteien und ihre Auswirkungen auf die politischen Strukturen (Neokorporatismusthese). Solomos (1984), Hall (1981), Rex (1979) u.a. stellen ökonomische Bedingungen (z.B. Arbeitslosigkeit) und das Entstehen einer neuen „Klasse“ in den Vordergrund. Es handelt sich hierbei in der Regel um Ein-Faktor-Ansätze, deren Erklärungskraft dadurch entsprechend begrenzt ist. Sie finden vor allem in der öffentlichen Thematisierung politischer Konflikte Verwendung.

Alle struktur-analytischen Ansätze gehen von der Annahme aus, daß kollektive Frustration und Unzufriedenheit stets auf strukturelle Gründe zurückzuführen sei und die subjektive Relevanz struktureller Spannungen für die betroffenen Bevölkerungsgruppen nicht eigens nachgewiesen werden müsse. Daher verzichten diese Theorien häufig auf eigene Analysen individueller oder sozialer Entstehungsbedingungen von Unzufriedenheit und damit auf die Analyse der Vermittlungsmechanismen zwischen Strukturbedingungen und politischen Handeln. Demgegenüber weist Raschke (1985) darauf hin, daß zwischen strukturellen Bedingungen einerseits (etwa Phänomenen sozialer Ungleichheit, der Desintegration oder Marginalisierung bestimmter Gruppen bzw. der Bildung von neuen sozialen Gruppen) und der protestrelevanten Unzufriedenheit, Betroffenheit oder Frustration andererseits keine unmittelbare, unauflösliche Beziehung besteht, daß Bewußtseinsphänomene nicht als automatischer Reflex von Strukturbedingungen zu verstehen seien.

Insgesamt gilt, daß „widrige soziale Umstände allein“ (Buß, 1984, S. 25) noch keine Erklärung liefern und daß es zu erklären gilt, warum auch innerhalb eines strukturell bestimmten „Unzufriedenheitspotentials“ (Raschke, 1985, S. 146) oft nur kleine Gruppen aktiv werden. Selbst da, wo es eine klare Zuordnung von Konfliktthemen zu bestimmten gesellschaftlichen (sozialstrukturellen) Gruppen potentiell Betroffener gibt (Proteste um Jugendzentren), waren es meist nur kleine organisierte Gruppen oder Jugendliche in subkulturellen Netzwerken, deren Aktivität die Bewegung ausmachte. Noch schwieriger wird die struktur-analytische Erklärung von Protesten dort, wo strukturelle Spannungen nicht für bestimmte sozio-ökonomisch abgrenzbare Gruppen allein bestehen, sondern tendenziell die Gesamtgesellschaft betreffen: Friedens- und Ökologiebewegung sind daher nicht hinreichend über die Annahme erklärbar, daß objektives Betroffensein durch strukturelle Ursachen auch automatisch subjektive Betroffenheit, Unzufriedenheit und Unruhe erzeugt.

Demgegenüber erscheint es mir unerläßlich, den Zusammenhang zwischen Strukturen der Gesellschaft einerseits und bestimmten Verhaltensweisen (wie beispielsweise der Beteiligung an politischem Protest oder kollektiver Gewalt) andererseits, als vielfach vermittelt darzustellen.

Häufig scheint gerade besonders hohe Armut, Frustration oder Entfremdung eher zu politischer Apathie oder allenfalls kurzfristigen Aktionen zu führen, nicht jedoch zu langfristigem Engagement, wie es etwa für soziale Bewegungen typisch ist. Auf eben dieses Problem versuchen die Deprivationstheorien und jene Theorien, die eine Identitätskrise oder Veränderung der Wertorientierungen zum Ausgang nehmen, zu antworten.

2.2 *Sozialpsychologische Ansätze*

2.2.1 Deprivationstheorien

Die wohl geläufigsten sozialpsychologischen Theorien sind mit den Namen Davies (1969) und Gurr (1972) verbunden und als Theorien der relativen Deprivation gekennzeichnet.

Eine Vielzahl von historischen Beispielen hat deutlich werden lassen, daß Revolutionen, politische Proteste etc. sich nicht dann ereigneten, wenn sich die materiellen Lebensverhältnisse, etwa der Arbeiterklasse, ständig verschlechterten, sondern im Gegenteil dann, wenn eine relative Verbesserung der sozio-ökonomischen Situation stattgefunden hatte, die plötzlich gestoppt wurde. Davies (1969) versuchte zunächst, die Schwächen der marxistischen Verelendungsthese darzustellen und eine neue Theorie der Revolution zu entwickeln.

Revolutionen werden nach Davies immer dann wahrscheinlich, wenn auf eine anhaltende Periode tatsächlichen wirtschaftlichen Wachstums eine kurze und schwere Rezession folgt. Nicht die absolute Deprivation und Verelendung des Proletariats macht Revolutionen wahrscheinlich, es seien vielmehr Erfahrungen der relativen Deprivation, der von Individuen subjektiv empfundenen Diskrepanz zwischen konjunkturell bedingten höheren Erwartungen und (eingeschränkten) Realisierungsmöglichkeiten, die Revolutionen vorausgingen.

Auf der Grundlage von Davies, jedoch mit umfangreichen empirischen Belegen wird die Theorie der relativen Deprivation von Gurr (1972) weiterentwickelt. Gurr stellt heraus, daß der relativen Deprivation immer ein Vergleichsprozeß mit anderen sozialen Gruppen zugrunde liegt. Er definiert relative Deprivation als die wahrgenommene Diskrepanz zwischen Wertansprüchen (d.h. als rechtmäßig zustehend empfundene Güter und Lebensumstände) und den Werterwartungen (Erreichbarkeit). Von relativer Deprivation kann man also immer nur dann sprechen, wenn Menschen die Erfüllung ihrer legitim erachteten Ansprüche „als blockiert perzipieren“ (Beckmann, 1979, S. 110).

Mit diesem ausgeweiteten Konzept der relativen Deprivation sind erhebliche Vorteile im Vergleich zu den rein strukturanalytischen Ansätzen verbunden: die Ursachen für kollektive Protestaktionen sind nicht mehr allein in strukturellen Bedingungen (etwa objektiver Benachteiligung), sondern in der (subjektiven) Definition von Benachteiligungen und Versagungen zu sehen. „... Unzufriedenheit ... ist also durch das Verhältnis zwischen Erwartungen und Realität bestimmt. Dabei gibt es eine Vielzahl von Bezugspunkten für die eigenen Erwartungen. Sie können geprägt sein durch bisherige Erfahrungen, durch Personen in der eigenen Bezugsgruppe, durch andere Gruppen, mit denen sich die eigene Bezugsgruppe vergleicht, aber auch durch Wertvorstellungen etc.“ (Raschke, 1985, S. 149)

Die Diskrepanz zwischen Ansprüchen und Wirklichkeit, Erwartung und Realität, Wollen und Können, die ja relative Deprivation ausmacht, kann auch dann entstehen, wenn bei gleichbleibenden objektiven Bedingungen sich Erwartungshaltungen erhöhen; etwa durch Veränderung der relevanten Bezugsgruppen, die die Erwartungen definieren. Relative Deprivation kann aber auch entstehen, wenn sich in Gesellschaften Subkulturen herausbilden (auf Grund ethnischer, kultureller, sozialer oder altersbedingter Segregation), in denen sich je eigene und besondere Realitätsdefinitionen, Gesellschaftsbilder und kollektive Identitäten entwickeln. Die interne Dynamik gerade von Subkulturen, die ihre eigene kollektive Identität in Abgrenzung von der Gesamtgesellschaft finden, produziert in der Regel auch spezifische Erwartungshaltungen und Anspruchniveaus, die – unter Verweis auf andere Gruppen oder auf die Gesamtgesellschaft – als legitim angesehen und in Forderungen umgesetzt werden können. Mit der Theorie der relativen Deprivation und der darin definierten sozialpsychologischen Dynamik von Ansprüchen, Erwartungen, Hoffnungen etc. läßt sich daher eine Brücke schließen zu theoretischen Konzepten, die zur Erklärung der Jugendproteste häufig herangezogen wurden: der Theorie jugendspezifischer Subkulturen einerseits und der Theorie des Wertwandels (Inglehart) andererseits. Sie vermag also besser als rein strukturanalytische Ansätze das Entstehen von Unzufriedenheit, Frustration und Enttäuschung zu erklären und trägt damit wesentlich zum Verständnis der Entstehung kollektiver Unzufriedenheit als Voraussetzung für Protestbewegungen bei. Dennoch ergeben sich auch hier Erklärungsprobleme, wenn man nämlich danach fragt, unter welchen Bedingungen aus Deprivationserfahrungen aktives Protesthandeln wird.

Während die struktur-analytischen Ansätze objektive Spannungen zur Voraussetzung machen, ist es nun das Vorhandensein von verbreiteter Unzufriedenheit, von Enttäuschungen und Frustrationen, das jetzt als hinreichende Bedingung für die Entwicklung von Protestverhalten und sogar von politischer Gewalt gilt. Die aus der Nichtrealisierbarkeit von Erwartungen oder aus der Blockierung zielgerichteten Verhaltens sich ergebenden Frustrationen und Enttäuschungen führen, so die Argumentation, automatisch zu Empörung und Wut und resultieren dann in entsprechenden Aktionen.

Die Deprivations-Theorien greifen hier auf die Annahmen der Frustrations-Aggressions-Theorien zurück, die eine Kausalität unterstellen, die weder theoretisch zwingend ist, noch mit empirischen Befunden von kollektiven politischen Konflikten und aggressivem politischen Verhalten übereinstimmen. Wie schon Merton (1957) deutlich machte, gibt es für frustrierende Erfahrungen stets verschiedene Verarbeitungs- und Reaktionsformen, neben der Aggression also auch Rückzug, oder die Umdefinition der Situation etc.. Darüber hinaus kann mit diesen monokausalen, einfachen Frustrations/Aggressions- oder Unzufriedenheit/Protest-Modellen nicht erklärt werden, warum etwa relative Deprivation in bestimmten gesellschaftlichen Situationen zu Protesten und Krawallen führt und in anderen nicht. Warum fanden etwa die Riots nur in einigen Städten Großbritanniens statt, obwohl die Situation der Jugendlichen der verschiedenen ethnischen Gruppen in anderen Städten ähnlich war und ähnlich interpretiert wurde? Die monokausale Frustrations-Aggressions-These ist daher inzwischen durch ein offeneres Konzept, die Frustrations-Erregungs- bzw. die Frustrations-Antriebs-These (siehe Selg, 1972; Beckmann, 1979), abgelöst worden. Nach dieser These ist aggressives Verhalten nur eine von vielen möglichen Reaktionen auf Frustrationen. Sie erklärt lediglich, warum erlittene Frustrationen zur Intensivierung von Reaktionenen führt, ohne aber die Reaktion selbst schon zu definieren. Beckmann spricht in diesem Zusammenhang nur noch von einem „allgemeinen Verhaltensreiz“ zur Reduzierung der wahrgenommenen Diskrepanz; er betont aber, daß die „Wahl der Reduktionsstrategie“ durch zusätzliche Faktoren beeinflußt wird (vgl. dazu Beckmann, 1979, S.118).

2.2.2 Protest als Krisenreaktion

In ihrem Erklärungsmuster ähnlich angelegt sind eine Reihe von Ansätzen, die zur Erklärung der „Neuen sozialen Bewegungen“ und des Jugendprotest in jüngerer Zeit entwickelt wurden. Die Entstehung von Protestpotentialen und sozialen Bewegungen wird erklärt als Reaktion auf soziale Krisen oder „im Zusammenhang mit als problematisch wahrgenommenen bzw. gedeuteten gesellschaftlichen Entwicklungstendenzen“ (Schneider, 1987, S. 41).

Brand hat diese Erklärungsansätze auch als „need-defence“ Ansätze bezeichnet, da nicht das Entstehen neuer Bedürfnisse und Werthaltungen im Vordergrund steht, sondern die Bedrohung oder Zerstörung von bestehenden Wertorientierungen, Motivationsstrukturen oder Identitätsmustern als „Folgewirkungen des verschärften Industrialisierungs- und Bürokratisierungsprozesses“ (Brand, 1982, S. 62).

Sozialer Wandel habe ‚krisenhafte‘ oder ‚destruktive‘ Auswirkungen auf individueller Ebene, so das Argument, soziale Bewegungen werden dann verstanden als kollektive Reaktionen auf diese – „als krisenhaft erfahrenen“ – (Brand, 1982, S. 86) Problemlagen.

So beschreibt Löwenthal (1979) die Entstehung der jüngeren Protestbewegungen als Folge einer „kulturellen Krise“, die vor allem durch einen zunehmenden Sinnverlust („Weltbildverlust“) sowie durch einen Verlust traditioneller Bindungen gekennzeichnet ist. Beide Veränderungen werden als Ergebnis „der expansiven Entwicklungstendenzen der kapitalistischen Produktionsweisen“ und der dramatischen Veränderung von Lebensformen, traditionellen Bindungen und allgemein von regulativen Normen verstanden. Habermas (1973/1981) macht eine „Kolonialisierung der Lebenswelt“ durch das Eindringen systemischer Zweckrationalität aus und beschreibt die systematischen Zerstörungen traditioneller Motivationsmuster. Jugendproteste, Ökologie- und Friedensbewegung werden als Widerstands- und Rückzugsbewegungen begriffen, die sich gegen diese Tendenzen der Kolonisalisierung und Erosion der Lebenswelt wenden. „Was den Protest auslöst, sind ... Entwicklungen, die erkennbar die organischen Grundlagen der Lebenswelt antasten und Maßstäbe der Bewohnbarkeit, unflexible Grenzen der Deprivation, sinnlich-ästhetische Hintergrundbedürfnisse drastisch zum Bewußtsein bringen“ (Habermas, Bd. 2, 1981, S. 580). Andere Autoren, so etwa Narr (1979) und Ziehe (1975) stellen nach Brand die „Ausbildung einer tragfähigen Identität gesellschaftlicher Individuen unter den Bedingungen einer umfassenden kapitalistischen und bürokratischen Rationalisierung aller Lebensbereiche“ überhaupt in Frage (Brand, 1982, S. 101) und sehen die personale Identität insgesamt gefährdet.

In jedem Fall bleibt jedoch offen, wie diese unterstellten Identitätsprobleme und „pathologischen“ Bedrohungen der Lebenswelten letztlich zu Handlungskonsequenzen führen. Hier können die Wertwandelstheorien weiterhelfen, die von historisch sich wandelnden Präferenzstrukturen ausgehen.

2.2.3 Wertwandelstheorien

R. Inglehart hat die These aufgestellt, daß in den Industriegesellschaften westlichen Typs ein fundamentaler und auch langfristiger Wertwandel festzustellen ist, eine „stille Revolution“, die durch die Abnahme materialistischer und die Zunahme postmaterialistischer Werte gekennzeichnet ist (Inglehart, 1977). Er erklärt die postmaterialistische Orientierung in den Begriffen der Maslowschen Bedürfnishierarchie (Maslow, 1954) als eine Abnahme des Grenznutzens materieller Güter auf Grund der prägenden Erfahrungen in der Jugend. Die Protestbewegungen lebten auf, so die These, als eine Generation in das Jugendalter einrückte, die den Krieg und die Nachkriegszeit nicht mehr bewußt erlebt hat. In den fünfziger Jahren waren – nicht nur in Deutschland – Sicherheitsbedürfnisse dominant. Zudem beanspruchte die ständige Erweiterung der Lebensmöglichkeiten die Aufmerksamkeit der Menschen und zentrierte ihre Bedürfnisse.

Mit der verblassenden Faszination von Komfort und Karriere wurde das eigene Ich und seine erotische, ästhetische und politische Entfaltung für viele zum Thema 1. Maslows Theorie der Bedürfnishierarchie, auf die sich Inglehart bezieht, mag zwar keine universelle Gültigkeit haben, bringt aber den Themenwechsel von der „Daseinsbewältigung“ zur „Selbstverwirklichung“ in den sechziger Jahren gut zum Ausdruck.

Inglehart hat seine Thesen durch eine Anzahl von vergleichenden Untersuchungen gut belegt, (anderer Ansicht ist Herz, 1979). Seine Daten geben allerdings keinen Aufschluß darüber, ob die postmaterialistische Orientierung an eine Geburtskohorte gebunden ist und demzufolge Ausdruck historischer Erfahrung ist oder ob Lebens-Alter oder Zugehörigkeit zum Bildungssystem ausschlaggebend sind (vgl. Bargel, 1979; Baethge u.a., 1983). Es sind außerdem der Einfluß von Bildungsniveau und ökonomischem Status nicht zu kontrollieren, da Inglehart postmaterialistische Orientierungen vor allem in der höheren Mittelschicht nachweist. Kaase und Klingemann (1979) weisen dagegen darauf hin, daß in Deutschland und Österreich Alter *und* Bildungsniveau als Indikatoren für den Grad postmaterialistischer Orientierungen gelten können, während in Amerika und Großbritannien das Alter die wichtigere Variable ist. Zu ähnlichen Ergebnissen kommen Bargel (1979) und Klages/Herbert (1983).

Auf der Basis dieser Untersuchungen ist anzunehmen, daß Ausbildung und Alter einen Einfluß auf die Entwicklung postmaterialistischer Orientierungen haben. Die Frage, ob die Alterseffekte tatsächlich Auswirkungen der ökonomischen Veränderungen zwischen 1950 und 1960 sind, wie Inglehart es annimmt, bleibt unbeantwortet. Die Bedeutung des Alters kann ebenso als Resultat der Ausweitung des Bildungssystems in den letzten dreißig Jahren gesehen werden. Ebenfalls bleibt offen, inwieweit individuelle Präferenzen (Wertorientierungen), die im Jugendalter ausgebildet werden, darüber hinaus auch im Erwachsenenalter stabil bleiben, und unter welchen Bedingungen diese gewandelten Werte sich in Handlungen umsetzen.

Hier bleibt festzuhalten, daß weder kollektive Unzufriedenheit (Deprivationsansatz) noch Motivationszerstörung und Identitätsbedrohungen (Protest als Krisenreaktion) oder neue Werte allein zur Erklärung von kollektivem Protest und Gewalt ausreichen. „Auch intensive und relevante Unzufriedenheit wird nicht notwendig in Bewegung umgesetzt“ (Raschke, 1985, S. 146). Ergänzende Erklärungsansätze werden benötigt, die die Bedingungen angeben, die es für das Individuum reizvoll, sinnvoll, lohnend oder notwendig machen, sich an Protestbewegungen zu beteiligen. Im folgenden Kapitel werden daher verschiedene individualistische Erklärungsansätze beschrieben, die zusätzliche Bedingungen des politischen Protesthandelns definieren und den subjektiven Nutzen der Beteiligung an Protestaktionen nachzukonstruieren versuchen.

2.3 Individualistische Ansätze

Das Verständnis von politischer Partizipation und politischem Protest ist durch eine Reihe von Ansätzen verbessert worden, die individuelles Handeln mit Hilfe ökonomischer Handlungsprämissen erklären. In diesen ökonomischen Theorien politischer Partizipation werden die Ziele, die Protestgruppen und soziale Bewegungen anstreben, unter „kollektive Güter“ eingeordnet, zu denen etwa auch die von wirtschaftlichen Verbänden und Interessengruppen angestrebten Ziele zu zählen sind.

Kollektive Güter sind nun im Vergleich zu privaten Gütern durch einige Besonderheiten gekennzeichnet. Während bei privaten Gütern jeder, der den Preis nicht bezahlt, von der Nutzung des Gutes ausgeschlossen wird, kann niemand davon ausgeschlossen werden, kollektive Güter zu nutzen, zu konsumieren. Geht man von utilitaristischen, d.h. Kosten und Nutzen kalkulierenden Handlungsprämissen aus, so ergibt sich daraus, daß die Beteiligung an der Produktion kollektiver Güter dem individuellen Kosten-Nutzen-Kalkül zunächst widersprechen: die Beteiligung an der Produktion des kollektiven Gutes erzeugt individuelle Kosten, die Nutzung des kollektiven

Gutes steht aber allen zur Verfügung, unabhängig davon, wer sich an der Produktion (den Kosten) beteiligt hat. Der Einzelne handelt also – entsprechend den individuellen Interessen – rational, wenn er sich nicht an der Erstellung des Kollektivgutes beteiligt, sondern als „Trittbrettfahrer" (free rider) den Nutzen des kollektiven Gutes genießt. Die zentrale Frage aller von individualistisch-utilitaristischen Handlungsprämissen ausgehenden Theorien ist daher, wie sich angesichts dieses Dilemmas dennoch die Entstehung kollektiven Verhaltens als rationales Handeln erklären läßt.

2.3.1 Olson

Olson (1971) hat darauf hingewiesen, daß es unter diesen Prämissen zunächst unwahrscheinlich sei, daß Individuen sich zur Durchsetzung gemeinsamer Interessen und Ziele zusammentun und organisieren, da dies hohen persönlichen Einsatz und individuelles Risiko erfordert, der mögliche Nutzen aber auch denen zugute kommt, die nicht eingezahlt haben. Dies ist die Problematik, mit der sich die „Logik des kollektiven Handelns" in einem weiteren Zusammenhang befaßt.

Olson fragt, welche Bedingungen Menschen mit gemeinsamen Interessen dazu bewegen, auch gemeinsam für die Realisierung ihrer Interessen zusammenzuarbeiten, und welche Bedingungen einem gemeinsamen Engagement eher entgegenwirken. Olsons These lautet, daß die Wahrscheinlichkeit für kollektives Handelns mit der Gruppengröße variiert. In großen Gruppen fällt der Beitrag des Einzelnen kaum ins Gewicht. Verweigert ein Mitglied seinen Beitrag, so wird dies keinen erkennbaren Einfluß auf die Erstellung des Kollektivgutes haben. Selbst wenn das Mitglied einer großen Gruppe seine individuellen Interessen ignoriert, würde es daher bei rationaler Handlungskalkulation nicht zur Erstellung des Kollektivgutes beitragen – es sei denn unter Zwang oder bei zusätzlichen selektiven Anreizen. Dagegen ist die Wahrscheinlichkeit für die Erstellung eines kollektiven Gutes in Kleingruppen am größten, da hier der individuelle Beitrag und die Erstellung des kollektiven Gutes in erkennbarem Zusammenhang stehen.

Olson geht sogar weiter und behauptet, daß daher in kleinen Gruppen einzelne Mitglieder durchaus bereit sein können, einen Großteil der Kosten zur Erstellung des kollektiven Gutes allein zu übernehmen.

Neben primär ökonomischen Anreizen durch das kollektive Gut selbst spielen dabei vor allem soziale Anreize in Kleingruppen eine wichtige Rolle. Es sind dies soziale Sanktionen (Belohnungen und Bestrafungen), die in Kleingruppen als selektive Anreize wirksam werden: Prestige und Status in der Gruppe; Unterstützung und Anerkennung durch die Gruppe; aber auch Ablehnung und Mißachtung bei non-konformem Verhalten. Auch erotische, moralische oder psychologische Anreize können eine ähnliche Bedeutung haben (vgl. Olson, 1971, S. 61).

Olson hat seine Theorie des kollektiven Handelns vor allem für ökonomische Interessengruppen und Organisationen dargestellt, er hat aber auch darauf hingewiesen, daß sie in ihrer Anwendung nicht nur auf diese beschränkt ist, sondern vielmehr überall dort gültig ist, wo rationale Individuen an kollektiven Gütern oder Zielen interessiert sind. Möglicherweise läßt sich daher mit Hilfe dieses Ansatzes erklären, welche Bedeutung persönliche Beziehungen, Cliquen, Kleingruppen und informelle Netzwerke für das Entstehen politischer Protestbewegungen haben. Olson gibt jedoch keine Auskunft darüber, warum und in welcher Weise sich in Konfliktsituationen die Bedingungen für kollektives Handeln verändern können, wie also zu unterschiedlichen Zeitpunkten und in unterschiedlichen Konfliktsituationen sich die selektiven Anreize, die konstitutiv für kollektives Verhalten sind, verändern können und damit auch neue Kosten-Nutzen-Kalkulation zur Folge haben.

2.3.2 Oberschall und Gamson

Hier kann möglicherweise die Weiterentwicklung und partielle Modifikation des Olsonschen Ansatzes bei Oberschall (1973) und Gamson (1975) weiterhelfen.

Oberschall versucht die Theorie des kollektiven Handelns als Rahmen für eine Theorie der politischen Mobilisierung nutzbar zu machen. Er thematisiert die zusätzlichen, situations- und gruppenabhängigen Bedingungen einer Veränderung individueller Kosten-Nutzen-Rechnungen, und macht dies an Hand der Unterscheidung von Aktivisten/Führern politischer Bewegungen deutlich. Die Bereitschaft der Aktivisten in „high-risk-situations" aktiv zu werden erklärt er,

a) mit dem Interesse an künftigen, individuellen Belohnungen für das Engagement; Voraussetzung sind hohe Erfolgschancen der Bewegung: „the leaders and activists in a successfull movement obtain in addition high individual rewards such as political office, prestige, and leadership positions" (Oberschall, 1973, S. 116).

Jedoch auch Führer nicht-erfolgreicher Bewegungen, so ist zu ergänzen, finden oft Anerkennung in der Gesellschaft und können ihre generellen Führungsqualitäten anderweitig „vermarkten".

b) mit geringen Erfolgsaussichten in traditionellen Karrieren. In Gesellschaften, in denen Mobilitäts- und Aufstiegschancen blockiert sind, und bei bereits entwickelten Konflikten, wenn individuelle Karrierechancen aufgrund des bisherigen politischen Engagements verschlossen scheinen, erhöht sich die Attraktivität selbst risikoreichen politischen Engagements in politischen Oppositionsbewegungen. „Once identified as a radical troublemaker, outlaw ... one's usual career chances automatically become closed should one wish to change course, and continued opposition activity becomes an increasingly attractive alternative“ (Oberschall, 1973, S. 116).

Gamson weist vor allem darauf hin, daß Olson das Problem des kollektiven Handelns und der internen Kontrolle bzw. Anreizmechanismen mit den Faktoren Zwang bzw. soziale Anreize nur unzureichend beschreibt. Er betont besonders die Bedeutung der Identifikation, der Loyalität und der Solidarität mit der Gruppe als zusätzliche Faktoren der gruppeninternen sozialen Kontrolle. Dieser Faktor spielt nicht nur, wie Olson annahm, in kleineren Gruppen eine Rolle, sondern erklärt auch die Opferbereitschaft manchmal bis hin zur Selbstaufgabe in großen Organsiationen. Gamson beschreibt den psychologischen Mechanismus wie folgt: „The greater the sacrifice and effort involved, the greater is the investment of self, and hence, the greater the personal satisfaction (or disappointment) with the achievements of the collective actor“ (Gamson, 1975, S. 58).

Hier bleibt festzuhalten, daß die utilitaristischen Theorien die Handlungsweisen von Individuen bei gegebenen Bedingungen erklären können, jedoch die handlungsrelevanten Faktoren (individuelle Präferenzen, Identifikation, soziale Gratifikationen etc.) selbst in die Randbedingungen verweisen bzw. zu deren Erklärung dann zusätzliche gesellschaftlich-theoretische, konflikttheoretische oder gruppensoziologische Annahmen heranziehen müssen.

2.3.3 Wert-Erwartungs-Theorien

Dies gilt auch für ökonomische Erklärungsansätze, die als Wert-Erwartungs-Theorien (Muller, 1979; Opp, 1979) bekannt geworden sind. Sie erklären Verhalten als Produkt von zwei Faktoren: dem individuellen Wert der Handlungskonsequenzen (Präferenzkonzept) und der Wahrscheinlichkeit, mit der diese erwartet werden (Realisierungserwartung). Eine bestimmte Handlung wird dann durchgeführt, wenn die Handlungskonsequenzen hoch bewertet werden und die beabsichtigte Handlung mit hoher Wahrscheinlichkeit zur Realisierung dieser Handlungskonsequenzen führt. Individuen handeln also stets so, daß sie ihren individuellen Nutzen unter Berücksichtigung der möglichen Restriktionen und Handlungsbeschränkungen maximieren. Die Wert-Erwartungs-Theorie benötigt dann lediglich Annahmen über die vom Individuum perzepierten Handlungsalternativen, über seine Bewertung der jeweiligen Handlungsfolgen sowie über Einschätzung der Realisierungswahrscheinlichkeit von Handlungen. Dabei spielt es weder eine Rolle, ob die subjektiv wahrgenommenen Wahrscheinlichkeiten auch den objektiven Wahrscheinlichkeiten entsprechen oder die Abwägungsprozesse zwischen verschiedenen Handlungsalternativen bewußt oder unbewußt ablaufen. Weede (1986) spricht daher im Anschluß an Opp (1979) von einem minimalen Rationalitätsstandard der Wert-Erwartungs-Theorien und betont daher die Möglichkeit, verschiedene konflikttheoretische Ansätze im Rahmen der Wert-Erwartungs-Theorie zu integrieren.

Zur Anwendung dieser Ansätze, etwa zur umfassenden Analyse von kollektivem Verhalten und sozialen Konflikten (Weede, 1986) oder zur Erklärung politischen Protests (Opp, 1984) oder aggressiven politischen Partizipartion (Muller, 1979), sind dann jedoch eine Reihe von Zusatzannahmen von Bedeutung: über die Präferenzen der Individuen, die wahrgenommenen Handlungsalternativen, die Erfolgserwartungen und deren Veränderungen in konkreten Situationen, etwa durch das Handeln der anderen Konfliktbeteiligten, oder durch Veränderungen der Wahrnehmungs- und Bewertungsprozesse bei hoher Emotionalisierung. So führt Opp (1984) etwa zur Erklärung des Protests gegen Kernkraftwerke verschiedene „Protestvariablen“ (mögliche Präferenzen der Individuen wie Altruismus, Loyalität, Deprivation etc.) ein, definiert bestimmte Handlungsalternativen und Handlungsfolgen, und mißt dann die Einfluß- bzw. Nutzendifferentiale der entsprechenden Handlungen. Er muß aber diese entscheidenden „Protestvariablen“ als Randbedingung definieren, da er ihre Relevanz oder Irrelevanz in bestimmten Situationen selbst nicht erklären kann.

Muller (1979) erklärt aggressive politische Partizipation nicht allein über den „Erwartungswert“ von Handlungskonsequenzen (Bewertung der Folgen und Einschätzung der Realisierungswahrscheinlichkeit), sondern führt als zusätzliche Erklärung individuelle und soziale Normen ein. Er betont, daß neben utilitaristischen vor allem normative Rechtfertigungen für die Erklärung aggressiver politischer Partizipation eine zentrale Rolle spielen; er kann aber diese normative Rechtfertigung selbst nicht als Produkt der Konfliktsituationen erklären, sondern muß sie als individuell oder sozial gegeben voraussetzen.

Das Konfliktverhalten bleibt also auch hier auf die Erklärung der Handlungen bei gegebenen Bedingungen beschränkt.

Lediglich Weede (1986) betont in seinen auf der Wert-Erwartungs-Theorie aufgebauten konflikttheoretischen Überlegungen, daß mit Hilfe dieser Theorie kollektives Handeln nur erklärbar wird, wenn man davon ausgeht, daß die Protestgruppen selektive Anreize in Form von „Positionsgütern“ zur Verfügung stellen. Er behauptet daher, daß mit kollektivem Handeln stets eine Veränderung der Gruppenstruktur einhergehen muß, die durch die Ausdifferenzierung von Führungs- und Machtpositionen gekennzeichnet ist. Er verweist damit auf gruppeninterne Veränderungsprozesse, die zur Erklärung der Veränderung von kollektivem Verhalten von entscheidender Bedeutung sind.

2.3.4 Theorie der Ressourcenmobilisierung

Auch die Theorie der Ressourcenmobilisierung von John D. Mc Carthy und Mayer N. Zald (1977) liefert eine utilitaristische Erklärung politischen Protests. Die Autoren behaupten, daß sich mit dem wachsenden Wohlstand einer Gesellschaft, durch ein Anwachsen der zu verteilenden überschüssigen Ressourcen ein „Social Movement Sector" in der Gesellschaft herausbildet, in dem Organisationen sozialer Bewegungen analog ökonomischer Organisationen sich etablieren und um Ressourcen konkurrieren.

Mit diesem Argument weisen sie die Annahme der Theorien der relativen Deprivation über einen Zusammenhang „between preexisting discontent and generalized beliefs in the rise of social movement phenomena" (McCarthy/Zald, 1977, S. 1214) zurück. Sie halten dagegen, daß „the greater the discretionary wealth controlled by individuals and organizations, the more likely it is that some of that wealth will be made available to causes beyond the direct self interest of the contributor" (McCarthy/Zald, 1977, S. 1225). „As the amount of discretionary resources of mass and elite publics increases, the absolute and relative amount of resources available to the social movement sector increases" (McCarthy/Zald, 1977, S. 1224). McCarthy und Zald bedenken aber nicht, daß Ressourcen (überschüssiger Wohlstand, aber auch verfügbare Zeit) durch verschiedene soziale Gruppen auf sehr unterschiedliche Weise genutzt werden und dabei individuelle Präferenzen und Wertorientierungen eine Rolle spielen.

Das zentrale theoretische Problem meiner Untersuchung, daß Handlungspräferenzen, Handlungsorientierungen und Handlungsbereitschaften möglicherweise in Konfliktsituationen und durch das Handeln der anderen Konfliktpartner verändert werden – was ja die Dynamik von Konflikten ausmacht – dieses Problem wird auch im Rahmen dieses ökonomischen Ansatzes nicht hinreichend beschrieben.

Deshalb soll hier abschließend ein weiterer ökonomischer Erklärungsansatz dargestellt werden, der sich in seiner grundlegenden Aussage von den bisher dargestellten unterscheidet: gemeint ist Hirschmans Konzept der zyklischen Partizipation.

2.3.5 Hirschmans Zyklus-Theorie des politischen Engagements

Die bisher dargestellten individualistisch-ökonomischen Ansätze haben politische Partizipation und kollektives Verhalten in erster Linie erklärt mit dem (potentiellen) Nutzen, den das angestrebte kollektive Gut für den Konsumenten hat, bzw. mit zusätzlichen selektiven Anreizen und strukturellen oder situationalen Bedingungen, die die individuelle Kosten-Nutzen Kalkulation verändern.

Albert O. Hirschman (1974) hingegen erklärt den Wechsel vom privaten zum öffentlichen Konsum und damit politische Partizipation und kollektives Handeln mit Hilfe von „Abstoßungs-Effekten", die aus Enttäuschungen im Bereich des privaten Konsums resultieren. Er tut dies unter Rückgriff auf zwei Annahmen. Seine anthropologisch-psychologisch orientierte Kernthese lautet, daß alle menschlichen Handlungen, sowohl die des Konsums wie die der politischen Beteiligung, sofern sie um ihres erwarteten Befriedigungswertes unternommen werden, stets auch Enttäuschungen zur Folge haben, die, da sie nicht vollständig abgearbeitet werden können, zu anderen Handlungen führen. Diese These wird nun verknüpft mit der Annahme, daß es in einer Gesellschaft „zu verschiedenen Zeiten und im Hinblick auf verschiedene Tätigkeiten und Waren erhebliche Unterschiede ... in Verbreitung und Intensität von Enttäuschungserlebnissen" (Hirschman, 1984, S. 20) gibt.

Damit lassen sich dann Konjunkturzyklen des Schwankens zwischen Rückzug und Engagement bestimmen. Hirschman behauptet, daß es in einer Gesellschaft zu einem „massenhaften Auftreten eines Präferenzwandels bei Konsumenten bzw. Bürgern" kommt, „wenn sie sich eine Zeitlang entweder in der Sphäre des privaten oder des öffentlichen Lebens bewegt haben und dann ihre dabei gemachten Erfahrungen einer wertenden Prüfung unterziehen" (Hirschman, 1984, S. 11).

Freilich folgt auf die Enttäuschung im privaten Konsum nicht automatisch der Wechsel hin zur politischen Beteiligung. Das Olsonsche Paradoxon, daß bei individualistischer Kosten-Nutzen-Kalkulation kollektives Verhalten nicht zustande kommt, selbst wenn das kollektive Gut individuellen Nutzen verspricht, gilt auch hier.

Hirschman löst nun dieses prinzipielle Paradoxon kollektiven Handelns auf indem er behauptet,

a) daß bei der Veränderung von Präferenzen, die auf Enttäuschungen zurückgehen, weniger die Kosten-Nutzen-Kalkulation hinsichtlich des zukünftigen Handelns eine Rolle spielt, als die Abstoßungseffekte durch Enttäuschung und die Fehlinvestitionen in der Vergangenheit. Er relativiert somit die These des rational kalkulierenden Individuums.

b) daß Handlungen, die in bestimmten Zusammenhängen von den Individuen als Kosten wahrgenommen werden, in einem anderen Kontext einen Eigenwert gewinnen können, also als Nutzen oder Vergnügen gedeutet werden können. Nach Hirschman gilt dies besonders für außer-alltägliche Handlungen und Situationen, wie sie für das Engagement in nicht-institutionalisierten Konflikten kennzeichnend sind.

Hirschmans Zyklustheorie erweitert damit die ökonomischen Konzepte an einem entscheidenden Punkt. Unter utilitaristischen Annahmen werden die Präferenzen des Individuums als gegeben angenommen und daher durch „ceteris-paribus-Klauseln" in die Randbedingungen verwiesen. Eine Veränderung des Handels kann dann nur durch Veränderungen der Kosten-Nutzen-Relation erklärt werden. Hirschmans Interesse dagegen gilt der Frage, welche den Aktivitäten inhärente Faktoren den Wandel von Präferenzen, von Interessen erklären können. Er entwickelt eine „Phänomenologie der Begeisterung und Enttäuschung" (Hirschman, 1984, S. 15) und gibt damit den Blick frei auf einige Bedingungen und Prozesse, die zu Veränderungen der Präferenzen führen. Für die Frage nach den Ursachen und Bedingungen der Veränderung von Protesthandeln gibt dieser Ansatz daher nützliche Hinweise.

2.4 Zwischenresümee

In diesem Kapitel wurden sehr unterschiedliche Theorien diskutiert, deren Erklärungen der Entstehung nicht-institutionalisierter politischer Konflikte sich z.T. erheblich voneinander unterscheiden.

Die makro-soziologischen oder struktur-analytischen Ansätze heben in erster Linie Bedingungen und Entwicklungen auf gesamt-gesellschaftlicher Ebene als Erklärungsfaktoren hervor. Ursache für das Entstehen politischen Protests sind dann entweder Klassenantagonismen, das Vorliegen von strukturellen Spannungen, Verstädterungsprozesse, politische Kartellierungstendenzen oder Arbeitslosigkeit etc. Die subjektive Relevanz dieser Bedingungen für die potentiellen Akteure wird dabei meist unterstellt und nicht eigens erforscht.

Die sozial-psychologisch argumentierenden Theorien setzen vor allem bei den möglichen individuellen Folgen von makrostrukturellen Entwicklungen an und identifizieren Deprivationen, Frustrationen, Motivations- und Identitätsstörungen, Sinnverlust, aber auch das Entstehen neuer Werte als erklärende Faktoren politischen Protests. Übersehen wird, daß auch alternative Reaktionen auf diese Bedingungen denkbar sind. Die spezifische Reaktion (nämlich politisches Engagement) kann daher nur erklärt werden, wenn zusätzliche Bedingungen (intervenierende Faktoren) angenommen werden.

Die individualistischen Theorien schließlich gehen von rational kalkulierenden Individuen aus und definieren eine Vielzahl von zusätzlichen, selektiven Anreizen und situativen Bedingungen, die erst – bei vorliegenden Handlungspräferenzen – Protest-Handeln schließlich entstehen lassen. Sie können freilich (bis auf Hirschman) genau jene Bedingungen und ihre Veränderung im Rahmen ihrer Theorie nicht hinreichend erfassen.

Trotz dieser Unterschiede ist den Theorien jedoch auch eines gemeinsam: es handelt sich um kausale Erklärungsmodelle, in denen die (zu erklärende) Handlung lediglich als (automatischer) Reflex der Ursache (soziale, ökonomische, psychische Bedingungen und individuelle Präferenzen) erscheint.

Die aktiven und prinzipiell offenen Interpretationsleistungen des Individuums, die strukturellen Faktoren bzw. individuelle Dispositionen erst handlungsrelevant werden lassen, bleiben dabei jedoch weitgehend unberücksichtigt.

3. Ansätze zur Analyse der Konfliktinteraktion und Konfliktdynamik

In all den bisher dargestellten Erklärungsansätzen wird den Interaktionsprozessen selbst und den situationalen Faktoren kollektiven Handelns kaum größere Aufmerksamkeit zuteil. Sie werden weder zur Erklärung der Entstehung von Protestbewegungen noch zur Beschreibung von Entwicklungsprozessen oder zur Bestimmung des individuellen und kollektiven Handelns in nicht-institutionalisierten politischen Konflikten näher untersucht. Verlauf und Entwicklung von politischen Protesten und sozialen Unruhen sind jedoch nicht allein eine Frage der strukturell vorgegebenen Ressourcen, Strategien und Handlungsmöglichkeiten, sondern ein meist unvorhersehbares Ergebnis der Interaktionsprozesse zwischen Protestgruppen und den jeweiligen Interaktionspartnern. Aus diesem Grunde ist es im Rahmen dieser Untersuchung von Bedeutung nach Ansätzen zu suchen, die die Analyse der situationalen Aspekte kollektiven Handelns, des Handelns in kollektiven Konfliktsituationen, oder – wie es früher genannt wurde – des Handelns in der „Masse" zum Kern ihrer Untersuchung machen.

Ich werde zunächst zurückgreifen auf traditionelle Ansätze der Massenpsychologie (v.a. Le Bon und Freud) und ihre aktuelle Kritik und Weiterentwicklung zu einer Soziologie der Masse (Pross/Buß)(Kap. 3.1 und 3.2)

Daran anschließend will ich (noch einmal) Smelsers Theorie des kollektiven Verhaltens diskutieren, soweit sie – über die Strukturbedingungen hinaus – Faktoren der Konfliktdynamik thematisiert (Kap. 3.3).

Ein interaktionistisches Forschungsprogramm, mit neo-marxistischen Strukturannahmen und rationalen Handlungsprämissen verknüpft, hat schließlich Sack in seiner Analyse zur „Pathologie“ politischer Konflikte vorgestellt. Auch darauf sei hier eingegangen (Kap. 3.4).

Schließlich sind mit Blumer und Turner/Kilian zwei Autoren vorzustellen, deren Konzeption von kollektivem Verhalten im Rahmen der Theorien des symbolischen Interaktionismus angesiedelt ist (Kap. 3.5).

Ich möchte dieses Kapitel mit einer Diskussion von Verlaufsprozessen und Phasenmodellen, wie sie etwa bei Rammstedt zu finden sind, schließen (Kap.3.6).

3.1 Die Ansätze der klassischen Massenpsychologie

Auch heute noch orientieren sich Forscher, die sich mit dem Verhalten von Individuen in ‚Massensituationen‘ beschäftigen, an den Ansätzen der klassischen Massenpsychologie, wie sie vor allem von Le Bon und von S. Freud geprägt wurde.

Dies liegt vor allem daran, daß sich marxistisch orientierte Theorien des Klassenkampfes, aber auch sozialistisch orientierte Theorien der ‚Masse‘ (Masse als revolutionäres Potential, etwa bei Geiger, 1926) kaum je der spontan entstehenden oder „aktuellen Masse“ zuwandten und deren Entwicklungsdynamik, Interaktions- und Kommunikationsprozesse zum Gegenstand von Untersuchungen machten. Vielmehr herrschte in diesen Theorien ein Verständnis von Masse vor, das zuallererst die ‚latente Masse‘ als revolutionäre Basis für konkrete Massensituationen thematisierte. Individuelles Handeln in aktuellen Situationen fand dagegen kaum Interesse.

Anders hingegen die klassische Massenpsychologie, für die ‚Masse‘ in erster Linie ein gefährliches, die bürgerliche Ordnung bedrohendes Phänomen darstellte. Sie faßte ‚Masse‘ als gesellschaftlich abweichendes, gar kriminelles kollektives Verhalten und versuchte nicht die strukturellen Hintergründe, sondern die psychologischen Eigenschaften und Prozesse von ‚Massensituationen‘ zu beschreiben. Welche Rolle spielt nun das Individuum in der ‚Massenpsychologie‘? Und wie beschreibt die Massenpsychologie die Dynamik kollektiver Aktionen und spontaner ‚Massensituationen‘?

3.1.1 Le Bons Psychologie der Masse

Die Entstehung von ‚Masse' hat bei Gustav Le Bon (1938; erstmals 1895) keine gesellschaftlichen, politischen oder sozialen Gründe und Ursachen, sondern allein psychologische. Le Bons zentrale These ist, daß die Menschen in der ‚Masse' ihre gewohnten Handlungsweisen und Persönlichkeitsmerkmale verändern. Die Masse, so Le Bon, ruft radikale Veränderungen in der Person und ihrem Handeln hervor. Die bewußte Persönlichkeit schwindet, Gedanken und Gefühle werden durch Suggestion und Beeinflussung bei allen Beteiligten in die gleiche Richtung geleitet. Der Einzelne wird entpersönlicht, verliert seine individuelle Kontrolle und Kritikfähigkeit. Kulturell erlernte Verhaltensweisen, Orientierungen und Handlungskompetenzen werden ausgeschaltet und unwirksam. Statt dessen entwickelt sich eine „Gemeinschaftsseele." Durch sie wird aus der Gesamtheit von unterschiedlichen Individuen eine psychologische Masse: ein neues, kollektives Wesen, zusammengesetzt aus sehr ungleichartigen Individuen, die aber durch die „Gemeinschaftsseele" gleichsam miteinander verbunden, „gleichgeschaltet" sind. „Der einzelne", so Le Bon „ist ein Automat geworden, dessen Betrieb der Wille nicht mehr in der Gewalt hat (Le Bon, 1938, S.19).

Für die Entstehung der Gemeinschaftsseele sind nach Le Bon biologische Faktoren konstitutiv. Die in der „Rassenseele" vorgegebenen gemeinsamen Gefühlsweisen und Denkweisen werden in der Massensituation aktiviert und zur Massenseele ausgeformt.

Aus sehr unterschiedlichen, heterogenen Individuen wird so eine homogene (psychologische) Masse, deren Merkmale Irrationalität, Unberechenbarkeit, Triebhaftigkeit, Leichtgläubigkeit, Kritiklosigkeit und Impulsivität sind.

Die entscheidenden dynamischen Faktoren, die diese Ausbildung der psychologischen Masse vorantreiben sind a) die Beeinflussung (oder auch Ansteckung) des Einzelnen durch geistige Übertragung – eine Art hypnotische Kommunikation und b) die Beeinflußbarkeit (Suggestibilität) des Einzelnen aufgrund biologisch-psychologischer Dispositionen.

3.1.2 Freuds Identifikationsthese

Obwohl Sigmund Freuds theoretischer Ansatz sich von Le Bons Überlegungen unterscheidet, kommt er doch zu ganz ähnlichen Ergebnissen. Auch Freud (1974; zuerst 1921) spricht von einer Reduktion der bewußten Denk- und Handlungsweise, von einer Veränderung der Persönlichkeit, von kollektiver Ausrichtung der Gedanken und Gefühle und von der Dominanz der

Affekte. Vor allem in der Betonung der unbewußten Kräfte und irrationalen Motive besteht eine deutliche Übereinstimmung mit Le Bons Überlegungen.

Allerdings wendet sich Freud in seinen Erklärungen deutlich gegen Le Bon. Die Beeinflussung und Beeinflußbarkeit des Einzelnen, die bei Le Bon als eine Art von Suggestion, Ansteckung oder Hypnose gefaßt wird, erklärt Freud im Rahmen seiner triebtheoretischen Konzeption als Ergebnisse der Identifikation mit einer Führerpersönlichkeit.

„Die menschlichen Massen zeigen uns wiederum das vertraute Bild des überstarken Einzelnen inmitten einer Schar von gleichen Genossen, das auch in unserer Vorstellung von der Urhorde enthalten ist. Die Psychologie dieser Masse, wie wir sie aus den oft erwähnten Beschreibungen kennen – der Schwund der bewußten Einzelpersönlichkeit, die Orientierung von Gedanken und Gefühlen nach gleichen Richtungen, die Vorherrschaft der Affektivität und des unbewußten Seelischen, die Tendenz zur unverzüglichen Ausführung auftauchender Absichten –, das alles entspricht einem Zustand von Regression zu einer primitiven Seelentätigkeit, wie man sie gerade der Urhorde zuschreiben möchte“ (Freud, 1974, S. 114).

Die Konsequenz dieser Interpretation ist, daß die Masse von der Existenz einer Führerperson abhängig ist. Dem Führer wird so die Macht über die Masse, über das Denken, Fühlen und Handeln der Einzelnen in der Masse gegeben. Das Individuum wird steuerbar, beliebig manipulierbar. Dazu Kroner: „Das Verhalten in den Massensituationen läßt sich als das Ergebnis einer Regression interpretieren, in der der Wunsch nach einer starken Person (Wiederholung des Vater-Sohn-Verhältnisses) aktiviert wird. Der verunsicherte Einzelne bindet sich an die Person, die das verwirrende Massengeschehen kontrollieren kann. Der einzelne gibt sein Ich-Ideal auf und tauscht das der gegen die Person des Führers aus“ (Kroner, 1972, S. 1446).

3.1.3 Kritische Anmerkungen

Die Kritik an den Thesen von Le Bon und Freud ist vielfältig (siehe dazu Geiger, 1926, Hofstädter, 1957, Kroner, 1972).

Sie bezieht sich einmal auf terminologische Unklarheiten in der Verwendung des Begriffs der Masse (vgl. v.a. Geiger, 1926). Zum anderen wird eingewandt, daß für die wissenschaftliche Untersuchung von Massenphänomenen keine adäquaten Beobachtungstechniken verfügbar seien. Im Rahmen dieser Arbeit aber interessiert vor allem die Frage, welchen Erkenntniswert die Arbeiten der „Massenpsychologie“ haben und was sie zur Analyse von „Massensituationen“ und kollektiven Handeln beitragen können. Für eine empirische Arbeit zur Dynamik von Konflikt- und Eskalationsprozessen kann vor allem die Arbeit von Le Bon wichtige Sensibilisierungsfunktion haben. Zwar kann man seinen Erklärungsansätzen heute nicht mehr zustimmen, die Beobachtungen und Deskriptionen jedoch, auf die sich seine Arbeit stützte, können auch heute noch sehr hilfreich sein. Le Bon macht auf eine Reihe von psychologischen bzw. sozialpsychologischen Faktoren und Mechanismen aufmerksam, die für das Verständnis von „Massensituationen" von erheblicher Bedeutung sind. In seiner Beschreibung des „Machtgefühls und Machtrauschs" des Einzelnen in der Masse, eine Folge der Anwesenheit Gleichgesinnter und der Anonymität in der Masse, greift er bereits über primär psychologische Variablen hinaus und verweist auf jene sozialen bzw. sozialpsychologischen Faktoren, die viel später in den experimentellen Arbeiten von Asch (1951), Hofstädter (1957), Sherif (1935) im Rahmen der Kleingruppenforschung hervorgehoben worden sind, und die auch im Rahmen der interaktionistischen Theorie von Turner/Kilian (1972) eine Rolle spielen. Hier wird v.a. die Weiterführung in der „Chicago-Schule" wichtig. Park/Burgess (1921) und Blumer (1939) haben die Überlegungen der Massenpsychologie aufgegriffen und im Rahmen der Theorien des kollektiven Verhaltens als soziologischer Forschungsgegenstand etabliert und weiterentwickelt. Die Beschäftigung mit dem kollektiven Verhalten wurde als ein wichtiger Beitrag zum Verständnis des sozialen Handelns, der sozialen Ordnung und vor allem der Grenzbereiche menschlichen Handelns angesehen.

Zu kritisieren ist vor allem die Ausklammerung der strukturellen Entstehungsbedingungen und sozialen Ursachen der „Masse" (vgl. Pross/Buß, 1984), die Behandlung der Masse als homogen und unstrukturiert, die Vernachlässigung der Interaktionsprozesse sowie die Annahmen zur Reduktion der Individualität und Rationalität der Akteure. Diese Aspekte sollen nun ausführlicher dargestellt werden

3.2 Die Soziologie der Masse – eine Wiederaufnahme des Begriffs in den Arbeiten von Pross und Buß u.a. (1984)

Nachdem der Begriff der Masse – spätestens seit der Zeit des Nationalsozialismus – hierzulande politisch diskreditiert war und auch kaum wissenschaftliche Beachtung fand, läßt sich – vor dem Hintergrund der Studentenunruhen, der Demonstrationen und Proteste der letzten Jahrzehnte – durchaus ein neues Interesse in der Öffentlichkeit an diesem Begriff feststellen – vor allem bei Journalisten, Politikern, aber auch bei den staatlichen Kontrollinstanzen. Mit der von Pross und Buß herausgegebenen Arbeit zur „Soziologie der Masse" (1984) erfährt der Begriff nun auch wieder wissenschaftliches Interesse. Die Autoren konzentrieren sich in ihrer Untersuchung auf die „Masse im engeren Sinn", auf die „aktuelle" oder „konkrete Masse", die definiert wird als ... „kurzlebige Ansammlungen einer großen Zahl von

Menschen, die aufgrund des Aufrufs einer Organisation oder spontan zusammenkommen, durch Ausdruckshandlungen oder durch gewalttätige Aktionen für oder gegen bestimmte Aspekte der bestehenden Ordnung protestieren und dabei die für die jeweilige Handlungssituation geltenden Regeln verletzen. Ihre Teilnehmer erleben die eigenen Handlungen als außeralltäglich und deuten die Regelverletzung als Gebot einer den herrschenden Normen überlegenen Moral. Die Deutungen übernehmen sie von einer breiteren, organisierten oder nicht organisierten Bewegung des Protests." (Pross/Buß, 1984, S. 13)

Die Autoren grenzen ihren Gegenstand damit deutlich ab von anderen, verwandten Phänomenen, wie sie etwa unter dem Überbegriff des kollektiven Verhaltens subsummiert werden (etwa von Sozialen Bewegungen, von der Panik, dem Mob etc.). Aufgrund der sehr detaillierten und daher auch sehr eingeschränkten inhaltlichen Definition von „Massen im engeren Sinn" als Gegenstand der Untersuchung reduzieren sie jedoch von vorneherin die Aussagekraft und Generalisierbarkeit ihrer „Soziologie der Masse". So wird etwa mit der Ausgrenzung des „Mob" eine in der Praxis bedeutsame Erscheinungsform von „Masse" nicht erfaßt. Dies deshalb, weil eigentlich empirische Fragen, etwa nach dem moralischen Selbstverständnis und den Legitimationsmustern der Akteure, in der Definition bereits vorweggenommen werden.

„Seine (des Mobs H.W.) Akteure verfolgen keine jenseits ihrer selbst liegenden Ziele und handeln nicht in dem Bewußtsein, die Regelverletzung legitimiere sich durch eine gute Sache oder eine höhere Moral" (Pross/Buß, 1984, S. 14).

Trotz dieser unnötigen Eingrenzung sind die Fragen, die gestellt werden, auch im Rahmen dieser Arbeit von Bedeutung. Es geht

a) um die Entstehungsbedingungen der Masse im engeren Sinn,
b) um das Verhältnis zwischen Individuum und Masse,
c) um die Binnenstruktur und Organisation von Masse.

3.2.1 Gesellschaftliche Entstehungsbedingungen von Masse

Buß (1984, S. 24 ff) beginnt seine Erklärung mit der These, daß jede Masse ihre eigene *Vorgeschichte* hat, die für die Betroffenen eine Leidensgeschichte sei. Unmut, Zorn, Empörung angesichts aktueller Anlässe seien daher nur verständlich als Reaktion auf eine letzte Zuspitzung eines seit längerem schwelenden Themas, als Ausdruck einer unterschwelligen Proteströmung. Orientiert an den Arbeiten von Geiger und Smelser beschreibt Buß die Entstehung von „Masse" als sozialen Prozeß, der von vier Faktoren beeinflußt wird:

a) der Existenz struktureller Spannungen (von institutionellen, funktionalen und statusbezogenen Defiziten),
b) von alternativen Wertideen, (die sich als Folge struktureller Spannung entwickeln und auf Veränderung der strukturellen Spannungen ausgelegt sind),
c) der Blockierung oppositioneller Wertideen. Damit strukturelle Spannungen und alternative Wertideen eine Massenbewegung erzeugen, muß es Widerstände gegen eine Institutionalisierung der alternativen Deutungsmuster geben. Diese Widerstände werden als Provokation aufgefaßt und rufen Gegenreaktionen hervor;
d) von Inklusionsdefiziten, die sich auf die normative Integration von Teilgruppen in der Gesellschaft beziehen.

Dieser theoretische Ansatz der Entstehung von „Masse" geht in seiner Erklärungskraft nicht über den struktur-analytischen Ansatz von Smelser hinaus. Er betont zwar, daß strukturelle Spannungen immer erst als solche perzipiert und definiert werden müssen, und daß in den kollektiven Interpretationsprozessen vor allem auch emotionale Faktoren eine Rolle spielen. Er klammert jedoch – ähnlich wie Smelser – bewußt jene situativen Elemente und Interaktionserfahrungen aus, in denen vorhandene Orientierungs- und Handlungsmuster modifiziert oder durch neue ersetzt werden. Damit wird er weder dem unvorhersehbaren Prozeßcharakter von „Massebildung" gerecht, noch der Rolle möglicher Interaktionspartner in diesem Prozeß. Für die vorliegende Untersuchung sind daher jene Konzepte wichtiger, die die „aktuelle Masse", die unmittelbare Interaktionssituation zum Thema haben.

3.2.2 Das Verhältnis zwischen Individuum und Masse

Der Frage, wie sich die Eingliederung des Individuums in die Masse vollzieht und wie vor allem die Bereitschaft zu regelwidrigem, gewalttätigem Verhalten entsteht, geht Heinemann im Rahmen des Konzepts einer „Soziologie" der Masse nach (Heinemann, 1984, a.a.O., S. 70ff). Während unter normalen Umständen gewohnte Handlungs- und Verhaltensweisen sehr stabil sind und nicht schnell zu verändern sind, so Heinemann, scheint die bloße Einfügung in die Masse eine starke Wirkung auf die Individuen und ihr Verhalten zu haben.

Heinemanns These ist, daß die Eingliederung in die Masse und das entsprechende Verhalten in psychologischen Prozessen zu sehen ist, die der „Massenaktion" vorausgehen. Der scheinbar spontanen Eingliederung gehen kognitiv-emotionale Entwicklungen voraus. „Die Eingliederung des Individuums in die Masse hängt ab von der Entsprechung zwischen Einstellungen, Gefühlen und Bedürfnissen des Individuums und den Angeboten der Masse"

(Heinemann, 1984, S. 77-78). Heinemann unterscheidet hier vier Angebotstypen:

a) Orientierungsangebote (Werte und Ideen, Kritik, Feindbilder),
b) Befriedigungsangebote (sie sind auf konstruktive und destruktive Motive bezogen),
c) Zugehörigkeitsangebote (Identifikationsangebote),
d) Bestätigungsangebote.

Daraus werden dann verschiedene Eingliederungstypen (Partizipationsmuster) abgeleitet, die der Identifikation mit den verschiedenen Angeboten entsprechen. So zeichnet sich der „Kern der Masse", durch eine starke Identifikation mit den Orientierungsangeboten (Ideen, Werten, Feindbilder) aus, während in der „Peripherie" die Identifikation mit Orientierungsangeboten eher schwach ist. Hier spielen, so Heinemann, eher sekundäre Elemente der Masse (wie positive Befriedigungs-, Zugehörigkeits-, Bestätigungsangebote) eine stärkere Rolle.

Diese Unterschiede in den Einstellungen und Partizipationsmustern der Einzelnen werden auf unterschiedliche Erfahrungen und Motivationen zurückgeführt. Sie kennzeichnen die Heterogenität der „Masse". Gemeinsam sei den Individuen jedoch die Nähe zur Idee. Damit sei dann auch stets eine Gleichrichtung der Gefühle verbunden: je stärker die Identifikation mit der Idee, um so mehr richteten sich die positiven Gefühle auf die eigene Gruppe, die negativen auf den Gegner.

Heinemann nimmt nun an, daß die Geltung der Ideen und die Gleichrichtung der Gefühle für den Einzelnen nicht konstant sind, sich vielmehr im Laufe eines Ereignisses verändern können. Allerdings sieht er die Änderung offensichtlich in einer Steigerung der Geltung der Idee und einer Forcierung des Feindbildes durch „Provokationen", Ereignisse und Aktionen des Gegners, die zu Frustrationen und Ärger führen. Dies hat eine Veränderung der Handlungsbereitschaft zur Folge. „Der Ärger drängt zur Solidarisierung und verstärkt die Bereitschaft zur Teilnahme an kollektiven Aktionen" (Heinemann, 1984, S. 81).

Der Ärgeraktivierung folgt die Wahrnehmungs- und Deutungskontrolle. Die Motive und Aktionen des Gegners werden überprüft. Verständnis bzw. Unverständnis für das Handeln des Gegners beeinflußt die weitere Eingliederung. Durch negative Intentionsattribuierungen und Verantwortlichkeitszuweisung wird die Ablehnung des Gegners weiter verstärkt und die Eingliederung des Einzelnen in die „Masse" beschleunigt. Die permanenten Auseinandersetzungen mit dem Gegner führen dann zur Veränderung der Strategien und Aktionsformen: zur Entwicklung von extremeren Zielvorstellungen und Handlungsweisen bis hin zum regelwidrigen Verhalten. Damit ist dann, so Heinemann, die vollständige Eingliederung des Einzelnen in die Masse erreicht.

Heinemann betont, daß diese letzte Phase der Eingliederung nicht auf einer Abkoppelung von den Denk-, Wert- und Verhaltenssystemen der Individuen beruht. Vielmehr würden extreme Orientierungen und regelverletzende Aktionen durch die vorauslaufenden Prozesse in das Lebens- und Handlungskonzept der Individuen integriert. Seinem Phasenmodell der Eingliederung liegt also ein Lernmodell der Individuen zugrunde. Nicht Entpersönlichung, sondern kognitiv-emotionale Sozialisation; nicht anonyme, unkontrollierbare Mechanismen und Kräfte, sondern bewußte Erlebnisse und das in der Masse entwickelte Denken, Fühlen und Verhalten führen zur Eingliederung des Individuums in die Masse. „Erst in zweiter Linie ist ihr Verhalten von mehr oder minder starken unbewußten emotionalen Vorgängen bestimmt, allerdings stärker als in anderen Zusammenhängen" (Heinemann, 1984, S. 92). Die Fragestellung, von der Heinemann ausgeht, ist ohne Zweifel zentral: wie findet die Eingliederung in die „Masse" statt, und wieso kommt es scheinbar so reibungslos zur Eingliederung und auch zur Übernahme aggressiver, z.T. gewalttätiger Verhaltensweisen, zumindest von einigen Teilnehmern?

Heinemann betont die sozialen Ereignisse und den Prozeßcharakter der Eingliederung und bietet ein kognitiv-emotionales Phasenmodell an, das es erlaubt, die Eingliederung des Individuums in die „(aktuelle) Masse", als lang vorbereiteten Prozeß zu verstehen, der bereits in der (latenten) Masse abläuft.

Allerdings reduziert der Autor die empirische Variationsvielfalt von Eingliederungsprozessen unnötig:

a) Er macht die Eingliederung des Individuums in die Masse abhängig von der Identifikation mit den Ideen und Werten einer „Masse in Latenz". Neben der Nähe zur Idee werden andere Angebote der Masse, die soziale, emotionale oder psychische Motivationen der Individuen ansprechen, als sekundär behandelt, obwohl sie – wie wir wissen – als Initiativ-Motivation eine ganz zentrale Rolle spielen. Es ist daher letztlich eine empirische Frage, ob der Eingliederung in die Masse die Identifikation mit den Ideen der Masse vorausgeht, oder ob diese nicht vielmehr „nachgeliefert" wird, d.h. erst das Ergebnis der Eingliederung in die Masse, der gemeinsamen Handlungen und Erfahrungen ist.
b) Eingliederung wird als Prozeß des Erlernens von regelwidrigem, aggressivem Verhalten bestimmt. Dies ist eine einseitige Vorentscheidung, die zudem ein stabiles, erlerntes Handlungsrepertoire unterstellt, demgegenüber situative Bedingungen der Interpretation und spontane Impulse sekundär werden.

Die Individuen werden zwar nicht Opfer ihrer unbewußten Triebe oder regressiven Identifikation, sondern, so hat man den Eindruck, Opfer ihrer Identifikation mit der Idee, aus der sich die Gleichrichtung der Gefühle, die Ärgeraktivierung, die negative Intentionsattribuierung und schließlich auch aggressives Verhalten ableitet.

3.2.3 Die Situation des Massenhandelns

Gegenstand des Aufsatzes von Pross und Klewes (Pross/Klewes, 1984, S. 58ff) im gleichem theoretischen Rahmen ist die „Masse im engeren Sinn", d.h. als kurzlebige Ansammlungen einer großen Zahl von Menschen zum Protest gegen die politische Ordnung. Zwar wird die Entstehung „aktueller Masse", also „Massenbildung im engeren Sinn", auch hier an die Existenz von „Massenbewegung" geknüpft (von breiter Unruhe, emotionaler Unzufriedenheit etc.). Dennoch betonen die Autoren, daß es keine Automatik der Umsetzung von Masse in Massenhandlungen, also „in regelwidrige, ungeplante, unberechenbare und insoweit spontane kollektive Aktivität" (Pross/Klewes, 1984, S. 59) gibt.

Sie definieren einige allgemeine Merkmale von Situationen, die im Zusammenspiel als förderlich für die „Massenbildung" angesehen werden.

1. Die Ansammlung einer großen Zahl von Personen: dies setzt die Verfügbarkeit und Abkömmlichkeit vieler Menschen sowie ein besonderes Geschehnis oder Ereignis mit symbolischer Bedeutung voraus.
2. Ein auslösendes, Handlungsbereitschaften aktualisierendes Ereignis.
3. Ein Thema als konstitutive Bedingungen der Situation. Das Thema ist Teil des von der Masse geteilten Relevanzbereiches und liefert eine allgemeine Lagedeutung. Es stellt die Begriffe für die Wahrnehmung des besonderen Ereignisses zur Verfügung, das so in einen umfassenden Zusammenhang gestellt werden kann und seine Zufälligkeit verliert. Es konkretisiert das Ziel der Massenbewegung für den Augenblick, definiert die aktuelle Situation und motiviert so zum Handeln. Es ist auf Vereinfachung und Polarisierung der Auffassung und Gefühle angelegt und wird durch Symbole präzisiert und operationalisiert.
4. Direkte Kommunikation und räumliche Konzentration.
5. Prädispositionen der versammelten Masse: hierzu zählen die Emotionalisierung der Masse durch Ereignisse und die Vorgeschichte,
6. das Außeralltäglichkeitsgefühl in der „Masse" und
7. der sich daraus ableitende Handlungsdruck (Handlungsbereitschaft).
8. „Vorpreschende Einzelne" bilden den Funken, der die Bereitschaft in Handeln umsetzt. Sie sind Beispiel, sie stecken an und helfen so Hemmungen zu überwinden, Widerstände abzubauen, oder wirken nachah-

menswert, weil ihre Aktionen als gerechtfertigt und wünschenswert angesehen werden, „weil die außeralltägliche Situation außeralltägliches Vorgehen erlaubt und verlangt“ (Pross/Klewes, 1984, S. 67).

In Anlehnung an Lang/Lang (1961) können solche „Einzelne“ jedoch auch Personen „mit eher negativen Eignungen“ (Pross/Klewes, 1984, S. 66) sein: „... sie reagieren impulsiver, unterliegen relativ schwachen persönlichen Kontrollen und suchen stets nach Gelegenheiten für Nachgiebigkeit gegen sich selbst. Sie nehmen sich größere Freiheiten heraus oder fühlen sich unter dem Druck, unkonventionelle Schritte zu tun“ (Pross/Klewes, 1984, S. 66).

Obwohl die Autoren versuchen, sich von den Annahmen der klassischen Massenpsychologie abzusetzen, die von „Enthemmung“ und „Reduzierung der kritischen Selbstreflexion“ der Individuen gesprochen hatte, sprechen sie selbst von Prozessen der Ansteckung, von einer „reaktiven Übertragung“ seelischer Zustände, von einer Nivellierung der „Widerstände“ gegen Gewaltanwendung und Überwindung der Hemmungen.

Sie betonen, daß diese Verhaltens- und Orientierungsmodifikationen Folge der „Außeralltäglichkeit“ von Massensituationen sind, in der „konventionelle Normen“ durchbrochen oder ungültig werden, daß aber auch in solchen Situationen die Menschen nicht einfach beliebig oder von unbewußten Kräften getrieben handeln:

„In diesem Durcheinander verfolgen verschiedene Menschen verschiedenen Interessen: einige plündern (für persönlichen Gewinn), andere handeln aus reiner Zerstörungslust, Dritte begleichen persönliche Rechnungen, wieder andere greifen zur Gewalt weil sie meinen, daß die sie leitende gute Idee es verlangt“ (Pross/Klewes, 1984, S. 67).

Die von den Autoren definierten situativen Faktoren sind daher zur Analyse von Eskalationsprozessen ohne Zweifel von Bedeutung. Sie erlauben keine sichere Vorhersage über „Massebildung“ und den Verlauf von „Konfrontationen“, geben jedoch Hinweise auf mögliche Voraussetzungen und Mechanismen der Eskalation. Freilich wird übersehen, daß die Faktoren „auslösende Ereignisse“ und „Thema der Situation“ nicht fixe Randbedingungen sind, sondern durchaus spontanen Umdeutungen und Reorganisationen (als Folge von Interaktionsprozessen) unterliegen können.

3.2.4 Die Strukturiertheit der Masse

Feste Strukturen im Sinne dauerhafter, verläßlicher, kontrollierbarer und berechenbarer Regelungen der sozialen Beziehungen liegen in der „Masse im engeren Sinn“ nicht vor. Dies bedeutet jedoch nicht, daß die Beziehungen in der Masse völlig strukturlos seien. Buß und Heinemann (1984, S. 95 ff.)

entwickeln hier als Antithese zur Annahme der Strukturlosigkeit, Homogenität und Anonymität der Masse ihre These von der Quasi-Struktur der Masse. Sie besagt, daß die Masse durch ein eigentümliches Spannungsverhältnis von Struktur und Nichtstruktur gekennzeichnet ist und zumindest rudimentäre Formen einer Struktur ausbildet. Ansätze einer Rollendifferenzierung und internen Spezialisierung, unterscheidbare Gruppenstrukturen, spezifische Normen sowie interne Konflikte und „Grenzziehungen" werden als Belege angeführt. Die Handlungen in der „Masse" sind zwar nicht vollständig geregelt, aber sie sind auch nicht regellos und beliebig. Es fehlt ihr zwar eine dauerhafte Struktur und Gliederung und feste hierarchische Organisation; dennoch gibt es interne Differnzierungen, heterogene Gruppen und zumindest rudimentäre und temporäre Führungsstrukturen.

Die Autoren stellen ausführlich die Strukturiertheit der „Masse in Latenz" dar. Sie betonen jedoch, daß es von situativen Randbedingungen abhängt, ob die Strukturen der „latenten Masse" auch in konkreten Situationen realisiert werden. Sie sprechen daher vom „Eventualitätscharakter" der Strukturiertheit von Masse und von der Unvorhersehbarkeit dieses Prozesses. „Inwieweit

- Lernerfahrungen,
- Beteiligungsformen,
- Primärgruppenartige Gefüge,
- Sonderrollen,
- Rekrutierungs- und Mobilisierungsfunktionen,
- Kommunikative Netze,
- sowie Führungs- und Organisationsformen

sich schließlich zu einer zwar fließenden, aber doch charakteristischen Massenstruktur verdichten, hängt letztlich vom Verlauf des Eskalationsprozesses, vom Verhalten des Gegners und der Eingliederung des Individuums in eine Masse ab. Antizipierbar ist die Struktur nicht" (Buß/Heinemann, 1984, S. 115).

Obwohl die Hinweise auf die interne Heterogenität, strukturelle Differenzierung und deren Entwicklungsbedingungen für die Frage der Konflikt- und Eskalationsdynamik zweifelsohne von Bedeutung sind, kann der Ansatz von Buß und Heinemann daher zum weiteren Verständnis dieser Prozesse nur zum Teil helfen. Denn genau jene (situativen) Faktoren (wie z.B. ökologische Bedingungen, Anwesenheit unterschiedlicher Gruppen und Interaktionspartner; Wahrnehmungsprozesse; Situationsdefinitionen; Emotionalisierung etc.), die verantwortlich sind für die konkrete Zusammensetzung, Struktur und Handlungsweise von „Masse im engeren Sinn", von „aktueller

Masse“ in konkreten kollektiven Handlungssituationen (Aktionen), werden aus der Darstellung ausgeblendet.

So erfahren wir zwar einiges über die Heterogenität und Struktureigenschaften der „Masse in Latenz“, jedoch wenig über die Bedingungen und den Verlauf der Konfliktinteraktionen und der Eskalation von Konflikten, sowie der diesen zugrundeliegenden emotionalen und kognitiven Prozesse.

Der Begriff der „Masse“ und auch die Trennung zwischen Masse in Latenz und aktueller Masse scheint (auch in der vorliegenden inhaltlichen Definition) letzten Endes ein nur wenig geeignetes Instrumentarium zur Analyse dieses sehr komplexen, prozessualen Phänomens zu sein, zu dessen Bestimmung stets die individuellen Perzeptions- und Interpretationsleistungen berücksichtigt werden müssen.

3.3 Smelsers Theorie des kollektiven Verhaltens

Smelsers Arbeit kommt im Rahmen der bisherigen Theorien-Darstellung eine Sonderrolle zu. Smelser (1963; 1972a) versucht nämlich sowohl makrostrukturelle Faktoren als auch handlungstheoretische Bedingungen zu berücksichtigen und in einer Theorie des kollektiven Verhaltens zu integrieren. Inwieweit ihm dies gelingt, kann hier nicht Gegenstand sein. Es soll vielmehr dannach gefragt werden, ob die von Smelser definierten „Bestimmungsfaktoren“ kollektiven Verhaltens einen theoretisch sinnvollen und analytisch brauchbaren Ansatz zur Untersuchung der Prozesse der Konfliktdynamik darstellen. Die folgende Darstellung setzt daher das Referat zu Smelser (Kap. 2.1.C) fort, diskutiert aber hier v.a. sein Entwicklungsmodell kollektiven Verhaltens.

Smelser definiert kollektives Verhalten als ein zielgerichtetes Verhalten, eine „uninstitutionalized action to reconstitute some parts of the social environment in the name of a generalized belief“ (Smelser, 1975, S. 47). Er bestimmt strukturelle und handlungstheoretische Determinanten, die für die Entwicklung kollektiven Verhaltens maßgeblich sein sollen. Diese von Smelser benannten sechs Determinanten sind jeweils notwendige, aber nur in dieser Kombination auch hinreichende Bedingungen zur Erklärung von Protest. Sie sind logisch von eher generellen zu eher spezifischen Faktoren hin geordnet und bauen aufeinander auf: erst wenn sich die Bedingungen akkumulieren, wird die Entwicklung eines bestimmten Typs von kollektivem Verhalten wahrscheinlich.
Die sechs Determinanten in der logischen Reihenfolge:

1. „Strukturelle Anfälligkeit“ bezieht sich auf die Frage, inwieweit gesellschaftliche Strukturen bestimmte Formen kollektiven Verhaltens über-

haupt zulassen. Gefragt wird also nach den vorhandenen Strukturen, Institutionen und Kommunikationsnetzen, die grundsätzliche „Freiräume“ und Möglichkeiten für das Entstehen von kollektivem Verhalten, d.h. von Protest, definieren.

2. „Strukturelle Spannung“ bezieht sich auf jede mögliche Form sozialer Ungleichgewichte, sozialer Spannungen, sozialer Desorganisation und Desintegration (auf normative Ambiguitäten ebenso wie auf Diskrepanzen zwischen Werthaltungen).
3. Die Entstehung und Verbreitung einer „generalisierten Vorstellung“ als dritte Voraussetzung kollektiven Verhaltens bezieht sich auf Ideen, Interpretations- und Deutungsmuster, die den Menschen die Möglichkeit geben, die Ursachen für die erfahrene Spannung zu benennen und Lösungsmöglichkeiten aufzeigen. Generalisierte Vorstellungen entwickeln sich als Reaktion auf die strukturellen Spannungen.
4. „Beschleunigungsfaktoren“ sind in der Regel Ereignisse, die kollektive Aktionen vorantreiben und etwa den Ausbruch von Gewalttätigkeiten forcieren. Sie beziehen sich auf spezifische Situationen und Ereignisse. Diese Ereignisse sind in der Regel dadurch gekennzeichnet, daß sie generalisierte Vorstellungen bestätigen, symbolisieren und konkretisieren sowie die entsprechenden Gefühle des Hasses und der Furcht rechtfertigen können.
5. Von strukturellen Spannungen betroffene Individuen oder Gruppen werden nur dann auch kollektive Verhaltensweisen annehmen und sich zu Protestgruppen entwickeln, wenn ein Mindestmaß an „Mobilisierung“ vorhanden ist. Smelser betont hier vor allem die Rolle der Führer für die Entstehung von Protestbewegungen.
6. Als letzte Bedingung für das Entstehen von Protest bezeichnet Smelser den Einsatz sozialer Kontrolle bzw. die Ineffizienz der Institutionen sozialer Kontrolle. Dabei sind zwei Formen zu unterscheiden. Einmal jene Form der Kontrolle, die das Entstehen von Protest dadurch verhindert, daß strukturelle Spannungen (z.B. Arbeitslosigkeit) abgebaut werden oder aber Konflikte frühzeitig erkannt und integriert werden, etwa indem neue politische Kommunikationskanäle und Partizipationschancen geschaffen werden. Scheitern solche Versuche jedoch, dann ist die Wahrscheinlichkeit für die Entwicklung von Protesten und Unruhen um so größer. Der zweite Typ sozialer Kontrolle setzt erst nach der Entwicklung von Protesten und sozialen Unruhen ein und bezieht sich vor allem auf Polizei, Armee und Justiz als Kontrollinstanzen. Allerdings ist der Einsatz von Polizei und Armee immer ambivalent: Proteste, soziale Bewegungen und Krawalle können durch den massiven Einsatz von Polizei und Armee unterdrückt und zerschlagen werden. Deren Ein-

satz kann aber auch gerade gegenteilige Wirkung haben und unfreiwillig zur Stärkung und Radikalisierung der Protestgruppen beitragen. Smelser verweist darauf, daß vor allem wertorientierte Bewegungen leicht zu revolutionären Bewegungen werden können, wenn sich durch harte Polizeieinsätze Positionen verhärten und Konfliktlinien vertiefen.

Im Rahmen der vorliegenden Fragestellung ist dieser dynamisierte Strukturansatz von Smelser nur begrenzt brauchbar.

Smelser lehnt es ab, für kollektives Verhalten spezifische Motive oder psychische Dispositionen der Teilnehmer anzunehmen, oder aber (wie Blumer) davon auszugehen, daß die entscheidende Bestimmungsgröße des kollektiven Verhaltens, die verallgemeinerten Überzeugungen (generalized beliefs), abhängig sind von spezifischen Kommunikations- und Mobilisierungsmustern, die es zu untersuchen gilt. Anders als sozialpsychologische und interaktionistische Studien lehnt er Interaktions- und Kommunikationsprozesse als zentrales Analyseobjekt ab.

So definiert er zwar wesentliche Faktoren der Konfliktdynamik, bleibt jedoch in seiner Analyse bei einer funktionalistischen Interpretation stehen und fragt nicht nach den Bedingungen für die Herausbildung dieser Faktoren.

So werden etwa „generalisierte Überzeugungen" als Resultat struktureller Spannungen interpretiert, ohne daß nach den spezifischen kommunikativen und interaktiven Entwicklungsbedingungen dieser Deutungs- und Interpretationsmuster gefragt wird. So wird die Mobilisierung von Teilnehmern als wichtige Bedingung für die Durchführung von Protestaktionen benannt, ohne daß nach der unterschiedlichen Motivation und Handlungsbereitschaft unterschiedlicher Teilnehmer gefragt wird und deren Konsequenzen für den Konfliktverlauf mitbedacht würden. Schließlich wird zwar der Einsatz sozialer Kontrolle als letzte Determinante des kollektiven Verhaltens definiert: es wird aber die Rolle des polizeilichen Verhaltens für die Herausbildung generalisierter Überzeugungen oder als „kritische Ereignisse" ebensowenig berücksichtigt wie die prinzipielle Abhängigkeit des Konfliktverlaufs von den Interaktionssequenzen zwischen Protestgruppen oder sozialer Bewegung und den Instanzen sozialer Kontrolle.

3.4 Eine Interaktionsanalyse des politischen Konflikts von Sack

Ähnlich wie Smelser eine Integration struktur-funktionaler Ansätze und Theorien kollektiven Verhaltens vornimmt, versucht Sack (1984) marxistische und interaktionistische Theorieelemente zu kombinieren.

Er wählt als Ausgangspunkt nicht das einzelne Individuum als einen handelnden Akteur, sondern die soziale Interaktion zwischen sozialen Bewegungen einerseits und verschiedenen Interaktionspartnern (Adressaten sozialer Bewegung – also Staat und Öffentlichkeit) andererseits.

Soziale Bewegungen werden verstanden als „taktische und strategische Feldzüge von Gruppen, ... die sich mit ihrem Anliegen nicht oder nicht angemessen im aktuellen politischen Problemkatalog vertreten finden" (Sack, 1984, S. 64). Sie versuchen daher zur Erreichung ihrer Ziele möglichst viel Unterstützung und Loyalität anderer Gruppen zu mobilisieren. Inwieweit ihnen das gelingt, und wie schließlich die Entwicklung der sozialen Bewegung sich gestaltet, ist jedoch „primär keine Frage ihrer Strategien und Taktiken, sondern," so Sack, „eine Resultante aus dem Interaktionsprozeß zwischen ihr und der Gesellschaft und ihren Institutionen ..." (Sack, 1984, S. 61).

Zur Analyse von sozialen Bewegungen und ihrer Entwicklung ist es daher notwendig, das Interaktionsgefüge mehrerer Akteure und Institutionen" (vgl. 1984, S. 64ff) zu analysieren und deren Handlungsressourcen, Handlungsmöglichkeiten, Handlungszwänge und Interaktionsverflechtungen zu beschreiben.

Sack unterscheidet daher zunächst die verschiedenen Interaktionspartner von sozialen Bewegungen (Adressaten, Öffentlichkeit) und beschreibt dann die typischen Handlungsressourcen dieser Interaktionspartner, die als entscheidend für den Verlauf und die Entwicklung sozialer Bewegungen angenommen werden. „Wenn auch für alle Konfliktpartner ein gemeinsamer Horizont ihres Handelns existiert, so unterscheiden sie sich doch in sehr signifikanter Weise in bezug auf die Möglichkeiten und Mittel, die für ihr Handeln erforderliche Ressourcen zu mobilisieren" (Sack, 1984, S. 66).

In Sacks Interpretation gerät die interaktionistische Perspektive jedoch sehr schnell zu einem „sozialen Reaktionsansatz", in dem die Interpretationsprozesse und Handlungen der Interaktionspartner nicht gleichberechtigt untersucht werden, sondern vor allem die „Reaktionen" des Staates auf die Aktionen sozialer Bewegungen thematisiert werden. Zwar definiert er (in Anlehnung an Simmel und orientiert an dem Labeling-Ansatz) Abweichung (und als solche wird Protest nach seiner Ansicht in unserer Gesellschaft verstanden) als eine Handlung, die mit öffentlichen Sanktionen belegt ist und trennt – folgerichtig – den Aspekt der Handlung von dem Vorgang der Definition, Bewertung und Sanktionsbedrohung der Handlung. Er behandelt jedoch diese beiden Aspekte nicht als gleichwertige Komponenten der Analyse sondern stellt heraus, daß „die Reaktion auf abweichendes Verhalten „ ..."die entscheidende Größe im prozeßhaften und dynamischen Geschehen von Abweichung und Kriminalität" (Sack, 1984, S.32) ist, und daß daher gerade die Definitions- und Bewertungsaspekte auch in der Analyse des politischen Protest besondere Bedeutung verdienten. Die theoretische Rechtfertigung für diese Einseitigkeit der analytischen Perspektive lautet wie folgt: Abweichendes Verhalten ist stets Normbruch. Normen symbolisieren eine latente Beziehung, die durch den Normbruch aktualisiert wird. Da Normen stets mit Sanktionen bewehrt sind, ist in der durch den Normbruch aktualisierten Beziehung der Normsender zugleich auch derjenige, der über Sanktionsgewalt verfügt. Folglich ist die so gekennzeichnete Beziehung ihrem Typus nach asymmetrisch. Die Analyse hat deshalb, so Sack, „an dem Glied der Beziehung anzusetzen, zugunsten dessen ihre Asymmetrie ausgestaltet ist, sich also auf die Reaktionen auf den Normbruch und nicht auf diesen zu konzentrieren“ (Sack, 1984, S.32/33).

Sack versucht mit der Annahme „einer generellen Selektivität“ der Sanktionierung von Rechtsbrüchen und mit dem Hinweis auf die „Dramatisierung“ von Rechtsbrüchen zu erklären, daß die Bereiche des abweichenden und vor allem kriminellen Verhaltens „in einer Gesellschaft ganz entscheidend der politischen und staatlichen Gestaltung zugänglich“ sind (Sack, 1984, S. 36). Er verknüpft nun diese generelle, d.h. auch letztlich nicht vermeidbare Selektivität der Verfolgung von Rechtsbrüchen mit unmittelbaren Handlungsinteressen und Strategien der Strafverfolgungsbehörden im Umgang mit politischem Protest. „Die Durchsetzung von Normen im Sinne ihrer Verfolgung und Sanktionierung erfordert von den Sanktionsinstanzen ständig Entscheidungen darüber, welchen Prioritäten und Selektionskriterien sie folgen sollen“ (Sack, 1984, S. 33). Vor allem der Polizei scheinen nach dieser Darstellung entscheidende Selektionsmöglichkeiten gegeben.

Auch wenn Sack darauf verweist, daß die Entscheidungsfreiräume der Polizei durch rechtliche, organisatorische oder kriminalpolitische Vorgaben eingeengt sind, so bleibt doch der Eindruck, daß er die tatsächlichen Entscheidungs- und Selektionsmöglichkeiten der Polizei hinsichtlich der Strafverfolgung hier dramatisch überbewertet. Sack schafft sich so den theoretischen Platz, an dem die für ihn zentralen selektiven Bewertungs- und Definitionsprozesse der Strafverfolgungsbehörden, Polizeiinstanzen und politischen Kontrollinstanzen unterzubringen sind. Damit verliert er aus dem Blick, daß Interaktionsprozesse nicht auf Reaktionsprozesse verkürzt werden können, daß Definitions- und Bewertungsprozesse bei *beiden* Interaktionspartnern konstitutives Handlungselement sind.
Sack versucht darüber hinaus zu zeigen,

a) daß die Reaktionen der staatlichen Institutionen auf die Studentenbewegung duch typische Konfliktlösungs- bzw. Konfliktverschiebungsstrategien gekennzeichnet sind, die dazu führen, daß politische Konflikte in

Rechtskonflikte transformiert werden. Mit dieser Transformation der politischen Konflikte seien aber ganz typische Veränderungen in den Konfliktkonstallationen und eine „Reorganisation“ der Ressourcen und damit eine Veränderung der Erfolgschancen der Konfliktparteien verbunden. „Ein politisches Problem zu einer Rechtsfrage machen, bedeutet den Ausschluß von Dritten aus der Konfliktregelung, behindert und erschwert die Parteinahme, nimmt den Konfliktpartnern die Möglichkeit den Konflikt durch die Werbung von Parteigängern zu beeinflussen“ (Sack, 1984, S. 47-48).

b) daß die strukturelle, asymmetrische Beziehung zwischen Studentenbewegung und politischen Institutionen negative Konsequenzen für die Mediatisierung und kooperative Lösung des Konfliktes hatte.

Wenn man hier einmal die Frage ausklammert, ob staatliche Friedenssicherung nicht notwendigerweise bestrebt sein muß, Konflikte zu verrechtlichen und damit zu „verschieben“, so erscheinen diese theoretischen Vorannahmen auch für eine empirische Interaktionsanalyse problematisch.

So ist die Beziehung zwischen sozialer Bewegung und politischer Institution durch die Annahme struktureller Asymmetrie aufgrund ungleich verteilter Sanktionsmacht keineswegs ausreichend definiert. Hier wird – im vorhinein – die Verteilung von Ressourcen einseitig entschieden, ohne für die Definition der typischen Machtmittel/Ressourcen der sozialen Bewegung terminologisch Raum zu lassen.

Trotz der einseitigen Vorannahmen ist Sacks Vorgehensweise jedoch aus forschungstechnischen Gründen von Interesse für diese Arbeit, weil sie – verschiedene Theorieelemente kombinierend – ein theoretisches Instrumentarium zur empirischen Analyse von Verlaufsformen und Eskalationsprozessen konzipiert.

3.5 Kollektives Verhalten und soziale Bewegung als Interaktions- und Definitionsprozeß

3.5.1 Der Ansatz von Blumer

Mit dem Versuch, das Entstehen und die Dynamik von sozialen Unruhen, politischen Protesten und sozialen Bewegungen als Ergebnis kollektiver Definitions- und Interpretationsprozesse zu erklären, hebt sich der am symbolischen Interaktionismus orientierte Ansatz kollektiven Verhaltens deutlich von den struktur-analytischen Ansätzen ab. Herbert Blumer wendet sich mit seinem Ansatz auch bewußt von dem seiner Meinung nach für viele Soziologen „typischen Vorgehen“ ab, soziale Probleme und strukturelle

Spannungen als objektiv vorfindbare Bedingungungen für soziale Unruhe und politischen Protest zu betrachten (vgl. Blumer 1972). Nach seiner Ansicht können solche Theorien nicht erklären, warum „objektive Bedingungen“ in vielen Fällen nicht soziale Unruhe zur Folge haben. Sie verkennen, daß strukturelle Bedingungen (Spannungen, Widersprüche) nicht automatisch auch als soziales Problem im gesellschaftlichen Bewußtsein existieren. Blumer zufolge „existiert ein soziales Problem in erster Linie in dem Sinne, wie es in einer Gesellschaft definiert und verstanden wird und nicht als objektive Gegebenheit mit einer definitiven objektiven Gestalt“ (Blumer, 1972, S. 153).

Das Schwergewicht der soziologischen Forschung darf nach Blumers Meinung demzufolge nicht bei der Analyse der objektiven Ursachen liegen, sondern muß sich der Frage zuwenden, durch welche Mechanismen eine Gesellschaft dazu gelangt, bestimmte Gegebenheiten, die existieren, als soziale Probleme zu erkennen und zu behandeln.

Blumers These ist nun, daß ein soziales Problem nicht aus sich heraus existiert, sondern einem Prozeß der kollektiven Definition unterliegt und dessen Produkt ist. An diesem Definitionsprozeß sind unterschiedliche Interessengruppen beteiligt, die bestimmen, ob ein Mißstand den Status eines sozialen Problems erlangt, ob und wie soziale Unruhe entsteht und wie intensiv sie sich in welche Richtung entwickelt, d.h. ob aus ihr eine soziale Bewegung hervorgeht oder aber nur kurzlebige Formen kollektiven Verhaltens (spontane Proteste, Krawalle).

Dieser Entwicklungsverlauf ist nicht vorherbestimmbar, da er ein Produkt dieses Definitionsprozesses selbst ist. Es ist ein kontinuierlicher Prozeß, bei dem immer wieder neue Situationen eintreten, die von den interagierenden Interessengruppen neu definiert werden können.

Im folgenden sollen die zentralen Thesen Blumers zur Entstehung und Entwicklung von sozialen Unruhen, sozialen Bewegungen und politischem Protest kurz dargestellt werden.

3.5.1.1 Kollektives Verhalten als Interaktionsprozeß

Der Begriff des kollektiven Verhaltens wurde bereits in den Arbeiten von Mc Dougall (1927) sowie von Park und Burgess (1921) in die sozialwissenschaftliche Diskussion eingeführt. Doch erst Blumer gelang es mit seinem Aufsatz „Collective Behaviour“ (1939), kollektives Verhalten zu einem eigenständigen soziologischen Forschungsfeld zu etablieren.

Ausgangspunkt seiner Definition kollektiven Verhaltens ist die Annahme, daß kollektives Verhalten nicht auf Grundlage bestehender kultureller Regeln, Werte, Normen und sozialer Zielsetzungen beruht und auch nicht als Ausdruck intrapersonaler, psychischer Dispositionen zu verstehen ist. Es wird vielmehr neu entwickelt, improvisiert auf der Basis spontaner Interaktionsprozesse. Diese spontanen Interaktionsprozesse entwickeln sich immer dann, wenn bestehende Interpretations- und Deutungsmuster, kulturelle Rahmen, institutionalisierte Handlungsweisen und Problemlösungsprozeduren durch problematische Situationen oder kritische Ereignisse in Frage gestellt oder unbrauchbar werden.

Blumer unterschiedet dabei zwei grundlegend unterschiedliche Mechanismen des kollektiven Verhaltens:

a) Nicht symbolisch vermittelte („noninterpretive") Interaktionen sind vor allem in den frühen Phasen der Entwicklung kollektiven Verhaltens, der sozialen Unruhe, zu beobachten. Blumer beschreibt diese Form der Kommunikation als „zirkuläre Reaktion" d.h. als ein sich wechselseitig verstärkender Austausch von Gefühlen und Emotionen, der kennzeichnend ist für kritische, neue, undefinierte Situationen, in denen keine institutionalisierten Handlungsorientierungen vorhanden sind, gleichwohl aber ein Handlungsimpuls (Handlungsdruck) gegeben ist. Aktion und Reaktion, Stimulus und Response sind hier unmittelbar aufeinander bezogen. Das Verhalten der anderen wird nicht sinnhaft interpretiert und gedeutet, sondern unmittelbar nachgeahmt. Blumer spricht hier auch vom Prozeß des „milling" und der sozialen Ansteckung, in dem die individuelle Überprüfung und Beurteilung des Verhaltens außer Kraft gesetzt wird. Er bezeichnet dieses elementare kollektive Verhalten als Ausdruck innerer Unruhe und Spannung und als zufällig, inkonsistent und unberechenbar. Damit folgt er hier noch der Tradition der Massenpsychologie.
b) Interpretative, symbolisch vermittelte Interaktionen sind typisch für entwickelte soziale Bewegungen und komplexere Formen kollektiven Verhaltens. Zwischen Stimulus und Response wird hier ein Interpretationsmechanismus wirksam. Im Gegensatz zur zirkulären Reaktion, die dazu neigt „to make people alike" (Blumer, 1975, S. 23) spricht Blumer hier von einem Prozeß, der die Menschen und ihre Reaktionen eher unterschiedlich mache.

Diese unterschiedlichen Kommunikations- und Interaktionsprozesse, die kollektivem Verhalten zugrundeliegen, können als kollektive Anstrengungen interpretiert werden, in kritischen Situationen neue, kollektiv geteilte Situations- und Zieldefinitionen herzustellen, die dann Grundlage für kollektives Handeln sind.

Das kollektive Handeln und die darauf erfolgenden Reaktionen verändern aber selbst wieder die Situation, und erzeugen damit neue Interpretations- und Deutungsbedürfnisse. Es entsteht ein Zyklus der Interpretation und

Kommunikation, der zu nicht vorhersehbaren Handlungs- und Interaktionsprozessen führt.

Diese elementaren kollektiven Interaktionsprozesse finden sich nun in unterschiedlicher Ausprägung in den verschiedenen Formen kollektiver Gruppierungen, die durch unterschiedliche Bedingungen und Formationsprozesse gekennzeichnet sind:

a) the „crowd“, hier ist vor allem die Unterscheidung in „casual“, „acting“ und „expressiv crowd“ von Bedeutung,
b) the mass,
c) the public.

Politische Konflikte, Proteste, Demonstrationen und Krawalle, aber auch soziale Bewegungen und organisierte Protestgruppen sind nach Blumer „Kollektive“ der ersten Art.

3.5.1.2 Soziale Unruhe und kollektiver Protest

Ausgangspunkt und Grundlage für verschiedene höher entwickelte Formen des kollektiven Verhaltens, wie sie etwa organisierte Protestgruppen oder soziale Bewegungen darstellen, ist bei Blumer die soziale Unruhe.
Sie ist gekennzeichnet durch:

a) die kollektive Ablehnung der Legimität der bestehenden Ordnung,
b) die kollektive Unzufriedenheit mit der bestehenden Ordnung,
c) die kollektive Bereitschaft zum Handeln.

Blumer betont, daß soziale Unruhe nicht schon durch die bloße Existenz objektiver Gegebenheiten (strukturelle Spannungen und Ungleichheiten) hervorgerufen wird, sondern erst durch die Wahrnehmung und kollektive Interpretation dieser Umstände. Dieser kollektive Definitionsprozeß, der soziale Unruhe darstellt, ist in seiner Entwicklung nicht vorhersehbar oder gar steuerbar. Es ist ein Prozeß, der entscheidend durch eine Anzahl von Faktoren bestimmt und vorangetrieben wird:

a) durch auslösende Ereignisse („dramatic events“), die zur Aktivierung von Interesse und Aufmerksamkeit beitragen und zugleich Eskalationsspiralen und Polarisierungstendenzen in Gang setzen und verstärken;
b) durch die Kommunikations- bzw. Interaktionsprozesse innerhalb der aktiven Gruppe, verstanden als spontaner, diffuser, offener Prozeß der Diskussion und Auseinandersetzung;
c) durch die öffentliche Manifestation in Form von Aktionen. Die öffentliche Manifestation sozialer Unruhe hat Einfluß auf die Überzeugungen, Handlungsbereitschaften, Solidarität und Loyalität der Gruppenmitglie-

der, aber auch auf die Einstellungen, Überzeugungen und Reaktionen der Öffentlichkeit und der staatlichen Institutionen;

d) durch die Interaktionsprozesse zwischen den aktiven Gruppen und den anderen gesellschaftlichen Gruppen (Staatliche Autoritäten, Gegenbewegung, Öffentlichkeit). Im Interaktionsprozeß kristallisieren sich die unterschiedlichen, konträren Interessen und Ziele der Interaktionspartner aus, werden also die potentiellen Konfliktparteien und Konfliktpositionen erst definiert und festgelegt.

Damit ist jedoch noch keineswegs determiniert, in welche Richtung sich soziale Unruhe entwickelt und welche Formen sie annimmt. Hier sind durchaus unterschiedliche Entwicklungsverläufe denkbar: die Anpassung an die bestehende Ordnung, ebenso wie der subkulturelle oder sektenhafte Rückzug oder der kollektive Protest.

Kollektiver Protest stellt also keine notwendige Weiterentwicklung von sozialer Unruhe dar, kann jedoch aus dieser erwachsen. Er unterscheidet sich von der sozialen Unruhe nicht grundsätzlich, sondern lediglich durch eine Intensivierung und Stabilisierung der Aktivierung von Überzeugungen und Handlungsbereitschaften und durch eine gewisse Kontinuität des Handelns. Blumer beschreibt den kollektiven Protest als „fordernd", „symbolisch", „ausdrucksvoll" und „solidarisch", betont vor allem die Rolle der Interaktionsprozesse für die Entwicklung des Protests.

Von der organisierten (sozialen) Bewegung unterscheidet er sich vor allem durch das Fehlen von langfristen Zielsetzungen und ausformulierten Strategien und von festen organisatorischen Strukturen.

3.5.1.3 Soziale Bewegungen

Blumer beschreibt soziale Bewegungen als kollektive Unternehmungen (enterprises) zur Herstellung einer neuen Lebensordnung. Soziale Bewegungen entwickeln sich aus einer „condition of unrest" (Blumer, 1969, S.8) und beziehen ihre Motivationskraft einerseits aus der Unzufriedenheit und der Ablehnung von gegenwärtigen Lebensformen, aber auch aus den Wünschen, Hoffnungen und Ideen für eine neue Lebensform. Insofern kann die Entwicklung einer sozialen Bewegung selbst als Entstehung einer neuen Lebensordnung verstanden werden. Am Anfang stehen einfache Formen des kollektiven Verhaltens. Die Interaktionsformen und Mechanismen sind spontan, wenig organisiert und wenig entwickelt, die Bewegung ist noch amorph und ohne Form.

Je weiter sich eine Bewegung jedoch entwickelt, so Blumer, desto mehr entwickelt sie ihre eigene Form und Organisation, bildet Führungspositionen und arbeitsteilige Strukturen aus, entwickelt eigene Werte und soziale

Regeln, eine eigene Kultur und Tradition, „a new scheme of life" (Blumer, 1969, S. 8).

Blumer unterscheidet nun zunächst zwischen generellen und spezifischen sozialen Bewegungen.

(A) Generelle soziale Bewegungen sind nach Blumer dadurch gekennzeichnet, daß sie sich auf einen graduellen Wandel der Werthaltungen und Vorstellungen in einer Gesellschaft beziehen. Blumer nennt dies „cultural drifts".

„Such cultural drifts stand for a general shifting in the ideas of people, particularly along the line of the conceptions which people have of themselves, and of their rights and privileges" (Blumer, 1969, S. 9).

Blumer spricht davon, daß im Prozeß des sozialen Wandels ständig neue Ideen, Wünsche und Hoffnungen, Ansprüche und Erwartungen entwickelt werden. Das Entstehen neuer Werte, Erwartungen und Perspektiven beeinflußt die Art und Weise wie Menschen sich selbst und ihr eigenes Leben wahrnehmen.

Ergebnis und Folge dieses kulturellen Driftens und der Entwicklung neuer Werte sind nach Blumer vor allem auf der individuellen Ebene festzumachen. Die Veränderungen auf der individuellen Ebene beziehen sich vor allem auf die Inkompatibilität von neuen Selbstkonzeptionen und aktuellen gesellschaftlichen Positionen. Die Menschen erwerben neue Fähigkeiten, neue Interessen und werden entsprechend sensibilisiert. Dies bedeutet, daß sie Unzufriedenheit erfahren und erleben, „where before they had none" (Blumer, 1969, S. 9).

Vor allem dieses Merkmal ist für das Verständnis genereller sozialer Bewegungen besonders wichtig, da hier die motivationale Kraft beschrieben wird, die sozialen Bewegungen zugrundeliegt. Da die neuen Selbstbilder (images) jedoch noch vage und undefiniert sind, ist auch das entsprechende Verhalten der Menschen unsicher und ohne klares Ziel.

„General social movements take the form of ... uncoordinated efforts" (Blumer, 1969, S. 9). Sie haben nur eine generelle Richtung, auf die sie sich nur langsam zubewegen. Sie sind unorganisiert, ohne anerkannte Mitgliedschaft, ohne Führung und Kontrolle. Sie haben ein generelles und daher vages Ziel, sind sehr breit angelegt, vielfältig und zersplittert in ihren Aktivitäten und episodisch in ihrem Verlauf. Positive Erfahrungen und Rückschläge wechseln ab, Initiatoren wechseln ebenso wie die Ebenen der Aktivität.

Diese generellen sozialen Bewegungen bilden jedoch die Grundlage für die Entwicklung spezifischer sozialer Bewegungen. Blumer versteht daher spezifische soziale Bewegungen als Kristallisation und Organisation der Unzufriedenheit und Hoffnungen, die durch generelle soziale Bewegungen und „cultural drifts“ erzeugt werden. Hier wird eine gewisse Übereinstimmung mit der Wertwandelstheorie deutlich.

(B) Kennzeichen spezifischer sozialer Bewegungen ist ein klar definiertes Ziel. Zu diesem Zweck werden Organisation und Strukturen entwickelt. Es kommt zur Entwicklung von

- akzeptierten Führerschaften und arbeitsteiligen Strukturen,
- von Wir-Bewußtsein (kollektive Identität),
- von Tradition, Werten, Normen,
- von Ideologien und Philosophien („self concepts“, „body of expectations“),
- von Loyalität und Treueverpflichtungen.

Blumer macht deutlich, daß Bewegungen diese Merkmale erst nach und nach ausprägen. Am Anfang ist eine soziale Bewegung nur lose organisiert, impulsiv, ohne klares Ziel, dominiert durch Ruhelosigkeit und kollektive Erregung. Erst im Laufe der Entwicklung wird die soziale Bewegung dauerhaft, organisiert, gefestigt. Es ist daher möglich, den Entwicklungsverlauf der Abfolge verschiedener Entwicklungsstufen zu kennzeichnen: Von der diffusen, unorganisierten sozialen Unruhe bis hin zu Formalisierung und Institutionalisierung spezifischer Bewegungsorganisation. Blumers Interesse gilt jedoch weniger diesen Entwicklungsstufen als den Mechanismen der Entwicklung, die er ausführlich diskutiert und in ihrer Bedeutung für die Entwicklung der Bewegung beschreibt.

a) Die Bedeutung der Agitation

Sie spielt vor allem zu Beginn einer Bewegung eine bedeutende Rolle indem sie dazu beiträgt „to arouse people and so to make the possible recruits of the movements.“ (Blumer, 1969, S. 13). Agitation vermag Aufmerksamkeit und Interesse zu wecken, gängige Denk- und Handlungsmuster sowie Realitätsdefinitionen in Frage zu stellen und neue Ideen, Impulse, Erwartungen zu erzeugen. Sie vermag die Vorstellungen der Menschen über sich selbst zu verändern und erzeugt so Ruhelosigkeit und Unzufriedenheit als motivationale Basis sozialer Bewegung.

b) Die Entwicklung eines Gemeinschaftsgefühls (esprit de corps)

Die Entwicklung eines Gemeinschaftsgefühls ist nach Blumer eine notwendige Bedingung dafür, daß kollektive Aktivitäten nicht sporadisch, unverbunden und kurzlebig bleiben sondern den Character einer dauerhaften sozialen Bewegung annehmen. Die Identifikation mit der Gemeinschaft verstärkt die Einbindung in die Bewegung, erzeugt Loyalität mit der Bewegung und ihren Zielen und stabilisiert das neue Selbstkonzept, das Individuen durch die Teilnahme an sozialen Bewegungen entwickelt haben.

Im Zusammenhang mit unserer Frage interessiert nun vor allem wie sich das Gemeinschaftsgefühl entwickelt. Blumer unterscheidet drei Möglichkeiten:

1) Die Entwicklung eines Gemeinschaftsgefühls ist Folge einer typischen „ingroup-outgroup" Beziehung, in der die outgroup als Gegner oder Feind identifiziert wird. Dies führt zu einseitigen Zuschreibungen von Zielen, Werthaltungen. Tugenden, erzeugt Legitimation, erhöht die Verantwortlichkeitsgefühle und Solidarität.
2) Die Entwicklung des Gemeinschaftsgefühls ist Folge der sozialisierenden Wirkung informeller, persönlicher Beziehungen. Die für soziale Bewegungen typische „Personalisierung" der Handlungsbezüge (vgl. auch Neidhardt 1980 und 1985) und Beziehungen erzeugt ein höheres Maß an Emphatie, an gemeinsamen Erfahrungsinhalten und führt (unbewußt), so Blumer, zur Angleichung der Einstellungen, Werte, Lebensphilosophien. Dadurch wird das Gefühl der Zugehörigkeit, der sozialen Akzeptanz und Anerkennung erzeugt.
3) Der dritte Mechanismus zur Entwicklung des Gemeinschaftsgefühls sind Rituale, Zeremonien (Massenversammlungen, Demonstrationen...) und „sentimental symbols".

Ihre psychische Bedeutung sieht Blumer vor allem in der Erzeugung eines Gefühls der Unterstützung und Bestärkung. Blumer spricht hier von der Erfahrung des „personal expansion", der erhöhten (persönlichen) Bedeutsamkeit, die allein durch die Anwesenheit vieler Gleichgesinnter erzeugt werden kann.

Blumer charakterisiert das Gemeinschaftsgefühl, den Corps-Geist, als eine Organisation von Gruppengefühlen und eine Form des Gruppenenthusiasmus. Die Loyalität, die das Gemeinschaftsgefühl erzeugt, ist jedoch sehr instabil, da sie nach Blumer auf überhöhtem Enthusiasmus, beruht. Zur Entwicklung sozialer Bewegungen bedarf es daher einer stabileren Form der Loyalität. Diese wird durch die Entwicklung einer eigenen Moral erzeugt.

c) Die Entwicklung der Moral

Grundlage der Moral, die den Bewegungen Dauer und Bestimmtheit gibt, sind eine Reihe von Überzeugungen hinsichtlich der Redlichkeit der Absichten, der Erfahrungsgewißheit (der Angemessenheit von Realitätsinterpretationen) und der historischen Mission der Bewegung. Rückschläge und Widerstand führen dann nicht zur Aufgabe oder Entmutigung, sondern sind Anlaß für weitere Anstrengungen.

Blumer definiert die Entwicklung einer „Moral“ analog der Entwicklung eines (religiösen) Glaubens („faith“). Heilige Kulte, Helden- und Märtyrerverehrung, Glaubensbekenntnisse und Mythen spielen dabei eine entscheidende Rolle. Sie erzeugen auf Grund ihres kollektiven Charakters stabile, akzepierte Überzeugungen und führen zur dogmatischen Fixierung dieser Überzeugungen.

d) Die Entwicklung einer Gruppenideologie

Sie ist ebenso wie die „Moral“ zur Orientierung, zur Stabilisierung und Rechtfertigung der Bewegung von Bedeutung. Durch sie werden Ziele und Zwecke der Bewegung festgelegt, Werte und Überzeugungen definiert, Legitimations- und Argumentationsfiguren zur Verfügung gestellt und Mechanismen der Interpretation und Verarbeitung von Enttäuschungen offeriert.

e) Die Rolle der Taktik

Taktiken sind notwendig zur Rekrutierung von Anhängern und Mobilisierung von Ressourcen generell, sowie zur Koordination und Planung der Mittel und Wege der Zielerreichung.

Allerdings betont Blumer, daß die Taktiken stark von den Besonderheiten der jeweiligen Situation abhängig und daher kaum generalisierbar sind.

Blumer kennzeichnet mit diesen Mechanismen zentrale Faktoren der Entwicklung und Stabilisierung von spezifischen sozialen Bewegungen. Soll der Prozeß, der zu kollektivem Protest führt, verstanden werden, ist es nach Blumer wesentlich „... to see how the actions of these participating groups set the stage for one another and influence each other. Collective protest is a joint development, involving the interplay of different groups and moving in diverse directions as a result of the interplay“ (Blumer, 1969, S. 78). Der Prozeß, der zu kollektivem Protest und schließlich zur sozialen Bewegung führen kann, wird als eine kontinuierliche Entwicklung verstanden, die verschiedene Richtungen einschlagen kann, je nach den Definitionen die während des Prozesses gemacht werden und den Interaktionen auf die sie sich beziehen.

3.5.2 Die Theorie „emergenter Normen“: Turners und Kilians Konzeption kollektiven Verhaltens als interaktiver Prozeß der Norm-Erzeugung

3.5.2.1 Kollektives Verhalten als normorientiertes Verhalten

Im Anschluß an Blumer haben Turner und Kilian (1972) eine Theorie kollektiven Verhaltens als normorientiertes Verhalten entwickelt und damit

Kritik an jenen Erklärungsansätzen geübt, die von „Ansteckung“ oder „relativer Deprivation“ ausgehen.

Der „Ansteckungsansatz“, wie er in der klassischen Arbeit von Le Bon formuliert wurde, aber auch in den frühen soziologischen Arbeiten von Park/Burgess sowie bei Blumer noch Verwendung findet, ist nach Ansicht von Turner/Kilian unbrauchbar zur Erklärung von kollektivem Verhalten, weil er von einer Homogenität der Masse ausgeht und kollektives Verhalten als unkritische Übernahme von Emotionen und Stimmungen erklärt. Kollektives Verhalten wird in seiner Art und seinen Ursachen als deutlich verschieden von konventionellem, institutionalisiertem Verhalten angesehen: es ist ein anomisches Verhalten, das nur durch Rückgriff auf Prozesse der Ansteckung, der Nachahmung, der Identifikation und der zirkulären Reaktion erklärt werden kann.

„The contagion approach“, so Turner, „describes a reduction in the individual's critical faculty with respect to stimuli emanating from the collectivity. Moods, attitudes, and suggestions for action are disseminated in a nonrational process which short-circuits the usual interpretive stages between perception and response“ (Turner, 1964, S. 128).

Die „Konvergenztheorien“ hingegen gehen davon aus, daß sich Menschen in kollektiven Situationen entsprechend ihrer individuellen Prädispositionen (z.B. Persönlichkeitsmerkmale) verhalten. Die Homogenität der Masse wird hier also als Ergebnis des Zusammentreffens von Menschen mit ähnlichen Dispositionen aufgefaßt. Es wird unterstellt, daß die Menschen darum in ähnlichen Situationen auch gleich reagieren. Turner/Kilian weisen darauf hin, daß die Individuen durchaus mehrere und unterschiedliche latente Dispositionen und Handlungstendenzen gegenüber dem selben Objekt besitzen, so daß für Konvergenz-Ansätze das Problem entsteht, daß sie nicht vorhersagen können, welche dieser Tendenzen nun in einer gegebenen Situation zum Ausdruck kommt. Dies sei nur durch Rückgriff auf situative Faktoren, auf kontinuierlich entstehende Definitions- und Interaktionsmuster zu erklären.

Turner und Kilian legen daher den Schwerpunkt ihrer Analyse auf die Prozesse der Kommunikation und Interaktion, die in einer gegebenen Situation in einer „Kollektivität“ stattfinden und die konstitutiv für die Entwicklung kollektiven Handelns und von kollektiver Identiät sind.

„As a group a collectivity is more than simply a number of individuals. A group always consists of people who are in interaction and those interaction is effected by some sense that they constitute a unit“ (Turner/Kilian, 1972, S. 5).

Durch diesen, von gruppensoziologischen Überlegungen geleiteten Zugang zum Gegenstand kollektiven Verhaltens setzen sich die Autoren von den zuvor kritisierten Ansätzen ab. In kritischen, unstrukturierten und undefinierten Situationen, so die These, entwickeln die Anwesenden eine gemeinsame Definition der Situation und ein gemeinsames Verständnis eines der Situation angemessenen Verhaltens, daß durch spezifische Normen befestigt und so – in Grenzen – erwartbar gemacht wird.

Durch diese Existenz kollektiv geteilter Normen wird ein konformes Verhalten der Anwesenden eher wahrscheinlich – es entsteht ein Konformitätsdruck in der Gruppe, eine Art soziale Erwartung hinsichtlich des „richtigen“, angemessenen Verhaltens, dem sich auch jene fügen, die die kollektiven Normen nicht teilen. Turner und Kilian beziehen sich hier auf die Ergebnisse der Kleingruppenforschung in der Tradition von Sherif (1935) und Asch (1951) um die verhaltenssteuernde Kraft der erzeugten Normen und Wirklichkeitsdefinitionen darzulegen.

„... it is not the size of the opposing majority so much as the unanimity of the opposition that produces conformity in the individual. The presence of a single supporting partner, or even another dissenter whose judgements were nevertheless inaccurate, sharply reduced the influence of the majority.“ (Turner/Kilian, 1972, S. 24).

Schon Blumer hatte darauf hingewiesen, daß kollektives Verhalten nicht an vorgegebenen gesellschaftlich definierten Regeln und Normen orientiert ist. Turner und Kilian entwickeln diesen Ansatz weiter und charakterisieren kollektives Verhalten als Gruppenverhalten, das gekennzeichnet ist durch die spontane Entwicklung von Normen und Organisationsformen in Situationen, in denen institutionalisierte Regeln und Handlungsorientierungen unbrauchbar sind. Die in den Ansätzen der Massenpsychologie hervorgehobenen Merkmale der Emotionalität und Irrationalität des kollektiven Verhaltens tritt in dieser Konzeption in den Hintergrund. Die Autoren betonen mit ihrer These der Norm-Erzeugung stärker die Kontinuität mit konventionellem, institutionalisiertem Verhalten. Soziale Normen spielen in beiden Fällen eine entscheidende, verhaltenssteuernde Rolle.

„Der Ansatz der Normentstehung unterscheidet sich von der Ansteckungstheorie dadurch, daß er die Kontinuität zwischen institutionellem und kollektivem Verhalten betont. Die beiden Formen des Gruppenverhaltens unterscheiden sich nicht hinsichtlich der Kontrolle des Verhaltens durch soziale Normen.“ (Turner, 1972a, S. 132)

Die Unterschiede zwischen institutionellem und kollektivem Verhalten ergeben sich vielmehr aus anderen Aspekten.

„Erstens, die gewöhnlichen sozialen Normen sind nicht automatisch anwendbar, und es muß entweder eine spezielle Norm für die Situation geschaffen oder der Situation muß eine spezielle Definition auferlegt werden, um eine ad hoc-Norm herbeizurufen, oder den Druck unvereinbarer Normen aufzuheben. Zweitens, weder die etablierte soziale Organisation, noch die unmittelbaren Beziehungen innerhalb der Primärgruppe geben einen Rahmen für kollektive Entscheidung und Aktion ab." (Turner, 1972a, S. 132)

Folglich muß im Zentrum der Analyse der Interaktionsprozeß stehen, der zur Neudefinition von Normen führt.

Kollektives Verhalten ereignet sich immer dann, wenn Alltagsregeln und gesellschaftliche Institutionen ihren Dienst versagen. Dies geschieht mit dem Auftreten von Ereignissen, die in der Kultur der Gruppe nur unzureichend definiert sind, und für die keine traditionellen Organisationsformen und definierten Handlungsmuster existieren. Solche Ereignisse konfrontieren die Gruppe oder die Individuen mit vieldeutigen, kritischen Situationen. In solchen kritischen Situationen können neue Normen entstehen, die das kollektive Verhalten ausrichten. Auf Grund dieser Normen ist es möglich, daß individuelle Handlungen koordiniert werden – weil mit diesen Normen gemeinsame Situationsdefinitionen angeboten werden, und diese Normen durch soziale Kontrolle befestigt werden. Turner und Kilian versuchen nun durch eine detaillierte Analyse der typischen Kommunikationsformen, die kollektivem Verhalten zugrundeliegen, ihre These des rationalen, von Interpretationen, Überzeugungen, Werten und Normen geleiteten kollektiven Verhaltens zu belegen.

3.5.2.2 Die Rolle der Kommunikation in kollektivem Verhalten

Jede Art des koordinierten menschlichen Verhaltens beruht letztlich auf Kommunikation. Entscheidend für kritische, undefinierte Situationen ist nun, daß Informationen und Handlungsorientierungen hier nicht über die normalen etablierten Kommunikationskanäle gewonnen werden können, da diese in kritischen Situationen entweder nicht verfügbar oder nicht glaubhaft in ihren Informationen sind, weil sie Definitionen und Handlungsregeln transportieren, die der kritischen Situation nicht angemessen sind. Dadurch wird eine Desorientierung, Unsicherheit und psychische Spannung erzeugt, die für neue, relevante Interpretationen und Definitionen sensibilisiert.

Turner und Kilian gehen davon aus, daß die Kommunikation in diesen Situationen und unter diesem psychischen Druck, eigene, von der Alltagskommunikation verschiedene Formen annimmt: a) man vertraut eher informellen, unkoventionellen Kommunikationskanälen; b) selbst wenn offizielle Kommunikationskanäle und Informationen verfügbar sind, so suchen die Individuen (soziale) Bestätigung für/und Ergänzung von diesen Informationen durch den Austausch mit anderen Anwesenden.

Die informellen Kommunikationsnetzwerke, die sich in diesen Situationen aufbauen, unterscheiden sich quantitativ und qualitativ von kommunikativen Netzwerken in Alltagssituationen. Traditionelle Gruppengrenzen werden überschritten. Sogar Fremde, die nur das Interesse an der Situation gemeinsam haben, interagieren miteinander und werden so Teil der entstehenden Kollektivität. Die Werte und Normen der konventionellen Bezugsgruppen werden tendenziell suspendiert. Für die Handlungsorientierung werden die Menschen, die in den gleichen Situationen sind, wichtig.

Turner und Kilian bezeichnen deshalb das „Gerücht" („rumor") als die typische Kommunikationsform in vieldeutigen kritischen Situationen.

Das Gerücht wird hier als eine Art Problemlösungsprozedur beschrieben, die neue „meaningful interpretations" und Situationsnormen erzeugt und so Orientierung, Koordination und kollektives Handeln ermöglicht.

Die psychische Grundlage für diesen typischen Kommunikationsprozeß in kollektivem Verhalten ist die erhöhte Empfänglichkeit („susceptibility") der Anwesenden für Informationen und Deutungsmuster in Situationen, in denen durch das Fehlen adäquater Situationsdefinitionen („situational anchorages") Unsicherheit erzeugt wird. Die Konsequenz dieser Unsicherheit und Angst ist ein ruheloses Suchverhalten und eine erhöhte Empfänglichkeit für relevante Interpretationen (was folglich zu einem unsicheren, häufig wechselnden Verhalten führt). Anders als dies noch Blumer getan hat beschreibt Turner dieses Suchverhalten, den „milling-process", als eine Form der symbolischen Kommunikation, da die Menschen die Verhaltensweisen der anderen nicht einfach nachahmten sondern – in einer Art „role-taking" – auch interpretieren. Der „milling-process" hat eine erhöhte Sensibilisierung der Anwesenden füreinander zur Folge und lenkt so die Aufmerksamkeit und das Interesse auf die Gruppe („collectivity"). Dadurch wird kollektives Verhalten als eine Form des sozialen Verhalten vorbereitet und ermöglicht.

Allerdings weist Turner darauf hin, daß die Sensibilisierung füreinander auch schon durch bereits bestehende soziale Bindungen und Gruppenbeziehungen bedingt sein kann („pre-sensitization") und daß dadurch kollektives Handeln in kritischen Situationen beschleunigt und verstärkt werden kann.

Gerüchte werden also nicht als serielle Übertragungsprozesse und fortschreitende Veränderungen originaler Inhalte verstanden, sondern als Kommunikations- und Interaktionsprozesse, durch die kognitive und normative Definitionen der Wirklichkeit, der Situation sozial (kollektiv) erzeugt und in Grenzen verbindlich gemacht werden.

Dieser Prozeß der Erzeugung kollektiver Situationsdefinition stellt sich für Turner/Kilian als schrittweise Selektion unterschiedlicher Definitionsvorschläge dar, von denen einige akzeptiert, andere verworfen werden. Turner/Kilian sprechen hier von einem Prozeß der selektiven Definition, in dem sich nur jene Schlüsselinformationen (Keynotings) durchsetzen, die Unterstützung finden. Die Definition, die letztlich akzeptiert wird und sich als adäquat erweist, wird dominant, d.h. sie erhält normativen Character und wird auch gegen Widerstand und Abweichung durchgesetzt. Sanktion und Konformitätsdruck spielen hier eine wichtige Rolle.

Mit der sozialen Konstruktion einer gemeinsamen Realität ist daher gleichzeitig die Entwicklung rudimentärer Organisationsformen etwa von, Rollendifferenzierungen und Prestigestrukturen verbunden. Natürlich beteiligen sich nicht alle Anwesenden in gleichem Maße an dem Kommunikationsprozeß, und es ist auch nicht zufällig, wer sich beteiligt. Turner/Kilian sprechen hier von „differentieller Partizipation", die durch vorher bestehende Gruppenbeziehungen und individuelle Interessen, Motive, Kompetenzen und Emotionen beeinflußt wird.

Hier bleibt festzuhalten, daß Gerüchte als kollektive Entscheidungsprozesse (und typische Kommunikationsform kollektiven Verhaltens) immer dann wichtig werden, wenn kulturelle Rahmen zur Interpretation von Erfahrungen inadäquat werden. In solchen Situationen beziehen sich Menschen auf die unmittelbar Anwesenden, um ihre Erfahrungen und Interpretationen zu validieren. Sie erzeugen so neue Definitionen der Situation und neue Handlungsregeln. Die Analyse der Kommunikationsprozesse ist daher gerade im Zusammenhang mit Protestverhalten und dem Verhalten in Konfrontationssituationen von Bedeutung.

3.5.2.3 Die interaktive Bestimmung des Verlaufs sozialer Bewegungen

Turner und Kilian definieren soziale Bewegung wie folgt:

> „A collectivity acting with some continuity to promote or resist a change in the society or group of which is a part" (Turner/ Kilian, 1972, S. 246).

Entscheidend ist die Orientierung auf ein Ziel hin, das soziale oder kulturelle Wandlungen impliziert. Soziale Bewegungen werden also als kollektive Akteure sozialen Wandels gefaßt.

Kilian leitet daraus die folgenden herausragenden Merkmale sozialer Bewegung ab:

1. Die Existenz gemeinsamer Werte und Ziele, Ideologien (Wert/Zielorientierung).
2. Das Gefühl der Mitgliedschaft oder Partizipation – „a we-ness", ein Zusammengehörigkeitsgefühl (kollektive Identität).
3. Die Existenz von Normen – d.h. ein gemeinsames Verständis/Wissen wie gehandelt werden soll (Handlungsnormen, Alltagsrepertoire).
4. Eine Struktur – eine Arbeitsteilung zwischen Führern und Geführten (Organisation/Machtstruktur).

Der Verlauf und die Entwicklung sozialer Bewegungen und anderer Formen kollektiven Verhaltens läßt sich nun nach Turner/Kilian nicht einfach durch das Feststellen von statistischen Korrelationen mit ökonomischen und politischen Ereignissen und deren Fortschreibung adäquat erfassen. Dies liefere lediglich den Ausgangspunkt für die weitere Analyse. Turner kritisiert ebenfalls jene Theorien, die von festgelegten Entwicklungsphasen oder bedingenden Stufen ausgehen. Für ihn ist die Entwicklung sozialer Bewegungen und anderer Formen kollektiven Verhaltens als vielfach determinierter kontinuierlicher Prozeß der Lösung konkurrierender, z.T. widersprüchlicher und oft nicht vorhersehbarer Probleme zu analysieren, deren Ergebnis (outcome) nicht vorherzusehen ist.

„As a way of reintroducing the richness of outcome and of escaping the rigidity of predetermined stages, the characteristics of an instance of collective behavior can be viewed at any moment as the resolution of competing and often contradictory processes which are in continous operation." (Turner, 1964, S. 124)

Den zentralen Merkmalen (Werte, Normen, kollektive Identität, Organisation) entsprechend sind soziale Bewegungen durch z.T. widersprüchliche Tendenzen gekennzeichnet

a) Tendenzen der Formulierung und Ausgestaltung ihrer Werte, Ziele, Ideologie;
b) Tendenzen der Maximierung ihrer Ressourcen und ihrer Macht;
c) Tendenzen zur Stärkung der Motivation und Zufriedenheit der Teilnehmer.

„... the universal presence in social movements of tendencies to formulate, elaborate, and promote values, to maximize the power of the organization, and to cultivate member satisfactions from participation in the movement." (Turner, 1964, S. 124f)

Widersprüche zwischen diesen Tendenzen der Wertorientierung, Machtorientierung und Teilnehmerorientierung seien nicht zu vermeiden. Es werden also zu verschiedenen Zeitpunkten unterschiedliche Kompromisse geschlossen werden.

Entscheidend für die jeweilige Lösungen dieser Fragen sind daher nicht allein interne Bedürfnisse und Interessen der Teilnehmer. Von entscheidender Bedeutung sind vielmehr auch (externe) Ereignisse und das Verhalten unterschiedlicher gesellschaftlicher Gruppen (Interaktionspartner). Turner betont die fundamentale interaktive Determination der Entwicklung sozialer Bewegungen. Vor allem die Öffentlichkeit, das Publikum wird als bedeutender Faktor dargestellt.

Der Charakter und Verlauf sozialer Bewegungen ist also den Bewegungen nicht immanent und auch nicht geschichtsphilosophisch oder als Prozeß zunehmender Formalisierung vorfixiert, sondern stets ein Produkt

- der sichtbaren Aktionen sozialer Bewegungen,
- der Intepretationen und der Reaktionen der Öffentlichkeit auf diese Aktionen,
- der Anpassung sozialer Bewegungen an diese Reaktionen der Öffentlichkeit.

Die Interpretation und Etikettierung sozialer Bewegungen durch die Öffentlichkeit bestimmt nicht nur die Rekrutierungschancen, sondern auch die Opposition und Gegenreaktionen, auf die soziale Bewegungen treffen. Soziale Bewegungen müssen daher – wollen sie erfolgreich sein – in ihren Aktionen, Ideologien, Zielen, in ihrem Selbstverständnis und ihrer Selbstdarstellung auf die Interpretationen der Öffentlichkeit reagieren. Soziale Bewegungen sind davon abhängig, ihre „normativen Revisionen" und Innovationen (etwa des Verständnisses von „Unrecht" oder „Ungerechtigkeit") gesellschaftlich durchzusetzen und glaubwürdig darzustellen.

Die öffentliche Definition und Etikettierung verschiedener Formen kollektiven Verhaltens als (legitimer) sozialer Protest oder aber als (illegitime) Krawalle wird daher entscheidend dadurch beeinflußt, inwieweit die „normative Revision" bestimmter Sachverhalte auch in der Öffentlichkeit akzeptiert werden. Hier freilich treffen soziale Bewegungen auf sehr unterschiedliche „Protestdefinitionen", die keineswegs stabil sind und durch die Aktionen sozialer Bewegungen selbst mit verändert wird.

In dieser interaktiven Bestimmung sozialer Bewegungen wird die Bedeutung der Wahrnehmungs- und Interpretationsprozesse, der „Perspektivität", als zentrale Mechanismen des kollektiven Verhaltens hervorgehoben.

3.5.3 Kritische Würdigung der interaktionistischen Ansätze und des Bewegungskonzepts von Neidhardt und Rucht

Die Interaktions-Theorien geben uns ein Instrument an die Hand, mit dem die Umdefinition von Zielen, die Veränderung von Objekten der Aufmerksamkeit und die Dynamik von Wirklichkeitsdefinitionen erfaßt werden kann. Damit wird es möglich, situativ erzeugte Wahrnehmungs- und Beurteilungsveränderung zu verstehen und zu erklären, welche veränderten Handlungsbereitschaften sich daraus ergeben.

Damit ermöglichen sie ein Verständnis der Prozesse der Entstehung und Entwicklung kollektiven Verhaltens und sozialer Bewegungen auf der Basis der Interaktions- und Kommunikationsprozesse, wie es weder den strukturanalytischen, noch deprivationstheoretischen oder utilitaristischen Ansätzen möglich ist.

Sie sind jedoch nicht in der Lage, die Richtung vorherzusagen, in der sich kollektives Verhalten entwickelt oder die Inhalte emergenter Normen zu benennen. Es wird daher zu fragen sein, ob hier zusätzliche theoretische Annahmen über psychologisch-physiologische Aspekte der Wahrnehmung und des Streß-Verhaltens weiterhelfen können.

Ein in den interaktionistischen Ansatz integrierbaren Theorieentwurf haben neuerdings Neidhardt und Rucht als „Modell der Entstehungs- und Stabilisierungsbedingungen sozialer Bewegungen" (Neidhardt/Rucht, 1993, S.306) vorgelegt, das die Bedingungen der Genese und Stabilisierung von Bewegungen auf den verschiedenen Ebenen (Struktur, kollektive Deutung, individuelle Erfahrung) analysiert. Mittlerweile liegen erste Versuche vor, die von Neidhardt und Rucht erarbeitete Systematik von Bedingungsfaktoren für die Analyse der fremdenfeindlichen und rechtsextremistischen Szene fruchtbar zu machen (Bergmann, 1994). Eine solche Vorgehensweise ist für ein adäquates Verständnis und die Interpretation des gegenwärtigen ‚modernisierten' Rechtsextremismus und der „rechten Subkultur" (Bergmann/Erb, 1994) notwendig und sinnvoll. Sie birgt jedoch auch Gefahren, dann nämlich, wenn die Struktur- und Bedingungsmodelle als Prozeß- oder Stufenmodelle mißverstanden werden, wenn die dort aufgezeigten Beziehungen zwischen einzelnen Faktoren kausal interpretiert werden. Neidhardt und Rucht selbst haben deutlich vor diesen Fehlinterpretationen gewarnt und darauf hingewiesen, daß die von ihnen aufgezeigten Variablenzusammenhänge eher als hochkomplexe und wechselseitige denn als kausale verstanden werden müssen, und daß mit diesen Modellen keine Prozeßannahmen im Sinne zielgerichteter oder aufeinander aufbauender Entwicklungsstufen verbunden sind. Ja mehr noch: sie weisen ausdrücklich darauf hin, daß „Aufkommen und Gestalt sowie Art und Richtung bewegungsförmiger Mobilisierungen (...) auch von Bedingungen (abhängen) (H.W.), die sich in einem Strukturmodell sozialer Bewegungen nicht angemessen abbilden lassen" (Neidhardt/Rucht, 1993, S.322). Sie beziehen diese Einschränkung in erster Linie auf die Tatsache, daß die „bewegungsförmige Deutung und ‚ideologische Sicherung' " von strukturellen Faktoren wie Deprivationserfahrungen, strukturellen Spannungen, Gelegenheitsstrukturen und Mobilisierungschancen, „vom Auftreten und den Wirkungen bestimmter Akteure (Bewegungsunternehmer, Strategen, Agitatoren)" (ebd. S. 322) abhängig ist, deren Auftreten und Erfolg jedoch nicht prognostizierbar sei.

Diese Kontingenz bezieht sich freilich nicht nur auf die Bewegungsakteure selbst oder die von ihnen verwendeten „frames" oder Deutungsmuster, sondern auch auf das bewegungsrelevante Umfeld (Parteien, politische Institutionen, Justiz, Polizei, Medien, Bevölkerung, Gegenbewegung etc.). Die Relevanz der Handlungen dieser Akteure im Umfeld von sozialen Bewegungen (die im Modell von Neidhardt und Rucht lediglich mit dem Hinweis auf die gesellschaftlichen Gelegenheitsstrukturen als Entwicklungsbedingung sozialer Bewegungen berücksichtigt wird), ist von fundamentaler Bedeutung für die Bedingungsfaktoren sozialer Bewegungen: Erfolgswahrnehmungen, Strategieprogramme, aber auch Skandalisierungsmuster sowie In-Group/ Out-Groupdefinitionen zur Sicherung kollektiver Identität sind nicht einfach Produkte bewegungsinterner autonomer Operationen, sondern beziehen sich immer schon auf Interaktionen mit den verschiedenen Umfeldakteuren. Für das Verständnis der Genese und der Dynamik kollektiven Handelns und insbesondere der Etablierung einer sozialen Bewegung sind daher die Interaktionen zwischen verschiedenen Akteursgruppen einerseits und verschiedenen anderen gesellschaftlichen Institutionen und Gruppen (Polizei, Justiz, Politik, Medien, Bevölkerung etc.) andererseits von entscheidender Bedeutung. Nur wenn wir die konkreten Interaktionen, situativen Kontexte und die in ihnen generierten Erfahrungen und Interpretationen aufarbeiten und erfassen können, wird es uns möglich sein, die Bedingungen der Eskalation fremdenfeindlicher Gewalt und der Mobilisierung, hier von rechtsradikalen und fremdenfeindlichen Potentialen, zu identifizieren. Die Analyse von Interaktionsprozessen zwischen Akteursgruppen und anderen gesellschaftlichen Gruppen, von Ausbreitungsmustern und Eskalationsdynamiken kollektiver Gewalthandlungen und ihrer Resonanzeffekte in der Bevölkerung werden jedoch in der empirischen Bewegungsforschung meist vernachlässigt und sind auch in die theoretische Diskussion bisher nicht eingegangen, wenn man von Ausnahmen absieht (vgl. Willems, 1992, 1993a, Ohlemacher, 1993, Eckert/Willems, 1996a).

3.6 Die Kontingenz und Unvorhersehbarkeit der Konfliktdynamik und die Grenzen von Verlaufsmodellen politischer Konflikte

Daß die unterschiedlichen Erscheinungsformen nicht-institutionalisierter politischer Konflikte, von spontanen Unruhen und Krawallen bis hin zu dem ‚Langzeit-Unternehmen' soziale Bewegungen, nicht als statische Phänomene beschreibbar sind sondern vor allem durch einen prozeßhaften Entwicklungsverlauf gekennzeichnet sind, ist nicht kontrovers. Die Frage jedoch, ob es typische Entwicklungsverläufe von verschiedenen Formen nicht-institutionalisierter politischer Konflikte gibt, ob z.B. die Entwicklungsverläufe von sozialen Bewegungen nach einem gleichen Muster zu beschreiben sind, hat zu erheblichen Kontroversen im wissenschaftlichen Diskurs geführt.

So hat Rammstedt (1978) ein Verlaufsmodell sozialer Bewegungen entworfen, daß von der „Gesetzmäßigkeit des sozialen Fortgangs, in deren Namen *jede* soziale Bewegung agiert" (Rammstedt, 1978, S. 137) ausgeht. Soziale Bewegungen werden als Teleologisierung gesellschaftlicher Krisen verstanden. Der Verlauf sozialer Bewegungen wird wie folgt festgelegt: 1. Propagierung von Krisenfolgen; 2. Artikulation des Protestes; 3. Intensivierung des Protestes; 4. Artikulation der Ideologie; 5. Ausbreitung der sozialen Bewegung; 6. Organisation und 7. Institutionalisierung" (Rammstedt, 1978, S. 138). Rammstedt legt damit ein Verlaufsmodell vor, daß für alle sozialen Bewegungen Geltung haben soll. Dies ergibt sich aus der immanenten Bestimmung sozialer Bewegungen von Krisen. Rammstedt geht jedoch über diese immanente Bestimmung der Verlaufsformen, wie sie auch für lebenszyklisch orientierte Verlaufsmodelle typisch ist, hinaus und betont auch die Bedeutung der Interdependenz sozialer Bewegungen mit ihrer Umwelt. Aus dieser Interdependenz ergeben sich zugleich die Möglichkeiten der sozialen Bewegungen, aber auch deren Begrenzungen. Das impliziert, daß soziale Bewegungen durchaus auch gezwungen sein können, von ihrem Ziel Abstand zu nehmen.

„Jede Phase ihres Verlaufs bezeichnet, da sie erreicht oder nicht erreicht werden kann, zugleich ein mögliches Ende einer sozialen Bewegung" (Rammstedt, 1978, S. 137).

Die Kritik an diesem Ansatz bezieht sich nicht allein auf die Teleologisierung sozialer Bewegungen und ihre Definition durch die Zielinhalte (vgl. dazu Hegner 1980). Vor allem die aufeinanderaufbauende, starre Abfolge von Entwicklungsphasen, die jede Bewegung zu durchlaufen hat, wird empirisch kaum zu verifizieren sein. Brand (1982) weist darauf hin, daß z.B. im Jugendprotest oder in regionalistischen Bewegungen die Radikalisierung nicht erst als Weiterentwicklung von anfänglich „vertrauensvollen, systemloyalen Appelle(n) an öffentliche Abhilfe" (Brand, 1982, S. 39) auftritt, sondern möglicherweise bereits von Anfang an vorhanden ist, sofern kollektive Lernerfahrungen und subkulturelle „sedimentierte Enttäuschungen und Frustrationen" (Brand, 1982, S. 39) bereits vorliegen.

Mit diesem deterministischen Ablaufmodell sind meist auch Vorstellungen über die organisatorische Entwicklung verknüpft, die eine zunehmende Formalisierung der sozialen Bewegung bis hin zur Institutionalisierung, zur Transformation der Bewegung in eine soziale Organisation annehmen. Dabei werden jedoch einige entscheidende Punkte übersehen, die kennzeichnend für soziale Bewegungen sind:

A) Brand (1982) kritisiert, daß das auf Institutionalisierung zielende Ablaufmuster Rammstedts fixiert sei auf ein traditionelles Politikverständnis, und dem neuen Politikbegriff sozialer Bewegungen, der sich auch in neuen Lebens- und Organisationsformen ausdrückt, nicht gerecht werde.

B) Schneider (1987) weist auf die interne Strukturvielheit und Heterogenität sozialer Bewegungen hin und betont, daß vor allem Bewegungszentren von „Formalisierungs-, Organisierungs- und Hierarchisierungsprozessen" (Schneider, 1987, S. 86) betroffen seien – daß das, was soziale Bewegungen jedoch ausmacht, gerade aber weit über den Bereich der Bewegungsorganisationen hinausgeht.

Das deterministische Ablaufmodell führt also zu einem inadäquaten Verständnis der Verlaufs- und Entwicklungsmuster sozialer Bewegungen, da die Entwicklungsprozesse entweder aus bestimmten Grundannahmen (Formalisierungsthese) deduziert, oder aber teleologisch, auf bestimmte Zielvorgaben hin, ausgerichtet sind (vgl. Turner, 1964).

Dieses Problem versuchen die sogenannten Faktorenansätze zu umgehen. Sie formulieren keine festen, für alle sozialen Bewegungen gültigen Ablaufmuster und Sequenzen, sondern definieren lediglich unterschiedliche Einflußfaktoren auf soziale Bewegungen, die deren Entwicklungsrichtung bestimmen sollen. So machen Zald/Ash (1966) die Entwicklung sozialer Bewegungen abhängig von externen Bedingungen wie z.B. den Einstellungsänderungen der potentiellen Anhänger (daraus folgen Mobilisierungskonjunkturen) oder den Beziehungen zu anderen Organisationen, aber auch von internen Faktoren wie Veränderung in der Struktur und der Führung. Schneider (1987) betont ganz generell die gesellschaftlichen Rahmenbedingungen, die staatlichen Reaktionsformen sowie bewegungsinterne Handlungszusammenhänge und Interaktionen als Faktorenkomplexe, die die Entwicklung einer sozialen Bewegung beeinflussen.

Wie sich Protestbewegungen entwickeln, warum sie erfolgreich sind oder sich auflösen, und warum sie eskalieren, läßt sich jedoch weder mit Umfeldfaktoren noch mit einem immanenten Ablaufmodell hinreichend beschreiben. Entwicklung und Verlauf von politischen Konflikten können nicht als pauschal verursacht, als schlichte Reaktion auf objektive Bedingungen verstanden werden.

Es erscheint vielmehr notwendig, die Zuordnungen und Fortschreibungen von kausalinterpretierten Korrelationen zu ersetzen durch eine genaue, empirische Untersuchung der Konflikt- und Interaktionsprozesse selbst. Die Dynamik nicht-institutionalisierter politischer Konflikte ist nur durch eine Analyse der Interaktionsprozesse zwischen Protestgruppen und ihren Interaktionspartnern zu erschließen.

Interaktionsprozesse sind jedoch mehr als nur die Abfolge von Aktions-Reaktionssequenzen. Sie beinhalten, wie vor allem Turner deutlich gemacht hat, wechselseitige Interpretations- und Definitionsprozesse, die dem Handeln der Konfliktparteien zugrunde liegen.

„The character of the movement is not intrinsic and is never fixed, but is always a product of the visible actions of the movement, the public response to those actions, and movement adaptations to this response“ (Turner, 1964, S. 127).

Kollektives Verhalten ist daher zu jedem Zeitpunkt ein Ergebnis konkurrierender, z.T. widersprüchlicher Definitions-, Interpretations- und Bewertungsprozesse von verschiedenen Akteuren auf verschiedene Sachverhalte bezogen, mit kontingentem Ausgang. Durch die Komplexität und wechselnde Relevanz der unterschiedlichen Faktoren zu unterschiedlichen Zeitpunkten und die Unbestimmbarkeit der Interpretationsergebnisse werden Konfliktverläufe prinzipiell unvorhersehbar. Mit jeder Interaktionssequenz wird eine neue Konfliktkonstellation geschaffen, was eine Reorganisation der möglichen determinierenden Faktoren von Interpretationen, Entscheidungen und Handlungen zur Folge hat, und so neue „Bedeutungen“, neue Sinnmuster produziert.

Die hervorragende Bedeutung von Interaktionsprozessen und den subjektiven Interpretations- bzw. „Verarbeitungsprozessen“ für ein Verständnis der Konfliktdynamik ist in den interaktionistischen Theorien kollektiven Verhaltens und sozialer Bewegung in Ansätzen ausgearbeitet worden. In jüngerer Zeit haben vor allem Karstedt-Henke (1980) und Sack (1984) versucht, diese Überlegungen analytisch fruchtbar zu machen.

„Welche Faktoren ... den Verlauf und den Zyklus der sozialen Bewegung bestimmen, ist indessen primär keine Frage ihrer eigenen Strategien und Taktiken, sondern ist eine Resultante aus dem Interaktionsprozeß zwischen ihr und der Gesellschaft und ihren Institutionen, innerhalb der die soziale Bewegung agiert“ (Sack, 1984, S. 61).

Auch Lernmodelle oder lernprozeßorientierte Ansätze gehen von einer intensiven wechselseitigen Beziehung zwischen sozialer Bewegung und dem Staat aus und betonen, daß soziale Bewegungen als Produkt dieser Interaktionssequenzen und der darin fortlaufend erzeugten Interpretationen und Handlungen zu verstehen sind. Japp (1984) bezeichnet dies als den Selbsterzeugungsprozeß sozialer Bewegungen.

Ähnlich, wenn auch nicht unter systemtheoretischen Prämissen, formulieren dies Vester (1970) und Eder (1982). Die Lernprozesse, die als konstitutiv für soziale Bewegungen angesehen werden, beziehen sich dabei hauptsächlich auf die Erfahrungen der Protestteilnehmer in der Auseinandersetzung mit der staatlichen Gewalt. Dies gilt auch für die Arbeiten von Sack (1984) und für Karstedt-Henke (1980). Karstedt-Henke geht davon aus, daß sich im Verlauf des Interaktionsprozesses das ursprünglich „triadische Interaktionssystem aus Zielgruppe, Protestbewegung und politischem System“ reduziert zur Dyade Staat – Protestbewegung. (Karstedt-Henke, 1980, S. 190)

Fireman (1979) hat darauf hingewiesen, daß es vor allem die „Encounters with unjust Authority" sind, die als initiatorische und dynamische Faktoren den Verlauf von Konflikten bestimmen. Neben der empirischen Evidenz und der praktischen Relevanz gibt es somit auch hinreichend theoretische Gründe, sich in der hier vorgenommenen Untersuchung vor allem auf das Verhältnis zwischen Protestgruppen und der staatlich institutionalisierten Kontrolle zu konzentrieren.

3.7 Zwischenresümee

In diesem Kapitel wurden theoretische Ansätze diskutiert, die sich nicht auf die Identifikation von strukturellen Ursachen und Bedingungen politischen Protests konzentrieren, sondern auf das Handeln der Menschen selbst und auf die Situationen, in denen (kollektives) Handeln entsteht und verändert wird. Sie erfassen damit vor allem den prozeßhaften Charakter allen kollektiven Handelns und sind für diese Untersuchung daher zentral.

Sack, Blumer und Turner/Kilian versuchen, kollektives Verhalten im Rahmen einer Theorie des symbolischen Interaktionismus zu bestimmen. Sie konzentrieren sich dabei in erster Linie auf die Prozesse der Kommunikation und Interaktion, in denen Einstellungen und Handlungsweisen jeweils aktualisiert, revidiert oder neu erzeugt werden. Sie definieren damit die entscheidenden sozialen und sozialpsychologischen Mechanismen, die kollektives Verhalten entwickeln und vorantreiben. Nachdem die vorhandenen Ablaufmodelle und Prozeßerklärungen den dynamischen und unvorhersehbaren Entwicklungsverlauf nicht-institutionalisierter politischer Konflikte nur unzureichend beschreiben und erklären, muß eine Analyse der Konfliktdynamik an den Interaktionsprozessen und den in ihnen wirkenden Wahrnehmungs- und Kommunikationsprozessen ansetzen, und die Kontingenz der Entwicklung hervorheben.

4. Theoretische Ansätze zur Wahrnehmung und Erfahrungsorganisation in Konfliktsituationen

In den vorausgehenden Kapiteln habe ich zu zeigen versucht, daß die traditionellen Konzepte soziologischer Konflikt- und Protestforschung sich zumeist darauf beschränken, strukturelle Bedingungen oder individuelle Präferenzen als Erklärungsfaktoren zu benennen. Sie sind jedoch nicht in der Lage, die Prozesse der Konfliktdynamik und Konflikteskalation zu erklären, da sie mit statischen Faktoren arbeiten und die Konfliktinteraktionen selbst als dynamische, prozessuale Faktoren mit emergenter Qualität allenfalls als Randbedingung, nicht aber als zentralen Untersuchungsgegenstand thematisieren (Kap. 2).

Ich habe dann auf Konzepte aus dem Bereich der Theorien kollektiven Verhaltens zurückgegriffen, da in diesen Theorien versucht wird, Verlauf und Dynamik von nicht-institutionalisierten politischen Konflikten und verschiedenen Formen kollektiven Verhaltens als unvorhersehbares Produkt fortlaufender Interaktions- und Kommunikationsprozesse zu definieren. Dabei war festzustellen, daß zur Erklärung von politischem Protest und sozialer Bewegung als kollektive Interpretations- und Definitionsprozesse (Blumer) bzw. als Norm-revidierende und -generierende Prozesse (Turner/Kilian) eine Reihe von wahrnehmungs- und kommunikationstheoretischen Vorannahmen über individuelle Prozesse der Organisation von Erfahrung gemacht werden mußten, die im Rahmen der Theorien selbst nicht mehr diskutiert wurden (Kap. 3).

Ich möchte daher ergänzend in einem letzten theoretischen Schritt nun einige grundlegenden Annahmen der Wahrnehmungs- und Kommunikationsforschung darstellen, die – wie ich glaube – die dargestellten Erklärungsansätze sinnvoll ergänzen. Sie sind freilich zur Erklärung interpersonaler Beziehungen entwickelt worden. Ihre Übertragbarkeit auf Beziehungen zwischen sozialen Gruppen und ihre Verknüpfung mit den sozialen Prozessen, die Kommunikation und Wahrnehmung auf der Gruppenebene gestalten, muß daher hier offen bleiben.

Zunächst möchte ich mit Watzlawick die Bedeutung der differentiellen Interpunktion von Ereignissen für die Organisaion von Erfahrungen in Konfliktsituationen herausstellen. Ich will dann mit Hilfe von Laing zeigen, welche Rolle die Verschränkung der Perspektiven für Konfliktinteraktionen hat, und auf die Bedeutung der „personalen Attribution“ als kognitiven Mechanismus (Heider) und auf die strategische Nutzung von Definitionen/Interpretationen (Neidhardt) hinweisen.

Ich werde dann einige theoretische Annahmen zur Interdependenz von Kognitionen und Emotionen referieren und auf die Bedeutung der Emotionen für die Organisation der Erfahrung und für das Verhalten in Konfliktsituationen hinweisen.

Abschließen möchte ich mit der Darstellung einer kognitivistisch orientierten Konzeption von Aggression, die aggressives Verhalten als eine typische Form sozialer Interaktion in Konflikten analysiert.

4.1 Die Rolle der differentiellen Interpunktion und symmetrischen Eskalation

Watzlawick u.a. (1969) gehen von einer Dreiteilung der menschlichen Kommunikation aus, die Aspekte der Syntaktik, der Semantik und der Pragmatik umfaßt. Ihre Überlegungen beziehen sich in erster Linie auf die pragmatische Seite von Kommunikation, obwohl sie explizit darauf hinweisen, daß eine strenge Trennung nur analytisch möglich ist. Unter Pragmatik im kommunikativen Sinne verstehen sie die verhaltensmäßigen Auswirkungen der Kommunikation. Hierbei wird Kommunikation nicht nur durch sprachliche Interaktionsprozesse definiert, sondern mit „Verhalten" gleichgesetzt. Verhalten hat daher stets kommunikativen Charakter. Watzlawick u.a. definieren den pragmatischen Aspekt menschlicher Kommunikation durch fünf Axiome, mit denen sowohl die verbalen als auch die nonverbalen Bereiche menschlichen Verhaltens abgedeckt werden. Sie bezeichnen die Grundeigenschaften menschlicher Kommunikation. Finden diese Axiome während kommunikativer Prozesse Berücksichtigung, so verläuft die Kommunikation erfolgreich. Werden sie verletzt, sprechen Watzlawick u.a. von gestörter Kommunikation. Die erwähnten Axiome und die bei Nichtberücksichtigung möglichen Störungen werden im folgenden dargestellt. Dabei konzentriere ich mich auf jene Aspekte der Watzlawickschen Theorie, die als Mechanismen divergenter Wirklichkeitswahrnehmung und Wirklichkeitsproduktion in Konfliktsituationen und für Konfliktverläufe von Bedeutung sind. Die Unterscheidung von digitaler und analoger Kommunikation wird hier nicht diskutiert.

A) Watzlawick u.a. (1969) behaupten die Unmöglichkeit, nicht zu kommunizieren. Selbst Formen des „Nicht-Verhaltens", wie etwa Schweigen oder Nichtbeachtung, werden nach dieser Ansicht kommunikativ wirksam. Der jeweilige Partner wird auch dieses „Nicht-verhalten" als Kommunikation, als „message" interpretieren und darauf reagieren. In diesem Sinne sei es unmöglich nicht zu kommunizieren. Besonders für Konfliktsituationen in denen Kommunikations- und Wahrnehmungsprozesse durch Mißtrauen und die Unterstellung strategischer Intensionen gekennzeichnet sind, existiert daher ein permanenter Zwang zur Interpretation des Verhaltens (oder auch Nicht-Verhaltens) und der kommunikativen Akte des Konfliktgegners.

B) Jede Mitteilung im kommunikativen Sinne enthält nach Watzlawick u.a. einen Inhalts- und einen Beziehungsaspekt. Unter Inhaltsaspekt wird die Objektinformation verstanden, die mit Hilfe von kommunikativen Symbolen übermittelt wird. Der Beziehungsaspekt hingegen zeigt auf, wie diese Daten zu interpretieren sind. Er stellt eine Kommunikation über Kommunikation dar, eine Metakommunikation. Kommunikation bedeutet daher immer auch die wechselseitige Darstellung und Definition der Beziehung. Watzlawick u.a. weisen darauf hin, „daß Beziehungen selten bewußt und ausdrücklich definiert werden“ (Watzlawick u.a., 1969, S. 55), sondern daß dies zumeist durch die Art des Umgangs miteinander, durch das „wie“ des Kommunizierens erfolgt. Insofern wird die grundsätzliche Notwendigkeit dieser Metakommunikation zur erfolgreichen Kommunikation deutlich. Jede Art der Informationsübertragung hat daher definitorischen Charakter auf der Beziehungsebene.

Auch dies ist ein Aspekt der Kommunikation, der für Konfliktinteraktionen von hervorragender Bedeutung ist. Hier können (beabsichtigt oder unbeabsichtigt) Selbst- und Fremddefinitionen und damit die Beziehung zwischen Konfliktparteien ausgehandelt werden. Wird eine Selbstdefinition offeriert, so hat der Empfänger drei Möglichkeiten darauf zu reagieren, indem er sie entweder bestätigt, verwirft oder ignoriert. Bestätigt er die gelieferte Selbstdefinition, so erkennt er die Identitätsbeschreibung des anderen an. Reagiert er dagegen mit Verwerfung der übermittelten Selbstdefinition, so führt dies zwar nicht notwendigerweise zur Revision des Selbstbildes auf seiten des Senders, aber es entwertet diese Selbstdefinition und führt so zu Konsequenzen für die Beziehung und für die weiteren Interaktions- und Kommunikationsprozesse. Die Verwerfung kann Teil einer gezielten Konfliktstrategie oder Ausdruck von divergierenden Selbst- und Fremdbildkonzeptionen sein, kann jedoch auch unbeabsichtigt Folge der Unwissenheit um die Beziehungsfunktion von Kommunikation sein. Watzlawick u.a. weisen darauf hin, daß die Kommunikationspartner möglicherweise unfähig sind, ihre eigene Verstrikkung in einem Beziehungssystem zu erkennen und zu verstehen. Sie nennen dies Beziehungsblindheit. Beziehungskonflikte werden daher von den Partnern oft nicht als solche wahrgenommen und statt dessen auf die Interessen und Absichten (Böswilligkeit) oder die Eigenschaften (Verrücktheit, Irrationalität) des anderen zurückgeführt. „Ego und alter stehen sich so verständnislos und in wachsender Entfremdung gegenüber, einer Entfremdung deren zwischenpersönliche Struktur sich der individuellen Wahrnehmung entzieht und deren Folgen daher dem anderen zugeschrieben werden“. (Watzlawick u.a., 1969, S. 91).

C) Unter Interpunktion wird das Ordnen, Einteilen oder Gruppieren von Ereignisfolgen verstanden. Es ist stets auch mit der Festlegung von Ursache und Wirkung verbunden. Durch die unterschiedliche Interpunktion entstehen so divergierende subjektive Wirklichkeitsdefinitionen, die sich ohne die Fähigkeit zur Metakommunikation, also zur Kommunikation über das eigene kommunikative Verhalten, in ihrer Selektivität und Perspektivität nicht verstehen lassen. Die Autoren betonen, daß die differentielle Interpunktion eine besondere Rolle in interpersonalen Konflikten spielt, in denen der Wahrnehmungsprozeß durch konträre Interessen sowie durch feindselige Haltungen und die sie begleitenden Emotionen beeinflußt wird. Differentielle Interpunktion kann hier auch legitimatorische bzw. strategische Funktionen annehmen. Watzlawick u.a. vermuten, daß differentielle Interpunktionen selbst auch Ursache von Konflikten sein kann, wenn nämlich Individuen ihre eigene Wirklichkeitsauffassung absolut setzen und als einzige mögliche Interpretation verfügbare Informationen ansehen. Jede Realitätsauffassung, die von der eigenen abweicht, erscheint dann als irrational, oder als strategische (böswillige) Verdrehung der objektiven Tatsache. Die eindeutige Festlegung von Ursache und Wirkung diskreditiert den Konfliktgegner und hat legitimatorische Funktion im Hinblick auf das eigene Verhalten. Welche Beziehungen sich zwischen den Konfliktpartnern herausbilden und wie die Konflikte schließlich verlaufen ist daher entscheidend davon abhängig wie die Konfliktparteien die Interaktionsabläufe und Ereignisse interpunktieren. „Die Natur einer Beziehung ist durch die Interpunktion der Kommunkationsabläufe seitens der Partner bedingt". (Watzlawick u.a., 1969, S. 61)

D) Die Autoren unterscheiden zwischen symmetrischen und komplementären Interaktionen. Sie werden durch die Beziehungen der jeweiligen Partner zueinander bedingt. „Symmetrische Beziehungen zeichnen sich (...) durch das Streben nach Gleichheit und Verminderung von Unterschiedlichkeiten zwischen den Partnern aus, während komplementäre Interaktionen auf sich gegenseitig ergänzenden Unterschiedlichkeiten" (Watzlawick u.a., 1969, S. 69) aufbauen. Watzlawick greift hier auf Bateson zurück, der von komplementärer und symmetrischer Schismogenese (vgl. Bateson, 1972) als unterschiedlichen kulturellen Handlungsorientierungen spricht: Komplementär bedeutet, daß das Verhalten eines Individuums A (z.B. Dominanz) vom Individuum B mit Unterwerfung beantwortet wird. Diese Reaktion hat wiederum verstärkende Auswirkungen auf das Verhalten von A (weitere Dominanz) – die Folge ist eine progressive Polarisierung der Beziehung.

Symmetrische Schismogenese bzw. Interaktion dagegen liegt dann vor, wenn auf das Verhalten von A (z.B. Drohung) B ebenfalls mit Drohung antwortet und somit potentiell eine progressive Veränderung im Sinne eines Wettstreits gegeben ist, in dem sich das Verhalten gegenseitig aufschaukelt und intensiviert. Wir kennen die Formen symmetrischer Interaktion als typische Eskalations- und Aufrüstungsspiralen von Konflikten.

Watzlawick u.a. gehen davon aus, daß eine intakte Beziehung aus beiden Formen von Interaktionen besteht. Ein ständiger Wechsel zwischen komplementären und symmetrischen Interaktionen soll Stabilität bedingen.

Symmetrische Eskalation und die komplementäre Progression hingegen werden als Störungen der Beziehung angesehen.

Vor allem die symmetrische Eskalation, in der die Handlungen der Interaktionspartner in reziproker Interdependenz zueinander stehen, spielen in undefinierten, unstrukturierten Konfliktsituationen eine Rolle, in denen beide Interaktionspartner ihre Definition der Situation und damit ihre (Definitions-)Macht gegenüber dem anderen zu demonstrieren suchen. Diese grundlegenden Annahmen von Watzlawick u.a. zur Kommunikation und Rolle der Wahrnehmung können nun durch einige zusätzliche Annahmen aus dem Bereich der interpersonalen Wahrnehmung ergänzt werden.

4.2 *Reziproke Verschränkung der Perspektiven*

Laing u.a. (1973) skizzieren die persönliche Erfahrungswelt des Individuums wie folgt: „Mein Erfahrungsfeld ist indes nicht nur von meinem direkten Bild von mir selbst (Ego) und dem Anderen (Alter) ausgefüllt, sondern auch von etwas, was wir als Metaperspektive bezeichnen wollen: Mein Bild von dem Bild, das die anderen ... von mir machen" (Laing u.a., 1973, S. 14). Aus dem Vorhandensein von „Ego" ergibt sich also in direkter Perspektive (so sehe ich mich selbst) ein Bild des Ego von sich selbst, das als Selbstidentität bezeichnet wird. „Ego" existiert jedoch nicht nur für sich selbst, sondern auch mit und für „Alter". In der Interaktion mit „Alter" baut „Ego" ein „Sein-für-die anderen" auf, eine Identität für den (die) anderen. Diese Identität nennen Laing u.a. Meta-Identität. Sie personifiziert sich im anderen, „für den ich mich bei den anderen halte, wie ich meine, daß du mich siehst" (Laing u.a., 1973, S. 15.). Sie wird über die Metaperspektive, „meine Perspektive von der Perspektive der anderen" (Laing u.a., 1973, S. 15), aufgebaut. Über die Einbeziehung von Meta-metaperspektiven und daraus sich entwickelnden Meta-metaidentitäten (Alterationen der Identät, bzw. der Perspektiven) läßt sich das aufgezeigte Schema ad infinitum weiterentwickeln.

Daraus ergibt sich, daß die Erfahrungen und das Verhalten nicht nur vom eigenen Selbstbild, sondern ebenso von den Alterationen der eigenen Identität bestimmt werden. Laing u.a. weisen darauf hin, daß es sich bei der Trennung von „Selbstidentität" und „Metaidentität" um eine analytische Differenzierung handelt. Tatsächlich wird die Selbstidentität jedoch nicht nur aus der direkten Perspektive, sondern auch mit Hilfe der Metaperspektive entwickelt (vgl. Laing u.a., 1973, S.14) . Dabei gilt es zu beachten, daß Ego die antizipierten Bilder von Alter nicht passiv übernehmen muß. Doch selbst wenn diese verworfen werden, bilden sie einen Faktor der Gestaltung der Selbstidentität.

Dies verdeutlicht die fundamentale Interdependenz von Selbst- und Metaidentität und die unauflösliche Verschränkung der Perspektiven. Die Wahrnehmungen der Menschen sind daher nach Laing u.a. häufig als Spiralen reziproker Perspektiven aufgebaut. „Menschen denken ständig über andere nach und darüber was andere über sie denken und was andere denken, daß sie über andere denken usw.“ (Laing u.a., 1973, S. 37). Diese reziproke Verknüpfung der Perspektiven entwickelt sich vor allem in Konfliktsituationen, in denen Mißtrauen und Unterstellungen die Beziehungen der Interaktionspartner kennzeichnen.

Laing u.a. gehen nun davon aus, daß diese Aspekte zum Verständnis der Interaktionsprozesse in interpersonalen Beziehungen von Bedeutung sind. Sie heben hervor, daß Verhalten als Funktion der Erfahrung interpretiert werden kann, wobei sowohl Verhalten als auch Erfahrung in Beziehung stehen zu „irgendjemand anderen oder irgendetwas anderem als einem selbst“ (Laing u.a., 1973, S. 20).

In der Transformation des Verhaltens des Anderen in die eigene Erfahrung kommen dann Interpretationen des Wahrnehmenden zum Tragen. Diesen Interpretationen sind unterschiedliche kulturelle Rahmen- und Sinnmuster vorgegeben.

Mit Hilfe einer Aufsplittung nach unterschiedlichen Perspektivenebenen konstruieren Laing u.a. nun ein analytisches Instrumentarium, das es erlaubt, die verschiedenen Aussagen der Interaktionspartner, die sich auf den gleichen Wahrnehmungsgegenstand beziehen, zu untersuchen; zum Beispiel nach Übereinstimmung, Verstehen oder dem Gefühl verstanden zu werden. Obwohl dieses theoretische Instrumentarium für interpersonelle Beziehungen entwickelt wurde, scheinen die zentralen analytischen Begriffe auch für eine Analyse der Wahrnehmungsprozesse zwischen sozialen Gruppen und kollektiven Akteuren von Bedeutung. Dies gilt vor allem für den Begriff der reziproken Verflechtung von Perspektiven, sowie für die Verflechtung von Perspektive und Meta-Perspektive.

4.3 Phänomenale Kausalität und personale Attribution als kognitive Prozesse der Organisation von Erfahrung

Heider (1969) hat insbesondere auf die Rolle der (personalen) Attribution als kognitives Muster der Organisation von Wahrnehmung hingewiesen.

Nach Heider können Wahrnehmungsprozesse sich sowohl auf Objekte bzw. Ereignisse in einer Situation als auch auf die anwesenden Personen (Interaktionspartner) beziehen.

Treten nun in den verschiedenen Bereichen, auf die die Wahrnehmung sich bezieht, Dissonanzen oder Spannungen auf, dann löst dies nach Heider kognitive Prozesse und Analysen aus, die zu Einstellungsveränderungen oder Reinterpretationen der Ursache-Wirkungs-Beziehungen und der Verantwortlichkeitsstrukturen führen. Meist werden dabei bestimmte Ereignisse oder Erlebnisse und ihre möglichen Ursachen als eine Einheit wahrgenommen. Diese Zuordnung wird als kausale Integration oder phänomenale Kausalität bezeichnet. „Durch kausale Integration werden Veränderungen oder flüchtige Erlebnisse zum Rahmengefüge der unveränderlichen Umwelt in Beziehung gesetzt, die ihnen ihre Bedeutung gibt. Die Zuordnung zum Ursprung ist also ein Fall von Erfahrungsorganisation und eine Folge von ‚der Suche des Individuums nach Bedeutungen' ..." (Heider, 1969, S. 26). Heider betont nun vor allem eine typische Form der phänomenalen Kausalität: die Tendenz, Veränderungen einem persönlichen Ursprung zuzuschreiben. Dies ermöglicht es der zuschreibenden Person, die Ganzheit der störenden Veränderung durch eine und in einer Person repräsentiert zu sehen. Diese Person und die betreffende Veränderung oder Handlung, also Ursache und Wirkung zusammen, bilden in den Erfahrungen der Person eine Kausaleinheit. Durch diese personale Attribution wird dann die Vorstellung von einer Person entscheidend beeinflußt und verändert. In diesem Zusammenhang weist Heider darauf hin, daß die Einheit von Ursprung und Wirkung hierarchisch aufgebaut ist und zwar dergestalt, daß der Ursprung über und die Wirkung untergeordnet erscheint. Dadurch kann es dazu kommen, daß etwa Ereignisse als manifeste Eigenschaften von Personen interpretiert werden. Andere Einflüsse bzw. Verursachungen werden ignoriert. „Wenn wir aus einem bestimmten Grund X überzeugt sind, daß A für eine Handlung a verantwortlich ist, sehen wir A so, daß A und a auch ohne diesen Grund X als zusammengehörig wahrgenommen werden würden" (Heider, 1969, S. 41).

Im Zusammenhang mit der hier vorliegenden Fragestellung interessiert nun vor allem, welche Rolle diese personalen Attributionen und Kausalzuschreibungen in Konflikten spielen, bzw. welche Faktoren für die Anwendung dieser Attributionsformen und dieser Organisationsformen von Erfahrungen zugrundeliegen. Heider selbst weist darauf hin, daß Kausalattributionen nicht nur zur Reduzierung kognitiver oder emotionaler Spannungen dienen können, sondern als Organisation von Wirklichkeit auch legitimatorische und bestätigende Funktion haben können, etwa gegenüber den eigenen Handlungen oder für die eigenen Gefühle und Emotionen.

4.4 Kritische Anmerkung: die Instrumentalisierung von Wirklichkeitsdefinitionen

Die hier referierten theoretischen Ansätze bleiben zumeist einer Perspektive verhaftet, die danach fragt, welches die Grundvoraussetzungen und Basismechanismen von Kommunikation und Perzeption sind. Sie verweisen dann allenfalls noch darauf, welche Komplikationen, Verständigungsschwierigkeiten oder interpersonalen Konflikte sich aus bestimmten Störungen der Kommunikation oder aus der Unaufgeklärtheit über typische Perzeptionsmuster ergeben können. Sie erklären also Konflikte als Folge von Kommunikations- und Perzeptionsprozessen.

Nun hat Heider bereits darauf hingewiesen, daß Kognitionen auch bestimmte psychische Funktionen haben können: sie legitimieren, bestärken, erklären eigene Emotionen und Handlungen (siehe dazu auch das nächste Kapitel). Dieser Gedanke kann nun im Hinblick auf die Frage, welche Bedeutung Wahrnehmungs- und Kommunikationsprozesse in Konflikten spielen, weitergedacht werden. Es wird dann deutlich, daß kommunikative Störungen und Wahrnehmungsdivergenzen nicht nur als mögliche Ursache von Konflikten gedacht werden können sondern auch als ein taktisches Mittel, das gezielt eingesetzt werden kann, vor allem zur Legitimation und damit Stabilisierung von Handlungsbereitschaften sowie zur Mobilisierung von Unterstützung. Wahrnehmungen, Interpretationen und Definitionen werden also auch zur Durchsetzung von Interessen immer auch taktisch eingesetzt.

Realitätsinterpretationen können zu diesem Zweck besonders polarisierend und kontrastverschärfend aufgebaut sein. Begriffe können auf- oder abgewertet, umdefiniert, durch neue Inhalte und Bedeutungen ausgeweitet werden und so zur Erweiterung taktischer Handlungsmöglichkeiten und zur Verbesserung eigener Selbstdarstellungsstrategien beitragen. Neidhardt hat dies am Beispiel der Gewalt erläutert: „Wenn es richtig ist, daß es in der Öffentlichkeit einen weit verbreiteten und starken Konsensus über die Verwerfung der Gewalt gibt, dann verändern sich die Operationschancen der Konfliktpartner je nachdem, ob ihr Handeln als Gewaltausübung gedeutet werden kann oder nicht. Das ist aber nicht zuletzt eine Definitionsfrage. Insofern besitzen Definitionen des Gewaltbegriffs taktische und strategische Funktionen, und es bedarf keiner verschwörungstheoretischen Unterstellungen, um anzunehmen, daß genau dies auch den Kombattanten – mehr oder weniger – bewußt ist“ (Neidhardt, 1986). So kann der Gewaltbegiff zur Skandalisierung von Sachverhalten, zur Dramatisierung von Ereignissen, zur Diskreditierung von Gegnern sowie zur Rechtfertigung und Legitimation des eigenen Verhaltens (der Gegengewalt) benutzt werden. Anhand unterschiedlicher Definitionsprozesse bzw. unterschiedlicher Modifikationen von Begriffen ließen sich also *Grundmuster* der kommunikativen Selbstdarstellungsstrategien nachzeichnen, die gerade für Konflikte von Bedeutung sind.

4.5 Kognitionen und Emotionen und ihre Bedeutung in Konfliktsituationen

Ich möchte mich hier zunächst der Frage zuwenden, welche Beziehungen zwischen Kognitionen und Emotionen bestehen. Zu diesem Zweck greife ich auf kognitionstheoretische und attributionstheoretische Ansätze zurücck die in der Emotionsforschung entwickelt wurden (vgl. dazu Euler/Mandl, 1983).

Diese Emotionstheorien betonen primär die zentrale Rolle von kognitiven Prozessen für die Entstehung von Emotionen. Sie gehen von der Annahme aus, daß Emotionen als Folge bestimmter kognitiver Analysen gedacht werden können, durch die spezifische Stimuli für Emotionen identifiziert werden. Welcher Art diese kognitiven Analysen sind, worauf sie sich beziehen, und in welchen Sequenzen schließlich Emotion und Kognition aufeinander folgen, darüber freilich werden unterschiedliche Auskünfte gegeben.

Lazarus u.a. (1980) beschreiben Emotionen als komplexes Phänomen, zu dem sowohl kognitive Einschätzungen und Beurteilungen wie auch körperlich-physiologische Reaktionen und Handlungsimpulse gehören.

> „Die drei Komponenten werden vom Individuum als ganzheitlich erlebt. Es findet also keine nachträgliche Bewertung der Erregung statt, wie dies in der Theorie von Schachter und Singer (1962) der Fall ist. Wird eine der drei Komponenten nicht wahrgenommen, erlebt man keine eigentliche Emotion ..." (Mandl, 1983, S. 75).

Emotionen sind hier also in erster Linie als Ergebnis kognitiver Analyse und Einschätzungen, als Folge von Kognitionen konzipiert.

Wie verschiedene Forschungsergebnisse jedoch zeigen, können Emotionen nicht nur unabhängig von Kognitionen sein, sondern auch kognitiven Prozessen vorausgehen und diese – zur Legitimation und Erklärung der Emotionen – in Gang setzen. Es sind vor allem attributionstheoretische Ansätze, die darauf hinweisen, daß es eine bestimmte Art von Kognitionen gibt – nämlich Ursachenerklärungen (Attributionen) – die für Verständnis von Emotionen von besonderer Bedeutung sind. Die These lautet, daß Personen, wenn sie einen (emotionalen) Erregungszustand wahrnehmen, nach Ursachenerklärungen (Attributionen) suchen, und daß die Qualität der Emotion, die daraus folgt, entscheidend von der Attribution abhängig ist. Schachter und Singer (1962) haben daher die These aufgestellt, daß Emotionen durch die Kombination von zwei Faktoren bedingt sind a) durch die physiologische Erregung und b) durch die subjektive Kognition und Interpretation derjenigen Situationen und Bedingungen, die die Erregung ausgelöst haben. Emotionen können also gerade auch Kognitionen vorausgehen und bestimmte Arten von Kognitionen, nämlich Attributionen in Gang setzen.

Nun muß mit Averill (1980) und Gerhards (1988) ergänzt werden, daß auch soziale Faktoren für die Situationsbewertung und die Erzeugung von Emotionen von entscheidender Bedeutung sind. Kulturell definierte Rahmen (Deutungsmuster im Sinne Goffmanns, 1970) vermitteln die Kategorien zur subjektiven Interpretation und Bewertung konkreter Situationen. Sie definieren zugleich soziale Normen, die auf die Entwicklung und Äußerung von Emotionen Einfluß haben (Emotionsnormen) und bestimmen, welche Gefühle in welchen Situationen auf welche Art und Weise zum Ausdruck gebracht werden sollen. Dennoch ergeben sich Emotionen „nicht reflexartig aus sozialstrukturellen Bedingungen, kulturellen Regeln oder Impulsen des Organismus, sondern immer nur durch Interpretation dieser Bedingungen durch die Akteure“ (Gerhards, 1988, S. 50).

„Die Geltung von Emotionsnormen wird in der Interaktion produziert und ständig reproduziert“ (Gerhards, 1988, S. 51).

Erst durch die kollektive Interpretation und kognitive Analyse in Interaktionsprozessen werden danach Erregungszustände als Emotionen bewußtseinsrelevant. Hier ist festzuhalten, daß Kognitionen und Emotionen keineswegs eindeutig miteinander verknüpft sind; daß Kognitionen Emotionen bedingen können, aber Emotionen auch kognitive Prozesse und Interpretationen auslösen und somit die Wahrnehmung, die Organisation der Erfahrungen beeinflussen können. Wir wissen nun aus anthropologischen und psychologischen Studien, daß Emotionen die Beurteilungsprozesse (Kognitionen) in ganz bestimmter Art und Weise beeinflussen, etwa in der Art, daß starke Emotionen zur „intellektuellen Kontrastverschärfung“ führen können und „intolerante Werturteile“ zur Folge haben (Hassenstein, 1972, S. 86-87). Der Begriff der Kontrastverschärfung bezieht sich auf die Überschätzung bzw. Akzentuierung von Unterschieden zwischen Wahrnehmungskategorien, sofern diese mit unterschiedlichen Emotionen belegt sind. Intellektuelle Kontrastverschärfung ist jedoch nicht nur eine Folge von Emotionen, sondern kann ebenfalls, wie Allport (1954) und Tajfel (1982) gezeigt haben, durch Wahrnehmungs-Stereotype und Vorurteile bedingt sein.

Im Rahmen der hier beabsichtigten Analyse der Konfliktinteraktionen und der situativen Faktoren, die in Konfliktsituationen handlungsrelevant werden, stellt sich nun die Frage, welche Bedeutung somit bestimmten Kognitionen und Emotionen für die Erzeugung und Veränderung von Handlungsbereitschaften haben.

Folgen wir den Arbeiten von Schachter (1971) und Tannenbaum (1980), so läßt sich der Prozeß der Handlungsaktivierung in zwei Phasen unterteilen. Bestimmte Wahrnehmungen und die kognitive Verarbeitung des Wahrgenommenen (Realitätsdeutungen, Interpretationen) haben zunächst eine diffuse, emotionale Reaktion (Gefühle der Unsicherheit, Angst, Wut, Zorn ...) zur Folge. Dies führt zu einer Erhöhung der Aktivitätsbereitschaft, die jedoch diffus und ungerichtet ist und zunächst erneute Informationssuche zur Bestätigung bzw. Widerlegung der Kognitionen auslöst. Hierbei freilich werden die bereits erwähnten Einflüsse der Emotionen auf die Kognitionen, wie z.B. die Kontrastverschärfung und Selektivität der Wahrnehmung eine wichtige Rolle spielen. Die Emotionen dürften so zumindest die Richtung der Informationssuche und damit die potentielle Handlungsrichtung mitbestimmen.

Zur Analyse der Wahrnehmungs- und Interpretationsprozesse in Konfliktsituationen scheint es nun sinnvoll, auf die kognitionstheoretischen Annahmen für Streßreaktionen zurückzugreifen. Beim Verständnis von Streßreaktionen, etwa der Reaktion auf Bedrohungen, kommt den Kognitionen (vor allem dem Bewertungsprozeß) eine Schlüsselrolle zu. Bestimmte Ereignisse haben immer nur die Bedeutung, die ihnen subjektiv zugesprochen wird. So sind Bedrohungen nie objektiv gegeben, sondern immer Ergebnis der subjektiven Wahrnehmung und Interpretation. Ob ein bestimmtes Ereignis daher als Bedrohung, als Provokation oder als Befreiung interpretiert wird, richtet sich nach der subjektiven Einschätzung durch das Individuum, die dieses angesichts seiner Lage, seiner Einstellung und seinen Ressourcen vornimmt. Erst aufgrund dieser Einschätzung erhält ein Ereignis seine Bedeutung. Und erst wenn aufgrund dieser kognitiven Vorgänge ein Ereignis als Bedrohung gedeutet wird, werden (physiologische) Streßreaktionen ausgelöst.

Die subjektive Wahrnehmung (Kognition) und Interpretation ist also für das Verständnis von Streß und Streßsreaktionen zentral.

Lazarus (1980) hat ein Modell entwickelt um den Ablauf einer Streßreaktion zu verdeutlichen. Danach wird ein beliebiges Ereignis zunächst grob definiert. Taucht hierbei die Vermutung auf, es könne eine potentielle Gefahr bedeuten, so kommt es zu einer Orientierungsreaktion, in der das Ereignis genau eingeschätzt und das Ausmaß der Bedrohung abgeschätzt wird. Die Aufmerksamkeit wird geweckt, ein schwacher Streßalarm wird gegeben, die Informationssuche verstärkt. Hier spielen nun Ursachenerklärung und Attribution für die Handlungsaktivierung eine wichtige Rolle. Ist das Ergebnis dieser erneuten Einschätzung, daß eine Bedrohung vorliegt, wird also das Ereignis als bedrohlich konstruiert, dann kommt es zur typischen Streßreaktion: die Aufmerksamkeit konzentriert sich auf die Bedrohung, die Kapazität für andere Signale wird eingeschränkt, der Lernhorizont reduziert. Die wahrgenommenen Ereignisse und Informationen, die in anderen Situationen möglicherweise als neutral oder als unwichtig interpretiert worden wären, werden nun als bedrohlich angesehen und verstärken die vorgegebene, streßauslösende Einschätzung. Die Streßreaktion wird so als Spirale mit positiven Feedbackschleifen konzipiert, die kaum zu stoppen ist. Eine Revision der Situationsdefinition scheint, schon aus physiologischen Gründen (Hormonausschüttung, erhöhter Blutdruck, Aufmerksamkeitsreduktion und Selektion der Wahrnehmung etc.) während einer Streßreaktion kaum möglich, da hier eine Kognitionskette in Gang gesetzt wird, die nur bei untrüglichen Informationen eine Neueinschätzung möglich werden läßt (z.B. Gewalt im Film, die schnell als nicht-real identifizierbar ist).

Auch diese kognitionstheoretische Konzeptionen der Streß-Situationen müssen freilich um soziale Faktoren ergänzt werden. Die für die Handlungsaktivierung entscheidenden Bewertungsprozesse sind nicht als individualistische Reaktion (auf Kognitionen und Emotionen) zu verstehen. Sie sind vielmehr in kollektiven Interpretations- und Bewertungsprozessen aufgehoben, benötigen die soziale Bestärkung und Unterstützung. Es hängt dann z.B. von den Wertorientierungen und Machtstrukturen der Gruppe ab, welche Interpretations- und Definitionsangebote (etwa in Protestsituationen) dominant werden und das kollektive Handeln der Gruppe bestimmen. Hier sind die Theorien der individuellen Wahrnehmung ohne Mühe anzuschließen an interaktionistisch orientierte Theorien kollektiven Verhaltens, die die sozialen Bedingungen und Mechanismen von Kommunikations- und Interaktionsprozessen darstellen.

4.6 Aggression als Interaktions- und Bewertungsprozeß

Möglicherweise kann hier ein Ansatz weitere Hinweise geben, der im Rahmen der sozial-psychologischen Aggressionsforschung von Mummendey (1980 und 1984) und Mummendey/Linneweber (1981) entwickelt wurde und der versucht, Aggressionen als soziale Interaktion zu interpretieren.

Ausgangspunkt ist die Definition aggressiven Verhaltens als eine Interaktion, an der zumindest zwei Personen beteiligt sind. Die Autoren verwenden (aus diesen Gründen) keine individualistische Perspektive, sondern eine sozial-psychologische, die das soziale Verhalten von Individuen stets innerhalb eines überindividuellen Kontextes interpretiert. Zur Beschreibung dieses sozialen Kontextes werden Konzepte wie etwa Rolle, Status, soziale Erwartungen, Normen etc. herangezogen. Das soziale Verhalten der Individuen wird also in sozialpsychologischer Perspektive als Ergebnis der Interdependenz zwischen individuellen und sozialen (Kontext) Bedingungen thematisiert. „Dies erfordert neben einer Systematisierung individueller Aspekte die Systematisierung des sozialen Kontextes“ (Mummendey/Linneweber, 1981, S. 2).

Die Definition aggressiven Verhaltens als soziale Interaktion ergibt sich aus verschiedenen Aspekten:

Die Bestimmung von Aggression setzt an mit dem „Schaden“, den eine Person erleidet. Entscheidend für das Problem „aggressiven Verhaltens“ ist nun, daß der Betroffene „sich sicher und gerechtfertigt“ fühlt, eine „identifizierbare Person, Gruppe oder Instanz dafür verantwortlich zu machen“ (Mummendey, 1980, S. 6).

Die Ursache für den erlittenen Schaden wird von Betroffenen personal attribuiert und nicht etwa im Zufall, ungünstigen Umständen oder in der eigenen Person gesehen.

Hinzu kommt, daß der erlittene Schaden vom Betroffenen nicht als „unumgänglich“ und „zu ertragen“ definiert wird, sondern den negativ zu bewertenden, antisozialen Motiven des identifizierten Verursachers angelastet wird. „Dem Verursachenden wird „Schuld“ zugeschrieben. Der Betroffene fühlt sich gerechtfertigt, diese Schmerzzufügung deshalb zu verurteilen und die Position zu vertreten und danach zu handeln, ein derartiges Verhalten zu sanktionieren, entweder sich persönlich dagegen zu „wehren“ oder Hilfsinstanzen anzurufen, die das für ihn übernehmen“ (Mummendey, 1980, S. 6).

Die dadurch getroffenen Sanktionen und Maßnahmen gegen den „Schuldigen“ werden von diesem jedoch reziprok wieder als ungerechtfertigte Schadenszufügung aufgefaßt, da zwischen den Akteuren „kein Einvernehmen über die Schuld besteht“ (Mummendey, 1980, S. 6).

Das Fehlen des eigenen Schuldbewußtseins bei gleichzeitiger Attribution von Schuld an das Gegenüber macht deutlich, daß die Definition einer Handlung als „Aggression“ oder „Verteidigung“ nichts „Objektives“ über die Schuldfrage aussagen kann.

Aggression und Verteidigung sind vielmehr zunächst taktische Begriffe. Mummendey kommt aufgrund dieser Analyse der Alltagsdefinition von Aggression zu dem Schluß, daß in die Kennzeichnung eines Verhaltens als aggressiv stets auch Aspekte mit einfließen, „die über die Beschreibung des einzelnen Individuums bzw. dessen Verhalten hinausgehen“ (Mummendey, 1980, S. 7). Erst die Definition und Interpretation durch das „Opfer“ oder stellvertretend für das Opfer läßt ein Verhalten als aggressiv erscheinen.

Entscheidend für die interaktionistische Konzeption des Aggressionsbegriffs ist daher die Relativität der Aggressionsdefinition, die sich

a) auf die unterschiedlichen Perspektiven der Konfliktbeteiligten bezieht (und daher von interaktionsspezifischen Positionen der Interaktionspartner abhängig ist),
b) auf die verschiedenen sozialen Kontexte bezieht, innerhalb derer Interaktionen ablaufen.

Dabei wird der Kontextbegriff hier primär in einem normativen Sinne eingeführt: sozialer Kontext definiert die Erwartungen dessen, was in einer Situation „normativ" als angemessen oder unangemessen gilt. Hier ist zu prüfen, ob der Kontextbegriff nicht in einem viel umfassenderen Sinne zum Kennzeichnen von Situationen brauchbar wäre, der neben verhaltensregulierenden Aspekten auch Aspekte der Situationsperzeption und Aspekte des Erlebens beschreibt.

Eine solche Konzeption von Aggression als sozialer Interaktionsprozeß ist für die Analyse von typischen Eskalationsprozessen in Konflikten von Bedeutung, da die spezifische Interaktion in Konflikten zwischen sozialen Gruppen häufig von den Konfliktbeteiligten als Aggression interpretiert und mit entsprechenden „Gegenreaktionen" beantwortet werden.

Für die Forschung bedeutet dies, daß sie zunächst die Struktur der Konflikte und die typischen Positionen der Interaktionspartner in den Konflikten definieren muß, um dann zu fragen, durch welche Bedingungen (Kontext- oder Rahmendefinitionen, Interpretationen, individuelle Bewertungen) die Wahrnehmung und Perspektive der Interaktionspartner der Konflikt beeinflußt wird und so die Divergenz der Perspektiven erzeugt wird. Dabei erscheint es jedoch sinnvoll über die Bedeutung von Kognitionen hinaus auch physiologische und emotionale Faktoren mitzuberücksichtigen. Hier sind theoretische Anschlüsse an Theorien der individuellen Wahrnehmung und der Streßforschung ebenso von Bedeutung wie die Rahmenkonzeption von Goffman (1980) oder das behavior setting Konzept bei Barker (1975).

4.7 Zwischenresümee

Ergänzend zu den vorher diskutierten Theorien des Protestes und des kollektiven Verhaltens habe ich in diesem letzten theoretischen Kapitel einige grundlegende Thesen der Komunikations- und Wahrnehmungsforschung dargestellt, die von entscheidender Bedeutung für das Verständnis der Organisation von Erfahrung in Konfliktsituationen sind. Die Bedeutung der differentiellen Interpunktion für die Entstehung divergenter Perspektiven und die grundlegende Verschränkung der Perspektiven als Grundlage für reziproke Interaktionsspiralen machen deutlich, welche Relevanz diesen

„Wahrnehmungsfaktoren“ für das Verständnis der Konfliktdynamik und Konflikteskalation zukommt. Auch auf die Bedeutung der Emotionen als wahrnehmungs- und verhaltensbeeinflussende Kraft vor allem in Konfliktsituationen wurde hingewiesen. Die hier diskutierten Kognitionen und emotionalen Faktoren der Wahrnehmung identifizieren auf der individuellen, psychologischen Ebene wichtige Voraussetzungen für kollektives Handeln in Konfliktsituationen. Dies verdeutlicht nicht zuletzt die theoretische Interpretation von Aggression als interaktionell bestimmten Bewertungsprozeß.

5. Theoretische Perspektive und Konzeption der empirischen Untersuchungen

Vor dem Hintergrund des hier aufgearbeiteten theoretischen Instrumentariums ist nun der Rahmen für ein interaktionistisch angelegtes empirisches Forschungsprogramm einzugrenzen, das ganz gezielt – und aus verschiedenen Gründen – Akzente setzt und Selektionen vornimmt. Dies betrifft einmal die Wahl des Untersuchungsgegenstandes. Die Konzentration auf Fragen der Konfliktentwicklung und der Konflikteskalation wurde nicht nur aus theoretischen Gründen sowie auf Grund erheblicher Forschungs- und Erkenntnisdefizite vorgenommen, sondern folgte auch der politisch-praktischen Bedeutung dieser Frage, der sich die Wissenschaft und Forschung nicht entziehen darf. Es ist für die politische Praxis von entscheidender Bedeutung, die Bedingungen der Eskalation von Konflikten und die Möglichkeiten zum friedlichen geregelten oder gar institutionalisierten Konfliktaustrag zu kennen. Dies setzt jedoch Kenntnisse voraus über jene Mechanismen, die im Verlauf eines Konfliktes zur ständigen Modifizierung von Realitätsannahmen, Einstellungen und Handlungsbereitschaften führen, ein Bereich, über den wir bisher nur wenig Informationen haben.

Diese Bestimmung des Untersuchungsgegenstandes und der zentralen Fragen der Untersuchung hat nun Konsequenzen für die Eingrenzung der theoretischen Perspektive, die der Untersuchung zugrunde liegt.

5.1 Theoretische Perspektive der empirischen Untersuchung

Der Gegenstand dieser Untersuchung – Konfliktverläufe und Eskalationsprozesse und die Bedeutung der Perzeption – läßt sich mit theoretischen Modellen, die versuchen, Prozesse kausal zu rekonstruieren und durch die Aufdeckung von einfachen Ursache-Wirkungs-Zusammenhängen zu erklären, nicht erschöpfend erfassen. Es handelt sich hier in der Regel um sehr komplexe, vielfach bedingte und sich wechselseitig verstärkende bzw. beeinflussende Prozesse (Neidhardt/Rucht, 1993), die sich nicht der linearkausalen Rekonstruktion fügen. Aus diesen Gründen ist hier eine theoretisch-methodologische Perspektive erforderlich, die über dieses einfache Erklärungsmodell hinausgeht.

Die Untersuchung geht daher von den im Theorienzusammenhang des „symbolischen Interaktionismus" explizierten Annahmen der sozialen Konstruktion von Wirklichkeit aus (Berger/Luckmann, 1969). Menschlichen Handlungen liegen Realitätsannahmen, Werte, Normen und Interessendefinitionen zugrunde, die in sozialen Prozessen kommunikativ hergestellt, aufrechterhalten und revidiert werden. In Krisensituationen (und also auch in Konflikten) werden alltägliche routinisierte Orientierungen durch die Explikation von Wahrheiten, Werten oder Interessen gestützt oder gar ersetzt. Aus diesem Grunde ist Konfliktverhalten mit den herkömmlichen Mitteln der nomologischen Sozialforschung solange kaum prognostizierbar, wie die Mechanismen, die in Konfliktsituationen zur Erzeugung und Modifikation von Realitätsannahmen, Normen, Werten und Interessen führen und damit neue Handlungsbereitschaften und neue Formen des Konflikthandelns erzeugen, selbst nicht erforscht sind.

Da Werte, Normen sowie Annahmen über Wirkliches und Mögliches (Realitätsannahmen) in Konflikten über die Alltagsroutine hinaus zur Steuerung und Rechtfertigung des Handelns in Anspruch genommen werden, können Konfliktverhalten und Handlungsbereitschaften nur mit Rückgriff auf sie verstanden werden. Sie bilden gleichwohl nicht fixe, unveränderbare Vorgaben, sondern werden in einer aktiven Leistung in konkreten Konfliktsituationen herangezogen, aktualisiert und reinterpretiert. Ich verwende hier also einen Handlungsbegriff, der sowohl die Intentionalität des Handelns betont, als auch den „Gestaltungs- und Handlungsbeitrag" der individuellen und kollektiven Akteure.

Diese „aktive Leistung", die Handeln ausmacht, bedeutet freilich nicht eine „Handlungsfreiheit" in einem uneingeschränkten Sinn. Sie meint vielmehr – und hier folge ich der Vorgehensweise von Sack (1984) und Tilly (1978) – eine „kulturell, historisch, soziologisch, psychologisch und situativ relativierte ... Handlungskompetenz der einzelnen Akteure. Handlungsalternativen und -optionen sind kontextabhängig und mannigfaltig begrenzt und beschnitten. Die Gestaltungskompetenz der Akteure ist jeweils an den konkreten Horizont der Situation und des Geschehens gebunden" (Sack, 1984, S. 89).

Eine so angelegte interaktionistische Analyse muß dann sowohl die Realitätsannahmen, Werte, Ziele und Absichten der Akteure identifizieren, als auch die strukturellen und vor allem die situativen Bedingungen und Mechanismen, die zur Veränderung dieser handlungsgestaltenden Faktoren führen.

5.2 Konzeption des empirischen Forschungsprogramms

In einem so angelegten interaktionistischen Forschungskonzept müssen zunächst Konfliktverläufe und Eskalationsprozesse von nicht-institutionalisierten politischen Konflikten rekonstruiert werden. Dabei ergeben sich verschiedene Aufgaben. Die Rekonstruktion soll a) eine Darstellung der Ereignisse, der Konfliktinteraktionen und Eskalationsprozesse liefern, die unabhängig ist von den Perspektiven und Wahrnehmungen der Konfliktbeteiligten und allein wissenschaftlichen Kriterien zu genügen hat – und muß dazu auf Datenmaterial und Informationen von „unbeteiligten" Dritten zurückgreifen (vor allem wissenschaftliche Arbeiten, Medienberichte etc.). Es geht hier um eine Chronologie der Ereignisse, um die Darstellung möglicher Hintergründe und struktureller Bedingungen des Konflikts, um die Identifizierung der Interaktionspartner, ihrer Handlungsressourcen und Konfliktaktionen. Sie soll b) die Perspektive der Konfliktbeteiligten (vor allem Protestgruppen und institutionelle staatliche Kontrolle) aufarbeiten, d.h. die unterschiedlichen Wirklichkeitssichten und Interpretationen der Interaktionspartner auf den konkreten Fall bezogen, darstellen und muß dazu auf Stellungnahmen, Interviews, Dokumentationen etc. der jeweiligen Interaktionspartner zurückgreifen. Vor dem Hintergrund dieser wird es dann c) möglich, die jeweiligen Perspektiven der Konfliktbeteiligten (vor allem Protestgruppen, Polizei) miteinander und mit der „perspektivenunabhängigen" Darstellung der Ereignisse zu vergleichen. Dadurch dürfte es möglich sein Informationen über verschiedene Arten von (möglicherweise typischen) Konfliktverläufen zu erhalten, sowie Mechanismen und Bestimmungsfaktoren der Konflikt- und Eskalationsprozesse zu identifizieren. Dieses umfangreiche und aufwendige Auswertungsprogramm kann hier freilich nur in einigen ausgewählten Punkten realisiert werden.

Wenngleich den empirischen Studien – wie ausgeführt – eine theoretische Perspektive zugrundeliegt, müssen diese aufgrund ihres explorativen Charakters versuchen, mit möglichst wenig theoretischen Vorannahmen auszukommen, um nicht von vorneherein empirische Daten per definitionem auszufiltern. Die Theorien und Erklärungsansätze werden daher erst dann wieder aufgegriffen, wenn sie mit Ergebnissen der empirischen Untersuchungen konfrontiert werden können. Dies soll an zwei Stellen geschehen: zum einen als systematischer Vergleich der empirischen Befunde der Verlaufsstudien aus den achtziger und neunziger Jahren, zum anderen durch die Fortentwicklung der Theorie sozialer Unruhen und politischer Gewalt auf der Basis dieses Vergleichs (Kapitel IV).

III. Entstehung, Verlauf und Eskalation von nicht-institutionalisierten politischen Konflikten in vier europäischen Ländern – Die Fallstudien

1. Untersuchungsgegenstand und Fragestellung

Im folgenden geht es um die Rekonstruktion und Darstellung verschiedener Formen nicht-institutionalisierter politischer Konflikte in den Ländern Frankreich, Großbritannien, Schweiz und Bundesrepublik Deutschland im Zeitraum von 1975 bis 1993. Es handelt sich dabei um öffentliche politische Konflikte und soziale Unruhen, die in ihren Erscheinungsbildern v.a. durch die starke Beteiligung von Jugendlichen und jungen Erwachsenen sowie durch die (oft gewalttätige) Konfrontation mit der Polizei geprägt sind.

Da es hier vor allem darum geht, auf möglichst breiter empirischer Basis Daten für eine Analyse von Konflikt- und Eskalationsprozessen zu sammeln, ist ein Vergleich von Eskalationsprozessen auch dort sinnvoll, wo die Konflikte sich in ihren Zielen, Ursachen, Strukturen und Teilnehmern unterscheiden. Daher wurden nur einige Rahmenkriterien für die Eingrenzung des Gegenstandsbereiches festgelegt.

Folgende Kriterien liegen der Abgrenzung des Gegenstandsbereiches und der Auswahl der Ereignisse und politischen Konflikte, die in den Verlaufsstudien dargestellt werden, zugrunde:

1. Es sollen öffentliche, kollektive Konflikte sein, die
2. nicht-institutionalisiert sind und
3. durch gewaltsame Eskalation gekennzeichnet sind;
4. die Hauptakteure in diesen Konflikten sind einerseits Protestgruppen, andererseits staatliche Institutionen (Polizei und Politiker).

Durch diese Definition des Gegenstandsbereichs ist es möglich, recht uneinheitliche und sich vielfach überschneidende Phänomene zu integrieren. So habe ich neben verschiedenen Formen des ‚politischen Protests' im engeren Sinn auch Phänomene öffentlicher Unruhen wie die Konflikte mit ethnischem Hintergrund in England und Frankreich erfaßt, die keine expliziten politischen Ziele verfolgen.

Ich habe daher den Begriff des nicht-institutionalisierten politischen Konflikts als Sammelbegriff für so unterschiedliche Phänomene wie Krawalle mit ethnischem Hintergrund, Jugendproteste im engeren Sinne (Schüler-

und Studentenproteste, Konflikte um Jugendzentren etc.), Hausbesetzerbewegungen und soziale Bewegungen gewählt.

Die zentrale Frage dieser Studie nach den Ursachen, Bedingungen und Mechanismen der Eskalation von nicht-institutionalisierten politischen Konflikten legt einen Zugang nahe, durch den die verschiedenen Phänomene einander gegenüber gestellt und nach Gemeinsamkeiten und Unterschieden untersucht werden können. Nur so lassen sich erste Erkenntnisse gewinnen, die über den Einzelfall hinaus generalisiert und zu allgemeinen Aussagen zusammengefaßt werden können.

Die Untersuchung ist daher als eine vergleichende Analyse angelegt. Dabei standen in den Verlaufsstudien folgende Fragen im Vordergrund:

a) Was sind die gesellschaftlichen Ursachen der Entstehung des Konflikts?
b) Welche politischen und sozialen Merkmale kennzeichnen die Trägergruppen?
c) Welche Bedeutung haben (jugendliche) Subkulturen für Entstehung und Entwicklung von öffentlichen politischen Konflikten?
d) Wie kommt es zur Eskalation von Gewalt in politischen Protesten?
   - Unter welchen Bedingungen kommt es zu Konfliktspiralen im Interaktionsprozeß?
   - Welche Rolle spielt das Verhalten von Polizei und Politikern im Konflikt?
   - Welche Verhaltensweisen sind zur Deeskalation geeignet?
e) Welche Auswirkungen haben politische Proteste und Krawalle?
   - Was sind die Konsequenzen politischer Erfolge oder Mißerfolge in den Protestbewegungen?
   - Führen Mißerfolge zum Zerfall und/oder zur Radikalisierung bei Protestgruppen?
   - Welche politischen Auswirkungen haben die Konflikte?

2. Festlegung der Konflikttypen und Auswahl der Konfliktfälle

Die Durchsicht der Literatur hat neben den bereits angedeuteten Defiziten auf theoretischer Ebene ein weiteres generelles Defizit der gegenwärtigen, öffentlichen wie auch wissenschaftlichen Thematisierung von Krawallen, Jugendprotesten und sozialen Bewegungen deutlich gemacht. Es gibt zwar einige vergleichende quantitative Untersuchungen von Einstellungen, Motiven und Handlungsbereitschaften auf der individuellen Ebene (etwa Barnes/Kaase u.a., 1979; Matz/Schmidtchen, 1983; Neidhardt, 1984; Otto/ Merten 1995); es gibt aber kaum wissenschaftlich aufgearbeitete empirische Studien, die sich der systematischen *Deskription der verschiedenen Ereignisse* selbst annehmen. Allenfalls die Berichte der Untersuchungskommissionen in Großbritannien bilden hier eine Ausnahme. (siehe dazu: The Scarman Report, 1981; sowie Cilip, 9/10, 1981; einen Vergleich Sozialer Bewegungen präsentiert auch Brand, 1982).

Aus diesen Gründen erscheint es vordringlich, zunächst verschiedene Konfliktereignisse zu beschreiben und in ihrem Verlauf darzustellen. Ich habe zu diesem Zweck insgesamt 20 Fälle von öffentlichen Unruhen und politischen Protesten ausgewählt und rekonstruiert.

Die Auswahl der Ereignisse orientierte sich im Rahmen der beschriebenen Abgrenzung des Gegenstandsbereichs „nicht-institutionalisierter-politischer-Konflikte" inhaltlich zunächst an der Unterscheidung verschiedener, für moderne demokratische Staaten typischer Felder von öffentlichen Unruhen:

- Krawalle (mit ethnischem Hintergrund) in segregierten Stadtvierteln
- Jugendproteste im engeren Sinne (Jugendzentrumsbewegung Schüler- und Studentenproteste etc.),
- Hausbesetzerbewegung,
- Soziale Bewegungen (hier: Ökologiebewegung, Friedensbewegung),
- Fremdenfeindliche Unruhen.

Es hat sich im Laufe der Untersuchung als sinnvoll erwiesen, entsprechend dieser Aufteilung von verschiedenen Konflikttypen auszugehen und eine vergleichende Analyse und Beschreibung dieser Konflikttypen vorzunehmen.

Neben diesen inhaltlichen Auswahlkriterien spielten jedoch auch pragmatische Überlegungen eine wichtige Rolle. So konnten einmal aufgrund des engen finanziellen Rahmens des Projekts und angesichts der Nicht-Verfügbarkeit oder Nicht-Erreichbarkeit von Datenmaterial verschiedene, ursprünglich geplante Verlaufsstudien nicht realisiert werden. Andererseits war es notwendig, länderspezifischen Besonderheiten Rechnung zu tragen. So erschien es für Großbritannien besonders vordringlich, die innerstädtischen Unruhen und Auseinandersetzungen in Slumgebieten zwischen Jugendlichen verschiedener ethnischer Minderheiten und der Polizei zu beschreiben. Die zunehmende Bedeutung der Problematik der zweiten und dritten Einwanderergeneration auch in der Bundesrepublik macht diese Schwerpunktsetzung sinnvoll.

Um den vorgesehenen Vergleich unterschiedlicher Ereignisse und auch unterschiedlicher Konflikttypen vornehmen zu können, wurde das in den

Verlaufsstudien zusammengetragene Material nach bestimmten inhaltlichen Kriterien und Fragen organisiert, die die für das zentrale Thema meiner Arbeit relevanten Dimensionen der Entstehungsbedingungen, der Entwicklungs- und Eskalationsverläufe und der gesellschaftlichen Reaktionen auf die Konflikte betreffen. Entsprechend dieser Kriterien wurde ein für alle Verlaufsstudien gemeinsames Darstellungs- und Analyseschema ausgearbeitet, das sich in der Gliederung widerspiegelt. Abweichungen von diesem Schema sind jedoch unvermeidlich, da die Datenlage sich z.T. sehr unterschiedlich darstellte.

3. Datenquellen, Datenbasis und Vorgehensweise

Primäre Datenquellen für eine solche Untersuchung wären natürlich in erster Linie wissenschaftlich aufgearbeitete empirische Untersuchungen. Da jedoch empirisch fundierte Aufarbeitungen der verschiedenen Formen nicht-institutionalisierter politischer Konflikte bisher nur in Ansätzen vorliegen, konnte auf entsprechende Materialsammlungen nur selten zurückgegriffen werden. Aus diesem Grunde war die Datensuche in den meisten Fällen sehr zeit- und kostenintensiv. Viele Konflikte konnten nur anhand von Primärmaterial wie Zeitungsberichten, offiziellen und inoffiziellen Dokumenten, Erfahrungsberichten und Darstellungen der verschiedenen Konfliktbeteiligten aufgearbeitet werden. In einigen Fällen reichte das vorhandene empirische Material nicht aus, so daß diese Studien nicht realisiert werden konnten. In anderen Fällen jedoch gelang es uns wesentlich mehr an empirischen Material zu sichten, als in der Kürze der Zeit und im Rahmen dieser Arbeit hätte ausgewertet werden können. Dies betrifft einige Konflikte in Deutschland und Großbritannien, für die ausführliche Dokumentationen, Untersuchungsberichte und Polizeistudien Auskunft darüber geben können, welche Rolle die differentielle Perspektive der Beteiligten für die Eskalation der Konflikte haben.

Unterschiede im Umfang und Inhalt der einzelnen Verlaufsstudien sind daher sehr stark durch die unterschiedliche Datenbasis bedingt. Auch was die einzelnen Vergleichskategorien angeht, mußte auf unterschiedliches Datenmaterial zurückgegriffen werden. Zur Darstellung der Chronologie der Ereignisse und des Verlaufs der Konflikte mußten aufgrund fehlender wissenschaftlicher Arbeiten vorwiegend Berichte der Medien (Tageszeitungen, Wochenzeitungen etc.) verwendet werden. Nur in einzelnen Fällen waren die Ereignisse auch in Dokumentationen oder wissenschaftlichen Abhandlungen (z.B. Berichte von Untersuchungskommissionen, Polizeiberichte oder Dokumentationen der Protestgruppen) aufgearbeitet. Zur Darstellung der sozialen Hintergründe und Ursachen der Konflikte konnte dagegen nur wenig aus Darstellungen in den Medien übernommen werden. Hier wurden die entsprechenden Informationen größtenteils aus wissenschaftlichen Abhandlungen, Kommissionsberichten und offiziellen Stellungnahmen entnommen, sofern Untersuchungen überhaupt vorhanden waren. Auch über die Zusammensetzung, Umfang und Struktur der Protestgruppen gibt es kaum systematische Untersuchungen. Die notwendigen Informationen mußten daher aus den unterschiedlichsten Quellen zusammengesucht werden: von Polizeistatistiken über Verhaftete bis hin zu bloßen Beobachtungen von Teilnehmern, Journalisten etc. Besonders deutlich war das Defizit an wissenschaftlichen Arbeiten hinsichtlich der Eskalations- und Konfliktdynamik. Hier mußte, wo immer möglich, auf Selbstdarstellungen, Dokumentationen, Interviews und Kommentare von beteiligten Jugendlichen, Polizeibeamten und Politikern zurückgegriffen werden und die grundlegende Perspektivität der Informationen berücksichtigt werden.

4. Verlaufsstudien zu verschiedenen Formen nicht-institutionalisierter politischer Konflikte

4.1 Konflikte in segregierten Stadtvierteln

1. Verlaufsstudie : Bristol – St. Paul, GB 1981

1. Chronologie der Ereignisse
2. Hintergründe und soziale Bedingungen des Konflikts
3. Umfang, Struktur und Zusammensetzung der Protestgruppen
4. Konfliktdynamik und Eskalation
4.1 Strategien und Aktionen der Protestgruppen
4.2 Polizeiliche Vorgehensweisen und Reaktionen
4.3 Politische Antworten
5. Erfolg, Mißerfolg und Enttäuschungsverarbeitung
6. Schlußfolgerungen zur Divergenz der Perspektiven in der Thematisierung der Konflikte

Anmerkungen
Literaturverzeichnis

1. Chronologie der Ereignisse

In der britischen Hafenstadt Bristol kam es am 2.4.1980 zu schweren Ausschreitungen zwischen vorwiegend farbigen Jugendlichen und der Polizei.

Die Riots in Bristol waren der Beginn einer Serie innerstädtischer Jugendunruhen, die in den frühen 80er Jahren ganz Großbritannien durchzogen. Der Ausbruch von Gewalt, Plünderungen und Feindschaft gegen die staatliche Autorität wirkte auf die britische Öffentlichkeit wie ein Schock. Die Unruhen begannen nach einer Razzia in einem Lokal im Stadtteil St.Pauls. Begründet wurde die Razzia mit der Suche nach Drogen und illegalem Alkoholausschank.

Am 2.4.1980 betraten gegen 15.30 zwei Zivilbeamte das Black & White Café und bestellten Kaffee. Im Raum befanden sich ca. zwölf bis vierzehn Gäste. Die Beiden warteten einige Minuten, dann ging einer zur Tür und gab ein Handzeichen. Achtzehn Beamte, die auf der Straße gewartet hatten, betraten daraufhin das Lokal. Sieben von ihnen waren Beamte der Drogenfahndung in Zivil, der Rest war uniformiert. Eine zusätzliche Gruppe von sechs Polizisten war vor dem Lokal postiert.[1] 1/4 Meile entfernt hielten sich zwölf weitere Polizisten in Reserve.[2] In dem Lokal begannen die Beamten mit der Befragung der Gäste und der Durchsuchung der Räumlichkeiten. Es konnte nur eine geringe Menge Marihuana sichergestellt werden. Im Keller der Hauses fand man große Mengen Alkohol, u.a. 372 Kisten Bier.

Die Nachricht von der Razzia im Black & White Café verbreitete sich schnell im Bezirk, da zu diesem Zeitpunkt viele Kinder aus einer nahe gelegenen Schule durch die Grosvenor Road kamen und den Beginn der Polizeiaktion beobachteten. Vor dem Lokal versammelten sich in kurzer Zeit ca. 150 Personen. Der Besitzer des Cafes und eine weitere Person wurden verhaftet und in Handschellen abgeführt. Die Beamten begannen die Bierkisten durch die Menge zu einem vor dem Lokal geparkten Polizeiauto zu tragen. Das Beladen dauerte relativ lange und mit jeder Kiste wurden die Zuschauer unruhiger. Zu diesem Zeitpunkt gab es jedoch noch keinerlei Gewalttätigkeiten. Die Aktion verlief etwa eine Stunde ohne Zwischenfälle. Gegen 16.30 Uhr verließen zwei Drogenfahnder das Lokal. Sie wurden auf dem Weg zu ihrem Wagen mit Steinen beworfen.[3,4] Ein Beamter, der sich vor dem Lokal auf dem Bürgersteig befand, wurde verletzt und ein weiterer Polizist auf einem Motorrad wurde ebenfalls von Steinen getroffen. Die Gewalttätigkeiten breiteten sich schnell aus. Beamte und Polizeiautos wurden attackiert. Die Polizisten zogen sich in das Café zurück und forderten über Funk Verstärkung an. Als sich die Situation gegen 17.00 Uhr wieder relativ beruhigt hatte, wurde das restliche Bier eingeladen. Erneute Angriffe begannen. Als der Polizeiwagen den beschlagnahmten Alkohol abtransportieren wollte, flogen Steine und Flaschen. Die Frontscheibe zerbrach und der Fahrer wurde verletzt. Die Beamten verließen das Fahrzeug und flüchteten vor der Menge. Das Bier wurde gestohlen, der Polizeiwagen umgeworfen und angezündet. Die in der Nähe des Lokals verbliebenen Ordnungskräfte wurden attackiert und mußten im Gebäude Deckung suchen.

Gegen 17.30 Uhr formierte sich ein etwa zwanzig Mann starker Polizeikordon am Ende der Grosvenor Road. Die Polizeikräfte gerieten unter starken „Beschuss" als sie die Straße herunterkamen. Sie mußten sich angesichts des Steinhagels zurückziehen. Um 17.15 Uhr, während einer ruhigen Phase, traf Polizeichef Brian Weigh und ungefähr ein Dutzend Männer zur Verstärkung ein. Ca. dreißig Beamte bewachten das brennende Polizeifahrzeug. Ein gegen 18.30 Uhr eintreffender Abschleppwagen sollte das mittlerweile ausgebrannte Fahrzeug aus dem Bezirk bringen. Die Gewalttätigkeiten begannen erneut. Der Abschleppwagen, eskortiert von Polizisten, teilweise mit Hunden, geriet in einen Hagel von Steinen und anderen Wurfgeschoßen. Die angegriffenen Ordnungskräfte versuchten sich mit Bierkästen und Mülltonnen zu schützen, mußten sich jedoch angesichts der heftigen Attacken zurückziehen. In der City Road setzte sich eine Formation von 60-80 Polizeikräften in Richtung einer Menge mehrerer Hundert Jugendlicher in Bewegung. Dieser Polizeizug wurde trotz der vorhandenen Riot-Schilder ebenfalls zurückgeschlagen. Die Beamten zerstreuten sich und eine erneute Formierung war nicht mehr möglich.

In der Zeit zwischen 18.45 Uhr und 19.15 Uhr fanden schwerste Auseinandersetzungen zwischen Polizei und Jugendlichen statt. Mehrere Polizisten wurden verletzt, Polizeiautos umgeworfen und angezündet, und Feuerwehrfahrzeuge mit Steinen beworfen und am Löschen gehindert.

Als in der Ashley Road ebenfalls Polizeiwagen attackiert wurden, wurde auch eine Bankfiliale demoliert und angezündet, Plünderungen begannen. Polizeichef Brian Weigh befahl gegen 19.30 Uhr aufgrund der großen Bedrohung angesichts der Überzahl der Rioters den Rückzug. Auf dem Höhepunkt der Ausschreitungen standen etwa 100 Polizisten einer Menge von 2.000 Jugendlichen gegenüber. Nachdem die Beamten abgezogen waren wurden u.a. ein Motorradgeschäft, ein Supermarkt und ein Elektroshop geplündert. Die Plünderungen verliefen nach Augenzeugenberichten beinahe diszipliniert. Es fand eine Selektierung der auszuraubenden Läden statt. So wurden beispielsweise ein Spirituosengeschäft, eine Auto-Handlung und eine Reihe anderer Geschäfte verschont, deren Besitzer im Bezirk gut bekannt und beliebt waren.[5] Insgesamt wurden Waren im Wert von 150.000 Pfund gestohlen.

Gegen 23.00 Uhr kam die Polizei mit einer massiven Verstärkung zurück – es waren ca. 600 Beamte im Einsatz – und um Mitternacht hatte sie den Bezirk unter Kontrolle.

Bilanz der Ausschreitungen: 22 schwer und 27 leicht verletzte Polizisten, 11 verletzte Zivilpersonen, 21 beschädigte Polizeifahrzeuge, wovon 6 völlig zerstört waren, 5 beschädigte Privatfahrzeuge, 21 angezündete und/oder geplünderte Gebäude, Gesamtschäden in Höhe von 500.000 Pfund.

Insgesamt wurden 134 Personen verhaftet (88 Schwarze/46 Weiße), die größtenteils aufgrund krimineller Delikte wie Diebstahl, Einbruch und Sachbeschädigung angeklagt und relativ schnell zu Geldstrafen verurteilt wurden. Sechzehn Beteiligte wurden angeklagt öffentliche Unruhe gestiftet zu haben. Ihr Prozeß ging durch mehrere Instanzen und zog sich über ein Jahr hin. Alle sechzehn wurden letztendlich freigesprochen. Die Kosten der Verfahren beliefen sich auf 500.000 Pfund – die gleiche Summe wie die durch die Riots entstandenen Sachschäden.[6]

2. Hintergründe und soziale Bedingungen des Konflikts

Es hatte bereits seit Jahren Warnungen gegeben, daß es, wenn nichts gegen die desolate Lage der Innenstadtbezirke und der Situation der dort lebenden Jugendlichen getan werde, zu gewalttätigen Protesten kommen würde. Aber obwohl lokale Gemeindeleiter in Bristol Schwierigkeiten vorausgesagt hatten, stand die Stadt nicht in dem Ruf gefährdet zu sein.[7] Daher waren Presse, Politische Parteien und Öffentlichkeit überrascht, daß es gerade dort zu Ausschreitungen kam.

Die Unruhen waren begrenzt auf das St.Pauls Viertel. Es handelt sich um einen heruntergekommenen Bezirk mit verfallenen viktorianischen Häusern und monoton wirkenden Wohnblocks.[8] Allerdings ist dieser Stadtteil nicht zu vergleichen mit anderen innerstädtischen Bezirken, die vollständig von Zerfall und Niedergang betroffen und bekannt für die hohe Konzentration farbiger Bewohner (bis zu 80 %) sind. Der Anteil der Farbigen im St.Pauls Viertel liegt zwischen 30 und 50 %. Der Bezirk wurde nicht völlig vernachlässigt. Beispielsweise flossen in der Vergangenheit öffentliche Gelder in die Renovierung und den Neubau von Reihenhäusern. Dabei wurden jedoch die alten Muster der Straßen verändert – es entstand eine seltsame Mischung aus neuen Fertighäusern, zerfallenen Geschäften und kahl und öde wirkenden stadteigenen Häusern. Das Gefühl des Zusammenhalts wurde optisch zerstört.[9]

St.Pauls ist Bristols ärmster Bezirk. Die Lokalbehörden waren aus finanziellen Gründen gezwungen ihr Wohnungsbauprogramm auf Eis zu legen. Es gibt viele verfallene und viele überbelegte Wohnungen, nur wenige Grünanlagen und kaum Spielplätze.

Die in dem Bezirk lebenden Jugendlichen haben nur wenige Orte an denen sie sich aufhalten können einige Cafés und ein Sozialcentrum. Eine sinnvolle Freizeitgestaltung ist nahezu unmöglich. Die Sparmaßnahmen der Regierung betreffen auch öffentliche Einrichtungen. So wurde beispielsweise der Antrag der Stadtverwaltung von Bristol über 9.500 Pfund zur Renovierung des Gemeindezentrums des Viertels abgelehnt.[10] Das Black & White Café und das Shady Grove Café waren die bekanntesten Treffpunkte. In beiden wurden bereits früher Razzien durchgeführt und keines hatte eine Lizenz zum Alkoholausschank.

Schon bevor sich schwarze Immigranten in St.Pauls niederließen war der Stadtteil als zwielichtiges Bordellviertel bekannt. Dieses düstere Bild änderte sich nicht, als in den 50er Jahren die Massen vorwiegend westindischer Einwanderer kamen.

Laut Polizeistatistik gehörten Raubüberfälle, Drogenmißbrauch und Alkoholverkauf ohne Lizenz zu den vorherrschenden Delikten im Bezirk. Allein 1979 wurden 246 Prostituierte verhaftet.[11]

Die Arbeitslosenrate unter den Bewohnern St.Pauls war hoch. Aufgrund der ökonomischen Entwicklung und der Kürzungen öffentlicher Gelder war es für viele unmöglich geworden Arbeit zu finden. Die farbige Bevölkerung St.Pauls fühlte sich auf dem Arbeitsmarkt diskriminiert. Sie erhielten, wenn überhaupt, die schlechter bezahlten Jobs bzw. solche, die die Weißen nicht wollten.[12] Besonders betroffen waren farbige Jugendliche. Schwarze Schulabgänger des Stadtteils waren viermal häufiger arbeitslos als gleichaltrige Weiße.[13] Bereits im Oktober 1979 warnte die Commission for Racial Equality in einem Schreiben an James Prior, Secretary of State Employment vor Kürzungen der Gelder, mit deren Hilfe Beschäftigungsmöglichkeiten in verschiedenen Bezirken mit hohem schwarzen Bevölkerungsanteil geschaffen werden sollten.[14] Statt wie geplant 30.000 bis 50.000 Trainingsplätze in ganz Großbritannien zu finanzieren beinhaltete das revidierte Programm nur noch 12.000 bis 14.000 Plätze, die sich auf wenige Gebiete konzentrierten. Bristol war einer der Orte, an dem sich die Kürzungen des Fonds entscheidend auf die Arbeitslosigkeit schwarzer Jugendlicher auswirkten.[15] So wurde beispielsweise das Geld für achtzehn Jugendhelfer, die den Heranwachsenden bei der Suche nach Arbeit helfen sollten ebenso gestrichen wie das Geld zur Schaffung eines Hilfscenters zur Unterstützung Arbeitsloser.

Die Jugendlichen verbringen ihre Zeit häufig in Clubs wie dem Black & White Café, in denen illegal Alkohol verkauft wird. Sie spielen vorwiegend an Spielautomaten und rauchen häufig „Ganja“, das einen Bestandteil der afroamerikanischen Subkultur darstellt. Sie fühlen sich diskriminiert und von der Gesellschaft abgelehnt. Bei vielen von ihnen bestehen gespannte Beziehungen zu den Eltern, von denen sich die meisten mit der Diskriminierung abgefunden haben. Die in Großbritannien geborenen Jugendlichen vergleichen ihre Situation nicht mehr mit der ihrer Herkunftsländer sondern mit der ihrer weißen Altersgenossen. Sie rebellieren gegen die Resignation ihrer Eltern. Die Eltern wiederum sehen in dem Lebensstil ihrer Kinder, der Wahl ihrer Freunde, der Art der Unterhaltung und in den Schwierigkeiten mit dem Gesetz eine unerträgliche Abweichung. Häufig empfinden sie ein solches Verhalten als Vertrauensbruch, als eine Untergrabung der bei ihrer Zuwanderung nach Großbritannien zugrundegelegten Absichten – Verbesserung der ökonomischen Situation und soziale Intergration. Das „schimpfliche, verrufene Leben" ihrer Sprößlinge betrachten sie als Schande, die es ihnen unmöglich macht, aufrecht durch die Gemeinde zu gehen. Häufig reagieren sie mit Ablehnung und kompletter Verwerfung. So beginnt der Abtrift und die Entfremdung der Jugendlichen, welche sie früher oder später mit dem Gesetz in Konflikt bringt.[16]

David Lane, Vorsitzender der Commission for Racial Equality beschrieb die Situation der farbigen Jugendlichen folgendermaßen: „Ein großer Teil von ihnen fühlt, daß sie von Anfang an keine Chance haben schlechte Wohnungen, mangelhafte Schulbildung, öde trostlose Umgebung, rassistische Vorurteile, wenig Jobs. Der Zyklus dem sie ausgesetzt sind besteht aus Mißerfolg, Fehlschlägen, Frustration und Verzweiflung. Sie haben keine Hoffnung und sehen keine Zukunft."[17]

Neben der schlechten Wohnsituation, den ökonomischen Schwierigkeiten und der kulturellen Verschiedenheit ist der Aspekt der Beziehungen der Gemeinde, insbesondere der Farbigen, zur Polizei von hoher Relevanz. Immer wieder gibt es Klagen junger Farbiger, die sich von der Polizei diskriminiert fühlen. Es bestehen feindselige Einstellungen gegenüber den Ordnungskräften, die die Autorität repräsentieren, welcher die Jugendlichen die Schuld an ihrer Deprivation zuschreiben. Der 1980 veröffentlichte Report der Kommission für rassische Gleichheit, mit dem bezeichnenden Titel „The Fire Next Time" fand es beklagenswert, daß bislang von Regierungsseite nichts getan wurde um den Anforderungen einer multirassischen Gesellschaft gerecht zu werden. Der Bericht zitiert eine nationale Jugendbürostudie, die herausgefunden hatte, daß die Einstellungen vieler farbiger Jugendlicher gegenüber der Polizei von Argwohn, Mißtrauen über Angst bis zu offener Feindseligkeit reichen und daß bestimmte Gruppen die Polizei als einen Feind betrachten, dem man entweder ausweichen oder aber ihn bekämpfen sollte.[18] Ein farbiger Jugendlicher erklärte in einem Interview. „Das Black & White war ein Platz zum Trinken, Karten und Dominospielen und Reggaemusik hören. Es war das einzige kulturelle Ventil westindischer Kultur in diesem Bezirk. Was immer wir auch aufzubauen versuchten, sie machten es nieder, zerschlugen es. Es passierte nicht über Nacht, sondern wurde während vieler Jahre aufgebaut. Das war keine Rassenriot. Es war gegen die Polizei und ihre Art, uns zu schikanieren, gerichtet."[19]

Daß die Beziehungen zwischen Gemeinde und Polizei nicht so gut waren, wie einige Stadtoberhäupter immer wieder betont hatten, zeigte ein Interview mit Owen Henry, dem Vorsitzenden der West Indian Parents

Association, der erklärte, er habe in dem Bezirk noch keinen Polizisten ohne den Schutz eines Polizeihundes gesehen und er habe die Polizei verschiedentlich davor gewarnt, daß der Ärger und die Verstimmung über ihr Verhalten in dem Stadtteil zu einem Aufruhr führen könnten.[20] Rodney Usher, der Leiter der Pmlico School in London erinnerte die Leser der TIMES in einem Brief daran, daß die Schwarzen ständig von der Polizei schikaniert würden.[21] Ein betroffener farbiger Jugendlicher erzählte einem Reporter der SUNDAY TIMES: „Die rufen mich Bastard, als ob dies mein Name sei."[22]

Abgesehen von den allgemein vorherrschenden schlechten Beziehungen zur Polizei war die Stimmung im Black & White Café am Tag der Razzia besonders gereizt. Hauptgesprächsthema war die Verhaftung eines aus St.Pauls stammenden farbigen Jugendlichen in London, dessen Gerichtsverhandlung am folgenden Tag stattfinden sollte. Die Jugendlichen im Lokal sprachen davon nach London zu fahren um vor dem Gerichtsgebäude gegen die Polizeischikanierungen und gegen rassischen Benachteiligungen zu demonstrieren.[23,24] In dieser gespannten Atmosphäre traf nun die Polizei ein, um das Café zu durchsuchen.

3. Umfang, Struktur und Zusammensetzung der Protestgruppen

Die Angaben über die an den Ausschreitungen beteiligten Personen differierten stark. Viele der eingesetzten Polizisten sprachen von 200 bis 600 Personen. Einige wenige Beamte schätzten die Anzahl der Beteiligten auf über 1.000.[25]

Andere Schätzungen variierten zwischen 300 und 3.000 der in die Unruhen verwickelten Personen.[26] Relativ realistische Angaben sprachen von 60 Polizisten die einer Menge von insgesamt 2.000 Rioters gegenüberstanden, von denen ca. 200 bis 300 aktiv waren, d.h. tatsächlich gewalttätig waren, Steine und andere Gegenstände warfen.[27,28]

Verschiedenen Berichten zufolge scheint die Mehrzahl der Beteiligten Farbige, meist westindischer Herkunft, gewesen zu sein. Viele von ihnen waren jünger als siebzehn Jahre. Unbestritten ist jedoch die Tatsache, daß auch weiße Jugendlichen an den Ausschreitungen beteiligt waren.[29]

Bezüglich der Zusammensetzung der Protestgruppen bestehen divergierende Angaben. Einige Beamte sagten aus, daß es sich hauptsächlich um Schulkinder, sowohl schwarze als auch weiße, gehandelt habe, andere wiederum berichteten, es seien ausschließlich schwarze männliche Jugendliche beteiligt gewesen, wieder andere waren der Meinung, bei den Rioters habe es sich um eine Mischung sämtlicher Bewohner St.Pauls gehandelt.[30]

4. Konfliktdynamik und Eskalation

4.1 Strategien und Aktionen der Protestgruppen

Das Verhalten der Jugendlichen wurde in Pressedarstellungen vorwiegend als spontaner Aggressionsausbruch beschrieben.

Bezüglich der ersten Gewalttätigkeiten liegen widersprüchliche Aussagen vor und es erscheint schlichtweg unmöglich den direkten Anlaß und den Zeitpunkt eindeutig festzulegen. So soll beispielsweise das Beladen des Polizeifahrzeuges mit beschlagnahmten Bierkästen über eine Stunden ohne Zwischenfälle verlaufen sein, die Spannung mit jeder Kiste jedoch gewachsen und zu einem bestimmten Zeitpunkt in offene Feindseligkeit umgeschlagen sein.[31]

Anderen Berichten zufolge war der auslösende Faktor für die Gewaltausbrüche die Verhaftung des Lokalbesitzers Bertram Wilkes, der in dem Bezirk gut bekannt und sehr beliebt war.[32]

Laut offiziellem Polizeibericht wurden zwei Mitglieder der Drogenfahndung als sie das Lokal verließen auf dem Weg zu ihrem Wagen mit Steinen beworfen. Als Begründung für die plötzlichen Angriffe nennt der Bericht den Versuch der Menge die beschlagnahmten Drogen, die die Beamten bei sich hatten, wiederzubekommen.

Das den verschiedenen Berichten zugrundeliegende Zentralthema, der Grundkonsens, scheint jedoch die Tatsache zu sein, daß sich die Jugendlichen unbegründeten und ungerechtfertigten Attacken der Polizei ausgesetzt fühlten. Das generell verbreitete Gefühl der Illegitimität der Polizeiaktion wurde verstärkt durch Gerüchte, denen zufolge die zwei Zivilbeamte der Drogenfahndung selbst „Ganja“ geraucht hätten bevor sie ihre Kollgen riefen.[33] Die Polizisten wurden überdies beschuldigt regelmäßig Marihuana im Bezirk zu verkaufen. Zeugenaussagen zufolge soll die Polizei einen farbigen Jugendlichen verfolgt, die Hunde auf ihn gehetzt und ihn geschlagen haben, was von den Anwesenden als ein Beweis für Rassismus gedeutet wurde.[34]

Die ersten Gewalttätigkeiten der protestierenden Gruppe flachten innerhalb relativ kurzer Zeit ab, nachdem sich die Beamten in das Lokal zurückgezogen hatten. Zu den stärksten Auseinandersetzungen kam es erst ca. drei Stunden nach Beginn der Razzia. Zum einen eskalierten die Ausschreitungen als 30 bis 40 Polizisten, teilweise mit Polizeihunden in geschlossener Linie vor dem Abschleppwagen hergingen, der ein völlig ausgebranntes Polizeiauto aus dem Bezirk bringen sollte. Zum anderen erreichten zur gleichen Zeit die gewalttätigen Ausschreitungen am anderen Ende der Straße ihren Höhepunkt, als sich dort ein Polizeikordon von 60 bis 80 Mann, ausgestattet mit Riot-Schildern in Bewegung setzte. Eine Prostituierte berichtete: „Sie kamen die Straße herunter marschiert wie in einer Parade. Sie hatten Hunde dabei. Als sie in Höhe des Lokals waren, gaben wirs ihnen."[35] Diese Aufmarschformation wurde von der versammelten Menge als militärischer Stil und als Provokation empfunden.

Die anfänglichen Gewalttätigkeiten der Jugendlichen waren unbestritten einzig gegen die Polizei gerichtet, die in ihren Augen verhaßte Autorität, von der sie sich ungerecht behandelt fühlten. Treffend ausgedrückt wird diese Tatsache durch den Satz eines schwarzen Jugendlichen. „Dies war der Beginn des Krieges zwischen der Polizei und uns Schwarzen."[36]

Die Beteiligten sahen sich selbst als Befreier St.Pauls von einer illegitimen und fremd wirkenden Polizeipräsenz. Sie fühlten sich weniger als einzeln handelnde Individuen, denn als Akteure einer sozialen Kategorie, als Mitglieder einer Gemeinde, die einer Gruppe von Außenseitern der Polizei gegenüberstand.[37]

Ein farbiger Jugendlicher drückte dies so aus: „Unsere Geschichte zeigt uns, daß die dominierenden Gemeinden uns keine Konzessionen machen werden, es sei denn wir kämpfen ... Die Polizei konnte trotz Verstärkung St.Pauls nicht zurückerobern. Wir entschieden uns heimzugehen und erlaubten es ihnen hereinzukommen."[38]

4.2 Polizeiliche Vorgehensweisen und Reaktionen

In den Augen der Polizei handelte es sich bei der Durchsuchung des Lokals um eine völlig legale und gerechtfertigte Aktion. Diese Meinung wurde von der Mehrheit der Politiker geteilt und in der Presse ebenfalls entsprechend dargestellt.

Laut Polizeichef Brian Weigh war die Operation neun Tage vorher geplant worden. Der Community liasion police officer war nicht konsultiert worden, man hatte nicht mit Schwierigkeiten gerechnet, was jedoch angesichts der großen Zahl eingesetzter Beamter als unglaubwürdig bezeichnet wird.[39] Das relativ starke Polizeiaufgebot zu Beginn der Razzia wurde von den Betroffenen als Provokation empfunden und als „Invasion" beschrieben.[40]

Jeder Gast war zunächst befragt und durchsucht worden. Bezüglich dieses Vorgehens bestehen divergierende Darstellungen. Polizeiinformationen zufolge verlief die Befragung ohne Zwischenfälle.[41] Die SUNDAY TIMES betonte ebenfalls den friedlichen Verlauf der Durchsuchung.[42] Verschiedene Gäste sahen dies anders. Einer der Anwesenden beschwerte sich, daß während seiner Durchsuchung seine Hose von der Polizei zerrissen worden sei.[43] Ein Jamaikaner berichtete, die Beamten seien in den Raum gestürmt und hätten den ersten Jungen, den sie greifen konnten, gepackt und ihn durchsucht.[44] Eine ähnliche Darstellung gab Glady Wilkes, die Frau des Lokalbesitzers: „Die Polizisten haben die anwesenden Farbigen grob hin und hergezerrt, obwohl es keinen Grund dafür gab. Ich meine, die Polizei hat bei dieser Gelegenheit überreagiert."[45]

Als eine zusätzliche Provokation wirkte offenbar die Tatsache, daß bereits zu Beginn der Razzia Beamte mit Polizeihunden anwesend waren und sich unter den später zur Verstärkung eingesetzten Polizisten ebefalls etliche Hundeführer befanden. Laut Polizeibericht handelte es sich sowohl um Spürhunde, die Drogen finden sollten, als auch um gewöhnliche Polizeihunde. Tatsache ist jedoch, daß die Hunde nicht zum Schnüffeln von Rauschgift, sondern gegen die versammelte Menge eingesetzt wurden.[46] Laut Aussagen der Polizei war der Einsatz der Hunde notwendig, um das Gelände vor dem Lokal freizumachen. Allerdings räumte Polizeichef Weigh im nachhinein ein, daß der Einsatz von Hunden in einem mulitrassischen Bezirk vorsichtig abgewägt werden müssen.[47]

Das Beladen des Polizeifahrzeuges mit dem beschlagnahmten Alkohol trug offensichtlich ein übriges zur Spannungssteigerung und Feindseligkeit bei. Dieses Beladen zog sich über ein Stunde hin. Die Aktion war nach Meinung einiger weniger Kritiker überflüssig. Zur Beweisvorlage bei Gericht hätten Photos des illegal gelagerten Alkohols genügt. Auch die Verhaftung des Lokalbesitzers und das Abführen in Handschellen stellte nach ihrer Meinung eine unnötige Provokation dar. Eine gerichtliche Vorladung hätte ausgereicht, da der Betreffende sowohl der Polizei, als auch der Gemeinde gut bekannt war und die Gefahr von Flucht oder von Gewalttätigkeit nicht bestanden habe.[48]

Im Verlauf der Auseinandersetzungen zeigten sich Mängel in Fragen der Organisation und des Schutzes der Polizeitruppen. Zur Abwehr der Angriffe schienen die Beamten nicht genügend ausgebildet. Jedesmal, wenn sich die Polizisten neu formiert hatten, gerieten sie unter den Steinhagel der Rioters. Infolge mangelhafter Ausrüstung (fehlender Schilder und adäquater Helme) gelang es den Aufrührern immer wieder die Beamten zurückzudrängen, bzw. sie zu zerstreuen. Eine Neuformierung war häufig aufgrund mangelnder Koordination nicht möglich. Auch die später eintreffende Polizeiunterstützung, die sich am Ende der Grosvenor Road formiert hatte, wurde trotz der nun vorhandenen Schutzschilder zurückgeschlagen. Nach Aussagen der Polizei hatte man gehofft, diese Demonstration der Stärke würde die Menge zerstreuen.[49]

Breite Übereinstimmung bestand sowohl innerhalb der Polizei, als auch in der Öffentlichkeit darüber, daß es sich bei dem Versuch Recht und Ordnung mit zu wenig Leuten herzustellen um einen entscheidenden Fehler gehandelt habe. Aus ganz Bristol waren zum Zeitpunkt der Auseinandersetzungen nicht mehr als ungefähr 100 Beamte aufzubieten. Angesichts des

Verhältnisses 20:1 (Rioters : Polizei) hatten die Einsatzkräfte keinerlei Chance.

Aufgrund der immer gewalttätigeren Angriffe entschloß sich Polizeichef Weigh zum Rückzug. Er begründete später seine Entscheidung mit den Worten: „Die Situation war bedrohlich und ich bin sicher, wenn wir geblieben wären, wäre es zu einem Blutvergießen gekommen, Leben wäre gefährdet gewesen. Wir entschieden uns für den Rückzug und für eine Umgruppierung. Das war der einzig vernünftige Weg."[50] „Wir hatten einfach nicht genug Leute, um den Aufruhr einzudämmen."[51] Diese Rückzugsentscheidung wurde anschließend insbesondere von Mitgliedern der Oppositionsparteien kritisiert, die den Rücktritt Weighs forderten. An die umstrittene Entscheidung wurde im folgenden Jahr, als innerstädtische Unruhen in vielen Bezirken Großbritanniens ausbrachen, immer wieder erinnert. Die Polizei hatte damit eine Niederlage eingestanden und der District war für mehrere Stunden zu einem „no-go-area" geworden. Die meisten Plünderungen fanden während dieser Zeit statt.

Die Rückkehr der zwischenzeitlich 600 Mann starken Polizeikräfte führte zu keiner weiteren Eskalation und Ruhe und Ordnung wurden wieder hergestellt.

Der auf Verlangen des Innenministers erstellte Polizeireport enthielt einige freimütige Eingeständnisse des verantwortlichen Polizeichefs bzgl. der Fehler die im Verlauf der Aktion begangen wurden. So wurde beispielsweise eingeräumt, daß der Zeitpunkt schlecht gewählt war, da der 2.4.80 der letzte Schultag vor Ferienbeginn war und die nahegelegene Schule gerade zu Beginn der Razzia ihre Tore schloß. Auch hätte der Police-community-relations officer vorher konsultiert werden müssen. In keinster Weise wurde allerdings eingeräumt, daß die Rückzugsentscheidung just zu der Zeit, als die Ausschreitungen auf dem Höhepunkt waren, falsch gewesen sei.

4.3 Politische Antworten

Die Öffentlichkeit war angesichts der Darstellungen der Medien, von Gewalt und Aufruhr im relativ unbekannten Farbigenviertel St.Pauls zutiefst geschockt. Ähnliche Reaktionen kamen von politischer Seite. So wurde in ersten Stellungnahmen immer wieder die große Überraschung angesichts der Ausschreitungen zum Ausdruck gebracht. Obwohl zunächst in den Presseberichten der rassische Aspekt der Riots betont wurde, waren sich die Vertreter aller Parteien sehr bald darüber einig, daß es sich nicht um eine Rassenriot gehandelt habe. So erklärte beispielsweise W.Waldegrave, Labour MP, daß es wichtig sei darauf hinzuweisen, daß es keine Rassenunruhen gewesen seien, in dem Sinn, daß Schwarze gegen Weiße vorgegangen seien. Vielmehr habe es sich um den Widerstand einiger Farbiger gegen die

Polizei gehandelt, wodurch diese an der Ausübung ihrer Pflicht gehindert worden sei.[52]

Die Politiker befaßten sich, von wenigen Ausnahmen abgesehen, ausschließlich mit Fragen einer verbesserten Ausrüstung der Polizei und wie eine effektivere Zusammenanrbeit zwischen unterschiedlichen District-Polizeieinheiten geschaffen werden könne. Kritik am Verhalten und den Methoden der Polizei kam von keiner Seite. Man war sich über die Rechtmäßigkeit der Aktion einig. Lediglich die Rückzugsentscheidung des Polizeichefs wurde von Sprechern der Opposition kritisiert.

Über mögliche zugrundeliegende Ursachen der Ausschreitungen bestanden innerhalb der politischen Parteien gegensätzliche Meinungen. Während die Regierungsseite eine Verbindung zwischen innerstädtischer Deprivation, Benachteiligung und Zerfall und dem Aufruhr grundweg ablehnte, wurde von dem liberalen Parteimitglied D. Steel auf mögliche Zusammenhänge hingewiesen. Bereits 1967 habe der Hunt-Report vor den Risiken der Entfremdung schwarzer Jugendlicher in deprivierten Innenstädten gewarnt. Die Regierung müsse sich darüber bewußt sein, daß die Effekte ihrer einschneidenden Wirtschaftspolitik in solchen Bezirken besonders spürbar seien.[53] Eine ähnliche Auffassung vertraten auch LabourAbgeordnete. Sie regten ein intensives Nachdenken über Rassenbeziehungen und Innenstadtprobleme an.[54] Die Kommission für rassische Gleichheit warnte davor, keine präventiven Maßnahmen wie beispielsweise innerstädtische Erneuerungen und Erhöhung der Ausgaben für besonders bedürftige Stadtteile einzuleiten. Das Geschehen von Bristol könne sich jederzeit an vielen Orten Großbritanniens wiederholen.[55] David Lane empfahl stärkere nationale Anstrengungen zur Ausrottung rassischer Benachteiligungen. Der öffentliche Sektor müsse seine Einstellungspraktiken ändern und für mehr Beschäftigungsgleichheit sorgen; ebenso seien Arbeitgeber und Gewerkschaften aufgerufen sich für mehr Chancengleichheit einzusetzen. In den heruntergekommenen Innenstadtbezirken müßten die öffentlichen Dienstleistungen verbessert werden und die Polizei müsse durch entsprechende Trainingsprogramme zu einer feinfühligeren Vorgehensweise kommen. Nur durch intensive Anstrengungen sei sie in der Lage den Widerstand und die Feindseligkeit in solchen Stadtbezirken wie St.Pauls abzubauen.[56]

Trotz des Drängens der Opposition und des Stadtrats von Bristol wurde von Regierungsseite keine offizielle Untersuchung der Vorfälle eingeleitet. Innenminister Whitelaw verlangte lediglich von Polizeichef Brian Weigh einen ausführlichen Bericht und sandte seinen Stellvertreter Minister Timothy Raison nach Bristol um die Lage abzuschätzen. Später wurde die Ablehnung der Forderung nach einer offiziellen Untersuchung mit dem Verweis auf die Entscheidung des Home Office Select Committees, Bristol in ihre Untersuchung über rassische Benachteiligung miteinzubeziehen, begründet.

Die einzige vom Innenministerium offiziell eingesetzte Untersuchungskommission bestand aus Polizeichefs und beschäftigte sich mit der Frage der Vorkehrungen und der Handhabung spontaner öffentlicher Unruhen. Die Polizeichefs erörterten bessere Wege der Verständigung und Verbindungen zwischen unterschiedlichen District-Polizeieinheiten angesichts der Notwendigkeit der erforderlichen Verstärkungen bei Notfällen, ebenso wie Fragen des Schutzes der Beamten und der Fahrzeuge. Sie sprachen sich in ihrem Bericht für ein verbessertes Polizeitraining aus und erwähnten die Wichtigkeit der Einrichtungen von „Bindegliedern" zwischen Polizeikräften und Gemeinde, wie beispielsweise Kontakte zu örtlichen Gemeindeleitern und dem Einsatz lokaler Beamter bei Unruhen in bestimmten Stadtvierteln. Nach den sich 1981 in ganz Großbritannien ausbreitenden Unruhen stellte man fest, daß es an jedem einzelnen dieser Punkte mangelte: Verstärkungen konnten nicht schnell genug und in ausreichend großer Zahl zusammenkommen, Verständigung und Verbindungen zwischen verschiedenen Polizeieinheiten waren ungenügend, schützende Ausrüstungen waren inadäquat und die Beamten ungeübt im Umgang mit Riot-Schildern. Die Beziehungen zum jeweiligen örtlichen Establishment waren feindselig und ortsansässige Revierpolizisten wurden nie einbezogen.

5. Erfolg, Mißerfolg und Enttäuschungsverarbeitung

Da es sich bei den Bristol-Riots offensichtlich um einen spontanen, ungeplanten Ausbruch von Gewalttätigkeiten ohne konkret festgelegte Ziele gehandelt hat, ist es problematisch von Erfolg und Mißerfolg der Aktion zu sprechen. Keine der am Konflikt beteiligten Parteien konnte einen sogenannten „Erfolg" für sich verbuchen.

Auf nationaler Ebene wurde nichts getan, das die Lage der Jugendlichen in Bristol entscheidend verbessert hätte. Die Arbeitslosigkeit stieg und ihre Beschäftigungschancen verschlechterten sich weiter. Sie waren auch nach dem Aufstand Polizeirepressionen ausgesetzt. Da die Regierung nicht bereit war die Ausgaben für die deprivierten Innenstadtbezirke zu erhöhen, bzw. entsprechende Kürzungen zurückzunehmen, änderte sich auch an der Trostlosigkeit ihrer unmittelbaren Umgebung nichts.

Als ein Beweis für die Erfolglosigkeit bzw. die in nicht angemessener Weise erfolgte Aufarbeitung des Konfliktes können die erneuten Zusammenstöße 1986 im District St.Pauls interpretiert werden. Am 11. September 86 fand eine großangelegte Polizeirazzia gegen Rauschgifthandel, illegalen Alkoholausschank und illegales Glücksspiel statt, in deren Verlauf es zu schweren Auseinandersetzungen zwischen Jugendlichen und der Polizei kam. Während der Razzia wurde das Black & White Café von 140 Beamten umstellt. Als diese den Rückzug antraten, flogen vereinzelt Steine. Daraufhin wurden 600 bereits in Bereitschaft gehaltene Polizisten mit Straßenkampfausrüstung im Bezirk eingesetzt. Heftige Straßenkämpfe entbrannten. 78 Jugendliche wurden festgenommen. Mehrere Personen wurden verletzt. 13 Polizisten mußten im Krankenhaus behandelt werden, nachdem sie von der Menge mit Steinen, Flaschen und Benzinbomben attackiert worden waren.[57]

6. Schlußfolgerungen zur Divergenz der Perspektiven in der Thematisierung der Konflikte

Bei der Darstellung des Konfliktes der beteiligten Gruppen stehen sich höchst unterschiedliche Standpunkte gegenüber. So wiesen sich die betroffenen Jugendlichen und die Polizisten gegenseitig die Schuld an den Ausschreitungen und Gewalttätigkeiten zu. Für die Jugendlichen stellte das Auftreten und das Verhalten der Ordnungskräfte eine Provokation dar. Sie sahen in ihnen das Symbol einer verhaßten Autorität, einer Gesellschaft der sie die Schuld an ihrem perspektivlosen Dasein gaben. Die Vertreter der Ordnungsmacht hingegen fühlten sich herausgefordert durch den allzu leichtfertigen Umgang der West-Inder mit Drogen und illegalem Alkohol und waren nicht bereit dieses Verhalten als eine harmlose Manifestation kultureller Verschiedenheit zu interpretieren und zu behandeln. In ihren Augen handelte es sich um eine völlig legale Routineaktion um eine Ausübung ihrer Pflicht.

Die Regierungsseite befaßte sich ausschließlich mit der Frage der Aufrechterhaltung und Durchsetzung von Law & Order, stellte die Ausschreitungen als kriminellen Akt einer bösartigen, wilden Menge Jugendlicher dar und offerierte als Antwort eine Verstärkung und verbesserte Ausrüstung der Polizei. Es ist bezeichnend, daß die einzig offiziell eingesetzte Kommission aus Polizeichefs bestand. Demgegenüber kamen von der Oppositionsseite Forderungen nach einer Änderung der Wirtschafts und Sozialpolitik der Thatcher-Regierung.

Das Verhalten der Polizei wurde nicht zur Streitfrage. Einig war man sich darin, daß es keine „no-go-areas" in englischen Städten geben dürfe.

Divergierende Standpunkte werden insbesondere im Zusammenhang mit der Frage erkennbar, ob es sich um eine Rassen-Riot gehandelt habe. Sowohl die politische Seite, als auch die Ordnungskräfte versicherten unmittelbar nach den Unruhen, diese seien nicht rassisch begründet gewesen. Der Ausbruch von Gewalt wurde interpretiert als grundloser, unprovozierter Angriff vorwiegend schwarzer Jugendlicher gegen die Polizei und entsprechend gehandhabt. Dem stehen die Aussagen der betroffenen Jugendlichen gegenüber, die der Polizei diskriminierendes und schikanierendes Verhalten vorwerfen. Als eine Bestätigung dieser Perspektive dienen die Aussagen der im Bezirk eingesetzten Sozialarbeiter und verschiedener anderer öffentlicher Personen wie z.B. Mitglieder der Kommission für rassische Gleichheit und Mitglieder des nach den Verhaftungen gebildeten Verteidigungskommitees.

In der wissenschaftlichen Aufarbeitung des Konfliktes tendiert die Bewertung dieses Aspektes eher in Richtung einer Rassen-Riot. Neben den angeführten sozioökonomischen Ursachen wird auf einen Zusammenstoß der Kulturen hingewiesen. Zwei Welten stehen sich gegenüber. Eine afroamerikanische Subkultur, die durch ein Gemisch von Musik, Tanz, Rauschgift und illegalen Alkoholgenuß gekennzeichnet sei, stehe einer weißen britischen Lebensweise gegenüber, in der ein solches Verhalten verurteilt werde. Die Verneinung von ethnischen Ursachen könne als eine typische britische Reaktion interpretiert werden. Das Verleugnen des rassischen Aspektes sei ein Verleugnen des Vorhandenseins von Diskriminierung.[58]

Anmerkungen

1) Vgl. JOSHUA, H. & WALLACE, T.: To ride the storm. The 1980 Bristol „Riot" and the State, London 1983, S. 68 ff
2) Vgl. REICHER, S.D.: The St.Pauls riot: an explanation of the limits of crowd action in terms of a social identity model, in: European Journal of Social Psychology, Vol. 14, 121, 1984, S.6
3) Vgl. JOSHUA, H. u.a., a.a.O., S. 68 ff
4) Bezüglich des Zeitpunktes der ersten Angriffe bestehen divergierende Angaben. Hierauf wird später noch näher eingegangen.
5) Vgl. THE SUNDAY TIMES, 6.4.1980, S.17
6) Vgl. THORNTON, Peter: We Protest. The Public Order Debate; London 1985, S. 26
7) Vgl. THE TIMES, 3.4.80, S. 4
8) Vgl.THE TIMES, 5.4.80, S. 1
9) Vgl. KETTLE, M. & HODGES, L.: Uprising! The police, the people and the riots in Britains cities, London 1982, S. 23
10) Vgl. KETTLE, M. u.a., a.a.O., S. 23
11) Vgl. HOUSE OF COMMONS, Fifth Report from the HOME AFFAIRS COMMITTEE, Session 198081, RACIAL DISADVANTAGE, London, Juli 1981, S. 424
12) Vgl. VORWÄRTS, 10.4.1980, S. 16
13) Vgl. THE TIMES, 7.4.1980, S. 9
14) Vgl. THE TIMES, 11.4.1980, S. 4
15) Vgl. THE TIMES, 11.4.1980, S. 4
16) Vgl. PRYCE, K.: Endless Pressure, London 1979, S. 25 ff
17) THE SUNDAY TIMES, 6.4.1980, S. 16
18) Vgl. COMMISSION FOR RACIAL EQUALITY: Youth in mulitracial society: The Urgent Need for New Policies. „The Fire Next Time", März 1980, S. 47

19) THE TIMES, 5.4.1980, S. 1
20) Vgl. THE TIMES, 5.4.1980, S. 1
21) Vgl. KETTLE, M. u.a., a.a.O., S. 31
22) THE SUNDAY TIMES, 6.4.1980, S. 17
23) Vgl. THE SUNDAY TIMES, 6.4.1980, S. 17
24) Vgl. KETTLE, M. u.a., a.a.O., S. 26
25) Vgl. JOSHUA, Harris u.a., a.a.O., S. 28
26) Vgl. REICHER, S.D., a.a.O., S. 9
27) Vgl. REICHER, S.D., a.a.O., S. 9
28) Vgl. KETTLE, M. u.a., a.a.O., S. 29
29) Vgl. REICHER, S.D., a.a.O., S. 9
30) Vgl. JOSHUA, H. u.a., a.a.O., S. 88
31) Vgl. REICHER, S.D., a.a.O., S. 8
32) Vgl. JOSHUA, H. u.a., a.a.O., S. 90
33) Vgl. REICHER, S.D., a.a.O., S. 6 und S. 18
34) Vgl. THE GUARDIAN, 5.4.1980, S. 1
35) THE TIMES, 3.4.1980, S. 1
36) SÜDDEUTSCHE ZEITUNG, 6./7.4.1980, S. 4
37) Vgl. REICHER, S.D., a.a.O., S. 14
38) THE TIMES, 5.4.1980, S. 1
39) Vgl. JOSHUA, H. u.a., a.a.O., S. 17
40) Vgl. REICHER, S.D., a.a.O., S. 17
41) Vgl. JOSHUA, H. u.a., a.a.O., S. 68
42) Vgl. THE SUNDAY TIMES, 6.4.1980, S. 17
43) Vgl. JOSHUA, H. u.a., a.a.O., S. 177
44) Vgl. THE TIMES, 3.4.1980, S. 1
45) THE TIMES, 3.4.1980, S. 1
46) Vgl. JOSHUA, H. u.a., a.a.O., S. 75
47) Vgl. KETTLE, M. u.a., a.a.O., S. 28
48) Vgl. JOSHUA, H. u.a., a.a.O., S. 76 und S. 90
49) Vgl. THE SUNDAY TIMES, 6.4.1980, S. 17
50) HE TIMES, 5.4.1980, S. 1
51) FRANKFURTER ALLGEMEINE ZEITUNG, 5.4.1980, S. 2
52) Vgl. THE TIMES, 3.4.1980, S. 4
53) Vgl. THE TIMES, 3.4.1980, S. 4
54) Vgl. THE TIMES, 3.4.1980, S. 3
55) Vgl. THE TIMES, 14.4.1980, S. 2
56) Vgl. THE SUNDAY TIMES, 6.4.1980, S. 16
57) Vgl. FRANKFURTER ALLGEMEINE ZEITUNG, 13.6.1986, S.1; TRIERER VOLKSFREUND, 13.9.1986, S.2; DIE TAGESZEITUNG, 13.9.1986, S.7
58) Vgl. KETTLE, M. u.a., a.a.O., S. 30

Literaturverzeichnis

COMMISSION FOR RACIAL EQUALITY: Youth in Multiracial Society. The Urgent Need for New Policies. „The Fire Next Time“. London, März 1980

HOUSE OF COMMONS: Fifth Report from the HOME AFFAIRS COMMITTEE. Session 1980-81. RACIAL DISADVANTAGE. London 1980
HARRIS, J. & WALLACE, T.: TO RIDE THE STORM. The 1980 Bristol „RIOT" and the State. London 1983
KETTLE, M. & HODGES, L.: Uprising! The police, the people and the riots in Britains cities. London 1982
PRYCE, K.: Endless Pressure. London 1979
REICHER, S.D.: The St.Pauls riot: an explanation of the limits of crowd action in terms of a social identity model, in: European Journal of Social Psychology, Vol. 14, 121, 1984
REINER, R.: Black and blue: race and the police, in: New Society, 17. Sept. 1981
SIVANANDAN, A.: From restistance to rebellion: Asian and Afro Caribbean struggles in Britain, in: RACE & CLASS, Vol. XXIII, Nr. 2/3, Autumn 1981/ Winter 1982
THORNTON, P.: We Protest. The Public Order Debate; London 1985

Zeitschriften und Dokumente

FRANKFURTER ALLGEMEINE ZEITUNG:
05.4.1980: „Schwere Ausschreitungen farbiger Jugendlicher in Bristol"
13.9.1980: „Schwere Ausschreitungen in Bristol"
NEW SOCIALIST: Sept/Oct.81: „Summer in the City"
SÜDDEUTSCHE ZEITUNG:
6./7.4.80: „Schwarz und weiß"
13.9.86: „Straßenschlacht nach Razzia in Bristol"
DIE TAGESZEITUNG: 13.9.86: „Ausschreitungen in Bristol"
THE SUNDAY TIMES:
6.4.80: „If Bristol shocks us out of complacency, it may be a blessing in disguise"
6.4.80: „How Bristol blew up"
6.4.80: „How blacks see the police"
THE TIMES:
3.4.80: „Black youth battle with police in Bristol"
3.4.80: „Trouble was forecast for Bristol"
5.4.80: „Home secretary awaiting Bristol riot report public"
5.4.80: „Pressure mounting for public inquiry into Bristol riot"
7.4.80: „Bristols black spot"
11.4.80: „Ministers advised to review cut in funds to help jobless blacks"
12.4.80: „Community leader in Bristol says police pick on blacks"
14.4.80: „Minister rejects race board ´puppets´ on blacks"
TRIERER VOLKSFREUND: 13.9.86 „Straßenschlacht nach Polizeirazzia in Bristol"
VORWÄRTS: 10.4.80 „Rebellion der farbigen Jugendlichen"

2. Verlaufsstudie: London – Brixton, GB 1981

In Brixton fanden im April 1981 die bis dahin schwersten Unruhen in der Geschichte Londons statt.

Brixton, eine Gemeinde die im 245.000 Einwohner zählenden Stadtbezirk Lambeth, im Süden Londons liegt, war bis zu diesem Zeitpunkt, über seine Grenzen hinaus, kaum jemandem ein Begriff. Seit den Unruhen ist der Name jedoch zu einem Synonym für Aufruhr, Repression und Plünderungen geworden. Die Straßenkrawalle, ihre auslösenden Faktoren und die zugrundeliegenden Ursachen wurden in Presse, Öffentlichkeit und im Parlament intensiv diskutiert und waren Gegenstand zahlreicher wissenschaftlicher Untersuchungen und Abhandlungen.

1. Chronologie der Ereignisse und Konfliktverlauf

Am Freitag, dem 10. April 1981, brachen die ersten aufruhrartigen Straßenschlachten zwischen vorwiegend farbigen Jugendlichen und der Polizei aus. Der Anlaß für die blutigen Straßenkämpfe schien banal. Kurz nach 18.00 Uhr bemerkte ein Streifenpolizist einen schwarzen Jugendlichen, der offenbar von mehreren anderen verfolgt wurde. Als er ihn festhielt, in der Annahme, er könne in ein Verbrechen verwickelt sein, stellte der Polizist fest, daß der Junge stark blutete und eine große Stichwunde hatte. Bailey, der Verletzte, riß sich los, wurde jedoch an der nächsten Ecke von einem anderen Polizisten wiederum gestoppt. Als die übrigen schwarzen Jugendlichen herankamen, konnte er sich erneut losreißen und davonlaufen. Nachdem ein weiterer Polizist erschienen war, wurden die Beamten von der inzwischen angewachsenen Menge Jugendlicher an einer weiteren Verfolgung gehindert. Bailey hatte inzwischen in einer Wohnung ihm unbekannter Weißer Zuflucht gesucht, die seine Wunden verbanden und für ihn ein Taxi riefen. In dem Taxi wurde er jedoch von einem Polizisten in einem Streifenwagen bemerkt und wiederum festgehalten. Ein weiteres Polizeiauto erschien und

Baileys Wunde wurde von den Beamten neu verbunden. Über Funk riefen sie eine Ambulance. Zwischenzeitlich hatten sich 40 bis 50 Jugendliche eingefunden. Die Polizisten wurden zur Seite gestoßen und Bailey aus dem Polizeiwagen geholt. Die Jugendlichen baten einen Fremden in einem Privatauto den Verletzten in ein Krankenhaus zu bringen, was dieser dann auch tat (18.31 Uhr).

Um 18.36 Uhr traf ein weiteres Polizeiauto, welches über Funk zu Hilfe gerufen worden war, ein. Gleichzeitig erschien der diensthabende Inspektor der Brixtoner Polizeistation. Er ordnete an, die mittlerweile auf ca. 100 Personen angewachsene Menge zu zerstreuen. Zu diesem Zeitpunkt waren ca. 30-40 Polizisten eingesetzt. Es kam zu kleineren Auseinandersetzungen. Die ersten Steine flogen und um 18.42 Uhr wurde die Windschutzscheibe eines Polizeiautos mit einem Ziegelstein eingeworfen und der Fahrer dabei verletzt. Bereits vier Minuten später konnte der Täter gefaßt und verhaftet werden. Nachdem weitere Polizeiautos beschädigt worden waren, gelang es der Polizei die Menge zu zerstreuen. Um 19.30 Uhr waren die Zwischenfälle vorüber. Insgesamt wurden sechs Personen verhaftet, sechs Polizisten verletzt und vier Polizeifahrzeuge beschädigt.

Gerüchte, denen zufolge die Polizei den verletzten Jugendlichen mißhandelt habe, bzw. versucht hätte seine Behandlung zu verhindern, verbreiteten sich schnell im Bezirk wie auch Gerüchte über den angeblichen Tod des Verletzten. Superintendent Nicholson entschied daraufhin fünf Repräsentanten der Gemeinde in den Bezirk zu entsenden, um die Gerüchte einzudämmen und die Sachlage richtigzustellen. Diese hatten jedoch nicht den gewünschten Erfolg. Daraufhin wurden für die Nacht und den folgenden Tag verstärkte Polizeipatrouillen angeordnet.

Am Samstag den 11.4.81 kam es in Brixton nach einem vergleichsweise harmlosen Zwischenfall an mehreren Stellen zu Straßenschlachten zwischen Jugendlichen und der Polizei. Um 16.45 Uhr wurde ein junger Schwarzer nach einer Schlägerei von einem Polizisten verhaftet. Um 17.00 Uhr wurde in der Atlantic Road ein verlassenes Polizeiauto in Brand gesetzt und Polizisten mit Steinen beworfen. Um 17.30 Uhr setzten sich die Kampfe in der Atlantic Road fort und griffen über auf die Railton Road und die Mayall Road. An die Polizeikräfte wurden Schutzschilder ausgegeben und Polizeikordons am Ost-Ende der Railton Road gebildet. Gegen 18.30 Uhr flogen die ersten Benzinbomben und setzten sowohl Polizei- als auch Privatautos in Brand. Die um 18.40 Uhr zum Löschen der brennenden Autowracks gerufenen Feuerwehrautos wurden ebenfalls mit Steinen beworfen und so ein Durchkommen unmöglich gemacht. Eine Stunde später eroberten die Aufrührer ein Löschfahrzeug, mit dem sie dann durch die Railton Road fuhren. Gegen 19.45 Uhr wurde der Windsor Castle Pub in der Leeson Road durch

Molotowcocktails in Brand gesetzt und völlig zerstört. Zur gleichen Zeit trafen Brandbomben das George Public House in der Railton Road. Immer wieder drängten die Mengen die vorrückenden Polizisten in Richtung Atlantic Road zurück. Gleichzeitig versuchten Polizeitruppen in der Mayall Road für Ruhe zu sorgen.

Zu diesem Zeitpunkt standen etliche Gebäude, einschließlich des Postamtes, einer Autohandlung, eines Installationsgeschäftes und einer Schule in der Effra Road bereits in Flammen. Die ersten großangelegten Plünderungen begannen. Um 21.30 Uhr brach in der Mayall Road die Stromversorgung zusammen. Gegen 22.00 Uhr gelang es der Polizei die Kontrolle über das Gebiet zurückzugewinnen. Allerdings war es der Feuerwehr bis zum frühen Sonntagmorgen nicht möglich die Brände zu löschen, da sie aufgrund blockierter Straßen nicht zu den brennenden Häusern gelangen konnte bzw. sich ständig weiterer Angriffe erwehren mußte. Am Ende dieser Nacht waren acht Löschfahrzeuge beschädigt und dreizehn Feuerwehrleute verletzt. Vierzehn Gebäude brannten teilweise völlig aus. Etliche Gasleitungen wurden beschädigt und zweiundzwanzig Autos in Brand gesetzt.

Am Sonntagnachmittag kam es erneut zu Auseinandersetzungen. Das „Kampfgebiet" in Brixton wurde von mehreren hundert Polizisten abgeriegelt, um ein Übergreifen der Unruhen auf andere Stadtbezirke zu verhindern. Am frühen Abend sammelten sich Polizeitruppen an der Stadthalle. Ein Polizeihubschrauber überflog das Gebiet. Hunderte von Schaulustigen säumten die Straßen. Es kam zunächst nur zu kleineren Attacken Jugendlicher gegen die Polizei. Gegen Abend verschärften sich die Auseinandersetzungen. Wiederum flogen Flaschen und Pflastersteine, Autos wurden demoliert und Scheiben zertrümmert. Geschäfte wurden geplündert, ohne daß die Polizei es verhindern konnte. Die Polizeistation mußte verbarrikadiert werden. Nach stundenlangen sporadischen Gewaltausbrüchen gelang es schließlich die Ansammlungen aufzulösen und die Hauptstraßen freizumachen. In den Randbezirken Brixtons flammten zeitweise noch Kämpfe auf. Der Hauptkrisenherd war jedoch geklärt. Sonntagnacht gegen 10.30 Uhr lag eine gespannte Ruhe über dem gesamten Bezirk.

Die Bilanz der dreitägigen Straßengefechte waren 172 verletzte Zivilpersonen, 414 verletzte Polizeibeamte und vierzehn verletzte Feuerwehrleute. Verläßliche Angaben bezüglich verletzter beteiligter Jugendlicher bestehen nicht. Neunzehn Jugendliche wurden von der Polizei ins Krankenhaus gebracht. Unklar ist jedoch, wieviele sich ambulant behandeln ließen.

Phasen des Konfliktverlaufs

Der Konfliktverlauf läßt sich grob in drei Phasen einteilen:

Phase 1: Konfrontation einer kleinen Gruppe Jugendlicher mit der Polizei

Phase 2: gewaltsame Eskalation und Ausweitung der Unruhen zu Straßenschlachten mit der Polizei
Phase 3: Plünderungen und Zerstörungen

Sowohl Sprecher der schwarzen Bevölkerung, Bewohner der betroffenen Stadtteils als auch einige Zeitungskommentatoren vertraten die Meinung, daß nach einer anfänglichen „Befreiungsaktion" bzw. „Hilfestellung" schwarzer Jugendlicher für einen der ihren, die eigentlichen Krawalle erst begannen, als die Polizei mit massivem Aufgebot auf die relativ harmlosen Zwischenfälle des Vortages reagierte. Als die Unruhen ihren Höhepunkt erreichten, plünderten Gruppen sowohl schwarzer als auch weißer Jugendlicher in großem Stil, setzten einige Gebäude und Fahrzeuge in Brand und richteten enorme Sachschäden an. Hierbei handelte es sich jedoch nicht ausschließlich um Ortsansässige – viele der an den Plünderungen und Zerstörungen Beteiligten kamen aus anderen Teilen der Stadt.

Ein Community Leader teilte den Verlauf der Riots in zwei Phasen: Zu Beginn habe es sich ausschließlich um Anti-Polizei-Aktionen gehandelt und erst später, nachdem sich die Polizei in die Mayall-Road zurückgezogen habe, hätten die Plünderungen begonnen. Diese Sichtweise wurde sowohl von Vertretern der schwarzen Bevölkerung als auch von den Anwohnern geteilt.

Lord Scarman war überzeugt, daß es sich zu Beginn der Konflikte um spontane Überreaktionen auf Polizeiaktionen gehandelt habe, welche vorher nicht geplant waren. Outsiders seien allerdings durch die Publizität der Ereignisse in den Medien angelockt worden und hätten sich an den Ausschreitungen beteiligt.

2. Umfang und Zusammensetzung der Protestgruppen

Schätzungen zufolge waren ca. 5.000 Personen in die dreitägigen Ausschreitungen verwickelt. Die meisten der beteiligten Jugendlichen waren Farbige, die in dem Bezirk Brixton lebten. Ca. 25 Prozent der Bewohner Lambeths sind Schwarze. Die zahlenmäßig stärkste Gruppe hierunter sind die West-Inder mit einem Anteil von 12,5 Prozent an der Gesamtbevölkerung, gefolgt von den Afrikanern (3,4 Prozent), Indern, Pakistanis, Bangladeshis (2,4 Prozent) und anderen gemischtrassischen Gruppen (insgesamt 6,5 Prozent). Der Anteil der Farbigen unter den Jugendlichen in Brixton liegt bei 40 Prozent.[3] An den Plünderungen, die den Auseinandersetzungen folgten, seien nach Aussagen Ortsansässiger allerdings nicht nur junge Schwarze beteiligt gewesen, sondern auch etliche Weiße.

Polizeichef Sir David Mc Nee deutete an, daß es sich um eine Intervention von Außenstehenden während der Unruhen gehandelt habe. Er sprach davon, daß es Hinweise dafür gäbe, daß von außerhalb kommende Unruhestifter und Aufrührer für die Ausschreitungen verantwortlich seien. Daß die Unruhen genau ein Jahr nach den Riots in Bristol ausbrachen, könnte seiner Meinung nach auf Verbindungen schließen lassen. Für die These, daß es sich um eine geplante und organisierte Aktion gehandelt habe, spräche auch die große Menge an Benzinbomben und die vielen weißen Erwachsenen die während der Ausschreitungen zu sehen waren und die angeblich nicht aus dem Bezirk kamen. Nach unbestätigten Informationen die die Polizei erhalten habe, soll eine Reihe von Personen in organisierenden Positionen gesehen worden sein.[4]

Lord Scarman ging in seinem Untersuchungsbericht ebenfalls auf die Outsidertheorie ein und kam zu dem Schluß, daß auch Personen, sowohl schwarze als auch weiße, welche nicht in Brixton lebten, an den Ausschreitungen beteiligt gewesen seien. Bei ihnen handele es sich aber nicht um Agitatoren, die die Unruhen angestiftet hätten – sie seien lediglich duch Meldungen in der Presse und ähnliches angelockt worden. Die Mehrzahl dieser Personen habe an den Ausschreitungen teilgenommen aus purer Lust am Zerstören, Freude an Brandstiftungen und gewalttätigen Angriffen gegen die Polizei, die Feuerwehr und die Krankenwagen. Ein Kennzeichen dieser Gruppe sei, daß sie bei ihren Angriffen keinerlei Unterscheidungen gemacht hätten zwischen Polizei und Rettungsdiensten. Die Riots in Brixton seien jedoch weder vorsätzlich ausgelöst worden, noch geplant gewesen. Es habe sich um die spontane Reaktion einiger hundert zorniger und frustrierter Jugendlicher gehandelt, die, wie fast alle Schwarzen in Großbritannien, die Polizei als feindlich gesinnt betrachteten.[5]

Daß außenstehende Rädelsführer die Riots organisiert hätten, bzw. in großer Zahl beteiligt gewesen seien, wurde von Repräsentanten der schwarzen Bevölkerung kategorisch verneint. Rudi Narayan, der Leiter des Brixton Defense Committees, das nach den Unruhen gegründet worden war, erklärte in einem Interview, daß die einzigen Outsider des Polizeichefs Sturmtruppen – die SPG – gewesen seien, die mit Gewehren bewaffnet in den Bezirk gekommen waren um die Bevölkerung zu terrorisieren.

Die West Indian Standing Conference bestritt ebenfalls die These einer Anstiftung von außen.[6]

3. Soziale Hintergründe und Bedingungen

3.1 Historische Entwicklung

England als ehemaliges Kolonialreich hat zu diesem Teil seiner Geschichte bisher kein kritisches Verhältnis gefunden. Bis heute herrscht in der Öffentlichkeit der Gedanke vor, daß die Kolonialisierung ein Akt der Zivilisierung zurückgebliebener Völker war, denen man moderne Staatsverwaltung und Technik gebracht habe. Die von Wissenschaftlern zwar erforschten und veröffentlichten Schattenseiten der kolonialen Vergangenheit werden im öffentlichen Denken weitgehend verdrängt und tabuisiert. Die Auseinandersetzung mit der Kolonialisierung bedeutet jedoch nicht nur, daß vergangene Taten bewältigt werden. Durch die schwarze Einwanderung im 20. Jahrhundert ist Großbritannien heute zu einem multiethnischen Land geworden. Seit der historischen Wende um 1960, als die meisten Kolonialvölker ihre Unabhängigkeit erlangten, setzte insbesondere in England eine relativ starke Rückbewegung der ursprünglichen Kolonialexpansion ein. Die Niederlassung von Schwarzen aus der Karibik und Afrika, sowie von Indern, Pakistani und Ostasiaten in England führte bereits dazu, daß diese friedliche und zahlenmäßig geringe Einwanderung durch Gesetze drastisch bekämpft und in öffentlichen Kampagnen als ein Übel dargestellt wurde, welches den Bestand der Nation gefährde.

Vollbeschäftigung in den Nachkriegsjahren und eine expandierende britische Wirtschaft waren die Gründe für großangelegte Anwerbungskampagnen. Das Staatsbürgerschaftsgesetz von 1948 erweiterte die britische Staatsbürgerschaft auf alle Bürger der Kolonien und des Commonwealth und bildete damit die Voraussetzung für unbeschränkte Wanderungsbewegungen. Nachdem in den sechziger Jahren die gesamte farbige Bevölkerungsgruppe aus Karibik, Afrika und Asien auf ca. 500.000 angewachsen war, wurden erste Kontrollmaßnahmen eingeführt. Zunächst wurde nur noch eine begrenzte Zahl von Arbeitserlaubnissen ausgestellt. Diese Maßnahme verschärfte man nach und nach. 1981 brachte die konservative Regierung ein neues Staatsbürgerschaftsgesetz ein. Hiernach hatten künftig alle Besitzer der englischen Staatsbürgerschaft kein automatisches Aufenthaltsrecht mehr in Großbritannien.

Führende englische Politiker – vorwiegend von der konservativen Seite – warnten in den vergangenen Jahren vor der „schwarzen Gefahr". M.Thatcher sprach 1978 vor ihrer Wahl zur Premierministerin davon, daß die Leute befürchteten, Großbritannien „könne von Menschen mit einer unterschiedlichen Kulter überschwemmt werden." Sie benutzte hierbei das Wort „swamp", welches die Bedeutung von Sumpf und Morast hat. Auch die massive Polizeirazzia 1981 in Brixton wurde „Swamp 81" genannt. Daß dieser Ausdruck von unterschwelligem Ressentiment zeuge, wurde nicht nur von den politischen Gegnern angeführt. Auch in den bekannten Riots-Berichten wurde dieser Name als außerordentlich unpassend und abwegig bezeichnet.[7]

Rechtsgerichtete Politiker, wie Enoch Powell propagierten offen die Deportation aller farbigen Bewohner Großbritanniens. Powell entwarf 1976 einen Plan für eine Reemigration, den er als „echte Entwicklungshilfe" bezeichnete. Hiernach sollten im Laufe von fünf Jahren eine Million Farbiger mit einem Kostenaufwand von 1.000 Pfund pro Kopf nach Asien, Afrika oder in die Karibik überführt werden.[8] Powell war es auch, der bereits Ende der sechziger Jahre in einer berüchtigten Rede vorhersagte, die Zuwanderung von Farbigen werde in England „Flüsse voll mit Blut entspringen lassen.“

3.2 Community/Police Relations

Jugendliche, Kirchenvertreter und Sozialarbeiter – sowohl farbige als auch weiße – beklagten seit längerer Zeit einen „willkürlichen Machtmißbrauch“ der Polizei gegenüber der schwarzen Bevölkerung.

Für schwarze Jugendliche ist die Polizei die sinnlich erfahrbare Schranke ihres Lebensraumes in einer Gesellschaft, die sie als nicht erwünschte Minderheit klassifiziert. Viele Bewohner von Brixton sehen in der Polizei die Verkörperung eines Systems, das sie in den Schatten gestellt hat. Schwarze fühlen sich von den Ordnungskräften diskriminiert. Jeder vierte farbige Jugendliche zwischen 13 und 14 Jahren gab laut einem Bericht in der TIMES an, schon einmal Schwierigkeiten mit der Polizei gehabt zu haben. Jugendliche der ethnischen Minderheiten gerieten so überdurchschnittlich oft mit der Polizei in Konflikt, daß Kritiker von einer „systematischen Verfolgung der Schwarzen durch die Ordnungsmacht“[9] sprechen.

Dafür, daß die Vorwürfe zumindest teilweise berechtigt sind, spricht auch das Ergebnis einer Studie, die von dem Direktor des Institute of Criminology an der Hebräischen Universität Jerusalem, erstellt wurde. Er hatte Zugang zu den Scotland Yard Akten und untersuchte 1444 Polizeiverfahren, die jugendliche Gesetzesbrecher betrafen. Die Fälle bezogen sich auf fünf Londoner Stadtbezirke, wovon einer Brixton war. Die Schlußfolgerungen der Studie bestätigten den Vorwurf der Diskriminierung von farbigen Jugendlichen durch die Polizei. Junge Farbige würden ungleich härter angefaßt als gleichaltrige Weiße. Gegen zwei Drittel aller Festgenommenen wurde sofort Anklage erhoben, im Gegensatz zu den verhafteten Weißen, von denen weniger als die Hälfte angeklagt wurden.[10]

Als Belege für den Rassismus innerhalb der Polizei dienten etliche Zeugenaussagen die von brutalen Polizeiübergriffen berichteten. Hunderte solcher Fälle, die aus allen Teilen Englands stammten und alle farbigen Bevölkerungsgruppen betrafen, legte das Institut of Race Relations einer Königlichen Kommission für die Reform von Strafverfahren vor.[11] Das Problem der Polizeirepression als direkter lokalisierbarer Ausdruck eines institutionalisierten Rassismus blieb im Verlauf der Diskussion über die Ursachen zentral. Auch im Untersuchungsbericht Lord Scarmans wurde diese Thematik behandelt. Er beschränkte seine Kritik jedoch auf die konkrete Operation

„Swamp 81", während er die Existenz eines umfassenden institutionalisierten Rassismus bestritt. Er räumte allerdings ein, daß sich bei einzelnen Polizisten ein deutlicher Rassenhaß gegen die Schwarzen manifestiert habe und es infolgedessen zu gelegentlichen Belästigungen und Beschimpfungen schwarzer Jugendlicher gekommen sei.

Die Polizei selbst sah das Problem der Schwarzen allein als eine Frage der Aufrechterhaltung der öffentlichen Ordnung. Nach Aussagen verschiedener Polizeichefs sei eisernes Durchgreifen die einzig angemessene Methode zur Wahrung von Ruhe und Ordnung in den Territorien, die sich durch überdurchschnittlich hohe Kriminalität auszeichneten.

Als einen die schlechten Beziehungen zwischen Gemeinde und Polizei mitbedingenden Faktor sahen Kritiker die Tatsache, daß die Polizeibeamten für ihren Dienst in den Farbigenvierteln keine besondere Ausbildung erhielten und daß auch die Behörden sich nicht um eine Rekrutierung schwarzer Beamter bemühten. In ganz England und Wales waren 1981 lediglich 0,3 Prozent aller Polizisten Farbige.

Über den direkten Anlaß der Unruhen bestand weitgehend Übereinstimmung. Sowohl offizielle Behörden, als auch Betroffene (Polizei und Jugendliche) und eine eingesetzte Untersuchungskommission unter Vorsitz des Richters Lord Scarman sahen in dem Zwischenfall mit dem verletzten farbigen Jugendlichen den unmittelbar auslösenden Fakor. Uneinigkeit bestand allerdings in bezug auf tiefergehende Ursachen.

Eine häufig geäußerte Meinung, sowohl von Gemeindevertretern als auch von wissenschaftlicher Seite, war, daß die innerstädtischen Unruhen als Eskalation von Zwischenfällen entstanden, die durch Polizeirazzien ausgelöst wurden. Seit Jahren bestand in dem Farbigenviertel Brixton ein gespanntes Verhältnis zwischen Jugendlichen und der Polizei. Insbesondere aufgrund der Operation „Swamp 81" hatten die Spannungen einen Höhepunkt erreicht. Das Ziel der Aktion war die Bekämpfung der Kriminalität, insbesondere von Einbrüchen und Diebstählen. Die Operation war Mitte März 1981 beschlossen worden. Sie begann planmäßig am 6. April. Die Vorgehensweise bestand darin, daß zehn Gruppen mit jeweils zwischen fünf und elf Beamten in dem Bezirk patroullierten. Befürworter der Operation führten an, daß die Kriminalitätsrate in Brixton in der Zeit von 1976 bis 1981 um 138 Prozent gestiegen sei, im Vergleich zu Gesamtlondon wo die Steigerung „nur" 38 Prozent betragen hatte. Allein im Distrikt Lambeth gab es wöchentlich 90 Raubüberfälle; 50 bis 60 davon fanden in Brixton statt. Es wurde angeführt, daß die Deliktrate doppelt so hoch sei wie in anderen „verrufenen" Bezirken und viermal so hoch wie in den meisten Londoner Stadtteilen.[12] Lord Scarman wies in diesem Zusammenhang in seinem Untersuchungsbericht darauf hin, daß es sich bei den hohen Prozentzahlen lediglich um Kleinkriminalität handele. Statistiken zufolge läge die gestiegene Kriminalitätsrate von schwerwiegenden Delikten im Bezirk Brixton sogar niedriger als im gesamten Stadtbezirk (13 Prozent gegenüber 15 Prozent).[13]

Im Verlauf der Aktion „Swamp 81“ wurden im Bezirk Brixton für den Zeitraum vom 6. bis 11. April 1981 zusätzliche Polizisten aus dem Distrikt Lambeth zusammengezogen, um täglich alle Verdächtigen festzuhalten und zu durchsuchen. Bereits in den ersten vier Tagen durchstreiften 120 Polizisten in Zivil systematisch die Straßen. Im gesamten Bezirk Lambeth wurden ca. 1.000 Personen als „verdächtig“ angehalten und durchsucht. Knapp über 50 Prozent waren Farbige. Mehr als zwei Drittel der Betroffene waren jünger als 21 Jahre. Insgesamt wurden 118 Personen festgenommen und 75 Anklagen erfolgten.[14]

Zwischenzeitlich war sich das gesamte Viertel darüber bewußt, daß eine besondere Aktion vor sich ging. Niemand, auch nicht die Gemeindeleiter, war vorher informiert worden. Gerüchte entstanden und es breitete sich eine Belagerungsstimmung aus. Die Nervosität erhöhte sich auf beiden Seiten.

Vertreter der Konservativen bezeichneten die Aktion als vollkommen gerechtfertigt und erfolgreich. „Swamp 81“ habe dazu beigetragen, daß die Kriminalitätsrate gesenkt wurde und für eine Verbesserung der Polizeimoral gesorgt.[15]

Von seiten der Polizei wurde der Vorwurf strikt zurückgewiesen, daß die Polizeioperationen der vorangegangenen Wochen ausschlaggebend für die Unruhen waren.

Gemeindeleiter kritisierten das Vorgehen der Polizei – speziell die angewandte Taktik der vorausgehenden Tage. Die Bewohner des Stadtteils empfanden die starke Polizeipräsens als Provokation. Farbige Jugendliche äußerten später, daß sie einen solchen Ausbruch erwartet hätten, nachdem sie täglich von der Polizei belästigt worden seien und eine starke Nervosität spürbar war.

Auch in Lord Scarmans Untersuchungsbericht wurde der Polizei beträchtliche Schuld für den unmittelbaren Ausbruch der Riots zugewiesen. Scarman lastete ihr an zu ungeschickt und zu „dampfwalzenhaft“ gegen kriminelle Elemente in Brixton vorgegangen zu sein. Er war der Meinung, daß die Großfahndung gegen die wuchernde Kriminalität in dem überfüllten Stadtteil als Funke im Pulverfaß wirkte. Die Operation „Swamp 81“ bezeichnete er als schweren Fehlgriff.[16] Seine Kritik war nicht nur auf die taktische Seite beschränkt – er war der Auffassung, daß die gesamte Operation von zweifelhafter Effizienz war. Seine Kritik an der Polizei richtete sich sowohl auf ihre Mitschuld an dem Vertrauenssturz, der dem Aufruhr voranging, als auch auf die rassischen Vorurteile und die Schikanen einiger Polizeibeamter während der Aktion „Swamp 81".

Darauf, daß Rassismus innerhalb der Polizei bestehe, wurde bereits in früheren Berichten hingewiesen. So veröffentlichte beispielsweise der Lambeth Council einen Bericht, in dem die Methoden und die Vorgehensweise der Polizei im Bezirk Brixton untersucht wurden. Hierin wurde die Polizei als „Besatzungsarmee" kritisiert, die ihre Macht mißbrauche, indem sie vorwiegend farbige Jugendliche kriminalisiere.[17]

Besonders verhaßt bei den farbigen Bewohnern Brixtons waren die Mitglieder der Special Patrol Group (SPG), die seit 1978 in dem Stadtteil Streife gingen und die mit ihren harten Greifmethoden nach dem Motto „Stop and Search" (Anhalten und Durchsuchen) nicht nur die Verbitterung der Jugend förderten. Allein im Jahr 1980 wurden im Stadtteil Lambeth 10.000 Personen auf offener Straße durchsucht. Nach einem Gesetz aus dem Jahr 1824 kann die Polizei jede Person festnehmen, von der sie vermutet, sie habe vor ein Verbrechen zu begehen. Der Verdächtige muß seine Unschuld beweisen. Diese Vorgehensweise wurde bereits häufig kritisiert, da sehr viele Unschuldige ohne triftigen Grund angehalten und kontrolliert wurden. Die Betroffenen sahen darin ständige Schikanierungen.

Große Teile der Polizei betrachteten die Methoden allerdings nicht als Provokation und bezeichneten ein eisernes Durchgreifen als einzig angemessene Methode zur Wahrung von Ruhe und Ordnung. Die Ordnungshüter stritten ab, daß es Schikanen in großem Ausmaß gegeben habe und erklärten Übergriffe als Einzelfälle und Ausnahmen.

Als Beweis, daß es sich bei den Übergriffen der Polizei nicht um Einzelfälle diskriminierenden Verhaltens einiger weniger Beamter handele, sahen Kritiker die Polizeiaktion des 14.Juli 81. Zu dieser Zeit, als die Unruhen in englischen Innenstädten fast überall vorbei waren, führte die Polizei im Stadtteil Brixton eine Razzia durch, die von den Anwohnern als Racheaktion bezeichnet wurde und sowohl von Community Leaders und verschiedenen Politikern als auch Lord Scarman kritisiert wurde. Um 23.30 Uhr wurden die Bewohner der Wiltshire Road in Brixton aufgefordert ihre Fahrzeuge von der Fahrbahn zu entfernen. Kurze Zeit später riegelten 30 Polizeifahrzeuge und Mannschaftswagen die Straße ab. Gegen 1.30 Uhr nachts fuhr der Konvoi in die nahegelegene Railton Road und riegelte diese hermetisch ab. Ohne Vorwarnung, teilweise mit Vorschlaghämmern und Brechstangen drangen die Polizisten in elf Häuser, ein Cafe und ein kleines Lagerhaus ein. Die Bewohner bekamen keine Chance ihre Wohnungen friedlich zur Durchsuchung freizugeben. Das Vorgehen hatte den Charakter einer militärischen Eroberung. Sperrholzwände wurden zerschmettert, Matratzen und Möbel aufgeschlitzt, Fernsehgeräte eingeschlagen, Fußböden aufgerissen, Waschbecken und Badewannen zertrümmert, Steckdosen und Elektrizitätsleitungen herausgerissen. Als am folgenden Tag Parlamentsabgeordnete und Lord Scarman die Straße besichtigten, bot sich ihnen ein Bild der Verwüstung. Begründet wurde die Aktion seitens der Polizei mit der Suche nach Molotowcocktails und illegalem Alkoholausschank. Gefunden wurden nichts derartiges. Von sieben Festnahmen erfolgten fünf wegen unerlaubten Rauschgiftbesitzes. Der Chef der Kriminalpolizei David Powis räumte zwar die Erfolglosigkeit der Razzia ein, rechtfertigte jedoch die Beschädigungen von Privateigentum mit der Suche nach gefährlichen Objekten.[18]

3.3. Generationsspezifische Probleme

Der Großteil der Jugendlichen die heute in Brixton leben, wurde bereits in England geboren. Sie sind in der britischen Gesellschaft herangewachsen und fordern dieselben Rechte wie ihre weißen Mitbürger. Der afrokaribische Historiker und Kulturkritiker C.L.R. James, der zur intellektuellen Renaissance-Bewegung der afrokaribischen Kultur in den dreißiger und vierziger Jahren gehörte, stellt im Zusammenhang mit den innerstädtischen Unruhen von 1981 den Unterschied in den Einwanderungsgenerationen folgendermaßen dar: „Die erste Einwanderergeneration nach Großbritannien, vom indischen Subkontinent, von Afrika und insbesondere von den westindischen Inseln war bereit, Arbeitsplätze anzunehmen, die von der weißen Bevölkerung abgelehnt wurden. Sie träumte davon, etwas Geld zu sparen und in eine Gesellschaft zurückzukehren, die sie verstand und in der sie bessere Positionen erringen könnte als die, die sie zuvor inne hatte. Die Generation der Schwarzen, die hier geboren wurde und aufwuchs, hat kein soziales Aufstiegsmuster, dem sie folgen könnte. Die Gesellschaft, in der sie leben, bietet ihnen keine sichere materielle Grundlage oder soziale Perspektive. Kollektiv gesehen sind sie sich darüber bewußt, daß ihnen keinerlei soziale Bedeutung eingeräumt wird außer der, die sie sich selbst in ihrer eigenen beschränkten Welt geben. Diese Welt besteht aus der Gemeinsamkeit auf der Straße und dem Krieg gegen alle Institutionen, mit denen sie zu tun haben – insbesondere gegen die Polizei. Sie werden jedoch durch alle Anreize einer entwickelten Gesellschaft stimuliert, die ihnen gleichzeitig nicht ermöglicht, irgendetwas anzustreben oder irgendwo hinzugelangen.[19]

Es besteht heute eine unmittelbare Konfrontation zwischen der realen Beschränktheit und den vielfältigen Entwicklungspotentialen, die schwarze Jugendliche in ihrem sozialen Umfeld erkennen, was eine widersprüchliche Reaktion hervorgerufen hat. Einerseits verfolgen sie das Konzept der Integration in eine neue englische Gesellschaft, die multiethnisch und multikulturell sein muß; andererseits jedoch kommt es zu einer breiten Ablehnung der Integration, die als „weißes Lockbild“ gesehen wird, was einer „inneren Emigration“ gleich kommt.

Ein anderes soziales Problem, das von Sozialarbeitern häufig angesprochen wurde und auch in wissenschaftlichen Untersuchungen immer wieder behandelt wurde, ist die Familiensituation. Jede sechste Familie in Lambeth hat nur ein Elternteil und 2,3 Prozent aller Jugendlicher werden von der Fürsorge betreut.

Die meist in Großbritannien geborenen Kinder der Immigrantenfamilien leben im Spannungsfeld zweier völlig verschiedener Kulturen. Sie wachsen mit den europäischen Norm- und Wertvorstellungen auf und stellen die streng hierarchische Familienstruktur ihres Herkunftslandes zunehmend in Frage. Dies trägt zur Destabilisierung der Familien bei. Zerfallene Großfamilien, Ausreißerprobleme und latente Gewalt sind die Folge.[20]

3.4 Arbeitslosigkeit/Wirtschaftliche Lage/Wohnsituation

Auf die Bedeutung der wirtschaftlichen Lage der schwarzen Jugendlichen, die überproportional stark von Arbeitslosigkeit betroffen sind als wesentlichen Entstehungsfaktor für die Unruhen wurde immer wieder hingewiesen. So schrieb die TIMES in einem scharfen Leitartikel gegen die Sozialpolitik Thatchers: „Brixton wird den Mythos brechen, daß Arbeitslosigkeit in Großbritannien ohne Konsequenzen akzeptiert wird.“[21]

In Brixton sind die Folgen der Wirtschaftskrise und der rigorosen Sparpolitik der konservativen Regierung deutlich. Im gesamten Bezirk Lambeth bestand 1981 eine Arbeitslosenquote von 14,4 Prozent.[22] Die meisten der registrierten Arbeitslosen waren schwarz (zwei von drei). Im Stadtteil Brixton lag die Arbeitslosigkeit mit 20 Prozent doppelt so hoch wie im Landesdurchschnitt (9,4 Prozent).[23] Von den Jugendlichen waren insgesamt 27 Prozent ohne Arbeit. Die farbigen Jugendlichen waren besonders betroffen. Bei ihnen betrug die Arbeitslosenquote 67 Prozent.[24] Die Aussichten nach der Schulentlassung einen Job zu bekommen waren nahezu aussichtslos. Etliche Fabriken verließen Brixton; bei der Stadtverwaltung Lambeth bestand Einstellungsstop. Vertreter der Neighbourhood Community Association bezeichneten den Existenzkampf der Ärmsten der Armen als eine Tragödie und forderten wie die Labour Opposition Beschäftigungsprogramme. Arbeitslosigkeit wurde auch von der Bevölkerung als Hauptursache für die Riots gesehen, wie aus einer Meinungsumfrage hervorging. Demnach waren 40 Prozent der Befragten der Auffassung, daß dies ein auslösender Faktor für die Unruhen war.[25]

Viele der arbeitslosen Jugendlichen waren angesichts der trostlosen Wohnverhältnisse, die den Zerfall des Stadtbezirks ausdrückten, gezwungen ihre Zeit im Freien zu verbringen. Mehr als 12.000 Wohnungen im Stadtteil wiesen grundlegende Mängel auf oder waren bereits unbewohnbar. Die schlimmsten Zustände herrschten rund um die Railton Road, der „Frontlinie“ der 81er Riots.

Da in Brixton ein enorm starker Wohnungsmangel herrschte, richtete Hermann Ouseley, der Community Liaison officer in Brixton, ein dringendes Gesuch an die Regierung zu einer Entschärfung der Wohnungssituation beizutragen. Im April 81 standen 18.000 Personen auf der Warteliste für eine Wohnung.

4. Eskalationsbedingungen

Als eine wesentliche Eskalationsbedingung wurde sowohl von Gemeindeleitern und Kirchenvertretern, als auch von wissenschaftlicher Seite das große Ausmaß der Polizeipräsenz gesehen. Die übermäßig starke Antwort der Polizei auf sogenannte Bagatellkriminalität erzeuge eine Spirale gegenseitiger Feindseligkeit und Hasses zwischen jungen Farbigen und der Polizei.

Unter den Betroffenen herrschte weitgehende Übereinstimmung darüber, daß durch ein übermäßiges Polizeiaufgebot die schwarze Jugend nicht eingeschüchtert, sondern lediglich Haß und Ressentiments erzeugt würden. Daß die Jugendlichen mit dem gleichen „Macho-Stil“ wie die Polizei antworteten, sei nicht verwunderlich meinte ein Beobachter.[26]

Die Beurteilungen der polizeilichen Vorgehensweise und Strategie im Verlauf der Unruhen, fielen sehr unterschiedlich aus. Es gab viel Sympathie für die Polizei, speziell von der konservativen Regierungsseite, aber auch von der Öffentlichkeit, die geschockt den „Zusammenbruch von Law and Order“ an den Fernsehapparaten mitverfolgt hatte. Der Innenminister sprach, nachdem er am Sonntagnachmittag die Schäden in dem Stadtteil besichtigt hatte, ein Lob für die Polizei aus und bezeichnete deren Verhalten als überwiegend couragiert und hervorragend.

Die Polizeitaktik während der Riots wurde auch in Lord Scarmans Untersuchungsbericht als gerechtfertigt bezeichnet. Während der Ausschreitungen, die für die Polizei eine beispiellose Krisensituation dargestellt habe, habe sie sich mustergültig benommen. Scarman ließ keinen Zweifel daran, daß seine Sympathie und seine Unterstützung für die Polizei stärker waren als seine Kritik. Er lobte die Taktik, den Mut und die Pflichterfüllung der Polizisten.

Kritiker warfen der Polizei jedoch fundamentales Versagen im Umgang mit Konflikten vor. Ihrer Meinung nach schienen die Schwierigkeiten, die es an dem betreffenden Freitag im Zusammenhang mit dem verletzten Farbigen gegeben hatte, die Entscheidung zur Autoritätsdurchsetzung produziert zu haben. Die Polizei habe offensichtlich ihre Stärke und Macht demonstrieren wollen. Es wurde die Vermutung laut, daß nach der Demütigung des Rückzugs der Polizei ein Jahr zuvor in Bristol ein Verlangen auf Polizeiseite bestanden habe zu beweisen, daß es keine „No-Go-Areas“ geben werde. Eine solche Polizeistrategie sei allerdings eine Fehlkalkulation gewesen. Anstatt Ruhe und Ordnung herzustellen sei gerade durch das Zurschaustellen von Macht und Stärke ein gegensätzlicher Effekt erreicht worden.

Die Eigentümer der beschädigten und zerstörten Häuser beschuldigten, ebenso wie die Community-Leaders, die Polizei. Ihren Aussagen zufolge seien zuviele Polizisten an dem Samstag, als die eigentlichen Riots ausbrachen und die Gewalt eskalierte, auf der Straße gewesen. Die Situation sei außerordentlich bedrückend und spannungsgeladen gewesen. Indem die Polizei ihre Kontrolle über die Straße demonstrierte, habe sie zum Ausbruch der Gewalttätigkeiten beigetragen. Verschiedenen Berichten Betroffener zufolge wurde die Machtdemonstration der Polizei als eine Herausforderung zum gegenseitigen Kräftemessens interpretiert.

Die Polizei selbst bestritt die Riots durch ein zusätzliches Polizeiaufgebot provoziert zu haben. Nach Aussagen eines diensterfahrenen Scotland-Yard Beamten sei nach dem Zwischenfall mit dem verletzten Jungen lediglich eine weitere Fußstreife eingesetzt und in der Polizeistation selbst Reserven bereitgehalten worden. Von einer großangelegten Schlüsselaktion könne keine Rede sein. Insgesamt hätten 150 Mann patroulliert, wovon einige in Zivil gewesen seien. Bei den Polizeistreifen habe es sich ausschließlich um Beamte der Brixtoner Polizei gehandelt.[28] Sowohl Polizeichef McNee, als auch einfache Streifenpolizisten waren der Meinung, daß eine Vernachlässigung der polizeilichen Pflicht vorgelägen hätte, falls es nach den anfänglichen Zwischenfällen keine Patrouillen gegeben hätte. Die Polizeipräsenz sei absolut notwendig und angemessen gewesen. Die Polizeiführung vertrat die Auffassung, daß es keinesfalls „No-Go-Areas“ in dem Distrikt geben dürfe und daß die Beamten auch zukünftig alles für die Aufrechterhaltung der Gesetze tun würden.[29]

Der Aufstand der Jugendlichen wurde nicht nur von Regierungsseite und Polizei verurteilt. Auch Vertreter der schwarzen Bevölkerung rechtfertigten das Verhalten der Jugend keineswegs uneingeschränkt. So hoben beispielsweise einige Sprecher das kriminelle Element hinter den Plünderungen und Brandstiftungen und den Angriffen auf die Polizei hervor. Sie räumten ein, daß bei vielen der Plünderer kriminelle Motive zugrundelagen.

In der Phase der Plünderungen und Zerstörungen waren, nach Augenzeugenberichten, zahlreiche Personen, unter ihnen viele Weiße, gesehen worden, die nicht aus dem Bezirk Brixton stammten. Der Verdacht, daß Außenstehende auf die Entwicklung der Unruhen eingewirkt hätten bzw.

Linksextremisten die blutigen Auseinandersetzungen angeheizt hätten, wurde von der Polizeiführung in mehreren Stellungnahmen geäußert.

Sowohl die Regierungsseite als auch die konservative Presse erachteten Habgier und Lust an der Gewalt bei den Jugendlichen als primären, der Eskalation zugrundeliegenden Faktor.

Die tiefe Antipathie bzw. der Haß jugendlicher Farbiger gegenüber der Polizei, der sich über Jahre hinweg aufgestaut hatte, entlud sich in wenigen Stunden. Die Hoffnungslosigkeit schlug um in Aggression. Die Frustration vieler Jugendlicher führte zu einem Ausbruch von Gewalt, die die Ordnungskräfte als Stellvertreter der diskriminierenden weißen Gesellschaft traf. Vielen bereitete es Genugtuung Polizisten zu prügeln, ihre Autos zu demolieren oder Geschäfte und Läden zu plündern.

Community Leaders hatten im Verlauf der Ausschreitungen der Polizei geraten sich von dem Schauplatz zurückzuziehen. Eine solche Vorgehensweise hätte ihrer Überzeugung nach eine Deeskalation der Konfliktsituation bewirkt. Mr. Ted Knight, der Leiter des Lambeth Council erklärte, daß die Polizei vor dem Einsatz der Special Patrol Groups gewarnt worden war, diese Warnung jedoch nicht beachtet hätte und die Truppe Freitagnacht, als die Spannung bereits auf dem Höhepunkt war, erneut eingesetzt habe.[27] Sprecher der schwarzen Bevölkerung waren einstimmig der Überzeugung, daß das massive Auftreten der Polizei in zu großer Zahl eine Eskalation der Ausschreitungen bewirkt habe und daß durch einen rechtzeitigen Polizeiabzug die Ruhe schnell wieder hätte hergestellt werden können.

5. Verarbeitung und Auswirkungen des Konfliktes

Nach Beendigung der Unruhen diskutierte man im Zuge der Aufarbeitung des Konfliktes verschiedene mögliche Ursachen. Die Zusammenhänge von Arbeitslosigkeit und sozialen Problemen, die von Vertretern der ethnischen Minderheiten, Vertretern der Kirchen und Teilen der Opposition als tieferliegende Ursachen für die Unruhen genannt wurden, lehnte die konservative Regierung als nicht relevant ab. Auch weite Teile der Bevölkerung und die Polizei standen sozialen Erklärungen als Ursache feindselig gegenüber.

So bezeichnete Regierungschefin Thatcher einen Großteil der Probleme als Resultat der Schwächung von Autorität in vielen Bereichen über eine lange Zeit hinweg. Für die konservative Seite war kennzeichnend, daß die ganze Angelegenheit als ein „Law and Order-Problem“ betrachtet wurde, dessen Ursache ein Mangel an Disziplin und Respekt war. Für sie handelte es sich bei dem Aufruhr um einen rein kriminellen Akt. Sie sahen in dem Vandalismus eine Bestätigung ihrer These von der Disziplinlosigkeit dieser Gesellschaftsgruppe.

Die Polizei selbst beurteilte die Situation ähnlich. Für sie lagen die Ursachen für das Verhalten der Jugendlichen in einer weitverbreiteten antiautoritären Einstellung, welche als symptomatisch für die Gruppe junger Farbiger erachtet wurde. Klar identifizierte Symbole von Autorität und Disziplin seien für diese Personen kein Thema. Solche Ansichten waren nicht begrenzt auf die Polizeiführung. Daß viele „gewöhnliche Polizisten" diese Auffassungen teilten, wurde in mehreren veröffentlichten Briefen von Polizeisergeanten in POLICE REVIEW deutlich.[30]

Die blutigen Zusammenstöße von 1981 in London wurden von rechtsgerichteten politischen Kreisen, insbesondere der nationalen Front, als Rassenkrawalle interpretiert. Auch Powell erklärte erneut: „An einem bestimmten Punkt des absoluten und relativen Wachstums der Commonwealth-Bevölkerung in London und den übrigen betroffenen englischen Städten steht Gewalt von so großem Ausmaß in Aussicht, das angemessen nur noch als Bürgerkrieg bezeichnet werden kann."[31]

Alle nach den Riots verfassten Abhandlungen waren sich jedoch darüber einig, daß es in keinem Ort in England Zusammenstöße unter Beteiligung von Schwarzen gab, die irgendetwas mit Bürgerkrieg zu tun hatten. Die Unruhen – sowohl in Brixton als auch in anderen Städten – waren Auseinandersetzungen mit der Polizei, die in Straßenschlachten und Plünderungen ausarteten.

Auch die Betroffenen selbst teilten diese Ansicht. „Es richtet sich nicht gegen die weiße Bevölkerung, sondern gegen die Polizei. Sie haben uns wie Dreck behandelt. Jetzt wissen sie, daß so etwas nicht so einfach gemacht werden kann" – so der Kommentar eines schwarzen Jugendlichen.[32] Daß die Riots Ausbruch des Ressentiments von farbigen Jugendlichen waren, die überdurchschnittlich häufig mit der Polizei in Konflikt gerieten, wurde in etlichen Berichten, sowohl junger Farbiger, als auch Gemeindeleitern und Vertretern von Nachbarschaftshilfen und in verschiedenen Untersuchungsberichten und wissenschaftlichen Abhandlungen deutlich.

Ralf Dahrendorf, Dirketor der London School of Economics sah in den Ausschreitungen in Brixton erst den Anfang einer Entwicklung, in deren Verlauf das System der sozialen Kontrolle durchbrochen werde. Gerade für ein Land wie England, wo öffentliche Disziplin bisher mehr durch eine solche informelle soziale Kontrolle als durch die Polizei erhalten wurde, sei dies ein „langer, schmerzhafter Prozeß". Er war der Meinung, daß, wenn es nicht gelänge durch den traditionellen Stil britischer Autoritätsausübung die Ursachen zu unterdrücken, man andere Wege aus der Krise finden müsse. Er stellte die Frage: „Fällt uns wirklich nichts ein, um das elende Vakuum der Jugend mit sinnvoller Tätigkeit zu füllen?", womit er auf die hohe Jugendarbeitslosigkeit anspielte, die eine große Leere unter den Betroffenen erzeuge und demoralisierend wirke. Die von vielen empfundene Sinnlosigkeit der Existenz müsse mit neuem Sinn erfüllt werden. Ansätze zur Entstehung neuer Bindungen seien notwendig, um den Zusammenbruch von Hoffnungen und Illusionen aufzuhalten.[33]

Einig waren sich alle Parteien und Gruppen im Anschluß an die Unruhen darüber, daß eine Untersuchung über die Vorkommnisse notwendig sei. Bereits einen Tag nach Beendigung der Krawalle kündigte Innenminister Whitelaw eine entsprechende Untersuchung an. Der angesehene Richter Lord Scarman bekam von Regierungsseite den Auftrag die Ursache der Brixton-Riots zu untersuchen. In den Monaten danach unterrichtete er sich an Ort und Stelle über die sozialen und wirtschaftlichen Gegebenheiten, studierte die Methoden der Polizei und prüfte ihre Beziehungen zur Bevölkerung. Unzählige Zeugen wurden gehört und die Spannungsviertel in anderen Städten begutachtet. Die Ermittlungen wurden von verschiedenen Seiten boykottiert. Teilweise von Personen die aus Mißtrauen oder Furcht nicht aussagen wollten, teilweise auch von schwarzen Aktivisten, in deren Augen die Untersuchung lediglich ein liberales Aushängeschild der Regierung darstellte. Schließlich lag sieben Monate nach Beginn der Untersuchung das Ergebnis vor. Es handelte sich um ein detailliertes Dokument, das die vorliegenden Bedingungen und Ursachen schilderte und Vorschläge zur Behebung der Spannungen und Mißstände an die Regierungsseite, die Gemeindebehörden und die Polizei enthielt. Der Report wurde weitgehend begrüßt, obwohl er für keine Seite schmeichelhaft war. Es wurde aber auch Kritik laut, die sich insbesondere auf den Vorschlag Scarmans bezog, während einer bestimmten Zeitspanne „positiv", zugunsten der schwarzen Bevölkerung, zu diskriminieren. Staat und Gesellschaft sollten die Chancen der farbigen Mitbürger endlich ausgleichen. Die Hauptaugenmerke müßten sich auf das Grundübel, den sozialen Niedergang der Innenstädte und auf die Benachteiligungen der farbigen Bevölkerung richten. Die Gerechtigkeit gebiete Sonderprogramme für die verelendeten Stadtbezirke. Erziehung und Arbeitsbeschaffung sollten Priorität erhalten. Der Bericht warnte davor die wirtschaftlichen Probleme, die in Stadtvierteln wie Brixton existierten, zu ignorieren. Für den Fall, daß entsprechende Maßnahmen nicht getroffen würden, um den Schwarzen zu helfen, würden die Spannungen und die Unruhen in den Farbigenvierteln zu einer „endemischen und unheilbaren Krankheit, die schließlich die britische Gesellschaft zerstören werde."[34]

Das Bevorzugen der schwarzen Minderheit wurde von weiten Teilen der Öffentlichkeit und der konservativen Regierung entsetzt zurückgewiesen. Kritiker führten in diesem Zusammenhang die Tatsache an, daß die Polizei in Brixton seit dem Ausbruch der Unruhen eine „positive Diskriminierung" betreibe – auf eine „weiche Welle" umgeschaltet habe. Das Ergebnis dieser

Vorgehensweise sei eine Steigerung der Verbrechensrate um weitere 25 Prozent gewesen. Begrüßt wurde der Vorschlag dagegen von Repräsentanten der schwarzen Gemeinde.

Von der Polizeiseite stark kritisiert wurde der Vorschlag, jegliches rassistische Verhalten Polizeibeamter zu bestrafen und diese vom Dienst zu suspendieren. Ein solches Vorgehen sei infolge praktischer Probleme kaum durchführbar.

Die Anregung einer engeren Zusammenarbeit von Polizei und Vertretern der Quartiersbewohner hingegen wurde von beiden Seiten der Betroffenen begrüßt.

Als revisionsbedürftig wurde in dem Report die Ausbildung junger Polizeibeamter bezeichnet. Diese wurden bisher mit den spezifischen Problemen der Farbigenviertel nicht vertraut gemacht. Ihre Ausbildung sei zu kurz und müßte verdoppelt werden. Außerdem sollten spezielle Trainingsstunden eingerichtet werden, in denen auch ältere, diensterfahrene Beamte mehr Verständnis und Fingerspitzengefühl für die Situationen im Umgang mit der farbigen Bevölkerung erlernen sollten.

Schließlich solle man versuchen, empfahl Lord Scarman, mehr Schwarze als bisher für den Polizeidienst zu gewinnen.

Unmittelbar nach der Veröffentlichung des Reports versprach Innenminister Whitelaw auf die dringend erforderlichen Änderungen in bezug auf bessere Beziehungen zwischen Polizei und Gemeinde zu reagieren.

Mitglieder der Labouropposition forderten die Regierung auf, unverzüglich Geld für Beschäftigungsprogramme bereitzustellen.

Kritisiert wurde der Report von dem Leiter des Lambeth-Council, da er die ökonomischen Realitäten zu wenig berücksichtigt hätte, unter denen die lokalen Behörden handeln sollten. Kritik kam auch von der Lawyers Organisation, der Legal Action Group, die Scarman vorwarf bei der Bearbeitung der „Stop and Search-Praktiken" und der „Operation Swamp 81" versagt zu haben. Gleichzeitig wurde der Vorschlag einer Einrichtung, die sich mit Klagen über die Polizei und deren Praktiken befassen solle, kritisiert. Mit einer solchen Maßnahme werde lediglich eine klassische bürokratische Methode offeriert, die garantiere, daß das angestrebte Ziel nicht erreicht werde.

6. Schlußfolgerungen

Geändert hat sich im Stadtviertel Brixton trotz der konstruktiven Vorschläge zur Verbesserung wenig. Die Regierung hält weiterhin an ihrer rigorosen Wirtschafts- und Sozialpolitik fest. Die Zahl der arbeitslosen Jugendlichen hat sich seit den 81er Riots noch erhöht. Die in den vergangenen Jahren eingeführten Kurzzeitprogramme für unbeschäftigte Jugendliche sind eher kosmetischer Natur. Sie beschönigen lediglich die Arbeitslosenstatistik und verdecken das tatsächliche Ausmaß des Problems.

Auch an der Wohnungssituation im Stadtviertel von Brixton hat sich nichts Grundlegendes geändert. Noch immer bietet die Railton Road den Anblick von Wellblechbaracken, halbzerfallener Häuser und mit Brettern vernagelter Fenster.

Die Rekrutierung farbiger Polizisten, von der man sich einen Spannungsabbau versprach, gestaltete sich dort wo sie versucht wurde relativ schwierig. Die Polizei wurde unter den Farbigen weiterhin als Feind betrachtet und die wenigen Schwarzen, die bereit sind der Institution beizutreten, werden von der eigenen Schicht als Verräter angesehen und behandelt.

Als Beleg für die weiterhin bestehende Polizeirepression gegenüber der benachteiligten Bevölkerungsgruppe können die immer noch häufigen Polizeirazzien in dem Stadtteil gesehen werden. Auch kommt es noch ständig zu kleineren Zwischenfällen zwischen farbigen Jugendlichen und der Polizei. Farbigenführer klagen immer wieder über unnötige Brutalität seitens der Polizei.

Ende September 1985 war der Stadtteil Brixton erneut Schauplatz von Straßenschlachten zwischen Polizei und Jugendlichen, nachdem eine schwarze Frau im Verlauf einer Hausdurchsuchung von einem Polizisten angeschossen und schwer verletzt worden war. Wiederum lieferten sich hunderte meist schwarzer Jugendlicher Schlachten mit der Polizei; Häuser und Autos wurden in Brand gesteckt und etliche Geschäfte geplündert. Der gesamte Stadtteil wurde hermetisch abgeriegelt, um ein Übergreifen der Krawalle auf andere Bezirke zu verhindern. Wieder gab es viele Verletzte und eine Reihe von Verhaftungen.

Auf die neuerlichen Unruhen reagierte die Regierung mit der Vorlage schärferer Gesetze und härterer Strafen. Der Polizei sollten wirksame Mittel im Kampf gegen Rowdies und militante Jugendliche an die Hand gegeben werden. Von durchgreifenden Reformen der Polizeiarbeit in den Farbigenvierteln ist keine Rede mehr. Im Vordergrund steht eine bessere Ausbildung und ein besserer Schutz der Polizei.

Verbindungskomitees, die die Beziehungen zwischen Polizei und Farbigen verbessern sollten, konnten weder die tieferen Ursachen beseitigen noch ein Wiederaufflammen der Unruhen 1985 verhindern.

Als Resümee ist anzumerken, daß die Riots wohl ein Konglomerat verschiedener Teilursachen ist. Arbeitslosigkeit, Armut, Diskriminierung, kulturelle und familiäre Entfremdung und Ghettoisierung sind die Gründe, die zusammen in einem kleinen Raum auftretend, eine hochexplosive Situation schaffen. Konflikte sind vorprogrammiert und entladen sich vorzugsweise an den Menschen und Dingen, die als Vertreter derjenigen angesehen werden, denen die Betroffenen die Hauptschuld an ihrer Situation zuschreiben. Auch die Verringerung oder Abschaffung einer dieser Ursachen, kann die Gesamtsituation nicht grundlegend verbessern. Eine umfassende Hilfe ist dazu notwendig; ansonsten wird es immer wieder Ausbrüche von Gewalt, aus womöglich völlig unterschiedlichen Anlässen, geben.

Anmerkungen

1) Vgl. THE GUARDIAN, 13.4.1981, S. 3, 13.4.1981, S.12, 13.4.1981, S. 13
2) Vgl. LORD SCARMAN, OBE: The Brixton Disorders 10-12 April 1981, London, 1981, S. 8
3) Vgl. KETTLE, M. & Hodges, L.: Uprising! The police, the people andtheriots in Britains cities, London 1982, S. 101
4) Vgl. THE GUARDIAN: 13.4.1981, S. 13
5) Vgl. LORD SCARMAN, a.a.O.: S. 43 ff
6) Vgl. THE GUARDIAN: 13.4.1981, S. 1
7) Vgl. LORD SCARMAN, a.a.O., KETTLE, M. & HODGES, L., a.a.O., GLINGA, W.: Die Erben des Empire; Frankfurt 1983
8) Vgl. THE TIMES: 5.10.1976
9) GLINGA, W.; a.a.O.: S. 144
10) Vgl. LANDAU, S.: Juveniles and the police, in: British Journal of Criminolgy, Bd. 21, 1981, S. 27 ff.
11) Vgl. INSTITUTE OF RACE RELATIONS (ed): Police against black people, in: Race & Class, Nr.6, London 1979
12) Vgl. THE GUARDIAN: 13.4.1981, S. 2
13) Vgl. LORD SCARMAN, a.a.O.: S. 49
14) Vgl. LORD SCARMAN, a.a.O.: S. 57 ff
15) Vgl. KETTLE, M. & HODGES, L., a.a.O: S. 104 f
16) Vgl. LORD SCARMAN, a.a.O.: S. 56 ff
17) Vgl. LAMBETH, London Bourough of: Final Report of the Working Party into Community/Police Relations in Lambeth, Jan. 1981
18) Vgl. NEW STATESMAN, 24.7.1981
19) JAMES, C.L.R.: An accumulation of blunders; in: New Society, 3.12.1981, S. 407
20) Vgl. PHILLIPS, M.: Brixton and Crime; in: New Society, 8.7.1976
21) THE TIMES, 13.4.1981, zit. in: Der Spiegel 17/1981, S. 142
22) Vgl. THE GUARDIAN: 13.4.1981, S. 13
23) Vgl. THE REPORT OF THE ARCHBISHOP of Canterburys Commission on Urban Priority Areas: Faith in the City, London 1985, S. 198
24) Vgl. DER TAGESSPIEGEL: 10.5.1981, S. 3
25) Vgl. NEW STANDARD: 11.5.1981, THE GUARDIAN: 10.11.1981, S.4
26) Vgl. THE GUARDIAN: 13.4.1981, S. 13
27) Vgl. THE GUARDIAN: 13.4.1981, S. 2
28) Vgl. THE GUARDIAN: 13.4.1981, S. 3
29) Vgl. THE GUARDIAN: 13.4.1981, S. 3

30) Vgl. POLICE REVIEW: 15.5.81; 2.10.81; 13.11.81
31) Vgl. DAHRENDORF, RALF: „Jugend – eine Lücke im Leben“, in: Die Zeit: 17.7.81, S. 10
32) SUNDAY TELEGRAPH: 12.4.1981, zit. in: GLINGA, W., a.a.O., S. 146
33) Vgl. LORD SCARMAN, a.a.O.: S. 135

Literaturverzeichnis

BEHRENS, R.: The Scarman Report: II – A British View, in: The Political Quarterly 53/1982

DAHRENDORF, R.: „Jugend – eine Lücke im Leben“, in: Die Zeit, 17.7.1981

GLINGA, W.: Erben des Empire, Frankfurt 1983

HARMAN, C.: The Summer of 1981: a post-riot analysis, in: International Socialism, 14. Autumn 1981

JAMES, C.L.R.: An accumulation of blunders, in: New Society, 3.12.1981

KETTLE, M. & HODGES, L.: Uprising! The police, the people and the riots in Britains cities, London 1982

LAMBETH, London borough of: Final Report of the Working Party into Community Policy Relations in Lambeth, London 1982

LANDAU, S.: Juveniles and the Police, in: British Journal of Criminology, Bd. 21, 1981

PHILLIPS, M.: Brixton and Crime, in: New Society, 8.7.1976

REX, J.: The 1981 Urban riots in Britain, in: Urban praxis

SCARMAN Lord, OBE: The Brixton Disorders 10-12 April 1981, London 1981

SMITH, D. J.: Racial Disadvantage in Britain, Harmondsworth, 1977

YOUNG, K. & CONNELLY, N.: Policy and Practice in the Muli-Racial-City, London 1981

Zeitschriften und Dokumente

DAILY TELEGRAPH, 30.3.1981: „Powell speech ‚raises risk of race war‘ “

DER SPIEGEL

17/1981: „Geschockt wie nie“ 30/1981: „Die Polizei will den Krieg“

DER TAGESSPIEGEL

10.5.1981: „Englands Farbige zwischen Resignation und Aggression“

12.8.1981: „Farbige wurden von der Polizei provoziert“

DIE WELT

13.4.1981: „Großbritannien: Aufstand der Unterpriviligierten oder organisierte Provokation

27.11.1981: „Neue Rolle für den Bobby“

FRANKFURTER ALLGEMEINE ZEITUNG

27.11.1981: „Lord Scarman plädiert für eine gemischtrassische Gesellschaft“

14.4.1981: „An Wohnungen in Brixton hat es nie gefehlt“

NEUE ZÜRICHER ZEITUNG, 26.11.1981: „Hintergründe der britischen Farbigenkrawalle“

POLICE REVIEW, 15.5.1981; 2.10.1981; 13.11.1981

SÜDDEUTSCHE ZEITUNG, 14.4.1981: „Gespannte Ruhe in Brixton“

THE GUARDIAN

13.4.1981: „Brixtons morning after: As the ...“, „Police deny that patrol tactics were provokative“, „Injured PCs describe ordeal of bricks, bottles and flames“, „Study reveals harsher treatment“, „Calls to find out why it happened“, „Some lessons from Bristol to Brixton“

13.4.1981: „Brixton rioting flares again as police move in“, „How smouldering tension erupted to set Brixton aflame“

26.11.1981: „Whitelaw picks up Scarman challenge“, „After Brixton, the need for radical reform“, „The spark that blazed one warm evening. The Scarman version of how the riots started“, „Verdict: not a race riot, but a burst of anger“, „Whitelaw ponders march ban“, Cautious police see practical problems ahead“, „Vital omission“

30.11.1981: „Public wants action on new jobs for the young“

THE TIMES

05.10.1976: „Mr. Powell urges a policy of repatriation“

16.7.1981: „Rioting follows Brixton raids“

17.7.1981: „Police and the riots: 1.The Brixton dawn raid“, „Scarman condemns damage suffered by the innocent“, „Police chief defends tough policy of Raiding homes“

26.7.1986: „Police claim success for Brixton raids“

3. Verlaufsstudie: Liverpool – Toxteth, GB 1981

Im Juli und August 1981 fanden in vielen Städten Großbritanniens schwere Auseinandersetzungen zwischen Jugendlichen und Polizei statt. Die ersten Zusammenstöße gab es bereits im April 1980 in St.Paul's, Bristol und im April 1981 in Brixton, London. Eine bestürzte Nation verfolgte an den Bildschirmen die Welle der Gewalttätigkeiten. Durch teilweise „hysterische“ Presseberichte und entsprechende „Statements“ bestimmter Autoritäten entstand der Eindruck einer unmittelbaren Bedrohung. Sogar die sonst üblichen Schlagzeilen über den Nordirland-Konflikt wurden in den Hintergrund gedrängt. Die Priorität der „Sommer-riots" resultierte teilweise aus der Tatsache, daß die Straßenschlachten auf „heimatlichem Boden", im Herzen britischer Städte stattfanden und keine sichere Distanz wie im Falle Belfast oder Derry bestand. [1]

1. Chronologie der Ereignisse

In der Nacht vom 3. auf den 4. Juli 1981 verfolgte ein Streifenwagen der Polizei im Liverpooler Stadtteil Toxteth einen jugendlichen farbigen Motorradfahrer, in der Annahme, daß das Motorrad gestohlen sei (was sich im nachhinein als unbegründet erwies). Als dieser mit seiner Maschine stürzte, verhinderten ca. 40 farbige Jugendliche, die sich in kurzer Zeit versammelt hatten, seine Festnahme. Die Beamten forderten Unterstützung an, worauf acht Polizeifahrzeuge erschienen. Nun wurde Lerroy Cooper, einer der Jugendlichen, die zuvor die Verhaftung des Motorradfahrers verhindert hatten, in Polizeigewahrsam genommen. Die Nachricht von dem Vorfall verbreitete sich schnell im ganzen Viertel. Es kam zu den ersten Auseinandersetzungen zwischen Jugend und Ordnungskräften.

Daß es sich bei dem Verhafteten um Leroy Cooper handelte, war nicht ohne Bedeutung für die Bewohner Toxteths.[2] Er kam aus einer Familie, deren Mitglieder bekannt dafür waren, seit mindestens zwei Jahren häufigen Polizeirepressalien ausgesetzt zu sein. Lester Cooper, der Vater, der vor achtzehn Jahren aus Jamaika eingewandert war, führte einen Zivilprozeß gegen den Polizeichef Merseysides, Kenneth Oxford, wegen angeblicher fortwährender Belästigung und Schikanen gegen seine Person und gegen seine beiden Söhne. Paul Cooper, der siebzehnjährige Bruder des Verhafteten war seit Mai 1979 insgesamt vierzehnmal verhaftet und zwölfmal erkennungsdienstlichstlich behandelt worden. In nur drei Fällen wurde ein Verfahren eingeleitet. In zwei davon kam es zum Freispruch, das dritte war noch nicht entschieden. Paul Cooper war am 2. Juli, einen Tag, bevor sein Bruder Leroy verhaftet wurde, freigesprochen worden, nachdem er wegen angeblichen Handtaschenraubes angeklagt worden war. Er hatte zuvor drei Monate lang in Untersuchungshaft gesessen. Alle drei hatten wiederholte Erfahrungen mit den „Stop-and-Search-Praktiken" der Polizei.[3]

Als am folgenden Tag (4. Juli) drei Polizeibeamte aufgrund eines anonymen Telefonanrufes, ein gestohlenes Auto betreffend, in den Bezirk kamen, wurden sie von ca. 30 Jugendlichen mit Steinen und Flaschen beworfen. Innerhalb kurzer Zeit sammelten sich in der Upper Parliament Street, der Hauptverkehrsstraße Toxteths, ca. 150 schwarze und weiße Jugendliche, die die Polizisten attackierten. Gegen Abend riegelten etwa 500 junge Leute die wichtigsten Verkehrsadern Toxteth's durch die Errichtung von Barrikaden ab. Polizeiverstärkungen marschierten auf. Es kam zu einer

Straßenschlacht, in deren Verlauf farbige und weiße Jugendliche die nur unzureichend mit „Papphelmen“, Plastikschildern und Gummiknüppeln ausgerüsteten Polizisten mit Ziegelsteinen und Molotowcocktails bewarfen. Gegen 2.00 Uhr wurden in der Upper Parliament Street die ersten Läden geplündert, Autos wurden angezündet und Häuser gerieten in Brand. Die Polizeilinien wurden immer wieder durchbrochen. Am frühen Morgen gelang es den Ordnungskräften, die Ansammlungen aufzulösen. Am Abend des gleichen Tages begannen die Auseinandersetzungen erneut. Während die Jugendlichen sich Gefechte mit der Polizei, „dem Symbol der verhaßten Autorität“[4], lieferten, begannen Erwachsene – Hausfrauen und Rentner, Schwarze und Weiße – und Kinder die Läden auszuplündern. „Die Plünderungen gehen wohlgeordnet vonstatten. Die Frauen und Männer stehen Schlange, greifen sich in den Geschäften Einkaufswagen und sammeln vor allem Gegenstände des täglichen Bedarfs ein: Waschmittel, Konserven, auch Fleisch, das sie sich nur selten leisten können, Zigaretten. An der Kasse läßt man sich höflich Vortritt, während einer, bequem im Stuhl der Kassiererin sitzend, immer den gleichen Betrag eintippt: ′0 Pfund, 0 Pence.′ Erst später werden Plünderungen im großen Stil organisiert, mit geklauten Wagen, die an die Rampen fahren und mit Teppichen, Video-Geräten, Radios und Möbelstücken beladen werden.“[5]

Rund zwanzig Häuser brannten aus oder stürzten ein. Eine Weinhandlung explodierte, das als Möbelhandlung genutzte Gebäude des früheren Rialtokinos und der traditionsreiche Racquets-Club – ein Treffpunkt von Bankiers, Anwälten und Geschäftsleuten – gingen in Flammen auf. Hundertschaften aus Manchester, Lancashire und Cheshire rückten zur Unterstützung der völlig überlasteten örtlichen Polizeieinheiten an. Einigen hundert Randalierern standen 800 hilflose Polizisten gegenüber. Als die Rioters mit einem Bagger eine Genossenschaftsbank niederwalzten und die Polizeieinheiten mit einem „eroberten“ Feuerwehrwasserschlauch immer wieder auflösten, mit unzähligen zu Benzinbomben umfunktionierten Flaschen und anderen Geschoßen bewarfen, sah die Polizei ihre einzige Alternative im Rückzug.

Der nächtliche Kampf wurde nur einmal unterbrochen: Als das Feuer das Princess Park Geriatric Hospital bedrohte vermittelte ein Geistlicher der Gemeinde eine kurze Waffenruhe bis die annähernd 100 Patienten evakuiert waren.

Während dieser kurzen Ruhepause entschied die Polizeiführung den Einsatz von CS-Reizgas. Nachdem die Beamten stundenlangen Attacken eines bis dahin nicht bekannten Ausmaßes ausgesetzt waren, sah man laut Polizeichef Oxford in dieser Maßnahme „das letzte Mittel“6). Aus Spezialgewehren wurden die CS-Gas-Patronen in die Menge geschossen. Erst durch diesen Einsatz gelang es die Riots zu beenden.

Am Montag, den 6.Juli und drei Wochen später in der Zeit zwischen dem 28.7. und 15.8.81 kam es erneut zu Gewalttätigkeiten, die jedoch nicht das vorherige Ausmaß erreichten bzw. schnell unterdrückt werden konnten.

Die Bilanz der Ausschreitungen: insgesamt wurden 781 Polizisten verletzt, wovon ca. 80 im Krankenhaus behandelt werden mußten. Zwei Drittel der Verletzten waren Merseysider Polizeikräfte.[7]

Es ist unmöglich die Zahl der verletzten Zivilisten zu schätzen, da sich sehr viele (ernstlich verletzte) nicht im Krankenhaus behandeln ließen.

Ein weißer körperbehinderter Mann, der nicht in die Ausschreitungen verwickelt war, wurde von einem Polizei-Landrover auf dem Fußweg überrollt und starb kurz darauf. Ein weiterer Weißer, der ebenfalls von einem solchen Fahrzeug erfaßt worden war, erlitt schwere Rückgratverletzungen und blieb gelähmt. 320 Personen wurden verhaftet.

Die entstandenen Schäden als Folge von Plünderungen und Zerstörungen betrugen 6 Millionen Pfund.[8]

Insgesamt wurden 214 Polizeifahrzeuge beschädigt und es gab 88 offizielle Beschwerden gegen die Polizei.

Die Kosten für die Polizei-Operation betrugen insgesamt 4,5 Millionen Pfund.[9]

2. Hintergründe und soziale Bedingungen

Die unbefriedigenden sozioökonomischen Bedingungen des Bezirks Toxteth waren seit langem bekannt. In diesem Teil der Stadt stellen die meist aus der Karibik eingewanderten oder durch Sklavenhandel hierhergekommenen Schwarzen „einen höheren Anteil an der Gesamtbevölkerung als in jedem anderen urbanen Bezirk Großbritanniens“.[10]

Über 40 % der schätzungsweise 30.000 Farbigen sind in der Region geboren und viele leben bereits seit drei oder vier Generationen hier.

Ein weiteres Kennzeichen des Bezirks ist die wirtschaftliche Situation. Die Wirtschaftskrise der vergangenen Jahre traf die einstige Wirtschaftsmetropole besonders hart. 1981 wurde durchschnittlich jede Woche ein Betrieb geschlossen. Der Niedergang der Merseysider Wirtschaftsregion war seit Jahren vorgezeichnet. Die inner- und zwischenbetrieblichen Rationalisierungen der Unternehmen, angesichts statischer bzw. schrumpfender Märkte, hatte lange vor Thatcher's Regierungsantritt begonnen. Unter Labour wurden bereits Betriebe wie British Leyland und Dunlop geschlossen, ohne daß die Regierung eingegriffen hatte. Die mittlerweile bestehenden Strukturdefizite sind zu groß, als daß sie kurzfristig überwunden werden könnten. Die Regierungspolitik Thatchers beschleunigte den Prozeß. Durch ihre monetaristische Wirtschaftskonzeption sollte eine langfristige Gesundschrumpfung der Industrie erzielt werden.

Die aus der geschilderten wirtschaftlichen Situation resultierende Arbeitslosigkeit in Liverpool ist nicht gleichverteilt. Sie variiert nach Alter, Berufsqualifikation, Wohngegend und Hautfarbe.

So waren 1981 in der Stadt 40 % der unter 25-jährigen arbeitslos.[11] Die durchschnittliche Arbeitslosenquote lag bei rund 22,1 % (Durchschnittsrate Großbritannien: 9,4 %).[12]

Besonders hart betroffen waren unqualifizierte Arbeiter(innen). Im September 1981 betrug das Verhältnis – Arbeitslose ohne Berufsausbildung: offene Stellen – 1261:1, bei den Facharbeitern hingegen immerhin „nur" 62:1.[13]

Während in Wohngegenden des gehobenen Mittelstandes weniger als 10 % der erwerbstätigen Bevölkerung arbeitslos gemeldet war, lag die Arbeitslosenrate in den Innenstadtbezirken bei durchschnittlich 25 %. Insbesondere schwarze Jugendliche waren betroffen. Von ihnen waren 1981 in Liverpool, Schätzungen zufolge, mehr als 60 % ohne Job.[14] Die Liverpool Black Organisation beschrieb die Situation: „Die Chancen in Liverpool einen Job zu finden, wenn du schwarz bist, Schulabgänger bis und in L 8 lebst, sind praktisch Null".[15]

Daß die Arbeitsmarkt-Benachteiligung der schwarzen Bevölkerung nicht ausschließlich auf den Bereich der Privatwirtschaft konzentriert ist, sondern auch der öffentliche Dienst (der größte Arbeitgeber Liverpools) keine Ausnahme macht, zeigen Statistiken, denenzufolge von 22.000 städtischen Beschäftigten lediglich 169 schwarz sind.[16] Schwarze spielen keine Rolle im Liverpooler Establishment. Es gibt nur wenige schwarze Lehrer und lediglich zwei schwarze Schulleiter.[17]

Die aussichtslose Lage auf dem Arbeitsmarkt wird von einigen öffentlichen Vertretern als Grund für das mangelnde Interesse an der Schule gedeutet. Die Situation in den Schulen des Bezirks wird von den Schulleitern und Lehrern als hoffnungslos geschildert. Eine Lehrerin stellte beispielsweise die Frage: „Wie begeisterst Du Schüler deren Brüder und Schwestern ziellos durch die Straßen laufen mit den besten Abschlußzeugnissen in der Tasche?"[18] Es gibt Klassen, in denen nur die Hälfte der Schüler zum Unterricht erscheint. Die Institution Schule wird von den Jugendlichen als ein notwendiges Muß, als eine Art Durchlaufstation empfunden. Für die meisten von ihnen hat sie ihre Funktion verloren. Sie lernen allenfalls noch wie sie den Antragsbogen für Sozialhilfe richtig ausfüllen. Ihre Frustration spiegelt sich auch äußerlich, in den Schulen in eingetretenen Türen, besprühten Wänden etc., wider. Felicitas Dowling, Lehrerin und Vorsitzende des Schulkomitees im Liverpooler Stadtrat sieht in dem Vandalismus in und um die Schulen ein großes Problem. „Man kann keine positive Atmosphäre aufbauen, wenn alles kaputt ist. (...) Die erzielten Abschlüsse sind hier niedriger, als wir tolerieren können. In einer durchschnittlichen wohlhabenden Stadt in Südengland wird erwartet, daß sich 90 % der Kinder zur Prüfung für O-Level Mathematik und Englisch (gehobener Hauptschulabschluß d.V.) melden – in Liverpool ist es gerade ein Drittel.“[19]

Als ein wichtiger Bedingungsfaktor für die Entstehung der Gewaltausbrüche wird in fast allen Berichten und Untersuchungen die soziale Deprivation der Innenstädte genannt. Toxteth gilt als der schlimmste aller Slums in Großbritanniens Städten. Die rußgeschwärzten Ziegelhauskolonien, die bereits vor Jahrzehnten von irischen Zuwanderern bewohnt wurden und die später farbige Einwanderer übernahmen, gleichen Abraumhalden einer Kohlenzeche. Ganze Straßenzüge bestehen aus abrißreifen Häusern und menschenunwürdigen Behausungen. Die Arbeiterghettos wurden seit Jahrzehnten bei der Versorgung durch Gesundheitsdient und Sozialfürsorge vernachlässigt. Die Einsparungen bei öffentlichen Ausgaben zwangen die Lokalbehörden ihre Wohnungsbauprogramme mehr oder weniger einzustellen. Entsprechende Vorwürfe der Opposition an die Adresse der Regierung, durch Kürzungen der Geldmittel zur Bereitstellung von Wohnungen und Sozialleistungen zur Schaffung sozialer Probleme beigetragen zu haben, wurden zurückgewiesen. Tatsache ist, daß bereits zu Zeiten der Labour-Regierung die Lebensbedingungen der sogenannten „Slum-Dweller“ nicht verbessert wurden, trotz eines großangelegten Sanierungsprogrammes. Ein großer Teil der Gelder floß damals in Prestigeobjekte – beispielsweise wurde mitten durch das Zentrum von Toxteth eine mehrspurige Straße gebaut. Teilweise entstanden als Folge der Sanierungen der sechziger Jahre neue Slums – häßliche, betonierte und asoziale Hochhäuser, die die bestehenden Gegensätze verschärften und die modernen Desperatos der Inner-City-Ghettos schufen.

Viele der Kinder und Jugendlichen in den Armenvierteln neigen zu Rowdytum und Gewalt. So ist es in Liverpool nichts Besonderes mehr, wenn vierzehnjährige mit Strumpf über dem Gesicht und abgesägtem Gewehr Tankstellen überfallen, Jugendbanden Autos knacken und in Wettrennen zu Schrott fahren. Merseyside lag bereits 1979 in der englischen Kriminalstatistik bei den Eigentumsdelikten an erster Stelle. 41 % der Einbrüche und 35 % der Diebstähle wurden von Jugendlichen unter zwanzig Jahren begangen.[20] Ein 1984 veröffentlicher Report, den das Centre for Criminology der Universität Edinburgh im Auftrag des Merseyside County Council erstellt hatte, zeigte ähnliche Ergebnisse. Der Report widerlegte jedoch teilweise die von verschiedenen Seiten häufig geäußerte Behauptung, Liverpool sei eine Stadt mit einem außergewöhnlich hohen Anteil an Gewaltdelikten. So wurde beispielsweise festgestellt, daß die Kriminalitätsbelastung bei den Eigentumsdelikten, die sich gegen Personen richteten, weit über dem Landesdurchschnitt lag, Deliktarten wie Körperverletzung jedoch knapp unter dem Landesdurchschnitt. Auf die Haushalte bezogene Kriminalitätsraten zeigten allerdings einen wesentlich höheren Anteil durchweg aller Straftaten. Jeder vierte Haushalt Liverpools wurde beispielsweise Opfer von Vandalismus. Diese Deliktart kommt in der Merseysider Region doppelt so häufig vor wie im landesweiten Durchschnitt.[21]

Daß die Kriminalität für die Bevölkerung Toxteths von enormer Bedeutung ist, zeigte eine Umfrage des Liverpool City Council im September 1981. So nannten beispielsweise auf die Frage welche 3 von 12 möglichen Themen für die wichtigsten gehalten würden, 22,4 % aller befragten Bewohner die Verhinderung von Kriminalität an erster Stelle, gefolgt von Arbeitsplätzen (allgemein) 19,2 % und Policing 14,7 %.[21]

Zu den sozialen Ursachen des Konfliktes gehören mit Sicherheit die seit langem bestehenden schlechten Beziehungen zwischen Gemeinde und der Polizei. Berichte über brutales Vorgehen der Merseysider Polizei, insbesondere Farbigen gegenüber, gab es in der Vergangenheit häufig. Jugendbetreuer und Sozialarbeiter Toxteths drängten seit Jahren auf eine Änderung der Polizeimethoden und -einstellungen. Das Merseyside Community Relations Council (CRC), eine Organisation, die sich um Rassenbeziehungen kümmert, meinte: „Wir erhalten eine Vielzahl von Beschwerden und Klagen über das Polizeiverhalten. In L8 werden die Leute wahllos den Stop and Search Methoden unterworfen. Sie werden rassistisch beschimpft und grundlos unterdrückt; wenn sie sich dagegen auflehnen, werden sie des Widerstandes und der Behinderung der Polizei beschuldigt."[12] Als ein Indiz für die ungleiche Behandlung der farbigen Bevölkerung gilt die Tatsache der übermäßig häufigeren Verhaftung Schwarzer. Die CRC vertrat in einem Interview die Meinung, daß sich die Situation in dem Stadtteil kaum verbessern werden, solange die Polizei nicht gegen den Rassismus in den eigenen Reihen vorgehe. Sie sieht in den Unruhen einen Ausdruck des Zornes einer diskriminierten Gruppe.

Die Ansicht des Polizeichefs, der nur wenige Wochen vor den Ausschreitungen in seinem Jahresbericht schrieb, daß die Polizei-Gemeinde-Beziehungen in Toxteth in einem sehr guten Zustand sind, und daß er keine Schwierigkeiten für die Zukunft sieht,[24] steht in direktem Widerspruch zu allen Untersuchungen und Berichten der 60er und 70er Jahre, die die Polizeipräsenz in Toxteth betreffen. Beispielsweise meinten die jungen Konservativen 1974 in ihrem Bericht „Sick City", daß das bestehende Policing in L8 ein unweigerliches Ansteigen der Antagonismen zwischen Gemeinde und Polizei zur Folge haben müssen.[25] Auch die soziologische Abteilung der

Liverpooler Universität schließt eine das Stadtgebiet betreffende Kurzbiographie mit der Prophezeiung, daß die Kombination dieses trübesten und ödesten Arbeitslosenbezirkes mit der Benachteiligung der schwarzen Gemeinde sich katastrophal auswirken werden.[26] Die Vorsitzende des Merseyside Police Committee, Margaret Simey erklärte bereits 1971: Die schwarze Gemeinde hat es satt gejagt zu werden. Niemand ist mehr nach 22.00 Uhr auf der Straße sicher. Eine uns bekannte Gang stellte der Polizei ein Ultimatum mit den Schikanen aufzuhören, sonst würden sie zurückschlagen. Es könnte der Beginn eines Bürgerkrieges in den Städten sein."[27]

Man kann jedoch nicht von einer generellen Ablehnung des Law and Order Prinzips durch die Toxtether Bevölkerung sprechen. Der Vorsitzende der Liverpool Black Organisation, Delroy Burns, erklärte: „Wir sind nicht gegen Law and Order – wir sind dafür – aber auf einer unvoreingenommenen Basis".[28] Daß es sich hierbei um eine in Toxteth weit verbreitete Einstellung handelte, bestärkte eine Studie der Universität Liverpool. Die Wissenschaftler hatten festgestellt, daß sowohl Eltern als auch Kinder ohne Ausnahme dafür waren Gesetz und Ordnung aufrechtzuerhalten und die Befürchtung hegten, daß ihre Gemeinde ohne Polizei in ein Chaos versinken würde. Allerdings verurteilten sowohl die Heranwachsenden, als auch die Erwachsenen die angewandten Polizeipraktiken.[29]

Die Gemeindemitglieder, Bürgerrechtsgruppen, kirchliche Gruppen und Politiker sich einig: Die Polizei-Gemeinde-Beziehungen waren in Toxteth an einem kritischen Punkt angelangt. Wahllose Verhaftungen, willkürliches Anhalten und Durchsuchen, physische und verbale Aggressionen, rassistische Beschimpfungen und institutionalisierte Schikanen hatten ihren Höhepunkt erreicht.

3. Umfang, Struktur und Zusammensetzung der Protestgruppen

Zeitungsberichten zufolge waren auf dem Höhepunkt der Auseinandersetzungen einige hundert Jugendliche beteiligt.

Für den Polizeichef hatte es sich bei den in die Riots Verwickelten um eine „Menge schwarzer Rowdys" gehandelt.[30]

Anderen Berichten zufolge seien viele Rioters und Plünderer weiß gewesen, beiderlei Geschlechts und jeden Alters. „Toxteth ist ein seit langem bestehendes skandalöses Beispiel der Beziehungen zwischen Schwarzen und Polizei, in diesem Fall waren dort weiße Jugendliche und Erwachsene sowohl in die Riots als auch in Plünderungen verwickelt..."[31]

Dafür, daß es sich bei den Ausschreitungen um einen von außen organisierten Aufstand gehandelt habe, wie beispielsweise der liberale Parlamentsabgeordnete Alton gegenüber der TIMES[32] erläuterte, gab es kaum Beweise. Maskierte Anführer seien beim Verteilen von Molotowcocktails und beim Koordinieren der Produktion solcher Benzinbomben gesehen worden. Der Daily Mirror entlarvte die maskierten Anführer als „marxistische Agitatoren" und vermutete Verbindungen zu internationalen Terroristenorganisationen.

Genauere Angaben über die Struktur und die Zusammensetzung der Protestgruppen liegen nicht vor.

4. Konfliktdynamik und Eskalation

4.1 Strategien und Aktionen der Protestgruppen

Die überwiegende Meinung zur Strategie der Protestgruppen ist, daß es sich bei den mehrtägigen Riots nicht um organisierte Ausschreitungen, sondern vielmehr um ein spontanes, eruptives Anrennen gegen die Staatsgewalt gehandelt hat. Die Jugendlichen selbst sahen in den ständigen Polizeischikanen den Grund für die Gewalttätigkeiten. Für sie war es ein Kampf gegen die verhaßte Ordnungsmacht. In einem Interview erklärten beispielsweise zwei junge Schwarze, daß die Riots begonnen hätten, „weil jedermann von der Polizei genug hatte, von ihren Verfolgungen, ihren Durchsuchungen und ihren Beschimpfungen (Nigger)."[33] Ein farbiger Jugendlicher aus Toxteth beschrieb nach den Unruhen die Polizei als einen „Haufen Rassisten". „Wenn du ein Auto fährst, dann glaubt die Polizei, daß du es geklaut hast. Wenn du eine weiße Freundin hast, dann gilt sie als Nutte. Wenn du aus einem Pub kommst, dann gehen sie davon aus, daß du Rauschgift hast. Ich hatte vor einen Polizisten umzubringen. Wir wollten ein paar von denen in den Straßen liegen sehen – mit gebrochenen Armen und Beinen."[34] Ein weißer Jugendlicher meint: „Hier kommt es nicht vor, daß du nur geschlagen wirst. Sowas gibt's hier nicht ... Die sind schlimmer als wir."[35] Von den beteiligten Jugendlichen wurde hinterher kritisiert, daß die Medien ausschließlich die stein- und molotowcocktail-werfenden Protestierenden gezeigt hätten und über die Gewalttätigkeiten, die Schlagstockangriffe der Polizisten kein Wort verloren hätten. Dies traf ebenfalls auf die Berichterstattung über die Opfer des CS-Gas-Einsatzes zu, die erst nach über einer Woche erfolgte, obwohl entsprechende Schilderungen bereits unmittelbar nach den Ausschreitungen aufgetaucht waren.

Der Verlauf der Ausschreitungen kann grob unterteilt werden in zwei Bestandteile – Protest und – Plünderungen und Zerstörungen, wobei zunächst das Protestelement im Vordergrund stand. Die Plünderungen und Zerstörungen begannen später und richteten sich vorwiegend gegen Geschäfte und andere Symbole der weißen bevorteilten Gesellschaft. Die Wohnhäuser der Gegend blieben unversehrt.

Für einen Großteil der Jugendlichen waren die Unruhen Ausdruck von Verzweiflung.

4.2 Polizeiliche Vorgehensweise und Reaktionen

„Die Polizei war das direkte Objekt der Gewalttätigkeit"[36] – bezüglich dieser Deutung herrschte weitgehender Konsens bei allen Parteien. Gleich zu Beginn der Ausschreitungen zeigte sich, daß die örtlichen Polizeieinheiten unzulänglich ausgerüstet und angesichts der steine- und benzinbombenwerfenden Jugendlichen völlig überfordert war. Trotz unterstützender Polizeieinheiten aus anderen Städten gelang es den Beamten nicht die Ansammlungen zu zerstreuen und die Unruhen zu beenden. Der erzwungene teilweise Rückzug der Einheiten wurde von Kritikern und Teilen der Medien dahingehend interpretiert, daß „Teile Liverpools dem Mob überlassen wurden."[37]

Auf dem Höhepunkt der Riots, in der Nacht vom 5./6. Juli, entschied der Polizeichef Merseysides den Einsatz von CS-Gas. Es war das erstemal in Großbritannien, daß dieses zur Kontrolle von Ausschreitungen eingesetzt wurde. Infolge dieser Maßnahme gab es mehrere, teilweise schwer verletzte Demonstranten. Die Verletzungen waren dadurch zustande gekommen, daß Hochgeschwindigkeits-CS-Gas-Patronen direkt in die Menge gefeuert wurden, die dazu bestimmt waren, bei einer Geiselnahme beispielsweise, durch geschlossene Fenster und Türen geschossen zu werden und die klar als solche deklariert waren. Jede Packung habe eine ausdrückliche Warnung des Herstellers enthalten: „Diese Patronen verursachen ernstliche Verletzungen, wenn sie gegen Personen aus einer Entfernung von weniger als 250 Yards eingesetzt werden."[38] Die Campaign for an Enquiry into the use of CS Gas Cartridges veröffentlichte u.a. eine Stellungnahme der Vertreter von Smith & Wesson, deren Firma die Patronen für die CS-Gas-Geschoße herstellt: „Wenn man sie (Gas-Patronen d.V.) direkt gegen Personen feuert, hat dies den gleichen Effekt, als wenn scharfe Munition eingesetzt wird."[39]

Als diese Tatsachen bekannt wurden, wurde von verschiedenen Seiten scharfe Kritik am Einsatz geübt. Sowohl Vertreter des Community Council als auch der Opposition verurteilten die Maßnahme. Selbst der Polizeiverband bezeichnete den Mißbrauch der Ferrett Cartridges als „einen wirklichen Fehler".[40] John Alderson, Polizeichef von Devon und Cornwall, bemerkte, daß solche Waffen kein Problem lösten, sondern lediglich helfen würden die Situation für eine kurze Zeit zu mäßigen, – daß sie jedoch eine Menge neuer Probleme verursachten.

Polizeichef Oxford selbst rechtfertigte den Einsatz von CS-Gas als „das einzige Mittel, die Kontrolle über die Straße wiederzuerlangen."[41] In seinem Bericht an Lord Scarman schrieb er, daß alle beteiligten Beamten gut ausgebildet gewesen seien was den Umgang mit Waffen, einschließlich des Abfeuerns von Gas-Patronen betreffe, schränkte jedoch ein, daß die Ausbildung nicht die Kontrolle von öffentlichem Aufruhr umfasse.[42] Er wurde unterstützt von Innenminister Whitelaw, der von einer „völlig richtigen Entscheidung“ sprach. Angesichts der Gewalttätigkeiten, die in einer freien Gesellschaft nicht toleriert werden könnten, habe die Polizei keine andere Alternative gehabt.[43]

Ein Teil der „positive police policy“ der Liverpooler Polizei bestand in dem offensiven Einsatz von Polizeifahrzeugen. In seinem Report an das Police Committee berichtete K.Oxford, daß „entschieden worden war, Fahrzeuge als Hilfsmittel der Polizei gegen die Menge einzusetzen“, und „...es solle Gebrauch gemacht werden von Schutzfahrzeugen, die auf die Menge zufahren um sie aufzulösen oder wenn möglich die Rädelsführer einzukreisen.“[44]

Bei einem solchen Einsatz kam es am 28.7.81 zu dem tragischen Tod David Moores, als dieser auf einem Fußweg von einem Polizeilandrover erfaßt wurde. Die daraufhin durchgeführte Untersuchung verlief ergebnislos. Die Besatzung des Fahrzeuges war wegen fahrlässiger Tötung angeklagt und freigesprochen worden.[45] Daß es sich bei dem Vorfall nicht um einen Unfall gehandelt hatte, wie das Defence Committee vermutete, konnte nicht bestätigt werden.

Die Einstellung des Polizeichefs wurde in einigen, unmittelbar den Riots folgenden, Statements deutlich: „Es war keine Rassenriot, es waren Rowdys und kriminelle Elemente, unweigerlich zur Konfrontation entschlossen.[46] Kennzeichnend ist seine Terminologie der Schilderung der Vorfälle als „Schlacht“, die zwischen jungen schwarzen Rowdys und der Polizeiautorität geführt wurde. In seinem Bericht an Lord Scarman porträtierte er Toxteth als einen Bezirk, dem Kriminalität und Gewalt inhärent ist. Er stellte Liverpool als eine gesetzlose Stadt dar, in der es seit Generationen zu Ausbrüchen von Gewalt komme und deren Bewohner von Natur aus streitsüchtig und kämpferisch seien. Besonders die Immigranten hätten ihre eigenen, kulturell bedingten Probleme, die von Generation zu Generation weitervererbt würden. Er listete Beispiele von Zusammenstößen aufgrund rassischer Konflikte auf und sah in den weit über dem nationalen Durchschnitt liegenden Kriminalitätsraten Toxteths eine Assoziation für die vorliegende pathologische Aggression und einer kulturellen Vererbung der Gewalttätigkeiten. Gerade Bezirke wie Toxteth mit einem übermäßig hohen Immigranten Anteil seien Brutstätten für Kriminalität, Gewalt und moralischer Degeneration.[47]

Für den Polizeichef trugen die Eltern der Jugendlichen die Hauptschuld für die Ausschreitungen. Während einer Pressekonferenz vertrat er die Meinung, daß mangelnde Verantwortung und fehlende Kontrolle der Erziehungsberechtigten zur Disziplinlosigkeit ihrer Kinder führe. Diese sei die Ursache für das Verhalten der meist unter 20-jährigen Aufrührer, von denen eine ganze Anzahl jünger als 12 Jahre war. „Diese betrachteten die ganze Angelegenheit als einen ungeheuren Spaß.“[48] Das Innenministerium kündigte daraufhin eine Gesetzesvorlage an, wonach es den Eltern unter Androhung von Strafen verboten sein solle, ihre Kinder nachts auf die Straße zu lassen. Es sei „unglaublich, daß Kinder noch nach Mitternacht die Straßen unsicher machen dürfen“ schimpfte Innenminister Whitelaw.[49] Eltern sollten für die Straftaten ihrer Kinder haftbar gemacht werden können, u.a. sollten sie die Strafen zahlen, die ihren Kindern unter 17 Jahren (bisher nur unter 14 Jahren) auferlegt werden.

4.3 Politische Antworten

Gemeinsames Element der unterschiedlichen Versionen, die als Ursachen für die Ereignisse von den verschiedenen Institutionen und politischen Parteien vorgebracht wurden, war das Leugnen der Verantwortung und gegenseitige Schuldzuweisungen.

Die Opposition suchte mögliche Ursachen des Konfliktes im politischen Bereich. Sie warf der Regierung vor, durch rücksichtslosen Monetarismus die Massenarbeitslosigkeit gefördert zu haben, welche insbesondere die jugendlichen Schulabgänger treffe. John Hamilton, Labour Fraktionsvorsitzender im Stadtrat von Liverpool hielt die Regierungspolitik für hauptverantwortlich für die Krawalle. Hohe Arbeitslosigkeit, Kürzungen in den öffentlichen Ausgaben und die Entfremdung der Jugend von den öffentlichen Autoritäten hätten dazu beigetragen, die Situation zu ermöglichen. Die Opposition forderte ein Sofortprogramm zur Bekämpfung der Jugendarbeitslosigkeit.

Nowyn Denny, das Oberhaupt der Liverpooler Methodistenkirche, sah die Realität in dem rassisch gemischten Viertel ähnlich. Seiner Meinung nach beweist der Innenminister, indem er die Eltern zu Schuldigen erklärt, daß „(...) er noch immer nichts begriffen hat.“[50] Er zeigt Verständnis dafür, daß es bei den herrschenden Bedingungen wie Verwahrlosung, dem Mangel an Sozialleistungen, der Isolation der Gebiete – kurzum der fehlenden Humanität und dem Beharren auf doktrinären Lösungen seitens der Regierung für die Menschen der Region – zu einem Protest der Betroffenen kam. „Offensichtlich nimmt erst jemand Notiz von den Problemen, wenn solche Sachen wie die Riots passieren (...)“[51] Ähnlich beurteilten Vertreter der katholischen und der anglikanischen Kirche die Situation. Sie sahen in dem Bemühen um soziale Gerechtigkeit die einzige Möglichkeit der Wiederherstellung von Frieden und Hoffnung für die Menschen in Toxteth. Sie forderten die langfristige Lösung der akuten und komplexen sozialen Probleme Liverpools.[52]

Daß die Ursachen sozialer Art sein könnten und politische Lösungen erforderten, stritten sowohl Innenminister Whitelaw als auch Regierungschefin Thatcher zunächst rundweg ab. Der Faktor der Jugendarbeitslosigkeit wurde von Regierungsseite als irrelevant bezeichnet. Lediglich Arbeitsminister James Prior versuchte aus den Ereignissen in Toxteth Konsequenzen zu ziehen, indem er ein Sofortprogramm zur Schaffung von Arbeitsplätzen für arbeitslose Jugendliche durch gezielte Investitionen in Höhe von 6,8 Milliarden DM vorschlug. Dieser Vorschlag wurde allerdings von Frau Thatcher mit der Begründung abgelehnt, „daß es keinen Zweck habe, Geld einfach so in die Städte zu schmeißen.“[53] Sie forderte statt dessen mehr „Law and Order“, eine Verstärkung des Polizeiaufgebotes und ein härteres Durchgreifen der Polizei, da diese das direkte Objekt der Gewalttätigkeit war.

Die Polizeigewerkschaft forderte einen größeren Schutz der Polizei. James Jardine, Vorsitzender des Polizeiverbandes äußerte in einem Interview die Auffassung, daß das traditionelle Bild des friedlichen, unbewaffnet patroullierenden Bobby's wohl endgültig zu Ende sei, daß man sich „offenkundig in Richtung auf eine neue Ära öffentlicher Ordnung bewege.“[54] Die Polizei müsse künftig eine positive Rolle übernehmen, wenn sie den Aufrührern gegenüberstehe.

Innenminister Whitelaw versprach die Ausrüstung der Polizei zu verbessern. Sie solle zukünftig mit gepanzerten Truppenfahrzeugen, feuerfesten Anzügen und Visier-Schutzhelmen ausgestattet werden.

Dies entsprach den Ergebnissen, zu denen eine vom Innenministerium eingesetzte parlamentarische Arbeitsgruppe gekommen war. Diese hatte über verschiedene Schutzmaßnahmen, insbesondere auch offensive „anti-riots-Ausstattungen“ unter dem Gesichtspunkt ihrer Wirksamkeit beraten. Das Ausmaß der Gewalt während der Toxteth-riots hatte zu Kontroversen um die Anschaffung und den Einsatz von Plastikgeschossen und Wasserwerfern geführt. Der parlamentarische Ausschuß mahnte angesichts solcher Einsatzwaffen zur Besonnenheit. An der Wirksamkeit und Nützlichkeit von Wasserwerfern hegte man Zweifel. Auf die Gefährlichkeit von Gummi- bzw. Plastikgeschoßen wurde von Kritikern angesichts der Tatsache, daß in Nordirland durch den Einsatz solcher Geschoße bereits 13 Personen ums Leben gekommen sind und sehr viele, teilweise schwer verletzt wurden, immer wieder hingewiesen.[55] Dies änderte jedoch nichts an der Tatsache, daß Monate später, sowohl Plastikgeschoße als auch Wasserwerfer angeschafft wurden.

Bezüglich des Einsatzes von CS-Gas vertrat der Arbeitskreis die Meinung, daß dieses nur in äußersten Notfällen eingesetzt werden sollte. Kritiker führten daraufhin an, daß keine genaue Definition bestehe, was solche

„äußersten Notfälle“ seien, wer diese definiere und wer letztendlich die entsprechenden Handlungsentscheidungen träfe.

Auch die Opposition setzte sich für einen verbesserten Schutz der Polizei ein. Sie verurteilte die beispiellose Gewalttätigkeiten während der Ausschreitungen und bekundete ihre Sympathie für die ihre Pflicht ausübenden Beamten.

Jedoch fand die Labour-Partei zu keiner einheitlichen Position nach den Toxteth-Unruhren. Während Oppositionssprecher Roy Hattersly die Ausschreitungen entschieden verurteilte und davon sprach, daß eine solche Gewalt nicht toleriert werden könne, verlangten die Jungsozialisten die sofortige Freilassung aller im Verlauf der Straßenkämpfe Festgenommenen. Sie warfen der Polizei vor, die Situation durch brutale Vorgehensweise und Massenverhaftungen aufgeheizt zu haben und verlangten die Entlassung des Polizeichefs aufgrund rassistischer Bemerkungen.[56]

Sowohl Labour als auch Liberale verlangten eine Änderung der Polizeimethoden. Sie forderten die Wiedereinsetzung der herkömmlichen Streifenpolizisten, die die Leute kennenlernen und sich integrieren könnten. Solche Vorschläge kamen auch von seiten des Police Committees. Dieses hatte eine Arbeitsgruppe eingesetzt, die Mittel und Wege prüfen sollte, wie die Beziehungen zwischen Polizei und Öffentlichkeit zu verbessern seien. In die Untersuchung des Arbeitskreises einbezogen wurde auch der Bericht von Polizeichef Oxford an das Police Committee. Der Report der Polizeiführung konzentrierte sich auf Themen wie Gebrauch von CS-Gas, Polizeitaktik, Beschwerden über die Polizei und die Verhütung öffentlichen Aufruhrs. Die Vorschläge Oxfords bestanden darin, Fußpatroullien in Toxteth einzusetzen und die Beamten einem speziellen Trainingsprogramm zu unterwerfen, das gezielt auf die Einstellungen der Polizei einwirken sollte. Damit sollten Überreaktionen, wie teilweise während der Toxteth-Unruhen geschehen, verhindert werden.

Nachdem Gespräche mit Gruppen aus der Gemeinde, Fachleuten und der Polizei geführt worden waren, lag der Bericht der Arbeitskreises des Police Committees am 20. Oktober 81 vor. Ein zentrales Anliegen der Arbeitsgruppe waren die häufigen Behauptungen und Beschwerden über Polizei-Schikanen wie beispielsweise: wahlloses und übermäßiges Anwenden der „Stop- and-Search-Prozedur“, verbale Angriffe und körperliche Gewalt von seiten der Polizisten mit häufig vorkommenden anschließenden Verhaftungen aufgrund von Beamtenbeleidigung und/ oder Mißachtung der Staatsgewalt, Bedrohung festgenommener Personen in Polizeifahrzeugen während der Fahrt zu Polizeistation und Untersuchungsgefängnis etc. Der Arbeitskreis beschäftigte sich auch mit Klagen über die Einstellungen von Polizeibeamten. So bestehe die Tendenz große Teile der Bevölkerung als potentielle Kriminelle oder als Personen zweiter Klasse zu betrachten und zu behandeln. Es mangele an Respekt gegenüber den Bewohnern Toxteths. Außerdem wurde bemängelt, daß viele Bürger aus Angst vor Repressalien auf Beschwerden über Polizeiverhalten verzichten würden. Der Arbeitskreis des Police Committees empfahl eine Veränderung der Polizeieinstellungen, eine Überprüfung der Anwendung der Stop-and-Search-Praktiken, eine Reduzierung des aggressiven Policings und ein größeres Verständnis für die Probleme und den Lebensstil ethnischer Gruppen. In Übereinstimmung mit den Verbesserungsvorschlägen, die Lord Scarman in seinem Untersuchungsbericht infolge der Brixton-Unruhen gemacht hatte, wurde ein Community-police-Modell präferiert, das u.a. den Einsatz von mehr Fußstreifen beinhaltete, um einen direkteren Kontakt zur Gemeinde herzustellen. Außerdem sollte ein neues Trainingsprogramm für Polizisten entwickelt werden. Weiterhin sollte ein Zentrum eingerichtet werden, das der gegenseitigen Beratung, Information und Rücksprache zwischen Repräsentanten der Polizei, Vertretern von Gemeinde-Gruppen und Mitarbeitern verschiedener fachlicher Dienststellen dienen sollte. Polizeichef Oxford gab zu, daß einige der Beschwerden und Klagen begründet seien und stimmte den Verbesserungsvorschlägen des Police-Committees zu.

Unmittelbar nach den Unruhen formierte sich das L8 Defence Committee, das seine Aufgabe darin sah, den im Laufe der Ausschreitungen verhafteten Jugendlichen Rechtshilfe zu gewähren, gerichtliche Zeugenaussagen gegen die Aussagen der jeweiligen Polizisten zu organisieren und die Öffentlichkeit und insbesondere die Angehörigen der Betroffenen zu informieren. Außerdem arrangierten sie Transportmöglichkeiten für Freunde und Verwandte zur Ermöglichung des Besuchs Festgenommener in Untersuchungsgefängnissen. Die Arbeit des Verteidigungskomitees beinhaltete zudem Beratung und Hilfestellung bei Klagen und Entschädigungsansprüchen aufgrund der durch die Riots erlittenen Schäden.[57]

5. Verarbeitung und Auswirkungen des Protestes

Die Vorschläge, die das Police Committee zur Verbesserung der Polizei-Gemeinde-Beziehungen gemacht hatte, wurden größtenteils verwirklicht und zeigten teilweise Erfolg.

So trugen beispielsweise die geänderten Methoden der Polizei dazu bei, daß es seither relativ ruhig geblieben ist. Anfang 1983 erklärte der örtliche Polizeichef, daß sich der Einsatz der neuen Streifenpolizisten, die zu Fuß durch das Viertel ziehen, bewährt habe.

Aversionen und Agressionen bestehen allerdings noch immer und von „normalen“, „guten“ Beziehungen zwischen Ordnungsmacht und den Jugendlichen Toxteths kann keine Rede sein. Es kam seither immer wieder zu kleineren Zwischenfällen; ähnliche Ausschreitungen wie 1981 blieben jedoch aus. Daß die Beziehungen weiterhin gespannt sind zeigen, die Vorfälle vom Oktober 1985, als es in Toxteth erneut zu Zusammenstößen zwischen farbigen Jugendlichen und Polizei kam. Nach einem Handgemenge zwischen schwarzen Demonstranten, die in ein Gerichtsgebäude eindrangen, in dem vier Schwarzen der Prozeß gemacht werden sollte, und den Ordnungshütern wurden in der folgenden Nacht Autos und verlassene Gebäude in Brand gesetzt und mehrere Personen verletzt. Viele Polizisten trugen diesmal Schutzanzüge und es wurden gepanzerte Fahrzeuge eingesetzt.[58] Bis in die frühen Morgenstunden versuchten der anglikanische Bischof David Sheppard und der katholische Erzbischof Derek Warlock, gemeinsam auf den Straßen, in Gesprächen mit den Bewohnern des Stadtteils die Situation zu entspannen.[59] Führer der schwarzen Bevölkerung kritisierten, daß die Polizei die Jugendlichen provoziert habe. Statt sich zurückzuziehen, seien die Sicherheitskräfte mit ihren Wagen auf die Menge zugefahren. Weder die Vertreter der Schwarzen noch die beiden Bischöfe der Stadt hätten bei der Polizei Gehör gefunden.

Ein Ergebnis der 81er Riots waren Investitionen der Regierung in Häuserprogramme, Gemeinschaftsanlagen und Grünanlagen. So wurden beispielsweise in Liverpool am Rande der Innenstadt, entlang der slumsanierten Scotland Road und in Everton die Spuren der alten Arbeitersiedlungen restlos beseitigt. Eine Sonderkomission, bestehend aus Vertretern des Innenministeriums, die nach den Ereignissen im Sommer 1981 zwei Wochen lang in Toxteth Gespräche mit lokalen Autoritäten, der Stadtentwicklungs-Corporation, Repräsentanten von Handel, Industrie und Gewerkschaften, Leitern des Gemeinwesens und Vertretern der Kirche geführt hatte, kam zu dem Schluß, daß Liverpool ökonomisch nicht zu helfen sei (unter Beibehaltung der bestehenden wirtschaftspolitischen Grundprinzipien). Ein Resultat des Kommissionbesuches bestand darin, verfallene Häuser und zerstörte Mauern abzureißen. Es wurde eine Viertelmillion neuer Bäume gepflanzt, um wenigstens die Umgebung angenehmer zu gestalten. Das Community Relation Council fand Ansätze wie eine Verbesserung der Infrastruktur und eine angenehmere Gestaltung der Umwelt zwar lobenswert, bezweifelte jedoch die Wirksamkeit einer solchen Strategie. Sie kritisierten, daß durch das Anlegen von Ringstraßen und das Pflanzen von Bäumen die vordringlichen Probleme der Bevölkerung nicht gelöst würden.

Das Geld für ein massives Wohlfahrts- und Beschäftigungsprogramm war von Regierungsseite nicht bereitgestellt worden. Die Arbeitslosigkeit hat seit 1981 weiter zugenommen. Sie beträgt mittlerweile unter den farbigen Jugendlichen in Bezirken wie Toxteth und Kirkby in Liverpool 94 %.[60] Das Sonderprogramm zur Verbesserung der Berufsqualifikation Jugendlicher änderte nur wenig. Mit den Arbeitsbeschaffungsprogrammen wurden die Schulabgänger lediglich für eine kurze Zeit von der Straße geholt, neue Arbeitsplätze wurden damit nicht geschaffen. „Politiker sind Lügner, Polizisten gekauft, die Schule ist Scheiße – und das gilt auch für die Beschäftigungsprogramme der Regierung" sagen die Jugendlichen.[61]

An der zur Zeit der Riots bestehenden fatalen Situation der Jugend wurde im Prinzip nichts geändert. Frustration und Hoffnungslosigkeit kennzeichnen weiterhin das Leben der jungen Generation. Ein Sozialarbeiter schildert ihren Alltag folgendermaßen: „Zeit spielt für die Jungs keine Rolle. Für sie gibt es keinen Unterschied zwischen Mittag und Mitternacht. Sie wachen auf, existieren und gehen wieder ins Bett.[62] Sehr viele von ihnen sehen in einem Rückzug aus der Gesellschaft die einzige Alternative. Sie schlucken Pharmazeutika, werfen Trips und enden häufig mit der Spritze in der Armbeuge. Drogen sind in den letzten fünf Jahren in Liverpool zum Problem geworden. Die farbigen Jugendlichen, die ihre Identität angesichts der von Weißen beherrschten Umgebung zu wahren suchen, finden keine Lösung ihres Problems. Sie stehen zwischen zwei Gesellschaften. In den Augen ihrer Eltern sind sie geprägt von westlichem Lebensstil und Einstellungen (was diese bei bestimmten Gelegenheiten zu spüren bekommen, indem sie beispielsweise von traditionellen Zusammenkünften ausgeschlossen werden), für die weiße Gesellschaft aber sind sie Fremde.

6. Schlußfolgerungen zur Divergenz der Perspektiven in der Thematisierung der Konflikte

Nach dem Konflikt standen sich unterschiedliche Sichtweisen und Interpretationen diametral gegenüber.

Vertreter der schwarzen Gemeinde, Selbsthilfeorganisationen, das Community Relation Council und die Jugendlichen selbst sahen in den Riots Ausbrüche einer ohnmächtigen Wut, insbesondere farbiger Jugendlicher. Diese waren so überdurchschnittlich häufig mit der Polizei in Konflikt geraten, daß dies als systematische Verfolgung Schwarzer durch die Ordnungsmacht interpretiert wurde. Die Verhältnismäßigkeit der Mittel sei von der Polizeiseite grob verletzt worden, was auch bei der Vorgehensweise während der Unruhen sichtbar geworden sei.

Für die Polizeiführung hingegen waren die Riots ein Kampf zwischen Ordnungskräften und einigen kriminellen Elementen, wobei die Hautfarbe keine Rolle spielte. Sie wies jegliche Kritik an der Vorgehensmethode während der Aufstände zurück. Allerdings akzeptierte und verwirklichte man Verbesserungsvorschläge, wodurch das öffentliche Ansehen der Merseysider Polizei in Großbritannien stieg.

Die vorrangige Reaktion von seiten der Regierung bestand darin, die Ordnungskräfte mit offensiven anti-riots-Waffen auszurüsten. Das Wiederherstellen und Aufrechterhalten von Law & Order hatte Priorität. Man bezweifelte die Wirksamkeit großangelegter wirtschaftspolitischer Maßnahmen. Einig war man sich jedoch darüber, daß das bestehende schlechte Verhältnis zwischen Polizei und Gemeinde verbessert werden müsse und daß es dringend geboten sei, bestehende Spannungen abzubauen.

Alle Maßnahmen und Diskussionen, die als Folge der 81er Ereignisse einsetzten, änderten jedoch an den grundlegenden Problemen nichts. Wie die Jugendlichen Toxteths aus dem Teufelskreis von Gewalt und Repression, Armut und Arbeitslosigkeit, Rassenkonflikt und industriellem Niedergang herausfinden sollen – dafür gibt es bis heute kein erfolgversprechendes Rezept.

Anmerkungen

1) Vgl. SCRATON, P.: The state of police, London, 1985, S. 70ff
2) Vgl. MORLEY, D.: Toxteth: respect for the law, respect for the people, in: Castle Street Circular, July 1981, Nr. 130
3) WALLER, P.J.: The riots in Toxteth, Liverpool: a survey, in: New Community, S. 344
4) FINANCIAL TIMES, 7.7.81, zit. in: Wuhrer, P.: Die Freiheit ist zäh und stirbt endlos; Berlin, 1983, S. 153
5) WUHRER, P.: Die Freiheit ist zäh und stirbt endlos. Liverpool – über die Zerstörung einer Region, Berlin, 1983, S. 153
6) THE TIMES, 6.7.1981, S. 1
7) Vgl. SCRATON, P., a.a.O., S.70ff
8) Vgl. WALLER, P.J.,a.a.O., S. 344 f
9) Allein für Beamte, die von anderen Stationen zur Unterstützung kamen, zahlte die Merseysider Polizei 1.165.000 Millionen Pfund für Überstunden, Reisekosten u.ä.; geschätzte Kosten für Merseysides eigene Überstunden beliefen sich auf ca. 3 Millionen Pfund. Dazu kamen Kosten für Transport, Telefonverbindungen, Schutzhelme, Riot-Schilder etc. in Höhe von 56.000 Pfund. Vgl. Scraton, P. a.a.O., S. 70 ff
10) Vgl. WUHRER, P.: Die Freiheit ..., a.a.O., S. 151
11) Vgl. THE TIMES, 6.7.81, S. 2
12) Vgl. THE REPORT OF THE ARCHBISHOP of Canterbury's Commission on Urban Priority Areas: Faith in the City, London, 1985, S. 198
13) Vgl. WUHRER, P.: Die Freiheit ..., a.a.O., S. 146
14) Vgl. KETTLE, M. & HODGES, L.: Uprising! The police, the people and the riots in Britain's cities, London, 1982, S.157
15) KETTLE, M. u.a., a.a.O., S. 157
16) Vgl. THE TIMES, 6.7.1981, S. 2
17) Vgl. HOUSE OF COMMONS: Fifth Report from the HOME COMMITTEE. Session 1980-81. Racial Disadventage, London, 1981

18) Wuhrer, P.: Für sie ist das Leben nur Kampf. Die hoffnungslose Lage Jugendlicher in Liverpool, in: Pädagogik heute, Oktober 1986, S. 65
19) ebenda, S. 66
20) Vgl. WUHRER, P.: Die Freiheit ..., a.a.O., S. 153
21) Vgl. CENTRE FOR CRIMINOLOGY UNIVERSITY OF EDINBURGH: Merseyside Crime Survey. First Report, Nov.1984, S. 44 ff
22) Vgl. LIVERPOOL CITY COUNCIL: The Toxteth Survey; Feb. 1982
23) MORLEY, D.: a.a.O., S. 1
24) Vgl. SCRATON, P.: a.a.O., S. 72 ff
25) Vgl. MORLEY, D.: a.a.O., S. 1
26) Vgl. THE TIMES, 6.7.81, S. 2
27) REINER, R.: Black and blue: race and the police, in: New Society, 17.Sept. 1981, S. 466
28) DAILY TELEGRAPH, 17.8.81, zit. in: Waller, P., a.a.O., S. 347
29) OBSERVER, 2.8.1981, zit. in Waller, P., a.a.O., S. 352
30) THE TIMES, 6.7.81, S. 2
31) HALL, S.: Summer in the City, in: New Socialist, Sept./Okt.1981, S. 6
32) Vgl. THE TIMES, 6.7.81, S. 1
33) WALKER, I.: The voices of the Kids of Toxteth, in: New New Society, 26.11.81, S. 360
34) DIE ZEIT, 17.7.81, Nr. 30, S. 10
35) WALKER, I., a.a.O., S. 361
36) THE TIMES, 6.7.81, S. 13
37) ebenda, S.1
38) CAMPAIGN FOR AN ENQUIRY INTO THE USE OF CS-GAS CARTRIDGES; Liverpool, 22.7.81: Extracts from New Statesman articles by Rob Rohrer
39) ebenda
40) NEW STATESMAN, 18.9.81, zit. in: Scraton, P., a.a.O., S. 77
41) REPORT TO THE POLICE COMMITTEE ON THE MERSEYSIDE DISORDERS, Chief Constable of Merseyside, Kenneth Oxford, 1981, S. 1, zit. in: Scraton, P., a.a.O., S. 76
42) Vgl. EVIDENCE TO THE SCARMAN INQUIRY, Chief Constable of Merseyside, Kenneth Oxford, 1981, S. 6, zit. in: Scraton,P.: a.a.O., S. 76
43) THE TIMES, 7.7.81, S. 1
44) SCRATON, P., a.a.O., S. 76
45) Vgl. BENYON, J.: Scarman and After, Oxford, 1984, S. 40
46) THE TIMES, 6.7.81, S. 2
47) Vgl. SCRATON, P., a.a.O., S. 78 ff
48) THE TIMES, 6.7.81, S. 1
49) ebenda, 10.7.81, S. 1
50) DER SPIEGEL, 29/1981, S.
51) THE TIMES, 9.7.81, S. 4
52) ebenda, 6.7.81, S. 2
53) DER SPIEGEL, 30/1981, S. 96
54) THE TIMES, 6.7.81, S. 1

55) Vgl. ROSENHEAD, J.: Soldier blue, in: New Socialist, May/June 1982, S. 7 ff
56) Vgl. THE TIMES, 8.7.81, S. 2
57) Vgl. L 8 DEFENCE COMMITTEE; Community Bulliten, Nr.1, 25.9.81
58) Vgl. FRANKFURTER ALLGEMEINE ZEITUNG, 30.10.86, S. 3
59) Vgl. SÜDDEUTSCHE ZEITUNG, 3.10.85, S. 9
60) Vgl. WUHRER, P.: Für sie ist ..., a.a.O., S. 62
61) WALKER, I., a.a.O., S. 360
62) WUHRER, P.: Für sie ist ..., a.a.O., S. 62

Literaturverzeichnis

BENYON, J.: Scarman and After, Oxford, 1984

CAMPAIGN FOR AN ENQUIRY INTO THE USE OF CS GAS CARTRIDGES, Liverpool, 22.7.81

HALL, S.: Summer in the city, in: New Socialist, Sept/Okt. 1981

HATTERSLEY, R.: Copper-bottomed reform, in: New Socialist, Juli/August 1982

HOUSE OF COMMONS: Fifth Report from the Home Affairs. Session 1980-81. Racial Disadventage, London 1981

KETTLE, M. & Hodges, L.: Uprising! The police, the people and the riots in Britain's cities, London 1982

KINSEY R., Centre for Criminology University of Edinburgh: Merseyside Crime Survey, First Report, Nov. 1984

LIVERPOOL CITY COUNCIL: The Toxteth Survey, Februar 1982

LIVERPOOL 8 DEFENCE COMMITTEE: Community Bulliten Nr. 1, 25.9.81

MORLEY, D.: Toxteth:respect for the law, respect for the people; in: Castle Street Circular, Juli 1981, Nr. 130

REINER, R.: Black and blue: race and the police, in: New Society, 17.9.1981

ROHRER, R.: A law unto themselves, in: New Statesman, Sept.1981

ROSENHEAD, J.: Soldier blue, in: New Socialist, Mai/Juni 1982

SCRATON P.: The state of the police, London 1985

THE REPORT OF THE ARCHBISHOP of Canterburys Commission on Urban Priority Areas: Faith in the City, London 1985

TAYLOR, I.: Policing the police, in: New Socialist, Nov/Okt.1981

WALKER, I.: The voices of the kids of Toxteth, in: New Society, Nov. 1981

WALLER, P.J.: The riots in Toxteth,Liverpool: a survey, in: New Community

WILLIAMS, M.: The tents at the gate of the city, in: New Society, 16. Juli 1981

WUHRER, P.: Die Freiheit ist zäh und stirbt endlos. Liverpool – über die Zerstörung einer Region; Berlin 1983

WUHRER, P.: Für sie ist das Leben nur Kampf. Die hoffnungslose Lage Jugendlicher in Liverpool, in: Pädagogik heute, Oktober 1986

Zeitschriften

DER SPIEGEL, 30/1981: „Laßt die Reichen zahlen"

DIE WELT, 25.9.85: „Liverpool – eine Stadt am Rande des Chaos und Bankrotts."

DIE ZEIT, 17.7.81: „Schlacht in England"

FRANKFURTER RUNDSCHAU, 7.7.81: „Zwei Straßenkampf-Nächte in Liverpool

SÜDDEUTSCHE ZEITUNG, 3.10.85: „Neue Krawalle in London und Liverpool"

THE GUARDIAN

14.7.81: „Most worrying thime of Thatchers office“

14.7.81: „Whitelaw offers armoured vans“

26.11.81: „Toxteth sees hope“

THE TIMES

6.7.81: „Police use CS-gas after admitting riot is out of control“, „MPs and race groups to press Whitelaw for action“, „Chief contabler puts blame on parents“, „Liverpool: the threat of disaster“, „Chief constables pledge: I will uphold the law“, „Violence on Englands Streets“

7.7.81: „Police show of force quells new wave of looting“, „Whitelaw defends use of CS Gas against rioters“, „Home Secretary endorses use of CS Gas rioters“, „Compensation claims under Riot Act“, „Greed and ferocious violence mark a collective madness“, „Bishops appeal for peace on streets“, „Liverpool counts the cost of chaos“, „The city had tried, perhaps too hard“, „Tragedy of blacks“, „The gas that brought terror to an end“, „Rubber bullets – yes if need be“ „PC hit by garden spade says: „Its my job“, „Sound the Alarm“

8.7.81: “Racialism increasing Whitelaw says“, „Police chief condemns parents of rioter“, „Young Socialists demand releas of 200 arrested by the police“

9.7.81: “Whitelaw may punish parents“, „Methodist blames neglect“

10.7.81: “Whitelaw action to make parents pay childrens fines“, „Left at riots – to help people“, „What has become of our national pride?“

11.7.81: „Whitelaw calls for report on riot role of agitators“, „Owen warns against disunity“, „Why so many children take to the streets“

14.7.81: „Cabinet to consider quickie Riot Act“, „Challenge on WRP Toxteth training centre“, „Thatcher tours riot area“

15.7.81: „Foot clashes with Thatcher on CS Gas“, „Mobs deterred by high arrest rate“

17.7.81: „Heseltine heads task force for riot areas“, „Canisters may have injured“, „Control and self-control“

13.11.81: „Four months on, Toxteth still slimmers“

4. Verlaufsstudie: Manchester – Moss-Side, GB 1981

Der folgende Bericht beschäftigt sich mit den Jugendunruhen in Moss Side, einem Innenstadtbezirk Manchesters. Dort kam es Anfang Juli 1981 zu Ausschreitungen, in deren Verlauf Jugendliche sich mehrere Nächte lang Straßenschlachten mit der Polizei lieferten.

1. Chronologie

Die Ausschreitungen begannen in der Nacht vom 7. auf den 8. Juli 1981. Nachdem das Lokal „Moss Side Nile Club" geschlossen hatte, streifte eine Gruppe, vorwiegend schwarzer Jugendlicher, durch die Straßen Moss Sides. Gegen 2.30 Uhr wurden die ersten Schaufenster eingeworfen. Weitere Jugendliche stießen zu der randalierenden Gruppe und es wurden mehrere Geschäfte attackiert. Nach etwa einer Stunde konnten Polizeikräfte die Gewalttätigkeiten beenden; sie begannen jedoch am folgenden Tag erneut. Im Laufe des Tages bildeten sich immer wieder Gruppen junger Leute.

Hauptschauplatz der Ansammlungen war ein grasbewachsener Hügel zwischen der Princess Road und Quinney Crescent. Obgleich neuerliche Ausschreitungen befürchtet wurden – das Einkaufscenter des Bezirks schloß deshalb bereits am Nachmittag – hielt sich die Polizei zurück. Es wurden weder zusätzliche Beamte in das Gebiet beordert, noch gab es verstärkte Kontrollen. Am Abend begannen Jugendliche damit Scheiben von Geschäften zu zertrümmern, Läden zu demolieren und an verschiedenen Gebäuden Feuer zu legen. Fahrzeuge wurden umgeworfen und es kam zu Plünderungen. Die Greater Manchester Police kommandierte 400 Beamte zum Hauptkrisenherd. In der Princess Street standen 300 Polizisten einer steine- und molotowcocktail-werfenden Menge von ca. 150 Jugendlichen gegenüber. In Seitenstraßen, wie der Wilmlow Road, wurden ebenfalls Läden beschädigt und geplündert. Während die Ordnungskräfte in den Straßen versuchten mit einer wachsenden Zahl gewalttätiger „Rioters" fertigzuwerden, belagerten Jugendliche die Polizeistation Moss Sides, in der sich 15 Beamte befanden. Ziegelsteine und andere Gegenstände wurden gegen das Gebäude geschleudert und Fahrzeuge, die im Hof parkten, beschädigt. Als die ersten Scheiben zu Bruch gingen und die Situation für die Menschen im Gebäude bedrohlich wurde, forderte man über Funk Verstärkung an. Beim Auftauchen der Polizeifahrzeuge einer nahegelegenen Station zogen sich die Belagerer in Richtung Princess Road, Moss Lane West und Moss Lane East zurück. Unterwegs schlossen sie sich mit anderen Gruppen randalierender Jugendlicher zusammen. Ihre Zahl war auf 300-400 angewachsen als sie schließlich die Grünfläche zwischen der Princess Road und Quinney Crecent erreichten, wo bereits über 1.000 andere Jugendliche versammelt waren. Zu diesem Zeitpunkt herrschte nach Augenzeugenberichten ein wildes Durcheinander. Die Plünderungen wurden zahlreicher, obwohl einige der Anwesenden diese zu verhindern suchten. Eine Polizeieinheit die zur Unterstützung aus Toxteth gekommen war und sich auf die Menge zubewegte, wurde ebenfalls hart attackiert. Die Ausschreitungen griffen in dieser Nacht auch auf andere Stadtteile Manchesters über. Erst gegen 4.00 Uhr morgens wurde es im Bezirk Moss Side ruhiger.

Auch am folgenden Tag gab es immer wieder kleinere Zwischenfälle. In der Nacht vom 9. auf den 10. Juli änderte die Polizei Manchesters ihre Taktik. Polizeichef James Anderton ordnete verstärkten Polizeieinsatz an. Es war eine Reihe mobiler Einheiten im Einsatz. Gruppen von Rioters wurden blitzschnell zerstreut, indem Polizeifahrzeuge mit hoher Geschwindigkeit auf sie zufuhren. Im Inneren der Fahrzeuge befanden sich kleine Polizeitrupps, ausgerüstet mit Schutzhelmen und Schlagstöcken. Die hintere Tür der Fahrzeuge war jeweils offen, um ein schnelles Herausspringen der Beamten und Verhaftungen gewalttätiger Jugendlicher zu erleichtern.

Viele Personen, insbesondere Jugendliche wurden in Polizeiautos geladen und nach Hause gefahren. Personen, die nicht in dem Stadtteil wohnten, wurden aufgefordert den Bezirk zu verlassen. Zahlreiche, die Straßen durchkreuzende Polizeifahrzeuge unterbanden jegliche Ansätze von Gruppenbildungen. In der Nacht zum Freitag kam es zu keinen weiteren Unruhen. Am folgenden Tag gab es lediglich „kleinere Zwischenfälle“ mit steinewerfenden Jugendlichen. Als am Freitag, dem 10.7., Jugendliche erneut die Polizeistation Moss Sides attackierten, wurden sie von starken Polizeikräften zurückgedrängt. Am 11.7. konnten die Gewalttätigkeiten endgültig eingedämmt werden.

Bilanz:

Während der Ausschreitungen wurden 27 Polizisten verletzt, Angaben über verletzte Zivilisten lagen nicht vor; 22 Polizeifahrzeuge und mehrere Feuerwehrautos wurden beschädigt; 147 Läden und öffentliche Gebäude wurden demoliert und viele geplündert. Die Schäden an der Moss Sider Polizeistation betrugen 5.000 Pfund. 241 Personen wurden verhaftet.[1]

2. Hintergründe und soziale Bedingungen des Konfliktes

Der Anteil ethnischer Minoritäten in Manchester beträgt annähernd zehn Prozent der Bevölkerung der Stadt. Es gab 1981 rund 14.000 Asiaten, 11.000 Westinder und 16.000 Mischlinge und sonstige Nichtweiße.[2] Ein großer Teil der west-indischen Bevölkerungsgruppe lebt in Moss Side. Der Anteil westindischer Haushalte beträgt in diesem Bezirk 35 Prozent.[3]

Moss Side ist ein Innenstadtbezirk Manchesters, der als heruntergekommener Teil im Nord-Osten am Rande des Centrums der Stadt beginnt und bis zu einem relativ wohlhabenden Bezirk im Süd-Westen reicht. Es gibt dort ca. 2.500 stadteigene Mietwohnungen, die sich hauptsächlich auf drei Wohnsiedlungen konzentrieren. Ein Einkaufszentrum und ein Freizeit-Center mit verschiedenen Sportgelegenheiten sind ebenfalls vorhanden. Im nordöstlichen Teil sind die Häuserblocks in einem schlechten Zustand. Beliebteste Aufenthaltsorte der dort lebenden Jugendlichen sind Clubs und Bars. Hier begannen die Riots.

Die Stadt Manchester hatte mit 20,3 Prozent 1981 eine mehr als doppelt so hohe Arbeitslosenrate als der Landesdurchschnitt Großbritanniens (9,4 %).[4] Die Jugendarbeitslosigkeit lag noch höher. Sie betrug für die Gruppe der 16-19jährigen beispielsweise 31,5 Prozent.[5]

Die Symptome rassischer Benachteiligung in Manchester unterscheiden sich nicht wesentlich von denen in Bristol, Liverpool oder Brixton. Die Ergebnisse einer Untersuchung des Bezirks Division North (zu dem auch Moss Side gehört) zeigte, daß junge West-Inder besonders stark von Arbeitslosigkeit betroffen waren. So waren 1981 50 Prozent der 16-24jährigen männlichen West-Inder ohne Beschäftigung, während die Zahl bei den Weißen dieser Altersgruppe „nur" 20 Prozent betrug.[6] Es gab zwar, wie in anderen Bezirken auch, eine Reihe von Trainingsprogrammen für arbeitslose Jugendliche. Allerdings reichten sie zahlenmäßig bei weitem nicht aus und auch bezüglich ihrer Wirksamkeit bestanden erhebliche Zweifel. Viele Firmen- und Geschäftsinhaber Manchesters waren nicht bereit Angehörige ethnischer Minoritäten einzustellen. Sie begründeten ihre Entscheidungen mit dem Argument der unzulänglichen Voraussetzungen bei den Bewerbern.[7] Damit ist eine weitere Tatsache rassischer Benachteiligung angesprochen. Bereits in den 70er Jahren zeigten Forschungen, daß farbige Kinder, insbesondere westindischer Herkunft übermäßig stark in Sonderschulen vertreten sind. Die Berufschancen solcher Kinder sind entsprechend stark eingeschränkt. Ein anderes Untersuchungsergebnis zeigte, daß Berufsberater weit über die Hälfte der westindischen Kinder, im Vergleich zu einer entsprechend zusammengesetzten Gruppe weißer Kinder, als unterdurchschnittlich intelligent einstuften.[8] Wie die Zukunft solcher schwarzer Schulabgänger aussieht, läßt sich leicht an den entsprechenden Arbeitslosenzahlen nachvollziehen. Den von den karibischen Inseln stammenden Schwarzen wird häufig von britischen Arbeitgebern eine geringere Arbeitsdisziplin und Verläßlichkeit als weißen Jugendlichen unterstellt.

Eine weitere, den Unruhen zugrundeliegende Bedingung muß in den Beziehungen zwischen Ordnungsmacht und farbigen Jugendlichen gesehen werden. Wie auch in den Farbigenvierteln anderer Städte waren die Beziehungen im Bezirk Moss Side seit Jahren gespannt. Es gab immer wieder Beschwerden und Klagen der schwarzen Bewohner über Schikanen und schlechte Behandlungen seitens der Polizei. Die Frage, ob schon einmal ein

Grund zur Beschwerde über einen Polizeibeamten vorgelegen habe, bejahten 16 Prozent der West-Inder und nur 8 Prozent der Weißen.[9] Als Gründe für Beschwerden nannten die befragten Farbigen u.a.:

- Schikanierungen und Belästigungen im Zusammenhang mit Stop Search Praktiken
- Polizei erwecke den Anschein, als wolle sie die Leute verhaften und schikanieren
- generelle Behandlung durch die Polizisten, welche ihre Macht ausnützten.[10]

Von verschiedenen Seiten wurden Arroganz und Voreingenommenheit mancher Beamter als Hauptgründe für die jüngsten rapiden Verschlechterungen in den Beziehungen zwischen Teilen der Gemeinde und der Polizei angeführt.[11]

Es hatte bereits Befürchtungen gegeben, daß es, nach den unmittelbar vorausgegangenen Unruhen in Liverpool/Toxteth, im Bezirk Moss Side ebenfalls zu Ausschreitungen kommen würde. Diese Vorahnungen wurden durch die ersten Zwischenfälle am 7.Juli bestärkt. Gemeindeleiter, Sozialarbeiter und Polizisten trafen sich deshalb und besprachen sich hinsichtlich des bestehenden Risikos.

3. Umfang, Struktur und Zusammensetzung der Protestgruppen

Bezüglich der Zahl und Zusammensetzung der beteiligten Jugendlichen bestehen keine eindeutigen, genauen Angaben. In der ersten Nacht waren, verschiedenen Berichten zufolge, allenfalls zwischen 50 und 100 Jugendliche an den Ausschreitungen beteiligt. Auf dem Höhepunkt der Auseinandersetzungen waren es zwischen 1.000 und 1.500.

Obgleich die Berichterstattung häufig von „Farbigen-Krawallen" sprach, handelte es sich bei den beteiligten Jugendlichen nicht mehrheitlich um Farbige. Zwar bestand die Gruppe junger Leute, die in der ersten Nacht für Gewalttätigkeiten verantwortlich war, nahezu ausschließlich aus Schwarzen, was sich jedoch kurze Zeit später änderte. Etlichen Augenzeugenberichten zufolge wurden die Plünderungen sowohl von Schwarzen, als auch von Weißen begangen. Die Statistik der Verhafteten zeigt, daß sehr viele weiße Jugendliche beteiligt waren. Von den 47 anfänglich festgenommenen und angeklagten Personen waren drei Viertel Weiße.[12] Auch bei den insgesamt 241 Verhafteten handelte es sich in der Mehrheit um weiße, arbeitslose Jugendliche, die zwischen 17 und 24 Jahre alt waren. 48 von ihnen waren jünger als 17.[13]

Nicht alle der an den Ausschreitungen Beteiligten kamen aus dem Bezirk Moss Side. Die Tatsache, daß einige der Verhafteten jungen Leute aus anderen Städten wie Cardiff, Glossop, Liverpool und London stammten, galt bei der Polizeiführung als Beweis für die These, daß die Unruhen organisiert und von außen gelenkt worden seien. Polizeichef Anderton äußerte den Verdacht, daß bestimmte Personen die Ausschreitungen angezettelt hätten, mit der Absicht Zusammenbruch und Anarchie sowohl in Manchester als auch in anderen Städten zu verursachen. Er erklärte, für ihn bestehe kein Zweifel daran, daß die Aktion vorhergeplant und organisiert war. Er glaube, daß „Outsiders“ von Liverpool, Brixton und Birmingham beteiligt gewesen seien, da die angewandten Taktiken die gleichen Muster wie in anderen Städten aufwiesen. So sei beispielsweise eine militärische Strategie angewandt worden, Leute hätten Beobachtungsposten bezogen und es seien CB-Radios zur Nachrichtenübermittlung eingesetzt und gut koordinierte Angriffe gestartet worden. Bestimmte Personen hätten die Führung übernommen und für die Herstellung und Verteilung der Benzinbomben gesorgt.[14]

Das Verhalten der Jugendlichen war keineswegs homogen. So versuchten, verschiedenen Aussagen zufolge, etliche die Plünderungen zu verhindern. Sie argumentierten, daß solche Taten in den Medien und bei den Bewohnern des Bezirks einen schlechten Eindruck hinterlassen und die Aktion in einen üblen Ruf bringen würden. Sie konnten sich allerdings nicht durchsetzen.

Die Motive für die Beteiligung waren äußerst unterschiedlich. Neben jenen, die gegen die Repressalien der Ordnungskräfte protestierten oder auf die ringsum bestehende Deprivation aufmerksam machen wollten, gab es eine Reihe Jugendlicher, die lediglich ihren Nutzen aus den Plünderungen ziehen wollten. Für andere wiederum war der Nervenkitzel ausschlaggebend für die Teilnahme.[15]

4. Konfliktdynamik und Eskalation

4.1 Strategien und Aktionen der Protestgruppe

Die Erklärungen der Polizei, daß die Unruhen geplant und organisiert waren, wurden sowohl von Vertretern der schwarzen Bevölkerung als auch von den Jugendlichen selbst bestritten. Ein schwarzer Jugendlicher schilderte das in der Princess Road herrschende Chaos und die bestehende Uneinigkeit unter den Rioters bezüglich der weiteren Vorgehensweise:“Einige wollten den Bus auf der Straße angreifen, andere wiederum nicht. Da war nichts organisiert.“[16] Ein Mädchen meinte beispielsweise zu der angeblichen Beeinflussung durch Linksradikale und Anarchisten: „Sie sind jeden Tag hier und verkaufen ihre blöden Zeitungen. Wir denken, sie sind alle Kommunisten. Niemand nimmt Notiz von ihnen. Wir wissen wie schlecht es hier ist. Die Hälfte von uns hat keine Arbeit und einige von uns leben in regelrechten „Löchern“. Wir brauchen das nicht erzählt zu bekommen oder?“[17]

Für viele der Jugendlichen war es ein Kampf der sich gegen Symbole der weißen Gesellschaft, deren Machtstruktur und Eigentum in dem Farbigenviertel, nicht aber gegen einzelne weiße Mitbürger selbst richtete. Die Ereignisse waren nicht geplant, sondern entzündeten sich an der bereits extrem gespannten Atmosphäre. Der Haß auf die Polizei lieferte vielen das Motiv zur Beteiligung. Ein Zitat eines 17-jährigen schwarzen Jugendlichen drückt dies aus: „Ich bin hier, um zu sehen, wie die Schweine bekommen, was sie verdienen. Sie haben dies seit Jahren verdient. Nun wissen sie, was es heißt, wenn zurückgeschlagen wird ...“[18]

Andere Jugendliche gaben, wenn überhaupt, nur sehr widerwillig Auskunft über ihre Motive. Diskriminierung, Trostlosigkeit der Umgebung, Hoffnungslosigkeit in bezug auf die Zukunft klangen jedoch bei den wenigen Aussagen durch.

Dafür, daß es sich um einen spontanen, unorganisierten Ausbruch gehandelt hat, spricht auch der Verlauf der Ausschreitungen. Nachdem in der Anfangsphase (erste Nacht) nur relativ wenige und vorwiegend ortsansässige Jugendliche beteiligt waren,[19] kam es im weiteren Verlauf zu Protesten an denen sehr viele teilnahmen. Da es sich hierbei nicht nur um Bewohner Moss Sides handelte, ist zu vermuten, daß viele durch „Mund-zu-Mund-Propaganda“ und die Darstellung in Medien über die zu erwartende Eskalation angelockt wurden.

4.2 Polizeiliche Vorgehensweise und Reaktionen

Die Unruhen im Bezirk Moss Side kamen für Manchesters Polizei überraschend und trafen sie unvorbereitet. Teile der Polizeikräfte waren in den unmittelbar vorausgegangenen Tagen zur Verstärkung ihrer Kollegen in Liverpool, wo schwere Ausschreitungen viele Verletzte gefordert hatten.

Nachdem es in der Nacht zum Mittwoch zu ersten Auseinandersetzungen im Bezirk Moss Side gekommen war, trafen sich am darauffolgenden Tag Vertreter der Polizei mit Gemeindeleitern und Sozialarbeitern um weitere Maßnahmen zu diskutieren. Angesichts der vorausgehenden Unruhen in Toxteth und der Ereignisse der letzten Nacht war man sich einig darüber, daß ein erhöhtes Risiko bestand, daß es zu weiteren Unruhen kommen würde. Ein Resultat dieses Treffens bestand darin, daß Polizeichef Anderton die Entscheidung traf, vorläufig kein „excessives policing“ zu praktizieren, bis sich die Lage entspannt habe. Nachdem es in der folgenden Nacht jedoch zu schweren Ausschreitungen der Jugendlichen mit häufigen Plünderungen kam, denen die Polizisten teilweise machtlos gegenüberstanden, kündigte Polizeichef Anderton am folgenden Tag eine Umkehr der Vorgehensweise an. Er erklärte, daß das „sanfte policing“ nicht geeignet war Ausbrüchen von Gewalt, wie sie vergangene Nacht stattgefunden hätten, zu begegnen. Er bezeichnete die Ereignisse als „nahe an Anarchie grenzend.“[20] Es habe sich um eine „Guerilla-Kriegführung“ gehandelt.

In der folgenden Nacht wurden verstärkte mobile Polizeieinheiten eingesetzt, die mit hoher Geschwindigkeit auf Gruppen von „Rioters“ zufuhren und diese dadurch auflösten. Die Fahrzeuge kreuzten die ganze Nacht in dem Bezirk und unterbanden jegliche Ansätze von Gruppenbildungen. Obwohl diese Taktik offensichtlich erfolgreich war, wurde die Vorgehensweise von verschiedenen Seiten heftig kritisiert.

So beklagten sich viele ältere Personen über Schikanen und rauhe Methoden der Beamten. Gemeindeleiter äußerten, das Ziel der Aktion habe darin bestanden, jedermann der sich auf der Straße befand, in Angst und Schrecken zu versetzen. Eine Untersuchungskommission kam zu dem Schluß, daß augenscheinlich viele der Polizisten in den Fahrzeugen, die am 9. Juli in Moss Side eingesetzt waren, es auf Streit mit jungen Schwarzen angelegt hatten. Es gäbe Beweise, daß sich Beamte aus den Fenstern gelehnt und den Jugendlichen laut rassistische Beschimpfungen zugeschrien und diese aufgefordert hätten, herzukommen und zu kämpfen.[21]

Dipak Nandy, ein Rassenbeziehungsexperte der in Manchester lebt, bezeichnete die Gewalt am Donnerstag als eine „Polizei-riot“ von der Art, wie er sie 1968 in Chikago erlebt habe. Unter den „rüden“ Polizeimethoden mußten, verschiedenen Aussagen zufolge auch etliche nicht in die Ausschreitungen verwickelte Personen leiden. Ein praktischer Arzt, der in dem Bezirk lebt, meinte, er habe Verletzungen bei Zivilisten gesehen, die er niemals in England erwartet habe.

4.3. Politische Antworten

Nach den ersten Übergriffen stimmten lokale Politiker mit Gemeindeleitern und der Polizeiführung überein, daß es sich zwar um ernstzunehmende kriminelle Taten Jugendlicher gehandelt habe, von einer Rassenriot allerdings keine Rede sein könne. Mr. John Tummon, public education officer for the Manchester Community Relations Council, erklärte: „Dies war keine Schlacht mit der Polizei und ich stimme mit Mr. Anderton darin überein, daß es sich nicht um eine Rassenriot handelte. Allerdings sind die gleichen Symptome, die den Geschehnissen in Toxteth und Brixton zugrundelagen auch in Moss Side sichtbar.“[22]

Man betonte, daß die Ausschreitungen nicht das Ausmaß von Toxteth oder Brixton erreicht hatten, und vermutete eine Beeinflussung der Jugendlichen durch die Ereignisse in diesen Städten. Die These der „copycat-riot“ wurde insbesondere am Tag nach den stärksten Ausschreitungen in den Vordergrund gestellt. Viele Politiker deuteten an, daß sie in den Unruhen an anderen Bezirken den ausschlaggebenden Faktor für die gewalttätigen Proteste in Moss Side sahen.

Dieser Vermutung widersprach der Hytner Report in seiner Einleitung entschieden. Der Report war von einer Kommission unter Vorsitz von Mr. Benet Hytner, QC (Kronanwalt), erstellt worden, die im Anschluß an die Unruhen vom Greater Manchester City Council einberufen worden war. Nach Ansicht dieser Kommission muß ein entscheidender Faktor für den Ausbruch der Unruhen in der Tatsache gesehen werden, daß Gewalt erwartet worden war bzw. ein Mythos bestand, demzufolge „Trouble“ als unumgänglich sowohl von öffentlichen Stellen, Gemeindevertretern als auch der Polizei antizipiert wurde und, daß Teile der Bewohner Moss Side bereit dazu waren, solche Erwartungen zu erfüllen.[23] Allerdings wolle der Report hiermit nicht die „Copycat-These“ bestärken sondern darauf hinweisen, daß ähnliche zugrundeliegende Dispositionen sowohl in anderen Städten als auch in Moss Side bestanden und diese ausschlaggebend für die gewalttätigen Proteste waren. Die Schwarzen seien auf die Straße gegangen, um sich gegen brutale Polizeimethoden und -übergriffe aufzulehnen und wenn es zu einer Kettenreaktion gekommen sei, sei dies ein Zeichen dafür, daß Leute, die normalerweise nicht öffentlich protestierten durch das mutige Beispiel anderer dazu inspiriert worden seien. Der wichtigste Faktor der Unruhen sei nicht die Existenz einer schwarzen Bevölkerung per se, sondern die Tatsache, daß wo auch immer eine farbige Minderheit bestünde mit Sicherheit ähnliche diskriminierende Polizeieinstellungen und -methoden folgen würden.[24] So habe in den Monaten vor den Unruhen in Moss Side eine Anzahl Polizeibeamter ihre Macht mißbraucht und farbige Jugendliche rassistisch beschimpft und rüde behandelt.[25] Viele der Beamten hätten offenbar die Folgen und die Wirkungen eines solchen Verhaltens auf die Beziehungen zwischen Polizei und Öffentlichkeit falsch eingeschätzt.[26]

1985 wurden die bis dahin bestehenden Polizeiausschüsse, die polizeiliches Handeln kontrollieren sollten durch die sogenannten „Police Joint Boards“ ersetzt, die sich zu einem Drittel aus Gemeindevertretern und einer Anzahl von Repräsentanten der jeweils betroffenen Gebietskörperschaften zusammensetzen. Die Mitglieder dieser Verbindungskomitees werden im Gegensatz zu den direkt gewählten Vertretern der früheren Polizeiausschüsse durch indirekt nominierte Repräsentanten ersetzt. Da aufgrund der jährlichen Wahlen in vielen Districten die Mitglieder der „Joint Boards“ einer erhöhten Fluktuation unterliegen ist eine kontinuierliche Arbeit dieser Ausschüsse erschwert. Die Einflußmöglichkeiten und Funktionen der Kontrolle städtischer Polizeiorganisationen dieser Ausschüsse werden allgemein als äußerst begrenzt geschildert, da allein der Polizeichef die Verantwortung der Sicherheitswahrung trägt und die Prioritäten setzt. Deshalb wurden, als

Folge der Moss Sider Unruhen, ein Komitee zur Überwachung der Polizei durch den Gemeinderat von Manchester gegründet. Dieses Überwachungskomitee setzt sich aus zwölf Gemeinderäten und drei Beratern zusammen. Unterstützt und beraten wird das Komitee durch die Polizei-Überwachungs-Einheit – eine aus acht Personen bestehende Arbeitsgruppe. Das Polizei-Überwachungs-Komitee soll u.a. Formen polizeilicher Sicherheitswahrung unterstützen, die den Bedürfnissen der Bewohner entsprechen; die Bürgerrechte der Bewohner Manchesters verteidigen und den Bürger vor polizeilichen Übergriffen schützen; spezielle polizeiliche Strategien in Bezug auf Frauen und ethnische Minoritäten beobachten, analysieren und bewerten und sich für eine volle Verantwortlichkeit der Polizei gegenüber der Gemeinde und ihren gewählten Vertretern einsetzen. Der Gemeinderat soll damit in die Diskussion um die Polizei als Institution und ihre operativen Handlungsformen miteinbezogen werden.[27]

Das neu gegründete Polizei-Überwachungs-Komitee hat jedoch keinerlei gesetzlichen Befugnisse. Die Arbeitsgruppe wird von den Bewohnern Manchesters überwiegend positiv beurteilt. So zeigte eine jüngste Umfrage, daß 60 Prozent der Bevölkerung die Arbeit des Komitees für notwendig erachteten.[28] Die Arbeitsgruppe verteilt zweimonatlich ein Magazin in alle Haushalte, führt Kampagnen zu zahlreichen Themen und arrangiert Publikumsveranstaltungen mit Polizeivertretern, auf denen die Polizei umstrittene Aktionen direkt vor der Bevölkerung legitimieren muß.[29] Andere Beispiele für die Arbeit des Komitees sind die Einleitung öffentlicher Untersuchungen über bestimmte Vorfälle und die Erstellung analytischer Studien. Ob das Ziel des Komitees in den nächsten Jahren „alternative Strategien für den polizeilichen Schutz der Bürger zu entwickeln und diese im Polizei-Apparat durchzusetzen“[30] verwirklicht werden kann, bleibt abzuwarten.

5. Verarbeitung und Auswirkungen des Protestes

Die Versuche, sowohl der Regierung als auch der lokalen Behörden die bestehende Deprivation in den betroffenen Stadtbezirken, so auch in Moss Side, zu reduzieren wurde von Kritikern als absolut „jämmerlich und inadäquat“[31] bezeichnet. Es wurde mehr Grün in die heruntergekommenen Bezirke gebracht, einige Beschäftigungsprogramme gestartet – insgesamt mangelte es jedoch an innovativen Ideen und vor allem fehlte es an den notwendigen finanziellen Mitteln. Die Arbeitslosigkeit in den betroffenen Bezirken stieg weiter.

Im Jahr 1982 kam es in Moss Side erneut zu Zusammenstößen zwischen Jugendlichen und der Polizei. Leitende Mitglieder der Gemeinde warnten davor, daß für Moss Side mit seiner hohen Arbeitslosigkeit, insbesondere unter schwarzen Jugendlichen, urbaner Deprivation und Vernachlässigung die Gefahr weiterer ernstlicher Gewaltausbrüche bestehe.

Die Polizeikräfte Manchesters erhielten, wie in anderen Städten auch, eine verbesserte Ausrüstung und die Ausbildung für den Einsatz bei Straßenkämpfen wurde modernisiert.

Verschiedenen Aussagen zufolge (schwarze Bevölkerung, Community leaders, Sozialarbeiter) kam es auch weiterhin zu Schikanierungen und Beschimpfungen der Polizei gegenüber Farbigen. Einige Wochen nach den Juli-Riots veröffentliche der GUARDIAN den Brief einer Gruppe von Community workers des Moss Side Peoples Centre, in dem sie die Polizeikräfte beschuldigten eine kalkulierte Kampagne der Einschüchterung und Schikanen ortsansässiger junger Leute zu verfolgen. Sie gaben bekannt, daß sie aufgrund des unglaubwürdigen Verhaltens der Polizeibeamte während und nach den Juli-Riots ihre Bereitschaft zur Zusammenarbeit aufkündigten. Ihr Ziel die Beziehungen in dem Bezirk zu verbessern und an einem konstruktiven Programm eines verbesserten Policings mitzuarbeiten sei durch Polizisten mit offensichtlich rassistischen Einstellungen in Frage gestellt worden.[32]

Die seit 1982 herrschende relative Ruhe wurde nicht nur durch die verbesserte Ausrüstung und Ausbildung der Polizei erreicht. Offensichtlich wechselte auch die Stimmung auf der Straße unter den Jugendlichen. So hatten die Erfahrungen, die einige der Rioters 1981 in den Straßen Moss Sides machten einen läuternden Charakter. Viele der Beteiligten waren unter dem Druck von Eltern, Verwandten und Bekannten nicht bereit, ein weiteres Mal ein solches Risiko einzugehen. Andere jedoch haben seit dem Aufbegehren in den frühen 80er Jahren begonnen aktiv eine neue Identität zu entwickeln. Besonders ausgeprägt ist dieser Prozess der ethnischen Neubildung unter den West-Indians. Er bedeutet die Einbeziehung von karibischen Kulturelementen. So sehen viele der jungen Westinder in der Reggaemusik und in dem Rastafari-Kult eine Quelle von kultureller Identifikation. Auch wenn viele nicht ausdrücklich Mitglieder des Rasta-Kults sind, bedeutet der Rasta-Mythos oft die einzige Selbstversicherung, die einzige Methode, auch weltliche Ereignisse zu interpretieren, die die westindischen Siedlungen in England vor Mutlosigkeit bewahren.[32] „Die Legende von der äthiopischen Urheimat der nach Jamaika und dann nach England verschlagenen Nachkommen westafrikanischer Sklaven erscheint als eine höchst konsequente, rationale Applikation biblischer Motive und zeitgenössischer Geschichte auf die westindische Situation der jahrhundertealten Entfremdung und Fremdbestimmung.“[33]

Verschiedene Sozialwissenschaftler sehen in diesen Rasta-Elementen, welche verbunden sind mit bestimmten Zügen englischer Arbeiterkultur (z.B. Fußballbegeisterung) einen Prozeß der Entstehung einer schwarzen Identität, die quer zu allen traditionalen Trennungen verläuft, welche früher aufgrund der unterschiedlichen Herkunftsinseln bestanden.[34]

Die Kinder der Einwanderer sind nicht mehr bereit, die Rolle der demütigen Opfer eines angelsächsischen ,Way of life' zu spielen.

Anmerkungen

1) Vgl. KETTLE, M. & HODGES, L.: Uprising! The police, the people and the riots in Britains cities, London 1982, S. 165; THE TIMES, 10.7.81, S. 2
2) Vgl. HOUSE OF COMMONS: Fifth Report from the Home Affairs Session 1980-81. Racial Disadvantage, London 1981, S.xlviii
3) Vgl. TUCK, M. & SOUTHGATE, P.: Ethnic monorities, crime and policing, London 1981, S. 7
4) Vgl. THE REPORT OF THE ARCHBISHOP of Canterburys Commission of Urban Priority Areas: Faith in the City, London 1985, S. 198
5) Vgl. ebenda, S. 201
6) Vgl. TUCK & SOUTHGATE, a.a.O., S. 8
7) Vgl. HOUSE OF COMMONS, a.a.O., S. xlviii
8) Vgl. ALLEN, S.: Rassische Minderheiten in Groß-Britannien, in: KURZROCK, R.: Minderheiten, Berlin 1974, S. 43ff
9) Vgl. TUCK & SOUTHGATE, a.a.O., S. 34ff
10) Vgl. ebenda, S. 34
11) Vgl. BENYON, J.: Scarman and After, Oxford 1984, S.56
12) Vgl. THE TIMES, 10.7.81, S. 2
13) Vgl. KETTLE & HOOGES, a.a.O., S. 165
14) Vgl. THE TIMES, 10.7.81, S.2
15) Vgl. BENYON J., a.a.O., S. 58
16) THE TIMES, 10.7.81, S. 2
17) BENYON, J.: a.a.O., S. 58
18) ebenda, S. 57
19) Vgl. THE TIMES, 9.7.81, S.4
20) THE TIMES, 10.7.81, S. 2
21) Vgl. KETTLE & HOOGES, a.a.O., S. 164f
22) THE TIMES, 9.7.81, S.4
23) Vgl. KETTLE & HOOGES, a.a.O., S. 162 f
24) Vgl. ebenda, S. 163
25) Vgl. REPORT OF THE MOSS SIDE ENQUIRY PANEL to the Leader of the Greater Manchester Council, 30.Sept.1981, zit. in: BENYON, J., a.a.O., S.60 f
26) Vgl. BENYON, J.; a.a.O., S. 60f
27) Vgl. WRIGHT, St.: Eine Initiative des Gemeinderates von Manchester zur Überwachung der Polizei, in: Bürgerrechte & Polizei, Cilip Informationsdienst, 25, Nr. 3/1986, S. 71
28) Vgl. ebenda, S. 71ff
29) Vgl. ebenda, S. 71ff
30) ebenda, S. 73

31) BENYON, J.: a.a.O., S.60
32) THE GUARDIAN, 9.12.81, S.10
33) Vgl. BOHRER, K.H., Ein bißchen Lust am Untergang, Englische Ansichten, Frankfurt 1982, S. 248ff
34) ebenda, S. 252
35) Vgl. WATSON, James L.: Arbeitsimmigranten in Großbritannien – neuere Entwicklungen; in: BLASCHKE, J. & GREUSSING, K. (Hrsg.): „Dritte Welt" in Europa. Probleme der Arbeitsimmigranten, Frankfurt 1980, S. 45ff

Literaturverzeichnis

ALLEN, S.: Rassische Minderheiten in Großbritannien, in: KURZROCK, R.: Minderheiten, Berlin 1974

BENYON, J.: Scarman and After, Oxford, 1984, S. 56

BOHRER, K.H.: Ein bißchen Lust am Untergang, Englische Ansichten, Frankfurt 1982

HOUSE OF COMMONS: Fifth Report from the Home Affairs, Session 1980-81. Racial Disadvantage, London 1981

KETTLE, M. & HODGES L.: Uprising: The police, the people and the riots in Britains cities, London 1982

THE REPORT OF THE ARCHBISHOP of Canterburys Commission of Urban Priority Areas: Faith in the City, London, 1985

TUCK, M. & SOUTHGATE, P.: Ethnic minorities, crime and policing, London 1981 – Home Office Research Study Nr. 70

WATSON, James L.: Arbeitsimmigranten in Großbritannien, neuere Entwicklungen, in: J. Blaschke & K. Greussing (Hrsg.): „Dritte Welt" in Europa. Probleme der Arbeitsimmigranten, Frankfurt, 1980

WRIGHT, St.: Eine Initiative des Gemeinderates von Manchester zur Überwachung der Polizei, in: Bügerrechte und Polizei, Cilip Informationsdienst/ 25; Nr.3/1986

Zeitschriften

THE GUARDIAN

9.12.81: „Race talks with police broken off"

9.12.81: „How some member of the police force are betraying the young people of Moss Side"

THE TIMES

9.7.81: „2 am: Mob of 1000 storm the police station"

9.7.81: „Moss Side rampage not race riot"

10.7.81: „Police quell riot gangs"

10.7.81: „It was a conspiracy, chief contable says"

10.7.81: „My Mum asked me to get a clock"

5. Verlaufsstudie: Birmingham – Handsworth, GB 1982/85

In Handsworth, einem Stadtteil der Millionenmetropole Birmingham, fanden während des Sommers 1981, ähnlich wie in vielen anderen Städten Großbritanniens, Straßenkämpfe zwischen Jugendlichen und der Polizei statt.

1. Chronologie der Ereignisse

Zu den ersten Gewaltausbrüchen kam es in der Nacht vom 10. auf den 11. Juli 1981 und in geringerem Ausmaß in den zwei folgenden Nächten. Die Ausschreitungen waren zum Teil durch das Gerücht provoziert worden, daß ein Marsch der „Nationalen Front", einer extrem rechten Jugendorganisation, durch den Bezirk stattfinden sollte. Die Spannung in dem Viertel stieg, nachdem etliche der vorwiegend asiatischen Geschäftsinhaber dem Rat der Polizei folgten und ihre Läden mit Brettern vernagelten. Der Marsch hat nie stattgefunden. Trotzdem kam es am Abend zu schweren Ausschreitungen, nachdem eine Ansammlung Jugendlicher örtliche Polizeibeamte attackiert, die versucht hatten, die Bevölkerung zu beruhigen und die Gerüchte zu zerstreuen. Es folgten Angriffe gegen die Polizeistation und die Feuerwache. Fahrzeuge und Gebäude wurden zerstört, Benzinbomben geworfen und zahlreiche Geschäfte geplündert. In den folgenden beiden Nächten waren Polizisten entlang der Soho Road in 10-Yard-Abständen postiert, es kamen keine weiteren ernstlichen Unruhen mehr auf. Lediglich in den Seitenstraßen kam es noch zu kleineren Zwischenfällen. Im Verlauf der Auseinandersetzungen waren mehrere Polizeiautos beschädigt und 40 Polizeibeamte verletzt worden. Die an Gebäuden entstandenen Schäden wurden auf 100.000 Pfund geschätzt. Insgesamt wurden 121 Personen verhaftet.[1]

Die 81er Unruhen waren damals übereinstimmend als „Copycat-Riots" bezeichnet worden, da sie unmittelbar auf die Unruhen in Toxteth und Southall folgten und es an dem betreffenden Wochenende in etlichen anderen Städten überall im Land zu ähnlichen Ausschreitungen gekommen war.

Diese Interpretation war 1985, als erneut Unruhen und Straßenkämpfe zwischen Jugendlichen und der Polizei stattfanden, nicht möglich. Diesmal stellten die Ausschreitungen in Birmingham den Beginn einer Reihe weiterer innerstädtischer Jugendunruhen im Lande dar. Die Auseinandersetzungen fanden im gleichen Stadtteil wie vier Jahre zuvor statt. Der Auslöser war diesesmal jedoch ein anderer. Als am 9. Sept.1985 kurz nach 17.00 Uhr in der Villa Road ein Polizist einen jungen Schwarzen festnehmen wollte, weil dessen Auto nicht ordnungsgemäß zugelassen war, kam es zunächst zu einem Handgemenge. Kurz darauf waren die beiden umringt von etlichen farbigen Jugendlichen, die den Vorfall aus der gegenüberliegenden Kneipe „Villa Cross" beobachtet hatten. Dieses Lokal wurde vorwiegend von jungen Negern, Indern und Pakistanis besucht. Es galt als ein Zentrum des Rauschgifthandels, weshalb es in letzter Zeit häufig von der Polizei kontrolliert und durchsucht worden war. Ein Polizist, der seinem Kollegen helfen wollte, wurde niedergeschlagen. Kurz darauf wurden bei weiteren Auseinandersetzungen mit dem anrückenden Überfallkommando 12 Polizisten verletzt und zwei Schwarze verhaftet. Als zwei Stunden später eine alte Spielhalle gegenüber der „Villa-Cross" brannte wurde die Feuerwehr von Jugendlichen, die sich nach den vorhergehenden Zwischenfällen versammelt hatten, am Löschen gehindert. Gegen 21.00 Uhr hatte sich der Hauptunruheherd in die Lozells Road verlagert. Inzwischen waren 300 Polizisten im Einsatz.[2] Es wurden Barrikaden gegen die Polizei errichtet, Steine und Benzinbomben geworfen, Gebäude und Autos in Brand gesetzt, Läden aufgebrochen und geplündert. In den Trümmern des Postamtes fand man am nächsten Tag die Leichen zweier Pakistani, die vermutlich an Kohlenmonoxidvergiftung gestorben waren. Gegen 22.30 Uhr war die zwischenzeitlich auf 600 Mann verstärkte Polizei Herr der Lage. Als am Nachmittag des folgenden Tages (Dienstag) Innenminister Hurd nach Handsworth kam, flogen erneut Steine und Benzinbomben. In der Nacht zum Mittwoch räumten Hunderte von Polizisten, die aus allen Teilen der Midlands kamen, die Straßen; wieder flammten Unruhen auf. Am Mittwoch, 11.9., als die ersten festgenommenen Unruhestifter dem Richter vorgeführt wurden, kam es im Vorraum des Gerichtsgebäudes zu Auseinandersetzungen zwischen Ordnungshütern und farbigen Jugendlichen, die Zutritt zu der Verhandlung forderten.

Die Polizei hatte während der Ausschreitungen ca. 140 Personen wegen Plünderung, Brandstiftung und Landfriedensbruch festgenommen.

In den folgenden Nächten kontrollierten Führer der farbigen Bevölkerung die Straßen von Handsworth, um weitere Unruhen zu verhindern. Polizeichef Ron Wilson hatte unter dieser Bedingung einem Rückzug der Polizeitruppen zugestimmt. Diese Selbstkontrolle hatte Erfolg – es kam zu keinen weiteren Ausschreitungen mehr.

Insgesamt waren mehr als 50 Gebäude niedergebrannt, der Sachschaden ging in die Millionen. 29 Menschen waren verletzt worden und es gab zwei Tote.[3]

2. Hintergründe und soziale Bedingungen des Konflikts

Handsworth ist ähnlich, wie Moss Side und Toxteth, ein gemischtrassischer Bezirk. Von den 56.000 Einwohnern sind 31 % Farbige, vorwiegend westindischer und asiatischer Herkunft. Handsworth liegt 2,5 km vom Stadtzentrum Birminghams entfernt. Der Stadtteil ist typisch für viele Stadtbezirke, die einst blühende viktorianische Vorstädte waren, aber schon lange verfallen sind und in denen sich in aufeinanderfolgenden Einwanderungsschüben immer wieder Immigranten ansiedelten. Die Mehrzahl der Wohnungen sind veraltet, baufällig, überfüllt und primitiv ausgestattet. Die Wohnblocks sind schlecht isoliert und fällige Reparaturen blieben aus. Viele der Wohnungen verkamen, Fenster wurden eingeschlagen und Türen ausgehoben. Das heruntergekommene Stadtviertel bietet das typische Bild eines nach der Schließung der alten „Schornsteinindustrien" verwahrlosten englischen Stadtbezirks.

Die Industriestadt Birmingham wurde von der Rezession der vergangenen Jahre hart getroffen. Seit 1979 verlor die Stadt 190.000 Arbeitsplätze.[4] Die Arbeitslosigkeit stieg jährlich. Im Jahr 1985 lag die Arbeitslosenquote für die Stadt Birmingham bereits bei 20 % (Durchschnitt in Großbritannien – 13,4 %)[5] und im Bezirk Handsworth sogar bei 35-40 %.[6] Unter den Schwarzen des Stadtteils erreichte sie bis zu 70 %.[7] Besonders betroffen von der hohen Arbeitslosigkeit waren die Jugendlichen. So blieben im Sommer 1985 90 % aller Schulabgänger in Birmingham ohne Job. Von 100 farbigen Jugendlichen, afrokaribischer Herkunft, bekamen in der Stadt lediglich vier eine Arbeitsstelle. In Handsworth waren es nur zwei von Hundert – dagegen dreimal so viele weiße und asiatische Teens.[8] Einer diesen Stadtteil betreffenden Studie zufolge ist für viele das Schlimmste im Zusammenhang mit der Arbeitslosigkeit die Langeweile, die ins Unerträgliche wächst. Die Jugendlichen hängen herum und wissen nicht, was sie mit sich anfangen sollen. So gaben bereits 1981 in einer Befragung, die Mitarbeiter des Home Office in dem Bezirk machten, die Mehrheit der Befragten an, daß sie in ihrer Freitzeit nichts oder kaum etwas machen (30 %) – unter den Arbeitslosen waren es noch mehr (40 %). Als häufigste Freizeitaktivität wurden Pub-Besuch (14 %) und Sport (14 %) genannt.[9] Langeweile wurde von 22 % der befragten Jugendlichen als Grund für die Ausschreitungen gesehen und lag damit nach Arbeitslosigkeit und Nachahmung der Riots in anderen Städten an dritter Stelle.[10]

Nach Ansicht Harmans, eines Autors, der eine Analyse der 81er Riots verfaßte, ist es nicht überraschend, daß die farbigen Jugendlichen, die in einer deprivierten trostlosen Umgebung leben, überdurchschnittlich häufig von Arbeitslosigkeit betroffen sind, was ihre schlechte ökonomische Situation verschärft und dazu führt, daß sie die meiste Zeit auf der Straße verbringen und häufiger als der Durchschnitt in Kleinkriminalitätsdelikte verwickelt sind.[11] (Bei den Betroffenen handelt es sich i.d.R. allerdings um westindische Jugendliche, während Asiaten seltener krimineller Vergehen beschuldigt werden.)

Die steigende Zahl der Straftaten schlägt sich in der Kriminalitätsstatistik nieder, was wiederum eine Stigmatisierung des betreffenden Bezirks wahrscheinlicher macht. Eine Folge dieses selektiven Definitionsprozesses ist eine erhöhte Polizeipräsenz. Die unvermeidliche Konfrontation führt zu Überreaktionen auf beiden Seiten. Daß es von hier aus nur noch ein kleiner Schritt bis zu Unruhen ist, hatte man in Birmingham 1981 feststellen können. Infolgedessen entschied man sich für verstärkte Straßenpatroullien zur Bekämpfung der Kriminalität. Durch den Einsatz von besonders geschulten Streifenbeamten, die in ständigem Kontakt mit allen ethnischen Gruppen des Stadtbezirks stehen – das sogenannte „community policing“ sollten Feindseligkeiten abgebaut werden. Dieses Modell, das Lord Scarman in seinem Untersuchungsbericht 1981 empfohlen hatte, wurde in Handsworth bereits Jahre vorher praktiziert. Handsworth galt sozusagen als Paradebeispiel für eine um Spannungsabbau bemühte Integrationspolitik auf kommunaler Ebene. Dieses „community policing“ wurde 1981 als Grund angeführt, daß die Ausschreitungen nicht härter waren und relativ schnell beendet werden konnten.

Die Beziehungen zwischen Polizei und Jugendlichen in dem Stadtteil wurden allgemein als gut beschrieben. Das Verhältnis bezeichneten sowohl schwarze Gemeindeleiter wie auch die Polizei als „harmonisch“. Nach den 81er Riots waren sich Stadtrat, Polizei, Community Leader und Mitglieder der Community Relation Council weitgehend einig, daß das Modell des „community policing“ weiter verfolgt werden solle.[12]

Bei den Erklärungsversuchen für die Ausschreitungen 1985 wurde häufig die Meinung vertreten, daß entgegen den Riots in anderen Bezirken wie Toxteth, Brixton und Bristol die Gewalttätigkeiten in Handsworth nicht der Polizei galten, sondern vorwiegend einer anderen ethnischen Minderheit – den Indern. Sie waren die eigentlichen Opfer der Ausschreitungen. In der Lozells Road wurden überwiegend Geschäfte und Häuser von Hindus, Sikhs und Moslems angegriffen und zerstört. In den Augen der jungen Westinder stellten die anpassungsfähigeren, oft besser ausgebildeten Inder, Pakistani und Bangladeshi ein Beispiel für Duckmäusertum und des Arrangements mit der verhaßten weißen Gesellschaft dar. Daß ihnen die soziale Integration durch geschicktes Anpassen an die britische Gesellschaft gelang, und sie nicht mehr auf der untersten Stufe der Sozialpyramide stehen, rief den Neid der hoffnungslosen westindischen und afrikanischen Jugendlichen hervor.

Im Zusammenhang mit den Unruhen der farbigen Jugendlichen wurde häufig die Frage gestellt, warum es gerade bei der zweiten Generation der Immigranten zu Unruhen kam. Die erste Generation der farbigen Einwanderer, die in den 50er und frühen 60er Jahren aufgrund zahlreicher Anwerbungskampagnen aus den ehemaligen Kolonien nach Großbritannien kam sah sich ebenso mit Diskriminierungen in vielen Lebensbereichen konfrontiert. Sie wehrten sich nicht gegen die Benachteiligungen, u.a. weil sie sich als Ausländer in Großbritannien fühlten. Viele der Immigranten kehrten, nachdem sie das Pensionsalter erreicht hatten in ihre Heimatländer zurück und wurden von jüngeren Verwandten ersetzt. Nachdem die Einwanderungsgesetzgebung nach und nach verschärft und die Neuzuwanderung beschränkt wurde, war diese zirkuläre Migration nicht mehr möglich. Mit der Änderung dieser Verhaltensweisen änderten sich auch die Einstellungen und Erwartungen der Einwanderer. Viele von ihnen begreifen sich nicht mehr als nur vorübergehende Bewohner des Landes, sondern sind zu einem dauerhaften Leben in Großbritannien entschlossen. Das psychologische Polster einer Orientierung auf die Heimatgesellschaft, der „Rückkehr-Mythos“ hat somit seine psychologische Wirkung verloren. Dies bedeutet auch, daß die Einwanderer begonnen haben mehr von der britischen Gesellschaft zu erwarten. Insbesondere die zweite Generation ist nicht mehr bereit Diskriminierungen ohne weiteres hinzunehmen. Sie sind nicht mehr nur de facto britische Staatsbürger, sie fühlen sich auch als solche und fordern die gleichen Rechte wie ihre Mitbürger.

Die Familiensituation hat sich gegenüber der früheren Jahre ebenfalls stark verändert. Geschlossene Familienverbände werden seltener. Viele junge West-Inder und Asiaten verlassen die Familien der Alten oder benutzen deren Wohnung allenfalls noch als Schlafstelle. Die Entfremdung innerhalb der eigenen Gruppe ist groß. Die Jugendlichen werden mit zwei völlig verschiedenen Kulturen konfrontiert, was häufig zu Spannungen mit dem Elternhaus führt. Sie unterliegen einer doppelten Restriktion. Sowohl die weiße Gesellschaft, als auch die eigene Gruppe grenzt sie oftmals aus.

Die familiären Konflikte führen häufig dazu, daß Jugendliche ihr Elternhaus verlassen und in eine „Schattenwelt“ der Obdachlosigkeit abgleiten.[13] Allein in Handsworth hat sich die Zahl der Obdachlosen seit 1978 verdreifacht.[14]

3. Umfang und Zusammensetzung der Protestgruppe

Die Zusammensetzung der an den Ausschreitungen Beteiligten war bei den Unruhen ähnlich. Sowohl 1981 als auch 1985 waren vorwiegend farbige Jugendliche beteiligt. Exakte Angaben, die sich auf die ethnische Herkunft beziehen, lagen nicht vor. Verschiedene Berichte lassen allerdings darauf schließen, daß es sich bei der Mehrheit der beteiligten Farbigen um West-Inder handelte. So war beispielsweise 1981 einer von drei Verhafteten westindischer bzw. afrikanischer Herkunft und nur jeder fünfte war ein Asiate.[15] Die „Asians" hatten allenfalls die Funktion der Zuschauer bzw. der besorgten Ladenbesitzer.

1985 war die Verteilung ähnlich. Wieder handelte es sich bei den Beteiligten vorwiegend um Westinder.[16] Asiaten spielten auch diesmal fast ausschließlich die Rolle der Opfer. Die meisten der geplünderten Geschäfte gehörten Pakistanis und Indern.

Auch die Altersstruktur der Beteiligten war in beiden Fällen gleich. In der Mehrzahl handelte es sich um Jugendliche zwischen 16 und 24 Jahren.[17]

Die Vermutung, daß Organisatoren von außen für die Ausschreitungen verantwortlich seien, wurde sowohl 1981 als auch 1985 von Polizei und Teilen der Regierung geäußert. Sie konnte allerdings in keinem der Fälle bestätigt werden. Von den im Anschluß an die 81er Riots Verhafteten kam keiner von außerhalb der Midlands. Zwei Drittel waren aus Handsworth oder unmittelbar angrenzenden Bezirken.[18]

4. Konfliktdynamik und Eskalation

4.1 Strategien und Aktionen der Protestgruppe

Als Lord Scarman im Verlauf seiner Untersuchung am 16.7.81 unter anderem auch nach Birmingham kam, erklärten ihm Mitglieder des Community Relations Council, daß neben Arbeitslosigkeit, schlechter Wohnsituation und Frustration der Jugendlichen die Voreingenommenheit der Gesellschaft und insbesondere der Polizei gegenüber der ethnischen Minderheit ein möglicher Grund für die Ausschreitungen gewesen sei. Eine Befragung ergab allerdings eine teilweise andere Interpretation der Ursachen bei den Betroffenen. Für die im Bezirk Handsworth lebenden Jugendlichen waren Schikanen durch die Polizei 1981 von eher untergeordneter Bedeutung, wie eine Befragung ergab. Nur 9 % sahen hierin einen Grund für die Unruhen. Diese Einschätzung variierte allerdings nach ethnischer Zugehörigkeit. So gaben nur 3 % der Asiaten, jedoch 14 % der Westinder und 15 % der befragten Weißen Polizeischikanen als Grund an.[19]

1985 war es anders. Die Beziehungen zwischen farbiger Gemeinde und der Polizei hatten sich offensichtlich seit 1981 trotz des weiterhin praktizierten „community policing-Modells“ verschlechtert. Sowohl die Jugendlichen, als auch deren Eltern gaben 1985 der Polizei die Schuld an den Straßenschlachten. Insbesondere junge Polizisten nutzten angeblich jede Gelegenheit, um Schwarze mit Schimpfworten wie „Nigger“ und „schwarze Bastarde“ zu provozieren. Da sei es nur verständlich, „daß die Kids zurückschlagen“, so das Zitat eines farbigen Vaters.[20] Gus Williams, ein Sprecher der Westinder erklärte, es hätten schon lange Zeit Spannungen in der Gemeinde bestanden, vor allem weil die Polizei plötzlich auf einen harten Kurs in der Drogenfahndung umgeschaltet habe und nicht nur die meist weißen Heroindealer verfolgt, sondern auch viele farbige Jugendliche, die lediglich Marihuana rauchten, drangsaliert habe. „Die denken, nur weil wir Schwarze sind, müßten wir auch Heroin spritzen. Dabei rühren wir das Zeug nicht an“ erklärte ein schwarzer Marihuanahändler.[21]

1981 glaubten noch 14 % der jugendlichen Befragten in Handsworth, daß Agitatoren und Außenstehende die Unruhen provoziert und unterstützt hätten.[22] Diese Einschätzung hatte sich 1985 geändert. Die Mehrheit der schwarzen Bewohner war jetzt der Meinung, daß es in den Ghettos keiner Anleitung zur Rebellion bedürfe. „Schau dich doch um hier, dann weißt du, daß wir keine Agitatoren brauchen“ lautete der Kommentar eines Jugendlichen.[23]

Bezüglich des Verlaufs der Ausschreitungen ist festzustellen, daß die Straßenkämpfe 1985 gewalttätiger verliefen als vier Jahre zuvor. Die angerichteten Sachschäden waren um ein Vielfaches höher, es gab mehr Verletzte und sogar zwei Tote. Zeitweise waren bis zu 1.000 Jugendlichen in die Auseinandersetzungen mit der Polizei verwickelt.

4.2 Polizeiliche Vorgehensweise und Reaktionen

Die Polizei wurde sowohl 1981 als auch 1985 von den Unruhen überrascht. Sie war der Überzeugung, daß sie die Unterstützung der asiatischen Gemeinde und der Rastafarian in Birmingham hatte. In Gesprächen mit Lord Scarman betonten Vertreter der Polizeikräfte, daß die angewandte Methode des „community policing“, die u.a. das Arrangieren eines Handsworth-Festivals und das Organisieren von Diskussionen und Treffen zwischen jungen Polizisten und jungen Farbigen beinhalte, erfolgreich sei, und daß dieser Ansatz weiter verfolgt werden müsse. Man war auch nach den Ausschreitungen 1981 noch der Meinung, daß die Beziehungen zwischen Polizei und Gemeinde gut seien und es zu den Gewalttätigkeiten lediglich aufgrund der übermäßigen und unausgewogenen Berichterstattung in den Medien gekommen war, was die Jugendlichen angeregt habe, die Ereignisse in anderen Städten zu kopieren.

1985 erklärte der Polizeichef der West-Midlands, Geoffrey Dear, der Aufruhr sei spontan ausgebrochen. „Die Eruption ist für mich nicht voraussehbar gewesen."[24] Ken Evans, stellvertretender Polizeichef Birminghams äußerte sich ähnlich: „Was diesen Aufruhr verursacht hat, ist uns ein absolutes Rätsel. Wir waren eigentlich der Überzeugung die Verhältnisse in Handsworth hätten sich gebessert",[25] womit er auf die erfolgreiche polizeiliche Integrationsstrategie der vergangenen Zeit anspielte. Zur Durchführung des „community policing" bedurfte es sowohl weitsichtiger, angesehener Führer der schwarzen Gemeinde, als auch feinfühliger Polizeichefs, die eine „weiche Polizeistrategie" vertraten. So gab es beispielsweise in Handsworth unter Ex-Polizeichef David Webb keine Strafzettel für Falschparken und der Verkauf von Marihuana fand quasi-legal in ortsbekannten Lokalen statt. Nachdem sich der Handel mit harten Drogen im Bezirk immer mehr ausbreitete und sich bereits eine Bürgerinitiative in Handsworth gegründet hatte, die das laxe Vorgehen der Polizei gegenüber dem Drogenhandel verurteilte, änderten die Beamten unter ihrem neuen Konstabler-Chef Geoffrey Dear ihre Strategie. Es wurden häufige Razzien in Lokalen durchgeführt und es gab häufige undifferenzierte Festnahmen, die selten die meist weißen Heroinhändler trafen, sondern viele Schwarze, die mit „weichen Drogen" handelten.

Kurz vor den Herbst-Unruhen 1985 hatte die Polizei ihren Streifendienst in dem Viertel verstärkt, aufgrund der unter den Bewohnern kursierenden Gerüchte, daß sich „etwas zusammenbraue".[26] Nach den ersten Zwischenfällen am späten Dienstagnachmittag forderte die Polizei aus umliegenden Städten Verstärkung an. Allerdings beschränkte sie sich bei den folgenden Ausschreitungen zunächst darauf das Zentrum der Unruhen abzuriegeln. Erst später, als schon etliche Gebäude geplündert worden waren und in Flammen standen, gingen die Einheiten im Kampfanzug und hinter Schutzschildern energischer gegen die Randalierer vor. Diese Vorgehensweise wurde später vom Bürgermeister der Stadt und anderen Stadtratsmitgliedern mit dem Argument, die ordnungsliebenden Bürger von Handsworth im Stich gelassen zu haben, kritisiert.

Am folgenden Tag traten die Ordnungskräfte so sichtbar wie möglich auf. An jeder Straßenecke wurden Beamte postiert und in der folgenden Nacht waren 1.500 Polizisten im Einsatz und räumten die Straßen – eine Maßnahme, die ein neuerliches Aufflammen der Unruhen jedoch nicht verhindern konnte. Erst nachdem der örtliche Polizeichef nach Verhandlungen mit Farbigenführern einem Rückzug seiner Truppen zugestimmt hatte, wurde es ruhig.

Die Polizeiführung sah in den Ausschreitungen eine Verbindung zu Fußballkrawallen. Die Gewaltexplosion erschien Polizeichef Evans als ein

Fall von „blutigem, nacktem Hooliganismus."[27] Er war der Meinung, die Rowdies suchten sich ein anderes Ventil und verlagerten ihre Kriminalität immer mehr von den Fußballstadien in die Innenstädte. In Handsworth sei deutlich geworden wie aus ersten, relativ harmlosen Zwischenfällen „eine Lust am Plündern und Brennen und dann ein regelrechter Amoklauf gegen die Ordnung wurde."[28] Unter den höheren Polizeiführern des Landes wurde im Anschluß an die Ausschreitungen 1985 der Wunsch offenkundig, Teile der traditionell größtenteils unbewaffneten Polizei mit Plastikgeschoßen auszurüsten, um Unruheherde wirksamer bekämpfen zu können.

Die Ordnungskräfte in Handsworth sahen nach den Gewaltausbrüchen das Vertrauensverhältnis zur schwarzen Bevölkerungsgruppe gefährdet und befürchteten ähnliche Kettenreaktionen wie 1981, was sich im nachhinein als gerechtfertigt erwies. Wenige Wochen später kam es zu weiteren schweren Straßenkrawallen in Brixton, Leicester, Toxteth und Tottenham.

4.3 Politische Antworten und wissenschaftliche Aufarbeitung

Die politischen Reaktionen nach den Ausschreitungen im Sommer 81 waren geprägt von den weitverbreiteten, in vielen Städten stattfindenden Straßenkrawallen. In Birmingham wiesen Mitglieder des Stadtrats auf die Kombination von Arbeitslosigkeit und innerstädtischem Zerfall als Ursache der Ausschreitungen hin. Die hieraus resultierende Hoffnungslosigkeit der Jugend und die Berichterstattung der Medien über andernorts stattfindende Riots hätten den Ausschlag für die Unruhen gegeben. Der Polizei wurde ausdrücklich das Vertrauen ausgesprochen und die Notwendigkeit einer Re-Organisation der Ordnungskräfte entschieden abgelehnt. Man wies darauf hin, daß die Bereitstellung von mehr Geldern für die Innenstadtbezirke dem Zerfall entgegenwirken könne. Politische Reaktionen auf nationaler Ebene waren weitgehend von der Ideologie der Parteien bestimmt. Während die Regierungspartei sich auf den „Law-and-Order-Komplex" konzentrierte und die Ursachen in einer schwindenden Autorität sah, bzw. den Eltern der Jugendlichen mangelnde Aufsicht vorwarf, lagen die Ursachen für die Oppositionsparteien in den sozialen Bedingungen wie Arbeitslosigkeit, Wohnsituation etc.

Konkrete Maßnahmen der Regierung bestanden in der besseren Ausrüstung der Polizei, u.a. mit gepanzerten Fahrzeugen und adäquater Schutzkleidung. Polizeibeamte fuhren zwecks Unterrichtung in der Unterdrückung von Straßenkämpfen nach Ulster und Premierministerin Thatcher gab bekannt, daß alle Polizeibeamte Wasserwerfer, CS-Gas und Gummigeschosse anwenden könnten, falls sie dies für notwendig hielten.

Weitere ökonomische Hilfe für die heruntergekommenen Innenstädte lehnte die Regierung zunächst mit der Begründung ab, daß vorrangig die Ordnung wiederhergestellt werden müsse.

Modelle des „community policing" wie in Handsworth wurden in der Folgezeit in vielen Städten angewandt. Kontaktbereichsbeamte wurden eingesetzt, die die Kommunikation zwischen der Bevölkerung und der Polizei verbessern sollten. Verbindungskomitees wurden eingerichtet, in denen Bürger ihre Beschwerden gegen das Vorgehen von Polizeibeamten vorbringen konnten. Vielerorts wurden Versuche gemacht, mehr farbige Polizisten für den Polizeidienst zu gewinnen, was allerdings wenig erfolgreich war.

1985 waren sich in Birmingham sowohl Konservative, als auch Liberale und Labourmitglieder einig darüber, daß es sich bei den Ausschreitungen um kriminelle Akte gehandelt habe. Vertreter der Labour Partei forderten eine öffentliche Untersuchung, um die Ursachen herauszufinden, die von der Regierung abgelehnt wurde. Demgegenüber sprach sich Innenminister Hurd für eine rein polizeiliche Untersuchung der Ausschreitungen aus. Die Sorge des Innenministers galt vor allem der Vermeidung einer Kettenreaktion wie sie 1981 stattgefunden hatte.

Nach den Unruhen im Herbst 1985 blieben die „städtischen Hilfsprogramme" für die Sanierung der Innenstädte weiterhin eingefroren. Der Vorschlag des Juniorministers im Innenministerium, Beschäftigungsquoten für schwarze Jugendliche vorzuschreiben, wurde abgelehnt, nachdem es vor allem aus dem Arbeitgeberlager massive Widerstände gegeben hatte. Die Regierung beschloß als Antwort auf die erneut aufflammenden innerstädtischen Unruhen ein neues Gesetz zur öffentlichen Ordnung. Das Gesetz enthält den Straftatbestand des „ordnungswidrigen Verhaltens", wodurch die Polizei die Möglichkeit erhält, Ansammlungen von Unruhestiftern in Wohnvierteln zu verhindern. Strafverschärfungen wurden ebenfalls angekündigt (beispielsweise sollen für das Tragen von Schußwaffen ohne Genehmigung künftig lebenslängliche Haftstrafen drohen). M. Thatcher kündigte eine uneingeschränkte Unterstützung der Polizei und Justiz im Kampf gegen Straßenterror an.

Bei der wissenschaftlichen Aufarbeitung der Riots wurde häufig auf die Analogie zu den Rassenunruhen der 60er Jahre in den USA hingewiesen. Die Ursachen der Riots in Großbritannien in den 80er Jahren scheinen vielen auf jene Befunde übertragbar, die zwanzig Jahre vorher in den USA gemacht wurden.

So waren beispielsweise wichtige Elemente in beiden Ländern gleich: Polizeipraktiken, Arbeitslosigkeit, schlechte Wohnungen, miserables Wohnumfeld und zerrüttete Familien. Wie bei den typischen amerikanischen Riots gingen auch in Großbritannien rüde polizeiliche Verhaftungen oder auch geringfügige Routine-Polizeiaktionen den Unruhen voraus. Keiner der Aufstände war das Resultat von organisierten Treffen oder geplanten Demonstrationen, noch gab es eine starke Beteiligung von politischen Gruppen. Ein entscheidender Unterschied zwischen den Rassenkrawallen in den USA und den Unruhen in Großbritannien besteht allerdings in der Tatsache, daß in England neben Schwarzen auch sehr viele Weiße beteiligt waren. Ein weiterer Unterschied liegt in der zu Zeiten der Riots bestehenden wirtschaftlichen Situation. Die Wirtschaft in den Vereinigten Staaten befand sich in den späten 60er Jahren in einer Hochkonjunktur und die durchschnittliche Arbeitslosigkeit war sehr niedrig, wohingegen die englischen Unruhen während einer starken wirtschaftlichen Rezession stattfanden.

Wenn „Rioting“, wie vielfach angenommen, ein Produkt relativer Deprivation ist, dann waren die Frustrationen der Ghettobewohner, die nur die „schlechtesten Jobs“ und die „schlechtesten Wohnungen“ erhielten und trotz blühender Wirtschaft häufig arbeitslos waren, eine Ursache der amerikanischen Riots. Eine ähnliche Frustration wird bei den jugendlichen Farbigen in Englands „inner-cities“ festgestellt, wobei hier noch die landesweit sehr hohe Arbeitslosigkeit hinzukommt.

5. *Erfolg, Mißerfolg und Enttäuschungsverarbeitung*

Ein Ergebnis der Unruhen von 1981 war die Einrichtung von Verbindungskomitees, die u.a. für Klagen der Bevölkerung über die Polizei zuständig waren und zwischen Gemeinde und Polizei vermitteln sollten. Kritiker führten allerdings an, daß den Ausschüssen keine klare Kompetenzen gegeben wurden und daß sie nicht repräsentativ für die Bewohner der jeweiligen Stadtviertel seien. Die wenigsten Mitglieder seien mit den Problemen der schwarzen Jugendlichen vertraut. Auch die Einstellung von Kontaktbereichsbeamten im Rahmen des „community policing“, welche zu Fuß durch die Innenstädte patroullieren hatte nur bedingt Erfolg. In den schwarzen Gemeinden tauchten Zweifel auf, ob die Beamten „Agenten des Staates oder Freunde der Gemeinde“ seien. Farbige Jugendliche nannten die Strategie häufig „Polizeispionieren“. In dem Bestreben Konflikte zu vermeiden, tolerierten die Ordnungsleiter häufig offensichtliche Gesetzesverstöße. Die Tolerierung von Gesetzesverstößen führte wiederum bei einzelnen Polizeibeamten zu Frustrationen und häufig auch zu aggressiven Verhalten gegenüber den Jugendlichen.

Unter den farbigen Jugendlichen wuchs die Hoffnungslosigkeit seit den ersten Ausbrüchen der Riots. Sie scheinen den Problemen von Arbeitslosigkeit, Armut und rassischer Diskriminierung nahezu hilflos ausgeliefert. Ihre Reaktionen angesichts eines perspektivlosen Lebens sind unterschiedlich. Viele jugendliche Westinder weisen aufgrund der Erfahrung rassischer Diskriminierung britische Kulturnormen zurück. Sie distanzieren sich von der herrschenden Gesellschaft, indem sie Elemente der karibischen Kultur wie beispielsweise den Rasta-Kult wiederentdeckten und sich damit identifizieren. Damit üben sie eine Form des kulturellen Widerstandes. Ein anderer, allerdings geringerer Teil der jungen Farbigen hatte sich in Selbsthilfegruppen zusammengeschlossen, die versuchten das politische Bewußtsein weiterer Ghettobewohner zu schärfen und sie zu mobilisieren, selbst ihre Situation zu ändern. Viele dieser Gruppen haben sich mittlerweile wieder aufgelöst. Ein Großteil der Jugendlichen hat sich in Gangs zusammengeschlossen. In Teilen Londons, Birminghams und Liverpools hat die „TIMES" Gegenden ausgemacht, wo sich nur „Naive, Kriminelle und die Polizei auf die Straßen trauen". Hier seien Ansätze eines „no-go-Britain" entstanden. „Weitgehend kontrolliert von jungen arbeitslosen Schwarzen, die sich so weit von der staatlichen Autorität entfernt haben, daß jeder Versuch, dem Gesetz Geltung zu verschaffen, der Funke sein kann, (diese Gegenden) in städtische Schlachtfelder zu verwandeln."[29]

Anmerkungen

1) Vgl. FIELD, S. & SOUTHGATE, P.: Public Disorder: a review of research in a study in one inner city area. Home Office Research Study Nr.72, London 1982, S. 72
2) Vgl. TIME, 11.9.85, S. 22
3) Vgl. FRANKFURTER ALLGEMEINE ZEITUNG, 11.9.85, S. 4/5
4) Vgl. DER SPIEGEL, 16.9.85, S. 144
5) Vgl. FRANKFURTER ALLGEMEINE ZEITUNG, 12.9.85, S. 1
6) Vgl. TIME, 23.9.85, S. 23
7) Vgl. FRANKFURTER ALLGEMEINE ZEITUNG, 12.9.85, S. 1
8) Vgl. TAGESZEITUNG, 12.9.85, S. 3
9) Vgl. FIELD, S. u.a., a.a.O., S. 47
10) Vgl. ebenda, S. 49
11) Vgl. HARMAN, C.: The Summer of 1981: a post-riot analysis, in: International Socialism 2:14, Autumn 1981, S. 21f.
12) Vgl. LORD SCARMAN, OBE: The Brixton Disorders 10-12 April 1981, London 1981, S. 142ff
13) Vgl. DIE ZEIT, 27.9.81, S. 28
14) Vgl. TAGESZEITUNG, 12.9.85, S. 3
15) Vgl. FIELD, S. u.a., a.a.O., S. 43
16) Vgl. FRANKFURTER ALLGEMEINE ZEITUNG, 11.9.85, S. 4/5
17) Vgl. FIELD, S. u.a., a.a.O., S. 43
18) Vgl. ebenda, S. 44
19) Vgl. ebenda, S. 49
20) Vgl. 10.3.86, S. 176
21) DER SPIEGEL, 16.9.85, S. 144
22) Vgl. FIELD, S. u.a., a.a.O., S. 51

23) TAGESZEITUNG, 6.1.86, S. 8
24) THE TIMES, 10.9.85, S.1
25) THE TIMES, 11.9.85, S.1
26) FRANKFURTER ALLGEMEINE ZEITUNG, 12.9.85, S. 1
27) THE TIMES, 11.9.85, S. 2
28) THE TIMES, 11.9.85, S. 2
29) DER SPIEGEL, 10.3.86, S. 166

Literaturverzeichnis

BLASCHKE, J. & GREUSSING, K.: „Dritte Welt" in Europa. Probleme der Arbeitsimmigration, Frankfurt 1980

COHEN, P.: School for dole, in: New Socialist, Jan/Feb.1982

FAITH IN THE CITY, The Report of the Archbishop of Canterburys Commission on Urban Priority Areas, London 1985

FIELD S. & SOUTHGATE, P.: Public Disorder: a review of research in a study in one innercity area. Home Office Research Study Nr.72, London 1982

HALL, S.: Summer in the city, in: New Socialist, Sept/Okt.1981

HARMAN, C.: The Summer of 1981: a post-riot analysis, in: International Socialism 2:14, Autumn 1981

HATTERSLEY, R.: Copper-bottomed reform, in: New Socialist, July/Aug 1982

KETTLE, M. & HODGES, L.: Uprising! The police, the people and the riots in Britain's cities, London 1982

LORD SCARMAN, OBE: The Brixton Disorders 10-12 April 1981, London 1981

REINER, R.: Black and blue: race and the police, in: New Society, 17. Sept.1981

REX, J.: The 1981 urban riots in Britain, in: Urban Praxis

ROSENHEAD, J.: Soldierblue, in: New Socialist, Nov/Dez.1981

RÜSTER, B.: Rassenbeziehungen in den USA, Darmstadt, 1973

SMITH, D.: Racial Disadvantage in Britain, Harmondsworth 1977

TAYLOR, I.: Policing the police, in: New Socialist, Nov/Dez.1981

THACKRAH, J.R.: Contemporary Policing. An examination of Society in the 1980s, London 1985

WADDINGTON, P.A.J. & Leopold, P.: Protest, Policing and the Law, London 1985

WATSON, JAMES L.: Arbeitsimmigranten in Großbritannien – neuere Entwicklung in: Blaschke, J., & Greussing, K.: „Dritte Welt" in Europa, Frankfurt 1980

YOUNG, K. & NAOM, C.: Policy an practice in the multi-racial city, London 1981

Zeitschriften und Dokumente

DER SPIEGEL
16.09.85: „Aufruhr in England: Das war Krieg, Mann"
14.10.85: „Mit dem Hammer"
10.03.86: „Wir sind der arme Mann Europas geworden"

DIE ZEIT
20.09.85: „Wenn Kolonialvölker Engländer werden"
27.09.85: „Vagabunden der Wirtschaftskrise"

FRANKFURTER ALLGEMEINE ZEITUNG
11.09.85: „Vier Tote bei Straßenunruhen in Birmingham"

12.09.85: „Eine zweite Nacht der Unruhen in Birmingham"
12.09.85: „Fragen nach der ‚Orgie hirnloser Gewalt' in B."
08.10.85: „Von kriminellen Motiven ist nicht mehr die Rede"
11.10.85: „Neue Vollmachten für die englische Polizei"

SÜDDEUTSCHE ZEITUNG

11.09.85: „Schwere Rassenunruhen in B."
12.09.85: „Schattenseiten grell beleuchtet"
11.10.85: „London will Unruhen mit Härte begegnen"
12./13.10.85: „Margaret Thatcher bekräftigt Härte"

DIE TAGESZEITUNG

11.09.85: „Drei Tote, Plünderungen und Feuer"
12.09.85: „Ein Pulverfaß entglitt der Kontrolle"
12.09.85: „Im Alltag sind die Beziehungen harmonisch"
12.09.85: „100 Festnahmen in Birminham. Feuer und Flamme für den Minister"
13.09.85: „Nach den Unruhen von Birmingham. Dreadlocks kontrollieren die Straße"
19.12.85: „Rassismus und Riots. Teil I"
24.12.85: „Rassismus und Riots. Teil II"
06.01.86: „Rassismus und Riots. Teil III"
14.04.86: „Rassismus und Riots in Großbritannien."

THE GUARDIAN

14.07.81: „Military camps to hold riot prisoners"
14.07.81: „Whitelaw offers armoured vans"
14.07.81: „Courts crack down on riot offenders"

THE SUNDAY TIMES

25.05.86: „Rioters face water cannon"
01.06.86: „Giving the cannon a shot"

THE TIMES

14.07.81: „Army camps in readiness for riot offenders"
14.07.81: „Thatcher sets priority for police protection"
15.07.81: „No urban aid yet: help from ulster police..."
17.07.81: „Parents of youths in riot bound over"
10.09.85: „Hundreds of police battle with mobs in Birmingham riot"
11.09.85: „Birmingham violence spreads to new areas"
11.09.85: „Drugs and poor policing blamed for violence in Birmingham"
11.09.85: „Political reasons for not using plastic bullets"
11.09.85: „Black jobs gloom worsening"
11.09.85: „Thatcher calls for help of community leaders"
11.09.85: „When Handsworth erupted in bloody rioting"
12.09.85: „Rastafarians go on patrolin deal with police"
12.09.85: „Hurd blames crime not social disorder"
12.09.85: „Court imposes curfew, bans outsiders"

TIME

23.09.85: „A Bloodlust Orgy of Thieving"

6. Verlaufsstudie: Lyon – Paris, Frankreich 1979-86

Proteste der Immigrantenjugend in Frankreich

1. Chronologie der Ereignisse[1]

1.1 Gewalttätige Konflikte

Ende der 70er Jahre kommt es in verschiedenen Vororten französischer Großstädte (Paris, Lyon, Marseille) zu größeren gewalttätigen Auseinandersetzungen zwischen Immigrantenjugendlichen und der Polizei, wobei es sich zunächst nur um vereinzelt auftretende Zwischenfälle handelt. Die Konflikte nehmen ihren Ausgangspunkt meist in geringfügigen Anlässen (Fälle von Kleinkriminalität, Personenkontrollen der Polizei u.ä.) und eskalieren danach sehr rasch. So weitet sich z.B. der Fall regelmäßiger Autodiebstähle eines 16jährigen in einem östlichen Vorort von Lyon (September 1979) zu Verfolgungsjagden mit der Polizei und der Solidarisierung seines Wohnviertels gegen die Ordnungskräfte aus. Der Diebstahl eines Mofas führt im Juni 1981 in Marseille ebenfalls zu einer Verfolgungsjagd, wobei die Polizeikräfte im Wohnviertel des Jugendlichen an der Weiterverfolgung gehindert werden, das Viertel daraufhin von 50 C.R.S.-Beamten abgeriegelt und einer strengen Razzia unterzogen wird.

Zu häufigeren und länger anhaltenden Zwischenfällen kommt es im Sommer 1981 in den Trabantensiedlungen von Lyon (zunächst in Venissieux, Stadtteil Minguettes, dann auch in anderen Vororten): Immigrantenjugendliche und Polizei sind in regelmäßige Verfolgungsjagden verwickelt, die fast immer nach dem gleichen Schema verlaufen: Im Zentrum von Lyon gestohlene Luxuslimousinen und Sportwagen werden von den Immigrantenjugendlichen in ihre vorstädtischen Wohnviertel gesteuert. Bei anbrechender Dunkelheit versammeln sich die Jugendlichen des Viertels und veranstalten mit den gestohlenen Fahrzeugen regelrechte „Rodeos" durch das gesamte Stadtviertel. Mit den eintreffenden Polizeistreifen werden anschließend Verfolgungsjagden veranstaltet. In den meisten Fällen gelingt es den Jugendlichen, die Fahrzeuge in Flammen aufgehen zu lassen, bevor sie sich dem Zugriff der Polizei durch Flucht entziehen. Die Jugendlichen scheuen auch nicht davor zurück, Fahrzeuge wenige Meter vor einem Polizeirevier anzuzünden, Polizeibeamte daran zu hindern, ihre des Diebstahls verdächtigten Freunde zu verhaften, oder Polizeistreifen mit Steinen zu bewerfen und zu bedrohen. Dies führt dazu, daß die Polizei nur noch in größeren Abordnungen erscheint.

In den Minguettes wird es im August 1981 wieder ruhiger, während sich nun allerdings die „Rodeos" in die anderen Vorstädte von Lyon verlagern (Villeurbanne, Stadtteil Olivier de Serre und Vaulx-en-Velin, Stadtviertel La Grappiniere). Die Ereignisse dauern bis Oktober 1981 an, und es gehen insgesamt mehr als 100 gestohlene Kraftfahrzeuge in Flammen auf, was einen Sachschaden von etwa drei Millionen Mark verursacht.

Im Jahre 1982 bleibt es in den Lyoner Vororten, abgesehen von kleineren Zwischenfällen, weitgehend ruhig. Ein von der Regierung aufgelegtes Programm von Ferienaktivitäten für Jugendliche aus den großstädtischen Vororten hat mit zur Entspannung der Situation beigetragen[2]. Diese Ruhe erweist sich jedoch als trügerisch, denn am 21. März 1983 kommt es im Stadtviertel Minguettes zu neuen heftigen Auseinandersetzungen zwischen Immigrantenjugendlichen und Polizeieinheiten. Diesmal handelt es sich nicht um die inzwischen berühmt gewordenen „Rodeos" und Verfolgungsjagden mit der Polizei, sondern um eine direkte Konfrontation mit den Polizisten, die im Zusammenhang mit einem polizeilichen Routineeinsatz (Ermittlungen wegen eines Motorrad- und eines Pelzdiebstahls) begonnen hat und schnell den Charakter einer Straßenschlacht mit zahlreichen Verletzten annimmt. Die Auseinandersetzung, die sich an der Frage des Zutrittsrechts der Polizei zu Freizeiteinrichtungen der Jugendlichen entspinnt, wird mit Steinwürfen seitens der Jugendlichen und Tränengaseinsatz seitens der Polizei geführt. Am Konflikt sind schließlich 100 Jugendliche und 200 Polizeibeamte beteiligt. Eine weitere Eskalation kann durch die Anwesenheit eines Vertreters aus dem Rathaus, der zu vermitteln suchte, sowie des departementalen Polizeipräfekten vermieden werden. Nach drei Stunden flauen die Auseinandersetzungen ab[3].

Die Situation im Stadtviertel bleibt auch in der Folgezeit angespannt. Am 24. März 1983 wird ein Jugendlicher verhaftet, der mit Hilfe von Pressephotos als Teilnehmer der Krawalle vom 21.3. identifiziert worden ist und dem Gewalttätigkeiten gegen Polizeibeamte vorgeworfen werden. Die Jugendlichen sind empört und scheinen zu neuen Auseinandersetzungen bereit. Einem jungen Priester, der im Stadtviertel Sozialarbeit leistet, gelingt es, die Jugendlichen zu überzeugen, daß eine gewaltfreie Protestaktion wirkungsvoller sei. Daraufhin führen mehrere Jugendliche einen Hungerstreik durch (27.3.-8.4.1983)[4], mit dem sie die Freilassung des Festgenommenen, die Versetzung von Polizeibeamten sowie Sanierungsarbeiten im Stadtviertel erreichen wollen.

Nach diesem Hungerstreik tritt in den Lyoner Vororten wieder Ruhe ein. Erst im Dezember 1986 kommt es erneut zu Auseinandersetzungen im Stadtteil Minguettes: Nach der gewaltsamen Räumung einer von einer Immigrantenfamilie illegal bezogenen Wohnung erscheinen plötzlich Jugendliche und beginnen damit, die Polizeibeamten mit Steinen zu bewerfen. Bei den anschließenden Auseinandersetzungen, die seitens der Polizei mit Schlagstock- und Tränengaseinsatz geführt werden, gibt es auf beiden Seiten mehrere Verletzte.

1.2 Proteste mit demonstrativem Charakter

Neben der Chronologie gewalttätiger Konflikte im Stadtteil ist für die Immigrantenjugendlichen der 70er und 80er Jahre auch die Chronologie demonstrativ-politischer Aktivitäten typisch. Anknüpfend an die Ereignisse des Mai 1968 und der französischen Arbeiterbewegung gibt es Anfang der 70er Jahre erste autonome Organisationsversuche von Immigranten im Arbeits- und Wohnbereich. Mit Eintritt der wirtschaftlichen Rezession 1973/74 und der politischen Diskussion um ein neues Ausländerrecht (Erlaß eines Einwanderungsstops 1974) verlagern sich diese Aktivitäten zunehmend in Richtung eines Protests gegen Ausweisung und rassistische Diskriminierung. Bei einer neuen Welle von Ausweisungen gegen jugendliche Immigranten im Jahre 1980, dem zeitgleichen Auftreten von Stadtteilkrawallen und der erfolgreichen Durchführung eines Großkonzerts „Rock against Police" in Paris (April 1980) durch jugendliche Immigranten zeigt sich, daß Tagespolitik, gewalttätiger und demonstrativer Protest für die Immigrantenjugendlichen eng miteinander verknüpft sind. Die demonstrative Bewegung zeigt sich im Juni 1981 erfolgreich, als die neue Regierung einen Ausweisungsstopp verfügt.

Rassische Diskriminierung und Verbrechen, die auf rassische Vorurteile zurückgehen, reißen in den Jahren 1982 und 1983 jedoch nicht ab. Die jugendlichen Immigranten reagieren hierauf zunächst mit Protestveranstaltungen wie z.B. derjenigen in Lyon gegen die Freilassung eines Todesschützen, der einen 25jährigen Algerier durch Rückenschuß tötete (21.3.1983). Aus den verstreuten Protestveranstaltungen wird schnell eine Bewegung, die sich auch auf die Unterstützung französischer Organisationen und Persönlichkeiten berufen kann: Vom 15.10.-3.12.1983 findet ein Protestmarsch jugendlicher Immigranten aus ganz Frankreich („Marche pour l'Egalité et contre le Racisme") nach Paris statt, an dessen Abschlußkundgebung 100.000 Menschen teilnehmen. Nach einem nationalen Kongreß in Lyon (Juni 1984) wird eine Mofasternfahrt nach Paris in Angriff genommen (Titel: „Convergence 1984", 3.11.-1.12.1984). Der Höhepunkt der Mobilisierung gegen den Rassismus wird jedoch im Sommer 1985 erreicht, als eine halbe Million Menschen dem Aufruf der neugegründeten Vereinigung „S.O.S.-Racisme" zum Solidaritätsfest nach Paris folgen. Im Juni 1986 – nach der Regierungsübernahme der konservativen Parteien – wird dieser Versuch wiederholt; es kommen 100.000 Teilnehmer.

2. Hintergründe und soziale Bedingungen des Konflikts

2.1 Entwicklung der Arbeitsimmigration und soziale Situation der Einwanderer

Frankreich ist ein traditionelles Einwandererland. Nach der französischen Revolution kommen die Einwanderer vor allem aus politischen, später dann zunehmend aus wirtschaftlichen Gründen nach Frankreich. Ende des 19., Anfang des 20. Jahrhunderts ist eine erste große Einwanderungswelle zu beobachten. Die Immigranten kommen überwiegend aus süd- und osteuropäischen Ländern (insbesondere Italien und Polen) und lassen sich in den Kohle- und Stahlrevieren nieder. Diese Einwanderergruppen sind heute weitgehend in die französische Gesellschaft integriert. Eine zweite Einwanderungswelle setzt in den 60er Jahren mit der Phase des wirtschaftlichen Aufschwungs ein, als in Frankreich, wie auch in anderen westeuropäischen Ländern, ein erheblicher Arbeitskräftemangel herrscht. In südeuropäischen Ländern (Portugal und Spanien) sowie in den ehemaligen französischen Kolonien Nordafrikas (Algerien, Marokko und Tunesien) werden massiv Arbeitskräfte angeworben. Die soziale Integration vor allem der nordafrikanischen Immigranten erweist sich als schwierig. Quantitatives Ausmaß der Immigration sowie kulturelle und religiöse Unterschiede wirken hier hemmend. Hinzu kommen Widerstände und Vorurteile in der französischen Bevölkerung, die aufgrund des spezifischen historischen Verhältnisses zu den ehemaligen Kolonien besonders ausgeprägt sind. Die soziale Segregation der Immigranten wird zudem noch durch eine institutionelle Sonderbehandlung (spezifische Einrichtungen für die soziale Sicherung u.ä.) gefördert.

Handelt es sich bei der beschriebenen Einwanderungswelle zunächst noch weitgehend um eine reine Arbeitsimmigration männlicher Arbeitskräfte, ändert sich diese Situation ab der zweiten Hälfte der 60er Jahre zunehmend. Die Einwanderer reagieren auf ihre soziale Isolierung mit massiver Familienzusammenführung[5].

Die Ausländerfrage wird in Frankreich bis in die 70er Jahre kaum als soziales Problem betrachtet und in erster Linie dem Arbeitsbereich zugerechnet. Durch die zunehmende Familienzusammenführung und infolge der eintretenden wirtschaftlichen Krisensituation wird die Immigrantenproblematik aber schnell zu einem sozialen und politischen Thema. Mit dem Erlaß zum Einwanderungsstop versucht die Regierung 1974 den andauernden Einwanderungsstrom zu bremsen.

Mit den nordafrikanischen Einwanderern hat sich inzwischen eine quantitativ bedeutende Bevölkerungsgruppe herausgebildet, die ethnisch, kulturell und konfessionell deutlicher von der französischen Bevölkerung abgrenzbar ist als die vorherigen Einwanderergruppen aus europäischen Ländern. Diese Abgrenzung wird durch latent vorhandene rassische Vorurteile in großen Teilen der französischen Bevölkerung verstärkt, eine Haltung, welche mit fortdauernder wirtschaftlicher Krisensituation immer häufiger zu beobachten ist. Zudem leben die nordafrikanischen Immigranten meist auch in räumlicher Segregation in altstädtischen Sanierungsgebieten, Transitsiedlungen und Sozialwohnungsbauten der großstädtischen Trabantensiedlungen.

Ein Großteil der Immigranten besetzt die am niedrigst qualifizierten Arbeitsplätze und bezieht dementsprechend auch die geringsten Einkommen. Außerdem sind die nordafrikanischen Einwanderer in stärkerem Maße von der Arbeitslosigkeit betroffen. Die materielle Situation der Einwandererfamilien ist meist unzureichend, was durch die Erwerbslosigkeit der Ehefrauen und eine höhere Kinderzahl noch verstärkt wird. Die staatlichen Familienzuwendungen sind häufig notwendiger Einkommensbestandteil.

Autonome Organisations- und Aktionsversuche sind erst ab etwa Anfang der siebziger Jahre zu beobachten: Immigranten unternehmen Hungerstreiks gegen die Verweigerung von Aufenthalts- und Arbeitserlaubnis, streiken gegen Entlassungen und Fabrikschließungen, boykottieren Mietzahlungen und demonstrieren auch gegen rassistisch begründete Verbrechen. Insgesamt bleiben aber diese autonomen Proteste Ausnahmeerscheinungen. Die Immigranten sind größtenteils in die institutionalisierten Konfliktlösungsmechanismen eingebunden (z.B. Arbeitskämpfe: Die Einwanderer sind zum großen Teil in den Linksgewerkschaften organisiert) oder starten ihre Aktivitäten im Rahmen von Solidaritätsvereinigungen, die von französischen Intellektuellen und Aktivisten gegründet und animiert werden.

2.2 Die Jugendlichen der zweiten Immigrantengeneration als Auslöser und Träger einer sich entfaltenden neuen Protestbewegung

Heute sind etwa 40 % der Immigranten in Frankreich unter 25 Jahre alt. Etwa 800.000 Jugendliche sind nordafrikanischer Herkunft und besitzen zu einem großen Teil die französische Staatsbürgerschaft (nach dem Territorialprinzip sind auch die Kinder von Ausländern Franzosen, falls sie nach 1963 in Frankreich geboren sind)[6]. Damit befinden sich diese Jugendlichen in einer grundsätzlich anderen Situation als ihre nach Frankreich eingewanderten Eltern: Sie beherrschen die französische Sprache und sind mit den gesellschaftlichen Strukturen der modernen Industriegesellschaft vertraut. Ihre Sozialisation verläuft nach ähnlichen Mustern wie die der französischen Jugendlichen mit entsprechender Schichtzugehörigkeit[7]. Trotz dieser Gemeinsamkeiten mit den französischen Unterschichtjugendlichen befinden sich die Jugendlichen der zweiten Immigrantengeneration in einer besonderen sozialen Lage: Die Norm- und Wertvorstellungen der arabisch-islamischen Gesellschaft bleiben über die familiäre Sozialisation teilweise wirksam. Die Jugendlichen leben im Spannungsfeld zweier Kulturen, was ihre Identitätsfindung erschwert[8]. Daneben ist ihre ethnische Besonderheit der Anknüpfungspunkt einer gesellschaftlichen Stigmatisierung: Ruhestörung, Rowdytum und Kleinkriminalität werden insbesondere den Immigrantenjugendlichen zugeschrieben. Das zunehmend rassistisch gefärbte öffentliche Klima wirkt sich gerade auf die Jugendlichen aus, die bevorzugt Opfer rassistisch motivierter Verbrechen sind.

Das Verhalten staatlicher Institutionen hat ebenfalls stigmatisierende Wirkung. Die Immigrantenjugendlichen sehen sich einer besonders intensiven polizeilichen Kontrolle und Überwachung ausgesetzt. Der Kontakt mit der Polizei wird für viele dieser Jugendlichen zur Alltagserfahrung, zumal sie einen bedeutenden Teil ihrer Freizeit auf der Straße verbringen. Daneben erfahren die Immigrantenjugendlichen auch eine juristische Sonderbehandlung: Jugendliche, die nicht die französische Staatsbürgerschaft besitzen, benötigen ab dem 16. Lebensjahr eine Aufenthalts- und Arbeitserlaubnis, ohne die sie jederzeit ausgewiesen werden können. Tatsächlich wurden auch bis Ende 1981 jährlich Tausende von Jugendlichen ausgewiesen, darunter viele, die ihr „Herkunftsland" nicht einmal kennen. In vielen Fällen genügt bereits eine Verurteilung zu einer einmonatigen Gefängnisstrafe als Ausweisungsgrund. Auch das Schulsystem wirkt als Mechanismus, der zur gesellschaftlichen Marginalisierung der Immigrantenjugendlichen beiträgt: Die Konzentration der Kinder und Jugendlichen ausländischer Herkunft in den Schulen der großstädtischen Trabantensiedlungen erschwert ihre schulische Integration, da das französische Schulsystem nicht auf ihre besonderen Bedürfnisse eingestellt ist. Nur etwa 20 % der Immigrantenjugendlichen erreichen einen schulischen oder beruflichen Abschluß[9]; für sehr viele von ihnen wird Arbeitslosigkeit zu einer Grunderfahrung.

Ein Großteil der Immigrantenjugendlichen befindet sich in einer prekären sozialen Situation. Die fortdauernde ökonomische Krisensituation, begleitet von einem tendenziell ansteigenden Niveau der Arbeitslosigkeit, führt in großen Bevölkerungsteilen zu wachsender Verunsicherung bezüglich ihrer zukünftigen materiellen Absicherung. In dieser Situation finden die simplifizierenden Vorstellungen und Rezepte der politisch extremen Rechten bei fundamentalistischen Gruppen Jugendlicher und bei rechtsorientierten Bevölkerungsgruppen zunehmend Gehör, insbesondere was deren Haltung zur Ausländerfrage betrifft. Rassistische Vorstellungen scheinen in breiten Bevölkerungsteilen Fuß gefaßt zu haben, was die Wahlerfolge der extrem rechten „Front National" ausreichend belegen. Die Debatte um die innere Sicherheit ist in Frankreich in den letzten Jahren zu einem zentralen politischen Thema geworden. Es geht dabei weniger um den politischen Terrorismus, als vielmehr um die alltägliche Kriminalität. Die politisch rechtsstehenden Parteien fanden hier einen zentralen Ansatzpunkt ihrer Kritik, wenn sie die Unfähigkeit der Linksregierung zu belegen versuchten. Folge dieser andauernden, von den Medien ausführlich aufgegriffenen Sicherheitsdebatte ist unter anderem die Häufung von Fällen einer von aufgeschreckten Bürgern vollzogenen Selbstjustiz, deren Opfer häufig Immigrantenjugendliche sind. Auch viele Polizeibeamte scheinen von der Sicherheitsdebatte verunsichert zu sein und reagieren gehäuft mit Schußwaffengebrauch. In vielen Fällen sind wiederum Immigrantenjugendliche die Betroffenen.

Die oft rassistisch motivierten Verbrechen und polizeilichen Reaktionen erzeugen bei den Jugendlichen Gefühle der Angst und der Ohnmacht, aber in zunehmendem Maße auch Haß und Wut. Diese Gefühle, hervorgegangen aus den negativen Alltagserfahrungen, werden zu einem zentralen Auslöser von Protestreaktionen verschiedenster Art[10].

2.3 Zur Situation in den großstädtischen Trabantensiedlungen

Die Orte der heftigsten Gewaltausbrüche sind die Sozialwohnungsviertel in den großstädtischen Trabantensiedlungen und hier vor allem die östlichen Vororte von Lyon[11].

Die Situation in den drei östlichen Trabantenstädten von Lyon (Venissieux, Villeurbanne und Vaulx-en-Velin) ist als exemplarisch für die Situation in vielen französischen Trabantensiedlungen zu betrachten. Ein Großteil dieser Siedlungen ist in den 60er Jahren im Eilverfahren errichtet worden[12].

Die gewalttätigen Proteste der Immigrantenjugendlichen finden ihren Höhepunkt in Venissieux, genauer gesagt im Stadtteil Minguettes und hier wiederum im Viertel Monmousseau.

Mit dem Bau der Sozialwohnungen im Stadtteil Minguettes wird 1965 begonnen, wo als erstes Viertel Monmousseau fertiggestellt und ab Ende 1967 bezogen wird. Im Stadtteil Minguettes leben anfänglich bis zu 39.000 Einwohner verteilt auf 9.000 Wohnungen, wovon 7.500 von verschiedenen Gesellschaften des sozialen Wohnungsbaus verwaltet werden. Ab etwa Mitte der 70er Jahre verlassen zunehmend mehr Mieter das Stadtviertel. Von den 7.500 Sozialwohnungen stehen etwa 2.200 Wohnungen leer, und es leben nur noch etwa 29.000 Menschen im gesamten Stadtteil. Dadurch, daß vor allem französische Familien wegziehen, hat sich der ohnehin hohe Ausländeranteil noch weiter erhöht und beträgt beispielsweise im Viertel Monmousseau 70 %. Die Wohnungen stehen nicht etwa leer, weil keine Mieter mehr zu finden sind, sondern aufgrund einer – 1975 von der kommunistischen Mehrheit im Stadtrat beschlossenen – Quotenregelung, welche maximal 18 % der Wohnungen ausländischen Mietern zur Verfügung stellt. So sind viele junge Immigrantenehepaare dazu gezwungen, weiter bei ihren Eltern zu leben, da sie sich die teuren Wohnungen des freien Wohnungsmarktes nicht leisten können. Im Stadtviertel Minguettes ist seit Fertigstellung das Ausmaß der Mieterfluktuation recht hoch. Für die meisten Mieter ist das Viertel eine kurze Etappe auf dem Weg zu einer endgültigen Wahl des Wohnorts, wohl auch deshalb, weil im Stadtteil die soziale und kulturelle Infrastruktur völlig unzureichend ist[13]: Für die knapp 30.000 Einwohner gibt es zwei Sozialzentren (in erster Linie soziale und medizinische Dienste), ein Schwimmbad, eine Turnhalle (für 13 Schulen) und lediglich drei Gaststätten. Nahezu 50 % der Bewohner des Stadtteils sind unter 20 Jahre alt, hiervon wiederum knapp ein Drittel zwischen 15 und 20. Für diese fast 15.000 Kinder und Jugendliche sind vier Sozialarbeiter zuständig. Die Stadtverwaltung hat erst im Jahre 1980 den Jugendlichen einen 100 qm großen Treffpunkt im Erdgeschoß eines der Hochhäuser zur Verfügung gestellt, der allerdings täglich nur eine Stunde geöffnet ist (17-18 Uhr). Da wegen fehlender Gelder, verursacht durch die fehlenden Mieteinnahmen aus den leerstehenden Wohnungen, jahrelang notwendige Reparaturen und Ausbesserungen unterblieben sind, befinden sich die Hochhäuser größtenteils in sanierungsbedürftigem Zustand. Im Viertel Monmousseau stehen lange Zeit zwei Hochhäuser völlig leer, deren Türen und Fenstern zugemauert worden sind. In einem weiteren Hochhaus sind nur wenige Wohnungen belegt. Inzwischen ist ein Gebäude gesprengt und abgeräumt worden.

3. Protestformen, Konfliktdynamik und Eskalation

3.1 Strategien und Vorgehensweisen der Jugendlichen

Die Reaktionen der Immigrantenjugendlichen auf ihre alltäglich erfahrene gesellschaftliche Stigmatisierung sind vielfältig: Zu Beginn stehen meist gewalttätige Proteste (Auseinandersetzungen mit der Polizei, kollektive Diebstahls- und Zerstörungsaktionen), die nach und nach von anderen Protestformen (Demonstrationen, Protestmärsche, Hungerstreiks etc.) und kulturellen Aktivitäten (Theater- und Musikgruppen, Aktivitäten im Medienbereich) begleitet werden.

3.1.1 Gewalttätige Konflikte

Bei den gewalttätigen Auseinandersetzungen der Jugendlichen mit der Polizei handelt es sich nicht um vorher genau geplante Vorgehensweisen. Die Gewalttätigkeiten entwickeln sich meist spontan aus konkreten Situationen heraus, etwa nach Polizeikontrollen oder polizeilichen Ermittlungen. In solchen Situationen schaukelt sich das gegenseitige Mißtrauen zur tätlichen Auseinandersetzung hoch. Es scheint, als ob sich die Immigrantenjugendlichen eine als stigmatisierend empfundene Behandlung besonders seitens der Polizei nicht mehr gefallen lassen wollen[4].

Anläßlich der Diebstahlsermittlungen in Minguettes vom 21.3.1983 beharren die Jugendlichen folglich auf dem Recht, den Polizisten den Zutritt zu ihren Freizeiteinrichtungen zu verwehren. Die Durchsuchung der Räume wird von ihnen als Provokation empfunden, worauf sie mit dem Werfen von Steinen gegen die Beamten reagieren. Jede Reaktion der Polizisten wird als unzulässiger Übergriff interpretiert und verschärft die Konfliktsituation. So waren nach der Version der Jugendlichen die Polizisten ursächlich für ihr Steinewerfen verantwortlich, weil sie Mieter im Hause und die Jugendlichen selbst durch Beschimpfungen provozierten. Eine ähnliche Sensibilität gegenüber dem Vorgehen der Polizei ist auch anläßlich der Festnahme eines Jugendlichen am 24.3.1983 festzustellen, als schon im Vorfeld Gerüchte kursieren, daß die Polizei einen größeren Gegenschlag wegen der Ereignisse vom 21.3. plant (es wird eine Razzia mit 4.000 Polizeibeamten erwartet).

Die gesuchten Konfrontationen mit der Polizei, wie sie sich besonders in den „Rodeos" äußern, haben demgegenüber mehr den Charakter eines rituellen Kräftemessens und einer Art Warnung an die Adresse der Polizei: Die Jugendlichen telephonieren meist selbst die Ordnungskräfte herbei, nachdem sie gestohlene Luxus- oder Sportwagen in ihre Wohnviertel gelenkt haben. Das anschliessende „Spektakel" findet vor den Augen der Freunde und der übrigen Bewohner des Viertels statt und erreicht seinen Höhepunkt in der Verbrennung der Fahrzeuge.

Die gewalttätigen Proteste der Immigrantenjugendlichen sind aber nur eine von zahlreichen Reaktionen auf die empfundene gesellschaftliche Benachteiligung. Daneben werden eine Reihe von gewaltfreien Protestaktionen unternommen. Eine personelle Trennung ist hier nicht immer möglich. Es gibt Jugendliche, die sowohl an „Rodeos" und Auseinandersetzungen mit der Polizei teilnehmen, als auch an Hungerstreiks oder Protestdemonstrationen.

3.1.2 Politisch-demonstrative Proteste[15]

„La marche pour l'égalité et contre le racisme"

(„Der Marsch für Gleichheit und gegen den Rassismus")

Nach der Serie von rassistisch begründeten Verbrechen seit Anfang der 80er Jahre, denen vor allem junge Immigranten zum Opfer fielen, herrscht unter den Immigrantenjugendlichen Ratlosigkeit und Angst, aber auch zunehmend Wut und Haß gegen eine als ablehnend empfundene Gesellschaft. Damit steigt gleichzeitig die Bereitschaft zur Gewalt, die in den Auseinandersetzungen mit der Polizei gipfelt und ihren Höhepunkt im März 1983 findet. Wie bereits oben erwähnt, beginnen die Jugendlichen einige Tage nach den Auseinandersetzungen mit einem Hungerstreik, nachdem ein im Stadtteil aktiver junger Priester diesbezüglich bei den Jugendlichen interveniert hat.

Schon vorher, nachdem im Sommer 1982 weiterhin Verbrechen und gehäuft polizeiliche Zwangsmaßnahmen gegen Immigrantenjugendliche zu verzeichnen waren, kommt bei den Jugendlichen des Stadtviertels Minguettes die Idee einer anderen spektakulären Protestform auf, und zwar die Durchführung eines Protestmarsches von Lyon nach Paris. Damit soll ein moralischer Appell an die französische Bevölkerung und die politisch Verantwortlichen mit dem Ziel einer gemeinsamen Solidarität gegen den aufkommenden Rassismus gerichtet werden. Ein Teil der Immigrantenjugend übt hier Kritik, da eine politische Vereinnahmung befürchtet wird, eine Furcht, die nicht unbegründet ist, stellen die jungen Immigranten inzwischen ein nicht unbeachtliches Wählerpotential dar. Trotz dieses Einwands wird ein Unterstützungskomitee gegründet, das die Vorbereitungen für die Realisierung des Marsches leistet. Am 15. Oktober 1983 wird der Marsch in den Minguettes gestartet, zusammen mit Jugendlichen aus anderen Vororten von Lyon und aus Marseille. Die marschierenden Jugendlichen werden auf den Etappen oft von Tausenden sich solidarisch zeigenden Menschen empfangen. Höhepunkt ist die Abschlußkundgebung in Paris, an der am 3. Dezember mehr als 100.000 Personen teilnehmen. Der Marsch und die große Demonstration in Paris werden in den Medien ausführlich behandelt. Insgesamt erscheint dieser Protestmarsch als ein Erfolg: Er vermittelt ein neues Bild der Immigrantenjugendlichen, die sonst nur durch Kleinkriminalität und gewalttätige Aktionen für öffentliche Aufmerksamkeit sorgen. Sogar der französische Staatspräsident Mitterrand empfängt die Jugendlichen. Im Sog des Erfolges dieser Aktion kommt es seitens der Immigrantenjugendlichen zu zahlreichen Gründungen von Vereinigungen, die in verschiedenen Bereichen aktiv werden.

Die Aktion erreicht zwar ein breites, meist positives öffentliches Echo, ist allerdings auch von Vereinnahmungsversuchen seitens der politischen Linken begleitet. Außerdem tritt bei den aus Paris in ihre Viertel zurückgekehrten Immigrantenjugendlichen vor Ort schnell die Ernüchterung ein, und zwar als es um die Durchsetzung von Forderungen auf lokaler Ebene geht. Die lokalen Strukturen zur Interessendurchsetzung sind für sie nur schwer zu durchdringen. Hinzu kommen interne Konkurrenzkämpfe zwischen verschiedenen Organisationen der Immigrantenjugendlichen. Die Protestaktion ist zwar von den Jugendlichen in Lyon ausgegangen, wird aber in zunehmendem Maße durch die Solidaritätskomitees in Paris zu dominieren versucht. Insgesamt hat der Protestmarsch aber eine positive moralische und emotionale Wirkung auf die Immigrantenjugendlichen und ist auch ein Grund dafür, daß zu diesem Zeitpunkt gewalttätige Auseinandersetzungen ausbleiben.

„Les assises nationales“

(Der nationale Kongreß der verschiedenen Vereinigungen junger Immigranten)

Auch nach dem Protestmarsch gehen die Aktivitäten der Immigrantenjugendlichen in Lyon weiter. Sie bemühen sich, eine Koordinierung der Aktionen der verschiedenen Organisationen zu erreichen. Hierzu wird im Juni 1984 in Lyon ein Kongreß durchgeführt, an dem etwa 400 junge Immigranten aus 50 verschiedenen Assoziationen teilnehmen. In Zukunft sollen die Aktivitäten der Vereinigungen auf nationaler Ebene geplant und koordiniert werden, sowie eine Art politisches Programm geschaffen werden. Die Teilnehmer verstehen ihren Protest als außerhalb klassischer Politikrichtungen liegend, der zudem auch unabhängig der existierenden Bürger- und Menschenrechtsbewegung sein soll. Diesbezüglich gibt es aber interne Meinungsverschiedenheiten zwischen denjenigen Assoziationen, die eine totale Unabhängigkeit propagieren und jegliche Allianz ablehnen, und denjenigen Gruppen, die solche Bindungen und Kontakte befürworten. Schließlich wird eine Kompromißformel gefunden und die Propagierung einer multi-ethnischen Kultur beschlossen. Die internen Spannungen können jedoch nicht ausgeräumt werden, und die Ergebnisse der eingesetzten Arbeitsgruppen („Assoziationen", „Polizei-Justiz" und „Gleichheit und Rechte") finden keine ungeteilte Zustimmung. Letztlich ist der Versuch der Schaffung einer gemeinsamen Organisation fehlgeschlagen. So setzen nach dem Kongreß auch in vielen Vereinigungen der Immigrantenjugendlichen Auflösungserscheinungen ein.

„Convergence 84 pour l'égalité"

(„Konvergenz 1984 für die Gleichheit") und heutige Situation

Um den Auflösungserscheinungen der Protestbewegung entgegenzuwirken, versucht ein Teil der Pariser Assoziationen, die Jugendlichen wieder zu mobilisieren. Am 3. November 1984 wird die Initiative „Convergence 84" gestartet: In fünf Großstädten beginnen Jugendliche eine Mofasternfahrt nach Paris, wo am 1. Dezember 30.000 Personen an der Abschlußkundgebung teilnehmen. Diese Aktion hat nicht mehr den Erfolg in der Öffentlichkeit wie zuvor der Protestmarsch. Der Zerfallsprozeß der Protestbewegung geht weiter.

Es werden viele Vereinigungen der Immigrantenjugendlichen aufgelöst, aber auch neue gegründet. Eine dieser neuen Organisationen ist die Vereinigung „S.O.S. Racisme", die im Jahre 1984 von jungen Immigranten in Paris ins Leben gerufen wird. Diese Organisation hat sich inzwischen zur bekanntesten und einflußreichsten Vereinigung junger Immigranten entwickelt und ist heute die einzige Gruppe, die eine große Medienöffentlichkeit erzielt. Beim Protest der Immigrantenjugendlichen hat ein Verlagerungsprozeß stattgefunden: Gehen die ersten Protestaktionen und Initiativen noch von Gruppen aus den Vororten von Lyon aus, wird heute die Protestbewegung von Paris aus dominiert. „S.O.S. Racisme" startet eine landesweite Aktion gegen den Rassismus, dessen Symbol, ein Aufkleber mit der Aufschrift „Touche pas à mon pote" („Hände weg von meinem Kumpel") bald in ganz Frankreich bekannt wird. Daneben werden große Solidaritätsfeste in Paris veranstaltet, die einen durchschlagenden Erfolg erzielen: An der Veranstaltung im Juni 1985 nehmen 500.000 Menschen teil und im Juni 1986 immerhin noch 100.000.

3.1.3 Kulturelle Aktivitäten

Parallel zur Inszenierung von gewalttätigen Auftritten und demonstrativen Veranstaltungen spielt die Jugendkultur der Immigranten eine wesentliche Rolle in der Herausbildung, Aufrechterhaltung und Weitergabe spezifischer Gruppennormen. Theatergruppen, die seit Anfang der 70er, verstärkt jedoch seit Beginn der 80er Jahre gegründet werden, prangern Rassismus und soziale Ausgrenzung an und demonstrieren die Fähigkeit zur autonomen Protestartikulation der Immigrantenjugend. Dem Theater kommt dabei vor allem eine instrumentelle Funktion zu, und zwar als stellvertretender Ort der Kommunikation mit der Gesellschaft. Auch die durch die Musikkultur der Jugendlichen vermittelte Botschaft steht nicht selten im Gegensatz zu den durch Politik, Polizei und Justiz verkörperten Normen der Mehrheitskultur, wie sich in den 1980 veranstalteten „Rock-against-Police"-Konzerten unschwer erkennen läßt.

Schließlich wollen sich die Jugendlichen ab Ende der 70er Jahre auch mit der Gründung einer Vielzahl von Zeitungen und Zeitschriften eine eigene Kommunikationsstruktur schaffen, die z.T. überregionale Bedeutung erlangt (z.B. die nationale Wochenzeitung „Sans Frontières"). Sie wenden sich damit nicht zuletzt gegen die Vereinnahmungsversuche durch verschiedene, dem linken Spektrum zuzuordnende Organisationen.

3.2 Strategien und Vorgehensweisen der Polizei

Die Trabantensiedlungen mit häufig hohen Ausländeranteilen gelten im administrativen Sprachgebrauch als in „hohem Maße kriminalitätsgefährdet" und werden einer besonders intensiven Polizeiüberwachung unterzogen. Die Jugendlichen, die einen bedeutenden Teil ihrer Freizeit auf der Straße verbringen, sind fast zwangsläufig bevorzugte „Kontrollobjekte". Beim Auftreten der ersten „Rodeos" verhält sich die Polizei zunächst jedoch recht passiv[16]: Zwar wird die Frequenz der Polizeistreifen erhöht und zusätzliche Polizeibeamte werden in die Viertel abkommandiert, jedoch kommt es zu diesem Zeitpunkt nicht zu Großeinsätzen. Innerhalb der Polizei sind sehr unterschiedliche Positionen den Jugendlichen gegenüber zu beobachten. Ein Teil der Polizeibeamten bekennt offen seine Sympathie für die extreme Rechte. Es ist anzunehmen, daß von diesen Beamten ein nicht unerheblicher Teil der Provokationen gegen die Jugendlichen ausgeht. In der Polizeiführung sieht die Situation anders aus. Der neue Polizeidirektor von Lyon, ein ehemaliger Mitarbeiter des sozialistischen Innenministers und Bürgermeisters von Marseille Gaston Deferre, spricht mit den Jugendlichen aus dem Viertel Minguettes, die sich bei ihm über das Verhalten der Polizeibeamten beklagen. Daraufhin wird die Polizeipräsenz im Viertel reduziert, worauf auch die „Rodeos" in diesem Vorort von Lyon abflauen.[17] Demgegenüber häufen sich inzwischen die „Rodeos" in anderen Trabantensiedlungen von Lyon. Schließlich ändert auch die Polizei ihre Taktik: Es werden an den Zufahrtsstraßen zu den Trabantensiedlungen bewegliche Polizeisperren errichtet, die die Jugendlichen abfangen sollen, wenn sie mit den gestohlenen Fahrzeugen in Richtung ihrer Wohnviertel fahren. Die Jugendlichen haben sich aber schnell auf diese Barrikadentaktik eingestellt: Sie durchbrechen in Kamikazemanier die Straßensperren oder veranstalten ihre „Rodeos“ in den Wohnvierteln des Stadtzentrums von Lyon. Mit weiterhin steigender Zahl der „Rodeos“ und den zunehmend negativen Stellungnahmen auch bei den lokalen Politikern der Linksparteien, begleitet von einem negativen Medienecho sowie einer ablehnenden Haltung innerhalb der französischen Anwohnerschaft der betroffenen Vororte (Gründung von Bürgerwehren), greifen Polizei und Justiz schließlich härter durch: Es kommt zu einer Reihe von Verhaftungen (etwa 50 Jugendliche) und auch zu Verurteilungen mit relativ harten Strafen.

Bei der Konfrontation um die Hausdurchsuchungen der Polizei vom 21.3.1983 in Minguettes wird diese harte Linie weiterverfolgt; sie äußert sich dort im raschen Einsatz von Tränengas und einer massiven Polizeipräsenz (100 Jugendlichen stehen 200 Polizisten gegenüber). Nach der Version der Polizei wurde die personelle Verstärkung notwendig, weil die Jugendlichen anfingen, mit Steinen nach den Polizisten zu werfen. Der Steinhagel habe auch nach der Verstärkung angehalten, so daß ein Tränengaseinsatz erforderlich wurde. Nur durch die bereits erwähnten Vermittlungsschritte konnte eine Eskalation verhindert werden.

Im Zuge der politisch-demonstrativen Proteste der Immigrantenjugendlichen (Marche pour l'Egalité, Convergence 1984, Solidaritätsfeste des S.O.S.-Racisme) wurden keinerlei größere Auseinandersetzungen mit der Polizei bekannt.

3.3 Politische Reaktionen

Die „Rodeos“ in den Vororten von Lyon finden schnell eine breite Resonanz in den Medien und in der Politik, zumal sie parallel zu den englischen Jugendrevolten ablaufen. Für die politisch rechtsstehenden Medien und Parteien werden die Ereignisse zum Anlaß, die Debatte um ansteigende Kriminalität und Bedrohung der inneren Sicherheit zu forcieren. Dies gilt besonders für die politisch extreme Rechte, die eine Bestätigung für die Untätigkeit der Linksregierung zu finden glaubt. Aber selbst innerhalb der Linksparteien herrschen bezüglich der Beurteilung der Ereignisse in den Vorstädten geteilte Meinungen: Während in Paris die Jugendlichen ein gewisses Verständnis genießen, beziehen die lokalen Politiker weitgehend eine ablehnende Haltung. Der sozialistische Verteidigungsminister Charles Hernu, der zugleich auch Bürgermeister von Villeurbanne ist, versucht die sozialistischen Abgeordneten davon zu überzeugen, daß der Ausweisestop aufgehoben werden soll, kann sich letztlich aber mit dieser Vorstellung nicht durchsetzen. Für ihn sind die Immigrantenjugendlichen von der extremen Rechten manipuliert. Demgegenüber sieht der kommunistische Bürgermeister von Vaulx-en-Velin in den Ereignissen das Werk von Gruppierungen der extremen Linken[18]. Tatsächlich sind auch Mitglieder solcher Gruppen in den Vororten von Lyon aktiv und versuchen, den Widerstand der Jugendlichen zu organisieren, werden aber von diesen als Außenstehende zurückgewiesen[19].

Während seitens der lokalen Politiker eine härtere Vorgehensweise zu beobachten ist, versucht die Regierung in Paris auch andere Wege: Es wird ein Ausbildungsprogramm für arbeitslose Jugendliche eingeleitet (Anfang 1982) und vor allem ein Programm zur Vorbeugung gegen einen neuen „heißen Sommer" in den Vorstädten durchgeführt (Sommer 1982): Tausende von Jugendlichen verbringen ihre Ferien in Abenteuerferienlagern, die auch von Polizei und Armee durchgeführt werden (Reiten, Segeln, Tauchen, Fallschirmspringen, Bergsteigen etc.). Für die Jugendlichen, die in den Stadtvierteln bleiben, werden kulturelle und sportliche Freizeitaktivitäten angeboten, die von lokalen Sozialarbeitern, Lehrern und sonstigen Betreuern – darunter auch vielen Jugendlichen aus den Vierteln selbst – angeleitet werden. Diese Aktion „Anti-Eté-Chaud" kann positive Resultate aufweisen: Im Sommer 1982 herrscht Ruhe in den „heißen" Wohnvierteln, und die Kleinkriminalität, die sonst gerade in den sommerlichen Ferienmonaten zu beobachten ist, geht merklich zurück. Außerdem werden viele Jugendliche in ihren Vierteln aktiv und betätigen sich im kulturellen Bereich, bei Renovierungsarbeiten u.ä. In den folgenden Jahren werden ähnliche Sommerprogramme durchgeführt, wenn auch nicht in der Größenordnung wie 1982[20].

4. Erfolg, Mißerfolg und Enttäuschungsverarbeitung

Die Immigrantenjugendlichen erreichen durch ihre „Rodeos" in den großstädtischen Trabantensiedlungen zum erstenmal eine landesweite Öffentlichkeit, wenn auch größtenteils ungewollt. Trotz des negativen Medienechos und der Kritik vieler politisch Verantwortlicher wird von politischer Seite aus der Dialog mit den Jugendlichen geführt. Selbst Vertreter der Polizeiführung begeben sich zu Gesprächen mit den Jugendlichen in die Vorstädte. Durch die zuständigen Ministerien in Paris wird innerhalb kurzer Zeit ein Programm zur Durchführung von Ferienaktivitäten für die Jugendlichen aus den Siedlungen des sozialen Wohnungsbaus beschlossen. Viele der Jugendlichen, die an den Zeltlagern teilnehmen, machen zum erstenmal wirkliche Ferien. In den Wohnvierteln werden häufig erstmals umfassendere Freizeitaktivitäten angeboten. Doch schon bald danach tritt für die Jugendlichen in den Vororten wieder der Alltag ein. Die sich weiterhin verschlechternde Situation auf dem Arbeitsmarkt bedeutet für einen Großteil von ihnen die Erfahrung mit der Arbeitslosigkeit. Zudem hören rassistisch motivierte Verbrechen und polizeiliche Kontrolle nicht auf; Ausländerproblematik und innere Sicherheit werden zu politischen Dauerthemen. Die Situation bleibt in vielen der Vorstädte angespannt, was sich dann auch in einem Gewaltausbruch eines vorher nicht gekannten Ausmaßes niederschlägt (März 1983 in Minguettes)[21]. Neben dem gewalttätigen Protest, der eher als diffuse und reaktive Protestform zu betrachten ist, versuchen die Jugendlichen – auch unterstützt und beeinflußt von französischen Aktivisten – eine aktivere und offensivere Rolle zu übernehmen. Hierzu wählen sie Protestformen, die wir oben als gewaltfreie Proteste bezeichnet haben. Diese Proteste verlaufen durchaus erfolgreich und tragen dazu bei, der Öffentlichkeit ein positives Bild der Immigrantenjugendlichen zu vermitteln.

Es darf hier aber nicht übersehen werden, daß trotz dieses Erfolges auch weiterhin in größeren Bevölkerungsteilen Frankreichs eine rassistisch gefärbte Grundeinstellung zu beobachten ist[22].

5. Schlußfolgerungen

Die Proteste der Immigrantenjugendlichen setzen Ende der 70er Jahre ein. Sie entwickeln sich kontrakonjunkturell zu den anderen Protestbewegungen in Frankreich, die zu diesem Zeitpunkt zunehmend an Bedeutung verloren haben. Es handelt sich bei den Protesten der Immigrantenjugend zunächst weniger um eine breite Massenbewegung als um punktuelle Protestaktionen. Organisationsversuche werden nur zaghaft unternommen und sind meist nicht von großer Stabilität. Erst in den beiden letzten Jahren kristallisiert sich eine festere Struktur heraus, jedoch zu Lasten der Vielfalt von Zusammenschlüssen. „S.O.S. Racisme" wird immer mehr zum zentralen und allein wirkungsvollen Sprachrohr der jungen Immigrantengeneration. Die Jugendlichen lehnen ihre gesellschaftliche Marginalisierung in einem zunehmend rassistisch gefärbten politischen und sozialen Klima ab und fordern eine Gleichbehandlung, die sie formal längst erreicht haben.

Die gewalttätigen Proteste nehmen ihren Ausgang in für die Jugendlichen nahezu alltäglichen Situationen: Anlaß sind polizeiliche Kontrollen und Ermittlungen. Dabei schaukeln sich auf beiden Seiten Mißtrauen und Vorurteile bis zum offenen Konflikt hoch. Ein Teil der Polizeibeamten, der mit der politisch extremen Rechten sympathisiert, provoziert die Jugendlichen, die ihre aufgestaute Wut und Aggressivität entladen. Die Gewaltausbrüche erreichen aber längst nicht das Ausmaß und die Härte der Jugendunruhen in England und nehmen auch andere Formen an („Rodeos").

Die politischen Reaktionen gegenüber den gewalttätigen Protesten in Lyon sind unterschiedlich. Während selbst bei den Lokalpolitikern der Linksparteien härtere Vorgehensweisen von Polizei und Justiz befürwortet werden, finden die Jugendlichen in Paris ein gewisses Verständnis, was sich in dem Programm zur Bereitstellung von Ferienaktivitäten niederschlägt.

Anmerkungen

1) Als Quellen dienen hier: a) Sichtung von Zeitungen und Zeitschriften (LIBERATION, LE MONDE, LE NOUVEL OBSERVATEUR, LE PROGRES LYONNAIS u.a.); b) JAZOULI, A.: L'émergence d'une action collective chez les jeunes issus de l'immigration maghrebine, Dissertation, Paris 1986
2) Zu dem Ferienprogramm vgl. MINISTERE DES AFFAIRES SOCIALES ET DE LA SOLIDARITE NATIONALE: Opération Eté Jeunes, Paris 1985
3) Zu den Auseinandersetzungen vgl. LIBERATION, 22.3.1983, S. 40.23.3.1983, S. 13. 26./27.3.1983, S. 32
4) Vgl. ebd. 7.4.1983, S. 16 f. 9./10.4.1983, S. 12
5) Vgl. JAZOULI, A.: La nouvelle génération de l'immigration maghrebine, Paris 1982, S. 7-11
6) Zahlen aus: MAZOUS, M.: Les nouvelles formes d'expression des jeunes issus de l'immigration en France. In: REVUE INTERNATIONALE DES SCIENCES SOCIALES Nr. 106, 1985, S. 575
7) Vgl. JAZOULI, A. (1986), a.a.O., S. 210 ff.
8) Vgl. ZEHRAOUL, A.: De l'objet parle au sujet parlant. In: MIGRATIONS ET MEDITERRANEE Nr. 31-32, April 1985, S. 100 f.
9) Vgl. JAZOULI, A. (1982), a.a.O., S. 11 ff.
10) Die Jugendlichen zeigen zwar eine Reihe anomischer Reaktionen, bilden nach JAZOULI aber keine Banden; vgl. JAZOULI: Les jeunes maghrebins en France. In: PRESSE ET IMMIGRES EN FRANCE Nr. 137, Januar 1986, S. 11
11) Vgl. BRACHET, D.: Pourquoi Lyon fait-il parler de ses immigrés?. In: LES TEMPS MODERNES Nr. 2, 1984, S. 1680-1690
12) Vgl. LIBERATION, 7.4.1983, S. 17
13) Vgl. ebd., 3.11.1981, S. 13
14) Vgl. ebd., 3.11.1981, S. 12-14
15) Dieser Abschnitt basiert vor allem auf der wissenschaftlichen Arbeit von JAZOULI, A. (1986), a.a.O., vgl. S. 98-175
16) Vgl. zum Verhalten der Polizei: LIBERATION, 30.9.1981, S. 14
17) Vgl. ebd., 30.9.1981, S. 14
18) Vgl. ebd., 30.9.1981, S. 13
19) Vgl. JAZOULI (1986), a.a.O., S. 155 f.
20) zu diesem Programm: vgl. LAPEYRONNIE, D.: Galère et prévention – Les opérations été. In: ANNALES DE LA RECHERCHE URBAINE Nr. 27, 1985, S. 85 ff. DUPREZ, D.: De la mise à l'écart à la rééducation par le travail: Le cas des opérations été-jeunes 1983. In: REVUE INTERNATIONALE D'ACTION COMMUNAUTAIRE Nr. 51, 1984, S. 163-167. DUBET, F./ JAZOULI, A.: Une nouvelle politique de prévention? Le cas de l'opération été 1982, ebd., S. 151-162. DUBET, F. et al.: L'opération été 1982, Paris 1985
21) Vgl. LIBERATION, 22.3.1983, S. 40. 23.3.1983, S. 13. 26.3.1983, S. 32
22) Die Diskussion um die „innere Sicherheit“ wird weiterhin fortgeführt, und zahlreiche Bücher sind zu diesem Thema erschienen: BENJELLOUIN, T.: Hospitalité française, Paris 1984. DULONG, G.: L'autodéfense, Paris 1983. GASPARD, F./SERVAN-SCHREIBER, C.: La fin des immigrés, Paris 1984.

GRIOTERAY, A.: Les immigrés, le choc, Paris 1984. LE GALLOU, J.-Y.: La préférence nationale, Paris 1985

Literaturverzeichnis

BRACHET, D.: Pourquoi Lyon fait-il parler de ses immigrés?. In: LES TEMPS MODERNES Nr. 2, 1984

BENJELLOUIN, T.: Hospitalité française, Paris 1984

DUBET, F. et al.: L'opération été 1982, Paris 1985

DUBET, F./JAZOULI, A.: Une nouvelle politique de prévention? Le cas de l'opération été 1982. In: REVUE INTERNATIONALE D'ACTION COMMUNAUTAIRE 51, 1984

DULONG, G.: L'autodéfense, Paris 1983

DUPREZ, D.: De la mise à l'écart à la rééducation par le travail: Le cas des opérations été-jeunes 1983. In: REVUE INTERNATIONALE D'ACTION COMMUNAUTAIRE 51, 1984

GASPARD, F./SERVAN-SCHREIBER, C.: La fin des immigrés, Paris 1984

GRIOTERAY, A.: Les immigrés, le choc, Paris 1984

JAZOULI, A.: L'émergence d'une action collective chez les jeunes issus de l'immigration maghrebine, Paris 1986, Dissertation

JAZOULI, A.: Les jeunes maghrebins en France. In: PRESSE ET IMMIGRES EN FRANCE 137, Januar 1986

JAZOULI, A.: La nouvelle génération de l'immigration maghrebine, Paris 1982

LAPEYRONNIE, D.: Galère et prévention – Les opérations été. In: ANNALES DE LA RECHERCHE URBAINE 27, 1985

LE GALLOU, J.-Y.: La préference nationale, Paris 1985

MAZOUS, M.: Les nouvelles formes d'expression des jeunes issus de l'immigration en France. In: REVUE INTERNATIONALE DES SCIENCES SOCIALES 106, 1985

MINISTERE DES AFFAIRES SOCIALES ET DE LA SOLIDARITE NATIONALE: Opération Eté Jeunes, Paris 1985

ZEHRAOUL, A.: De l'objet parle au sujet parlant. In: MIGRATIONS ET MEDITERRANEE 31-32, April 1985

LIBERATION,
10.07.1981, S. 12
23.07.1981, S. 8
30.09.1981, S. 13
03.11.1981, S. 13
22.03.1983, S. 40
23.03.1983, S. 13
26./27.3.1983, S. 32
07.04.1983, S. 16
9./10.4.1983, S. 12
14./15.6.1986, S. 1
24.06.1986, S. 1
13.08.1986
01.12.1986, S. 30

LE MONDE,
27.11.1980, S. 13
28.11.1980, S. 13
14.07.1981, S. 7
23.03.1983, S. 1
30.03.1983, S. 1
01.04.1983, S. 9
05.04.1983, S. 5
LE NOUVEL OBSERVATEUR,
25.03.1983, S. 48

7. Verlaufsstudie: Berlin – Kreuzberg

Berlin-Kreuzberg – die Krawalle in der Nacht zum 2. Mai 1987

1. Konfliktdynamik und Eskalation

Nach Jahren der relativen Ruhe kam es in der Nacht zum 2.Mai 1987 im Berliner Stadtteil Kreuzberg zu heftigen Krawallen.

Den Ausgangspunkt der Unruhen bildete ein Straßenfest der Alternativen Liste (AL) und der Sozialistischen Einheitspartei Westberlins (SEW) auf dem Lausitzerplatz in Kreuzberg. Zentrales Diskussionsthema bei dieser „Erste-Mai-Fete" war die polizeiliche Durchsuchung des Kreuzberger Kultur- und Kommunikationszentrums ‚Mehringhof' in den frühen Morgenstunden des 1.Mai. Bei diesen Durchsuchungen wurden mehrere tausend Broschüren gegen die Volkszählung beschlagnahmt. Viele Besucher des Straßenfestes sahen in der Polizeiaktion eine Provokation. Gegen 16.00 Uhr wurde von einigen Mitgliedern der „Autonomen Szene" (militant anarchistische Gruppen) ein nichtbesetzter Funkstreifenwagen der Polizei umgestürzt. Dies stieß auch bei anderen Besuchern des Straßenfestes auf Zustimmung. Zwei Stunden später rückte die Polizei mit einer 250 Mann starken Bereitschaftsstaffel an und forderte die Veranstalter auf, die Festveranstaltung aufzulösen. Nachdem die Polizeifahrzeuge von einzelnen Teilnehmern mit Steinen beworfen worden waren, setzten die Beamten Tränengasgranaten ein und versuchten den Platz zu räumen. Von dem Gaseinsatz waren auch zahlreiche, bis dahin unbeteiligte Festbesucher betroffen. Für kurze Zeit brach eine Panik unter den Besuchern aus. Danach breitete sich der Konflikt auch auf andere Straßen in dem Bezirk aus. An zahlreichen Stellen wurden Straßenbarrikaden errichtet und in Brand gesetzt. 36 Läden wurden ausgeplündert, darunter ein großer Supermarkt, der anschließend in Brand gesetzt wurde und vollständig ausbrandte. Darüberhinaus wurden zahlreiche öffentliche Fernsprecheinrichtungen und Verkehrsampeln beschädigt oder zerstört.

Die Polizei war zu diesem Zeitpunkt mit 400 Beamten im Einsatz, konnte aber die Situation nicht unter Kontrolle bringen. Um 23 Uhr zog sie sich ganz aus dem umkämpften Bezirk zurück. Erst am frühen Morgen, gegen 3 Uhr, rückte sie mit Panzerspähwagen, Wasserwerfern und Barrikadenräumfahrzeugen wieder an. Zu diesem Zeitpunkt waren viele Randalierer stark angetrunken und leisteten kaum noch Widerstand oder hatten sich ganz zurückgezogen.

Bei den Auseinandersetzungen in dieser Nacht wurden mehrere hundert Menschen verletzt. Die Polizei sprach von 198 Verletzten in ihren Reihen. Es wurden mehr als 30 Brände gelegt und 77 Polizeifahrzeuge beschädigt. Die Industrie- und Handelskammer schätzte den finanziellen Schaden auf 10-15 Millionen DM.[1] Die Polizei nahm 51 Personen fest, gegen 24 wurden Haftbefehle erlassen.

Am 10.5.1987 kam es am Rande eines Punk-Konzerts erneut zu Auseinandersetzungen in Kreuzberg. Im Gegensatz zu den Ereignissen vom 1. Mai behielt die Polizei die Situation unter Kontrolle. 70 Personen, zum größten Teil Jugendliche, wurden festgenommen. Die Polizeiaktion wurde in der „Szene“ vielfach als „Rache für die Mai-Nacht“ bezeichnet.[2]

2. Umfang und Zusammensetzung der Krawallbeteiligten

Genaue Angaben über die Zusammensetzung und die Anzahl der Teilnehmer an den Krawallen in der Nacht zum 2.Mai liegen uns nicht vor. Den eher pauschalen Angaben des Polizeiberichts, dem zufolge „neben einem Kern von ca. 300 millitanten Störern zeitweilig bis zu 600 Personen“[3] beteiligt waren, stehen die Aussagen zahlreicher Presseberichte gegenüber, daß neben den meist jugendlichen Mitgliedern der „Autonomen-Szene“ und der Punker-Szene, auch zahlreiche „bürgerliche“ Anwohner aus dem Bezirk an den Krawallen beteiligt waren. Es kann davon ausgegangen werden, daß sich die Zusammensetzung der Krawallteilnehmer während der verschiedenen Eskalationsphasen geändert hat.

Ausgelöst wurde der Konflikt vermutlich durch gewaltbereite Mitglieder der „Autonomen Szene“, die am Rande des Stadtteilfestes der AL am Lausitzer Platz ein Polizeifahrzeug umwarfen. Die Polizei stürmte daraufhin mit einer Bereitschaftsstaffel von 250 Beamten den Festplatz. In dieser ersten

Phase blieb der Konflikt weitgehend auf die Mitglieder der „Autonomen Szene“ und der Punk-Szene beschränkt.

Das Vorgehen der Polizei, vor allem der Einsatz von Tränengasgranaten, führte zu einer Ausweitung des Konfliktes. Auch bis dahin unbeteiligte Festteilnehmer griffen in die Auseinandersetzungen ein und unterstützten die gewaltbereiten Gruppen.

In einer dritten Phase verlagerte sich der Konflikt auf die Straßen in der Umgebung des Stadtteilfestes. Am Bau von Straßenbarrikaden und weiteren gewalttätigen Auseinandersetzungen mit der Polizei beteiligten sich dann auch zahlreiche, meist jugendliche Anwohner und Passanten, die zu Beginn des Konfliktes noch nicht anwesend waren. In dieser Phase mußte die Polizei erkennen, daß sie die Situation nicht unter Kontrolle bringen konnte. Sie zog sich deshalb gegen 23.00 Uhr aus dem „umkämpften“ Bezirk zurück.

In der nun folgenden vierten Phase beteiligten sich dann auch die „bürgerlichen“ Anwohner an den Plünderungen im Bezirk, was in zahlreichen Presseberichten dokumentiert wurde. So beschreibt die Illustrierte STERN die Situation folgendermaßen: „Von der Oma bis zum Enkel, (...) schleppten Kreuzberger Schnaps, Zigaretten und Lebensmittel gleich kartonweise aus dem Bolle-Markt, bevor er unter allgemeinem Gejohle bis auf die Grundmauern ausbrannte“.[4]

An anderer Stelle wird betont, daß sich auch zahlreiche türkische Bewohner, die sich bei früheren Konflikten eher zurückhaltend verhalten hatten, an den Plünderungen beteiligten.

Berlins Innensenator Kewenig äußerte in einer Stellungnahme, daß die Krawalle von „Chaoten“ und „Anti-Berlinern“ ausgelöst wurden, und daß sich später auch Kreuzberger in großer Zahl beteiligt hätten. Es seien auch „Damen in Stöckelschuhen“ bei der Plünderung zu sehen gewesen.[5] Die „taz“ sprach in diesem Zusammenhang von einer Arbeitsteilung zwischen „Autonomen auf den Barrikaden“ und „alle(n) Altersschichten bis hin zu Müttern mit Kopftuch beim Ausräumen der Supermärkte“[6] . Die Mitglieder der „Autonomen Szene“ die maßgeblich für die Krawalle verantwortlich waren, konnten in dieser Phase den Verlauf der Ausschreitungen nicht mehr kontrollieren. Sie selbst konzentrierten sich bei Plünderungen und Zerstörungen auf die Läden des ‚Großkapitals‘, also in erster Linie auf Supermärkte und Ladenketten, während die kleinen Gewerbebetriebe, insbesondere ‚Tante-Emma-Läden‘ und Geschäfte türkischer Mitbewohner von ihren Aktionen verschont blieben. In einigen Fällen versuchten Mitglieder der „Autonomen Szene“ sogar Plünderungen kleinerer Läden durch andere Krawallbeteiligte zu verhindern.

Als am frühen Morgen die Polizei die Situation wieder unter Kontrolle bringen konnte, hatten sich die meisten Krawallteilnehmer zurückgezogen.

In den Straßen des Bezirks hielten sich zu diesem Zeitpunkt nur noch stark angetrunkene Jugendliche auf, die der Polizei keinen nennenswerten Widerstand mehr leisteten.

3. Kreuzberg, ein Ghetto? – Hintergründe und soziale Bedingungen des Konflikts

Berlin feierte im Jahr 1987 sein 750jähriges Bestehen. Die zahlreichen Festakte und Kulturveranstaltungen in dieser Zeit können nicht darüber hinwegtäuschen, daß die sozialen Probleme der Stadt in den letzten Jahren nicht beseitigt werden konnten. Auf die sozialen Mißstände im Berliner Stadtteil Kreuzberg, Anfang der 80er Jahre, haben wir im Zusammenhang mit unserer Verlaufsstudie über die Berliner Hausbesetzerbewegung hingewiesen.[7] An der Wohnsituation und der sozialen Absicherung großer Teile der dort lebenden Bevölkerung hat sich bis heute nur wenig verändert. In vielen Fällen haben sich die Probleme noch weiter verschärft.

Die sozialen Strukturen und die Lebensbedingungen der Bewohner des ehemaligen Postzustellbezirks SO-36 in Kreuzberg lassen sich in vielen Bereichen mit der Situation in den Immigrantenwohngebieten englischer Großstädte oder auch mit amerikanischen Ghettos vergleichen. Im traditionellen Arbeiterbezirk SO-36 leben bis zu 50.000 Menschen auf engem Raum. Die Bevölkerungsdichte liegt mit 12.300 Menschen pro Quadratkilometer weit über der Bevölkerungsdichte in bundesdeutschen Großstädten. 35 % der Bewohner sind Ausländer. Das Pro-Kopf-Einkommen beträgt in diesem Stadtbezirk 681 D-Mark gegenüber durchschnittlich 1.400 D-Mark in den anderen West-Berliner Stadtteilen. Insbesondere Jugendliche und alte Menschen sind von der Armut betroffen. Über 40 % der deutschen und 70 % der türkischen Jugendlichen sind arbeitslos. Für viele besteht auch in naher Zukunft keine Hoffnung eine Arbeitsstelle zu finden. Die Zahl der Alkoholiker und Drogenabhängigen nimmt ständig zu. Ebenso die Zahl der Obdachlosen.[8]

Im Unterschied zu den britischen Immigrantenwohngebieten und den amerikanischen Farbigen-Ghettos gingen die sozialen Unruhen in Kreuzberg bis heute nicht von den ethnischen Minderheiten aus. Die Besonnenheit der türkischen Bewohner wurde vielmehr von Politikern gelobt. Man glaubte vielfach, daß die intakten Familienstrukturen eine stabilisierende Funktion hätten. Die eigentlichen Unruhepotentiale bildeten in Kreuzberg andere marginalisierte Gruppen, insbesondere politische Subkulturen und Reste sozialer Bewegungen im Umfeld der ehemals besetzten Häuser, gewaltorientierte Gruppen, vor allem Punks und Autonome, sowie jugendliche ‚dropouts', Wehr- und Zivildienstflüchtlinge oder entlaufene Heimzöglinge, die vielfach aus der BRD zugewandert sind.

Die Aktivitäten dieser Gruppen, insbesondere die Krawalle im Zusammenhang mit den Hausbesetzungen zu Beginn der 80er Jahre, trugen stark dazu bei, daß der Bezirk SO-36 für Politiker und Polizei zu einem „sozialen Brennpunkt“ wurde. Die Polizei reagierte darauf mit verstärkter Präsenz und einer Veränderung der alltäglichen Kontrollpraxis und Einsatzmethoden. Dies blieb nicht ohne Folgen:

a) Wie wir aus verschiedenen Beispielen wissen, haben ähnliche Polizeimaßnahmen in vergleichbaren Stadtvierteln US-amerikanischer oder englischer Städte zu einer dauerhaften Verschlechterung der Beziehungen zwischen Bewohnern und Polizei geführt. Die Unruhen und Krawalle, die in den Ghettos schließlich ausbrachen, waren daher auch meist Reaktionen auf polizeiliche Aktionen und Maßnahmen und, wie die Großbritannien-riots der 80er zeigen, in erster Linie auch gegen die Polizei gerichtet (anti-police-riots). Eine dauerhafte Befriedung kann durch solche Methoden daher nicht erwartet werden. Vor allem Außenseitergruppen (politische Subkulturen, Punks, dropouts, etc.) fühlen sich durch die Polizei diskriminiert und schikaniert und sehen in der erhöhten Polizeipräsenz und der Vorgehensweise der Polizei die eigentliche Ursache für Krawalle. In einem Interwiev mit der „taz“ erklärten Kreuzberger Punks in bezug auf die Krawalle in der Nacht zum 2. Mai: „Das ist ganz normal. Ich habe es gewußt, daß es irgendwann hier fürchterlich knallt. Hier war so eine Spannung in der ganzen Scene. Die ganze Bande, alles was hier so rumhängt, Türken, die Omis, die Normalos, alle haben einen Haß auf die Bullen, aber wirklich alle, auch die Prolis, die mögen alle die Bullen nicht, weil die nur Scheiße bauen, die Leute abgreifen, sogar kleinen Gören aufs Mal hauen“, und an anderer Stelle heißt es: „Irgendwann sind die Leute so drauf gegen die Bullen und gegen alles, dann kriegen die den Rappel und dann gehts voll ab.“[9]
b) Die Erhöhung der Polizeipräsenz und Intensivierung der Polizeikontrollen in Problemgebieten (sozialen Brennpunkten) führt zu einer erhöhten polizeilichen Wahrnehmung und Aufwertung von Bagatelldelikten und damit zu einer Erhöhung der Kriminalitätsrate (was von Kriminologen mittlerweile als ‚Lüchow-Dannenberg-Syndrom‘ bezeichnet wird). Mit Hilfe der Kriminalstatistik kann dann die bestehende Polizeipraxis legitimiert und als notwendig dargestellt werden. Dies bedingt eine weitere Stigmatisierung und Verfestigung der „Ghettosituation“. Die negative Stigmatisierung durch Polizei und staatliche Institutionenen kann sich in einer wachsenden Bedeutung territorialer Identität der Bewohner widerspiegeln. Denn der Aufbau einer Außenseiteridentität und die Entwicklung abweichender Subkulturen können durchaus auch als Versuch verstanden werden, mit gesellschaftlicher Stigmatisierung und einer ne-

gativen Identitätszuschreibung umzugehen. Mit der Stigmatisierung von Bevölkerungsgruppen oder Wohngebieten werden also Ausgrenzungen vorgenommen, die sich im Selbstbild der Betroffenen verfestigen und verstärken können und damit einer Ghettosituation auch im Bewußtsein der Menschen Vorschub leisten.

Welche Faktoren können aber nun den Ausbruch der aktuellen Unruhen erklären?

Nach den Hausbesetzungen zu Beginn der 80er Jahre wurden zahlreiche Alternativbetriebe und Selbsthilfeprojekte in den „legalisierten" besetzten Häusern vom Senat mit Subventionen unterstützt. Für einen Teil der Jugendlichen konnte so zumindest kurzfristig eine Perspektive geschaffen werden. Für die Subventionierung der verschiedenen Projekte gab es keine langfristigen Garantien vom Senat. Vielmehr mußte die finanzielle Unterstützung immer wieder neu beantragt werden. Trotz dieser Unsicherheit über die weitere Finanzierung entwickelte sich bei vielen Projektmitarbeitern die Erwartung, daß der Senat auch weiterhin die verschiedenen Selbsthilfeprojekte und Alternativbetriebe unterstützen werde. Begründet wurde diese Erwartung sowohl mit der Sicherung von Arbeitsplätzen, als auch mit dem Verweis auf die Subventionspolitik des Senats in anderen Bereichen, insbesondere bei industriellen Großbetrieben oder kulturellen Einrichtungen.

In der Folgezeit sind jedoch zahlreiche Alternativbetriebe von geplanten Kürzungen oder Streichungen der Subventionen bedroht. Bei den Betroffenen wächst der Unmut und die Enttäuschung über die Senatspolitik. Relative Deprivation kann hier also als eine mögliche Voraussetzung für die Teilnahme an Protesten gesehen werden. Sie ist das Ergebnis von Erwartungen, deren Realisierung durch eine bestimmte Senatspolitik zunächst ermöglicht wurde, mittlerweile aber vielfach gestoppt oder unterbrochen wurde. Eine andere Form der relativen Deprivation, die ebenfalls als möglicher Anlaß für die Krawalle gewertet werden kann, ergibt sich für viele Bewohner von SO-36 aus dem unmittelbaren Vergleich ihrer eigenen ökonomischen Situation mit den Ausgaben des Senats im Rahmen der 750-Jahrfeier. Gemessen an den geringen Einkommen vieler Kreuzberger Bewohner werden die Ausgaben für die verschiedenen kulturellen Veranstaltungen als Verschwendung von Steuergeldern empfunden, zumal sie sich selbst von den Festveranstaltungen ausgeschlossen fühlen. Der Unmut drückt sich dann in solchen Äußerungen aus, wie: „Die im ICC fressen sich voll und wir gehen leer aus"[10], mit dem die Eröffnungsfeier am 30.4.87, an der über 4.500 geladene Gäste teilnahmen, kommentiert wurde. Hier lassen sich auch Parallelen zu den Jugendunruhen in Zürich Anfang der 80er Jahre aufzeigen, wo Subventionen für „bürgerliche Kultureinrichtungen" in Millionenhöhe von den

Jugendlichen als Anlaß genommen wurden, den eigenen Forderungen Nachdruck zu verleihen.[11]

Der Unmut bei vielen Bewohnern von Kreuzberg wird noch verstärkt durch die damals zu erwartenden Mieterhöhungen, die nach der Aufhebung der Mietpreisbindung durch den Senat ermöglicht wurden. Im Zusammenhang mit dem befürchteten Ansteigen der Mieten wird in Kreuzberg auch häufig die Volkszählung gesehen. Man befürchtet, daß die Mieterhöhungen anhand von Vergleichsmieten legitimiert werden können.

4. Politische Einschätzungen und Reaktionen

In zahlreichen Stellungnahmen wurden die Krawalle als die schwersten und rücksichtslosesten Auseinandersetzungen in Berlin seit Bestehen der Bundesrepublik bezeichnet. Vertreter aller politischen Parteien reagierten auf das Ausmaß an Gewalt zunächst mit Bestürzung. In der Bewertung der Ursachen des Konflikts und in den politischen Maßnahmen zur Vermeidung künftiger Konflikte bestanden aber erhebliche Unterschiede zwischen den einzelnen Fraktionen.

Für den Berliner Innensenator Kewenig waren die Auseinandersetzunge in erster Linie das Werk von „Anti-Berlinern, die sich in brutaler Gewalt zusammengerottet haben, um zu stören und zu zerstören".[12] Auch Berlins regierender Bürgermeister Diepgen sprach von „Anti-Berlinern, von denen wir uns unsere 750-Jahr-Feier nicht kaputt machen lassen".[13]

Von seiten des CDU-Senats wurden aber auch organisatorische Mängel beim Polizeieinsatz als Grund für die Eskalation des Konfliktes eingeräumt. Durch eine verstärkte Stationierung von Polizei und „vorbeugende Gewalt" solle eine Wiederholung der Krawallnacht verhindert werden.[14] Diese Forderungen wurden drei Tage nach den Straßenschlachten durch Innenminister Kewenig konkretisiert. Er kündigte an, daß eine zusätzliche Einsatzbereitschaft von 70 Beamten und eine zivil arbeitende Einheit eines Sonderkommandos im Bezirk SO-36 stationiert werden solle. Nach seinen Worten solle durch große Polizeistärke und mit Rigorosität und Härte den Erwartungen der Kreuzberger Bevölkerung entsprochen – und ähnliche Ausschreitungen in Zukunft verhindert werden.[15] Auf die sozialen Probleme im Bezirk wurde in den Stellungnahmen des Senats nicht eingegangen. Vielmehr wurde darauf hingewiesen, daß vom Senat im Bezirk SO-36 Millionenbeträge investiert worden seien. CDU-Politiker sprachen auch davon, daß es besonders verwerflich sei, die „Exzesse der Chaoten" auf die sozialen Verhältnisse abzuwälzen.[16]

Demgegenüber betonten Vertreter der Oppositionsparteien SPD und AL, daß vor allem die sozialen Probleme im Bezirk SO-36 letztendlich für die Krawalle verantwortlich seien. Der SPD-Vorsitzende Momber vermutete, daß in Kreuzberg eine Häufung von Leuten anzutreffen sei, „die zu solchen Gewaltexzessen tendieren, weil sie persönlich für sich keine Zukunft sehen“.[17]

Vertreter der AL erklärten, daß die provokativen Durchsuchungen der Volkszählungsboykott-Büros im Mehringhof und der Tränengaseinsatz gegen das Stadtteilfest zwar den Auslöser der Ausschreitungen bildeten, daß aber für die „beispiellose Zerstörung“... „ein hohes Maß an Unzufriedenheit und soziale(n) Spannungen verantwortlich seien.[18] Dem Senat warf die AL vor, „die brennenden sozialen Probleme des Stadtteils herunterzuspielen und zu ignorieren“.[19]

SPD und Al übten auch Kritik an dem Polizeieinsatz, vertraten dabei aber unterschiedliche Meinungen. Die SPD verurteilte den ihrer Meinung nach zu niedrigen Einsatz von lediglich 400 Beamten. Sie betonte, daß die Polizeiführung die Situation falsch beurteilt und dadurch die jungen Beamten „verheizt“ habe. Die AL warf der Polizeiführung vor, sie habe durch Überreaktionen die Eskalation des Konflikts provoziert. Der Kreuzberger Baustadtrat Orlowsky (AL) erklärte, daß er versucht habe, die Einsatzleitung zur Zurückhaltung zu bewegen, als dies noch Sinn gehabt hätte, er sei aber nur auf Verständnislosigkeit gestoßen. Später als durch das harte Vorgehen der Polizei die Situation aufgeputscht gewesen sei, hätten sich die Beamten zurückgezogen. Erst dadurch habe es zu diesem Ausmaß an Gewalt kommen können.[20]

Die von dem CDU-Senat eingeleiteten Maßnahmen, insbesondere die erhöhte Polizeipräsenz wurde von der AL als ungeeignete Maßnahme abgelehnt. In dieser Einschätzung wird die AL auch von Kreuzberger Pfarrern unterstützt. In einem Telegramm an den Berliner Innensenator warnten sie davor, „auf die ungelösten sozialen Ungerechtigkeiten im Stadtteil mit größerer Polizeipräsenz zu reagieren“.[21]

Nach den Krawallen äußerte sich auch eine Vollversammlung der an den Krawallen beteiligten ‚Berliner Autonomen‘ zu den Vorfällen. Die unkontrollierten Aktionen, die auch zur Plünderung und Zerstörung kleinerer Läden und zum Teil auch zu Steinwürfen gegen die ‚eigenen Leute‘ geführt hätten, wurden verurteilt. In einem Flugblatt, das von den ‚autonomen Gruppen‘ in Kreuzberg veröffentlicht wurde, heißt es: „Der lang angestaute Haß und der Alkohol haben dazu geführt, daß ab Mitternacht einige blind um sich geschlagen haben. Wir finden es beschissen, wenn kleine Läden platt gemacht werden“.[22] Für die Zukunft will man darauf achten, daß so etwas nicht wieder vorkommt.

5. Schlußbemerkung

Die schweren Krawalle in der Nacht zum 2. Mai zeigen, daß auch in der Bundesrepublik und insbesondere in West-Berlin eine Ghettoisierung bestimmter Bevölkerungsgruppen zu sozialen Spannungen und letzendlich auch zu einem unkontrollierten Ausbruch von Gewalt dieser Spannungen führen kann. Wir haben darauf hingewiesen, daß in Berlin im Unterschied zu britischen und amerikanischen Großstädten nicht in erster Linie ethnische Minderheiten von der Ghettobildung betroffen sind, sondern vor allem jugendliche Subkulturen. Dennoch kann davon ausgegangen werden, daß auch hier ähnliche Mechanismen zum Tragen kommen, wie sie beispielsweise in England zum Ausbruch der „riots" geführt haben.

Von daher können die verschiedenen Untersuchungsberichte der Rassenunruhen in England auch Hinweise auf mögliche Eskalations- bzw. Deeskalationsbedingungen für die deutschen Konflikte liefern. Hierzu bedarf es aber noch einer intensiveren Analyse der verschiedenen Konflikte. Aus den Untersuchungsberichten der englischen Konflikte geht jedoch eindeutig hervor, daß Maßnahmen, die nur auf eine Verstärkung der Polizeikräfte hinwirken, (so wie sie auch in Berlin vom Senat beschlossen wurden), kurzfristig zu einer Befriedung der betroffenen Gebiete beitragen können, langfristig aber neue Konflikte provozieren.

Anmerkungen

1) Vgl. DER SPIEGEL: 20/1987, S.57
2) Vgl. taz, 18.5.87, S.4
3) STERN: 7.5.87, S.256
4) ebenda
5) Vgl. taz: 6.5.87, S.2
6) Vgl. taz: 4.5.87, S.4
7) Vgl. die Verlaufsstudie 12: Die Berliner Hausbesetzerbewegung, insbesondere Kapitel 2
8) Vgl. DER SPIEGEL: a.a. O., S.61
9) taz: 9.5.87, S.17
10) taz: 5.5.87, S.1
11) Vgl. hierzu die Verlaufsstudie 8: Zürich
12) zitiert nach taz: 4.5.87 S.2
13) zitiert nach STERN: a.a.O., S. 257
14) Vgl. DER SPIEGEL: a.a.O., S.60
15) Vgl. taz, 6.5.87, S.2
16) Vgl. Dokumentation zu den Krawallen in Kreuzberg. Herausgegeben von: AurorA – Buchversand, Berlin, 1987, S. 33
17) STERN: a.a.O.,S. 257
18) taz: 4.5.87, S.2
19) ebenda

20) Vgl. taz: 5.5.87, S.1
21) zitiert nach STERN: a.a.O., S.257
22) zitiert nach taz: 5.5. 87, S. 2

Literaturverzeichnis

BRAKE, M.: Soziologie der jugendlichen Subkulturen, Frankfurt; New York 1981
DOKUMENTATION: AurorA – Buchversand, Berlin, 1987

Zeitschriften

FRANKFURTER ALLGEMEINE ZEITUNG
09.05.87 Kreuzberg – danach: Deutsche Szene: Brandstiftung, Barrikaden und der Mythos der ,Volkswut'
FRANKFURTER RUNDSCHAU
04.05.87 Kreuzberger Nacht
06.05.87 Auch Tage später ist die Stimmung noch gereizt
DER SPIEGEL
20/87 KREUZBERG: Schwarze Nacht
STERN
06.05.87 KRAWALLE: Die Flammen-Nacht von Kreuzberg
28.05.87 KREUZBERG: Wir leben noch
DIE TAGESZEITUNG (taz)
04.05.87 Berlin feiert- Kreuzberg brennt
04.05.87 Feuriger Festauftakt der „Anti-Berliner"
05.05.87 Quittung für verfehlte Sozialpolitik
06.05.87 Mehr Polizei für Berlin-Kreuzberg
09.05.87 „Ich mach' mal'n kleines Restaurant auf" Hunderttausend wunde Stel len
18.05.87 Nacht der Polizei in Kreuzberg
DIE ZEIT
23/87 Ein Stadtteil wird zum Ghetto

8. Verlaufsstudie: Nürnberg, BRD 1981

1. Chronologie der Ereignisse

Am 5. März 1981 wurde im Kommunikationszentrum (KOMM) der Stadt Nürnberg eine Filmvorführung über die Hausbesetzerszene in Holland organisiert. Die Polizei deklarierte die Veranstaltung mit 200 Zuschauern als ‚Vollversammlung der Hausbesetzer' und postierte sich mit einer Hundertschaft nahebei. Nach Film und Diskussion veranstalteten KOMM-Besucher eine Demonstration durch die Nürnberger Innenstadt. Während der 25-minütigen Demonstration kam es zu Gewalt gegen Sachen seitens der Aktionsteilnehmer. Mehrere Autoantennen wurden geknickt und sechs Schaufenster von Bankfilialen und Kaufhäusern zertrümmert. Nach offiziellen Angaben betrug der Sachschaden 20.000 DM. Die Polizei beobachtete und photographierte das Geschehen. Die Beamten nahmen dabei keine Demonstranten fest.

Die Demonstrationsteilnehmer kehrten nach der Aktion ins KOMM zurück. Hierauf umstellte die Polizei das Gebäude und riegelte es ab. Fast vier Stunden dauerte die Polizeiaktion. Während dieser Zeit verhandelte die KOMM-Leitung mit der Polizei. In diese Verhandlungen schaltete sich zuletzt ein Bundestagsabgeordenter als Vermittler ein. Mit der Zusage der Polizei, daß die Belagerten lediglich erkennungsdienstlich behandelt würden und dann nach Hause gehen dürften, bewirkte er eine widerstandslose Festnahme. Gegen 3 Uhr 30 kamen die ersten KOMM-Besucher in 5er-Gruppen aus dem Haus. Mit Ausnahme einiger KOMM-Mitarbeiter wurden alle 141 Anwesenden verhaftet. Mit Hilfe hektographierter Haftbefehle, in die nur noch die Namen der Festgenommenen eingetragen werden mußten, konnten die Festnahmen rasch erfolgen. Die Betroffenen wurden zunächst zu mehreren in einer Zelle untergebracht, danach dem Ermittlungsrichter vorgeführt und sodann in die Justizvollzugsanstalten Kronach, Nürnberg, Würzburg, Crailsheim, Bayreuth, Straubing, Aichach, Regensburg, Weiden und München gebracht.

In den folgenden Tagen kam es zu Protestkundgebungen gegen die Ereignisse von Nürnberg. Bundesweit fanden Demonstrationen und auch Aktionen als Protest gegen diese größte Massenverhaftung seit Bestehen der Bundesrepublik statt. In Nürnberg demonstrierten am 7.3.1981 etwa 2.000 Personen für die Freilassung der Inhaftierten. Bei dieser Veranstaltung wurden Farbbeutel gegen das Polizeipräsidium und auf Beamte der Bereitschaftspolizei geworfen. Ansonsten verlief die Kundgebung friedlich. Etwa 5.000 Nürnberger Bürger aller Altersgrupen protestierten 10.3.1981 in der Fußgängerzone gegen die Massenverhaftung. Die von der SPD initiierte Kundgebung, an der sich auch die FDP, Gewerkschaften und andere Organisationen beteiligten, stand unter dem Motto ‚Für Reform – gegen Gewalt – für Demokratie – gegen Polizeistaat'. In einer nicht angemeldeten Demonstration zogen am 11.3.81 zwischen 500 und 600 Demonstranten durch die Würzburger Innenstadt, nachdem bekannt geworden war, daß einige der in Nürnberg inhaftierten Jugendlichen in die Justizvollzugsanstalt in Würzburg gebracht worden waren. Ebenso wie die Demonstration am Vortag verlief auch diese ohne Zwischenfälle. Alle 141 Inhaftierten wurden nach Prüfung der Haftgründe entlassen. Die Polizeiaktion vom 6. März löste eine heftige politische Auseinandersetzung um die Verhältnismäßigkeit polizeilicher Mittel, die Zusammenarbeit von Polizei und Justiz sowie einen drohenden ‚Polizeistaat' aus.

Zur finanziellen und psychischen Unterstützung der aus der Haft Entlassenen wurde im KOMM von deren Freunden und Angehörigen ein Ausschuß gegründet. Daneben protestierten gewalttätige Gruppen mit Brandanschlägen gegen die Polizei- und Justizaktion.

2. Hintergründe und soziale Bedingungen des Konflikts

Der Polizeieinsatz im März 1981 in Nürnberg fiel in eine Zeit, in der die Hausbesetzerbewegung bundesweit ihren Höhepunkt erreicht hatte. Die Themen Wohnungsbau und Wohnungsmangel waren ins Zentrum der öffentlichen Aufmerksamkeit gerückt. Hierzu hatten vor allem die Aktionen der Berliner Hausbesetzer beigetragen. Von Fachleuten wurde der Wohnungsbedarf in der Bundesrepublik auf ein- bis dreieinhalb Millionen Wohnungen geschätzt. Darüber hinaus galten Millionen Wohnungen als veraltet oder abbruchreif.[1] Trotzdem standen gleichzeitig eine große Zahl von Wohnungen, vor allem in Altbauten, leer. Diese Diskrepanz wurde vor allem auf

Spekulationsinteressen der Wohnungseigentümer und der Baugesellschaften zurückgeführt, wie sie insbesondere in Berlin deutlich geworden waren.

Die Berliner Hausbesetzungen fanden Nachahmung in vielen Städten der Bundesrepublik. Auch in Nürnberg waren in den Monaten vor den KOMM-Ereignissen zwei Häuser besetzt worden. Eine ‚Hausbesetzerszene', vergleichbar etwa der Berlins oder Freiburgs, kann aber für Nürnberg nicht angenommen werden. Der bayrische Ministerpräsident Strauß hatte im Februar seinem Innenminister Tandler brieflich eine „Welle der Gewalt (...)"[2] durch zu erwartende Hausbesetzungen avisiert. Tandler rief dazu auf „Flagge gegen die zunehmenden Eskalation des Straßenterrors"[3] zu zeigen. Justizminister Hillermeier erinnerte an die „Verpflichtung, die Rechtsgüter des Bürgers und der Allgemeinheit nachhaltig zu schützen".[4] Der CSU – MdL Beckstein sah in der Verhinderung „sogenannter Berliner Verhältnisse"[5] eine der wichtigsten Aufgaben.

Behördliche Stellen in Nürnberg richteten sich auf diese angekündigte Welle ein. Das Amtsgericht Nürnberg forderte Anfang März aufgrund eines Beschlusses des Bundesgerichtspräsidiums vier zusätzliche Ermittlungsrichter für künftige Verfahren gegen Hausbesetzer und Demonstranten an.[6] Polizeipräsident Kraus hielt eine Sondertruppe in erhöhter Bereitschaft.[7]

3. Umfang, Struktur und Zusammensetzung der Protestgruppe

Die 141 nach der Demonstration in Nürnberg Inhaftierten setzten sich wie folgt zusammen. „Es handelte sich um 15 Schülerinnen und 15 Schüler, 21 Studenten und 15 Studentinnen, vier männliche und zwei weibliche Lehrlinge, 17 Arbeiter und drei Arbeiterinnen sowie 35 Männer und 16 Frauen, die keine näheren Angaben machten. Die meisten stammen aus Mittelfranken. Zehn sind nach Mitteilung eines Justizsprechers ‚weit angereist'; sie konnten feste Wohnsitze in Berlin und Hannover sowie in Unterfranken nachweisen".[8] 21 Festgenommene waren unter 18 Jahren, 75 unter 21 Jahren. Von diesen 75 Jugendlichen und Heranwachsenden waren 28 Mädchen.

Bei Diskussionen mit Hausbesetzern zeigte sich, daß lediglich vier der 141 festgenommenen Demonstranten aktiv an Hausbesetzungen in Nürnberg teilgenommen hätten.[9] Nach Angaben von Anwälten sowie des Schul- und Kulturreferenten Glaser seien nach Zeugenaussagen 50 bis 70 Verhaftete überhaupt nicht bei der Demonstration gewesen.[10]

Die Bewegung für die Freilassung der 141 formierte sich schnell und wuchs rasch an. Neben unmittelbar Betroffenen wie Eltern, Freunden und Lehrer, beteiligten sich daran auch Jugend- und Studentenverbände, die SPD und Rechtsanwälte. Die IG – Metall Vertreterversammlung protestierte ebenso wie der DKP Bezirksvorstand Nordbayern. Es kam zu mehreren Massenkundgebungen und bundesweiter Solidarität.[11]

4. Konfliktdynamik und Eskalation

4.1 Strategien und Aktionen der Protestgruppen

Bei der Demonstration vom 5. März 1981 scheint es sich um eine spontane Aktion zu handeln, die aus der angespannten Situation nach der Filmvorführung am Abend des 5. März entstand. Über die Motive der Protestierenden lassen sich aufgrund fehlender Quellen keine exakten Angaben machen. In der Darstellung der später entstandenen Solidaritätsgruppen wurde der Eindruck erweckt, daß bei der Demonstration aus Wut- und Ohnmachtsgefühlen heraus Fensterscheiben zerstört worden seien.

Der anschließende Polizeieinsatz wurde als äußerst unverhältnismäßig empfunden. Dies wurde in Äußerungen von Inhaftierten deutlich: „Der Einsatzleiter hat gesagt, daß man nicht mehr unterscheiden kann, wer dabei gewesen war und wer nicht. Es hat geheißen, wir sollen in kleinen Gruppen von fünf oder sechs herauskommen. Sie haben dann irgendwelche Leute einfach gepackt und in den Wagen gezerrt. Draußen waren Scheinwerfer total auf uns gerichtet, vom Fernsehen hab' ich in Erinnerung, daß man so schwere Verbrecher verhaftet“.[12] Die anschließende Behandlung durch Polizei und Justiz wurde als demütigend bezeichnet.

Neben bundesweit organisierten Sympathie- und Solidaritätskundgebungen, die von SPD, FDP, dogmatischen Marxisten, Gewerkschaften und autonomen Gruppen organisiert wurden, kam es vor Ort in Nürnberg zu den unterschiedlichsten Aktionen, die der Unterstützung der Festgenommenen dienen sollten. So wurde im KOMM der ‚Ermittlungsausschuß 5. März‘ gebildet. Der Ausschuß wurde „zunächst als Anlaufstelle für die Inhaftierten nach ihrer Freilassung eingerichtet“.[13] Er übernahm dann „die Betreuung für alle von der Verhaftungaktion Betroffene und deren Angehörigen. (...). Der von Freunden, Angehörigen und nach der Freilassung auch von Inhaftierten zusammengesetzte Ausschuß will in seiner Arbeit auch die Untersuchung von Nachteilen einbeziehen, die den Inhaftierten in Zukunft, in Beruf, Schule oder Ausbildungsplatz entstehen“.[14]

Neben diesem Selbsthilfeprojekt kam es auch zu gewalttätigen Aktionen. So berichtete die Süddeutsche Zeitung am 21.3.1981: „Bei einem Brandanschlag auf das Bürogebäude der Gemeinnützigen Wohnungsbau-Gesellschaft der Stadt Nürnberg ist in den frühen Morgenstunden des Freitags, zwei Wochen nach der Massenverhaftung (...), ein Sachschaden von 10.000 Mark entstanden“.[15] In einem Bekennerbrief wurde die Haftentlassung aller Hausbesetzer, der Angehörigen der RAF sowie der Bewegung 2. Juni gefordert. Drei Tage später fand ein weiterer Brandanschlag, diesmal auf eine Filiale der Stadtsparkasse, statt, bei dem ein Sachschaden von 50.000 DM entstand. Hierzu bekannte sich eine ‚Unkontrollierte Bewegung 5.

März'. Die Eltern und Freunde der am 5. und 6. März im Jugendzentrum KOMM festgenommenen 141 Hausbesetzer-Demonstranten distanzierten sich von diesen Anschlägen. Diese Aktionen dienten weder den Verhafteten noch der kritischen Auseinandersetzung mit der Massenverhaftung. Vielmehr bestehe die Gefahr, daß durch solche Taten den für die Festnahme und Inhaftierung Verantwortlichen und den Befürwortern dieser Polizei- und Justizaktion im nachhinein eine scheinbare Legitimation geliefert werde.[16]

Auch juristische Mittel wurden im Streit um die Ereignisse von Nürnberg eingesetzt. So wurde gegen die fünf Richter, die die Haftbefehle unterschrieben hatten, Strafanzeige erstattet. Die 260 Unterzeichner der Anzeige, v.a. Angehörige und Freunde der ehemals Inhaftierten, beschuldigten die Richter der Rechtsbeugung, Freiheitsberaubung und Verfolgung von Unschuldigen.[17]

4.2 Polizeiliche Vorgehensweise und Reaktion

Während der ‚Vollversammlung' im Kommunikationszentrum war die Polizei in der Nähe in Bereitschaft gegangen. Als sich diese in kleinen Gruppen aufzulösen schien, wurde die Bereitschaft aufgehoben, die Polizei bereitete sich zum Abrücken vor. Als sich plötzlich wieder ca. 200 Personen vor dem KOMM versammelten und randalierend durch die Innenstadt zogen, wurde die Polizei davon überrascht. Sie konnte erst später, nach der Demonstration eingreifen. Das KOMM, in das die Demonstranten zurückgekehrt waren, wurde umstellt, 141 Personen verhaftet.[18]

Das Verhalten der Polizei bei der Massenverhaftung am 6. März wurde von Polizeipräsident Helmut Kraus gerechtfertigt. Er wies alle Vorwürfe gegen die Polizei zurück. „Der Polizeieinsatz sei notwendig gewesen, um den Vollzug von Gesetzen zu sichern".[19] Zur Rechtfertigung der Polizeiaktion erklärte der Polizeipräsident unmittelbar nach den 141 Haftbefehlen, daß „da drei Leute waren, die mit Nürnberg nichts zu tun haben und Flugblätter der ‚Rote Armee Fraktion' (RAF) verteilten".[20] Diese Tatsache spreche eine eigene Sprache, urteilte der Polizeichef. Im Nachhinein wurde bekannt, daß die Bezeichnung ‚Top – Leute aus der Terrrorszene' auf die drei Festgenommenen nicht zutraf. Außerdem wurden sie „bei Schmieraktionen abseits der Handlung festgenommen (...), die in 141 Haftbefehlen mündete.[21] Andere Stimmen kritisierten das weitere Vorgehen der Polizei. „Als einen ‚Polizei- und Justizskandal' bezeichneten Sprecher der Stadt Nürnberg, Rechtsanwälte und betroffene Eltern das Vorgehen der Behörden".[22] „Eltern seien z.T. überhaupt nicht, viele erst sehr spät informiert worden, daß ihr Kind in Gewahrsam sei. Besonders unverständlich sei, daß nicht nachgeprüft worden sei, wer tatsächlich an der Demonstration teilgenommen habe."[23] Kritisiert wurde auch die Behandlung der Gefangenen. Eine Verhaftete berichtete, sie sei mit 10 oder 11 Frauen in einer Zelle untergebracht worden. Elf Stunden nach ihrer Festnahme wurde sie dem Ermittlungsrichter vorgeführt. Die Vernehmung dauerte 5 Minuten. Sodann wurde sie ins Gefängnis nach Aichach gebracht, wo zunächst eine Leibesvisitation durchgeführt wurde.

In der Öffentlichkeit wurden Vermutungen geäußert, der Polizeieinsatz sei von langer Hand geplant gewesen. In diesem Zusammenhang steht auch die Annahme, daß ein 24-jähriger V-Mann der Polizei bereits Wochen vor der März-Demonstration in die Szene beim Nürnberger Jugendzentrum ,KOMM' eingeschleust wurde, der als anonymer Zeuge bei der späteren Verhandlung den Verlauf der Demonstration schilderte. Die Anklage ging davon aus, daß alle Beteiligten einen erheblichen Tatbeitrag leisteten und in entscheidendem Maße zur Durchführung der Einzelaktionen beitrugen. Sie schloß die „Möglichkeit aus, daß es in jener Märznacht nach einer erhitzten Diskussion und aufgereizt durch den Anblick der bereits vor dem KOMM postierten Streifenwagen zu einer spontanen Demonstration mit einzelnen Ausschreitungen (...) gekommen sein könnte"[24]. Die Staatsanwaltschaft wollte beweisen, „daß allein das Dabeisein in Nürnberg schon vollendeter Landfriedensbruch war (...).[25] Die besondere Bedeutung des Falles wurde nach Anwalt Berthmann auch dadurch deutlich, daß die Anklagen gegen die Erwachsenen zur Strafkammer des Landgerichts erhoben wurden. „Derart ,hochgehängt' schmälert das Verfahren die Chance der Beschuldigten um die Berufungsmöglichkeit, die sie bei einer Anklage vor dem Amtsgericht hätten".[26]

4.3 Politische Antworten

Der Polizeieinsatz vom 5./6. März 1981 wurde seitens der CSU überwiegend gelobt oder gerechtfertigt. So zollte der bayrische Innenminister Tandler „seiner Polizei ,Dank und höchste Anerkennung' "[27] und verwies auf die abschreckende Wirkung auf potentielle Straftäter. Von der SPD wurde die Polizeiaktion als „Verstoß gegen das Gebot der Verhältnismäßigkeit der Mittel"[28] gesehen. SPD-Landesabgeordnete nannten sie einen „bösen Rundumschlag, (...) der der Demokratie mehr schadet als nutzt".[29] SPD-Politiker, Schriftsteller und Gewerkschaften forderten den Rücktritt des mittelfränkischen Polizeipräsidenten Kraus, der die Polizeiaktion zu verantworten hatte.

Auch das Vorgehen der Justiz wurde unterschiedlich beurteilt. Während der bayrische Justizminister Hillermeier sich auf die Verbindlichkeit der Rechtsordnung berief und die Demonstration als Sympathiekundgebung für Rechtsbrecher bezeichnete,[30] äußerte die FDP-Landesfraktion den Verdacht eines Justizskandals. „Die Vermutung liege nahe, daß die Anweisung für die ,völlig überzogenen Maßnahmen von höchsten politischen Stellen in München kam'. Das offensichtlich gewollte Ziel, mit einer ,Art Schocktherapie' ein Exempel zu statuieren, werde mit Sicherheit das Gegenteil bewirken"[31]. Das kommunale Jugendzentrum KOMM wurde von CSU-Landtagsabgeordneten scharf kritisiert. Sie sahen durch die Krawalle im KOMM ihre Befürchtungen bestätigt, „daß diese städtische Einrichtung ,als Brutstätte von Unruhen und blanker Kriminalität mißbraucht wird' ".[32]

Für die ,Marxistischen Blätter' war der politische Hintergrund der Massenverhaftung deutlich abzulesen: „Erstens ging es um eine Strafexpedition gegen Hausbesetzer und andere Initiativen gegen Wohnungsnot. Der Protestbewegung in Freiburg, Münster und anderswo sollte gezeigt werden, daß ihre Aktivitäten mit längerfristigem Freiheitsentzug, Strafverfolgung und möglichen Nachteilen in Schule oder Beruf beantwortet werden. Mit der beabsichtigten Brechung des Widerstands sollte die Bahn freigemacht werden, um die auf dem fast zeitgleich stattfindenden CDU-Parteitag beschlossenen unsozialen miet- und wohnungspolitischen Vorstellungen leichter durchzusetzen. Zweitens wurde darauf orientiert, zwischen den über die Wohnungsmisere beunruhigten Bürger und der schon aktiven Protestbewegung einen Keil zu schieben. Dazu dient die von Strauß selbst ins Spiel gebrachte Ungeheuerlichkeit, wonach Hausbesetzungen eine ,neue Art von Terrorismus' sei – das ist eine von den bürgerlichen Medien breit wiedergegebene Lüge. Drittens soll unter Hinweis auf ,Brokdorf' und ,Nürnberg' die Bewaffnung der Polizei noch weiter aufgebaut werden. Der CSU- Innenminister Tandler plant bereits menschengefährdende Gummigeschosse und brechreizauslösende Tränengaschemikalien in Einsatz zu bringen".[33]

Der Nürnberger Stadtrat bekundete einstimmig seine Solidarität mit den unschuldig festgenommenen und inhaftierten KOMM-Besuchern vom 5./6. März. „In einer Resolution versicherte das Plenum die Bereitschaft zur Hilfeleistung bei persönlichen, schulischen und beruflichen Schwierigkeiten".[34]

5. Konsequenzen und Enttäuschungsverarbeitung

Auswirkungen der Verhaftung für die Betroffenen wurden in verschiedenen Bereichen gesehen. So befürchtet das Nürnberger evangelische Dekanat verheerende Folgen für das Rechtsbewußtsein junger Menschen.[35] Dies scheinen Äußerungen von Inhaftierten zu belegen. „Heute sage ich mir manchmal, wenn du doch wenigstens dabeigewesen wärst und einen Stein geworfen hättest, dann hättest du wenigstens ansatzweise gewußt, was eigentlich los ist. (...). Effekt war jedenfalls, daß ich insgesamt gegenüber der Staatsgewalt empfindlicher geworden bin".[36] Der Erlanger Pädagogikprofessor Wolfgang Sünkel meinte, „daß bei den unschuldig Verhafteten ,der Prozeß der politischen Bildung, die Erziehung zu einer positiven Einstellung gegenüber unserem politischen System, längerfristig gestört ist'. Die ,negative Erscheinungsform der Staatsgewalt (...) kann zu einer dauerhaften Ablehnung des Staatswesens in der Bundesrepublik führen' ".[37] Dies verdeutlichen Äußerungen Inhaftierter: „Ich bin observiert worden nach den sieben Knast-Tagen. Wochenlang, auch nachts. Da kriegst du echt die kalte Wut, (...). Da bin ich ins Grübeln geraten, und das krieg ich auch heute nicht mehr weg. Sie bespitzeln mich zwar nicht mehr, aber ich reagiere unheimlich allergisch auf grüne Uniformen. Von wegen ,Das sind auch nur Menschen' – nee, das läuft bei mir nicht mehr".[38] „Ich war bei der Verhandlung, eine einzige Farce, sage ich dir. Da kam eindeutig heraus, daß sie alle unter einer Decke stecken – Polizei, Justiz und bayrische Staatsregierung. Sie wollen uns das Demo-Recht einschränken, Landfriedensbruch künftig wieder kollektiv aburteilen. Und dazu brauchen sie einen Schuldspruch gegen uns".[39]

6. Schlußfolgerungen

Im Fall der Ereignisse am 5./6. März 1981 in Nürnberg zeichnen sich deutlich zwei konträre Positionen der Beurteilung ab. Befürworter wie Kritiker des in Nürnberg von Polizei und Justiz praktizierten Vorgehens beriefen sich explizit auf rechtsstaatliche Prinzipien. Während die einen aber auf die Gefahr für den Rechtsstaat verwiesen, wenn dieser Rechtsbrüche dulde und damit erpressbar werden könnte, betonten die Kritiker den Grundsatz der Verhältnismäßigkeit der Mittel. Die Gefahr für den Rechtsstaat geht für diese Gruppe weniger von ,Spontan-Demonstranten' als von Gewalt- und Machtdemonstrationen des Staates selbst aus. Die Kriminalisierung und Diffamierung von Hausbesetzern und Demonstranten als Terroristen und die gleichzeitige Machtdemonstration des Staates werden als Anzeichen für einen sich nähernden Polizeistaat gedeutet, der sich mit der Beschneidung demokratischer Rechte ankündige.

Anmerkungen

1) Vgl. SÜDDEUTSCHE ZEITUNG, 11.3.81, S. 4, „Zündstoff (...)"
2) DER SPIEGEL 12/81, S. 20
3) ebenda, S. 17
4) ebenda, S. 17
5) ebenda, S. 17
6) Vgl. DER SPIEGEL 12/81, S. 20
7) Vgl. ebenda, S. 20
8) SÜDDEUTSCHE ZEITUNG, 10.3.81, S. 15, „Hitzige (...)"
9) Vgl. SÜDDEUTSCHE ZEITUNG, 13.3.81, S. 22, „In Nürnberg (...)"
10) Vgl. SÜDDEUTSCHE ZEITUNG, 9.3.81, S. 2
11) Vgl. MARXISTISCHE BLÄTTER, a.a.O., S. 7
12) DER SPIEGEL 12/81, S. 22, „Ich hab' (...)"
13) SÜDDEUTSCHE ZEITUNG, 25.3.81, S. 23, „Dokumentation (...)"

14) ebenda, S. 23
15) SÜDDEUTSCHE ZEITUNG, 21./22.3.81, S. 23
16) Vgl. SÜDDEUTSCHE ZEITUNG, 25.3.81, S. 23, „Friedliche (...)"
17) Vgl. SÜDDEUTSCHE ZEITUNG, 26.3.81, S. 27
18) SÜDDEUTSCHE ZEITUNG, 11.3.81, S. 18
19) DER SPIEGEL 47/81, S. 124
20) Vgl. ebenda, S. 124
21) SÜDDEUTSCHE ZEITUNG, 9.3.81, S. 2
22) ebenda, S. 2
23) DER SPIEGEL 28/81, S. 88
24) ebenda, S. 87f
25) ebenda, S. 88
26) DER SPIEGEL 12/81, S. 22
27) SÜDDEUTSCHE ZEITUNG, 9.3.81, S. 15
28) SÜDDEUTSCHE ZEITUNG, 10.3.81, S. 15, „Hitzige (...)"
29) DER SPIEGEL 12/81, S. 24, „Hillermeier-Interview"
30) ebenda, S. 15
31) SÜDDEUTSCHE ZEITUNG, 11.3.81, S. 18
32) MARXISTISCHE BLÄTTER, a.a.O., S. 4-7
33) SÜDDEUTSCHE ZEITUNG, 13.3.81, S. 22, „In Nürnberg (...)"
34) DER SPIEGEL 12/81, S. 20
35) Vgl. SCHUMANN, G., „Schwarzbuch: Die Polizei", Dortmund, 1982, S. 16f
36) DER SPIEGEL 12/81, S. 22
37) SCHUMANN, G., a.a.O., S. 17
38) ebenda, S. 16ff
49) MARXISTISCHE BLÄTTER, a.a.O., S. 7

Literaturverzeichnis

MARXISTISCHE BLÄTTER – 3/81, bd.19, S. 4-7, „Nürnberg und Brokdorf – Demokratie verteidigen"

SCHUMANN, G., Schwarzbuch: Die Polizei, Dortmund, 1982, S. 16-18, „141 verhaftet"

Zeitschriften

DER SPIEGEL

12/81, S. 17ff, „Sind wir denn hier in Südamerika?", „Hillermeier – Interview"

47/81, S. 119f, „Ich möchte hier ein geordnetes Verfahren"

SÜDDEUTSCHE ZEITUNG

09.03.81, S. 1, „Nürnberger Haftanstalt überfüllt", S. 2, „Haftanstalt überfüllt", S. 15, „Jusos gegen Repressionspolitik"

10.03.81, S. 15, „Hitzige Atmosphäre in Nürnberg", „Polizei durch ein Täuschungsmanöver irregeführt"

11.03.81, S. 4, „Zündstoff Wohnungsmangel"

13.03.81, S. 22, „In Nürnberg rumort es weiter",

21./22.03.81, S. 23, „Molotow-Cocktail im Büro"

25.03.81, S. 23, „Dokumentation über Krawalle", „Friedliche Hausbesetzung in Nürnberg"
26.03.81, S. 27, „Strafanzeige gegen 5 Richter"

9. Verlaufsstudie: Zürich, Schweiz 1980-82

Im Jahre 1980 kommt es in Zürich zu den stärksten Jugendprotesten, die die Stadt seit mehr als einem Jahrzehnt erlebt hat. Parteien, Politiker und Polizei sind von den Unruhen gleichermaßen überrascht; galt doch die Züricher Jugend als angepaßt und unpolitisch. Daß diese Einschätzung nicht der sozialen Lage und der subjektiven Perspektive der Jugendlichen entsprach, vielmehr die geringe Problemwahrnehmung der Öffentlichkeit und der Parteien und Politiker verdeutlicht, zeigt der Blick auf Vorgeschichte und Ausgangslage der Züricher Unruhen.

1. Chronologie der Ereignisse

Am Wochenende des 17. und 18. Mai 1980 fand in der „Roten Fabrik" in Wollishofen, einem leerstehende Fabrikgebäude im Besitz der Stadt Zürich, ein Fest statt, das von jugendlichen Gruppen organisiert worden war, die sich seit dem vorangegangenen Herbst verstärkt um die Einrichtung eines Jugendzentrums in der Fabrik bemüht hatten. Die „Arbeitsgruppe Rote Fabrik", ein loser Zusammenschluß verschiedener jugendlicher Kulturinitiativen wie „Rock als Revolte" und „Freaks am Friitig", rief dabei für Freitag, den 30. Mai, zu einer Demonstration vor dem Züricher Opernhaus auf.

Am Abend des 30. Mai versammeln sich rund 200 Jugendliche vor dem Opernhaus. Mit Transparenten („Wir sind die Kulturleichen dieser Stadt") machen sie auf ihre Forderung aufmerksam und versuchen, die Opernbesucher am Betreten des Gebäudes zu hindern. Bereits anwesende Polizei drängt sie ab. Demonstranten werfen Flaschen und Eier, die Polizei setzt Tränengas und Gummigeschosse ein. Im Laufe des Abends eskalieren die Auseinandersetzungen, die Demonstranten errichten Barrikaden aus der

Einrichtung eines Cafes, blockieren die Straßenbahnschienen und legen Straßenbahnzüge lahm. Die Polizei versucht die Demonstranten zu zerstreuen, indem sie Mannschaftsbusse in die Menge fahren läßt, aus denen mit Tränengas geschossen wird. Gegen Mitternacht versuchen die Jugendlichen einen Polizeiposten am Rathaus zu stürmen; mit massivem Tränengaseinsatz werden sie zurückgedrängt. Feuerwehrzüge, die anrücken, um die brennenden Barrikaden zu löschen, werden angehalten und beschädigt. In der Nacht werden Schaufensterscheiben eingeschlagen und eine Reihe von Läden wird geplündert. Ein Polizist, der während des Einsatzes einen Herzanfall erlitten hat, stirbt im Laufe der Nacht. Die Einsätze der Polizei treffen vor allem am späteren Abend und in der Nacht zunehmend auch unbeteiligte Passanten und Zuschauer der Krawalle, das Tränengas dringt in die umliegenden Wohnungen ein.
Gegen Morgen kehrt wieder Ruhe ein.

Am Samstag, den 31. Mai, dringen rund 100 Jugendliche nachmittags in das am Opernhaus errichtete Festzelt ein, in dem das „Opernfäscht" stattfindet, mit dem die Züricher Oper Sympathiewerbung betreiben will im Hinblick auf die bevorstehende Abstimmung der Bürgerschaft über einen 60-Millionen Kredit der Stadt zur Renovierung des Opernhauses am 8. Juni. Das laufende Programm wird unterbrochen, die Jugendlichen besetzen die Bühne, verkünden ihre Forderungen und spielen Punk-Musik. Nach einer halben Stunde verlassen sie das Zelt wieder; das Fest wird fortgesetzt.

Abends versammeln sich rund zweihundert Jugendliche vor dem Opernhaus. Ein SP-Kantonsrat versucht zwischen der anwesenden Polizei und den Jugendlichen zu vermitteln. Ein Großteil der Jugendlichen verläßt den Platz, nachdem eine Zusage des Stadtvorstandes für ein Gespräch über ein Jugendzentrum übermittelt wird. Eine kleinere Gruppe beginnt wieder Barrikaden zu errichten. Die Polizei schreitet mit Tränengas und Gummigeschossen ein. Gegen ein Uhr scheint die Ruhe wiederhergestellt, die Polizei zieht sich zurück. Danach werden zahlreiche Scheiben eingeschlagen, die Plünderungen beginnen erneut. Die wieder anrückende Polizei ist bis zum frühen Morgen im Einsatz.

In den beiden Nächten werden im Zusammenhang mit den Ausschreitungen 45 Personen festgenommen.

Am Sonntag, den 1. Juni, zieht der Stadtpräsident seine am Abend zuvor gegebene Zusage über Verhandlungen mit den Jugendlichen mit Hinweis auf die neuerlichen Gewalttätigkeiten wieder zurück.

Abends versammeln sich über tausend Jugendliche im Zelt am Opernhaus. Sie beschließen einen Demonstrationszug zur Polizeikaserne und zum Bezirksgefängnis. Neben dem Ausbau der Roten Fabrik zu einem Begegnungszentrum und der sofortigen Freigabe eines leerstehenden Gebäudekomplexes in der Limmatstraße 18/20 (dem späteren ‚Autonomen Jugendzentrum') als Übergangslösung fordern sie die Freilassung der Festgenommenen und die Einstellung aller Strafverfahren. Die Demonstration verläuft ohne Zwischenfälle. Die Stadt erklärt sich in den folgenden Tagen bereit, mit der IGRF weitere Gespräche zu führen und den Jugendlichen das Gebäude Limmatstraße 18/20 zu überlassen.

Bis zur Eröffnung des ‚Autonomen Jugendzentrums' in der Limmatstraße am 28. Juni 1980 kommt es noch zu einer Reihe von Demonstrationen, mit denen die Jugendlichen ihre z.T. ultimativen Forderungen nach Übergabe des ‚Autonomen Jugendzentrums' Nachdruck verleihen. Die Proteste richten sich auch gegen die Strafverfahren gegen Demonstranten, die Vorgehensweise der Polizei und das Aufführungsverbot eines Videofilms über die Geschehnisse des 30. Mai. Vor allem die beiden letztgenannten Themen mobilisieren eine große Anzahl von Demonstrationsteilnehmern, die der Jugendbewegung im engeren Sinne nicht zugehören. Verschiedentlich kommt es zu Krawallen, so am 9. Juni, als Demonstranten versuchen, die Auslieferung der ‚Neue Züricher Zeitung' zu verhindern, die nach ihrer Auffassung diskriminierend über die Protestbewegung berichtet hatte.

Zu größeren Zusammenstößen kommt es wieder am 12. Juli. Über Flugblätter, Pressemitteilungen und illegale Radiostationen war zu einer Demonstration aufgerufen worden, mit der größere finanzielle Unterstützung für die Renovierung des ‚Autonomen Jugendzentrums' durch die Stadt und Straffreiheit für die festgenommenen Demonstranten gefordert werden soll. Vor Beginn kommt es im ‚Autonomen Jugendzentrum' zu einer längeren Diskussion darüber, ob die Demonstration überhaupt abgehalten werden soll, da Informationen vorliegen, nach denen der Stadtrat nicht genehmigte Demonstrationen nicht mehr tolerieren wolle und die Polizei den Zug auflösen werde. Ohne Abstimmung verlassen rund 200 Jugendliche gegen 15.30 Uhr das ‚Autonome Jugendzentrum'. Sie stoßen in unmittelbarer Nähe auf eine Absperrung durch Polizisten, die mit Helmen, Schildern, Gasmasken und Tränengasgranaten ausgerüstet sind. Der Demonstrationszug kommt zum Stehen; auf die polizeiliche Aufforderung, die Demonstration binnen einer Minute aufzulösen, wird nicht reagiert. Der vorrückende Polizeikordon wird mit Flaschen beworfen, die Polizei setzt Tränengas und Wasserwerfer ein. Die Auseinandersetzung dehnt sich schnell über einen Großteil der Altstadt aus; es kommt zu einer zwölfstündigen Straßenschlacht, in deren Verlauf kleinere Gruppen Jugendlicher immer wieder Barrikaden bauen und z.T. anzünden, bis sie von der Polizei mit Tränengas, Wasserwerfern und Gummigeschossen vertrieben werden.

Im Laufe der Auseinandersetzungen werden 124 Jugendliche festgenommen.

Am 4. September 1980 wird das Zentrum nach einer Polizeirazzia geschlossen. Die Jugendlichen fühlen sich betrogen. Heftige Auseinandersetzungen mit der Polizei folgen. Während die Polizei die Anweisung hatte, jegliche Ansammlungen von Demonstranten „im Keim zu ersticken", vergrößerte sich in der Bewegung die Gruppe derjenigen, die im Straßenkampf die allein angemessene Antwort auf die Schließung des ‚Autonomen Jugendzentrums' sahen.

Gleichzeitig wächst die Unterstützung für die Jugendbewegung. Zu Großdemonstrationen im Herbst und im Frühjahr des folgenden Jahres gelingt es, 5.000 bis 8.000 Teilnehmer zu mobilisieren. Unter Vermittlung eines u.a. aus kirchlichen Gruppen gebildeten Trägervereins kann im Frühjahr 1981 mit der Stadt ein neuer Vertrag zur Wiedereröffnung des ‚Autonomen Jugendzentrums' abgeschlossen werden. Obwohl die finanziellen Bedingungen diesmal wesentlich besser sind, wird das ‚Autonome Jugendzentrum', schon im Herbst von den Jugendlichen selbst wieder geschlossen.

Die ständigen Auseinandersetzungen mit Verwaltung und Polizei (allein bis Oktober 1980 kam es zu über 1.000 Verhaftungen) ließen eine große Zahl ehemals engagierter Mitarbeiter des Jugendzentrums resignieren und bewirkten eine Umschichtung der sozialen Gruppen in der Bewegung. Nur noch wenige Jugendliche waren aktiv im ‚Autonomen Jugendzentrum' tätig und weiterhin bereit, sich zu engagieren. Demgegenüber wuchs in der Bewegung die Zahl der Alkoholiker, Drogensüchtigen, entlaufenen Heimjugendlichen und anderer Randgruppen (Punker, Rocker), die nur in geringem Maße bereit waren, sich am Aufbau des ‚Autonomen Jugendzentrums' zu beteiligen. Die Jugendlichen waren mit diesen Problemen überfordert.

Im März 1982 wird das ‚Autonome Jugendzentrum' abgerissen. Eine Vielzahl von Festnahmen und Untersuchungsverfahren und eine große Zahl von Verletzten sind die negative Bilanz der Jugendunruhen.

2. Hintergründe und soziale Bedingungen des Konflikts

Die Jugendproteste und -krawalle von 1980 verweisen zurück auf die studentischen Protestbewegungen Ende der sechziger Jahre, als Jugendliche in vielen westeuropäischen Städten selbstverwaltete Jugendzentren als Freiräume gegen die „autoritären Strukturen" der Gesellschaft forderten. Während nun in anderen Schweizer Städten (Bern, Lausanne ...) diese Forderungen bald erfüllt wurden, blieben ähnliche Bemühungen in Zürich ohne Erfolg.

Obwohl bereits im Jahre 1977 in einer Volksabstimmung über die Freigabe einer leerstehenden Fabrik für die Bevölkerung abgestimmt worden war[1], hatten die Politiker es versäumt, auf die Bedürfnisse derjenigen Jugendlichen einzugehen, die sich in der offiziellen bürgerlichen Kultur und

Lebenswelt nicht zu Hause fühlten und statt dessen eigene Freiräume beanspruchten. Gleichzeitig bedrohte die Ausdehnung der City gerade diejenigen Wohngebiete, in denen die alternative Szene und jugendliche Subkulturen billigen Wohnraum für ihre Wohngemeinschaften, alternativen Betriebe etc. gefunden hatten.[2] Damit schrumpften die Möglichkeiten der Jugendlichen, ihre eigene alternative Kultur zu praktizieren und ihre Vorstellungen vom Andersleben auszuüben.

Der Kulturetat der Stadt Zürich von jährlich etwa 60 Millionen SF floß zu etwa 80 % an die vier Einrichtungen Schauspielhaus, Opernhaus, Kunsthaus und Tonhalle.[3] Viele Jugendliche fanden ihre Bedürfnisse von der städtischen Kulturpolitik nicht berücksichtigt und kritisierten die geringen Mittel für ‚alternative' Kultur.

Die Situation verschärfte sich 1979, als einige der Säle, die den Jugendlichen bisher für selbstorganisierte, billige Konzerte zur Verfügung gestanden hatten, geschlossen wurden. Einige Male wurden Konzerte kommerzieller Veranstalter gestürmt, da die Eintrittspreise als zu hoch empfunden wurden (z.T. mit Billigung der auftretenden Musiker).[4] Verstärkt wurde versucht, in den verbliebenen räumlichen Möglichkeiten ein nichtkommerzielles Rock- und Kulturprogramm zu organisieren, u.a. ein Festival in der Roten Fabrik im Februar 1980. Diese Aktionen und Veranstaltungen wurden getragen von Gruppen wie „Rock als Revolte" und „Freaks am Friitig". Die Rote Fabrik erschien diesen Gruppen als Möglichkeit, ihre Vorstellungen eines Jugendzentrums zu verwirklichen.

Die „Interessengemeinschaft Rote Fabrik" (IGRF) hatte sich in Verhandlungen mit der Stadt für einen Ausbau zum Kulturzentrum eingesetzt, in dem auch Raum für jugendspezifische, ‚alternative' Kultur sein sollte. Die IGRF war ein Zusammenschluß von rund 30 Gruppen und Organisationen des Züricher Kulturlebens. Sie repräsentierte nicht die Jugendzentrumsbewegung, auch wenn es viele Berührungspunkte und gemeinsame Interessen gab. Aus der Sicht von „Rock als Revolte" galt die IGRF als „etabliert" und „legalistisch"[5]

Zum Zeitpunkt der Geschehnisse war ein Teil der Roten Fabrik an Gewerbebetriebe vermietet, etwa die Hälfte der Räume war der Züricher Oper als Lager und Probenraum überlassen.

Im Frühjahr 1980 stand in Zürich die Frage, ob der Oper zur Renovierung ein städtischer Kredit in Höhe von 60 Millionen SF gewährt werden sollte, zur Entscheidung der Stimmbürger an (Abstimmung am 8. Juni). Als Sympathiewerbung war ein „Opernfäscht" organisiert worden, das am 30. Mai in einem Zelt am Opernhaus eröffnet wurde. Den Jugendlichen im Umfeld der „Arbeitsgruppe Rote Fabrik", die aus einer losen Verbindung von Initiativen wie „Rock als Revolte" und auch politischen Jugendorganisationen entstanden war, erschien der Auftakt des Opernfests als geeigneter Anlaß, auf ihre Forderungen hinzuweisen.

3. Umfang und Struktur der Protestbewegung

Über Umfang und sozio-demographische Zusammensetzung der Jugendbewegung liegen nur sehr unsystematische und unvollständige Daten vor. Auf den Umfang der Protestbewegung und die Struktur kann jedoch anhand von Indizien wie Demonstrationsstärken, aktive Teilnehmer, Zahl der Verletzten etc. geschlossen werden.

Kriesi schätzt die Jugendbewegung in Zürich auf ca. 20.000 Menschen. Davon werden ca. 4.000, andere Schätzungen zählen ca. 1.500 bis 3.000[6] Personen, die im Zusammenhang mit der Bewegung festgenommen wurden, als Aktive bezeichnet. Ca. 500 Personen, die mehrmals verhaftet worden sind, repräsentieren schließlich den Kern der Züricher Bewegung.[7]

Die Frage, wie groß denn nun der Anteil der Jugendlichen an der Gesamtzahl der am Protest Beteiligten war, kann nur sehr vorsichtig aus den vorhandenen Zahlen abgeleitet werden. Kriesi hat die Altersstruktur derjenigen Protestteilnehmer in Zürich, die im Zusammenhang mit den Jugendprotesten in ein Strafverfahren verwickelt wurden, als Orientierungswert für die demographische Struktur der Bewegung insgesamt interpretiert (vgl. Tabelle).

Tabelle: Personen, gegen die im Zusammenhang mit den Züricher Jugendprotesten ermittelt wurde

Altersstruktur:	insgesamt:754=100%
unter 18 Jahre	24%
18-19 Jahre	21%
20-25 Jahre	32%
über 25 Jahre	23%[8]

Die Statistik verdeutlicht, daß Jugendliche und junge Erwachsene (bis 25 Jahre) die dominierenden Altersgruppen sind (77 %). Der Unterschied wird noch markanter, wenn nur die unterste Altersklasse betrachtet wird: Von den festgestellten Protestteilnehmern waren 45 % unter 20 Jahren.

Die soziale Zusammensetzung der Protestgruppen kann als heterogen bezeichnet werden. Studenten stellen zwar eine große Gruppe der Protestierenden (22 % Akademiker und Studenten).[9] Arbeiter und Angestellte waren jedoch dominierend (69 %).

Studenten beteiligten sich offensichtlich erst in größerer Zahl an den Auseinandersetzungen, nachdem der Konflikt mit dem Aufführungsverbot eines an der Uni produzierten Videofilmes über die Geschehnisse des 30. Mai eine universitätsinterne Dimension erhalten hatte.

An einzelnen Protesten, vor allem denjenigen, die sich gegen das Verhalten der Polizei richteten, beteiligte sich ein Großteil nichtjugendlicher Demonstranten. Angehörige von politischen Organisationen und Parteien (SP, POCH) nahmen an einer solchen Demonstration am 21. Juni ebenso teil wie Eltern von Jugendlichen; weiter waren unter den rund 6.000 Demonstranten eine Großzahl von Personen, die mit ihrer Anwesenheit eine weitere Eskalation der Konfrontation verhindern wollten; u.a. waren auch Kinder und Rollstuhlfahrer im Zug.

Sowohl der Stadtpräsident wie die Polizei machten in Erklärungen nach den Opernhauskrawallen deutlich, daß an den Plünderungen eine Reihe von Personen beteiligt gewesen sei, die nicht mit den für ein Jugendzentrum kämpfenden Jugendlichen in Verbindung standen.

Die Organisation der Protestteilnehmer ist als sehr lose anzusehen. Der ursprüngliche Aufruf zur Demonstration am Opernhaus war von der Arbeitsgruppe Rote Fabrik ausgegangen. Vor der Eröffnung des ‚Autonomen Jugendzentrums' tritt als einziges Organ der Bewegung die wöchentlich tagende „Vollversammlung" in Erscheinung, an der sich nach Polizeiangaben jeweils zwischen 500 und 1.000 Personen beteiligen. Die Benennung von Sprechern für Verhandlungen mit dem Stadtrat wird von den Jugendlichen immer wieder verweigert. Die Vollversammlung beschloß Protestaktionen ohne eindeutige Verhaltensvorgaben für die Teilnehmer zu geben. Bei verschiedenen Aktionen (31.05., 21.6.) beteiligt sich nur ein kleiner Teil der Demonstrationsteilnehmer an gewalttätigen Auseinandersetzungen, während die Mehrheit sich zurückzieht. Eine zentrale Lenkungsinstanz kann nicht angenommen werden.

Mit der Übernahme des ‚Autonomen Jugendzentrums' bilden sich Arbeitsgruppen (Renovierung, Sanität, Drogen etc.), die aber vor allem eine Rolle innerhalb des ‚Autonomen Jugendzentrums' und weniger bei den Demonstrationen zu spielen scheinen. Teilweise Unterstützung, vor allem in publizistischer Hinsicht, erfahren die Jugendlichen durch Schriftstellerorganisationen (Gruppe Olten), Kulturinitiativen (IGRF) und Parteien (PS, POCH), die auch Vermittlerrollen übernehmen.

4. Konflikdynamik und Eskalation

4.1 Strategien und Aktionen der Protestgruppen

Aus den Veranstaltungen des Winters 1979/80 war die ARF hervorgegangen, die auch das Fest am 17./18. Mai (mit rund 2.000 Teilnehmern) veranstaltete, bei dem die Opernhausdemonstration beschlossen wurde.

Diese Demonstration, die illegal durchgeführt wurde (in der Schweiz sind Demonstrationen genehmigungspflichtig), sollte nach Darstellung der ARF friedlich verlaufen. Ein Mitglied der ARF umriß die Zielsetzung der Demonstration: „Wir wollten diesen Mißstand um die Rote Fabrik aufzeigen und den Leuten klarmachen, daß die Stadt Zürich bloß 1 % der Kulturausgaben für die Jugend einsetzt, derweil die 'etablierte Kultur à la Opernhaus' noch und noch subventioniert wird.“[10.] Nach Darstellung der ARF sollte der Zugang zum Opernhaus für eine halbe Stunde blockiert werden. „Wenn uns schon seit Jahrzehnten ein Jugendhaus vorenthalten wird, (...), sollten auch die Opernhaus-Besucher mal eine halbe Stunde warten können“.[11]

Die Schuld an der Eskalation, von der man sich überrascht zeigte, wies die ARF der Polizei zu, die die Jugendlichen vom Opernhauseingang abgedrängt hatte.

Die Gewalt der Demonstranten sei durch das plötzliche Erscheinen der Polizei ausgelöst worden, die aus dem Opernhaus kommend die Jugendlichen vom Eingang abdrängte und mit einem Kordon den Opernhausbesuchern den Zugang freihielt. Erst danach seien Eier und Flaschen geworfen worden. Auch hätten sich erst nach dem „provokativen Polizeiaufmarsch“ in den Seitenstraßen die ersten Demonstranten mit Baulatten „bewaffnet“.[12]

Die Angriffe auf die Opernhausbesucher wurden von einzelnen Jugendlichen damit gerechtfertigt, daß diese die Polizisten zum Zuschlagen angespornt hätten.[13]

Während der Anlaß der Krawalle im Auftreten der Polizei gesehen wird, wird die dann zutage tretende Gewalttätigkeit der Demonstranten erklärt mit den jahrelang angestauten Frustrationen über die Situation der Jugendlichen in der Stadt, die in Aggression umgeschlagen sei. Ein Sprecher der ARF: „Wenn man mit einer so kleinen Situation soviel auslösen kann, dann spricht das für sich selber“.[14]

Die ARF veröffentlichte eine Stellungnahme zu den Ereignissen des Wochenendes: „Am Fest vom 17./18. Mai in der Roten Fabrik beschlossen die Teilnehmer, zusammen mit der ARF eine Demonstration vor dem Opernhaus zu veranstalten. (...). Die Kundgebung verlief jedoch völlig anders als geplant. Der Opernhauseingang sollte für eine halbe Stunde gewaltfrei gesperrt werden, um die Öffentlichkeit über unsere Anliegen zu informieren. Die ARF hatte jedoch nicht mit dem provokativen Verhalten seitens der Polizei gerechnet. Die logische Reaktion darauf war der Versuch, durch Verkehrssperren am Bellevue die öffentliche Aufmerksamkeit doch noch zu erlangen. Provoziert durch weitere, immer massivere Polizeieinsätze, wurden zunächst Barrikaden am Limmatquai errichtet. Weiter angeheizt durch Tränen-, CB-Gase und Gummigeschosse, fand die aufgestaute Wut schließlich im Sturm auf den Rathausposten ihren Ausdruck.

Die Ausschreitungen widerspiegeln den jahrelang aufgestauten, tiefsitzenden Unmut der Züricher Jugend. Diese durch unsere Lebensbedingungen erzeugten Aggressionen sind unberechenbar und kommen in bestimmten Situationen zum Ausbruch. Ein solcher Ausbruch ist nicht organisierbar!

Wir sind prinzipiell an weiteren Verhandlungen mit kompetenten Leuten (Stadtrat) interessiert, werden uns aber keinesfalls mit leeren Versprechungen abspeisen lassen."[15]

Als Beweis für die friedlichen Absichten der Jugendlichen wird der Verlauf der Demonstration am Abend des 1. Juni (Sonntag) angeführt, bei der sich die Polizei zurückgehalten habe und es deshalb nicht zu Auseinandersetzungen gekommen sei.

Die Ereignisse der ersten Krawallwochenenden liefern ein anschauliches Beispiel für die Bedeutung von Legitimationsmustern, Realitätsannahmen und Interpretationen für die Mobilisierung neuer Unterstützer und das Anwachsen der Bewegung. Spätere Demonstrationen und Auseinandersetzungen mit der Polizei wurden durch vorangegangene bedingt und von den Jugendlichen auch damit begründet.

Während an den beiden Krawalltagen jeweils rund 200-300 Demonstranten beteiligt waren, nahmen an der Demonstration am Sonntagabend, mit der vor allem die Einstellung der Strafverfahren gefordert wurde, bereits rund 1.500 Menschen teil.

Das Aufführungsverbot für einen Videofilm des Ethnologischen Seminars der Universität, der die Geschehnisse des 30. Mai als von der Polizei provoziert darstellt, läßt die Auseinandersetzungen auf die Universität übergreifen.

Auch die Medien, die über die Ereignisse berichten, werden in die Auseinandersetzung hineingezogen. So wird nach einem bewegungskritischen Kommentar am 9. Juni versucht, die Auslieferung der „Neue Züricher Zeitung" zu verhindern. Andererseits führt ein Aufruf zum Anzeigenboykott gegen den „Tagesanzeiger" in der „Schweizerischen Arbeitgeber-Zeitung" wegen dessen angeblich sympathisierender Berichterstattung zu Demonstrationen zur Verteidigung der Pressefreiheit.

Die größte Demonstration des Sommers 1980 mit über 5.000 Teilnehmern, die keineswegs alle der Jugendbewegung zuzurechnen sind, richtete sich gegen das Vorgehen der Polzei und stand unter dem Motto „Ohne Polizei kein Krawall" (20.6.).

4.2 Vorgehensweise der Polizei und Reaktionen

Die Polizei hatte etwa um 19.30 Uhr mit den dreißig Beamten, die zuvor im Opernhaus postiert worden waren, die Blockade der Jugendlichen durchbrochen und den Opernhausbesuchern einen Durchgang eröffnet. Etwa siebzig

Polizeibeamte versuchten die Jugendlichen vom Operneingang fernzuhalten. Um 20.15 stellte die Polizei ein Ultimatum an die Demonstranten, die Demonstration innerhalb von 15 Minuten aufzulösen. Um 20.30 wurden die Jugendlichen unter Tränengaseinsatz vom Opernvorplatz Richtung Bellevue vertrieben. Dort begannen sie Straßenbahnschienen mit Kanaldeckeln zu blockieren, Barrikaden zu bauen und Straßenbahnen, die wegen der blokkierten Gleise anhalten mußten, lahmzulegen. Die Polizei fuhr mit Mannschaftsbussen in die Menge der Demonstranten und feuerte Tränengas- und CS-Gaspatronen und Gummmigeschosse in die Menge, um sie zu zerstreuen. Gegen 23 Uhr ging eine Kette mit Helmen und Schildern ausgerüsteter Polizisten gegen die Demonstranten vor. Diese wichen über den Limmatquai aus, wobei sie Zerstörungen an Fahrzeugen und Blumentrögen anrichteten und ein Café demolierten. Der versuchte Sturm auf den Rathausposten der Kantonspolizei wurde nur durch massivsten Polizeieinsatz abgewehrt. Auf dem Limmatquai wurden weitere Barrikaden errichtet und in Brand gesteckt. Gegen 2 Uhr versuchte die Polizei einen Großeinsatz (mittlerweile waren 170 Beamte der Stadt und der Kantonspolizei im Einsatz). Das in großen Mengen eingesetzte Tränengas hüllte das ganze Stadtviertel ein und drang in die Wohnungen ein. Während sich die Polizei nach dem relativ erfolglosen Einsatz wieder sammelte, kam es zu den ersten Plünderungen im größeren Umfang. Die Auseinandersetzungen dauerten bis zum frühen Morgen. Der Tagesanzeiger stellte das Verhalten der Polizei in dieser Phase so dar: „Die Polizei fuhr mit ihren beschädigten Mannschaftswagen von Schauplatz zu Schauplatz und wurde sichtlich gereizter: Wahllos wurden von den Einsätzen auch Unbeteiligte und Pressevertreter betroffen. Erst etwa um 5.30 Uhr kehrte beim Limmatquai endlich Ruhe ein".[16]

Die Szenen der darauffolgenden Nacht ähneln den beschriebenen. Zu verschärften Auseinandersetzungen kam es etwa ab 23 Uhr. Zuvor hatte sich die Polizei nach einer Vermittlungsaktion eines SP-Kantonsrats vom Opernvorplatz zurückgezogen, ohne die sich dort bildende Demonstration aufzulösen. In der Folge der Vermittlungsgespräche verließ ein Großteil der dort versammelten Jugendlichen die Demonstration. Nur eine zunächst relativ kleine Gruppe, die im Laufe der Nacht aber bis auf rund 300 Menschen anwuchs, begann mit neuerlichen Zerstörungen. Stärker als in der ersten Nacht versuchte die Polizei unter den vor allem an den Plünderungen Beteiligten Festnahmen zu machen. Insgesamt nahm sie in beiden Nächten 45 Personen fest.

Wie der Züricher Polizeipsychologe Werner Bosshard in einem Zeitungsinterview sagte, habe die Polizei am 30. Mai den Auftrag gehabt, das Opernhaus zu schützen. Für die Beamten habe die Anweisung gegolten, sich möglichst wenig zu zeigen. Lange Zeit sei die Polizei nicht in Erscheinung getreten, um keine Emotionen zu wecken. Die Jugendlichen hätten von vornherein eine gewaltsame Auseinandersetzung gesucht, was aus der mitgebrachten Ausrüstung (Wurfgegenstände) erkennbar sei.[17]

Der Züricher Polizeichef und Stadtrat Hans Frick verteidigte die Polizei gegen Kritik in der Öffentlichkeit, sich zu sehr zurückgehalten zu haben und nicht hart genug gegen die Randalierer vorgegangen zu sein.

„Man wollte nicht wieder in die gleiche Schußlinie von massiven Vorwürfen geraten wie 1968 bei den Globus-Krawallen, wo es zu handgreiflichen Szenen gekommen war. Deshalb habe man in den jüngsten Ausschreitungen versucht, mit Tränengas und Gummigeschossen zwischen Demonstranten und Polizeiaufgebot Abstand zu wahren. Lediglich bei eindeutig kriminellen Handlungen seien die Beamten angewiesen gewesen, handgreifliche Demonstranten oder Plünderer festzunehmen, erklärte Frick.“[18]

Frick erklärte weiter, die Polizei sei nur mit einem relativ kleinen Aufgebot präsent gewesen und habe sich deshalb jeweils zurückziehen müssen, um neue Munition heranzuführen.

Die Entwicklung des Freitagabends, so Frick, sei für die Polizei unerwartet gewesen.

„Das Kommando für die 30 Mann der Stadtpolizei, die mit Helm und Schutzschild im Opernhaus Stellung bezogen hatten, lautete lediglich: Sichern des Opernhauseinganges, Gewährleistung des freien Zugangs für Opernhausbesucher. Stadtrat Frick erläuterte weiter, daß diese Maßnahme notwendig gewesen sei, nachdem er erfahren habe, daß die Demonstranten nicht nur einen Sitzstreik beabsichtigten. Die Tatsache sei unbestritten, daß einige unter ihnen mit Eiern, Farbbeuteln und Tomaten angerückt waren. Die Absicht, später auch härtere Geschosse zu verwenden, sei klar gewesen. Um eine unüberblickbare und äußerst schwerwiegende Eskalation zwischen den Demonstranten und Opernhausbesuchern zu verhindern, hätten dann die Polizisten den Befehl erhalten, sich vor dem Eingang zu postieren. Wie Frick abschließend meinte, hätte es einen unendlich massiveren Einsatz gefordert, wenn sich bereits zwei Fronten (Demonstranten/Opernhausbesucher) gebildet hätten. Außerdem hatten die Beamten lange genug versucht, die Demonstranten im Gespräch und über Megaphon von gewalttätigen Aktionen abzuhalten. Erst als Pflastersteine gegen die Polizei geschleudert worden waren, erhielten die Beamten den Befehl, die Demonstration aufzulösen. Mit dem Einsatz von Tränengas und Gummigeschossen wurde versucht, in zeitlich beschränkten Ausschreitungen die Demonstranten zurückzudrängen. Man hatte gehofft, daß sich beim jeweiligen Rückzug der Polizei die Lage beruhigen würde. Die Demonstranten ihrerseits sahen darin jedoch jedesmal einen erneuten Sieg über die Ordnungshüter und fühlten sich zu einem nächsten Angriff regelrecht herausgefordert."[19] Frick lobte die eingesetzten Beamten als „ruhig und besonnen".[20]

Auf einer Pressekonferenz erklärte die Polizei, es sei ihre Strategie gewesen, „die Randalierer nicht einzukreisen, um die härteste Konfrontation zu vermeiden."[21]

In der Nacht zum Sonntag sei die Polizei „scharf gegen Plünderer vorgegangen", erklärte die Stadtpolizei in einem Kommunique.[22] In den Pressekommentaren, soweit sie bei der Untersuchung der Vorgänge vorlagen, wurde das Vorgehen der Polizei insgesamt als richtig und gerechtfertigt angesehen. Die liberale Presse kritisierte vereinzelte Übergriffe einzelner Beamter[23], die konservative ließ leise Kritik am zu schwachen Polizeiaufgebot anklingen.[24]

Als Reaktion auf die Ereignisse kündigte die Polizeiführung an, man werde die beiden Wasserwerfer der Stadtpolizei so umrüsten, daß sie ein Tränengas-Wasser-Gemisch spritzen könnten. Die Wasserwerfer, die nach den Auseinandersetzungen von 1968 angeschafft worden waren, waren an diesem Wochenende nicht eingesetzt worden, da die Polizei nicht an ihre Wirksamkeit geglaubt habe und sich nach ausländischen Erfahrungen lediglich vom Einsatz von Tränengas Wirkungen versprochen habe.[25]

Im weiteren Verlauf der Auseinandersetzungen änderte die Polizei ihre Taktik dahingehend, daß sie versuchte, durch „Greiftrupps" verstärkte Festnahmen unter den Demonstranten durchzuführen. Dieses Konzept erwies sich jedoch nicht als allzu erfolgreich. Später wurde dazu übergegangen, ganze Demonstrantengruppen einzukreisen und präventiv festzunehmen.[26] Von den zahlreichen Verhaftungen, vor allem ab August 1980, gehe eine abschreckende Wirkung aus, wie der Kommandant-Stellvertreter der Stadtpolizei, Dr. Richard Züricher, annimmt.[27]

Bis zum Ende des Jahres entwickelt sich bei der Polizei die Einschätzung, es gehe den Jugendlichen „primär weder um ein Jugendzentrum noch um ein autonomes Jugendzentrum".[28] Ein derartiger rechtsfreier Raum könne nicht geduldet werden, was auch den Vertretern des Protestes klar sein müsse. Das Ziel der Protagonisten sei ein anderes: „Die immer wieder lautstark verkündete Forderung nach Autonomie (es sollen nur noch die von der Vollversammlung beschlossenen Verhaltensregeln gelten) ist m.E. nichts anderes als Bestandteil einer ganz perfiden Taktik: Man fordert Unerfüllbares, um sich permanente und immergrüne Vorwände für ‚actions' jeden Kalibers zu sichern"[29] (Züricher, S. 12). Diese Einschätzung verbindet sich mit dem Bild von der Zusammensetzung der Protestbewegung. Beteiligt seien neben einem harten Kern von „Drahtziehern" v.a. von diesen manipulierte „Ausgeflippte", Jugendliche, die im Krawall eine „alternative Form der Freizeitbeschäftigung" gefunden hätten, „organisierte Linksextremisten" und „Idealisten und ‚logen‘ wie Psychologen, Soziologen, Politologen, Ethnologen, Theologen, Psychiatern, Ärzten, Sozialarbeitern, Streetworker, die zufolge ihrer beruflichen Kontakte oder aus anderen Gründen wirklich an die Existenz eines echten Jugendproblems glauben“.[30]

Die Polizei geht demgegenüber offenbar nicht von der Existenz eines Jugendproblems aus, sondern sieht sich zur Verteidigung des Rechtsstaats aufgerufen, der durch politisch motivierte Drahtzieher bedroht scheint.

4.3 Politische Antworten

Der Züricher Stadtrat zeigte sich von den Ausschreitungen in der Folge der Opernhausdemonstration überrascht. Er verurteilte die Krawalle scharf und deutete an, daß derartige Vorkommnisse die Chancen eines selbstverwalteten Jugendzentrums schmälerten. Er bekräftigte aber seine Bereitschaft, weiter mit der IGRF über ein Kulturzentrum in der Roten Fabrik zu verhandeln. Auch die Forderung der Jugendlichen, mit dem Gebäude Limmatstraße 18/20 eine Versammlungs- und Veranstaltungsmöglichkeit zur Verfügung zu stellen, wurde vorbehaltlich der Trägerfrage für verhandelbar erklärt.

Der Stadtpräsident und die für Jugend- und Sozialpolitik zuständige Stadträtin stellten sich in einer Vollversammlung einige Tage nach den Opernhauskrawallen der Diskussion mit den Jugendlichen und erläuterten die Linie der Stadt.[31]

Die Sozialistische Partei (SP) Zürich erklärte sich bereit, die Trägerschaft für die Limmatstraße zu übernehmen und übergab die Schlüssel ohne Bedingungen an die Jugendlichen; dadurch war die Eröffnung des ‚Autonomen Jugendzentrums‘ möglich. Die SP hatte wie ARF und IGRF gegen den Opernhauskredit votiert. In den Auseinandersetzungen im Mai und Juni waren ihre Mandatsträger verschiedentlich als Vermittler zwischen den Jugendlichen einerseits und der Stadt bzw. der Polizei andererseits aufgetreten.

Die Progressive Organisation (POCH) solidarisierte sich in einer Erklärung mit den Forderungen der Jugendlichen und übernahm die Darstellung der ARF, wonach die Opernhauskrawalle durch das Verhalten der Polizei provoziert wurden.[32] POCH und SP traten einige Male als Mieter von Sälen auf, in denen die Jugendlichen dann ihre Vollversammlungen abhielten. Im Gegensatz dazu verurteilten die Züricher Sektionen der Schweizerischen Volkspartei (SVP) und der Freisinnig-Demokratischen Partei (FDP) die Gewalt der Demonstranten scharf. Die FDP sprach in ihrer Erklärung davon, daß hier eine kleine Gruppe versuche, in der Auseinandersetzung um den Opernhauskredit der Bevölkerung „mit brutalsten Ausschreitungen (...) ihren Willen auf(zu)zwingen“.[33]

Die SVP sah in den Ausschreitungen „die Drachensaat in der Gosse“[34] aufgehen, die linke „Politdemagogen“ gesät hätten. Die beiden Parteien setzten die Krawalle in Beziehung zur Frage des Opernhauskredits. Auf die Forderung nach einem Jugendzentrum wurde in den Erklärungen nicht eingegangen. Die SVP rief dazu auf, bei der Abstimmung über die Opernhausvorlage „mit einem klaren Ja denjenigen eine Antwort zu erteilen, die mangels Argumenten mit Wurfgeschossen, Sprengkörpern und Zerstörungswut die Vorlage bekämpfen“.[35] Die Opernhausvorlage wurde am Wochenende vom 7./8. Juni von der Züricher Stimmbürgerschaft mit 52.279 Jastimmen gegen 45.482 Neinstimmen angenommen.[36]

5. Erfolg, Mißerfolg und Enttäuschungsverarbeitung

Der Protest der Jugendlichen in Zürich konnte nur minimalen Einfluß auf politische Entscheidungen nehmen.

Die Jugendlichen konnten sich in ihren Forderungen nach einem eigenen Jugendzentrum nicht durchsetzen. Statt dessen ist wohl einer Vielzahl von ihnen ihre mißliche Lage in der Stadt deutlich geworden. Die Distanz und das Mißtrauen gegenüber der etablierten Politik dürften durch die Konflikte eher vergrößert worden sein. Immerhin gelang es den Vertretern der Bewegung, bei den Züricher Wahlen im Frühjahr 1982 über 7.000 Stimmen zu erhalten.[37]

Die Öffentlichkeit hat sich an den Züricher Unruhen polarisiert. Die Vertreter einer „harten Züricher Linie“ fühlten sich durch ihren Wahlsieg 1982 bestätigt. Die SP dagegen, die sich als Vermittlerin für die Jugendlichen und deren Interessen eingesetzt hatte, war über die Jugendunruhen innerlich zerstritten und wurde bei der Wahl zum großen Verlierer.

Die „harte Züricher Linie“ findet weitere Bestätigung in einem Urteil des Bundesgerichts: Der Landfriedensbruchparagraph wird verschärft. Künftig kann in der Schweiz jeder des Landfriedensbruchs schuldig gesprochen werden, der „willentlich in einer Menschenmenge verbleibt, die von einer, für die Friedensordnung bedrohlichen Grundstimmung getragen wird“.[38] Eine politische Lösung der Jugendprobleme wird von den Politikern, so scheint es, nicht in Betracht gezogen.

Die (Jugend-)Bewegung war in den Medien erfolgreich: Durch ihre besonderen Aktionsformen (Massendemonstrationen, Gesetzesverletzungen, Phantasie und Gewalt) zog sie die Aufmerksamkeit der Medien auf sich und brachte so neue Themen in die öffentliche Diskussion ein. Auf diese Weise konnte sie die öffentliche Meinung beeinflussen.

Weniger oder nicht erfolgreich war sie in der Beeinflussung politischer Entscheidungen im Hinblick auf ihre Ziele.

6. Schlußfolgerungen zur Divergenz der Perspektiven in der Thematisierung des Konflikts

Die unterschiedliche Konstruktion der Wirklichkeit in der jugendlichen Subkultur und Protestgruppe auf der einen Seite und staatlicher Institutionen auf der anderen führt zu differentieller Interpunktion von Ereignissen.

Vor allem die Frage, von wem Gewalt ausgeht und wann Regeln der Konfliktaustragung (Abmachungen, Versprechen) gebrochen worden sind, haben in dem Konflikt zu Reaktionsspiralen geführt, die oft gewaltsame Auseinandersetzungen zur Folge hatten.

Was Ursache und was Wirkung ist, läßt sich nur aus der jeweiligen Perspektive der Akteure und aus deren Bild von ihrem Gegenüber ableiten. In einer durch Mißtrauen gekennzeichneten Situation wie der des Konflikts wird dies, vor allem bei Nichtvorhandensein von unbeteiligten Dritten als Realitätsgaranten, Prozesse der ‚self-fullfilling prophecy' initiieren. Die Vorwegnahme des Verhaltens der jeweiligen Konfliktgegner im eigenen Auftreten und Verhalten wird vom jeweils Anderen als Bestätigung des eigenen Bilds vom Gegner erfahren, auf das man nun seinerseits reagieren muß. Die Erfahrung von Polizisten, beispielsweise, daß selbst bei als gewaltfrei angekündigten Demonstrationen noch Gewalt gegen sie ausgeübt wurde, hat das Bild der Polizei von Demonstranten als Chaoten und Krawallmachern verstärkt und zu technischen Verbesserungen in der Ausrüstung und zu veränderten Strategien der Polizei geführt. Dem entsprechen Erfahrungen, die Demonstranten machten: Als in Zürich „Rädelsführer" in Präventivhaft genommen und die Erfahrung gemacht wurde, daß das Verhalten der Polizei bei Protesten und bei illegalen Aktionen immer auch von der Stärke der Konfliktpartei, also der Protestgruppen, abhängig ist, drängte sich für viele Jugendliche das Bild auf, daß Politiker und Polizei sich weder an ihre Abmachungen noch an geltendes Recht halten, sondern beides opportunistisch zu ihren Zwecken einsetzen. Diese Erfahrungen führten zur Radikalisierung der Protestszene, die nun ihre eigenen, auch gewaltsamen Aktionen mit dem Hinweis auf das Verhalten des Gegners legitimiert.

Anmerkungen

1) Vgl. SCHÄR, S.: Das Protestfest, Pp 23-26 in: H.BÜTLER & T. HÄBERLING (Ed.), Die neuen Verweigerer, Unruhen in Zürich und anderen Städten, Zürich 1981, S. 25
2) Vgl. KRIESI, H.J.: Die Züricher Bewegung, Bilder, Interaktionen, Zusammenhänge, Frankfurt/M./NewYork, S. 202
3) Vgl. INFRAROT, September 1980
4) Vgl. ebenda
5) Vgl. STILETT, April 1980, zit. nach NEUE ZÜRICHER ZEITUNG vom 7.6.1980

6) Vgl. HALLER, M.: Aussteigen oder rebellieren, Jugendliche gegen Staat und Gesellschaft, Reinbek 1981, S. 145
7) Vgl. KRIESI, a.a.O., S. 216
8) ebenda, S. 213
9) Vgl. ebenda, S. 216
10) VATERLAND, 3.6.1980
11) POCH-ZEITUNG, 5.6.1980
12) ebenda
13) Vgl. TAGESANZEIGER, 6.6.1980
14) POCH-ZEITUNG, 5.6.1980; VATERLAND, 3.6.1980
15) POCH-ZEITUNG, 5.6.1980
16) TAGESANZEIGER, 2.6.1980
17) Vgl. ebenda
18) TAGESANZEIGER, 3.6.1980
19) ebenda
20) TAGESNZEIGER, 2.6.1980
21) NEUE ZÜRICHER ZEITUNG, 2.6.1980
22) TAGESANZEIGER, 2.6.1980
23) Vgl. ebenda
24) Vgl. NEUE ZÜRICHER ZEITUNG, 2.6.1980
25) Vgl. TAGESANZEIGER, 3.6.1980
26) Vgl. ZÜRICHER, R.: Erfahrungen über Führung und Einsatz anläßlich unfriedlicher demonstrativer Aktionen in Zürich, Vortrag gehalten am 9.11.1981 vor der Polizeiführungsakademie in Münster, S. 19
27) Vgl. ebenda, S. 19
28) ebenda, S. 19
29) ebenda, S. 12
30) ebenda, S. 13/14
31) Vgl. TAGESANZEIGER, 6.6.1980
32) Vgl. POCH-ZEITUNG, 5.6.1980
33) NEUE ZÜRICHER ZEITUNG, 2.6.1980
34) ebenda
35) ebenda
36) Vgl. VOLKSRECHT, 9.6.1980
37) Vgl. ZÜFFLE, M. & JÜRGMEIER: Paranoia City oder Zürich ist überall, Reinbek 1982, S. 14
38) ebenda, S. 14

Literaturverzeichnis

BÜTLER, H. & HÄBERLING, T. (Ed.): Die neuen Verweigerer, Unruhen in Zürich und anderen Städten, Zürich 1981

HALLER, M.: Aussteigen oder rebellieren, Jugendliche gegen Staat und Gesellschaft, Reinbek 1981

INFRAROT, September 1980

KRIESI, H.J.: Die Züricher Bewegung, Bilder, Interaktionen, Zusammenhänge, Frankfurt/M./New York 1984

NEUE ZÜRICHER ZEITUNG
02.06.1980
07.06.1980
23.06.1980
14.07.1980
POCH-ZEITUNG, 05.06.1980
SCHÄR, S.: Das Protestfest, Pp. 23-26 in: H. BÜTLER & T. HÄBERLING (Ed.), Die neuen Verweigerer, Unruhen in Zürich und in anderen Städten, Zürich 1981
TAGESANZEIGER
02.06.1980
03.06.1980
06.06.1980
14.07.1980
VATERLAND, 03.06.1980
ZÜFFLE, M. & JÜRGMEIER: Paranoia City oder Zürich ist überall, Reinbek 1982
ZÜRICHER, R.: Erfahrungen über Führung und Einsatz anläßlich unfriedlicher demonstrativer Aktionen in Zürich, Vortrag vom 9. September 1981, gehalten vor der Polizeiführungsakademie in Münster

10. Verlaufsstudie: Paris, Frankreich 1986

Die Studentenproteste des November und Dezember 1986 in Frankreich

1. Chronologie der Ereignisse

Die studentischen Protestbewegungen im Frankreich der frühen 80er Jahre knüpfen in erster Linie an hochschulpolitischen Problemstellungen an, die von der jeweiligen Regierung in Form umfassender Reformprojekte vorgegeben werden:

Im Mai 1980 wird unter Federführung der konservativen Regierung eine Verschärfung der Zulassungsbeschränkungen für ausländische Studenten in Aussicht gestellt, die für Studenten in Paris und in einigen anderen Universitätsstädten Anlaß zu heftigem Protest geben: In Paris finden Barrikadenkämpfe mit Tränengaseinsätzen seitens der Polizei statt; ein Demonstrant erleidet bei der Flucht vor der Polizei tödliche Verletzungen.[1]

Eine Debatte über die Reformierung der Prüfungsordnungen für Medizin- und Jurastudenten im Frühjahr 1983 mündet in eine Massenmobilisierung betroffener und sympathisierender Studenten, die weitgehend friedlichen Charakter trägt, aber von Mitgliedern der wiedererstarkten extremen Rechten zum Anlaß für einzelne gewalttätige Auseinandersetzungen mit der Polizei genommen wird.[2]

Im Juni 1984 führen Reformpläne der Linksregierung für die privaten Schulen, die einer schärferen staatlichen Aufsicht unterzogen werden sollen, zur zeitweisen Mobilisierung von mehreren Hunderttausend Menschen. Das Reformvorhaben muß daraufhin zurückgestellt werden.

Mit der jüngsten studentischen Protestbewegung des Jahres 1986, die hier einer näheren Betrachtung unterzogen werden soll, wird ein neues Stadium quantitativen und qualitativen Engagements gegen ein Reformprojekt der französischen Regierung erreicht. Im Mai 1986 – kurz nach der Regierungsübernahme der Koalition aus drei konservativen Parteien (R.P.R., U.D.F., C.D.S.) – legte der Minister für das Hochschulwesen, Alain Devaquet, ein Gesetzespaket vor, das den Status der Professoren innerhalb der Universität aufzuwerten versprach und den Universitäten größere Autonomie in der Auswahl der Studenten, der Festlegung von Studiengebühren und der Ausstellung von Diplomen verleihen sollte.[3] Zunächst reagieren die studentischen Vertretungen an mehreren Hochschulen mit der Durchführung von Informationsveranstaltungen (ab Juli 1986), die jedoch ohne größere Resonanz bleiben.[4] Erst nach seiner Lesung durch den Senat am 12.11. wird das Gesetzesprojekt zum Gegenstand einer Vollversammlung an der Pariser Vorortuniversität Villetaneuse, wo am 14.11. der Streik gegen das Reformvorhaben beschlossen wird.[5] Innerhalb der folgenden Tage breitet sich der Protest rasch aus.[6] Am 22.11. wird auf der Jahresversammlung der einflußreichsten studentischen Organisation U.N.E.F.-I.D. (= Union Nationale des Etudiants de France – Indépendante et Démocratique) von 2.000 versammelten Vertretern der französischen Hochschulen zum generellen Vorlesungsboykott aufgerufen und ein Demonstrationstag für den 27.11. angesetzt. Der Streik wird in der Folgezeit von nahezu allen französischen Universitäten befolgt (70 von 78 Universitäten schließen sich ihm an), und der Demonstrationstag wird mit 300.000 Teilnehmern in Paris und 200.000 in der Provinz zum studentischen Erfolg. In Paris kommt es am Rande der Demonstration jedoch zu gewalttätigen Auseinandersetzungen mit behelmten und mit Knüppeln bewaffneten rechtsextremen Jugendlichen, die den Demonstrationszug mit Steinen und Molotow-Cocktails attackieren; die beiderseitigen Ausschreitungen enden mit dem Eingreifen der Polizei.[7]

Nach dem Mobilisierungserfolg der Studenten vom 27.11. beschließen die Regierungsparteien, das Hochschulreformprojekt von einer parlamentarischen Kommission prüfen zu lassen. Die studentische Koordination, die sich unterdessen aus der Streikbewegung formiert hat, besteht jedoch auf der völligen Zurücknahme des Projekts und beschließt die Weiterführung des Streiks (29.11.). Die Unnachgiebigkeit der studentischen Seite und der sich weiter ausdehnende Vorlesungsboykott führt zur Aufgabe eines Teils des Reformvorhabens durch die Regierung am 3.12., deren Entscheidung allerdings erst am 5.12. bekanntgegeben wird. In der Zwischenzeit (4.12.) findet eine weitere Großdemonstration mit 500.000 Teilnehmern in Paris und etwa 300.000 in anderen französischen Städten statt. Auch diesmal befinden sich 200-300 Rechtsradikale in der Nähe des Pariser Demonstrationszuges, die durch einen Polizeikordon von der Menge der Demonstranten getrennt werden. Etwa 30 behelmte und mit Knüppeln bewaffnete Personen greifen gegen 18 Uhr in der Nähe der Nationalversammlung die Polizeisperren mit Steinen an, worauf die Beamten mit Tränengas antworten. Die wachsende Menge herbeieilender und sich an den Auseinandersetzungen beteiligender Demonstranten führt zur Verlängerung und gewalttätigen Eskalation des Konflikts: Tränengasgranaten werden auch in unbeteiligte Demonstrantengruppen abgeschossen; Demonstranten werfen Steine gegen die Polizei und zünden Polizeifahrzeuge an. Es werden drei Demonstranten durch Tränengasgranaten schwerverletzt.[8]

Die gewalttätige Eskalation der Demonstration vom 4.12. führt am folgenden Tag zu spontanen Protestkundgebungen gegen die harte Vorgehensweise der Polizei (20.000 Teilnehmer). In deren Folge wird am Morgen des 6.12. gegen 1 Uhr eine Menschenansammlung vor der Sorbonne von einem größeren Polizeikontingent aufgelöst. Die Studenten werden von Spezialeinheiten auf Geländemotorrädern verfolgt; es kommt zu heftigen Schlagstockeinsätzen. Die Polizeiaktion nimmt mit dem Tod eines Demonstranten ein tragisches Ende: Nach Zeugenaussagen verfolgen drei Polizisten zu Fuß einen einzelnen Demonstranten und schlagen mit Schlagstökken auf ihn ein. Sie wenden sich schließlich von dem im Gesicht blutenden jungen Mann ab, um einem Kollegen zu Hilfe zu kommen. Unterdessen sucht der Verletzte in einem Hauseingang Schutz. Ein heimkehrender Hausbewohner läßt ihn eintreten, doch inzwischen sind die drei Polizisten wieder erschienen und drängen beide in den Hauseingang. Der Demonstrant und der Hausbewohner werden mit Schlagstöcken, Faustschlägen und Fußtritten behandelt. Nachdem es dem Hausbewohner gelingt, seinen Dienstausweis (Behördenangestellter) vorzuzeigen, lassen die Polizeibeamten von ihm ab und ziehen sich dann zurück. Der zusammengeschlagene Demonstrant stirbt kurze Zeit später.[9]

Als Konsequenz aus den Ereignissen des 6.12. erklärt der Hochschulminister Devaquet noch am gleichen Tag seinen Rücktritt.

Der 6. Dezember 1986 ist von Demonstrationen gekennzeichnet, mit denen die Studenten ihrer Betroffenheit über den Tod des jungen Mannes Ausdruck verleihen (30.000 Teilnehmer vor der Sorbonne). Die Protestzüge finden anfänglich in friedlicher Atmosphäre statt. Erst gegen 22 Uhr kommt es im Quatier Latin zum Angriff einer kleinen Gruppe vermummter Demonstranten, die Steine und Flaschen in Richtung der anwesenden Polizeibeamten werfen. Es werden Barrikaden errichtet und angezündet sowie Schaufenster eingeworfen. Erst vier Stunden nach Beginn der Provokationen greift die Polizei ein und drängt die radikalen Gruppen ab.[10]

Die heftigen Kontroversen, die in der französischen Öffentlichkeit um das Hochschulreformprojekt und um die harten Auseinandersetzungen geführt werden, veranlassen Premierminister Chirac am 8.12. zum völligen Rückzug der Gesetzesvorlage und später auch zur Zurückstellung weiterer umstrittener Gesetzespakete (Gesetz zur Erlangung der französischen Staatsbürgerschaft, Teilprivatisierung der Gefängnisse u.a.). Die Studenten und die sich mit ihnen solidarisierenden Gewerkschaften geben in den folgenden Tagen noch einmal ihrer Betroffenheit in Kundgebungen und Arbeitsniederlegungen Ausdruck (Gedenkmarsch am 8.12. mit 20.000 Teilnehmern, Demonstration gegen das Vorgehen der Polizei am 10.12. mit 200.000 Teilnehmern, Arbeitsniederlegung in den Behörden am 10.12.). Am 11.12. erklärt die studentische Koordination den Streik für beendet und beschließt – mit der Maßgabe der Bildung kleinerer Arbeitsgruppen – ihre Selbstauflösung.

2. Hintergründe und soziale Bedingungen des Konflikts

Wie auch in der Bundesrepublik kann man der 68er Studentenbewegung in Frankreich eine wichtige Rolle zumessen, was deren Einfluß auf nachfolgende gesellschaftliche Entwicklungen betrifft. Dies gilt in Frankreich um so mehr, als durch die Pariser Studentenunruhen im Mai 1968 auch bei der französischen Arbeiterschaft eine Protestwelle ausgelöst wird, die in einem Generalstreik gipfelt. Mit der Studentenbewegung von 1968 hat sich neben dem traditionellen Klassenkampfschema eine neue Art sozialer Konfliktaustragung herausgebildet. Damit wird sie zu einer Art Urtyp neuer Protestbewegungen, die man heute unter der Kategorie Neue Soziale Bewegungen zusammenfaßt.

Nach Abflauen des 68er Protestes ist in der französischen Studentenbewegung eine ähnliche Entwicklung wie in der Bundesrepublik zu beobachten. Anfang der 70er Jahre setzt eine Phase linken Sektierertums ein, in der maoistische und trotzkistische Studentengruppierungen die Arbeiterklasse als „revolutionäres Subjekt" wiederzugewinnen trachten. Neben dieser Hinwendung zu einer Linksdogmatisierung entwickelt sich aber auch eine öko-libertäre Strömung, die in die Alternativbewegung einmündet. An den Universitäten sind die extrem linken Splittergruppen sehr aktiv, ohne jedoch mehr als eine Minderheit der Studenten zu vertreten.[11]

Erst anläßlich von hochschulpolitischen Reformplänen der Regierung Ende 1975 kommt es wieder zu studentischen Protesten. Initiator des Widerstandes sind Hochschullehrergewerkschaften und vor allem die beiden von Kommunisten bzw. Trotzkisten kontrollierten studentischen Vertretungen (U.N.E.F.-S.E.; U.N.E.F.-I.D.).[12] Selbst diese scheinen von der einsetzenden Massenmobilisierung und der langen Dauer des ausgerufenen Vorlesungsstreiks (Winter 1975/1976, Sommer 1976) überrascht. Die Aktionen bleiben jedoch relativ erfolglos, und alle Versuche einer Erneuerung des Widerstandes nach den Sommerferien scheitern.[13]

Es dauert wiederum mehr als sechs Jahre bis die Universitäten ins öffentliche Bewußtsein zurückkehren. Und erneut sind es universitäre Reformpläne – diesmal einer sozialistisch-kommunistischen Regierung -, welche neue studentische Proteste auslösen.

Noch im Dezember 1982 wird in einem Untersuchungsbericht an den Bildungsminister („Rapport Domenach") von einer zunehmenden Isolation der Studenten und einer Verschlechterung ihrer finanziellen Situation gesprochen, insgesamt aber deren Lage als positiv beurteilt und das Auftreten größerer Protestaktionen als kaum wahrscheinlich angenommen. Doch im Februar 1983 beginnen die Medizinstudenten mit Streiks und Demonstrationen gegen eine als verschärft angesehene Änderung der Prüfungsordnung. Diese Proteste weiten sich schnell auf die meisten der französischen Universitätsstädte aus. Verstärkt wird die Massenmobilisierung zusätzlich durch parallel stattfindende Protestaktionen im Krankenhauswesen, die sich gegen die Krankenhausreform des (damals kommunistischen) Gesundheitsministers richten. Die studentischen Proteste dauern bis Ende Mai 1983 an. Sie sind auf mehrfache Weise interpretierbar. Einmal handelt es sich um den Ausdruck eines stark korporatistisch geprägten Denkens dieser Sektion der Studentenschaft, die bereits während des Studiums ihre zukünftige berufliche Sonderstellung antizipiert und sich Reformplänen in der medizinischen Ausbildung und im Krankenhauswesen entgegenstellt, die die Position von Medizinstudenten und Krankenhausärzten neuregeln. Zudem ist ein großer Teil der Medizinstudenten den politisch rechtsstehenden Parteien zuzuordnen, so daß die studentischen Proteste auch als Ausdruck einer Ablehnung der Linksregierung angesehen werden können.[14]

Für die politisch rechtsstehende Opposition gibt der Widerstand der Studenten Anlaß, ihrer Kritik an der Linksregierung mehr Nachdruck zu verleihen. Neben den Studenten nehmen nicht nur eher rechtsstehende Professoren an den Demonstrationen teil, sondern auch Politiker und Amtsträger der rechten Parteien. Sie versuchen, die zunächst gegen hochschulpolitische Reformpläne gerichteten Proteste in einen landesweiten Protest gegen die Linksregierung umzuwandeln, was ihnen zu diesem Zeitpunkt zwar weniger gelingt, zwei Jahre später jedoch um so erfolgreicher verläuft (Hunderttausende demonstrieren 1985 gegen Änderungen im Schulsystem, die den staatlich subventionierten Privatschulen eine gewisse Kontrolle auferlegen und den dortigen Lehrern Funktionärsstatus geben wollen). Damit ist gleichzeitig bereits das dritte Moment des studentischen Protestes von 1983 angedeutet: Es handelt sich um die Kritik an technokratisch-administrativ gefällten Entscheidungen und Reformbeschlüssen, die fernab in den Ministerien getroffen werden, ohne die Betroffenen vorher anzuhören, geschweige denn sie an der Entscheidungsfindung zu beteiligen.

Insgesamt verlaufen die studentischen Protestaktionen weitgehend friedlich. Lediglich militante Gruppen der wiedererstarkten politisch extremen Rechten suchen die Auseinandersetzung mit der Polizei und deren Spezialeinheiten (C.R.S. = Compagnie Républicaine de Sécurité). Daß diese gewalttätigen Auseinandersetzungen gerade in den Mai 1983 fallen, ist als Hinweis auf eine bewußt geführte Strategie zur Gewinnung einer größtmöglichen Öffentlichkeit zu interpretieren, die auf eine Assoziierung dieser Ereignisse mit denen des Mai 1968 abzielt. Dazu nutzen die Gruppen auch die Symbolik der Orte und starten ihre Aktionen in den gleichen Vierteln von Paris (Quartier Latin), in denen schon die 68er Auseinandersetzungen schwerpunktmäßig stattgefunden haben. Auch die Techniken der Provokation der staatlichen Ordnungsorgane und der Eskalation der Gewalt werden übernommen. Die militanten Gruppen der extremen Rechten bleiben jedoch isoliert.[15]

Nach dem Mai 1983 zerfällt die studentische Protestbewegung sehr rasch. In Anbetracht einer zunehmend ungewissen beruflichen Zukunft scheinen die Studenten mehr und mehr eine apolitische Haltung einzunehmen. Wenn auch nur etwa 10 % der arbeitslosen Jugendlichen Jungakademiker sind, so werden doch viele der neueingestellten Hochschulabgänger in Tätigkeitsfeldern eingesetzt, die nicht ihrer Ausbildung entsprechen.[16] Professionelle Beobachter (Soziologen, Pädagogen, Psychologen, Journalisten u.a.) schreiben denn auch der französischen Jugend eine apolitische Grundeinstellung zu, die sich in erster Linie in der Sorge um die individuelle materielle Sicherheit erschöpfe. In diesem Zusammenhang wird häufig von einer „Jugend im Stile eines Bernard Tapie“ gesprochen: Die Jugendlichen eiferten dem Vorbild des erfolgreichen Industriellen nach, das auch in den französischen Medien gerne verbreitet wird.[17] Der Editorialist der konservativen Tageszeitung „Le Figaro“ sieht die Mehrheit der Jugendlichen ins politisch rechte Lager überwechseln. Die Jugendlichen von heute strebten den Idealen von „Vaterland, Arbeit und Familie“ nach.[18]

Es lassen sich aber auch Beispiele anführen, die der Jugend der 80er Jahre durchaus eine andere politische Haltung bescheinigen: Hier ist insbesondere die breite Solidarisierung französischer Jugendlicher mit der Protestbewegung gegen den Rassismus zu erwähnen; auch die linken studentischen Organisationen an den Universitäten (U.N.E.F.-I.D. und U.N.E.F.-S.E.) finden wieder mehr Zulauf, was sich u.a. in den Wahlen zu den studentischen Vertretungen ausdrückt.[19]

Mit dem Regierungsantritt der konservativen Parteien am 16. März 1986 tritt eine neue innenpolitische Situation ein. Genoß die Linksregierung seitens der Gewerkschaften und „potentiellen“ Protestgruppen eine Art Schonfrist, was offene soziale Konflikte und Proteste betrifft, so beginnt sich nach den Parlamentswahlen von 1986 das soziale Klima wieder zu verhärten: Einmal treten die während der Zeit der Linksregierung aufgeschobenen Forderungen (Lohnerhöhungen etc.) zutage, und zweitens macht sich die neue Regierung daran, eine Reihe von Reformplänen in die Wege zu leiten, die in der Öffentlichkeit häufig auf Kritik stoßen. Unter den geplanten Gesetzesänderungen befinden sich auch solche, die viele Jugendliche direkt betreffen. Hier sind z.B. die geplanten Neuregelungen im Hochschulgesetz und die Reform des Gymnasialwesens zu nennen. Schon wenige Tage nach der Regierungsübernahme beginnen die zuständigen Minister A. Devaquet (Minister für Hochschulwesen) und R. Monory (Bildungsminister) mit der Ausarbeitung der Reformpläne. Daneben ist die geplante Änderung im Gesetz über den Drogenmißbrauch anzuführen, wodurch in Zukunft auch kleinere Drogendelikte mit Gefängnisstrafen geahndet werden sollen. Drittens ist auf die vorgesehene Reform des Gesetzes zur Erlangung der französischen Staatsbürgerschaft hinzuweisen. Alle in Frankreich geborenen Personen, die zur Zeit noch automatisch die französische Staatsbürgerschaft erlangen, sollen künftig ab dem 18. Lebensjahr einen Antrag auf Erwerb der Staatsbürgerschaft stellen, verbunden mit einer Prüfung bezüglich ausreichender Französischkenntnisse und einem Bekenntnis zur Verfassung. Von dieser Gesetzesänderung wären hunderttausende von Jugendlichen betroffen.

Der Ausbruch der Studentenproteste Ende November 1986 zeigt, daß ein bedeutender Teil der Jugendlichen in Frankreich eine kritischere und sensiblere Haltung gegenüber dem politischen Geschehen einnimmt, als viele professionelle Beobachter noch kurze Zeit vorher festzustellen geglaubt haben.

3. Umfang, Struktur und Zusammensetzung der Protestgruppen

Der Studentenprotest nimmt seinen Ausgangspunkt an Pariser Vorortuniversitäten, hier insbesondere an der Universität Villetaneuse, wo die studentische Organisation U.N.E.F.-I.D. und die Antirassismusorganisation S.O.S.-Racisme stark vertreten sind.[20]

An den französischen Universitäten ist zu dieser Zeit eine neue Studentengeneration anzutreffen: Viele ehemalige Aktivisten und Sympathisanten von S.O.S.-Racisme aus den Gymnasien sind inzwischen Studenten und bleiben auch an den Universitäten aktiv. Ab Sommer 1986 wenden sich die studentischen Vertreter in Villetaneuse gegen das Hochschulreformprojekt. An den im November bestreikten Universitäten werden Streikkomitees gebildet. Dort sind neben den in studentischen Vertretungen organisierten Studenten auch viele Unorganisierte aktiv. Hervorzuheben ist die starke Präsenz weiblicher Studenten unter den Aktivisten des Protests. Von den Gruppen der studentischen Vertretungen übernimmt vor allem die U.N.E.F.-I.D. mit ihren 500-600 Aktivisten eine Art logistische Position: Verbreitung von Flugblättern und Broschüren, Organisierung von Informations- und Diskussionsveranstaltungen, Anlaufstelle für organisatorische Fragen etc. Auf Vollversammlungen wählen die Studenten diejenigen Vertreter, die die verschiedenen Universitäten in Paris repräsentieren sollen. Diese wählen wiederum ein Gremium (1.12.1986), das in der Folgezeit den studentischen Protest koordinieren und gleichzeitig als Sprachrohr der Studenten auftreten soll. Die Mehrheit der Mitglieder der „nationalen Koordination" (14 Mitglieder) sind Aktivisten der U.N.E.F.-I.D. Daneben sind auch einige Unorganisierte zu finden sowie ein Vertreter der U.N.E.F.-S.E.[21] Während die Basis der Protestbewegung zu einem sehr großen Teil aus politisch Unorganisierten besteht, setzt sich die „Routine" der politisch aktiven Studenten bei den Vollversammlungen letztlich durch, so daß vor allem sie als Vertreter der Universitäten in die „nationale Koordination" gesandt werden. Das Hervortreten der politisch aktiven Studenten bringt der Koordination seitens der Regierung auch den Vorwurf ein, der studentische Protest sei inzwischen von den Linksparteien vereinnahmt und kontrolliert worden.[22] Die studentische Basis hat demgegenüber während des Protestes immer wieder auf den „unpolitischen" Charakter ihrer Bewegung hingewiesen und sowohl politisch linke als auch rechte Einordnungsversuche zurückgewiesen. Diese Haltung der Mehrheit der protestierenden Studenten müssen auch die politisch engagierten Mitglieder der studentischen Koordination berücksichtigen, wollen sie nicht ihre Abwahl aus diesem Gremium riskieren.

Mit der zentralen Rolle von U.N.E.F.-I.D. und S.O.S.-Racisme bei der Organisation des studentischen Protests findet ein Wandlungsprozeß an den Universitäten seinen Ausdruck: Die studentischen Organisationen der politisch extremen Linken verlieren seit Jahren zusehends an Einfluß und Resonanz zugunsten solcher Organisationen, die politisch dem sozialistischen Lager zuzuordnen sind. Gerade U.N.E.F.-I.D. und S.O.S.-Racisme gewinnen auch im Laufe der Proteste neue Mitglieder.

An den großen Demonstrationen im November und Dezember nehmen überwiegend Studenten teil, denen sich aber zunehmend auch Gymnasiasten anschließen.[23] Man kann die Anhänger der unterschiedlichsten jugendlichen Gruppenstile ausmachen: Punks, New-Wave, Modebewußte, aber auch Alternative u.a. Auch ehemalige Aktivisten der 68er Bewegung sind anzutreffen, die auf Spruchbändern ihre Solidarität mit den Studenten von 1986 bekunden.[24] Daneben nehmen zahlreiche Lehrer und Eltern an den Demonstrationen teil, insbesondere nach den gewalttätigen Ereignissen des 4. Dezember. Mit Dauer des Protests sieht man bei Demonstrationen zunehmend auch Vertreter von Linksparteien und Gewerkschaften.

Im Zusammenhang mit den Demonstrationen treten gewalttätige Gruppen in den Vordergrund. Hier sind zunächst die Anhänger rechtsradikaler politischer Vorstellungen zu nennen, die sich an verschiedenen Universitäten organisiert haben. Insbesondere an der Fakultät von Assas (Paris) ist seit Jahren eine Gruppe aktiv, die sich „Groupe Union Défense“ (G.U.D.) nennt.[25] Mitglieder dieser Organisation suchen Auseinandersetzungen mit Demonstranten und Polizeieinheiten oder greifen streikende Studenten an. Bei einer anderen rechtsradikal orientierten Gruppe, die an Auseinandersetzungen mit der Polizei beteiligt ist, handelt es sich um Skinheads, die als Fans eines Pariser Fußballvereins auftreten. Ebenso werden Jugendliche aus den Trabantensiedlungen beobachtet, die sich an Auseinandersetzungen und Plünderungen beteiligen. Die genannten Gruppen rekrutieren sich überwiegend aus Anhängern jüngeren Alters (bis etwa 25 Jahre).[26]

Unter den gewalttätigen Demonstranten sind aber auch Anhänger linksradikaler Gruppierungen auszumachen sowie vormals friedlich demonstrierende Studenten, die sich im Zuge der Eskalation der Ereignisse an den Auseinandersetzungen beteiligen. Eine weitere Gruppe von gewalttätigen Personen tritt bei den Ausschreitungen des 6. Dezember in den Vordergrund: Es handelt sich um eine kleinere Gruppe von etwa 30 bis 40 Jahre alten Männern, deren Identität allerdings nicht geklärt werden konnte.[27]

Die gewalttätigen Gruppen stellen eine sehr kleine Minderheit unter den Protestgruppen dar und gesellen sich meist erst nach den Demonstrationen zu den protestierenden Studenten.

Abschließend bleibt festzuhalten, daß sich die Organisation der Protestbewegung zu einem bedeutenden Teil auf bereits bestehende studentische Organisationsstrukturen stützt, sich aber auch eigens für die Dauer des Streiks eingerichtete Strukturen (Koordination, Streikkomitees, Ordnerdienst, Medienkommission etc.) schafft, die nach Beendigung des Protests weitgehend wieder aufgelöst werden.

4. Konfliktdynamik und Eskalation

4.1 Strategien und Aktionen der Protestgruppen

An der Vorortuniversität Villetaneuse versuchen etwa seit Juli 1986 die Aktivisten der Studentenorganisation U.N.E.F.-I.D. die studentische Basis mittels Informationsveranstaltungen, Broschüren, Flugblättern u.ä. gegen das Reformprojekt zu sensibilisieren, vorerst jedoch ohne größeren Erfolg. Eine von der U.N.E.F.-I.D. einberufene studentische Vollversammlung am 13.11.1986 findet jedoch zur Überraschung der Aktivisten in der Kulisse eines völlig überfüllten Vorlesungssaales statt. Die studentische Basis äußert ihre Bereitschaft zu einem Vorlesungsstreik. Demgegenüber halten sich die Aktivisten der U.N.E.F.-I.D. zurück. Sie wollen erst die Jahresvollversammlung ihrer Organisation abwarten, die für den 22.11. an der Sorbonne vorgesehen ist. Der Druck der Basis hält aber an, und schon am 14.11. wird an der Universität Villetaneuse ein Vorlesungsboykott beschlossen, der am 17.11. beginnt und schon sehr bald einen Großteil der französischen Universitäten erfaßt.[28]

Die Vertreter von U.N.E.F.-I.D. und S.O.S.-Racisme versuchen in der Folgezeit die verschiedenen Streikaktionen zu koordinieren, sind in Anbetracht der studentischen Massenmobilisierung jedoch bald überlastet. Verschiedene Gruppierungen der politisch extremen Linken und auch S.O.S.-Racisme werden an den Gymnasien aktiv, besonders seit sich auch Schüler an den Protesten beteiligen. Die Aktivisten der studentischen Vertretungen verhalten sich demgegenüber eher zurückhaltend, was die politische Agitation für die Ziele ihrer Gruppierungen betrifft.[29] Schließlich weisen viele protestierende Studenten der nicht organisierten Basis jeglichen Vergleich ihres Protests mit der 68er Studentenbewegung zurück. Ihr Ziel sei nicht, wie damals, eine revolutionäre Gesellschaftsveränderung, sondern die Sicherstellung gleicher Studienbedingungen für alle.[30] Das vorsichtige Taktieren der politisch aktiven Studenten ist letztlich auch erfolgreich, als die „nationale studentische Koordination“ zum überwiegenden Teil aus Mitgliedern ihrer Organisationen zusammengesetzt wird. Ein Teil der Koordinationsmitglieder verfolgt eine Art Doppelstrategie: Auf der einen Seite organisieren sie die Streikaktivitäten, auf der anderen Seite scheinen sie „geheime“ Verhandlungen mit Vertretern der Regierung geführt zu haben. Dieser Vorwurf wird allerdings von den Aktivisten der Koordination dementiert. Zugegeben werden allenfalls „Kontakte mittels Dritter“. Vor Streikbeginn haben zwischen Regierungsvertretern und der U.N.E.F.-I.D. mehrere Gespräche stattgefunden.

Die studentische Koordination ist mit Beginn der Massenmobilisierung und der gewalttätigen Ereignisse schon bald überlastet: Der aufgestellte Ordnerdienst ist bei den großen Demonstrationen, die zahlenmäßig weit mehr Personen mobilisieren als selbst Optimisten gehofft haben, unzureichend.[31] Dies gilt sowohl für die Fernhaltung rechtsradikaler Gruppen, die am Rande mehrerer Demonstrationen Auseinandersetzungen mit den demonstrierenden Studenten beginnen, als auch für die Verhinderung von Zusammenstößen zwischen gewalttätigen Gruppen und der Polizei. Die Aufgabe des studentischen Ordnerdienstes wird noch dadurch erschwert, daß sich im Zuge der Eskalation der Ereignisse[32] auch vorher friedliche Demonstranten an den Auseinandersetzungen mit der Polizei beteiligen. Die Ratlosigkeit der Organisatoren zeigt sich beispielsweise, als die Demonstration des 4. Dezember gewalttätig zu werden beginnt, und über die installierten Lautsprecher zum Teil widersprüchliche Anweisungen an die Demonstranten erteilt werden. Der Ordnerdienst bildet zwar eine Pufferzone zwischen gewalttätigen Gruppen und den Polizeieinheiten, gerät aber selbst in die Schußlinie von Steinwürfen und Tränengasgranaten. Die gewalttätigen Gruppen beginnen zudem ihre Wurfgeschosse über die Reihen des Ordnerdienstes hinweg auf die Polizeibeamten zu schleudern, die ihrerseits mit dem Einsatz von Tränengasgranaten reagieren. Die Ordnerkette löst sich schließlich im Hagel von Wurfgeschossen und Tränengasgranaten schnell auf, und die Organisatoren verlieren endgültig die Kontrolle über die Situation.

Die gewalttätigen Auseinandersetzungen während der Studentenproteste gehen in der Regel von kleinen Gruppen aus, denen sich im Laufe der Eskalation der Ereignisse auch Studenten und Schüler anschließen. Eine genaue Identifizierung dieser Gruppen fällt dabei schwer. Die verschiedenen gewalttätigen Gruppen agieren unterschiedlich[33]: Die rechtsextremen Gruppen suchen die Auseinandersetzungen mit den streikenden Studenten entweder direkt an den Universitäten oder am Rande von Demonstrationen. Daneben mischen sie sich unter die Demonstranten und provozieren Auseinandersetzungen mit Polizeieinheiten. Andere gewalttätige Gruppen erscheinen erst nach Beendigung der eigentlichen Demonstrationen und gesellen sich zu den verbliebenen Demonstranten. Besonders während der Ereignisse am Abend des 6. Dezember treten auch Gruppen auf, die Barrikaden errichten, Kraftfahrzeuge in Brand stecken, Schaufensterscheiben zertrümmern sowie Steine und andere Wurfgegenstände in Richtung anwesender Polizeibeamter werfen. Einige dieser Gruppen scheinen ihren Auftritt genau geplant zu haben: Journalisten beobachten, wie Eisenstangen und andere Gegenstände aus einem Lieferwagen entladen und an behelmte Personen verteilt werden. Die Gruppe besitzt einen Anführer, der seine Anweisungen an die Gruppenmitglieder erteilt, die sich im Laufe der Auseinandersetzungen ihrerseits mit ihm beraten. Zwar werden von den Mitgliedern dieser Gruppe auch Schaufensterscheiben eingeworfen, die Auslagen werden allerdings unbehelligt gelassen. Schon lange vor dem Eingreifen der Polizei hat sich die Gruppe wieder zurückgezogen. Journalisten äußern die Vermutung, daß es sich bei dieser Gruppe um vorsätzlich handelnde Provokateure handelt, die den Auftrag haben, Gewalttätigkeiten herbeizuführen, um hierdurch den friedlichen Charakter der Studentenproteste zu diskreditieren.[34]

Schaufensterplünderungen werden von Jugendlichen unternommen, die die günstige Gelegenheit wahrnehmen. Es sind auch Personen gesehen worden, die einen Kleintransporter mit gestohlenen Schaufensterauslagen beladen, was wiederum als Hinweis auf einen vorher geplanten Diebstahl zu werten ist. Studenten versuchen den Plünderungen Einhalt zu gebieten, indem sie um einzelne Geschäfte Menschenketten bilden.[35]

Insgesamt gesehen verhält sich der weitaus größte Teil der Demonstranten friedlich. Nur eine kleine Minderheit nutzt die Gunst der Stunde.

4.2 Polizeiliche Vorgehensweisen und Reaktionen

Im Laufe der Studentenproteste zeigt die Polizei recht unterschiedliche Verhaltensweisen. Diese reichen von zurückhaltendem Auftreten über Einsatz von Tränengas bis hin zu direktem Vorgehen gegen einzelne Demonstrationsteilnehmer und Verfolgung von Demonstrantengruppen.

Bei der ersten großen Demonstration (27.11.1986) gegen die geplante Hochschulreform verhält sich die Polizei zurückhaltend; auf der Demonstrationsroute sind nur wenige Beamte zu sehen.[36] Lediglich in der Nähe der Nationalversammlung sind größere Polizeieinheiten aufgeboten, die die Zufahrtsstraßen abriegeln. Die Polizeibeamten erhalten später jedoch den Befehl, die sich vor den Absperrungen befindliche Demonstrantenmenge passieren zu lassen. Das Zurückweichen der Polizei ist insofern überraschend, als hier den Demonstranten der Zugang bis zum Gebäude der Nationalversammlung ermöglicht wird, was sonst bei Demonstrationen nicht üblich ist. Als eine Gruppe von Anhängern der extremen Rechten am Rande des Demonstrationszuges mit Studenten und Gymnasiasten Auseinandersetzungen beginnt, greift die Polizei ein und vertreibt die G.U.D.-Mitglieder durch Schlagstockeinsatz, wobei die anwesenden Studenten ausgespart bleiben.[37] Vor der Großdemonstration des 4. Dezember zieht die Polizei mehrere tausend Polizeibeamte aus ganz Frankreich zusammen. Diesmal bleiben während der Demonstration die Polizeisperren vor der Nationalversammlung aufrechterhalten. Zu Beginn der Demonstration stehen Polizeiführung und studentischer Ordnerdienst in dauerndem Kontakt, und ein Polizeikommissar in Zivil befindet sich an der Spitze des Demonstrationszuges.

Während der Demonstration wird von einem Kamerateam des ersten französischen Fernsehens (T.F. 1) eine Szene aufgenommen, die später zu einer Polemik zwischen Innenminister und Journalisten Anlaß gibt[38]: Eine Polizeikette läßt etwa 20 Anhänger der G.U.D. passieren, obwohl diese z.T. mit Schlagstöcken u.ä. bewaffnet sind. Der Polizeioffizier, der die Anweisung zum Durchlaß der Gruppe gegeben hat, sagt später aus, er habe die Schlagstöcke nicht bemerkt und er habe die Gruppe nur durchgelassen, damit sie sich von der Demonstration entferne. Im Fernsehdokument stellt sich die Szene demgegenüber folgendermaßen dar: Die Anhänger des G.U.D. verlangen den Durchlaß, weil sie auf der anderen Seite mit streikenden Studenten an der Fakultät von Assas eine Rechnung zu begleichen hätten. Die Polizeibeamten reagieren auf das Verlangen der G.U.D.-Leute jedoch nicht. In diesem Augenblick kommt der Polizeioffizier hinzu und gibt die Anweisung zum Öffnen der Polizeikette. Als im weiteren Verlauf eine Gruppe von Personen damit beginnt, die Polizeiketten mit Steinen zu bewerfen, bleibt eine Reaktion der Polizei vorerst aus. Dann wird jedoch mit einem massiven Tränengaseinsatz begonnen, der sich nicht auf die gewalttätige Gruppe beschränkt, sondern mehr und mehr auch unbeteiligte Demonstranten erfaßt. Es sind gar horizontale Tränengasabschüsse zu beobachten, die nach polizeilicher Dienstvorschrift verboten sind. Ein Journalist gibt an, daß auch seitens polizeilicher Gruppenleiter Befehle zu solchen horizontalen Schüssen gegeben worden sind.[39] Von horizontal abgefeuerten Geschossen werden zwei Demonstranten am Kopf getroffen und schwer verletzt. Anschließend geht die Polizei zum Angriff über und löst innerhalb kurzer Zeit die Demonstration auf. Die davonlaufenden Demonstranten werden von speziellen Motorradeinheiten der Polizei verfolgt, wobei es zu harten Schlagstockeinsätzen – auch gegen zufällig anwesende Passanten[40] – kommt.

Bei den Polizeieinsätzen am 4. Dezember agieren vor allem die Spezialeinheiten der C.R.S. und nur selten die Interventionseinheiten der Pariser Polizei. Es ist außerdem zu bemerken, daß die Polizei den Demonstrationszug von der eigentlich vorgesehenen Route umleitete und hierdurch erst den direkten Kontakt zwischen Demonstranten und Polizeieinheiten – die um verschiedene Ministerien postiert waren – ermöglichte. Die Polizei läßt zudem die gewalttätigen Gruppen nahezu zwei Stunden gewähren, bevor auf Verlangen des studentischen Ordnerdienstes Wasserwerfer eingesetzt werden.[41]

Eine harte Vorgehensweise der Polizei ist auch in der Nacht vom 5. auf den 6. Dezember zu beobachten. Nach einer friedlich verlaufenen Demonstration am Nachmittag halten sich am Abend noch Demonstranten im Quartier Latin auf, wo es vor der Sorbonne zu einer Ansammlung kommt. Die Polizei erhält den Befehl zur Auflösung dieser Ansammlung. Wiederum sind es die Spezialtrupps auf Geländemotorrädern, die besonders hart auf die flüchtenden Demonstranten und Passanten einschlagen. In dieser Nacht wird ein Demonstrant von Polizisten derart geschlagen, daß er noch am Ort stirbt.[42]

Vor der Protestdemonstration des 6.12.1986 treffen Polizei und studentische Koordination die Übereinkunft, daß sich die Polizeieinheiten im Hintergrund halten sollen, was auch respektiert wird. Als am Abend im Quartier Latin gewalttätige Gruppen Barrikaden errichten und anzünden sowie Steine und andere Wurfgegenstände auf die anwesenden Polizeieinheiten werfen, läßt die Polizei diese Gruppen mehrere Stunden lang gewähren.[43] Die Polizeiführung gibt Anweisung, kein Tränengas einzusetzen, obwohl die vorderen Polizeilinien laufend nach einer entsprechenden Genehmigung anfragen.[44] Erst gegen 23 Uhr wird die Erlaubnis zum Tränengaseinsatz erteilt. Allerdings läßt die Polizei die gewalttätigen Gruppen auch weiterhin Taschen entleeren, in denen Steine, Steinschleudern u.ä. transportiert werden. Einige dieser Personen hantieren offen mit Molotowcocktails. Die in der Nähe postierten Polizeieinheiten greifen nicht ein.[45] Auch als parkende Fahrzeuge in Flammen aufgehen (23.30 Uhr) sowie Schaufensterscheiben zerschlagen und Schaufensterauslagen geplündert werden (0.45 Uhr) bleibt die Polizei weiterhin untätig. Inzwischen hat auch die studentische Koordination den Polizeieinsatz verlangt.[46] Aber erst gegen zwei Uhr greift die Polizei ein, und innerhalb von zwanzig Minuten sind die gewalttätigen Gruppen und die verbliebenen Demonstranten vertrieben. Eine Reihe von Polizeibeamten sind in dieser Nacht verletzt worden, und 28 Personen werden vorläufig festgenommen, wovon 22 wieder unmittelbar auf freien Fuß gesetzt werden. Einige Journalisten äußern den Verdacht, daß sich unter den gewalttätigen Personen auch Provokateure befunden hätten, die im Auftrag staatlicher Stellen handelten. Ein interviewter Polizeibeamter glaubt den Polizisten einer Metrobrigade erkannt zu haben.[47] Dieser unvermummte Mann ist seit dem späten Nachmittag aktiv und wirft Steine in Richtung der Polizeieinheiten. Auf Filmaufnahmen von T.F. 1 ist der Mann mehrmals zu erkennen.[48] Teilweise bewegt er sich nur ein paar Meter von Polizeiketten entfernt und hätte von den Polizeibeamten leicht festgenommen werden können.

Zusammenfassend kann man das Verhalten und Vorgehen der Polizei während der Studentenproteste folgendermaßen beschreiben: Während einerseits auf Großdemonstrationen der Situation nicht angemessene oder gar illegale Einsätze zu beobachten sind (Motorradtrupps und horizontale Tränengasabschüsse), wird auf der anderen Seite einzelnen gewalttätigen Auseinandersetzungen gegenüber eine passive Haltung eingenommen (Ereignisse des 6. Dezember). Für eine aktive Beteiligung staatlicher Stellen zur Provokation von Gewalttätigkeiten liegen keine sicheren Beweise vor. Die Polizei weist jegliche Kritik an ihrer Vorgehensweise zurück und gibt radikalen Gruppen die alleinige Schuld für die Eskalation der Ereignisse.

4.3 Politische Antworten

Schon wenige Tage nach Regierungsantritt kündigt der neue Premierminister J. Chirac ein neues Hochschulgesetz an. Der Minister für das Hochschulwesen A. Devaquet (R.P.R.) macht bereits im Vorprojekt gegenüber dem rechten Flügel der Regierungspartei Zugeständnisse. In der Folgezeit bleiben die zentralen Linien dieses Vorprojekts weitgehend unverändert: Erstens sollen die Universitäten in Zukunft ihre Studenten nach von ihnen festgelegten Kriterien auswählen dürfen. Zweitens dürften die Universitäten dann eigene Diplome ausstellen. Drittens sind Studiengebühren vorgesehen, die bis zu fünfhundert Mark jährlich betragen können. Viertens würde die Rolle der Professoren wieder gestärkt werden, denen alleine das Recht zur Besetzung von universitären Führungspositionen zukommen soll.[49]

Schon bald nach dem Beginn des Vorlesungsboykotts werfen Vertreter der Regierungsparteien der sozialistischen Partei vor, sie sei der Drahtzieher des Studentenprotests, da ja die studentische Vertretung U.N.E.F.-I.D. von P.S.-nahen Studenten dominiert werde.[50] Der Inhalt des Gesetzentwurfs wird nicht in Frage gestellt. Zu diesem Zeitpunkt unterschätzen Regierungsvertreter die Tragweite und Mobilisierungskraft des Studentenprotests. So geht etwa der Innenminister davon aus, daß an der für den 27.11. angekündigten Demonstration allenfalls 10.000 bis 15.000 Studenten teilnehmen werden.

Aber schon einen Tag nach der Großdemonstration beginnt sich eine neue Regierungstaktik abzuzeichnen: Bei der Behandlung der Gesetzesvorlage im französischen Parlament verweisen die Regierungsparteien das Projekt schon nach wenigen Stunden in eine Kommission, die die Einwände der Oppositionsparteien überprüfen soll. Damit ist die Verabschiedung des Gesetzes zur Hochschulreform vorerst aufgeschoben. Verschiedene Regierungsvertreter betonen in Radio und Fernsehen ihre Gesprächsbereitschaft, ohne das Reformprojekt grundlegend in Frage zu stellen[51]; innerhalb der Regierungsparteien treten jedoch die ersten Meinungsverschiedenheiten auf. Es werden Stimmen laut, die den Rückzug der Gesetzesvorlage fordern, was aber von den zuständigen Ministern A. Devaquet und R. Monory abgelehnt wird.[52] Schließlich einigt man sich am 3.12. auf eine Kompromißformel, die die Aufgabe eines Teils des Projekts vorsieht, was allerdings erst am Abend des 5.12. bekanntgegeben wird. Die Regierung will erst Erfolg oder Mißerfolg der Protestdemonstration vom 4.12. abwarten.

Während dieser Demonstration empfängt Bildungsminister Monory eine Delegation der streikenden Studenten. Das Gespräch verläuft in angespannter Atmosphäre, um so mehr, als der Minister bereits vorher eine Abordnung nichtstreikender Studenten empfangen hat, was von der Streikdelegation als Provokation empfunden wird. Da auch der Minister keine weiteren Zugeständnisse macht, verläuft das Gespräch ergebnislos.

Nach den gewalttätigen Ereignissen wird von Mitgliedern der Regierung herausgestrichen, daß in der studentischen Koordination auch Mitglieder linksextremer Gruppierungen aktiv sind, wodurch die Radikalisierung des Studentenprotests erklärbar sei. In der Regierungskoalition werden allerdings die Stimmen zunehmend lauter, die den Rückzug des Projekts für angebracht halten. R. Monory und andere wollen jedoch nicht dem Druck der Straße weichen. Der Bildungsminister droht gar seinen Rücktritt an. Die regierungsinterne Diskussion um den Rückzug des Gesetzesprojekts läßt schon vorher existierende Unstimmigkeiten zwischen den Regierungsparteien deutlich werden. Der Minister für das Hochschulwesen A. Devaquet bietet von sich aus den Rücktritt an, was von Premierminister J. Chirac zunächst jedoch nicht akzeptiert wird.

Nach den Polizeiübergriffen in der Nacht vom 5. auf den 6. Dezember, die mit dem Tod eines Demonstranten ihren tragischen Höhepunkt finden, treten die regierungsinternen Unstimmigkeiten in den Hintergrund: Innenminister Ch. Pasqua tritt als Verantwortlicher für den Polizeieinsatz ins Zentrum der öffentlichen Kritik. Regierungsstellen versuchen zunächst, die Verantwortung der Polizei für den Tod des Studenten zu relativieren: Im offiziellen Obduktionsbericht wird ein Nierenleiden des verstorbenen Demonstranten herausgestellt und betont, daß die Schläge allein nicht Todesursache seien.[53] Für ihren Einsatz am 6.12. erhält die Polizei die Anweisung, eine abwartende Haltung einzunehmen. An dieser Stelle bleibt die Frage offen, ob dieses passive Agieren der politisch Verantwortlichen mit Furcht vor neuen Polizeiübergriffen und einer weiteren Eskalation erklärbar ist, oder im Zusammenhang einer Strategie zu sehen ist, die den studentischen Protest als alleinigen Verursacher der gewalttätigen Konflikte herauszustreichen sucht. Der Innenminister Ch. Pasqua spricht indessen von „Berufsunruhestiftern, Linksextremisten und Anarchisten aller Nationalitäten“, die für die Gewalttätigkeiten verantwortlich seien.[54] Er ruft die Parteiaktivisten dazu auf, „sich bereitzuhalten“ und „wenn es die Ereignisse erfordern, alle Franzosen zur Verteidigung der Demokratie und der Republik aufzurufen“.[55]

Am Montagmorgen des 8.12. plädiert inzwischen aber auch der Finanzminister für den Rückzug der Gesetzesvorlage, nachdem der Studentenprotest bis hin zur Börse Wirkungen zeigt. Nur wenige Stunden später verkündet J. Chirac, daß er die Gesetzesnovellierung zurückgezogen habe. Schon am nächsten Tag werden auch mehrere weitere in der Öffentlichkeit und von den Oppositionsparteien kritisierte Gesetzesvorhaben bis zur Parlamentsperiode im Frühjahr 1987 zurückgestellt.

Zusammenfassend läßt sich feststellen, daß die verantwortlichen Politiker die Bedeutung des Studentenprotests lange Zeit unterschätzt haben und anfänglich auf ihren Positionen beharren. Erst allmählich machen sie Zugeständnisse, wohl auch deshalb, weil sich zwischen den Regierungsparteien bezüglich der Hochschulreform Unstimmigkeiten herauskristallisiert haben. Nachdem sich der Protest der Studenten und Gymnasiasten in der Folgezeit weiter verstärkt und verfestigt, zudem innerhalb der Regierungsparteien die Stimmen für den Rückzug des Projekts lauter werden und sich auch die Oppositionsparteien und Gewerkschaften in zunehmendem Maße an der Regierungskritik beteiligen und von der Situation profitieren möchten, optiert die Regierung schließlich für die Aufgabe ihres Projekts zur Hochschulreform. Die politisch Verantwortlichen sind dermaßen verunsichert, daß sie auch andere vorgesehene Gesetzesänderungen vorerst zurückstellen.

5. Schlußfolgerungen

Der Studentenprotest kommt für alle Beobachter völlig überraschend und nimmt innerhalb kürzester Zeit qualitativ eine Dimension ein, die selbst die größten Optimisten unter den Veranstaltern der Protestdemonstrationen nicht erwartet haben: Frankreich erlebt seine größten Demonstrationen seit der Studentenbewegung von 1968.

Der Protest entwickelt sich dermaßen schnell, daß sich keine festen organisatorischen Strukturen herausbilden. Die von den Studenten geschaffenen Strukturen werden nach Beendigung des Protests weitgehend wieder aufgelöst. Im Augenblick ist es allerdings noch zu früh, diesbezüglich ein endgültiges Fazit zu ziehen, und es bleibt abzuwarten, inwieweit die Studentenbewegung des Herbst 1986 sich in Zukunft institutionalisiert.

Eine Schlußfolgerung kann man bereits an dieser Stelle ziehen: Im Vergleich zur 68er Studentenbewegung erscheint der jüngste Protest als weniger „politisch“. Im Jahre 1968 streben die Studenten eine radikale Gesellschaftsveränderung an und formulieren die Utopie einer sozialistisch geprägten Gesellschaft. Die protestierenden Studenten von 1986 üben keine grundlegende Gesellschaftskritik und verfolgen eine eher pragmatische Zielsetzung. Sie fordern den Rückzug eines Gesetzesprojekts, das sie als Verschlechterung ihrer Situation als Studenten betrachten. Als die Regierung ihr Projekt aufgibt, haben die Studenten ihr Ziel erreicht und beenden den Protest. Neu am Protest von 1986 ist auch die Teilnahme vieler Eltern an Demonstrationen und die Sympathie in sehr großen Teilen der Bevölkerung.[56] Die überwiegend große Mehrheit der Studenten und Gymnasiasten protestiert friedlich. Nur einige kleinere Gruppen nutzen die Demonstrationen zur Verfolgung ihrer Zielsetzungen und beteiligen sich an den Auseinandersetzungen mit der Polizei (insbesondere Gruppierungen der extremen Rechten und Linken). Daß sich auch vorher friedlich demonstrierende Studenten an gewalttätigen Auseinandersetzungen beteiligen, ist z.T. auf Überreaktionen der Polizei zurückzuführen, die auch gegen unbeteiligte Demonstranten massiv Tränengas einsetzt und harte Schlagstockeinsätze führt.

Die politisch Verantwortlichen spielen zunächst die Bedeutung des Protests herunter, weichen aber mit Dauer der Ereignisse zunehmend zurück. Nachdem sich zwischen den Regierungsparteien ein Streit um Aufrechterhaltung oder Aufgabe des Projekts entwickelt, nimmt Premierminister J. Chirac die Gesetzesvorlage schließlich zurück, auch um den Disput zwischen Vertretern von R.P.R. und U.D.F. beizulegen.

Anmerkungen

1) Vgl. L'EXPRESS, 17.5.1980, S. 114-116 und LE POINT, 19.5.1980, S. 62-65
2) Vgl. LE MATIN, 7./8.5.1983, S. 2-4. LIBERATION, 6.5.1983, S. 5 f. LA CROIX, 4.5.1983, S. 2 f. LES NOUVELLES LITTERAIRES, 28.4.1983, S. 5-11
3) Vgl. LIBERATION Sondernummer, Januar 1987, S. 38-41
4) Vgl. ACTUEL Sondernummer, Januar 1987, S. 45 f.
5) Vgl. ebd.
6) Vgl. LIBERATION, a.a.O., S. 6 f., 12 f., 24 f.
7) Vgl. ebd., S. 10 f. ACTUEL, a.a.O., S. 59 ff.
8) Vgl. ACTUEL, a.a.O., S. 82 ff. LIBERATION, a.a.O., S. 46 ff. LE MATIN, 6./7.12.1986, S. 2-12
9) Vgl. LE MATIN, 8.12.1986, S. 1-12. LIBERATION, a.a.O., S. 70-73. ACTUEL, a.a.O., S. 94 ff.
10) Vgl. ACTUEL, a.a.O., S. 104-107. LIBERATION, a.a.O., S. 76-78. LE MATIN, 9.12.1986, S. 1-13
11) Vgl. TOURAINE, A.: Lutte étudiante, Paris 1978
12) Die U.N.E.F. bricht 1969 auseinander und bildet mehrere Sektionen. Heute ist die Sektion U.N.E.F.-I.D. dominierend, die vor allem sozialistische Positionen vertritt. Daneben ist noch die U.N.E.F.-S.E. von Bedeutung, die der kommunistischen Partei nahesteht.
13) Vgl. WIEVIORKA, M.: Student protest in France. In: EUROPEAN JOURNAL OF EDUCATION Nr. 3, 1984
14) Vgl. ebd.
15) Vgl. LE MATIN 7./8.5.1983, S. 2-4
16) Vgl. LIBERATION Sondernummer, S. 43
17) B. Tapie erwirbt sein Vermögen in erster Linie durch Ankauf und Sanierung bankrotter Unternehmen. Er gehörte damals zu den schillerndsten Personen des öffentlichen Lebens in Frankreich und machte sogar eine eigene Fernsehsen-

dung, in der er ehemalige Arbeitslose präsentiert, die inzwischen einen eigenen Betrieb gegründet haben. In Meinungsumfragen wurde er gar unter den Persönlichkeiten geführt, die als Kandidaten für die Wahl zum Staatspräsidenten (1988) gehandelt werden.

18) zitiert nach: LIBERATION Sondernummer, S. 81

19) U.N.E.F.-I.D. und U.N.E.F.-S.E. erhalten bei den Wahlen der studentischen Vertretungen von 1986 36 % respektive 23 % der Stimmen, während sie noch zwei Jahre zuvor zusammen unter 40 % blieben. Vgl. LIBERATION, a.a.O., S. 7

20) Vgl. ACTUEL, a.a.O., S. 45

21) Vgl. LIBERATION, a.a.O., S. 20 f. Hinter den Kulissen kommt es bei der Wahl der „nationalen Koordination" zu taktischen Manövern verschiedener Aktivisten: I. Thomas, eine der studentischen Wortführerinnen wird nicht gewählt, weil sie in einer Illustrierten für eine mehrseitige Photoreportage posiert, was viele Aktivisten kritisiert haben. Vgl. hierzu ACTUEL, a.a.O., S. 75 ff.

22) Vgl. LE MATIN, 6./7.12.1986, S. 7

23) Die Gymnasiasten beteiligen sich erst nach dem 27.12. massiv an den verschiedenen Demonstrationen. In vielen kleineren und mittleren Städten boykottieren sie die Schule und organisieren zahlreiche Demonstrationen. Vgl. LIBERATION, a.a.O., S. 18-20

24) Vgl. LIBERATION, a.a.O., S. 10 und 49

25) Vgl. LE NOUVEL OBSERVATEUR, 12.12.1986, S. 45

26) Vgl. zu diesen Gruppen: LE MATIN, 6./7.12.1986, S. 9 und 8.12.1986, S. 11

27) ebd.

28) Vgl. ACTUEL, a.a.O., S. 45 f.

29) Vgl. LIBERATION, a.a.O., S. 22 f. und 96 f.

30) Vgl. ebd. S. 34 f.

31) Vgl. ebd. S. 47

32) Eine besonders detaillierte Darstellung der Ereignisse findet sich in: LE MATIN, 6./7.12.1986, S. 9 f. und 8.12.1986, S. 10

33) Vgl. ebd.

34) zu den Beobachtungen der Journalisten: vgl. LE MATIN, 9.12.1986, S. 13

35) Vgl. LIBERATION, a.a.O., S. 76

36) Vgl. ebd.

37) Vgl. ebd., S. 10

38) Vgl. ebd., S. 82

39) Vgl. ebd., S. 67

40) Diese Motorradeinheiten („Peloton de Voltigeurs Motocyclistes"=P.V.M.) werden auf Anfrage der Präfektur zusammengestellt. Jedes Motorradteam besteht aus Fahrer und Beifahrer, der mit einem langen Schlagstock bewaffnet ist. Es handelt sich um eine reine Freiwilligentruppe. Vgl. LE MATIN, 8.12.1986, S. 6

41) Vgl. LIBERATION, a.a.O., S. 76. Ein Vertreter der Präfektur weist in einem Interview darauf hin, daß die Wasserwerfer erst nach ausdrücklichem Verlangen der Studenten eingesetzt werden.

42) Vgl. LIBERATION, a.a.O., S. 70; ACTUEL, a.a.O., S. 96 ff.; LE MATIN, 8.12.1986, S. 6 f.

43) Das Polizeikommando ist in der Präfektur zentralisiert. Der Polizeipräfekt gibt seine Befehle über Funk an die einzelnen Polizeikommissare, ohne deren Befehl wiederum die Polizeibeamten nicht handeln dürfen. Der Präfekt steht in direktem Kontakt zum Innenministerium. Vgl. ACTUEL, a.a.O., S. 88

44) Vgl. ACTUEL, a.a.O., S. 107. Dort sind auch Auszüge aus dem abgehörten Polizeifunk abgedruckt.

45) Vgl. LE MATIN, 8.12.1986, S. 8

46) Vgl. ACTUEL, a.a.O., S. 107

47) Vgl. LIBERATION, 9.12.1986, S. 10; LE MATIN, 9.12.1986, S. 13

48) Vgl. ACTUEL, a.a.O., S. 104 ff.

49) Vgl. LIBERATION Sondernummer, S. 38 f.

50) Vgl. ebd. S. 9

51) Vgl. Stellungnahme von J. Chirac im Fernsehen am 30.11.1986 und Rundfunkinterview mit R. Monory am 27.11.1986

52) Vgl. LIBERATION, a.a.O., S. 88 f.

53) Als Todesursache wird offiziell Herzstillstand angegeben, was jedoch für alle Todesarten gilt. Vgl. LIBERATION, a.a.O., S. 72

54) „Les professionnels de la déstabilisation, gauchistes et anarchistes de tout poil et de toutes nationalités"; LE MATIN, 8.12.1986, S. 3

55) „... se tenir prêts" und „... si les évènements le nécessitent à appeler les Français à défendre avec nous la démocratie et la République"; LE MATIN, 8.12.1986, S. 3

56) In einer Meinungsumfrage, die zehn Tage nach dem Beginn der Proteste durchgeführt worden ist, äußern sich 61 % der Befragten gegen das Gesetz zur Hochschulreform. Vgl. ACTUEL, a.a.O., S. 57

Literaturverzeichnis

TOURAINE, A.: Lutte étudiante, Paris 1978

WIEVIORKA, M.: Student protest in France. In: EUROPEAN JOURNAL OF EDUCATION 3, 1984

LA CROIX,
04.05.1983, S. 2

L'EXPRESS,
17.05.1980, S. 114

LIBERATION,
06.05.1983, S. 5
09.12.1986, S. 10
Sondernummer Januar 1987

LE MATIN,
7./8.5.1983, S. 2
6./7.12.1986, S. 2
08.12.1986, S. 1
09.12.1986, S. 1

NOUVELLES LITTERAIRES,

28.04.1983, S.
LE NOUVEL OBSERVATEUR,
12.12.1986, S. 45
LE POINT,
19.05.1980, S. 62

4.3 Hausbesetzerkonflikte

11. Verlaufsstudie: Freiburg, BRD 1980/81

1. Chronologie der Ereignisse

Am 13.6.1980 rief die Vollversammlung der Universität Freiburg zu einer Demonstration auf. Diese richtete sich gegen Strafverfahren in Zusammenhang mit der Hausbesetzerbewegung, gegen den Gemeinderat und dessen Sanierungspolitik. Während der Demonstration wurde der Schwarzwaldhof (SWH), ein Gebäudekomplex der Haus- und Grundstücks GmbH am Rande der Freiburger Innenstadt, besetzt. Zur Zeit der Besetzung lebten noch sieben Mietparteien in diesem Gebäudetrakt. Bis zum Herbst 1980 machten die Besetzer nach eigenen Angaben den SWH zu einem Wohn-, Arbeits- und Kulturzentrum, das Platz für etwa 100 Menschen bot. Es entstanden Werkstätten und Räume für Treffs und Veranstaltungen, ein Cafe, Theater und Musikgruppen.

Am 17. Oktober kam es nach einer Demonstration gegen die Wohnraumpolitik in Freiburg mit ca. 3.000 Teilnehmern zur ersten Razzia durch die Polizei im SWH. Obwohl der Gemeinderat sich bereits am 11.11.1980 mehrheitlich für den Abriß der Gebäude entschieden hatte, bot die Stadt am 5.12.1980 Verhandlungen mit den Besetzern an, die jedoch ohne Ergebnis abgebrochen wurden.

Als am 4.3.1981 das tags zuvor von 30 Leuten besetzte Haus Moltkestraße 34 von der Polizei geräumt worden war, kam es am Abend zu einer Demonstration vor dem Rathaus der Stadt, an der sich ca. 700 Personen beteiligten. Etliche Schaufenster gingen dabei zu Bruch. In der Nacht zum 5.3.1981 wurden weitere schwere Auseinandersetzungen in der Innenstadt gemeldet. Etwa 200 Angehörige der Hausbesetzerszene richteten dabei, vor allem durch Glasbruch, einen Sachschaden von ca. 300.000 DM an. Noch in der gleichen Nacht umstellte die Polizei den SWH, von dem der Demonstrationszug ausgegangen war. Um eine Durchsuchung zur Beweissicherung in Bezug auf die schweren Sachbeschädigungen der vorangegangenen Nacht zu ermöglichen, räumte die Polizei am nächsten Morgen. 70 Personen wurden bei der Räumung vorläufig festgenommen. Die Polizei sicherte den Gebäudekomplex, um eine erneute Besetzung zu vermeiden. Im Anschluß an die Polizeiaktion wurde in Freiburg immer wieder zu Demonstrationen aufgerufen, an denen sich zwischen 1.000 und 12.000 Personen beteiligten. Teilweise verliefen diese Kundgebungen gewaltfrei und friedlich, es kam jedoch mitunter auch zu Auseinandersetzungen und Gewalttätigkeiten gegen Sachen.

Am 12.5.1981 wurde der SWH weitgehend abgerissen, nachdem die letzten acht Bewohner in städtische Wohnungen umgezogen waren. Gegen den Abriß demonstrierten zwischen 1.000 und 2.500 Menschen, ohne daß Zwischenfälle zu verzeichnen gewesen wären.

2. Hintergründe und soziale Bedingungen des Konflikts

Den Hintergrund für die Ereignisse um den SWH stellte die Wohnungs- und Sanierungsproblematik dar. In der Diskussion ging es um Wohnungsmangel, Wohnungsbedarf und Wohnungsnot. Der kurzfristige Bedarf an Wohnungen für die Stadt Freiburg wurde auf der Gemeinderatssitzung vom 1. Juli 1980 mit ca. 2.500 Wohneinheiten angegeben. Der langfristige Bedarf von 1980 bis 1990 sogar mit ca. 9.000 Wohneinheiten. Die Hausbesetzungen in Freiburg standen im Kontext der starken bundesweiten Hausbesetzerbewegung, die ihren Schwerpunkt in Berlin hatte. Die SWH-Besetzung selbst stand in einer Reihe zahlreicher Besetzungen in Freiburg. Sie ist eng verknüpft mit der Besetzung des ‚Dreisameck'. Dreisameck war der Name für fünf Häuser an der Ecke Kaiser-Joseph (KaJo) – Schreiberstraße. Vier dieser Häuser waren vermietet, eines, ‚KaJo' 282, wurde besetzt. Es kam zu Verhandlungen um Mietverträge, die schließlich Erfolg zeigten. Drei Jahre lang lebten die Hausbesetzer in den von ihnen selbst renovierten Wohnungen. Als der Eigentümer Konkurs anmelden mußte, sollte das Dreisameck für den neuen Eigentümer abgerissen werden. Den Mietern wurde gekündigt; die Kündigungen wurden gerichtlich bestätigt. Am 17./18. März 1980 besetzten mehr als 200 Leute die Schreiberstraße 2 und 4 sowie die KaJo 286, so daß der Abriß, der für den 18. März vorgesehen war, verschoben werden mußte. Am 8.6.1980 wurde das Dreisameck unter dem Einsatz von 1.200 Polizisten geräumt und anschließend abgeriegelt. In der Folge kam es zu mehreren Demonstrationen. Während einer dieser Protestkundgebungen wurde am 13.6.1980 der SWH besetzt. Die enge Verbindung zwischen Dreisameck und dem Gebäudekomplex am Rande der Innenstadt ließ sich u.a. daran festmachen, daß die ehemaligen ‚Dreisameckler' und die neuen Bewohner des SWH identisch waren. In Flugblättern und offenen Briefen an die Stadtverwaltung und den Oberbürgermeister der Stadt Freiburg legitimierten die Besetzer ihr Vorgehen und machten Vorschläge zur weiteren Verfahrensweise. „Bisher saßen wir nach dem Abriß unserer alten Häuser am Dreisameck auf der Straße, ohne Wohnraum, obdachlos.(...) Deshalb haben wir uns den Wohnraum genommen, den wir brauchen.(...) Solange Stadtentwicklung zerstören von Lebensraum heißt, solange spekuliert wird auf Kosten von billigem Wohnraum, solange Konsum und Profit diktieren wie und wo wir zu leben haben, solange werden Häuser besetzt werden – Häuser, in denen wir leben können".[1] Die Bewohner erklärten sich bereit Miete zu zahlen und baten OB Keidel um Unterstützung beim Abschluß von Verträgen mit dem damaligen Eigentümer. Sie erwarteten eine Zusicherung, daß nicht gewaltsam geräumt würde und „Verhandlungen mit Bewohnern und Eigentümern über eine langfristige juristische Absicherung des SWH-Projekts (Kauf?Pacht?)!".[2] Das ‚Schwarzwaldhof-Projekt' sollte die Gelegenheit für die alternative Szene schaffen den SWH als Wohngebiet und Kulturzentrum zu nutzen. Dazu hätte es als Vorbedingung einer Veränderungssperre bedurft.

3. Umfang, Struktur und Zusammensetzung der Protestgruppen

Als Vermittler zwischen Szene, Bürgern und Verwaltung im Konfliktfeld SWH trat über acht Monate hinweg Pater Cornelius Paulus auf. Er referierte am 15.12.1981 bei den Wirtschaftsjunioren Freiburg über ‚Jugendliche Randgruppen – alternative Szene in Freiburg'. In seinem ‚Rechenschafts- und Erlebnisbericht' über das Engagement in der ‚Szene' ging er u.a. auch auf die Zusammensetzung der Freiburger Hausbesetzerbewegung ein. Er ging davon aus, daß der harte Kern in Freiburg etwa 200-400 junge Leute zählte. „Dieser sogenannte ‚harte Kern' kann ohne weiteres etwa 2.000-3.000 mobilisieren, die bei Demonstrationen bereit sind, Aktionstäter abzuschirmen und selber durch begrenzte Regelverletzung die Polizei zu provozieren. Sie bilden die Spitze des Eisbergs, d.h. einer nicht recht durchschaubaren, unübersichtlichen jugendlichen Stimmungs- und Gesinnungsmasse, aus der heraus sich ebenso ohne weiteres, wie die Ereignisse im März ds. Js.

zeigten, 12-15.000 demonstrativ mit dieser Gegenkultur auf der Straße zeigen".[3] Über die Altersstruktur kam Paulus zu folgender Einschätzung: „Da gibt es die ‚Teenager' von 15 bis 20 Jahren. Vorherrschend ist jedoch jene Gruppe bis zu der Altersgrenze (...): 35 Jahre. Die Gruppe der 25-35jährigen bildet (...) den ideellen Braintrust. Die Gruppe der 15-25jährigen bringt den emotionalen Auftrieb, die ‚wilde Entschlossenheit', ist der die Ereignisse jeweils eskalierende Treibsatz der Bewegung. Die ideologische Linke, von den Bunten über die alten K-Gruppen bis zur DKP, bilden ‚nur' Trittbrettfahrer. Sie werden in der Szene eher mißtrauisch betrachtet. Die Szene lehnt nämlich deren Neigung zur Kaderbildung und Organisation, d.h. zur Reglementierung des Lebens, ihres Lebens ab. (...). In aufgeheizten Situationen können diese ‚Linken' allerdings vom Rand her als ‚Aufheizer' ‚mitspielen'. Kommt es zur Konfrontation mit der Staatsgewalt bzw. der Polizei, ist der Szene jeder Bundesgenosse recht".[4] Das Potential der Bewegung schöpfte, nach Pater Cornelius Paulus, vor allem aus sehr gutsituierten und wohlgeordneten bürgerlichen Familien. Kinder aus Arbeiter- und Handwerkerfamilien waren seiner Einschätzung nach eher unterrepräsentiert.

Nach Polizeiangaben wurden bei der Durchsuchung des SWH am 5.3.1981 91 Personen angetroffen und vorläufig festgenommen. „14 von ihnen gaben als Wohnsitz den SWH an. 77 stammten aus Freiburg und der näheren Umgebung".[5] Am Tag nach der Durchsuchung war zunächst nur von 70 Festgenommenen die Rede gewesen, unter denen sich 24 Berufstätige, neun Berufslose, 17 Studenten und ein Schüler befanden.[6] Weitere Angaben ließen sich aufgund der Datenlage nicht machen.

4. Konfliktdynamik und Eskalation

4.1 Strategien und Aktionen der Protestgruppen

Der Protest der Freiburger Hausbesetzerszene vollzog sich auf verschiedenen Ebenen. Die Bewohner des SWH bekräftigten Anfang Dezember in einem offenen Brief an die Stadtverwaltung ihre Geprächs- und Verhandlungsbereitschaft. Dabei stellten sie die Geschichte der Verhandlungen wie folgt dar: Die Initiative für Verhandlungen ging kurz nach dem Einzug von den Besetzern aus und resultierte in ersten Gesprächen. Zu einer zweiten Verhandlungsrunde wurde von den Bewohnern des SWH ein Papier vorgelegt, das ihre Wünsche und Vorstellungen dokumentierte. Auf weitere telefonische und briefliche Aufforderungen wurde seitens der Stadtverwaltung „wochenlang nicht reagiert".[7] Die Stadt bot ihrerseits am 5.12.1980 wieder Gespräche an, die jedoch ohne Ergebnisse endeten. „Die Stadt war (...) nicht mehr willig, weiter zu verhandeln"[8], gaben die Besetzer bekannt.

Neben der Verhandlungsebene lag ein Schwergewicht des Protestes bei Demonstrationen. Zu einer Demonstration unter dem Motto ‚Zug der Unzufriedenen‘ riefen die Bewohner des SWH für den 17.10.1980 auf. Sie wollten damit ihre Unzufriedenheit mit der städtischen Wohnraumpolitik zum Ausdruck bringen. Bei dem nach Polizeiangaben etwa 3.000 Personen umfassenden Protestzug kam es zu Ausschreitungen, die eine Gewaltdiskussion in der Szene zur Folge hatte. Einige Gruppen distanzierten sich öffentlich vom Verlauf der Demonstration. Die SWH-Besetzer gaben zum ‚Zug der Unzufriedenen‘ eine eigene Stellungnahme ab. Sie verurteilten hierin die Distanzierung und argumentierten wie folgt: „Ein Hauptargument für die Distanzierung war die ‚Gewalt‘, die bei der Demo ‚angewandt‘ wurde. Aber genau betrachtet: Was ist das für eine lächerliche Gewalt (Sprühdose und Böller) angesichts der Gewalt des Staates, der Stadt, die uns gegenüber täglich ausgeübt wird. Denn: Was ist mehr Gewalt, Häuser abzureißen oder Häuser mit Farbe zu besprühen?“[9] Sie rechtfertigten die gewalttätigen Aktionen damit, daß es unwahrscheinlich sei, „daß der Stadtrat seine Meinung zum SWH dann in (ihrem) (...) Sinne ändert, wenn (sie) (...) still, leise, phantasielos durch die Stadt trotteln – ihm war bei der Räumung des Dreisameck weniger die öffentliche Meinung peinlich als die Unruhe auf den Straßen, die Unkontrollierbarkeit des Protestes“.[10] Durch die verschiedenen Positionen zur Gewaltfrage fürchteten die Besetzer eine Spaltung der Bewegung, die sie verhindern wollten. So appellierten sie in ihrer Stellungnahme an den Solidaritätssinn der Mitglieder. „Was bei dieser Demonstration wichtig bleibt, sind nicht unsere Streitereien um diese Farbsprühaktionen, wenn wir auch daraus lernen müssen. Wichtig bleibt, daß viele mit der Freiburger Wohnungs- und Sanierungspolitik nicht einverstanden sind und daß viele tausende bereit sind dafür auf die Straße zu gehen. Da besteht Einigkeit!“[11] Um in Zukunft Distanzierungen zu vermeiden und eine Spaltung abzuwenden, stellten die Besetzer ein Konzept für spätere Demonstrationen vor: „Jede Gruppe soll ihre Aktionsform finden/zeigen, nur wenn wir in den Kampf um die Häuser alle Ebenen der Auseinandersetzungen reinbringen, können wir alles bekommen. Das setzt aber voraus, daß vor einer Aktion in einem großen Rahmen diskutiert wird und der Rahmen für die Aktion abgecheckt wird. Einzelaktionen können/müssen zwar im kleinen Kreis geplant werden, aber die Art und Mittel müssen diskutiert werden“.[12] Außerdem sollte eine „möglichst große Anzahl von Leuten und Aktivitäten in die Entscheidungsprozesse“[13] miteinbezogen werden.

Die nächste für die Ereignisse um den SWH wichtige Demonstration fand in der Nacht zum 5.3.1981 statt. Auslöser war die Räumung des besetzten Hauses Moltkestraße 34 durch die Polizei. Nach Angaben der Besetzer wurde das Haus trotz lediglich passivem Widerstand ihrerseits von der Polizei mit „brutalem Knüppeleinsatz“[14] geräumt. „Mehrere Hundertschaften Bereitschaftspolizei, verstärkt durch die Göppinger Anti-Terror-Einheit

SEK wurden aufgefahren, um uns aus dem Haus zu vertreiben".[15] Um ihrem Unmut darüber Ausdruck zu verleihen, wurde vom SWH ausgehend eine spontane Protestdemonstration durch die Innenstadt organisiert, an der etwa 200 Jugendliche teilnahmen. Hierbei wurden zahlreiche Scheiben von Kaufhäusern, Banken und öffentlichen Gebäuden eingeworfen. Als Reaktion auf diese ‚Scherbennacht' umstellte die Polizei den SWH, durchsuchte und räumte ihn am nächsten Morgen. „Auf entsprechende Fragen", so berichtete die Badische Zeitung (BZ), „lehnten sie (ehemalige Besetzer des SWH) es ab, sich von den Ausschreitungen vor der Räumung des SWH zu distanzieren".[16] Nach der Räumung und der Festnahme aller im SWH Anwesenden kam es in der Folge immer wieder zu Demonstrationen, die gewaltsam – mit Steinwürfen und handgreiflichen Auseinandersetzungen mit Polizisten – ihren Protest unterstrichen. Immer wieder wurde auch das Einsatzverhalten der Polizei kritisiert. So richteten z.B. Sprecher der Bewegung bei einer friedlich verlaufenden Kundgebung am 10.3.1981 mit Blick auf die zurückliegenden harten Polizeieinsätze Vorwürfe gegen die Polizeiführung. „(...) das Eingreifen der Polizei in Freiburg gelte nicht einigen unbesonnenen Randalierern, sondern solle die gesamte alternative Bewegung mundtot machen".[17] Die Besetzer kommentierten den friedlichen Verlauf der Demonstration auf ihre Weise: „Die Bullen halten sich zurück, wodurch der Abend friedlich verläuft".[18]Als zwei Wochen später wieder Auseinandersetzungen zwischen Polizei und Demonstranten gemeldet wurden, kam es direkt anschliessend wiederum zu Sachbeschädigungen in der Innenstadt. Nach Aussagen von Mitgliedern der Bewegung „veranstaltete die Polizei regelrecht Treibjagden"[19] auf Demonstranten. „Aus Wut über den brutalen Einsatz gehen wieder Scheiben von den Banken und dem Rathaus kaputt".[20] Aus der Sicht der Protestbewegung ließen sich die Auseinandersetzungen auf einen Punkt festschreiben: „Ohne Polizei kein Krawall".[21] Ein Teil der Bewegung genügte friedlicher Protest offensichlich nicht. Es tauchte ein Flugblatt auf, das zu Gewalt gegen den Staat aufrief. Darin hieß es: „Der absoluten Gewalt des Staates kann nur mit Gegengewalt entgegengetreten werden. Nur dann werden sich Andersdenkende, Anderslebende und Kritische ihre Freiheit erkämpfen können! *Komitee Gewaltsamer Widerstand*".[22] In dieser Zeit vollzog sich eine Spaltung innerhalb der Bewegung. Während der eine Teil mit Sachbeschädigungen und Einzelaktionen protestierte, formierte sich der überwiegende Teil in gewaltfreien Zusammenschlüssen und grenzte sich gegen Gewalttätige ab. So entstanden die ‚Aktionseinheit für den Erhalt des Schwarzwaldhofs' und der ‚Arbeitskreis Alternativer Kulturen (AAK)'. Diese versuchten auf politischen und juristischen Wegen den Erhalt des SWH zu sichern. Die Aktionseinheit versuchte u.a. mit Hilfe einer Unterschriftenaktion eine Bürgerversammlung zur SWH-Problematik durchzusetzen, scheiterte jedoch an der erforderlichen Anzahl der Stimmen. Der AAK, ein Zusammenschluß diverser Kulturvereine und Gruppen wurde nach Abriß des SWH zum Verhandlungs- und Ansprechpartner der Stadtverwaltung. Er verhandelte mit der Stadt erfolgreich über die Bereitstellung eines alternativen Kulturzentrums.

4.2 Polizeiliche Vorgehensweise und Reaktionen

Die Polizei sah die Notwendigkeit abgestufter Reaktionen. Zum einen wollte sie bei begrenzter Regelverletzung mit Langmut reagieren, zum anderen bei Androhungen oder bei Beginn von Straftaten sofort aktiv einschreiten. Hierbei setzte sie vor allem auf zahlenmäßig starkes Auftreten, wenn sie Ausschreitungen befürchten mußte.

Vor der ‚Scherbennacht' vom 5.3.1981 galt für Polizeieinsätze im Rahmen der Hausbesetzerszene die sogenannte ‚Freiburger Linie'. Die örtliche Polizeiführung versuchte mit „eher behutsamem Vorgehen kein ‚Öl ins Feuer zu gießen' und ‚die Spreu vom Weizen zu sondern' ".[23] Zu einem taktischen und strategischen Wandel kam es als der baden-württembergische Innenstaatssekretär Robert Ruder die politische Verantwortung und Einsatzleitung vor Ort übernahm. Er ordnete die Festnahme aller Anwesenden bei der Räumung des SWH an. Die SPD ging soweit, dem baden-württembergischen Ministerpräsidenten Späth vorzuwerfen „der Polizei (...) Härte um jeden Preis verordnet zu haben, wodurch auch friedliche Demonstranten undifferenziert zu potentiellen Gewalttätern gemacht würden und ein Klima zunehmender Gewalt entstehe".[24] Die Badische Zeitung sah den harten Kurs der Polizei bei der Demonstration am 7.3.1981, an der etwa 6.000 Personen beteiligt waren, realisiert. Nach einigen Steinwürfen gegen das Landgericht war es „zu einem massiven Polizeieinsatz gekommen".[25] Der Landesvorsitzende der Gewerkschaft der Polizei Diemann rechtfertigte das Polizeiverhalten in einer Presseerklärung. „Was er gesehen habe, (...) habe ‚mit Demonstration nichts mehr zu tun, sondern sei ausgeprägter Straßenterror'. Im Interesse der Bürger und der Erhaltung des Rechtsstaats dürfe das genauso wie die Hausbesetzungen nicht mehr länger hingenommen werden. Diemann forderte, die Landesregierung solle ein noch entschlosseneres Auftreten der Polizei verantworten".[26] Er bekräftigte die Stellung der GdP zur Demonstrationsfreiheit, wandte sich jedoch scharf gegen jede Mißachtung der demokratischen Ordnung. Daß auch friedliche Demonstranten von der Härte des Polizeieinsatzes getroffen worden seien, begründete Diemann damit, daß „in der heißen Phase einer Konfrontation zwischen Polizei und Demonstranten nicht mehr zwischen militanten und friedlichen Teilnehmern unterschieden werden könne".[27] Auch hatten sich immer wieder Personen gemeldet, die bezeugten, „daß Polizeibeamte – hochgradig nervös und aggressiv – überhart und entgegen dem Grundsatz der Verhältnismäßigkeit zugegriffen hätten".[28]

Eine Woche nach der Räumung der besetzten Moltkestraße 34 zog Polizeidirektor Albert Maier Bilanz. 137 vorläufige Festnahmen und 400.000 DM Sachschaden an 41 Gebäuden waren das Ergebnis einer Woche. Maier sah unter den Demonstranten einen harten Kern von Gewalttätern, „auf der anderen Seite seien Bemühungen erkennbar, von der Gewaltanwendung wegzukommen".[29] Eine ähnliche Einschätzung vertrat auch Polizeipräsident Fröhlich, der davon sprach, daß es sich bei Demonstrationen zum Thema SWH „immer um eine kleine Gruppe von Gewalttätern gehandelt (habe), während die Mehrzahl der jungen Leute, die vor allem bei größeren Demonstrationen ihrer Sympathie Ausdruck gaben, zwar gegen den Abriß waren, Gewalt jedoch strikt ablehnten".[30]

Bei der Demonstration mit etwa 6.000-8.000 Teilnehmern gegen die Räumung des SWH am 10.3.1981 zeigte sich wieder eine andere Polizeitaktik: „Praktisch während des ganzen 2,5 stündigen Protestmarsches war von der Polizei nichts zu sehen. Es gab allerdings auch keinen Grund zum Eingreifen".[31]

4.3 Politische Antworten

Auf die Ereignisse um den SWH reagierten Politiker und Parteien in recht divergierenden Stellungnahmen. Die CDU drängte auf eine baldige Beendigung des Hausbesetzerkonflikts, was sich auch in der Entsendung von Innenstaatssekretär Ruder vor Ort zeigte. Der baden-württembergische Ministerpräsident Lothar Späth beklagte „vor dem Hintergrund der steigenden Zahl illegaler (aber tolerierter) Hausbesetzungen und Massendemonstrationen (...) einen schleichenden Autoritätsverfall des Staates".[32] Diese Duldung führe zu einer Verunsicherung der im Grunde rechtstreuen Bevölkerung und ermuntere zu weiteren Rechtsverstößen. Er sprach sich dafür aus, keine Kompromisse mit Rechtsbrechern einzugehen und erklärte seine „Absicht, jedes in Baden-Württemberg besetzte Haus räumen zu lassen, wenn er dazu einen Rechtstitel (...) habe".[33] Der CDU-Kreisparteitag verabschiedete eine Resolution, in der es heißt, daß es sich beim „harten Kern der Hausbesetzer (...) nicht um Wohnungssuchende, sondern um Personen, die eine andere Republik wollen"[34] handele. Der rechtspolitische Sprecher der Unions-Bundestagsfraktion, Benno Erhard, bekräftigte die Forderung nach einer Verschärfung des Demonstrationsstrafrechts und des Versammlungsrechts. Zum Polizeiaufgebot in Freiburg äußerte sich Innenstaatssekretär Ruder. „Es ist kein Polizeibeamter zuviel in Freiburg, denn die Erfahrung zeigt, daß bei einem starken Polizeiaufgebot die Gefahr der Gewalttätigkeiten mit all ihren schlimmen Auswirkungen geringer ist".[35] Wenn die Protestbewegung auf das Mittel der Gewalt als politisches Instrument verzichten würde, sehe er die Möglichkeit eines fruchtbaren Dialogs. Vor diesem Hintergrund setzte sich die Landesregierung gemeinsam mit der Stadt für einen baldigen Abriß des geräumten SWH ein. Von seiten der CDU wurde jedoch auch darauf hingewiesen, daß man die alternativen Bedürfnisse ernstnehme und bei der Schaffung eines alternativen Kulturzentrums Unterstützung leiste.

Auch die SPD verurteilte die Ausschreitungen, doch, so der damalige Bundeskanzler Schmidt, „dürfe man Hausbesetzer nicht mit Terroristen ‚in einen Topf werfen' ".[36] Er wies auf das Problem echter Wohnungsnot hin und wandte sich gegen einen härteren Polizeieinsatz und eine Verschärfung des Demonstrationsrechts. Die SPD setzte sich trotz der Ausschreitungen für eine politische Lösung der Sanierungs- und Wohnungsprobleme ein. Sie wandte sich gegen einen baldmöglichsten Abriß des SWH und plädierte für die weitere Nutzung der Wohnungen zumindest für eine Übergangsphase. „Außerdem soll(te) jeder Versuch unternommen werden, alle beteiligten Seiten miteinander ins Gespräch zu bringen".[37]

Die FDP-Fraktion unterstützte ausdrücklich das Einschreiten der Polizei nach der ‚Scherbennacht', die „das Eigentum und die Stadt Freiburg schützen müsse".[38] Sie befürwortete den Abriß des SWH, forderte jedoch eine unverzügliche Bereitstellung eines autonom geführten und verwalteten Kommunikations- und Kulturzentrums. Die Jungdemokraten, Grüne und Bunte Liste verurteilten die harte Vorgehensweise der Polizei als unverhältnismäßig. Grüne und BL forderten, daß die Stadt „weitere Teile des Areals erwerben und Instandbesetzungsverträge mit den ehemaligen Besetzern abschließen"[39] solle.

Auf der Gemeinderatssitzung vom 24.3.1981 wurden die SPD- und Grüne- Anträge abgelehnt und die baurechtlichen Voraussetzungen für den Abriß bestätigt. Die Mehrheit der Stadträte sprach sich für die Bereitstellung geeigneter Räume als Ersatz für die Begegnungsräume im SWH aus. Außerdem wurde eine Kommission für Jugendfragen ins Leben gerufen, die aus Stadträten und Bürgern bestand.

Von der Stadt wurde Anfang 1981 das leerstehende Marienkrankenhaus bereitgestellt, in das die ehemaligen ‚Schwarzwaldhöfler' am 3.4.1981 einzogen.

5. Erfolg, Mißerfolg und Enttäuschungsverarbeitung

Zu Anfang der SWH-Besetzung stand die Suche der 80 ehemaligen ‚Dreisameckler' nach neuem Wohnraum. Die erfolgreiche Besetzung des SWH löste zum einen das Wohnungsproblem dieser 80 Personen, zum anderen wollten diese ihre Besetzungsaktion als „Ausdruck der Unmöglichkeit, akzeptierbaren Wohnraum zu bekommen"[40] verstanden wissen. Sie sahen sich selbst als kleinen Teil der 3.000 Wohnungssuchenden in Freiburg und wollten mit ihrer bewußt illegalen Aktion einer breiten Öffentlichkeit die Praxis der Sanierungspolitik zugänglich machen. Dieses Ziel der Bewegung wurde offensichtlich erreicht. Bei manchen Demonstrationen im Zusammenhang mit dem SWH versammelten sich bis zu 20.000 Menschen, die ihre Solidarität zum Ausdruck bringen wollten. Dies zeigt den Erfolg der Mobilisierungskampagnen der Besetzer. Als ebenso erfolgreich wurde der Aufbau des SWH zum Wohn-, Arbeits- und Kulturzentrum von den Besetzern eingeschätzt. Der Versuch der Bewegung den SWH durch Verhandlungen mit der Stadt langfristig zur Befriedigung alternativer Bedürfnisse zu sichern scheiterte hingegen schon in den Anfängen. In Gesprächen mit der Stadtverwaltung konnte keine Einigung über die weitere Nutzung erzielt werden. Ebensowenig konnte der Abriß am 12.5.81 verhindert werden, womit die Stadt einen Endpunkt unter die Auseinandersetzungen setzte.

Bei Verhandlungen um ein alternatives Kulturzentrum, das als Ersatz für die Räumlichkeiten des SWH dienen sollte, traten als Vertreter der Bewegung Mitglieder des AAK auf. Diese konnten mit der Zwischennutzung des Marienkrankenhauses einen Teilerfolg aufweisen, mit dem sie selbst jedoch nicht zufrieden waren. Ihr erklärtes Ziel war es, eine Verbindung von Wohnen und Arbeit vor dem Hintergrund alternativer Bedürfnisse durchzusetzen. Mit der Bereitstellung eines Kommunikationszentrums allein konnte dies nicht erreicht werden.

Ein weiteres Erfolgskriterium stellte der Zusammenhalt der Bewegung dar. Eine Spaltung vor dem Hintergrund der Gewaltfrage konnte nach dem ‚Zug der Unzufriedenen' vom 17.10.80 noch vermieden werden, indem auf die gemeinsame Zielsetzung verwiesen wurde und Konzepte für zukünftige Aktionen entworfen wurden. Nach der Räumung des SWH konnte der Bruch in gewaltfreien und gewaltsamen Teil der Besetzerszene nicht mehr verhindert werden.

6. Schlußfolgerungen zur Divergenz der Perspektiven in der Thematisierung des Konflikts

In den unterschiedlichen Betrachtungs- und Darstellungsweisen zeigen sich die Anspruchs- und Wertstrukturen der beteiligten Konfliktparteien. Aus differierenden Positionen heraus betrachtet, werden Schwerpunkte anders gesehen bzw. gesetzt. Bei der Protestbewegung stehen die Wohnraumproblematik und das Recht auf freie Entfaltung im Mittelpunkt ihrer Sicht- und Argumentationsweise. Zur Erreichung der von ihnen gesetzten Ziele sind sie bereit Mittel außerhalb der Legalität in Anspruch zu nehmen. Mit Verweis auf die strukturelle Gewalt der Gesellschaft wird Gewalt gegen Sachen gerechtfertigt, mit dem Hinweis auf Wut und Ohnmachtsgefühle in bezug auf das staatliche Gewaltmonopol von radikalen Teilen der Bewegung sogar zu Gewalt gegen den Staat, d.h. de facto gegen Polizeibeamte, aufgerufen.

Im Mittelpunkt der Argumentationsweise der Polizei stehen der Schutz des rechtstreuen Bürgers, des Rechtsstaats und der öffentlichen Ordnung. Rechtsbrüche können nicht geduldet werden, rechtsfreie Räume darf es nicht geben und das Gewaltmonopol des Staates muß gewahrt werden.

Anmerkungen

1) „SWH WIEDER BEWOHNT" – Flugblatt der neuen SWH-Bewohner
2) BRIEF der neuen SWH-Bewohner an OB Keidel
3) PATER CORNELIUS PAULUS, „Jugendliche Randgruppen – alternative Szene in Freiburg" Rechenschafts- und Erlebnisbericht über das Engagement in der Szene, Vortrag bei den Wirtschaftsjunioren Freiburg am 15.Dezember 1981 in: Wirtschaftsjunioren – Juniorenkreis im Bezirk Freiburg der IHK südlicher Oberrhein
4) ebenda
5) BADISCHE ZEITUNG, 11.3.81, im Freiburger Teil (FT) „Kein Ende der Demonstrationen"
6) Vgl. BADISCHE ZEITUNG, 6.3.81, im FT, „Deutliche Antwort auf Zerstörung"
7) SWH-BOTE, „Verhandlungen!?!" – offener Brief an die Stadtverwaltung, Anfang Dezember
8) BUND WESTDEUTSCHER KOMMUNISTEN, „Dokumentation der Ereignisse um Räumung und Abriß des SWH", Freiburg, Juni 81
9) „GEWALT" – Flugblatt, ‚Unsere Stellungnahme zur Demo am 17.10. und ihre Nachwehen', ViSdP E. Steinberg & Co., SWH 15
10) ebenda
11) SWH-BOTE, S.1: ‚3000 in der City', Nov. 80
12) „GEWALT" – Flugblatt, a.a.O.
13) ebenda
14) FLUGBLATT – „Polizei besetzt Schwarzwaldhof! Alle Bewohner verhaftet!", 5.3.81
15) ebenda
16) BADISCHE ZEITUNG, 7./8.3.'81, „Nach Räumungen und Ausschreitungen: Kritik mit unterschiedlichen Vorzeichen"
17) BADISCHE ZEITUNG, 11.3.'81, im FT, „Friedliche Demonstration: Mehrere tausend Teilnehmer"
18) „MANCHMAL FÄLLT AUF UNS DER FROST" – Dokumentation zur Kriminalisierung in Freiburg, Aktionsgruppe Paula Panther/Karl Krallmich c./o. Café Mocambo, Freiburg, Juli 81, S.7
19) ebenda, S.8
20) ebenda, S.8
21) ebenda, S.8
22) KOMITEE GEWALTSAMER WIDERSTAND, Flugblatt: „Polizei prügelt"
23) BADISCHE ZEITUNG, 6.3.81, S. 3, „Die Randale dauerte elf Minuten"

24) BADISCHE ZEITUNG, 11.3.81, im FT, „SPD setzt auf Gespräche“
25) BADISCHE ZEITUNG, 9.3.81, im FT, „Am Samstag blieb alles friedlich“
26) ebenda
27) BADISCHE ZEITUNG, 10.3.81, im FT, „Die Eskalation der Gefühle“
28) ebenda
29) BADISCHE ZEITUNG, 11.3.81, im FT, „Kein Ende der Demonstrationen“
30) BADISCHE ZEITUNG, 23./24.5.81, im FT, „Staatsmacht contra Hausbesetzer“
31) BADISCHE ZEITUNG, 11.3.81, im FT, „Friedliche Demonstration: Mehrere tausend Teilnehmer“
32) BADISCHE ZEITUNG, 5.3.81, S. 9, „Hausbesetzungen können nicht hingenommen werden“
33) ebenda
34) BADISCHE ZEITUNG, 16.3.81, im FT, „CDU dankt für den Polizeieinsatz“
35) BADISCHE ZEITUNG, 11.3.81, S. 3, „Die Stadt hat Probleme, der Staat muß helfen“
36) BADISCHE ZEITUNG, 20.3.81, S. 2, „Regierung gegen Politik der harten Hand“
37) BADISCHE ZEITUNG, 11.3.81, im FT, „SPD setzt auf Gepräche“
38) BADISCHE ZEITUNG, 7./8.3.81, im FT, „Nach Räumungen und Ausschreitungen: Kritik mit unterschiedlichen Vorzeichen“
39) ebenda
40) „MANCHMAL FÄLLT AUF UNS DER FROST“, a.a.O., S. 11
41) SWH-BOTE, S.1, ‚Hausbesetzungen‘, Nov. 80

Literaturverzeichnis

BADISCHE ZEITUNG

05.03.81, S. 9: „Hausbesetzungen können nicht hingenommen werden“

06.03.81, S. 3: „Die Randale dauerte elf Minuten“; im Freiburger Teil (FT): „Deutliche Antwort auf Zerstörung“

7./8.3.81, im FT: „Nach Räumungen und Ausschreitungen: Kritik mit unterschiedlichen Vorzeichen“

09.03.81, im FT: „Am Samstag blieb es friedlich“

10.03.81, S. 3 : „Die Eskalation der Gefühle“

11.03.81, S. 3 : „Die Stadt hat Probleme, der Staat muß helfen“; im FT: „Kein Ende der Demonstrationen“, „SPD setzt auf Gespräche“, „Friedliche Demonstration: Mehrere tausend Teilnehmer“

16.03.81, im FT: „CDU dankt für den Polizeieinsatz“

20.03.81, S. 1: „Regierung lehnt Politik der harten Hand ab“; S. 2: „Regierung gegen Politik der harten Hand“ BUND WESTDEUTSCHER KOMMUNISTEN – „Dokumentation der Ereignisse um Räumung und Abriß des SWH“, Freiburg, Juni 81

FLUGBLATT – „Brief der neuen SWH-Bewohner an den OB Keidel“

FLUGBLATT – „SWH wieder bewohnt“

FLUGBLATT – „Gewalt: Unsere Stellungnahme zur Demo am 17.10. und ihre Nachwehen“, ViSdP E. Steinberg & Co, SWH 15

FLUGBLATT – „Polizei besetzt Schwarzwaldhof! Alle Bewohner verhaftet“ vom 5.3.81
FLUGBLATT – „Polizei prügelt“, Komitee Gewaltsamer Widerstand, 10.03.81
FLUGBLATTSAMMLUNG vom 5.3.81 bis Mai 81
MANCHMAL FÄLLT AUF UNS DER FROST – Dokumentation zur Kriminalisierung in Freiburg, Aktionsgruppe Paula Panther/Karl Krallmich c./o. Café Mocambo, Freiburg, Juli 81
PATER CORNELIUS PAULUS „Jugendliche Randgruppen – alternative Szene in Freiburg“ – Rechenschafts- und Erlebnisbericht über das Engagement in der Szene, Vortrag bei den Wirtschaftsjunioren Freiburg am 15. Dezember 1981 in: Wirtschaftsjunioren – Juniorenkreis im Bezirk Freiburg der IHK südlicher Oberrhein
SWH-BOTE – November 80, darin : „3000 in der City“
SWH-BOTE – Dezember 80, darin: „Verhandlungen!?! Offener Brief an die Stadtverwaltung“

12. Verlaufsstudie: Berlin, BRD 1980-82

In den Jahren 1980 bis 1982 wurden in Berlin rund 160 Häuser besetzt. Etwa 4.000 bis 5.000 Personen beteiligten sich aktiv an den Hausbesetzungen, weit über 10.000 sympathisierten mit deren Aktionen und fanden sich bereit, dafür zu demonstrieren. Wissenschaftler und Künstler, Teile der Medien und Kirchen und auch Politiker setzten sich für das soziale Experiment der Instandbesetzung ein.

1. Chronologie der Ereignisse

Bereits seit 1971 war es in Berlin immer wieder zu Besetzungen von leerstehenden Wohnungen, Fabrikhallen und Krankenhäusern gekommen. Die meisten der besetzten Häuser, in denen sich Selbsthilfeprojekte obdachloser und heimentlaufener Jugendlicher, Jugendzentren u.ä. einzurichten versuchten, wurden bald wieder geräumt und abgerissen.

Am 3. Februar 1979 wurde im Kreuzberger Stadtteil SO 36 ein Haus von der „Bürgerinitiative SO 36“, die sich seit längerem mit der Sanierungspolitik auseinandergesetzt hatte, besetzt. Die Besetzung wurde in kurzer Zeit durch Mietverträge mit dem Eigentümer, einer städtischen Wohnungsgesellschaft, legalisiert; darüber hinaus führte sie zur Wiedervermietung rund 40 weiterer leerstehender Wohnungen.

Im November 1979 besetzten der BI nahestehende Personen erneut drei Wohnungen in einem leerstehenden Gebäudekomplex. Der Eigentümer, eine private Baugesellschaft, legalisierte die Besetzung zwar nicht, duldete sie aber faktisch.

Bis zum Frühjahr 1980 kam es dann zu weiteren Hausbesetzungen, überwiegend in Kreuzberg, die allerdings nicht mehr im Zusammenhang mit der BI standen, sondern von anderen Personengruppen durchgeführt wurden. Im April 1980 gründete sich der „Besetzerrat K 36“ aus Vertretern von rund 10 besetzten Häusern.

Bis Ende des Jahres wächst die Zahl der Besetzungen auf 30 an. Davon werden 22 aufrechterhalten, drei Häuser wurden von der Polizei geräumt und fünf von den Besetzern aufgegeben.

Während des Sommers und verstärkt im Herbst kommt es in Kreuzberg zu den ersten Zusammenstößen zwischen der Polizei und Demonstranten aus dem Umfeld der Hausbesetzer. Als die Polizei am 12. Dezember 1980 die Besetzung eines Hauses am Fränkelufer verhindert, kommt es zu einer gewalttätigen Demonstration auf dem Kurfürstendamm, an der sich rund 2.000 bis 3.000 Jugendliche beteiligen. Es kommt zu blutigen Zusammenstößen zwischen Polizei und Demonstranten, über hundert Menschen werden verletzt; die Polizei nimmt ca. 50 Festnahmen vor. In den Tagen darauf folgen Großdemonstrationen (15.000 Teilnehmer) gegen das Vorgehen der Polizei und für die Freilassung der Inhaftierten.

Am 23. Januar tritt ein neuer SPD-FDP-Senat unter H.J. Vogel die Nachfolge des nach einem Bauskandal zurückgetretenen Stobbe-Senats an. Der neue Senat propagiert die „Berliner Linie der Vernunft“: Danach werden Hausbesetzungen vorrangig als politisches und erst in zweiter Linie als polizeiliches Problem betrachtet, das, wenn möglich, in Verhandlungen gelöst werden soll, ohne jedoch Rechtsverletzungen, v.a. solche, die über die Besetzung selbst hinausgehen, hinzunehmen. Es wird damit begonnnen, über Vermittler Verhandlungen mit den Besetzern vorzubereiten. Der Besetzerrat stimmt Verhandlungen zu, stellt aber die Bedingung, daß eine Gesamtlösung für alle Häuser gesucht werden müsse und alle im Zusammenhang mit Besetzungen und Demonstrationen inhaftierten Personen freigelassen werden müssten. Diese Bedingungen ließen die Verhandlungen nur langsam vorankommen.

Anders jedoch als Polizei und Senat drängt die Berliner Staatsanwaltschaft auf eine polizeilich-rechtliche Lösung des Hausbesetzerproblems. Auf ihre Weisung hin werden Räumungen und Durchsuchungen in besetzten Häusern durchgeführt wegen des Verdachts auf Bildung krimineller Vereinigungen und anderer Straftaten. Eine Vielzahl gewalttätiger Demonstrationen und Straßenschlachten sind Folge dieser Maßnahmen. Immer wieder kommt es zu Ausschreitungen; so Ende Januar, nachdem ein Teilnehmer der Demonstration vom 12. Dezember zu einer vierzehnmonatigen Haftstrafe verurteilt wurde.

In den Monaten Februar und März steigt die Zahl der Besetzungen sprunghaft an. Der Höhepunkt wird im Mai mit ca. 160 – 170 ganz oder teilweise besetzten Häusern erreicht.

Im Februar 1981 strukturiert sich der Besetzerrat, an dessen Treffen mittlerweile bis zu 500 Personen teilnehmen, neu. Ein Plenum und regionale Besetzerräte auf Bezirksebene werden gebildet. Verbunden mit dieser Umstrukturierung, aber auch mit der umstrittenen Frage der Solidarisierung mit einem RAF-Hungerstreik im März und April, kommt es zu einer Differenzierung der Hausbesetzerszene. Teile der Besetzer zeigen sich an einem in den Vermittlungsgesprächen erörterten Treuhandmodell zur Legalisierung der Besetzungen interessiert. Diese Entwicklung wird zunächst unterbunden, als bei den Wahlen am 10. Mai die CDU stärkste Fraktion wird und den Senat stellt.

Der neue Senat läßt einerseits durch den Bausenator die Verhandlungen weiterführen, andererseits ordnet der Innensenator verstärkt Räumungen an, selbst wenn Vertragsabschlüsse kurz bevorstehen.

Die Besetzer sehen sich damit um eine politische Lösung betrogen. Gewalttätige Auseinandersetzungen, Straßenschlachten mit der Polizei, Zerstörung und Plünderung von Geschäften und Massendemonstrationen sind die Reaktion und legitimieren ihrerseits wieder eine forcierte Räumung besetzter Häuser. Die Polarisierung der Hausbesetzer in verhandlungsbereite und radikale verschärft sich. Als bei diesen Hausräumungen ein Achtzehnjähriger ums Leben kommt, scheint eine politische Lösung der Hausbesetzerfrage nicht mehr möglich zu sein. Die militanten Aktionen der Hausbesetzer häufen sich nun. Für den Senat werden (unter verstärktem Druck der Öffentlichkeit) die Hausbesetzungen mehr und mehr zu einem reinen Sicherheitsproblem. In einem Bericht des Innensenators aus dem Jahre 1983 werden den ca. 5.000 als Hausbesetzer festgestellten Personen insgesamt 9.322 Straftaten vorgeworfen. Die meisten davon sind allerdings unmittelbare Folge der Hausbesetzungen: z.B. Diebstahl von Wasser und Strom, Hausfriedensbruch usw. So scheint die polizeiliche Räumung besetzter Häuser einzig mögliche Konsequenz. Von den ehemals 165 besetzten Häusern im

Jahre 1981 sind Mitte 1983 nur noch 56 besetzt. 47 sind polizeilich geräumt worden, 45 über Verträge legalisiert. 19 wurden von den Hausbesetzern freiwillig geräumt. Das letzte besetzte Haus in Berlin wird im November 1984 legalisiert.

2. Soziale Bedingungen und Hintergründe

Wohl kaum jemand würde im Nachhinein den Zusammenhang zwischen den Berliner Hausbesetzerunruhen 1980/81 und der städtischen Sanierungspolitik und Wohnungsbaupraxis der Jahre zuvor leugnen. Flächensanierungen, der Abriß von Altbauwohnvierteln und neue Wohnhochhäuser sind Merkmale einer Stadtentwicklungspolitik, die ganze Stadtteile in ihrer baulichen und sozialen Struktur veränderte. Billige Altbauwohnungen wurden abgerissen. Gleichzeitig blieben Tausende von Wohnungen in spekulativer Absicht leerstehen. Neu erstellte oder renovierte Wohnungen aber lagen im Mietpreis meist erheblich höher als die abgerissenen Altbauwohnungen. Das Angebot vor allem an billigem Wohnraum war gering. Dies war besonders dramatisch für eine Stadt wie Berlin, die seit den sechziger Jahren zum Zentrum der deutschen Alternativbewegung und Subkultur geworden war, die nicht nur für Tausende von Studenten, sondern auch für viele Wehrdienstflüchtige, arbeitslose Jugendliche und junge Aussteiger Anziehungspunkt war.

Ort und Symbol für diese sich formierende Subkultur in Berlin wurde bald der alte Arbeiterbezirk Kreuzberg, der besonders stark durch Flächensanierungen und eine geplante Stadtautobahn betroffen war. Während die ehemalige Wohnbevölkerung dieses Bezirks immer stärker in neugebaute Trabantenstädte abwanderte, wurde Kreuzberg zum Sammelbecken für jene Bevölkerungsgruppen, die die Mieten in anderen Stadtgebieten nicht bezahlen konnten (wie die türkischen Einwanderer) oder in billigen Altbauwohnungen Freiräume suchten für eigene Initiativen, seien es Wohngemeinschaften, alternative Betriebe oder ähnliches. Erste Hausbesetzungen (zunächst von jungen Trebegängern und Obdachlosen) sowie politisch motivierten Stadtteilinitiativen (vor allem von Studenten und Sozialarbeitern) gab es seit Anfang der siebziger Jahre. Der in dieser Phase isoliert voneinander vorgetragene Protest und Widerstand gegen die Sanierungsmaßnahmen blieb allerdings ohne Erfolg. Jugendzentren, Selbsthilfeprojekte und besetzte Häuser wurden bald geräumt und abgerissen.

Erst nachdem das Konzept der Flächensanierung in Berlin u.a. in finanzieller Hinsicht gescheitert war und der Senat sich um eine neue Sanierungskonzeption für Kreuzberg bemühte, kam es zu ersten Kontakten und einer Koordination der verschiedenen Einzelinitiativen, die Widerstand gegen die städtische Sanierungspolitik leisteten. Das vom Senat im März

1977 initiierte Projekt „Strategien für Kreuzberg“ bestärkte die engagierten Bewohner in ihren Hoffnungen auf Mitsprache und Berücksichtigung ihrer Interessen. Um so größer war ihr Unverständnis über weitere Abrisse von Altbauten. Enttäuscht über die gescheiterten Verhandlungen mit der Stadt, schlossen sich die betroffenen Bürger in einer Bürgerinitiative (BI SO 36) zusammen und organisierten erstmals 1979 gemeinsame Hausbesetzungen. Die Hausbesetzungen gegen Ende des Jahres sowie Anfang 1980 waren aber stärker getragen durch Jugendliche aus anderen Stadtteilen, die in der Schule, in der Ausbildung oder im Beruf gescheitert waren. Obwohl nur wenige Räumungen durchgeführt wurden und die Polizeiführung selbst für eine politische Lösung des Hausbesetzerproblems plädierte, bot der Senat erst Ende des Jahres 1980 konkrete Lösungsvorschläge an. Es sollten Nutzungsverträge mit den Instandbesetzern ausgehandelt werden und bei bereits bewilligten Modernisierungsplänen Umsetzwohnungen angeboten werden. Die Polizei sollte lediglich neue Besetzungen verhindern.

3. Umfang, Struktur und Zusammensetzung der Protestgruppen

In Berlin waren es zunächst Bürgerinitiativen, Nachbarschaftsgruppen, Lokalpolitiker und politisch aktive Studenten, die gegen Sanierungspolitik und überteuerten Wohnraum protestierten. Daß eine große Zahl Jugendlicher sich dem Protest anschloß und für sich eine Chance zur Partizipation und Selbstbestimmung sah, wäre ohne die Initiative der zuvor genannten Gruppen und ohne die Transformation des Konflikts auf die Ebene eines öffentlichen Protests bzw. einer Selbsthilfebewegung undenkbar gewesen.

Die gesamte Hausbesetzerbewegung (aktive Besetzer und Sympathisanten, die etwa an Demonstrationen teilnehmen) wird auf etwa zehn- bis fünfzehntausend Personen geschätzt.[1] Die Angaben über den Umfang und die Zusammmensetzung der Gruppe der Hausbesetzer selbst differieren stark zwischen den einzelnen Quellen. Einige Angaben, darunter auch aus Quellen, die den Besetzern nahestehen, nennen zwei- bis dreitausend Besetzer.[2] Die offizielle Statistik des Innensenators von Berlin (1983) spricht von 4.954 Hausbesetzern. Dieser Statistik zufolge läßt sich diese Zahl aufschlüsseln, wie es die folgende Tabelle wiedergibt.

Tabelle: Hausbesetzer Berlin 1983 (offizielle Statistik des Innensenators)

Anzahl insgesamt	4954	Personen
Geschlecht	64,9 %	männlich
	35.1 %	weiblich
Alter	35,3 %	25 Jahre und älter
	40,2 %	21 – 25 Jahre
	24,5 %	bis 25 Jahre
Beruf/Ausbildung	26 %	berufstätig
	36 %	Schüler/Studenten
	38 %	ohne Beruf/Beruf unbekannt

Die Hausbesetzer bildeten weder von ihrem sozioökonomischen Hintergrund noch von ihrer politischen und ideologischen Zielsetzung ein homogenes Feld. Initiativen, für die Hausbesetzung in erster Linie ein demonstratives Mittel im Hinblick auf eine Veränderung der Wohnungs- und Sanierungspolitik, stehen anderen gegenüber, die in der Hausbesetzerszene Unterstützung für terroristische Bewegungen einwerben wollen; Studenten, für die das besetzte Haus ein Experimentierfeld für alternative Lebensformen ist, stehen Trebegängern, Drogenabhängigen und Obdachlosen gegenüber, denen das besetzte Haus als letzte Zuflucht vor dem Leben auf der Straße oder der Institutionalisierung erscheint.

Die Kommunikation unter den Hausbesetzern wurde vor allem durch den Besetzerrat hergestellt, der allerdings nicht in der Lage war, für alle verbindliche Beschlüsse zu fassen. Daneben wurden spezielle Kommunikationskanäle (Telefonketten, CB-Funk) eingerichtet, um bei Räumungen oder ähnlich dringenden Anlässen kurzfristig Unterstützung aus anderen besetzten Häusern und dem sympathisierenden Umfeld mobilisieren zu können.

Seit der Zunahme von Räumungen im Sommer 1981 kam es verstärkt zu Patenschaften für besetzte Häuser. Prominente, Künstler, Journalisten, Geistliche und auch Politiker versuchten ihr öffentliches Ansehen zugunsten der Besetzer einzusetzen und damit sowohl Spielraum für Legalisierungsverhandlungen zu erreichen wie eine Solidarisierung bis in bürgerliche Kreise hinein zu bewirken.

4. *Konfliktdynamik und Eskalation*

4.1 *Strategie der Protestgruppen*

Die 1979/1980 beginnende Welle von Hausbesetzungen stand vor dem Hintergrund einer jahrelangen verfehlten Bau- und Sanierungspolitik. Zum einen waren die Besetzungen Folgen langer erfolgloser Wohnungssuchen, zum anderen sollten sie den Protest gegen die Flächensanierung und die Zerstörung billigen Wohnraums in die Öffentlichkeit tragen. Den Konzepten der Flächensanierung und der Luxusmodernisierung wurde als Alternative die „Instandbesetzung" gegenübergestellt, mit der Wohnraum behutsam renoviert werden könnte, ohne soziale und stadtarchitektonische Zusammenhänge zu zerstören.

Mit den Besetzungen verband sich auch ein Protest gegen die Handhabung des Eigentumsbegriffs, wie er in Slogans wie „Lieber instandbesetzen als kaputtbesitzen" äußert.

Die große Bedeutung, die gewaltsame Auseinandersetzungen relativ früh für die Hausbesetzerbewegung hatten, wird von Beobachtern damit erklärt, daß die Protestgruppen die Erfahrung machten, daß Gewalt effektiv sei. Als ein wichtiges Ereignis wird in diesem Zusammenhang die Auseinandersetzung um den Bau einer Mauer angesehen, die auf dem Kreuzberger Oranienplatz, in der Nähe einiger der ersten besetzten Häuser, an eine zugeschüttete Kanalanlage erinnern sollte. Viele Anwohner hatten friedlich beim Bezirksamt gegen dieses als architektonische Geschmacklosigkeit empfundene Projekt protestiert, ohne irgendeinen Erfolg zu erzielen. Im Frühjahr 1980 wurde die Mauer dann zweimal von ihren Gegnern teilweise eingerissen; beim zweitenmal kam es zu Auseinandersetzungen mit der Polizei. Dabei setzte ein junger Polizist die Schußwaffe ein, einem Jugendlichen wurde später versuchter Totschlag vorgeworfen. Dieser Zusammenstoß ließ das Bezirksamt Kreuzberg eilig eine Bürgerversammlung einberufen; nach dem Votum der Anwohner wurde der Mauerbau aufgegeben. Auch wenn dieser Protest nicht in unmittelbarem Zusammenhang mit den Hausbesetzungen stand, wird darin ein wichtiges Lehrstück für die entstehende Bewegung gesehen, wonach Gewalt sich bezahlt mache.[3]

Der hohe Zusammenhalt der Besetzer und ihre Gewaltbereitschaft erwiesen sich scheinbar als geeignetes Mittel, Räumungen zu verhindern. So führte im März 1981 die Anwesenheit von rund 300 teilweise vermummten und mit Helmen ausgerüsteten Demonstranten vor einem zur Räumung vorgesehenen Haus zum Rückzug der Polizei.[4] Diese Solidarität wurde wesentlich aufrechterhalten durch die ständig drohende Konfrontation mit der Polizei und der immer gegenwärtigen Angst vor Räumungen. Ausdruck des hohen Zusammenhalts war auch, daß die Besetzer zunächst nur über eine

Gesamtlösung für alle Häuser verhandeln wollten. Über die Verhandlungsfrage erodierte aber schließlich die Solidarität, vor allem als nach dem politischen Machtwechsel erkennbar war, daß eine Gesamtlösung kaum zu erreichen war. Während ein Teil, der Hausbesetzungen eher als Mittel des politischen Protests verstand, einer Suche nach Verhandlungslösungen auch für einzelne Häuser eher aufgeschlossen gegenüberstand, lehnte ein anderer Teil, für den die Besetzung die scheinbar einzige Möglichkeit darstellte, adäquaten Wohnraum zu erlangen, und der aufgrund biographischer Bedingungen oft gar nicht die Möglichkeit sah, sich erfolgversprechend an solchen Gesprächen zu beteiligen, Verhandlungen ab und wandte sich zunehmend gewalttätigen Formen der Auseinandersetzung zu.

Typisch für die spätere Phase der Besetzerbewegung sind nicht mehr große Demonstrationszüge, aus denen heraus es gelegentlich zu Gewalttätigkeiten gekommen war, sondern vereinzelte Zerstörungsakte (v.a. gegen Banken, öffentliche Einrichtungen u.ä.) im Wohnviertel durch kleine Gruppen. Das Erscheinen der Polizei wurde von vornherein mit in die Strategie einbezogen. Entweder entzog man sich ihr durch sofortige Flucht, oder die Aktionen waren so angelegt, daß sie eine günstige Ausgangsposition für den nachfolgenden Kampf in den Straßen boten.

4.2 Polizeiliche Vorgehensweise und Reaktionen

Die Berliner Polizeiführung sah das Problem der Hausbesetzungen seit 1979 von Anfang an in erster Linie als politisches und nicht als polizeiliches Problem.

Der leitende Polizeidirektor Gerhard Kleineidam umriß die Position der Polizei so:

> „Auch nach Einschätzung der Polizei sind unter den Hausbesetzern echte Wohnungssuchende, aber eben auch politisch bewußt Agierende, die ein bestimmtes Ziel im Auge haben. Wir schützen sie natürlich nicht, und wir lassen ihnen auch keinen rechtsfreien Raum, wie gelegentlich gesagt wird (...). (...) Ich möchte noch dies anmerken: Eine ‚Instandbesetzung' ist erst in zweiter Linie ein polizeiliches Problem. In erster Linie ist sie ein Problem der Wohnungspolitik, speziell der Modernisierungs- und Sanierungspolitik des Landes Berlin. Die Polizei möchte natürlich nicht in den Wettlauf zwischen Hase und Igel, nämlich zwischen Instandbesetzung, Räumung und Wiederinstandbesetzung geraten. Sie ist selbstverständlich auf Aufforderung zur Räumung besetzter Häuser bereit, hält diese aber nur für sinnvoll, wenn sofort nach Räumung eines Hauses mit dessen Instandsetzung begonnen wird."[5]

Aus anderen Stellungnahmen wird noch klarer deutlich, daß die Polizei bei der Verfolgung dieses Konzepts Bedingungen Rechnung trug, die Polizeidirektor G. Waldow später so formulierte:

„Man kann zwar 157 besetzte Häuser polizeilich räumen, aber nicht verhindern, daß bei mindestens 1094 entmieteten oder teilentmieteten Häusern rund 900 Objekte potentiellen Besetzern genügend Auswahl für alternative Besetzungen bieten".[6]

Der Innensenator des Vogelsenats, Frank Dahrendorf, übernahm diese Strategie der Polizei und konkretisierte ihre Handlungsspielräume in einer „Politischen Vorgabe". Danach habe die Polizei nach Möglichkeit Hausbesetzungen zu verhindern. Räumungen kämen in Betracht, wenn bestimmte Voraussetzungen gegeben seien. Dazu gehöre, daß der Eigentümer die Räumung verlange und Strafantrag gestellt habe und daß unverzüglich nach der Räumung mit dem Abriß oder der Instandsetzung begonnen werde. Für die Frage der Räumung bereits länger besetzter Häuser betonte der Innensenator die Prüfung der Verhältnismäßigkeit der Maßnahmen. Straftaten in oder aus besetzten Häusern sollten wie üblich verfolgt werden; bei weiter zurückliegenden Straftaten sollte „eine Würdigung und Abwägung aller Umstände und der Gesamtsituation" erfolgen.[7] Entsprechend dieser Vorgabe kam es von Januar bis Mai 1981 nur vereinzelt zu Räumungen. Öfters wurden jedoch besetzte Häuser wegen des Verdachts von Straftaten durchsucht.

Bis zum 7. September 1981 wurden 12 Objekte von der Polizei geräumt, 5 Durchsuchungen aufgrund richterlicher Beschlüsse mit Rämungsfolge vorgenommen, 31 Häuser bzw. Wohnungen von den Besetzern „freiwillig" (z.T. angesichts der zur Räumung bereitstehenden Polizeikräfte) aufgegeben und 103 Durchsuchungen ohne Räumung vorgenommen.[8]

Bis zum genannten Datum wurden 744 Personen „in direkten Zusammenhang mit Straftaten aus bzw. in besetzten Häusern" festgenommen, 701 Personen „anläßlich sonstiger demonstrativer Aktionen im Zusammenhang mit Hausbesetzungen".[9] Bis zum Mai 1982 erhöhten sich diese Zahlen auf 2.076 bzw. 1.336.[10]

Mit solchen Zahlen verwies die Polizei darauf, daß sie den Besetzern keineswegs untätig gegenüberstehe und insbesondere gegen kriminelle Handlungen aus besetzten Häusern heraus und bei unfriedlichen Demonstrationen entschlossen vorgehe.

Das Echo in den Medien und in der Öffentlichkeit auf die Polizeilinie war gespalten. Auf der einen Seite wurden die Bemühungen um Eskalationsvermeidung anerkannt, andererseits wurde der Polizei vorgeworfen, rechtsfreie Räume zu dulden.

Zum offenen Konflikt über das Vorgehen der Polizei gegenüber den Hausbesetzern kam es mit der Staatsanwaltschaft, als diese der Polizei zur Durchsuchung eines Hauses eine Frist setzte. Der Polizeipräsident lehnte die Einhaltung der Frist mit dem Hinweis ab, daß zum gegebenen Zeitpunkt eine derartige Aktion neue gewalttätige Demonstrationen auslösen würde. In einem Rechtsstreit durch mehrere Instanzen wurde schließlich die Position des Polizeipräsidenten bestätigt.[11]

Die zurückhaltende Linie stieß aber auch in der Polizei selbst auf Kritik. Polizisten äußerten ihre Unzufriedenheit darüber, bei Demonstrationen Ziel der Aggression der Hausbesetzer zu sein, gegen die besetzten Häuser aber nur vorgehen zu dürfen, wenn nachweisbare Straftaten (außer der Hausbesetzung selbst) vorlagen.[12] Die Gewerkschaft der Polizei kritisierte, im Umgang mit Hausbesetzungen sei „weniger eine Anwendung des Verhältnismäßigkeitsgrundsatzes als vielmehr das Opportunitätsprinzip erkennbar. Die GdP hat vor der Anwendung solcher umstrittener Verhaltensweisen immer wieder gewarnt".[13] Aus einigen Quellen kann geschlossen werden, daß der Polizeiführung die Durchsetzung der zur Verfolgung der „Berliner Linie" notwendigen Disziplin bei den eigenen Beamten Schwierigkeiten bereitete. So gab der Landespolizeidirektor Grundsätze für das Verhalten in Auseinandersetzungen mit der Hausbesetzerbewegung heraus, in denen die Beamten u.a. ausdrücklich aufgefordert wurden, sich an den Grundsatz der Verhältnismäßigkeit zu halten, sich nicht provozieren zu lassen und selbst nicht zu provozieren, bei Demonstrationen zwischen Gewalttätern und friedlichen Demonstranten oder Unbeteiligten zu differenzieren und keine Kameraderie zu üben.[14]

Die Polizeiführung bezog bei der Entscheidung über Räumungen und ähnlichen Einsätzen die Möglichkeit dadurch ausgelöster Folgekrawalle mit in ihre Überlegungen ein; in einigen Fällen wurden Einsätze deshalb ausgesetzt oder verschoben. Z.T. versuchte die Polizei, die eigenen Handlungsziele den Besetzern zu signalisieren, um damit Eskalationen zu vermeiden. „Kunstgriffe wie das eigene (polizeiliche) Einschalten in die Telefonkette (der Besetzer) mit ‚Aufklärungshinweisen' auf die Art des Polizeieinsatzes – z.B. Durchsuchung ohne Räumungsfolge – können Risiken mindern, auf Dauer aber nicht ausschließen".[15] Als am 12. April 1981 über den Besetzer-CB-Funk fälschlich gemeldet wurde, ein inhaftierter RAF-Angehöriger sei nach einem Hungerstreik gestorben und zu erwarten war, daß damit der Auftakt zu neuen Krawallen gegeben war, dementierte die Polizei, die die Meldung aufgefangen hatte, sofort über Polizeifunk in der sicheren Gewißheit, daß dieser wiederum von den Besetzern abgehört wurde. Das Dementi wurde zwar zur Kenntnis genommen, konnte aber die heftigen Ausschreitungen in der folgenden Nacht auf dem Kurfürstendamm nicht verhindern.

Waren die Hausbesetzungen für die Polizei kein bedeutendes Problem, so waren es doch die damit verbundenen häufig gewalttätigen Demonstrationen. Die Polizei, die sich nur sehr eingeschränkt in der Lage sah, den Ausbruch von Gewalttätigkeiten zu verhindern, vor allem nachdem Zerstörungsakte weniger aus Demonstrationszügen heraus unternommen wurden, sondern durch kleine Gruppen, die sich rasch wieder zerstreuten, setzte auf die abschreckende Wirkung von Festnahmen. Um eine möglichst hohe Zahl von Straftätern fassen zu können, setzte sie spezielle Greiftrupps ein, wandte die sogenannte Klettentaktik an und versuchte verstärkt, Zivilbeamte in die Besetzerszene einzuschleusen. Die Einführung neuer „Distanzwaffen" wurde auch in Berlin diskutiert (so forderte der Landesverband der Polizeigewerkschaft im Deutschen Beamtenbund im Mai 1981 die Einführunmg von Gummigeschoßgewehren[16], zum Einsatz kamen derartige Waffen aber nicht).

Nach dem Antritt des CDU-Senats änderte sich das polizeiliche Vorgehen. Es wurde in weit größerem Umfang geräumt, z.T. auch ohne Aufforderung durch die Eigentümer und obwohl Verhandlungen kurz vor dem Abschluß standen. Auch die Versuche, die eigenen Absichten den Besetzern eindeutig mitzuteilen, wurden offenbar aufgegeben. So spricht die Frankfurter Rundschau von „Durchsuchungen besetzter Häuser, die sich als listig erschlichene Räumungen entpuppten" und „polizeilichen Nacht- und Nebelaktionen" zur Verhinderung von Vertragsabschlüssen.[17]

4.3 Politische Antworten

Die politischen Reaktionen lassen sich nach den jeweils amtierenden Senaten in drei Phasen unterteilen.

Der bis zum Januar 1981 regierende SPD-FDP-Senat widmete den Hausbesetzungen zunächst wenig Aufmerksamkeit. Vereinzelt wurden Räumungen angeordnet, gleichzeitig wurden bereits Vermittler gesucht und Verhandlungen angestrebt. Die Tendenz, die Hausbesetzungen als Reaktion auf eine verfehlte Wohnungs- und Sanierungspolitik zu betrachten, die explizit die „Berliner Linie der Vernunft" des nachfolgenden Vogel-Senats prägte, war hier bereits angelegt.

Die „Berliner Linie", die wesentlich von der Polizeiführung mitkonzipiert war und die vorsah, daß besetzte Häuser nur geräumt werden sollten, wenn der Eigentümer Strafantrag stellte und Instandsetzung oder Abriß unmittelbar bevorstanden, wurde von der CDU-Opposition heftig kritisiert. Sie sah rechtstaatliche Prinzipien durch die Duldung „rechtsfreier Räume" infrage gestellt. Entsprechend änderte sich die Politik gegenüber den Hausbesetzern, nachdem die CDU aus den Wahlen vom 10. Mai 1981 als stärkste Fraktion im Abgeordnetenhaus hervorgegangen war.

Der neue Senat verfolgte eine Doppelstrategie. So sucht der Bausenator nach Nutzungskonzepten für besetzte Häuser und ließ die Verhandlungen fortsetzen. Besetzungen wurden damit weiterhin als Problem im Kontext der Sanierungspolitik betrachtet, das nicht isoliert gelöst werden konnte. Andererseits betonte der Innensenator die Illegalität der Hausbesetzungen und begründete damit umfangreiche Räumungsaktionen und harte Polizeieinsätze gegen die Besetzer. Er legte 1983 eine Statistik vor, nach der von den 4.954 Hausbesetzern insgesamt 9.322 Straftaten begangen worden wären. Mit dieser Darstellung wurde versucht, die These von kriminellen Fluchtburgen in besetzten Häusern zu belegen. Demnach sei es konsequent, das Hausbesetzerproblem einer polizeilichen und juristischen statt einer politischen Lösung zuzuführen.

Von Teilen der Öffentlichkeit, vor allem der liberalen Presse, wurde diese Statistik kritisiert. So seien darin eine große Zahl von Fällen enthalten, in denen die Staatsanwaltschaft nocht nicht einmal ermittle, und der weitaus größte Teil der Straftaten stehe in unmittelbarem Zusammenhang mit der Hausbesetzung (Hausfriedensbruch, Sachbeschädigung, Strom- und Wasserdiebstahl).[18] Bis zum November 1984 wurden insgesamt 170 Personen rechtskräftig verurteilt, „fast alle anderen Verfahren sind längst wegen Geringfügigkeit eingestellt".[19]

Die Linie des Innensenators gewann endgültig die Oberhand, nachdem im Herbst 1983 der Bausenator zermürbt zurücktrat.

Es bleibt fraglich, ob die SPD-Niederlage bei den Senatswahlen des Mai 1981 als Antwort der Bevölkerung auf deren liberale Hausbesetzerpolitik gewertet werden kann. Eindeutiger erscheint da schon das Wahlergebnis der Alternativen Liste vom Mai 1981, die als Fürsprecher und Interessenvertreter der Hausbesetzer den Sprung in den Senat schaffte. In Berlin wählte 1981 etwa jeder vierte der 18- bis 29-jährigen die Alternative Liste. Von den 24- bis 29-jährigen Männern wurde die Alternative Liste sogar öfter gewählt als die stärkste Partei, die CDU. Während die ehemaligen Koalitionsparteien SPD und FDP bei den Jungwählern im Alter von 18 bis 29 Jahren die größten Verluste hatten, konnte die AL bei dieser Wählergruppe die meisten Stimmen gewinnen (14,7 % der 24- bis 29-jährigen). Eine Vielzahl von Jugendlichen und sozialen Randgruppen fühlen sich damit zum ersten Mal parlamentarisch vertreten.

5. Erfolg, Mißerfolg und Enttäuschungsverarbeitung

Bezogen auf die Wohnungsbau- und Sanierungspolitik, sind weder rechtlich noch politische Veränderungen auszumachen, die die Bewegung der Hausbesetzer erreicht hätte. Spekulationen mit Wohnraum sind selbst in großem Maßstab weiterhin möglich. Auch im Juni 1983 standen nach vorsichtigen Schätzungen noch über 5.000 Wohnungen in Berliner Sanierungsgebieten leer, und allein ca. 1.000 Sozialbauwohnungen waren unbewohnt, weil die Mieten zu teuer waren. Daß die Sanierungspolitik sich stärker an behutsamen Quer- und Hinterhaussanierungen statt an Flächensanierungen orientiert, darf sicher nur zum Teil als Erfolg der Hausbesetzerbewegung gewertet werden. Das finanzielle Scheitern herkömmlicher Sanierungskonzepte spielt hier sicherlich eine große Rolle. Nicht zuletzt haben die Berliner Hausbesetzerkrawalle jenen Politikern Argumente geliefert, die eine verbesserte technische Ausrüstung der Polizei fordern (Distanz-Waffe) und eine Revision des Demonstrationsrechts befürworten.

Bereits Ende 1983 waren die Hausbesetzungen für die Stadt kein Problem mehr. Die Mehrzahl der ehemals besetzten Häuser war schon geräumt. Der Widerstand gegen die polizeiliche Räumung hatte nachgelassen. Die Hausbesetzerbewegung in Berlin war auseinandergebrochen. 1984 gingen die letzten Besetzungen mit Räumung oder Legalisierung zu Ende. Entstanden aus unmittelbarem Protest gegen Wohnungsnot und Sanierungspolitik, waren die Besetzungen zu einem Kristallisationspunkt einer sozialen Bewegung geworden, die sich bald anderen Themen zuwandte. Die Erfolglosigkeit politischer Lösungen und die Sinnlosigkeit gewaltsamer Auseinandersetzungen hatte viele Besetzer resignieren lassen. Die Bewegung war gleichzeitig Hoffnung und Zuflucht für viele Jugendliche gewesen, die in dieser Stadt auf dem Wohnungs- und Arbeitsmarkt an den Rand gedrängt sind und die auch weiterhin ihre Chance auf eigene Freiräume in der Gesellschaft suchen werden.

Dennoch ist die Bilanz der Berliner Hausbesetzerbewegung nicht allein negativ zu sehen. Die Bewegung hat für rund fünfzig Wohnungen Verträge aushandeln können und damit für einige Beteiligte neuen Wohnraum schaffen können. Sie hat gleichzeitig eine soziale und organisatorische Infrastruktur geschaffen, die auch weiterhin Basis für Selbsthilfe, Protest und Partizipation der Bevölkerung sein kann. In der Hochzeit der Bewegung fanden die Hausbesetzer große Sympathien in der Bevölkerung und Unterstützung in politischen, kulturellen und kirchlichen Kreisen. Sie fand Zugang zu den öffentlichen Diskussionen und konnte Denkanstöße geben bzgl. der sozialen und politischen Hintergründe der Konflikte. Die Besetzungen in Berlin haben in vielen anderen deutschen Städten Nachahmungen gefunden und so die herkömmliche Sanierungspraxis auf breiter Ebene in Frage gestellt. Konkrete politische Konsequenzen oder Veränderungen als Folge der Hausbesetzerunruhen sind jedoch nur schwer auszumachen.

6. Schlußbemerkungen zur Divergenz der Perspektiven

Für die meisten Teilnehmer stellt die Besetzung eines Hauses einen Beitrag zur Beendigung eines nicht nur von ihnen selbst als ungerecht empfundenen Zustandes dar, nämlich des Leerstandes von rund 10.000 Wohnungen aus spekulativen Gründen oder als Folge der wohnraum- und stadtteilkulturzerstörenden Sanierungspolitik. Wenn die Polizei besetzte Häuser räumt, handelt sie aus der Sicht der Besetzer unrechtmäßig, ja willkürlich, zumal auch der ,Vogel-Senat' die Fehler der Baupolitik eingeräumt und den Besetzungen eine gewisse Berechtigung zugesprochen hatte. Die Verteidigung besetzter Häuser erscheint daher als legitim, gewalttätige Aktionen erweisen sich dabei am effektivsten. Für manche der Besetzer verliert gesetztes Recht erheblich an Orientierungskraft, da sich auch die Gegenseite anscheinend nicht eindeutig daran orientiert.

Auf der anderen Seite wird die Gewalttätigkeit vor allem aus der Sicht des CDU-Senats und von Teilen der Polizei zum Hauptmerkmal der Besetzer. Besetzte Häuser erscheinen als Schlupfwinkel von Kriminellen, die als Gefahrenherd für die öffentliche Sicherheit beseitigt werden müssen. Die auslösenden Faktoren, der Zusammenhang zwischen Hausbesetzung und Wohnungsmarkt, werden dabei nicht mehr thematisiert.

Anmerkungen

1) Vgl. CILIP (Civil Liberties and Police) (Ed.), Berlin, Pp 25-26 in: Bürgerrechte und Polizei 9/10, Berlin 1981, S. 27
2) Vgl. ebenda, S. 27
3) Vgl. SONNEWALD, B. & RAABE-ZIMMERMANN, J.: Die Berliner Linie und die Hausbesetzerszene, Berlin 1983, S. 55-56
4) vgl. TAGESSPIEGEL, 10.3.1981
5) BERLINER RUNDSCHAU vom 20.11.1980, zit. nach B. Sonnewald & J. Raabe-Zimmermann, a.a.O., S. 120
6) WALDOW, G.: Vortrag über Einsatzerfahrungen aus Anlaß von unfriedlichen demonstrativen Aktionen in Berlin vor der Polizei-Führungsakademie in Münster am 10.9.1981, S. 164
7) POLIZEISCHAU, März 1981
8) Vgl. WALDOW, G., a.a.O., S. 181-182
9) ebenda, S. 182
10) FREUND, G.: Einsatzerfahrungen aus Anlaß von unfriedlichen demonstrativen Aktionen in Berlin, Polizeiführungsakademie Münster, S. 260
11) Vgl. SONNEWALD & RAABE-ZIMMERMANN, a.a.O., S. 128ff
12) Vgl. ebenda, S. 117
13) BROSIUS, G.: Rechtsbruch oder gebrochenes Recht?, in: Deutsche Polizei 3/81, zit. nach Sonnewald & Raabe-Zimmermann, S. 121
14) WALDOW, G., a.a.O., S. 202-203
15) Vgl. ebenda, S. 201
16) Vgl. SONNEWALD & RAABE-ZIMMERMANN, a.a.O., S. 125
17) FRANKFURTER RUNDSCHAU, 8.11.1984
18) Vgl. DIE ZEIT, 12.8.1983
19) FRANKFURTER RUNDSCHAU, 8.11.1984

Literaturverzeichnis

BRANDES, V. & SCHÖN, V. (Hg.): Wer sind die Instandbesetzer?, Bensheim 1981

CILIP, (Civil Liberties and Police) (Ed.), Berlin, Pp 25-26 in: Informationsdienst: Bürgerrechte und Polizei 9/10, Berlin 1981
FRANKFURTER RUNDSCHAU, 8.11.1984
FREUND, G.: Einsatzerfahrungen aus Anlaß von unfriedlichen demonstrativen Aktionen in Berlin, Polizeiführungsakademie Münster
MÜLLER-MÜNCH, I. u.a.: Besetzung – weil das Wünschen nicht geholfen hat, Reinbek 1981
POLIZEISCHAU, März 1981
SONNEWALD, B. & RAABE-ZIMMERMANN, J.: Die Berliner Linie und die Hausbesetzerszene, Berlin 1983
TAGESSPIEGEL, 10.3.1981
WALDOW, G.: Vortrag über Einsatzerfahrungen aus Anlaß von unfriedlichen demonstrativen Aktionen in Berlin vor der Polizeiführungsakademie Münster am 10.9.1981

4.4. Soziale Bewegungen

13. Verlaufsstudie: Malville, Frankreich 1974-86

Konflikt um den Bau des Schnellen Brüters „Super-Phenix" bei Creys-Malville (Département Isère)

1. Hintergründe des Konflikts und Chronologie der Ereignisse[1]

Im Rhônetal findet man die mit Abstand höchste Konzentration französischer Atomkraftwerke. In einem Umkreis von 40 km um Lyon befinden sich allein drei Atomkraftstandorte mit augenblicklich acht Reaktoren. Weiter südlich werden drei weitere Atomkraftwerke mit knapp 8.000 MW Leistung betrieben. Daneben gibt es zusätzliche Atomkraftwerksplanungen für das Rhônetal.

So ist es auch nicht erstaunlich, daß in dieser Region bereits Anfang der 70er Jahre die ersten lokalen Proteste gegen das französische Atomprogramm auftreten, einmal abgesehen von einem sich bereits kurz vorher formierenden Widerstand im Elsaß (Gründung einer Vereinigung gegen das

Atomkraftwerk Fessenheim im Jahre 1970).[2] Auf Initiative eines Journalisten einer der Alternativbewegung zuzurechnenden Zeitschrift kommt es im April 1971 zur Gründung einer lokalen Gruppierung („Bugey-Cobayes" = „Bugey-Versuchskaninchen"), welche sich gegen die Inbetriebnahme des Atomkraftwerks in Bugey (Département Ain, 20 km östlich von Lyon) wendet.[3] Am 10. Juli 1971 findet in Bugey die erste große Demonstration statt, an der 10.000-15.000 Personen teilnehmen; im September des gleichen Jahres wird vor dem Baugelände ein Protestlager errichtet, welches 50 Tage andauert und mit einem Protestmarsch nach Lyon endet.[4] Die Widerstandaktionen gegen das Atomkraftwerk in Bugey verlaufen friedlich, können jedoch die Inbetriebnahme des Atomkraftwerks (Ende 1971) nicht verhindern.

In den beiden folgenden Jahren wird der Widerstand gegen die Atomindustrie schwächer; die französische Ökologiebewegung befindet sich in ihrer Strukturierungsphase (Zusammengehen verschiedener ökologischer Organisationen, Entwicklung einer ökologischen Presse u.ä.). Erst nach der Option für ein umfassendes Atomprogramm seitens der Regierung Messmer im Jahre 1974 beginnt sich der eigentliche Widerstand gegen die Atomenergie zu formieren: Proteste gegen ein Atomkraftwerk in der Nähe von Bordeaux (ab Sommer 1974), Widerstand gegen ein geplantes Atomkraftwerk in der Bretagne (ab Ende 1974), kritische Stellungnahme von Wissenschaftlern der Region Rhône-Alpes (Februar 1975)[5], nationale Anti-AKW-Woche (April 1975), eine Reihe von Protestveranstaltungen im Sommer 1975 etc.[6]. Entsprechend der landesweiten Ausbreitung von Protesten gegen den Bau von Atomkraftwerken beginnt sich ab 1974 auch der Widerstand gegen den Bau eines Schnellen Brüters in Creys-Malville zu entwickeln.

Die Errichtung des Brutreaktors mit einer Leistung von 1.200 MW gilt als das Prestigeobjekt des französischen Atomprogramms. Mit der kommerziellen Nutzung dieses Verfahrens zur Erzeugung von Atomstrom soll gleichzeitig – über die „Erbrütung" neuen Brennstoffs – das Problem begrenzter Uranreserven gelöst werden.[7] Der Betrieb eines solchen Reaktors birgt aber mehr Risiken als dies bereits bei herkömmlichen Atomkraftwerken der Fall ist.[8]

Der Standort des Schnellen Brüters findet sich nur 20 km von den fünf Kraftwerksblöcken des Atomkraftwerks Bugey entfernt. Initiiert wird der Widerstand von ökologischen Aktivisten der Region, darunter auch ehemaligen Mitgliedern der inzwischen aufgelösten „Bugey-Cobayes". Regionale Wissenschaftler, Parteigliederungen und Gewerkschaften schließen sich bald der Kritik am Bau des Brüters an. Schließlich stimmen regionale politische Gremien für die Einstellung der Ende 1974 begonnenen Bauarbeiten. Demgegenüber zeigen sich Regierung und die staatliche Elektrizitätsversorgungsgesellschaft EDF unbeeindruckt. Der Bau von Super-Phenix wird in keinster Weise in Frage gestellt.

Als Ausgangslage vor der ersten großen Demonstration im Sommer 1976 läßt sich folgendes festhalten: Die ablehnende Haltung gegenüber dem Bau von Super-Phenix breitet sich auf regionaler Ebene zunehmend aus. Gleichzeitig gewinnt das Projekt nationale Bedeutung. Für die französische Anti-Atomkraft-Bewegung wird Super-Phenix zu einem Brennpunkt des Widerstandes gegen das Atomprogramm. Für die französische Regierung und den staatlichen Energiekonzern Electricité de France (E.D.F.) bedeutet der Bau des Schnellen Brüters die Vollendung ihres Energieprogramms, welche um so mehr sichergestellt werden muß, als Super-Phenix mit deutscher (16 %) und italienischer (35 %) Kapitalbeteiligung gebaut wird.

In der Folge der Großdemonstration gegen Super-Phenix vom 3.7.1976 (15.000-20.000 Teilnehmer), die friedlich und in einer volksfestähnlichen Atomosphäre verläuft, kommt es zu ersten Begegnungen und kleineren Konflikten zwischen Polizei und Demonstranten: Am 4. Juli 1976 wird das Baugelände von Atomkraftgegnern besetzt, wobei die Polizei zunächst nicht eingreift. Drei Tage später werden jedoch die Zeltlager der Besetzer von fünf C.R.S.-Kompanien z.T. mit dem Ergebnis von Sachbeschädigungen an mitgeführtem Campingmaterial geräumt. Die Widerstandsbewegung gegen den Brüter radikalisiert sich im Anschluß rasch: Im Herbst 1976 und Frühjahr 1977 finden mehrere Besetzungen von Behörden und Büros der am Bau beteiligten Gesellschaften sowie Dokumentendiebstähle statt (Anm. 2 in d. Chron.). Am 2. März 1977 wird der Eingang zum Baugelände drei Stunden lang blockiert.

Die Regierung läßt sich durch die Aktivitäten der Atomkraftgegner nicht beeinflussen: Premierminister Barre erklärt im Mai 1977 den „öffentlichen Nutzen" für den Bau des Kraftwerks, und im gleichen Monat wird die Baugenehmigung ausgesprochen. Für die Protestgruppen ist dies Anlaß, im Sommer zu einer Großdemonstration zum Bauplatz zu mobilisieren, wobei sie die inzwischen national und international verknüpften Gruppen von Atomkraftgegnern einbeziehen. Die Beteiligung von Gruppierungen, die die Anwendung von Gewalt nicht ausschließen wollen (Maoisten, Trotzkisten, Autonome) sowie die massiven staatlichen Vorbereitungen auf eine Konfrontation (Campingverbot um das Baugelände ab dem 12.7., Personenkontrollen u.ä.) führen zu einer Polarisierung der Haltung zur Demonstration: Die Sozialisten ziehen sich am 19.7.1977 aus der gemeinsamen Vorbereitung zurück und rufen zu einer eigenen Veranstaltung abseits des Baugeländes auf. Die von den Malville-Komitees getragene Großdemonstration am 31.7.1977, an der 40.000-60.000 Menschen teilnehmen und die einem Polizeiaufgebot von 5.000 Mann gegenübersteht, nimmt erwartungsgemäß einen unfriedlichen Verlauf (vgl. detaillierte Ablaufschilderung und Darstellung der Eskalation in Kapitel 3): Ein Demonstrant erliegt den Verletzungen durch eine Offensivgranate; mehrere Polizisten und Demonstranten werden schwer verletzt.

Der harte Polizeieinsatz sowie die Strafverfolgung von Teilnehmern der Protestveranstaltung, die erst mehrere Stunden nach den Ereignissen verhaftet werden, rufen im August 1977 nationale und internationale Proteste hervor (Demonstrationen in Paris, Straßburg, Marseille, Bordeaux; Petitionskampagne in Westberlin u.ä.).

Der lokale Widerstand konzentriert sich nach dem Sommer 1977 auf kleinere Demonstrationen („Anti-Atomkraft-Weihnachten" in Grenoble 1977, Demonstration am Baugelände im Mai 1978, Demonstration in Malville im August 1978), an denen sich nur noch wenige hundert Menschen beteiligen. Daneben werden durch nicht identifizierte Täter Sprengstoffanschläge gegen Einrichtungen der E.D.F. in der Region Rhône-Alpes (November 1977) und gegen Strommasten in der Nähe des Brüters (Juni und September 1978) ausgeführt, die kleinere Sachschäden verursachen. In die Folge dieser Anschläge ist nach den ersten wesentlichen Baufortschritten an Super-Phenix auch der Anschlag eines Granatwerfers auf das Baugelände einzureihen (18.1.1982), der ebenfalls nur geringe Sachschäden bewirkt. Der Wahlsieg der französischen Linken im Jahre 1981 sowie der herannahende Termin der Inbetriebnahme der Anlage aktiviert die Gegenbewegung nur unwesentlich, wenn auch nunmehr wieder mehrere Tausend Gegner des Projekts in einen Protestmarsch Malville-Paris (28.3.-17.4.1982) und eine Demonstration in Malville (August 1984) einbezogen werden können. Am 16.1.1986 geht Super-Phenix in Betrieb.

2. Umfang, Struktur und Zusammensetzung der Protestgruppen

Aufgrund unzureichender sozialwissenschaftlicher Untersuchungen muß hier vor allem auf Dokumente aus Zeitungen und Zeitschriften, sowie auf eine umfangreiche Dokumentation der Ereignisse aus dem Sommer 1979 zurückgegriffen werden.[9]

Der Widerstand gegen den Bau von Super-Phenix geht auf die Initiative lokaler Atomkraftgegner zurück. Die Vorläufergruppe „Bugey-Cobayes", die im Jahre 1971 gegen das Atomkraftwerk Bugey aktiv wird, wird von Pierre Fournier, einem lokal ansässigen Journalisten der Alternativzeitschrift „Charlie-Hebdo", mit ins Leben gerufen. Den Atomkraftgegnern gelingt es, im Juli 1971 über 10.000 Menschen aus der Region gegen das vor der Vollendung stehende Bauprojekt bei Bugey zu mobilisieren.[10] Nach der Inbetriebnahme des Atomkraftwerks löst sich die Gruppe wieder auf, und es bleibt eine Zeitlang still um den atomaren Protest in der Region, wie auch in ganz Frankreich.

Erst mit dem Einsetzen der ersten Bauarbeiten am geplanten Standort des Schnellen Brüters bei Malville Ende 1974 werden die lokalen Atomkraftgegner wieder aktiv. Es kommt zur Gründung einer Reihe lokaler und regionaler Komitees insbesondere in Grenoble, Lyon und Annecy.[11] Bei diesen Komitees handelt es sich weniger um fest organisierte und mit einem juristischen Status versehene Vereinigungen als um informell zusammengekommene Gruppierungen, deren Mitglieder den verschiedensten politisch-ideologischen Strömungen angehören. Daneben gibt es aber auch Gruppierungen von Atomkraftkritikern mit einem festen juristischen Status, wie z.B. die „Association pour la Sauvegarde du Site Bugey-Malville".[12]

Zu Beginn sind es vor allem die ökologischen Aktivisten, die in diesen Komitees tätig sind und hier wiederum insbesondere solche, die dem alternativ-gegenkulturellen Milieu angehören. Mitte der 70er Jahre beginnen auch traditionelle französische Naturschutzorganisationen, wie etwa die einflußreiche „Fédération Française des Sociétés de Protection de la Nature" (F.F.S.P.N.), sich mit der zivilen Nutzung der Kernenergie auseinanderzusetzen, wobei insbesondere deren regionale Sektionen die Initiative ergreifen. Hier ist die Sektion der Region Rhône-Alpes („Fédération Rhône-Alpes de Protection de la Nature" – F.R.A.P.N.A.) an erster Stelle zu nennen, welche die Atomenergie total ablehnt, während die F.F.S.P.N. für ein mehrjähriges Moratorium optiert. Die F.R.A.P.N.A. arbeitet in den Malville-Komitees aktiv mit. Ab 1976 schließen sich Pazifisten (Mouvement pour une Alternative Non-Violente = M.A.N.), Wissenschaftler aus der Region, verschiedene regionale Parteisektionen (vor allem der Parti Socialiste Unifié = P.S.U. und der Parti Socialiste = P.S.) und Gewerkschaften (vor allem C.F.D.T.) dem Widerstand an. Schließlich werden auch verschiedene Splittergruppierungen der extremen Linken (Maoisten, Trotzkisten u.a.) aktiv.[13] Bei den gewalttätigen Auseinandersetzungen im Sommer 1977 tauchen zum erstenmal auch die Autonomen auf.[14]

Insgesamt ist die Gruppe der Atomkraftgegner ideologisch sehr heterogen: Anhänger der Alternativbewegung, Vertreter eines politischen Ökologismus, Naturschützer, kritische Wissenschaftler, Mitglieder der gemäßigten Linksparteien und -gewerkschaften, Vertreter linksextremer Gruppierungen, Autonome u.a.

Entsprechend unterschiedlich sind der Grad der Ablehnung der Atomenergie (vom Moratorium bis zur totalen Ablehnung), die Beurteilung der zu wählenden Strategie (von Aufklärungs- und Informationsarbeit über politische und juristische Vorgehensweisen zu Formen des zivilen Ungehorsams bis hin zur Gewaltanwendung) und die politischen Überzeugungen (vom ökologischen Konservatismus über sozialistische, radikal-ökologische und gegenkulturelle Positionen bis hin zu einer revolutionären Gesellschaftskritik). Auch die Art und Weise der Zusammenarbeit der einzelnen Gruppierungen ist sehr verschieden. Sie reicht von Nicht-Zusammenarbeit und getrennten Vorgehensweisen (wie etwa während der Vorbereitungsphase der Protestveranstaltungen des Sommers 1977) über punktuelle Zusammenarbeit zur Koordination bestimmter Aktionen (gerichtliche Schritte, Informationsveranstaltungen, Demonstrationen u.ä.) bis hin zur stetigen Zusammenarbeit in den Malville-Komitees.

Die quantitative Beteiligung an der Protestbewegung gegen Super-Phenix ist ebenfalls uneinheitlich. An bestimmten Protestaktionen nehmen nur einzelne Atomkraftgegner teil (etwa bei Sabotageakten). An anderen Aktionen beteiligen sich kleine Gruppen (z.B. Besetzungs- und Blockadeaktionen). Die Demonstrationen bewegen sich in einem Rahmen von einigen hundert Teilnehmern bis hin zu 50.000 Teilnehmern. Der Widerstand gegen Super-Phenix rekrutiert sich zu Beginn aus lokalen und regionalen Bevölkerungsteilen und weitet sich erst allmählich aus, und dies sowohl geographisch auf ganz Frankreich bezogen, als auch lokal und regional, was die Erfassung immer breiterer Populationen betrifft. Zudem nehmen die größeren Demonstrationen häufig auch einen internationalen Charakter an. Neben dem Großteil französischer Teilnehmer finden sich auch schweizerische (Genf liegt nur etwa 70 km Luftlinie von Malville entfernt) und italienische (Kapitalanteile italienischer Unternehmen an Super-Phenix) Atomkraftgegner. Die meisten ausländischen Demonstranten kommen aber aus der Bundesrepublik, insbesondere bei der großen Protestveranstaltung im Sommer 1977. Viele der bundesdeutschen Teilnehmer stammen aus dem norddeutschen Raum, wo Ende 1976, Anfang 1977 größere Demonstrationen gegen den Bau des Atomkraftwerks Brokdorf stattgefunden haben.[15]

Wenden wir uns nun den sozio-demographischen Merkmalen der Atomkraftgegner zu.[16] Aus den Ergebnissen verschiedener Meinungsumfragen lassen sich – bezogen auf ganz Frankreich – folgende allgemeine Aussagen ableiten[17]:

1. Der höchste Grad der Ablehnung gegenüber der Atomkraftnutzung findet sich in der Gruppe der unter 25jährigen (1978: 54 %, 1981: 47 %), gefolgt von der Gruppe der 25- bis 34jährigen (55 %, 44 %), während mit steigendem Alter die ablehnende Haltung deutlich abnimmt.
2. Frauen stehen der Kernenergie kritischer gegenüber als Männer.
3. In der Kategorie gehobener Berufspositionen (leitende Angestellte, freie Berufe, Industrielle, Großkaufleute) und bei Rentnern ist die ablehnende Haltung gegenüber der Kernenergie am geringsten ausgeprägt (34 %,

29 %). Bei kleinen und mittleren Angestellten ist der Grad der Ablehnung zwar höher (44 %, 42 %), bleibt aber unter dem Anteil der Befürworter in dieser Kategorie (49 %, 57 %). In den übrigen ausgewählten Berufskategorien ist der Grad der Ablehnung höher als der Anteil positiver Einstellungen. Diese Feststellung gilt allerdings nur für 1978. Erstaunlicherweise ist bei den Arbeitern zu diesem Zeitpunkt der insgesamt höchste Anteil an Atomkraftkritikern zu finden (48 %), aber auch Landwirte, landwirtschaftlich Beschäftigte, Handwerker und Kleinkaufleute beziehen mehrheitlich eine ablehnende Position. Dieses Bild wandelt sich aber bis 1981 ins Gegenteil.

4. Aus der Betrachtung des Bildungsniveaus läßt sich entnehmen, daß mit steigender Schulbildung auch der Anteil der Atomkraftkritiker zunimmt.[18]
5. Die Anhänger der politisch rechten Parteien (R.P.R., U.D.F.) sind zu einem sehr großen Teil Befürworter der Kernenergie (1981: 84 %). Bei den großen Linksparteien sind deren Anhänger 1978 mehrheitlich gegen die Kernenergie eingestellt (Parti Communiste: 57 %, Parti Socialiste: 48 %), während im Herbst 1981 der Anteil der Befürworter überwiegt (P.C.: 52 %, P.S.: 53 %).

Die hier aufgeführten Ergebnisse von Meinungsumfragen geben Hinweise auf potentielle Teilnehmer an Anti-Atomkraft-Veranstaltungen: Sie sind meist jüngeren Alters (unter 35jährige), haben häufig höhere Schulbildung, sind vor allem Anhänger der Parteien aus dem Linksspektrum und nehmen unterschiedliche Berufspositionen ein, einmal abgesehen von Führungspositionen.

Die Analyse von Zeitungs- und Zeitschriftenartikeln bezüglich der Proteste um den Bau des Schnellen Brüters in Malville ergibt folgendes Bild: Die Protestteilnehmer sind meist jüngeren Alters, sind häufig aktiv in ökologischen Gruppierungen oder in Parteien und Gewerkschaften der politischen Linken bis hin zu den Splittergruppen der extremen Linken. Unter den Demonstranten befinden sich Schüler und Studenten, Lehrer, Bauern, Angestellte, Arbeiter etc.

Für die Aktivisten aus den Malville-Komitees läßt sich sagen, daß sie den verschiedensten Berufsgruppen angehören, wobei allerdings mittlere und höhere Angestellte (insbesondere Lehrer und Ingenieure) stark vertreten sind.[19] Die Arbeiter in diesen Komitees sind meist aktive Gewerkschafter (insbesondere C.F.D.T.) und häufig in der Atomindustrie beschäftigt, während etwa die aktiven Bauern aus den vom Bau unmittelbar betroffenen Gemeinden kommen.

Zusammenfassend läßt sich folgendes festhalten: Der Widerstand gegen Super-Phenix wird zunächst von lokalen Aktivisten mit ökologischgegenkulturellen Orientierungen angeführt und organisiert, breitet sich dann auf regionaler (unmittelbar betroffene Bauern, Mandatsträger linker Parteien, Wissenschaftler, regionale Ökologisten) und nationaler (ökologische Organisationen, kleinere politische Gruppierungen des Linksspektrums) aus, bis schließlich auch größere Bevölkerungsteile mobilisiert werden, die sich aus der unmittelbar betroffenen lokalen Bevölkerung, aber auch aus den Bewohnern der Region, sowie aus ganz Frankreich und z.T. auch aus dem Ausland (vor allem aus der Bundesrepublik) rekrutieren, wobei ein Großteil der Protestteilnehmer jüngeren Altersgruppen angehört.

3. Konfliktdynamik und Eskalation

3.1 Strategien und Vorgehensweisen von Protestgruppen und Polizei

Mit der Gründung der Malville-Komitees beginnt der eigentliche Widerstand gegen den Schnellen Brüter Super-Phenix. Diese Gruppen sind zum einen Diskussionsforen der Vertreter verschiedener politisch-ideologischer Strömungen in den Reihen der Atomkraftgegner. Daneben dienen sie zur Sammlung und Verbreitung von Informationen sowie der Koordination von Protestaktionen. Die Strategie der Kernkraftgegner besteht zunächst in einer Aufklärungs- und Informationstätigkeit. Es soll eine möglichst breite Gegnerschaft gegen den Bau des Schnellen Brüters geschaffen werden. Die Aktivisten der Komitees wenden sich an Mitglieder von Naturschutzorganisationen, politische Mandatsträger und an die regionale Bevölkerung im allgemeinen. Es werden Broschüren veröffentlicht, Informationsveranstaltungen durchgeführt, Flugblätter verteilt etc. Daneben werden in den Jahren 1974 bis 1977 juristische Schritte gegen die Durchführung der Enquete d'Utilité Publique (Informations- und Anhörungsverfahren zur Feststellung des öffentlichen Nutzens) und gegen die Baugenehmigung für Super-Phenix unternommen.[20] In den ökologisch-gegenkulturell ausgerichteten Zeitschriften werden vor allem die Argumentation der Gefahren der Kernenergienutzung weiterentwickelt, aber auch technokratische und zentralistische Momente in der Gesellschaft kritisiert und ein alternatives Gesellschaftsbild gezeichnet.[21]

Der starke Einfluß ökologisch-gegenkulturell ausgerichteter Kernkraftgegner in der Anfangsphase des Protest bestimmt auch die weiteren Protestaktionen: Bis zum Sommer 1976 finden die verschiedenen Protestveranstaltungen in einer folk-festivalartigen Atmosphäre statt, und der Widerstand verläuft gewaltfrei. Die Gewaltfrage wird zu diesem Zeitpunkt nicht diskutiert, vielmehr herrscht weitgehend ein unausgesprochener Konsens darüber, daß die Aktionen grundsätzlich einen gewaltfreien Charakter besitzen sollen, auch wenn für den Sommer 1976 die Besetzung des Baugeländes geplant und auch durchgeführt wird.

Bis zu diesem Zeitpunkt verhält sich auch die Polizei bei den Protesten gegen den Bau von Super-Phenix zurückhaltend. Auch bei der Bauplatzbesetzung greift sie anfangs nicht ein, sondern läßt die Demonstranten den Bauzaun zerschneiden und das Baugelände besetzen (4.7.1976). Erst einige Tage später räumen Polizeieinheiten das Zeltlager der Protestgruppen in der Nähe des Baugeländes (8.7.1976). Nach einer Demonstration gegen diese Räumungsaktion (10.7.1976) wird die Polizei wiederum aktiv und löst ein weiteres Zeltlager auf, diesmal mehrere Kilometer vom Bauplatz entfernt, wobei es zu den ersten polizeilichen Übergriffen gegen Demonstranten kommt (Schlagstockeinsatz, zerschnittene Autoreifen, zestörtes Campingmaterial).[22]

Der Präfekt des Département Isère (Sitz in Grenoble) bestätigt die härtere Taktik der Polizei mit den Worten: „Wir warnen vor, dann säubern wir."[23]

Innerhalb der Protestgruppen gegen Super-Phenix setzt im Anschluß an die Erfahrungen des Sommer 1976 die Diskussion um die Frage ein, wie der von der Polizeiführung eingeschlagenen Linie entgegenzutreten sei. Inzwischen sind auch Mitglieder linksextremer Gruppierungen und autonome Gruppen am Konflikt um Super-Phenix interessiert und stoßen teilweise zu den Malville-Komitees. Diese Gruppen befürworten mehr oder weniger auch gewalttätige Aktionen, schließen solche zumindest nicht aus. So kommt es nach den Zwischenfällen des Sommers 1976 auch zur ersten illegalen Protestaktion, und zwar dem Dokumentendiebstahl in der Präfektur von Grenoble (18.9.1976).

Das Klima vor den geplanten Protestveranstaltungen im Sommer 1977 heizt sich zunehmend an. Staatliche Institutionen leiten umfassende Sicherungsmaßnahmen ein: Jegliches Camping wird in einem größeren Umkreis um das Baugelände verboten. Seit dem 26.7.1977 werden die Straßen in der näheren Umgebung des Baugeländes überwacht, und Passanten werden häufigen Kontrollen unterzogen. Die Präfektur hat ein Gebiet von 6 km um den Bauplatz zur verbotenen Zone erklärt; lediglich die Anwohner dürfen passieren. Die Polizei zieht 3.000 Beamte zusammen (C.R.S., dem Innenministerium unterstellt; Gardes Mobiles, dem Verteidigungsministerium unterstellt);[24] das Baugelände wird in eine Art Festung verwandelt: Vor dem hohen Bauzaun sind Stacheldrahtrollen aufgezogen; die Krone des Bauzauns ist unter Strom gesetzt; Beobachtungstürme sind errichtet worden; zwei Rhône-Brücken sind infolge von Kiesaufschüttungen unpassierbar gemacht worden.[25] Der Präfekt erklärt seine Entschlossenheit, jeglichen Protest innerhalb der verbotenen Zone zu verhindern.

In der Nacht vom 29. zum 30.7. durchkämmen Polizeieinheiten den Lagerplatz, wo überwiegend deutsche Atomkraftgegner versammelt sind. Die in Begleitung eines Bürgermeisters eintreffende Polizei fordert die Demonstranten zum Verlassen des Terrains auf, und zwar mit Hinweis auf das erlassene Campingverbot (gegen 21 Uhr). Anschließend ziehen die Polizisten wieder ab, kommen aber gegen 6 Uhr morgens wieder zurück, umstellen das Lager und beginnen mit einer systematischen Durchsuchungsaktion. Dabei kommt es erneut zu Übergriffen gegen die anwesenden Atomkraftgegner, deren Fahrzeuge und Campingmaterial beschädigt werden.[26] Die Polizeiführung geht davon aus, daß es insbesondere deutsche Demonstranten sind, die Gewaltanwendung bejahen und bereitet sich entsprechend darauf vor. So äußert sich der Präfekt zur Anwesenheit deutscher Demonstranten folgendermaßen: „Meine Herren, Morestel ist zum zweitenmal von deutschen Truppen besetzt."[27] Den Polizeieinheiten werden Filme von den gewalttätigen Auseinandersetzungen um Brokdorf gezeigt, die von den deutschen Polizeibehörden zur Verfügung gestellt werden. Aus einer auf dem Demonstrationsgelände gefundenen Anweisung an die Polizeibeamten ist zu entnehmen, daß alle Fahrzeuge systematisch zu durchsuchen seien,[28] die nicht die Kfz-Kennzeichen der Region tragen, wobei insbesondere ausländische Fahrzeuge und hier wiederum in erster Linie deutsche Fahrzeuge einer strengen Kontrolle zu unterwerfen seien. Selbst Protestplakate, Anti-AKW-Aufkleber u.ä. seien zu beschlagnahmen und jede größere Ansammlung von Demonstranten aufzulösen. Am Vortag der Protestveranstaltungen bekräftigt der Präfekt noch einmal seine Entschlossenheit und erklärt, daß er auf keinen Fall die Besetzung des Baugeländes zulassen werde: „Ich habe den Befehl, das Baugelände um jeden Preis zu schützen";[29] und: „Die Ordnungskräfte werden keinen Millimeter zurückweichen; wenn es sein muß, wird das Feuer auf die Demonstranten eröffnet."[30]

Die sichtbar werdende Gefahr eines unfriedlichen Verlaufs der Protestdemonstration am 30. und 31.7. spaltet die inzwischen recht breite Widerstandsbewegung in der Frage ihres Verhältnisses zur Gewalt als Mittel politischer Auseinandersetzung. Die Gewaltbereitschaft einer kleinen Minderheit forciert die Abgrenzungsversuche in dieser Frage. Eine große Mehrheit der zu den Protestveranstaltungen aufrufenden Organisationen und Gruppierungen betont den gewaltfreien Charakter des Protests. So ruft z.B. die Koordinierungsgruppe der Malville-Komitees zu „einem friedlichen Protestmarsch in Richtung Baugelände" auf und betont, daß keinesfalls Gewalt angewendet werden soll.[31] Ähnliche Aufrufe finden sich in den Zeitschriften und Appellen der Atomkraftgegner, ebenso wie im Aufruf der Vereinigung lokaler Mandatsträger gegen Super-Phenix und in Stellungnahmen pazifistischer Gruppen.[32] Trotz dieser Bekenntnisse zur Gewaltfreiheit distanziert sich die regionale P.S. von dem geplanten Protestmarsch zum Baugelände.

Die regionalen Vertreter der P.C. haben sich bereits lange vorher von der Protestbewegung abgegrenzt.[33]

Die Organisation für die Protestveranstaltungen am 30. und 31.7.1977 bleibt relativ diffus. Lediglich die für den Samstag vorgesehenen Veranstaltungen sind gründlicher vorbereitet, während der Ablauf des Protestmarsches am Sonntag weitgehend offen bleibt. Eine feste Strategie, etwa die Besetzung des Baugeländes, wird nicht ausgearbeitet. Zwar ist ein Sternmarsch in Richtung Baugelände organisiert, der von vier umliegenden Dörfern aus gestartet wird, ohne aber vorher festzulegen, wie auf die Vorgehensweise der Polizei zu reagieren sei. Politische Mandatsträger unter den Atomkraftgegnern haben bei einem Treffen mit einem hohen Vertreter der Präfektur auf den gewaltfreien Charakter des Protests hingewiesen und vorgeschlagen, während des Protestmarschs stetigen Kontakt zwischen Organisatoren und Polizeiführung zu halten, worauf die Präfektur allerdings nicht eingeht.[34] Auch innerhalb der prinzipiell gewaltfreien Gruppen von Kernkraftgegnern kommt es zu Spannungen: So kritisiert z.B. ein führender Vertreter der französischen Ökologiebewegung (Brice Lalonde, „Les Amis de la Terre“) die Malville-Komitees, da diese nach seinem Erwägen sich nicht ausreichend von militanten Gruppen distanziert hätten.[35] Während des Protestmarsches am 31.7.1977 wird dann auch die mangelnde Organisation der Veranstalter deutlich: Den Ordnern, die nicht einmal als solche gekennzeichnet sind, gelingt es nicht, eine kleine Gruppe von militanten Atomkraftgegnern (etwa 150-200 Personen) zu kontrollieren. Diese Minderheit versucht gegen 11.30 Uhr die Polizeieinheiten anzugreifen, die in 1,5 km Entfernung um das Baugelände eine Kette gebildet haben. Als sich die Demonstrantengruppen nähern und einige Atomkraftgegner Steine in Richtung der Polizeieinheiten werfen, antworten die Polizisten unmittelbar mit Tränengasgeschossen und Offensivgranaten (Explosionslärm und Luftdruckwelle),[36] obwohl sich die militanten Atomkraftgegner noch 150-200 Meter von der Kette entfernt befinden und ihre Steinwürfe die Polizeibeamten nicht direkt gefährden. Die militanten Atomkraftgegner versuchen sich gegen 13.30 Uhr dem fortdauernden Tränengasbewurf zu entziehen und bewegen sich in Richtung der friedlichen Demonstranten. Die Polizeikette folgt ab 14.10 Uhr dieser Bewegung und feuert weiterhin Tränengasgeschosse und Granaten in die Menge, wobei nicht zwischen friedlichen und militanten Demonstranten differenziert wird. Im Verlauf der Verfolgung wird ein Demonstrant durch die Explosion einer Offensivgranate tödlich verletzt, ein anderer verliert ein Bein.[37]

Die Polizei verhaftet zu diesem Zeitpunkt noch keine Demonstranten, obwohl Identitätskontrollen durchgeführt werden.[38] Erst mehrere Stunden nach den Auseinandersetzungen – gegen 20 Uhr – werden Verhaftungen vorgenommen, und dies noch in einer Entfernung von bis zu 30 km zum Schauplatz der Ereignisse. Auffallend ist der große Anteil deutscher Demonstranten unter den Festgenommenen (75 %), die ihrerseits nur einen geringen Teil der Demonstranten ausmachten (2.000-3.000 von 40.000-50.000 Demonstrationsteilnehmern).

Den tragischen Folgen der Ereignisse vom 31.7. folgte in der Protestbewegung eine kritische Debatte über die unzureichende Vorbereitung des Marsches, in der betont wurde, daß gerade Gewaltfreiheit eingeübt und organisiert werden muß.

Die lähmende Wirkung, die die Ereignisse des Sommers 1977 für die gesamte französische Anti-Atomkraft-Bewegung hatte,[39] führte dazu, daß der Protest in der Folgezeit einen überwiegend lokalen Charakter annimmt. Während des Prozesses gegen die inhaftierten Atomkraftgegner (August 1977) gelingt noch einmal die Mobilisierung einiger tausend Menschen. Demgegenüber demonstrieren die insgesamt 15 Sprengstoffanschläge gegen E.D.F.-Einrichtungen im November 1977 eher die Hilflosigkeit des Anti-AKW-Protestes als dessen Stärke. Die Polizei reagiert mit häufigen Hausdurchsuchungen. Solche Aktionen bleiben auch in der Folgezeit die einzigen Ereignisse, durch welche der Protest gegen Super-Phenix von einer größeren Öffentlichkeit wahrgenommen wird.

Nach dem Regierungsantritt der Linksparteien bleibt es über ein Jahr still um den Protest gegen Super-Phenix, versprechen sich die Atomkraftgegner von der neuen Regierung ein Überdenken des Baus des Schnellen Brüters. Da aber die Linksregierung am Weiterbau festhält, manifestieren radikale Atomkraftgegner ihre Enttäuschung mit einem Anschlag: Sie feuern mit einem Granatwerfer mehrere Geschosse in das Baugelände, wobei geringe Sachschäden entstehen (18.1.1982) – eine Aktion, die von einem Großteil der noch aktiven Atomkraftgegner abgelehnt wird, auch wenn teilweise ein gewisses Verständnis geäußert wird.[40]

3.2 Politische Antworten

Die sich bis zum Sommer 1977 verschärfende Kritik am Bau von Super-Phenix wird von Regierungsseite kaum beachtet, auch nicht als sich regionale Entscheidungsgremien und Mandatsträger gegen den Bau aussprechen. Der Parteivorsitzende der P.S. (Francois Mitterrand) hat ein Referendum bezüglich der Nutzung der Kernenergie vorgeschlagen (Juli 1977), was vom französischen Staatspräsidenten Giscard d'Estaing entschieden zurückgewiesen wird. Bei seinem Besuch am 29.7.1977 (!) in einer Fabrik zur Herstellung radioaktiver Brennelemente in der Nähe von Pierrelatte (100 km südlich von Lyon) hat er nochmals das Atomprogramm bekräftigt.[41] Die regionalen Vertreter der P.S. wirken am Widerstand gegen Super-Phenix aktiv mit.[42] Wie auch die Vertreter der sozialistisch orientierten Gewerkschaft C.F.D.T. distanzieren sie sich allerdings im Vorfeld der Ereignisse des Sommers 1977 von der Teilnahme am Protestmarsch. Die regionalen Vertreter der P.C., die sich noch 1976 gegen den Bau ausgesprochen haben, sind 1977 die ersten, die ihre Nicht-Teilnahme an den geplanten Protestveranstaltungen verkünden und beziehen zunehmend eine ablehnende Position gegenüber den Atomkraftgegnern. In der kommunistischen Tageszeitung „Humanité“ werden z.B. Cartoons abgedruckt, in denen die Atomkraftgegner als naiv und gewalttätig dargestellt werden.[43]

Staatspräsident Giscard d'Estaing und Regierungsvertreter akzeptieren die harte Linie des Präfekten, der beispielsweise betont, daß er während der Auseinandersetzungen stets im Kontakt mit dem Innenminister gestanden habe,[44] der wiederum den Staatspräsidenten unterrichtet habe. In einer Pressekonferenz verurteilt der Innenminister die Gewalttätigkeiten seitens der Demonstranten und lobt im Namen der Regierung die Vorgehensweise der Polizei.[45] Ähnliches äußert der Premierminister Raymond Barre, der dem Präfekten eine korrekte Handlungsweise bescheinigt.[46]

Abgeordnete der Sozialistischen Partei kritisieren im Parlament den Einsatz der Offensivgranaten und qualifizieren diese als Kriegsmaterial, welches zu verbieten sei. Innenminister und Präfekt rechtfertigen demgegenüber den Gebrauch dieser Granaten, da sonst die militanten Atomkraftgegner nicht hätten kontrolliert werden können.[47] Während insgesamt die Regierungsparteien die polizeiliche Vorgehensweise gutheißen und die Schuld für die Eskalation der Gewalt den militanten Atomkraftgegnern geben, kritisieren Linksparteien und -gewerkschaften die brutale Vorgehensweise der Polizei, verurteilen aber meist auch die Gewalttätigkeiten seitens der Demonstranten.[48] Aus einer Meinungsumfrage geht hervor, daß zwar 52 % der Befragten die Vorgehensweise der Polizei in Malville befürworten, aber immerhin 40 % Kritik am Verhalten der Ordnungskräfte üben.[49]

Der Sprecher der Bonner Regierung schließt sich der offiziellen französischen Version der Ereignisse an und bedauert die gewalttätigen Ausschreitungen deutscher Demonstrationsteilnehmer.

4. Erfolge, Mißerfolge und Enttäuschungsverarbeitung

Die früheste Protestbewegung gegen Atomanlagen in der Region Rhône-Alpes, die Bewegung gegen das Atomkraftwerk Bugey, bleibt trotz einer beachtlichen Mobilisierungstätigkeit erfolglos: Die Atomanlage ist nahezu fertiggestellt, als sich der Protest erst zu formieren beginnt; die Bewegung zerfällt ebenso schnell, wie sie entstanden ist. So bleibt es in den folgenden Jahren still um den Anti-AKW-Protest in der Region, bis 1974 mit dem Bau des Schnellen Brüters in Malville begonnen wird. Die sich neu formierenden Anti-AKW-Gruppen finden einen Formfehler in der angesetzten Enquête d'Utilité Publique, und es gelingt ihnen, einen neuen Termin für dieses administrativ vorgeschriebene Anhörungsverfahren durchzusetzen. In einer weiteren Klage prozessieren die Kernkraftkritiker gegen E.D.F., da diese bereits mit den Bauarbeiten begonnen hat, bevor die entsprechenden Genehmigungen erteilt worden sind. Die Klage bleibt jedoch erfolglos, da der zuständige Richter die begonnenen Arbeiten lediglich als Vorarbeiten einstuft, welche nicht unter die spezifischen Bestimmungen des Genehmigungsverfahrens von Atomanlagen fallen.[50] Im Mai 1975 gehen die regionalen Aktivisten erneut gerichtlich gegen Super-Phenix vor, wiederum erfolglos. Diesmal erklärt sich das angerufene Gericht für nicht zuständig. Inzwischen ist es den regionalen ökologischen Aktivisten aber gelungen, die regionalen Vertreter von P.S. und auch Gewerkschafter der C.F.D.T. für den Widerstand gegen den Schnellen Brüter zu gewinnen, sowie auch zahlreiche Wissenschaftler und einen Teil der Bevölkerung.

Durch diesen Erfolg rückt der Widerstand gegen Super-Phenix immer mehr in den Brennpunkt des gesamten französischen Anti-AKW-Protestes. Damit werden gleichzeitig aber auch Gruppierungen angezogen, die den Widerstand zur Verbreitung ihrer politischen Vorstellungen nutzen und die gewaltfreie Strategie des Großteils der Kernkraftgegner nicht als einzige mögliche Vorgehensweise der Protestgruppen betrachten. Der gewaltfrei argumentierenden großen Mehrheit der Atomkraftgegner gelingt es nicht, die kleine Minderheit der zu Gewalttätigkeiten bereiten Gruppen zu isolieren, ebenso wenig, wie die Position der Gewaltfreiheit in eine klare Strategie umzuwandeln.

So bleibt auch die größte Demonstration in der Geschichte der französischen Anti-AKW-Bewegung weniger in Erinnerung wegen ihres beachtlichen Mobilisationserfolgs, als vielmehr aufgrund der gewalttätigen Auseinandersetzungen, die ein tragisches Ende finden. Nach den Ereignissen des Sommers 1977 löst sich der regionale Widerstand gegen Super-Phenix weitgehend auf. Zwar werden auch in der Folgezeit noch einige Protestveranstaltungen organisiert, welche aber jeweils nur wenige Kernkraftgegner zu mobilisieren vermögen.

Angesichts der Erfolglosigkeit des Protests versuchen Atomkraftgegner, die mangelnde Mobilisierungsfähigkeit des regionalen Widerstandes gegen Super-Phenix durch individuelle Sabotageaktionen zu kompensieren. Hiermit erreichen sie auch eine gewisse Medienöffentlichkeit, allerdings um den Preis einer weitgehenden Verurteilung solcher Aktionen, die von der öffentlichen Meinung zudem in die Nähe des Terrorismus gerückt werden.

5. Schlußfolgerungen

Der Widerstand gegen den Bau des Schnellen Brüters in Malville entwickelt sich von lokaler und regionaler Ebene langsam zu einem Symbol nationalen Protests gegen die Nutzung der Kernenergie in Frankreich. Mit der Ausbreitung des Widerstands wird aber auch die politisch-ideologische Palette der beteiligten Protestgruppen immer heterogener, so daß schließlich die Artikulierung einer gemeinsamen Position und Strategie kaum mehr realisiert werden kann. Es ist die Gewaltfrage, welche die vorhandenen Divergenzen zum Vorschein kommen läßt und die Protestbewegung letzten Endes spaltet. Auf der einen Seite gelingt es den gewaltfrei argumentierenden Gruppen im Vorfeld der Protestveranstaltungen des Sommers 1977 nicht, ihre Position der Gewaltfreiheit in ein klares Konzept umzusetzen. Auf der anderen Seite verweisen diejenigen Gruppen, welche die Anwendung von Gewalt nicht ausschließen, auf die im Sommer 1976 erfolgten Polizeiübergriffe gegen Demonstranten, denen man begegnen müsse.[51] Wenn auch ein Großteil der am Protest gegen Super-Phenix beteiligten Gruppen einen gewaltfreien Widerstand anstrebt, reicht die Anwesenheit einer kleinen militanten Minderheit aus, um Teile der Atomkraftgegner zu verunsichern. So ziehen dann auch die regionalen Vertreter von P.S. und C.F.D.T. ihre Teilnahme am Protestmarsch zurück, und zwar in einer Phase, in der sich das Klima kurz vor den Protesttagen immer mehr anheizt.

Auf seiten der politisch Verantwortlichen und der Polizeiführung wird die Entschlossenheit demonstriert, den Demonstranten keinerlei Zugeständnisse zu machen. Hier tritt insbesondere der Präfekt des Département Isère in den Vordergrund, der mit einer militärtaktischen Argumentationsweise einen nicht unwesentlichen Beitrag zur Anheizung der Emotionen leistet.

Als dann die Organisatoren der Protestveranstaltungen zu einem Protestmarsch in Richtung Baugelände aufrufen, erscheint eine Eskalation wahrscheinlich. Die gewalttätigen Auseinandersetzungen zwischen Polizeieinheiten und Gruppen von militanten Atomkraftgegnern bestätigen schließlich die Befürchtungen.

Als Eskalationsbedingungen für den Konflikt um Super-Phenix können in der Konsequenz die folgenden Faktoren herausgestellt werden: Seitens der Protestbewegung sind es das Versagen der ideologischen Zusammenführung der unterschiedlichen beteiligten regionalen, nationalen und internationalen Gruppierungen, das Fehlen einer verbindlichen Aktionsstrategie und die Unfähigkeit zur technischen Bewältigung des Konfliktablaufs, die das Geschehen am 31.7.1977 unbeherrschbar werden lassen. Umgekehrt verstärken die Verantwortlichen in Politik und Polizeiführung die Konfrontationsbereitschaft einer gewalttätigen Minderheit, indem sie schon im Vorfeld ein bürgerkriegsähnliches Szenario schaffen (festungsartiger Ausbau des Baugeländes, häufige Personenkontrollen, Räumung von Zeltplätzen) und während der Auseinandersetzungen am 31.7. eine harte und unflexible Einsatzstrategie zur Anwendung bringen (Wahl von Offensivwaffen und ihre nahezu voraussetzungslose Anwendung).

Im Nachhinein werfen Demonstranten und politisch Verantwortliche jeweils der anderen Seite vor, die Verantwortung für die Eskalation der Gewalt zu tragen. Die Mehrheit der regionalen und nationalen Presse folgt dabei der offiziellen Version der Ereignisse, die die militanten Demonstranten für die Auseinandersetzungen verantwortlich macht.

Die Ereignisse des Sommers 1977 haben auf die Protestbewegung gegen Super-Phenix eine paralysierende Wirkung; überhaupt stellen sie für die gesamte französische Anti-AKW-Bewegung einen entscheidenden Einschnitt dar. Der daraus resultierende Niedergang des anti-atomaren Protests wird auch in den insgesamt enttäuschenden Wahlergebnissen der ökologischen Kandidaten bei den Parlamentswahlen von 1978 deutlich.

Anmerkungen

1) Falls nicht weiter spezifiziert stammen die hier aufgeführten Informationen aus: a) COLLECTIF D'ENQUETE: AUJOURD'HUI MALVILLE, demain la France, Claix 1978 (In dieser Arbeit sind auf fast 200 Seiten zahlreiche Dokumente zusammengefaßt); b) LE MONDE, LIBERATION, LE NOUVEL OBSERVATEUR, LE PROGRES LYONNAIS
2) Vgl. NELKIN, D.: The atom besieged. Extra-parliamentary dissent in France and Germany, Cambridge/Mass. 1981, S. 58
3) Vgl. FAGNANI, F./NICOLON, A.: Nucleopolis – Materiaux pour l'analyse d'une société nucléaire, Grenoble 1979, S. 47 f.
4) Vgl. ebd. S. 48-50
5) Vgl. PUISEUX, L.: La Babel nucléaire, Paris 1977, S. 147 f.
6) Vgl. LES AMIS DE LA TERRE (Hg.): L'escroquerie nucléaire, Paris 1975, S. 264 f.
7) Daten zu Super-Phenix vgl. C.F.D.T. (Hg.): Le dossier éléctronucléaire, Paris 1980, S. 63-67. Darin auch Informationen zur bundesdeutschen Beteiligung an diesem Projekt (S. 457 f.).
8) zu den Risiken von Super-Phenix: vgl. ebd. S. 264-274
9) Eine sehr umfangreiche Dokumentation findet sich in: COLLECTIF D'ENQUETE, a.a.O.
10) Vgl. FAGNANI, a.a.O., S. 48 f.
11) Vgl. LES AMIS DE LA TERRE, a.a.O., S. 261 ff.
12) Vgl. SAMUEL, L.: Guide pratique de l'écologie, Paris 1978, S. 95 f. und S. 248
13) Vgl. LIBERATION, 4./5.6.1977, S. 3
14) Vgl. LIBERATION, 21.9.1977, S. 2
15) Vgl. LIBERATION, 4.8.1977, S. 8

16) Vgl. Umfrageergebnisse dokumentiert in: TOURAINE, A.: La prophétie antinucléaire, Paris 1981
17) Vgl. Umfrageergebnisse dokumentiert in: KIERSCH, G./V. OPPELN: Kernenergiekonflikt in Frankreich und Deutschland, Berlin 1983
18) Vgl. FAGNANI, a.a.O., S. 326 f.
19) Vgl. TOURAINE ET AL.: a.a.O., S. 22 ff.
20) Vgl. LES AMIS DE LA TERRE, a.a.O., S. 262
21) Vgl. FAGNANI, a.a.O., S. 37 ff. und 67 ff.
22) Vgl. Zeugenaussagen in: COLLECTIF D'ENQUETE, a.a.O., S. 11-13
23) LE MONDE, 18./19.7.1977, S. 13
24) Vgl. LE MONDE, 8.7.1977
25) Vgl. COLLECTIF D'ENQUETE, a.a.O., S. 30-32. LE MONDE, 30.7.1977
26) Vgl. Zeugenaussagen in: COLLECTIF D'ENQUETE, a.a.O., S. 53 ff.
27) zitiert in: COLLECTIF D'ENQUETE, a.a.O., S. 160
28) Vgl. ebd. S. 33
29) LE MATIN, 1.8.1977
30) COLLECTIF D'ENQUETE, a.a.O., S. 150
31) Vgl. COLLECTIF D'ENQUETE, a.a.O., S. 34 ff. und S. 44
32) Vgl. SUPER-PHOLIX Nr. 12, 1977 und COLLECTIF D'ENQUETE, a.a.O., S. 35
33) Vgl. COLLECTIF D'ENQUETE, a.a.O., S. 41 ff.
34) Vgl. Anfrage des Abgeordneten der P.S., Louis Mermaz, an den Innenminister, dokumentiert in: LE MONDE, 5.8.1977, S. 7
35) Vgl. ebd., S. 45 ff.
36) Vgl. ebd., S. 118
37) zum Tod des Demonstranten und dem Einsatz von Tränengasgranaten seitens der Polizei vgl. COLLECTIF D'ENQUETE, a.a.O., S. 91-112
38) Vgl. LE MONDE, 3.8.1977, S. 1
39) Vgl. hierzu TOURAINE ET AL., a.a.O., S. 144 f.
40) Vgl. z.B. LIBERATION, 20.1.1982, S. 8
41) Vgl. LE MONDE, 31.7.1977, S. 4
42) Vgl. TOURAINE ET AL., a.a.O., S. 48
43) Vgl. L'HUMANITE, 30.7.1977
44) Vgl. COLLECTIF D'ENQUETE, a.a.O., S. 150 f.
45) LE PROGRES LYONNAIS, 14.8.1977
46) Vgl. DERNIERE HEURE, 6.8.1977
47) Vgl. LE MONDE, 21.10.1977
48) Vgl. LE NOUVEL OBSERVATEUR, 8.8.1977
49) Vgl. LE MONDE, 3.8.1977, S. 6
50) Vgl. SAMUEL, a.a.O., S. 95
51) Vgl. hierzu: TOURAINE ET AL., a.a.O., S. 145-148

Literaturverzeichnis

LES AMIS DE LA TERRE (Hrsg.): L'escroquerie nucléaire, Paris 1975
COLLECTIF D'ENQUETE: Aujourd'hui Malville, demain la France, Claix, 1978
C.F.D.T. (Hrsg.): Le dossier éléctronucléaire, Paris 1980

FAGNANI, F./NICOLON, A.: Nucléopolis – Matériaux pour l'analyse d'une société nucléaire, Grenoble 1979
KIERSCH, G./v. OPPELN: Kernenergiekonflikt in Frankreich und Deutschland, Berlin 1983
NELKIN, D.: The atom besieged. Extra-parliamentary dissent in France and Germany, Cambridge/Mass. 1981
PUISEUX, L.: Le Babel nucléaire, Paris 1977
SAMUEL, L.: Guide pratique de l'écologie, Paris 1978
TOURAINE, A.: La prophétie antinucléaire, Paris 1981

ATOMWIRTSCHAFT
März 1985, S.126ff
April 1985, S.185ff
Juni 1985, S.311ff
DERNIEUR HEURE
06.08.1977
HUMANITE
30.06.1977
LIBERATION
04./05.06.1977, S. 3
04.08.1977, S. 8
21.09.1977, S. 2
02.08.1977, S. 7
31.07.1980, S. 6
20.01.1982, S. 8
19.04.1984, S. 7
LE MATIN
01.08.1977
LE MONDE
08.07.1977
18./19.07.1977, S. 13
30.07.1977
31.07.1977, S. 1, 4
02.08.1977, S. 1
03.08.1977, S. 1, 6
04.08.1977, S. 1, 6
05.08.1977, S. 6
06.08.1977, S. 6f
07./08.08.1977, S. 1, 4
09.08.1977, S. 6
10.08.1977, S. 7
21.10.1977
LE NOUVEL OBSERVATEUR
08.08.1977
LE PROGRES LYONNAIS
14.08.1977

14. Verlaufsstudie: Plogoff, Frankreich 1974-81

Konflikt um den Bau des Atomkraftwerks bei Plogoff (Bretagne/Département Finistère)

1. Chronologie der Ereignisse[1]

Schon 1974 wird bekannt, daß das staatliche französische Elektrizitätsversorgungsunternehmen E.D.F. (Electricité de France) vier Standorte in der Bretagne für den Bau eines Atomkraftwerks prüft. In den betroffenen Gemeinden Erdeven, Beg an Fry, Ploumoguer und Plogoff werden lokale Informationskomitees gegründet, in denen sich die Gegner des Vorhabens zusammenschließen.

Die Bewohner von Plogoff verhindern 1976 erfolgreich geologische Messungen; der eigentliche Protest formiert sich dort aber erst nach den Entscheidungen regionaler und departementaler Gremien zugunsten der Wahl dieses Standorts für das Atomkraftwerk: Der Wirtschafts- und Sozialrat der Bretagne erteilt seine Zustimmung im September 1978 und der Generalrat (Conseil Général) des Départements Finistère im November 1978. Demgegenüber spricht sich der Stadtrat von Brest (Mehrheit der Linksparteien) gegen den Bau aus, ebenso die Gemeinden in der näheren Umgebung von Plogoff. In Plogoff selbst stellt sich gar der sozialistische Bürgermeister an die Spitze des gegründeten Verteidigungskomitees gegen den Bau des Atomkraftwerks.

Zunächst verlaufen die Protestaktionen der Atomkraftgegner gewaltfrei: Nach der Entscheidung des Wirtschafts- und Sozialrats kommt es im September 1978 zu den beiden ersten Demonstrationen. Einmal wird ein Protestmarsch zum vorgesehenen Baugelände unternommen (3.000 – 5.000 Teilnehmer), und eine Woche später demonstrieren 10.000 – 15.000 Menschen in Brest, wo sich die Demonstranten auf die Straße legen und totstellen, um damit auf die Wirkungslosigkeit des Katastrophenschutzplanes im

Falle eines größeren Unfalls in einem Atomkraftwerk hinzuweisen.[2] Im November 1978 wird eine weitere Demonstration, diesmal in der nahen Kreisstadt Quimper, veranstaltet, an der etwa 8.000 Personen teilnehmen. Anschließend bleibt es eine Zeitlang ruhig, bis im Juni 1979 ein Protestmarsch zum geplanten Bauplatz unternommen wird (10.000 – 15.000 Teilnehmer). Im Sommer 1979 wird – nach dem Vorbild von anderen Protesten gegen Großprojekte – von Bauern aus Plogoff und Umgebung eine Kooperative zum Erwerb von Grundstücken auf dem geplanten Baugelände gegründet (Groupement Foncier Agricole – G.F.A.). Mit dem Erwerb von möglichst vielen Grundstücken soll dem staatlichen Energieunternehmen E.D.F. zuvorgekommen werden, das die Bauern und Gemeinden mit hohen Angeboten zum Verkauf ihrer Grundstücke veranlassen möchte. Die von der G.F.A. erworbenen Grundstücke sollen der E.D.F. verweigert werden, was die Durchführung von Enteignungsverfahren notwendig machen und den Baubeginn verzögern würde. Auf dem von der G.F.A. erworbenen Gelände wird dann im August 1979 symbolisch eine Schäferei errichtet, an deren Eröffnungsfeier 8.000 – 10.000 Menschen teilnehmen.

Zu einer ersten Emotionalisierung der Debatte um das Atomkraftprojekt kommt es, nachdem Anfang 1980 zwei Vertreter der G.F.A. wegen Bauens ohne Vorliegen einer Baugenehmigung (Errichtung der Schäferei auf dem vorgesehenen Baugelände) gerichtlich verfolgt werden. Für die Atomkraftgegner bedeutet dies eine Herausforderung, um so mehr, als die E.D.F. an anderen AKW-Standorten bereits mit den Bauarbeiten begonnen hat, ohne die Beendigung des administrativ vorgeschriebenen Informations- und Anhörungsverfahrens der betroffenen Gemeinden und lokalen Bevölkerung abzuwarten.

Die endgültige Radikalisierung des Protests wird schließlich durch die Ende Januar 1980 von Regierungsseite eingeleitete „Enquête d'Utilité Publique" (E.U.P.) bewirkt.[3] Am Morgen des 30. Januar treffen die Akten zu diesem öffentlichen Informations- und Anhörungsverfahren ein. Die Bürgermeister von Plogoff und den umliegenden Gemeinden verweigern die Auslage der Dokumente in ihren Amtsräumen. Die Akten werden von der Polizei überbracht, die Administration hat also die ablehnende Haltung der Bevölkerung angenommen. Entsprechend sind bereits seit einer Woche in der Nähe von Plogoff größere Polizeieinheiten (525 Mann) zusammengezogen worden, die in einem von der Präfektur beschlagnahmten ehemaligen Priesterseminar ihr Lager aufgeschlagen haben. Am Nachmittag werden die eingetroffenen Akten in Anwesenheit der Plogoffer Bevölkerung auf dem Rathausplatz demonstrativ verbrannt. Die Bürgermeister der vier unmittelbar betroffenen Gemeinden beschließen zusammen mit dem Verteidigungskomitee und anderen Atomkraftgegnern den Widerstand zu verstärken und auch illegale Aktionen durchzuführen. Noch am gleichen Abend und in der Nacht wird die Zufahrtsstraße zum Dorf mit Barrikaden übersät. Trotz Regen und stürmischen Wetters sind fast zweihundert Personen an der Barrikadenbauaktion beteiligt. Dabei sind die Teilnehmer der Aktion gut ausgerüstet und organisiert: Mit Motorsägen werden die Bäume für den Barrikadenbau gefällt sowie andere Barrikadenteile mit Traktoren angeliefert. Ein Beobachter in der Nähe des Polizeiquartiers hat herausbekommen, daß die Polizei um vier Uhr morgens fahrende Rathäuser aufstellen möchte. Die Präfektur entschloß sich zu dieser Vorgehensweise, da die betroffenen Gemeinden ihre Amtsräume für die Durchführung des Anhörungsverfahrens verweigert haben. Als die Polizei schließlich anrückt, wird die errichtete Straßensperre mit einem Molotow-Cocktail in Brand gesetzt. Die Polizei antwortet mit Tränengasgranaten und beginnt mit dem Wegräumen der Hindernisse. Die Demonstranten vermeiden den offenen Schlagabtausch, ziehen sich langsam zurück und errichten stets neue Straßensperren. Erst nach vier Stunden hat die Polizeikolonne die zweieinhalb Kilometer lange Strecke bis zum Rathausplatz zurückgelegt, auf dem die Sonderrathäuser aufgestellt werden. Den inzwischen dort wartenden Demonstranten wird mit einer Serie von Tränengasgranaten begegnet. Am Nachmittag des gleichen Tages kommt es zu zwei spontanen Solidaritätsdemonstrationen in Plogoff (2.000 – 3.000 Teilnehmer) sowie in der naheliegenden Kreisstadt Quimper, wo 2.500 Gymnasiasten demonstrieren. Am darauffolgenden Sonntag (3.2.1980) sind bei der Einführung des Schäfers mehr als 20.000 Menschen, trotz stürmischen und regnerischen Wetters, auf dem Baugelände anwesend.[4] Der Marsch von Plogoff bis zum vorgesehenen Bauplatz verläuft ohne Zwischenfälle; den Kundgebungsreden kann man jedoch die feste Entschlossenheit zum weiteren Widerstand entnehmen: So wird u.a. zum Stromzahlungsboykott oder zur Abgabe der Wählerausweise aufgerufen.

In den folgenden Tagen gehen die Behinderungsaktionen gegen die Durchführung der E.U.P. weiter: Durch nächtliches Schuttabladen, Grabenausheben, Jaucheablassen u.ä. wird der Aufstellplatz der Sonderrathäuser unpassierbar gemacht. Tagsüber sind stets 50 – 100 Demonstranten dort versammelt. Die Polizei verhält sich zunächst passiv. Sie begnügt sich mit dem allmorgentlichen Wegräumen der Hindernisse und der Bewachung der fahrbaren Rathäuser. Es bildet sich ein Widerstandsritual – von den Dorfbewohnern „Messe“ genannt – heraus, welches auch in den darauffolgenden Wochen andauert und stets nach gleichem Muster abläuft: Um 16.30 Uhr erscheint ein tieffliegender Polizeihubschrauber zur Überwachung der Demonstrantenmenge, die inzwischen auf mehrere hundert Personen angewachsen ist. Gegen 17 Uhr sind auch die restlichen Polizeieinheiten eingetroffen, welche den Abzug der Sonderrathäuser sichern sollen. Zunächst bleibt es noch bei den üblichen Schimpfkanonaden gegen die Polizeibeamten, dann werden die Auseinandersetzungen zunehmend heftiger: Die Demonstranten beginnen die anwesenden Polizeieinheiten zu bewerfen. Den Farbbeuteln folgen Steine und schließlich Geschosse aus Steinschleudern. Die Polizei antwortet mit Tränengasgranaten, was die Demonstranten in die Flucht treibt. Anschließend ziehen sich die Polizeitruppen in ihr Quartier zurück, wohin auch die fahrbaren Rathäuser verbracht werden. Bei den Auseinandersetzungen gibt es auf beiden Seiten Verletzte.

Für die Nacht hat auch die Polizei ihre Vorgehensweise geändert: Um den nächtlichen Barrikadenbauaktionen der Protestgruppen zuvorzukommen, fahren jeweils fünf bis sechs vollbesetzte Polizeilastkraftwagen Streife, was mit einer erheblichen Ruhestörung verbunden ist. Entsprechend empört reagieren die Dorfbewohner: Sie errichten eine Straßensperre und greifen die so gestoppte Polizeistreife mit Steinen und anderen Wurfgeschossen an (8.2./9.2.). Die überraschten Polizisten ziehen sich zunächst zurück, gehen dann aber zum Gegenangriff über. Die teilweise mit ihren Kraftfahrzeugen flüchtenden Demonstranten werden mit Tränengasgranaten beschossen, wobei mehrere Windschutzscheiben zu Bruch gehen. Einige Polizeibeamte zertrümmern mit Steinschleudern Fensterscheiben im Dorf. Während der Auseinandersetzungen wird ein Demonstrant festgenommen, der gleich am nächsten Tag in einem Schnellgerichtsverfahren zu 45 Tagen Gefängnis verurteilt wird.

Am darauffolgenden Wochenende unterzeichnen 3/4 der Bevölkerung Plogoffs eine Petition, welche den Abzug der Sonderrathäuser verlangt, jedoch erfolglos. Inzwischen hat die Polizei Verstärkung erhalten, und zwar einmal durch eine weitere Polizeieinheit sowie durch eine Pioniereinheit der Armee, die den täglichen Schutt auf den Standplätzen der fahrenden Rathäuser wegräumen soll. Dem Bagger werden unverzüglich die Reifen durchstochen.

In der dritten Woche der E.U.P. erhält die bereits 600 Mann starke Polizeitruppe weitere Verstärkung durch eine Fallschirmspringereinheit der Polizei. Plogoff befindet sich in einer belagerungsähnlichen Situation. Die Polizei gibt ihre eher passive Haltung zunehmend auf und versucht, bei den allabendlichen, immer gewalttätiger werdenden Demonstrationen (inzwischen werden auch Molotow-Cocktails geworfen) Verhaftungen vorzunehmen. Hierzu werden Greiftrupps zusammengestellt, die – mit Turnschuhen, Schlagstöcken und Handschellen ausgerüstet – sich die nicht schnell genug flüchtenden Demonstranten herausgreifen.

Die gewalttätigen Auseinandersetzungen gehen auch in der Folgezeit weiter, wobei die Atomkraftgegner u.a. vergeblich versuchen, eine Brücke auf der Zufahrtsstraße nach Plogoff zu sprengen. Zahlreiche Demonstranten und Polizeibeamte werden verletzt; es kommt zu Verhaftungen und Verurteilungen, wobei die Polizei auch größere Hausdurchsuchungsaktionen durchführt.

In der fünften Woche der E.U.P. befinden sich insgesamt 15 Demonstranten im Gefängnis.

In der sechsten und letzten Woche des Anhörungsverfahrens sind die abendlichen Demonstrationen stets von mindestens 1.000 Personen besucht, wobei es auch weiterhin zu Zwischenfällen kommt. Am letzten Tag (14.3.1980) marschieren 7.000 Demonstranten zum vorgesehenen Baugelände, trotz zahlreicher Polizeisperren. Erneut kommt es zu gewalttätigen Auseinandersetzungen. Dabei werden auch zwei Journalisten von der Polizei angegriffen und verletzt, als sie photographieren wollen.[5] Eine Gruppe von etwa dreihundert Demonstranten „verabschiedet" die Polizeibeamten bei ihrem Quartier mit einem Hagel von Steinen und Molotow-Cocktails.

Nach dem Abzug der Sonderrathäuser und der Polizeieinheiten herrscht in Plogoff wieder Ruhe. Am darauffolgenden Sonntag findet am Kap eine Abschlußkundgebung statt, an der 40.000 – 50.000 Personen aus der ganzen Bretagne teilnehmen. Wie auch schon bei der großen Demonstration am 3. Februar an gleicher Stelle verläuft die Veranstaltung ohne Zwischenfälle, es herrscht eine Volksfestatmosphäre. Dagegen kommt es am gleichen Wochenende auf einer Solidaritätsdemonstration in Paris (2.000 Teilnehmer) zu gewalttätigen Auseinandersetzungen, als ein Polizeitrupp gegen die Spitze des Demonstrationszuges Schlagstockeinsätze führt.

Die letzten gewalttätigen Zwischenfälle ereignen sich beim Prozeß gegen die inhaftierten Atomkraftgegner in Quimper (17.3.1980). Mehrere hundert Demonstranten vor dem Gerichtsgebäude veranschaulichen mit umgehängten Steinschleudern, daß sie die vorgenommenen Festnahmen als Willkürmaßnahme empfinden. Alle Inhaftierten – bis auf zwei, die aber kurze Zeit später auch entlassen werden – werden auf Bewährung freigelassen. Vor dem Gerichtsgebäude kommt es zu gewalttätigen Auseinandersetzungen mit Einheiten der Sicherheitspolizei C.R.S. (= Compagnie Républicaine de Sécurité), die mit einem Aufgebot von 700 Mann anwesend sind. Ein Demonstrant wird von einer Tränengasgranate schwer verletzt. Wiederum kommt es zu einem Übergriff gegen Journalisten, wobei ein Techniker des französischen Fernsehens durch Schlagstockeinsatz verletzt wird.[6]

Auch nach der Beendigung der E.U.P., die insgesamt seitens der Bewohner der betroffenen Gemeinden weitgehend boykottiert wird (lediglich 210 Personen haben die Sonderrathäuser aufgesucht), finden weitere Protestaktionen statt, die aber gewaltfei verlaufen. Den Höhepunkt bildet ein großes Anti-AKW-Fest auf dem vorgesehenen Bauplatz, an dem am 24. und 25. Mai 1980 mehr als 100.000 Personen aus der Bretagne, aber auch aus ganz Frankreich teilnehmen. Neben verschiedenen Konzerten finden Diskussionsrunden und Informationsveranstaltungen über alternative Energien u.ä. statt.

Mitte November 1980 besetzen Atomkraftgegner den geplanten Bauplatz, der in der Folgezeit von diesen auch dauernd überwacht wird. Am 2. Dezember wird schließlich im Staatsanzeiger das Vorliegen eines „öffentlichen Nutzens“ im Falle des geplanten Aktomkraftwerks in Plogoff offiziell verkündet. Der Baubeginn ist für Frühjahr 1981 vorgesehen, wird aber nach dem Wahlsieg der Linksunion im Mai 1981 ausgesetzt.

Im Juni beschließt der Ministerrat der neuen Regierung den Bauverzicht in Plogoff, womit der Widerstand gegen das Atomkraftwerk einen unerwarteten Erfolg erfährt.

2. Hintergründe und soziale Bedingungen des Konflikts

Die Bretagne zählt zu den ökonomisch unterentwickelten peripheren Regionen Frankreichs.[7] Dominierend in der bretonischen Wirtschaft ist auch heute noch der Primärsektor (Landwirtschaft, Fischfang und Fischzucht), in dem immerhin noch 20 % der Erwerbsbevölkerung beschäftigt sind.[8] In den 50er und 60er Jahren wird auch in der Bretagne die Landwirtschaft zunehmend mechanisiert und gewinnwirtschaftlichen Verwertungsbedingungen angepaßt, was eine Ausdifferenzierung der landwirtschaftlichen Betriebe in immer mehr Mittel- und Großbetriebe und eine stets abnehmenden Zahl von Kleinbetrieben mit sich bringt. Die sich nur zaghaft entwickelnde industrielle Produktion kann für die freigesetzten landwirtschaftlichen Arbeitskräfte nicht genügend Arbeitsplätze schaffen, was – wie auch in anderen peripheren Regionen – die Abwanderung vor allem jüngerer Bevölkerungsteile in die wirtschaftlich dominierende Pariser Region zur Folge hat.

Die ökonomische Unterentwicklung ist eine Voraussetzung für die Entstehung sozialer Konfliktpotentiale. Da diese Unterentwicklung aber auch im Zusammenhang mit dem in Frankreich stark ausgeprägten wirtschaftlichen und politischen Zentralismus zu sehen ist, der den peripheren Regionen lediglich eine nachgeordnete Rolle zukommen läßt,[9] verwundert es nicht, daß ein beachtlicher Teil der Bewohner dieser Randregionen den in Paris gefällten Entscheidungen reserviert gegenübersteht. Verstärkend wirken hier regionale kulturelle Besonderheiten, die gerade in der Bretagne relativ stark ausgeprägt sind.[10]

Die Bauern, bei denen die kulturelle Tradition noch tiefer verankert ist als in anderen sozialen Kategorien, bilden in der Bretagne einen wichtigen Träger sozialer Konflikte, die in den 60er und 70er Jahren mitunter den Charakter von spektakulären Massendemonstrationen, Blockadeaktionen und gewalttätigen Auseinandersetzungen annehmen, nachdem in der

Landwirtschaft ökonomische Krisensituationen aufgetreten sind.[11] Aber auch im industriellen Bereich kommt es zu teilweise mit ungewöhnlicher Härte geführten Konflikten, welche häufig von einer breiten Solidaritätswelle – besonders auch von seiten der Bauern – begleitet werden.[12]

So spielen bei den Auseinandersetzungen um den geplanten Bau eines Atomkraftwerks in Plogoff die regionalistische Komponente und das gespannte Verhältnis der regionalen Bevölkerung zum wirtschaftlichen und politischen Machtzentrum in der Pariser Region eine nicht unwichtige Rolle.

Neben diesem regionalistischen Aspekt ist aber vor allem auch eine ökologische Komponente von Bedeutung, wenn es um das Aufzeigen sozialer Hintergründe des Konfliktes um den Bau des Atomkraftwerks in Plogoff geht. Wie auch in anderen Regionen Frankreichs nimmt die Verbreitung ökologischen Gedankenguts in der Bretagne ihren Ausgangspunkt in einem wissenschaftlich-intellektuellen Milieu und hier vor allem in den Abteilungen für Biologie an den bretonischen Universitäten (Brest, Rennes und Nantes).[13] So wird Mitte der 50er Jahre eine regionale Naturschutzorganisation gegründet (Société pour l'Etude et la Protection de la Nature en Bretagne – S.E.P.N.B.), die lange Zeit einen apolitischen Ökologismus vertritt und sich vor allem um die Schaffung von Naturschutzgebieten u.ä. kümmert. Erst in den 70er Jahren beginnen sich die bretonischen Naturschutzorganisationen zu politisieren, was sich auch in der Herausgabe einer sich militanter gebenden Monatszeitschrift („Oxygène-Bretagne“) niederschlägt.[14] Ein entscheidender Schub zu dieser Politisierung und zur Verbreitung ökologischer Vorstellungen in der Bevölkerung setzt im Anschluß sich häufender, durch leckgeschlagene Öltanker hervorgerufener Umweltkatastrophen an der bretonischen Küste ein, deren bekanntestes Beispiel die „Amoco Cadiz“ im März 1978 darstellt.

Die Empfänglichkeit größerer Bevölkerungsteile für ökologische Themenstellungen wird zudem durch berufliche und ökonomische Interessen sichergestellt. Gerade die Problematik der Küstenverschmutzung zeigte der Bevölkerung in drastischer Weise, wie die ökologischen Folgen von Umweltkatastrophen auch materielle Interessen gefährden können, in diesem Fall die Interessen von Fischern, Austern- und Muschelzüchtern u.a.

Regionalistisches Bewußtsein und Sensibilität für ökologische Themenstellungen sind als Hinweise für die Existenz eines latenten Protestpotentials in der Bevölkerung der Bretagne zu werten.[15] Den direkten Anlaß für die Formierung eines Anti-AKW-Protestes bildete dann die endgültige Entscheidung über den Standort Plogoff für den Bau eines Atomkraftwerkes seitens des staatlichen Energieversorgungsunternehmens E.D.F.

Plogoff ist ein Dorf mit 2.400 Einwohnern an der Westküste der Bretagne (100 km südlich von Brest und 40 km westlich von Quimper). In Übereinstimmung mit der französischen Regierung plant die E.D.F. hier die Errichtung eines riesigen Atomkraftwerkes mit einer Gesamtleistung von 5.200 MW, die sich auf vier Kraftwerksblöcke mit je 1.300 MW Leistung verteilt. Das Bauprojekt entspricht den im Bau befindlichen oder bereits fertiggestellten Atomkraftwerken einer ganzen Bauserie, darunter auch Cattenom. Unmittelbar betroffen sind neben Plogoff die umliegenden Gemeinden am Kap Sizun: Goulien (700 Einwohner), Primelin (1.200 Einwohner) und Cleden-Cap-Sizun (2.000 Einwohner). Das Atomkraftwerk soll nur drei Kilometer entfernt von dem landschaftlich sehr schön gelegenen Kap Sizun gebaut werden, einem von Touristen stark frequentierten Ausflugsziel. Während einer fünfjährigen Bauzeit für die ersten beiden Reaktoren wären 2.000 Arbeitnehmer beschäftigt. Bereits diese zwei Reaktoren, also nur die Hälfte der vorgesehenen Kapazität, werden etwa 15 Milliarden Kilowattstunden jährlich erzeugen, womit der Stromverbrauch der Bretagne um mehr als das Doppelte gedeckt wäre. Bau und Betrieb des Atomkraftwerkes würden dem Département und den umliegenden Gemeinden beträchtliche Steuereinnahmen einbringen. Der Preis hierfür wäre allerdings eine fast zehn Jahre andauernde Großbaustelle mit all ihren ökologischen und sozialen Folgen sowie eine nicht unerhebliche Umweltbelastung während der Betriebsphase und nach Stillegung des Atomkraftwerks.[16]

3. Umfang, Struktur und Zusammensetzung der Protestgruppen

Das Fehlen tiefergreifender sozialwissenschaftlicher Untersuchungen und Abhandlungen zu den Auseinandersetzungen um den geplanten Bau des Atomkraftwerks bei Plogoff macht sich gerade bei der Formulierung präziser und detaillierter Aussagen über Ausbreitung, Struktur und Zusammensetzung der Protestgruppen bemerkbar. Die folgenden Aussagen stützen sich vor allem auf die Analyse von Zeitungs- und Zeitschriftenartikel, auf die Angaben aus einer Dokumentation über die Ereignisse um Plogoff sowie auf Photodokumente.[17]

Der Widerstand gegen ein Atomkraftwerk in der Bretagne geht zunächst von bretonischen Aktivisten aus der Ökologiebewegung aus: Die lokalen Informationskomitees an den vier vorgesehenen Standorten organisieren Diskussionsveranstaltungen, diverse Vortragsreihen, Plakat- und Flugblattaktionen und veröffentlichen Informationsbroschüren. Nach der Entscheidung für den Standort Plogoff wird der Widerstand von einem dort gegründeten Verteidigungskomitee organisiert. Die Mitglieder dieses zehnköpfigen Komitees sind fast ausschließlich Dorfbewohner. Daneben findet sich noch eine kleine Gruppe von regionalen Aktivisten der Ökologiebewegung, die sich im „Mouvement pour la Vie au Cap“ organisiert haben.

Der Widerstand gegen das eingeleitete Anhörungsverfahren wird zu einem sehr großen Teil von den Bewohnern von Plogoff und den umliegenden Gemeinden getragen. Ansonsten sind noch einige wenige Demonstranten aus der weiteren Umgebung an den Auseinandersetzungen beteiligt. Überregional agierende Protestgruppen sind bei den Gewalttätigkeiten während der E.U.P. nicht anwesend. Zum „harten Kern“ des Widerstandes lassen sich 100 – 200 Personen zählen, die auch die nächtlichen Barrikadenaktionen durchführen. Daneben können weitere 400 – 600 Personen zum „aktiven“ Widerstand gerechnet werden. Diese nehmen – wie auch die erste Gruppe – an den täglichen Demonstrationen vor den Sonderrathäusern teil. Eine dritte Gruppe von Atomkraftgegnern setzt sich folgendermaßen zusammen: einmal aus einem Großteil der übrigen Bevölkerung von Plogoff,[18] dann aus Atomkraftgegnern aus der näheren Umgebung und der gesamten Bretagne sowie aus Kernkraftgegnern aus ganz Frankreich. Diese dritte Gruppe manifestiert ihre ablehnende Haltung gegen den Bau des Atomkraftwerks in Plogoff durch die Teilnahme an den Großdemonstrationen und -veranstaltungen in Plogoff und auf dem geplanten Baugelände, welche bis über 100.000 Menschen zu mobilisieren vermögen. An diesen Großveranstaltungen nehmen die Vertreter verschiedenster französischer Protestbewegungen (Ökologiebewegung, Regionalismus/Friedensbewegung – z.B. Larzac-Bauern -, Kriegsdienstverweigerer u.a.), linker Parteien und Gewerkschaften (P.S.U., M.R.G., C.F.D.T. u.a.), bis hin zu den Splittergruppen der extremen Linken (Maoisten, Trotzkisten u.a.) teil.[19] Die Teilnehmer an diesen Demonstrationen rekrutieren sich vor allem aus jüngeren Altersgruppen.

Betrachtet man die Auseinandersetzungen um die E.U.P., so läßt sich feststellen, daß ein quasi repräsentativer Ausschnitt der Bevölkerung Plogoffs beteiligt ist, und zwar sowohl im Hinblick auf die Altersstruktur (vom Jugendlichen bis hin zum über 70jährigen) als auch auf die Berufs- und Sozialstruktur (Bauern, Fischer, Lehrer, Ärzte, Angestellte, Hausfrauen, Schüler und Studenten).

Bei den gewalttätigen Auseinandersetzungen und nächtlichen Barrikadenaktionen sind allerdings überwiegend Jugendliche und jüngere Erwachsene aktiv. Dies läßt sich anhand von Photodokumenten (Steinewerfer sind meist jüngeren Alters) belegen oder aber auch mittels Verhaftetenlisten. Die Tageszeitung „Le Monde“ veröffentlicht folgende Liste mit 11 Verhafteten, mit Namen und Wohnort, wie es in Frankreich üblich ist. Es werden verhaftet: ein 22jähriger Schreiner, ein 24jähriger Grundschullehrer, eine 20jährige Frau,[20] ein 21jähriger Mann, ein 20jähriger Landwirt, ein 22jähriger Gärtner, ein 18jähriger Metzgerlehrling, ein 24jähriger Fischer und ein 55jähriger Fischer.[21] Die weitaus meisten Festgenommenen sind also Jugendliche und junge Erwachsene.[22] Sie stammen meist aus Plogoff oder den umliegenden Gemeinden. Präzisere und detailliertere Angaben zur Alters-, Berufs- und Sozialstruktur lassen sich aus den vorliegenden Dokumenten nicht gewinnen.

4. Konfliktdynamik und Eskalation

4.1 Strategien und Aktionen der Protestgruppen

Die Aktionen der Atomkraftgegner lassen sich grob in drei Phasen untergliedern: Eine erste Phase des Protests ist gekennzeichnet durch einen gewaltfreien Ablauf der Protestaktionen. Sie beginnt mit den ersten Gerüchten um die Wahl des Standortes (1974) und endet mit der Einleitung des vorgeschriebenen Anhörungs- und Informationsverfahrens durch staatliche Verwaltungsstellen Ende Januar 1980. Hiermit wird auch der zweite Protestabschnitt eingeleitet, der von einer zunehmenden Gewalttätigkeit und Heftigkeit des Widerstandes gegen den Bau des Atomkraftwerks markiert wird. Diese Phase des Protests verläuft synchron zum administrativen Anhörungsverfahren und endet auch exakt mit diesem. Eine abschließende dritte Protestphase hat wiederum einen gewaltfreien Charakter. Sie beginnt nach dem Abschluß der E.U.P. und endet mit der Verkündung des Bauverzichts im Juni 1981.

Nachdem die E.D.F. Ende 1974 vier mögliche Standorte für ein Atomkraftwerk in der Bretagne benennt, versuchen die anschließend gegründeten lokalen Informationskomitees, die Bevölkerung in den betroffenen Gemeinden für den Widerstand gegen das Projekt zu gewinnen. Dieses Ziel wird mittels einer Informations- und Aufklärungsstrategie über Gefahren und mögliche Folgen der Atomenergie, bei gleichzeitigem Aufzeigen von alternativen Energielösungen zu erreichen versucht. Die Komitees rekrutieren ihre Mitglieder auf lokaler Ebene und sind auch nur im jeweiligen lokalen Raum tätig. Den relativ langen Zeitraum von der Bekanntwerdung möglicher Standorte bis zur endgültigen Entscheidung für Plogoff nutzen diese Komitees für ihre Informations- und Aufklärungstätigkeit, so daß es ihnen schließlich auch gelingt, einen immer größer werdenden Bevölkerungsanteil für die Problematik eines Atomkraftwerks zu sensibilisieren.[23] Dabei kommt ihnen die ohnehin kritische Haltung der Bretonen gegenüber in Paris gefällten Entscheidungen sowie auch deren Sensibilisierung für Umweltfragen (Erfahrung der Küstenverschmutzung) zugute.

So ist zum Zeitpunkt der Bekanntgabe des Standorts Plogoff und der Zustimmung departementaler und regionaler Entscheidungsgremien, bereits ein größerer Bevölkerungsanteil in Plogoff und Umgebung gegen den Bau eines Atomkraftwerks. Entsprechend entscheiden sich auch die Gemeinderäte der vier unmittelbar betroffenen Kommunen trotz unterschiedlicher politischer Mehrheiten gegen das Projekt.

Nach zwei Demonstrationen zur Gewinnung einer größeren Öffentlichkeit wird eine neue Strategie eingeschlagen: Mit der Gründung einer Landkaufkooperative geben die Protestgruppen ihre bisher mehr informative und demonstrative Vorgehensweise auf und versuchen, durch Landkäufe auf dem vorgesehenen Baugelände den Grundstückserwerb der E.D.F. aktiv zu behindern. Mit der Errichtung einer Schäferei auf dem von der G.F.A. erworbenen Terrain wird die Bereitschaft zur Behinderung des Bauvorhabens zusätzlich unterstrichen.

Die eigentliche Eskalation des Widerstandes bis hin zur Anwendung von Gewalt setzt allerdings erst mit der offiziellen Einleitung des administrativ vorgeschriebenen Informations- und Anhörungsverfahrens ein. Die Einwohner von Plogoff, mit ihrem Bürgermeister an der Spitze, zeigen ihre Entschlossenheit zum Widerstand bereits mit der Verweigerung der Zurverfügungstellung von Amtsräumen zur Durchführung der E.U.P. und verbrennen demonstrativ die von der Polizei überbrachten Akten. Bereits am gleichen Tag werden illegale Aktionen zur Behinderung der E.U.P. beschlossen. Die Atomkraftgegner verfolgen eine Doppelstrategie. Auf der einen Seite wenden sie eine Art „Guerrillataktik“ an, ohne zunächst jedoch die offene Konfrontation mit den anwesenden Polizeieinheiten zu suchen. Es werden Stör- und Verzögerungsaktionen durchgeführt: nächtlicher Barrikadenbau zur Blockade der Zufahrtsstraße sowie Unzugänglichmachung der Aufstellplätze für die Sonderrathäuser. Die Protestgruppen sind gut ausgerüstet: landwirtschaftliche Maschinen zum Transport von Barrikadenteilen, Motorsägen zur Errichtung von Straßensperren und Funkgeräte und Signalpistolen bei der Beobachtung von Polizeibewegungen. Auf der anderen Seite versuchen sie mittels der Durchführung von Großdemonstrationen und volksfestähnlichen Großveranstaltungen eine möglichst breite Solidarität zu schaffen. Daß zunächst eine offene Konfrontation mit den Ordnungskräften vermieden wird, hängt auch damit zusammen, daß sich die Protestgruppen die Sympathie breiterer Bevölkerungskreise erhalten wollen.

Für den Ausbruch gewalttätiger Auseinandersetzungen können die Atomkraftgegner situative Faktoren verantwortlich machen: Infolge der massiven Anwesenheit von Polizeikräften sehen sie Plogoff in einer belagerungsähnlichen Situation (nächtliche Streifenfahrten, morgentlicher Anmarsch der gesamten Polizeieinheiten); hinzu kommen wahrgenommene Überreaktionen der Polizei (massiver Einsatz von Tränengasgeschossen, Übergriffe gegen Demonstranten, Schläge für Inhaftierte). Die Feindseligkeit der Dorfbewohner gegenüber der Polizei schlägt in Wut und offenen

Haß um. Auffallend ist, daß vor allem die älteren Dorfbewohner Parallelen zur Situation während der Besatzungszeit im Zweiten Weltkrieg ziehen („Plogoff ist zum zweitenmal von fremden Truppen besetzt“) und eine neue „Résistance“ für angebracht halten. Dieser Gesichtspunkt darf bei der Betrachtung der „Guerrillataktik“ der Atomkraftgegner nicht übersehen werden. Er dient den Demonstranten zudem als Legitimation ihres Widerstandes. Neben den zahlreichen Anti-AKW-Parolen finden sich auf den Mauern von Plogoff und Umgebung auch viele Parolen, die gegen Polizei und staatliche Organe gerichtet sind („C.R.S.=SS“, „Plogoff ist nicht Kabul“, „Raus mit den Besatzungstruppen“ etc.). Die nächtlichen Barrikadenaktionen, bei denen auch vor dem Angriff auf eine Polizeistreife nicht zurückgeschreckt wird, wechseln mit dem täglichen Widerstandsritual vor den Sonderrathäusern – der sog. „Messe“ – ab, was schließlich zu bürgerkriegsähnlichen Szenen führt. Der gewalttätige Widerstand dauert bis zum Ende des Anhörungsverfahrens an. Mit dem Abzug der Polizeieinheiten und der Entlassung der inhaftierten Atomkraftgegner ist wieder Ruhe in Plogoff eingetreten, die in der Folgezeit nur durch zwei friedlich verlaufende Großveranstaltungen gestört wird. Die gewalttätigen Konflikte haben die dort bekundete Solidarität in der Bevölkerung kaum beeinträchtigt. In einer abschließenden Aktion besetzen die Atomkraftgegner den vorgesehenen Bauplatz und überwachen ihn rund um die Uhr, bis im Juni 1981 der Widerstand überflüssig wird.

Im Ergebnis läßt sich sagen, daß von Anfang an ein gewisses Widerstandspotential in der Bevölkerung von Plogoff und den umliegenden Gemeinden vorhanden ist, aus dem sich jedesmal dann Aktionen entwickeln, wenn die E.D.F. oder staatliche Institutionen vor Ort aktiv werden. Daß es dabei zu gewalttätigen Auseinandersetzungen kommt, liegt auch in der Entschlossenheit der Protestgruppen begründet, mit allen Mitteln den Bau verhindern zu wollen. Die massive Polizeipräsenz und die harte Vorgehensweise der Polizei haben zudem dazu beigetragen, die Schwelle zur Gewaltbereitschaft weiter zu senken.

Während der ganzen Zeit des Widerstands verzichten die Protestgruppen auf gerichtliche Schritte gegen den Bau des Atomkraftwerkes, da diese als wirkungslos angesehen werden; Prozesse dieser Art haben in Frankreich keine aufschiebende Wirkung.

4.2 Polizeiliche Vorgehensweisen und Reaktionen

Bei den ersten Demonstrationen gegen das Atomkraftwerk in Plogoff verhält sich die Polizei zurückhaltend, eine Verhaltensweise, die auch bei allen nachfolgenden Großveranstaltungen zu beobachten ist. Es sind kaum Polizeikräfte sichtbar; eine Provokation der Demonstranten wird zu vermeiden versucht. Diese Haltung ändert sich jedoch mit der Einleitung der E.U.P.

Bereits eine Woche vor dem offiziellen Beginn dieses Verfahrens werden in einem wenige Kilometer von Plogoff entfernten ehemaligen Priesterseminar starke Polizeikräfte (mehr als 500 Mann) stationiert, die die Durchführung der E.U.P. sicherstellen sollen. Die Polizisten sind mit Kampfanzug, Stahlhelm, Schutzschild, Gummiknüppel und Gewehr ausgerüstet und haben mehrere Panzerfahrzeuge mitgebracht. Die Polizeiführung ist also schon auf einen gewalttätigen Widerstand eingestellt. Mit diesem massiven Aufgebot von Ordnungskräften wird gleichzeitig die Entschlossenheit zur Durchführung des Bauvorhabens seitens der staatlichen Organe demonstriert. So wird denn auch die Übergabe der Dokumente und Akten für das Anhörungsverfahren von der Polizei ausgeführt und nicht etwa von den zuständigen Verwaltungsbeamten. Als dann zur Aufstellung der Sonderrathäuser mühsam Straßensperren von den anrückenden Polizeieinheiten beseitigt werden müssen, lassen unkontrollierte Reaktionen auch nicht lange auf sich warten.[24] Die Demonstranten, die sich auf den Rathausplatz zurückgezogen haben, werden mit einem Hagel von Tränengasgranaten übersät, Verhaftungen werden aber noch nicht vorgenommen. In einem Interview erklärt der Präfekt, daß während der E.U.P. das „Recht auf Informationsfreiheit“ auf jeden Fall sichergestellt werden müsse.[25] Zu Aufstellung und Abzug der fahrenden Rathäuser wird stets das gesamte Polizeiaufgebot eingesetzt, während tagsüber die Kleinbusse von einer Polizeikette umringt und gesichert werden. Die Dorfbewohner, die an dem Informations- und schriftlichen Anhörungsverfahren teilnehmen wollen, werden jeweils nur einzeln zu den Bussen durchgelassen.

Nachdem die nächtlichen Barrikadenbauaktionen der Atomkraftgegner weitergehen, ändert die Polizei ihre Taktik: Mehrmals in der Nacht werden Streifenfahrten von jeweils einer Hundertschaft Polizeibeamter unternommen. Hiermit soll dem Barrikadenbau zuvorgekommen werden. Nachdem sich auch der Widerstand tagsüber verstärkt, erteilt die Polizeiführung Anweisung zu Verhaftungen. Hierzu werden mit Turnschuhen und Handschellen ausgerüstete und zudem vermummte Greiftrupps gebildet, die sich Demonstranten herausgreifen und festnehmen, wobei meist diejenigen gefaßt werden, die am langsamsten flüchten. Ein Teil der Festgenommenen wird in Schnellgerichtsverfahren zu Gefängnisstrafen verurteilt. Mit dem Herausgreifen einiger weniger Demonstranten und deren Strafverfolgung soll eine abschreckende Wirkung auf die übrigen Atomkraftgegner erzielt werden, ein Ziel, welches auch mit der Durchführung größerer Razzien in Plogoff verfolgt wird. Die Polizeipräsenz wird durch eine spezielle Fallschirmspringereinheit weiter verstärkt. Außerdem trifft eine Pioniereinheit der Armee ein, um die Barrikaden zu beseitigen. Inzwischen wird von der Polizei die ganze Umgebung um Plogoff systematisch kontrolliert. Vor der Aufstellung der Sonderrathäuser und nach deren Abzug werden auch die Felder um das Dorf durchkämmt, um eventuell agierende Gruppen von Atomkraftgegnern ausfindig zu machen. An den Zufahrtsstraßen werden Kontrollen vorgenommen und ein tieffliegender Polizeihubschrauber überwacht die Bewegungen der Demonstranten.

Bei den Auseinandersetzungen kommt es häufig zur Anwendung von Zwangsmaßnahmen und Gewalt gegen Demonstranten, aber teilweise auch gegen Journalisten, die am Photographieren oder an der Durchführung von Interviews gehindert werden.[26]

Mit dem Ende der E.U.P. rückt auch das Polizeiaufgebot ab. Am darauffolgenden Tag findet in Quimper der letzte Prozeß gegen die inhaftierten Atomkraftgegner statt. Dabei kann den Festgenommenen kein strafrechtliches Vergehen nachgewiesen werden: Die Polizei präsentiert bei den Verhafteten sichergestellte Steine, während der einzige Polizeizeuge aussagt, er habe die bei den Angeklagten gefundenen Steine gleich fortgeworfen. Zudem sei er persönlich nicht beworfen worden.[27] Der Staatsanwalt fordert ein abschreckendes Strafmaß. Die Angeklagten werden aber auf Bewährung freigelassen, bis auf zwei, die aber kurze Zeit später ebenfalls entlassen werden.

Zur Strategie der Polizei bleibt abschließend festzuhalten, daß nur dann eingegriffen wurde, wenn es um die Durchsetzung administrativer Interessen ging. Dies ist bei der Durchführung des Anhörungsverfahrens der Fall, das unter allen Umständen sichergestellt werden soll, da sonst mit der Realisierung des Bauvorhabens nicht begonnen werden darf. Dagegen ist zum Zeitpunkt der Großdemonstrationen auf dem geplanten Baugelände für die Polizei kein Anlaß zum Eingriff gegeben, denn die Bauarbeiten haben noch nicht begonnen und die E.D.F. hat erst Teile des Geländes aufgekauft.

4.3 Politische Antworten

Bereits 1974 verspricht der im gleichen Jahr zum französischen Staatspräsidenten gewählte Giscard d'Estaing, daß nirgendwo ein Atomkraftwerk gegen den Willen der Bevölkerung gebaut werde.[28] Ein ähnliches Versprechen gibt 1976 der Minister für Lebensqualität im Falle von Plogoff: Er werde alles tun, daß an einem der schönsten Flecken Europas kein Atomkraftwerk die Gegend verunstalten wird.[29] Die lokalen politischen Mandatsträger erfahren jedoch die Entscheidung für den Bau eines Atomkraftwerks erst aus der lokalen Presse. Plogoff wird letztlich als Standort ausgewählt – auch mit der Zustimmung der départementalen und regionalen Entscheidungsgremien. Die ablehnende Haltung des Stadtrats von Brest sowie der Gemeinderäte von Plogoff und den umliegenden Kommunen ist für die Entscheidungsträger in Paris nur von untergeordneter Bedeutung, können diese sich doch jetzt auf das positive Votum des Wirtschafts- und Sozialrates der Bretagne und des Generalrates (Conseil Général) im Département Finistère berufen.

Die politischen Parteien der Bretagne nehmen zum Bau des Atomkraftwerks unterschiedliche Positionen ein: Während sich die regionalen Vertreter der Regierungsparteien voll hinter das Atomprogramm der Pariser Regierung stellen, finden sich bei der politischen Linken widersprüchliche Meinungen. Die sozialistische Partei erklärt 1980 auf ihrem Kongreß, daß sie im Falle eines Wahlsieges das Atomprogramm – wenn auch eingeschränkt – weiterführen will.[30] Die regionalen Vertreter der P.S. stimmen demgegenüber gegen den Bau des Atomkraftwerks in Plogoff. Bei der kommunistischen Partei ist die Entscheidungslage noch widersprüchlicher. 1978 stimmen deren regionale Vertreter gegen den Bau oder enthalten sich der Stimme. Nach der Grundsatzrede des Parteivorsitzenden Georges Marchais – gehalten Anfang 1979 in der Bretagne –, in der dieser sich eindeutig für die Atomenergie ausspricht,[31] plädieren die regionalen Vertreter der P.C. ebenfalls für den Bau. Auch nach den Auseinandersetzungen um die E.U.P. erklären sie, daß die Bretagne unbedingt ein Atomkraftwerk brauche.[32] Lediglich der kommunistische Bürgermeister einer kleinen Stadt in der Nähe von Plogoff steht dem Bau des Atomkraftwerks ablehnend gegenüber.[33] Von den Linksparteien ist nur die kleine linkssozialistische P.S.U. eindeutig gegen die Nutzung der Kernenergie. Deren regionale Vertreter nehmen auch an den Demonstrationen in Plogoff teil.

Die regionalen Vertreter der Regierungsparteien verurteilen die gewalttätigen Auseinandersetzungen um das Anhörungsverfahren: Ein Abgeordneter der R.P.R. klagt über die Intoleranz der Demonstranten, nennt deren Vorgehen und Parolen „faschistische Druckmittel" und vergleicht sie mit Nazimethoden während der Besatzungszeit, als Kinder gezwungen wurden, antijüdische Parolen zu rufen.[34] Außerdem handele es sich um ein Komplott auswärtiger Gruppen, die die Bewohner von Plogoff manipuliert hätten.

Die politischen Planer in Paris sind vom hartnäckigen Widerstand gegen das Bauvorhaben unbeeindruckt. Die Vorbereitungsphase geht ihren normalen Gang: Im Dezember 1980 verkündet Premierminister Barre das Vorliegen eines „öffentlichen Nutzens" am Bau eines Atomkraftwerks in Plogoff.

Daß es im Anschluß nicht zu weiteren Auseinandersetzungen gekommen ist, hängt mit dem Regierungswechsel im Mai 1981 zusammen, in dessen Folge die neue Linksregierung das Bauvorhaben einstellt. Bei der Entscheidung, gerade in Plogoff das Bauprojekt zu stoppen und nicht an einem anderen Standort (etwa in Cattenom), spielt sicherlich der heftige Widerstand der lokalen Bevölkerung eine Rolle, ebenso wie die ablehnende Haltung der regionalen Vertreter der Sozialistischen Partei.

Bei der insgesamt vorgenommenen Reduzierung des Atomprogrammes waren allerdings weniger die Proteste von Atomkraftgegnern ausschlaggebend als vielmehr eine geänderte energiepolitische Lage (Bestehen großer Überkapazitäten) und politische Erwägungen (Wahlversprechen, Rücksicht auf Widerstände innerhalb der Sozialistischen Partei und der sozialistischen Gewerkschaft C.F.D.T.).

5. Erfolg, Mißerfolg und Enttäuschungsverarbeitung

Trotz der erfolgreichen Verhinderung der geologischen Vorarbeiten durch Blockadeaktionen der Atomkraftgegner wird der Standort Plogoff schließlich ausgewählt. Den ökologischen Aktivisten gelingt es, die Bevölkerung von Plogoff und Umgebung für die Problematik der Atomenergie zu sensibilisieren. Der Widerstand gegen das Projekt wird mit Vehemenz geführt. Dabei verlaufen die Behinderungs- und Störaktionen gegen die Durchführung des Anhörungsverfahrens insofern erfolgreich, als nur ein geringer Teil der betroffenen Bevölkerung von seinem Recht auf Einsicht der Unterlagen Gebrauch macht. Andererseits ist seitens der Administration der formal notwendige Schritt in Richtung Baubeginn getan worden. Zudem können sich die Verantwortlichen auf das positive Votum départementaler und regionaler Gremien berufen. Die Planungsphase geht weiter ihren normalen Gang. Die Atomkraftgegner erklären auch nach der Verkündung des „öffentlichen Nutzens", daß sie ihren Widerstand mit allen Mitteln fortsetzen wollen.[35] Hierzu kommt es jedoch nicht mehr, denn mit dem Regierungswechsel in Paris tritt eine neue Situation ein: In Folge der Reduzierung des Atomprogramms verkündet die Regierung Mauroy im Juni 1981 u.a. den Bauverzicht in Plogoff.

Der Widerstand ist letztlich erfolgreich, auch wenn einschränkend angefügt werden muß, daß von seiten der neuen Regierung ohnehin eine Reduzierung des Atomprogramms vorgesehen war. Allerdings wird bei der Entscheidung, welches Bauprojekt nicht mehr weiterzuverfolgen sei, die Heftigkeit des lokalen Widerstandes in der Bretagne eine nicht unwesentliche Rolle gespielt haben.

6. Schlußfolgerungen

Für die Protestgruppen ist der Widerstand gegen den geplanten Atomkraftwerksbau gleichzeitig ein Widerstand gegen zentralstaatlich gefällte Entscheidungen. Dies um so mehr, als Regierung und E.D.F. aus ihrer Sicht eine Politik der vollendeten Tatsachen führen, ihre Entscheidungen allenfalls durch regionale Gremien bestätigen und die betroffene Bevölkerung lediglich in dem formal vorgeschriebenen Anhörungsverfahren zu Wort kommen lassen. Der E.D.F. kann seitens der Atomkraftgegner zudem vorgehalten werden, daß sie eine Politik der Geheimhaltung ihrer vor Ort geführten Aktivitäten betreibe. Erst nach der Durchführung der E.U.P., durch die die Möglichkeit zur Einleitung von Enteignungsverfahren eröffnet wird, bemüht man sich um die Gewinnung lokaler Mandatsträger und der lokalen Bevölkerung (Informationsveranstaltungen, Verteilung von Broschüren, Besichtigungsfahrten zu Atomkraftwerken etc.).

Die ablehnende Haltung gegenüber dem Machtzentrum in Paris wird immer wieder in den Äußerungen der Bewohner Plogoffs deutlich. Die besondere regionale Geschichte und Kulturtradition wirken hier ebenso verstärkend wie die massive Polizeipräsenz, mit der die Entschlossenheit der Regierung zur Durchführung des Bauvorhabens zum Ausdruck kommt. Die Bewohner von Plogoff halten ihren Widerstand für legitim, da sich die Gemeinderäte der betroffenen Kommunen gegen das Projekt ausgesprochen haben. Sie berufen sich auf das Versprechen von Giscard d'Estaing, der die Zusage gegeben hat, kein Atomkraftwerk gegen den Willen der betroffenen Bevölkerung zu errichten.

Nach dem Demokratieverständnis der politischen Entscheidungsträger in Paris ist die Konsultierung regionaler politischer Gremien ausreichend. Außerdem sei die Bürgerbeteiligung durch die E.U.P. sichergestellt. Der erbitterte Widerstand der Bevölkerung gegen dieses Anhörungsverfahren wird als Intoleranz gegenüber demokratisch gefällten Entscheidungen interpretiert. Zudem seien die Bewohner von Plogoff durch von außerhalb kommende Protestgruppen manipuliert und angestachelt worden. Im Grunde seien nur wenige Dorfbewohner gegen den Bau eines Atomkraftwerks, das für die zukünftige wirtschaftliche Entwicklung in der Bretagne von entscheidender Bedeutung sei.

So stehen sich mit Beginn der E.U.P. zwei entschlossene und diametral entgegengesetzt argumentierende Konfliktparteien gegenüber, was von vornherein eine offene Konfrontation wahrscheinlich werden läßt. Die situativen Bedingungen (Barrikadenbau seitens der Protestgruppen, massive Polizeipräsenz, provokative Protestaktionen und unkontrollierte polizeiliche Eingriffe) führen dann sehr rasch zur Eskalation der Gewalt.

Im Zusammenhang der Argumentation der Konfliktgegner fällt auf, daß beide Parteien einander faschistische Methoden vorwerfen: Während die Atomkraftgegner von einer erneuten Besatzungszeit sprechen, zieht auch ein regionaler Abgeordneter der Regierungsparteien Parallelen zur Nazizeit, indem er eine Aufhetzung und Manipulierung der Dorfbewohner unterstellt. Die Bezugnahme auf den Faschismus liefert somit weitere Legitimationsgrundlagen für das Verhalten beider Konfliktparteien und stellt eindringlich die emotionale Aufladung der Auseinandersetzung um das Atomprojekt in Plogoff dar.[36]

Anmerkungen

1) Falls nicht besonders gekennzeichnet, stammen alle Angaben aus: a) LE MONDE, insbesondere Januar 1980 bis Mai 1980. b) LE NOUVEL OBSERVATEUR, Januar 1980 bis April 1980. c) LIBERATION, insbesondere Januar 1980 bis Mai 1980. d) LEDOURION et al.: Plogoff-la-Révolte, Paris 1980
2) In Frankreich werden die Katastrophenschutzpläne (Plan-ORSEC) meist als Staatsgeheimnisse behandelt (vgl. LE MONDE, 30./31.3.1975, S. 28); die französische Ökologistenorganisation LES AMIS DE LA TERRE haben einen solchen Plan veröffentlicht: vgl. LES AMIS DE LA TERRE: L'escroquerie nucléaire, Paris 1975, S. 379 ff.
3) Im Rahmen dieses Informations- und Anhörungsverfahrens werden der Öffentlichkeit die Plandaten zur Einsichtnahme und Erhebung von Einwendungen in den Rathäusern der betroffenen Gemeinden zugänglich gemacht. Nur in seltenen Fällen haben die Einwendungen jedoch Einfluß auf Planung und Realisierung der beantragten Großprojekte.
4) Vgl. LE MONDE, 8./9.2.1980, S. 45
5) Vgl. LE MONDE, 17.3.1980, S. 16
6) Vgl. LE MONDE, 19.3.1980, S. 42
7) Die Bretagne erzielt das niedrigste Bruttoinlandsprodukt pro Kopf in Frankreich: 12.100 Francs gegenüber 37.500 Francs in der Pariser Region (1980); Angaben aus: GERDES, D.: Regionalismus als soziale Bewegung, Habilitation, Heidelberg 1982/83, S. 288
8) Zahlen aus: BRÜNING-BUNTZEL, P.: Abhängige Entwicklung und soziale Konflikte in der Bretagne; in: GERDES, D.: Aufstand der Regionen, Frankfurt a.M. 1980, S. 198 f.
9) Vgl. ebd. S. 192 ff.: BRÜNING-BUNTZEL versucht in diesem Artikel, die Dependencia-Theorie auf die Bretagne anzuwenden.
10) Vgl. zur Theorie des internen Kolonialismus: HECHTER, M.: Internal colonialism, London 1975
11) 1962: Besetzung der Unterpräfektur von Morlaix nach dem Preisverfall von Agrarprodukten; 1972: Streik von 50.000 Bauern gegen die Preissenkungen der Molkereien
12) 1972: Streik in der Fabrik Joint-Français
13) Vgl. hierzu DUIGON, S.: Le paradis (l'enfer?) des écologistes. In: AUTREMENT, 19/1979, Bretagne, S. 102 f.
14) Nach der S.E.P.N.B. gehört die U.R.B.E. (Union régionale bretonne de l'environnement) zu den einflußreichsten Naturschutzverbänden der Bretagne. Auch hier zunehmende Tendenz in Richtung eines politischen Ökologismus.
15) In den 70er zeigen die ökologischen Proteste durchaus auch Erfolge in der Bretagne: Verhinderung mehrerer Touristik-Projekte, einer Raffinerie, mehrerer Staudämme, Straßenerweiterungen, etc.; vgl. DUIGON, S., a.a.O., S. 107
16) Die Folgen des betriebenen Atomkraftwerks für die Umwelt wären nicht unbeträchtlich: Pro Sekunde werden dem Meer 180 Kubikmeter Wasser entzogen und um 15 Grad Celsius erwärmt zurückgeführt. Hinzu kommt die radioaktive

Belastung des Meeres (2.000 Curie jährlich) und der Luft (42.000 Curie jährlich); vgl. LE MONDE, 2.2.1980, S. 35

17) siehe Anmerkung 1)

18) 3/4 der Plogoffer Bevölkerung unterzeichnet eine Petition zum Abbruch des Anhörungsverfahrens.

19) Vgl. LE MONDE, 27.5.1980, S. 28

20) Bei dieser jungen Frau handelt es sich um eine ehemalige Lehramtsstudentin, die in einer Wohngemeinschaft in der Nähe von Plogoff lebt; vgl. LE NOUVEL OBSERVATEUR, 31.3.1980, S. 62

21) Vgl. LE MONDE, 4.3.1980, S. 41

22) Bestätigt wird dies durch folgende Angaben: a) Bei den Auseinandersetzungen wird ein 19jähriger schwer verletzt (LE MONDE, 18.3.1980, S. 42). b) Ein 18jähriger wird wegen eines Übergriffs auf einen Polizisten verurteilt (LE MONDE, 15.5.1980, S. 15)

23) Vgl. Stellungnahme eines ökologischen Aktivisten: HERVIO, J.-M.: Sur le front nucléaire, pas encore levée de masse!; in: AUTREMENT, Bretagne, a.a.O., S. 108 ff.

24) Hier sei zu betonen, daß die Polizeibeamten ihre Gesichter mit Kohle unkenntlich gemacht haben.

25) Vgl. LE MONDE, 10./11.2.1980, S. 6

26) Vgl. LE MONDE, 17.3.1980, S. 16. Ein verletzter und festgenommener Reporter erhebt Klage gegen die Polizei; vgl. LE MONDE, 18.3.1980, S. 42

27) Vgl. LE MONDE, 19.3.1980, S. 42

28) Vgl. LE MONDE, 18.3.1980, S. 42

29) Vgl. ebd.

30) Vgl. LE MONDE, 26.5.1980, S. 42

31) Vgl. LE MONDE, 4.3.1980, S. 41

32) Vgl. LE MONDE, 18.3.1980, S. 42

33) Vgl. ebd.

34) Vgl. LE MONDE, 4.3.1980, S. 41

35) Vgl. LE MONDE, 3.12.1980, S. 38

36) Dies belegt etwa auch die Aufschrift auf einem von einem Polizisten verlorenen Ausrüstungsgegenstand, der die Bretonen als „bougnouls" bezeichnet, ein abwertender Ausdruck für arabische und schwarzafrikanische Einwanderer; vgl. Artikel von GARAUDY, R.. In: LE MONDE, 15.3.1980, S. 39

Literaturverzeichnis

LES AMIS DE LA TERRE (Hrsg.). L'escroquerie nucléaire, Paris 1975

BRÜNING-BUNTZEL, P.: Abhängige Entwicklung und soziale Konflikte in der Bretagne. In: GERDES, D.: Aufstand der Regionen, Frankfurt a.M. 1980

DUIGON, S.: Le paradis (l'enfer?) des écologistes. In: AUTREMENT, 19/1979, Bretagne

GERDES, D.: Regionalismus als soziale Bewegung, Heidelberg 1982/1983, unveröffentlichte Habilitation

HECHTER, M.: Internal colonialism, London 1975

HERVIO, J.-M.: Sur le front nucléaire, pas encore de levée de masse!. In: AUTREMENT, 19/1979, Bretagne
LEBESQUE, M.: Comment peut-on être Breton?, Paris 1970
LEDOURION et al.: Plogoff-la-Révolte, Paris 1980
NICOLON, A.: Analyse d'une opposition à un site nucléaire. In: FAGNANI, F./NICOLON, A.: Nucléopolis, Grenoble 1979
PETRELLA, R.: La renaissance des cultures régionales, Paris 1978
RIVOULLAN, A.: Présence des Celtes, Paris 1975

LE MONDE
30./31.03.1975, S.28
02.02.1980, S.35
08./09.02.1980, S.45
10./11.02.1980, S.6
04.03.1980, S.41
15.03.1980, S.39
16./17.03.1980, S.16
18.03.1980, S.42
19.03.1980, S.42
15.05.1980, S.15
26.05.1980, S.42
27.05.1980, S.28
03.12.1980, S.38
LE NOUVEL OBSERVATEUR
31.03.1980, S.62

15. Verlaufsstudie: Brokdorf, BRD 1974-86

1. Chronologie der Ereignisse
2. Hintergründe und soziale Bedingungen des Konflikts
3. Umfang, Struktur und Zusammensetzung der Protestbewegung
4. Konfliktdynamik und Eskalation
4.1 Strategien und Aktionen der Protestgruppen
4.2 Polizeiliche Vorgehensweise und Reaktionen
4.3 Politische Antworten
5. Erfolg, Mißerfolg und Enttäuschungsverarbeitung
6. Schlußfolgerungen zur Divergenz der Perspektiven in der Thematisierung der Konflikte

Anmerkungen
Literaturverzeichnis

1. Chronologie der Ereignisse

Der Widerstand gegen das Atomkraftwerk Brokdorf begann bereits im Planungsstadium des Projekts. Schon 1974 lagen über 20.000 Einsprüche gegen den Bau des Atomkraftwerkes (AKW) vor. Mit der Anrufung von Gerichten und bundesweit organisierten Demonstrationen bemühten sich Bürgerinitiativen und Umweltschützer den Bau des AKWs zu verhindern.

Trotz dieser Proteste wurde 1976 die erste Teilerrichtungsgenehmigung erteilt. Im gleichen Jahr veranstalteten Atomkraftgegner die erste Großdemonstration. Von den 5.000 protestierenden Kernkraftgegnern besetzten etwa 1.000 den Bauplatz, der von der Polizei kurze Zeit später geräumt wurde.

Im November 1976 fand eine zweite Großdemonstration am geplanten Gelände statt. Bei gewalttätigen Auseinandersetzungen am Bauzaun wurden 81 Polizisten und fast 500 Demonstranten verletzt.

Am 17.12.1976 verfügte das Verwaltungsgericht Schleswig eine zweimonatige Bauunterbrechung. Die Bürgerinitiativen beschlossen daraufhin im Februar 1977, nach Ablauf der zwei Monate, erneut eine Demonstration durchzuführen. Die verschiedenen Gruppen konnten sich allerdings nicht auf ein gemeinsames Aktionsprogramm einigen. Am 19.2.77 fanden deshalb zwei Demonstrationen in Brokdorf und in Itzehoe mit jeweils 30.000 Teilnehmer statt. Zwei Wochen vor der Demonstation, am 6.2.77, verfügte das Verwaltungsgericht Schleswig einen vorläufigen, generellen Baustopp, der eine mehrjärige Bauunterbrechung mit sich zog.

Im Mai 1980 entschied sich die Landesregierung von Schleswig-Holstein für den Weiterbau des Atomkraftwerks. Im Sommer 1980 wies das Verwaltungsgericht Schleswig im Hauptverfahren gegen die erste Teilerrichtungsgenehmigung die Klagen der AKW-Gegner zurück. Am 1.12.1980 gab auch das Bundesinnenministerium seine Zustimmung für weitere Arbeiten in Brokdorf. Das Kieler Landgericht erteilte daraufhin die zweite Teilerrichtungsgenehmigung. Am 21.12.1980 demonstrierten ca. 10.000 Menschen gegen den erneuten Baubeginn. Während der Auseinandersetzungen warfen Demonstranten Molotow-Cocktails, Stahl- und Leuchtkugeln. Die Polizei konnte die Demonstration jedoch nach kurzer Zeit auflösen.

Ab dem 6.2.1981 wurde in Brokdorf weitergebaut. Am 7.2.1981, bei einem Anti-AKW-Treffen in Brokdorf, wurde die Organisation einer internationalen Demonstration für den 28.2.1981 am Bauplatz beschlossen. Am 23.2.1981 verbot der Landrat des Kreises jegliche Demonstration in der Wilster Marsch, in der sich das Baugelände des Akws befindet. Mehrere Gerichtsentscheide bestätigten das ausgesprochene Verbot. Die Bürgerinitiativen reichten darauf hin Klage beim Bundesverfassungsgericht (BVG) ein. Erst 1985 wurde vom BVG eine Entscheidung zugunsten der Kläger getroffen.

In der Zeit vom 25.2. bis 18.2.1981 organisierten Mitglieder und Sympathisanten von gewaltfreien Aktionengruppen aus dem gesamten Bundesgebiet Blockaden am Bauplatz. Die Blockadeversuche wurden meist nach einigen Stunden durch Wasserwerfereinsätze der Polizei beendet. Zu gewalttätigen Ausschreitungen durch Demonstranten kam es dabei nicht.

Trotz des Demonstrationsverbotes beteiligten sich am 28.2.1981 rund 100.000 Teilnehmer an der Protestkundgebung gegen das AKW Brokdorf. Gegen Ende der Demonstration kam es zu gewalttätigen Auseinandersetzungen zwischen Demonstranten und der Polizei, die mit Verletzten auf beiden Seiten endeten. In mehreren deutschen Städten fanden am gleichen Tag Solidaritätsaktionen statt.

Nach der Großdemonstration im Februar 1981 kam es noch vereinzelt zu kleineren Demonstrationen in den norddeutschen Großstädten. Darüber hinaus wurden mehrere Sabotageanschläge gegen Baufirmen, die sich an dem Bau des AKW Brockdorf beteiligten und gegen Einrichtungen der Elektrizitätsversorgungsunternehmen (EVUs) verübt. Die Bauarbeiten wurden dadurch jedoch nicht behindert.

Nach der Reaktorkatastrophe von Tschernobyl im April 1986 kam es zu einer Neubelebung des Protestes gegen das weitgehend fertiggestellte AKW Brockdorf. Am 7.6.1986 folgten etwa 40.000 Menschen einem Demonstrationsaufruf in die Wilster Marsch. Bei dieser Demonstration kam es erneut zu gewalttätigen Auseinandersetzungen zwischen Polizei und Demonstranten. Bei einer Nachfolgedemonstration auf dem Heiligengeistfeld in Hamburg am 8.6.1986 wurden mehrere hundert Kundgebungsteilnehmer von der Polizei eingekesselt und bis zu 13 Stunden festgehalten. Das Vorgehen der Polizei bei diesem ‚Hamburger Kessel' stieß in der Öffentlichkeit auf Proteste.

Am 3. Oktober erteilte das Kieler Sozialministerium die Betriebsgenehmigung für das fertiggestellte AKW Brokdorf. In mehreren norddeutschen Städten fanden Demonstrationen gegen die Inbetriebnahme des Atomreaktors statt. Gegen Abend des 7. Oktober wurde die erste nukleare Kettenreaktion in Brokdorf eingeleitet. Am darauffolgenden Mittwoch, dem 8. Oktober 1986 wurde der Haupteingang des Kraftwerks durch Atomgegner blockiert. In Lüneburg entstand geringer Sachschaden bei Brandanschlägen auf Gebäude des Verwaltungsgerichts und eines Stromerzeugers. Diese Anschläge wurden im Zusammenhang mit der Inbetriebnahme des AKW Brokdorf gesehen.

An der bislang letzten Großdemonstration gegen das AKW am 11.10.1986, beteiligten sich 15.000 Kernkraftgegner. Die Demonstration verlief weitgehend friedlich.

2. Hintergründe und soziale Bedingungen des Konflikts

Die Entscheidung für den Bau des AKWs Brokdorf wurde Ende 1973 getroffen. Zu diesem Zeitpunkt gingen die EVUs und die politischen Entscheidungsträger von einem jährlich wachsenden Energieverbrauch von 8 % aus. Vor dem Hintergrund dieser Wachstumsprognosen und der damaligen Abhängigkeit von Ölimporten glaubten Politiker aller damals in den Parlamenten vertretenen Parteien, daß ein rascher Ausbau der Kernenergie notwendig sei, um die Energieversorgung der BRD zu sichern. So behauptete im Januar 1974 ein Sprecher der schleswigholsteinischen Landesregierung, daß bis spätestens 1980/81 neben den AKWs Staade und Brunsbüttel ein drittes AKW fertiggestellt werden müsse, um ernste Schwierigkeiten bei der Stromversorgung des gesamten norddeutschen Raumes zu verhindern.[1]

Die Standortentscheidung für Brokdorf wurde vor allem aus strukturellen Gesichtspunkten getroffen. Brokdorf ist eine kleine Gemeinde mit ca. 750 Einwohnern. Ein Großteil der Bevölkerung der Elbmarschen arbeitet in der Landwirtschaft und im Kleingewerbe. Die Bevölkerungsdichte ist gering und wird durch die Abwanderung junger Arbeitnehmer in die Städte weiter verringert. Durch den Konkurrenzdruck im landwirtschaftlichen Sektor, sowie durch die kleingewerbliche Struktur der Marsch stieg die Arbeitslosigkeit im ländlichen Marschgebiet seit 1960 stetig an. Mit dem Slogen ‚Atomenergie schafft Arbeitsplätze‘ wiesen die Atomkraftbetreiber darauf hin, daß AKWs erforderlich seien „da nur sie den Strom erzeugen können, den die Industrie so notwendig braucht, um wirtschaftliches Wachstum zu sichern. Allein wirtschaftliches Wachstum garantiert, daß das Problem der Arbeitslosigkeit gelöst werden kann, indem z.B. neue Industrie angesiedelt wird oder einzelne Unternehmen stark investieren.“[2]

Die Bedenken der verschiedenen Kommunalpolitiker konnten zum Teil durch großzügige Bauvorhaben der Landesregierung in der Gemeinde Brokdorf ausgeräumt werden. So erhielt die Gemeinde ein neues Schwimmbad im Wert von 2,5 Millionen D-Mark, bei einem Eigenanteil von 30.000 D-Mark. Die Aktzeptanz für das Kraftwerk konnte dadurch bei der Bevölkerung allerdings nicht erhöht werden.

Das Mißtrauen der einheimischen Bevölkerung wurde durch die Vorgehensweise der Behörden bei den verschiedenen atomrechtlichen Genehmigungsverfahren noch verstärkt. Die Anwesenheit von mehreren Hundertschaften Polizei bei einem Erörterungstermin im März 1976 verstärkte ebenso den Unmut bei Teilen der Bevölkerung, wie die Erteilung der ersten

Teilerrichtungsgenehmigung am 25.10.76. Durch diese Verordnung der Landesregierung und den unmittelbar darauf folgenden Baubeginn wurden Tatsachen geschaffen, noch bevor ein Gericht über die Teilerrichtungsgenehmigung entschieden hatte. Die Atomkraftgegner fühlten sich durch diese Entscheidung von den Politikern „verschaukelt“, zumal der damalige Bundesinnenminister Maihöfer eine Woche zuvor erklärt hatte, daß es keine weitere Baugenehmigung für AKWs geben würde, solange es noch offene Fragen hinsichtlich der Wiederaufarbeitung und der Endlagerung von Atommüll gäbe.[3]

Die verschiedenen Demonstrationen und versuchten Bauplatzbesetzungen im Anschluß an die erste Teilerichtungsgenehmigung bildeten den Anfang einer neuen Form der Auseinandersetzungen um Atomkraftwerke in der BRD. Das Ausmaß der Gewaltanwendung von seiten der Demonstranten, aber auch die Vorgehensweise und Reaktionen der Polizei, hatte es in dieser Form bei Demonstrationen gegen Atomanlagen in der BRD noch nicht gegeben. Erstmals wurden auch mehrere Einheiten des Bundesgrenzschutzes (BGS) direkt gegen Demonstranten eingesetzt.

Für den Atomphysiker Traube wurde spätestens nach diesen Demonstrationen im November 1976 „Brokdorf zum Symbol – für Gegner, wie für Befürworter der Kernenergie“.[4] Die Durchführung der ersten Bundeskonferenz der Anti-AKW Bewegung im Januar 1977 in Brokdorf verdeutlichte diesen Symbolgehalt für die Bewegung.

Mit dem vorläufigen Baustop, der Anfang 1977 verhängt wurde, wurde der Konflikt um Brokdorf zunächst entschärft. Die Verfügung des Verwaltungsgerichts Schleswig war praktisch der Beginn eines vierjährigen Moratoriums beim Bau neuer AKWs. In diesem Zeitraum wurde auch an keinem anderen Standort mit dem Bau neuer Kernkraftwerke begonnen. Gleichzeitig wuchs die Zahl der AKW-Gegner in der Bundesrepublik weiter an.

Die BUU engagierte sich auch weiterhin gegen den Bau von Atomanlagen, insbesonders gegen das geplante nukleare Entsorgungszentrum in Gorleben. Mitglieder der BUU beteiligten sich auch an überregionalen Koordinationstreffen der Anti-AKW Bewegung oder an Organisationsausschüssen verschiedener Umweltverbände, so z.B. im Vorstand des Bundesverbandes Bürgerinitiativen Umweltschutz (BBU). Das Zustandekommen der Großdemonstration am 28.2.81 und die starke überregionale Beteiligung an dieser Aktion ist mit auf die Lobbyistentätigkeit der Vertreter der BUU in den Umweltverbänden zurückzuführen.

Nach der Großdemonstration am 28.2.81 konnten die Baumaßnahmen an dem AKW Brokdorf fortgeführt werden und bis 1986 ohne größere Protestaktionen abgeschlossen werden. Für die Anti-AKW Bewegung blieb Brokdorf aber weiterhin ein Symbol des Widerstandes. Dies zeigte sich dann auch nach der Reaktorkatastrophe von Tschernobyl. Das ausgerechnet Brokdorf als erster Reaktor nach dem Unfall in der Ukraine in Betrieb genommen werden sollte, wurde von vielen AKW-Gegnern als besondere Provokation empfunden. Die große Teilnahme an der Demonstration am 7.6.1986 und die Bereitschaft zur Gewaltanwendung bei einem Teil der Demonstranten, muß vor diesem Hintergrund gesehen werden.

3. Umfang, Struktur, und Zusammensetzung der Protestbewegung

Gegen den Bau des AKWs Brokdorf bildeten sich in den norddeutschen Großstädten und in den Gemeinden in der Umgebung des geplanten Kraftwerks schon frühzeitig Bürgerinitiativen. Die Bürgerinitiative Umweltschutz Unterelbe (BUU) wurde bereits am 26.11.1973 ins Leben gerufen. Sie zählt bis heute zu den größten und aktivsten Initiativen im Kampf um Brokdorf. Den aktiven Kern dieser BI bildet die BUU Hamburg. Über die Zusammensetzung dieser Gruppe lassen sich keine genauen Angaben machen, doch kann man davon ausgehen, daß die Mitglieder vor allem aus dem akademischen Umfeld stammen. In den verschiedenen Ortsgruppen außerhalb von Hamburg beteiligen sich auch Landwirte und Handwerker an der BUU.

Der Protest gegen Brokdorf wurde auch von verschiedenen anderen gesellschaftlichen Gruppen mitgetragen. So riefen neben der BUU auch der Bundesverband Bürgerinitiativen Umweltschutz, die Vereinigte Deutsche Studentenschaft, die DKP, regionale Verbände der SPD und FDP, sowie Jungsozialisten und Jungdemokraten zur Demonstration am 19.2.77 in Itzehoe auf.

Im Laufe der Auseinandersetzung um Brokdorf konnten noch weitere Verbände und Parteien für den Widerstand gegen das AKW gewonnen werden. Die Demonstration im Februar 1981 wurde trotz Verbots von zahlreichen Umweltverbänden, den verschiedenen Landesverbänden der GRÜNEN und von verschiedenen Einzelgewerkschaften unterstützt. Die Teilnahme von über 100.000 Demonstanten aus der gesamten Bundesrepublik an dieser Demonstration kann auch als Indiz für die breite gesellschaftliche Verankerung der Bewegung gegen das AKW angesehen werden.

Gegen die Inbetriebnahme des Reaktors sprachen sich 1986 auch die norddeutschen Landesverbände der SPD aus.

4. Konfliktdynamik und Eskalation

4.1 Strategien und Aktionen der Protestgruppen

In den ersten Jahren des Konfliktes um das AKW Brokdorf konzentrierten sich die Gegner vor allem auf die juristischen Einspruchsmöglichkeiten gegen die verschiedenen Raumordnungs- und atomrechtlichen Genehmigungsverfahren. Als diese keinen Erfolg zeigten, gingen die AKW-Gegner zu anderen Stategien über, um ihren Protest auszudrücken. Der Arbeitskreis Politische Ökologie des Kommunistischen Bundes beschrieb 1977 die weitere Strategie folgendermaßen: „Wir haben in den Auseinandersetzungen, die wir mit Politikern, Behörden und Gerichten seit Jahren führen, gelernt, daß wir nichts mit wissenschaftlichen Argumenten und Diskussionen erreicht haben. Deshalb haben wir unsere Interessen selbst in die Hand genommen, durch (...) die verschiedenen Versuche den Bauplatz in Brokdorf zu besetzen, (...) das geplante Lager in Brokdorf, die vielen Kundgebungen und Demonstrationen, Veranstaltungen, Büchertische usw.(...)“.[5]

Es entwickelte sich in den Jahren des Protests ein breites Repertoire möglicher Aktionen, das von friedlichen Demonstrationen bis hin zu Terroranschlägen und Sabotageakten reichte. In dieser Vielfalt der Widerstands sahen AKW – Gegner ihre Stärke im Kampf gegen Brokdorf.[6]

Zu den spektakulärsten Aktionen zählte die Demonstration im November 1976, bei der es zu schweren gewalttätigen Auseinandersetzungen zwischen Demonstranten und der Polizei kam. Die Gewaltanwendung löste innerhalb der BIs eine Kontroverse über das weitere Vorgehen aus. Einzelne Gruppierungen distanzierten sich von den gewalttätigen Demonstranten. Die Differenzen innerhalb der BIs wurden deutlich, als man sich im Februar 1977 nicht auf eine gemeinsame Vereinbarung über ein gewaltfreies Vorgehen einigen konnte. Es kam deshalb zu der zeitgleichen Durchführung von zwei Demonstrationen, mit jeweils 30.000 Teilnehmern in Itzehoe und in der Umgebung von Brokdorf.

Während der vom Verwaltungsgericht Schleswig verfügten Bauunterbrechung konzentrierten sich die BIs mit ihrem Widerstand auf andere atomare Bauvorhaben, insbesondere auf das geplante nukleare Entsorgungszentrum in Gorleben.

Anfang Januar 1981 trafen sich in Kolmar die Verteter von 60 BIs, nachdem bekannt geworden war, daß in Brokdorf wieder weitergebaut werden sollte. In einer gemeinsamen Erklärung äußerten sich die BIs über die weiteren Perspektiven des Widerstandes: „Wir wissen, daß das AKW nicht durch eine einzelne Kundgebung verhindert werden kann und stellen uns deshalb auf einen langfristigen Widerstand ein, der unseren ganzen Lebens- und Arbeitsbereich miteinbezieht. Das heißt auch, daß sich unser Kampf nicht auf den Bauzaun und Demonstrationen beschränken läßt“.[7]

Als konkrete Aktion wurde bei dem Treffen in Kolmar eine Großdemonstration am 28.2.1981 vorbereitet. In dem Aufruf zu dieser Aktion wurde indirekt auf mögliche gewalttätige Auseinandersetzungen hingewiesen. Anders als bei der Demonstration im Februar 1977, kam es in dieser Frage nicht zu einer Spaltung der Gruppen. In einem Aufruf zur Demonstration heißt es: „Wir wollen keine Konfrontation mit dem Staatsschutzapparat, aber wir werden uns gegen die Gewalt, die auf uns durch das AKW ausgeübt wird, zur Wehr setzen. Unseren Widerstand werden wir selbst bestimmen und uns nicht von denen vorschreiben lassen, die den Bau von AKWs befürworten".[8] Auch aus einem Bericht eines Hannoveraner Bürgerinitiativmitglieds ging hervor, daß man sich Form, Ort und Zeit der Widerstandsaktionen nicht vorschreiben lassen wollte." (...) sobald der Staat versuchen sollte, uns unserer Mittel wie Schutzausrüstung, Material und Zeit zu berauben, (wollten wir) an Ort und Stelle alternative Aktionen diskutieren und angehen".[9] Einige Gruppen waren der Auffassung, daß im Falle Brokdorf der Zweck die Mittel rechtfertige. „Ob gewaltfrei oder nicht, legal oder illegal – wichtig ist allein der Atommafia mit allen zur Verfügung stehenden Mitteln das Geschäft zu versauen, Sand ins Getriebe zu schütten, auch wenn manche Aktionen einer breiten Öffentlichkeit nicht immer vermittelbar sind".[10]

Trotz des Verbotes der Demonstration kamen ca. 100.000 Menschen nach Brokdorf. Der Großteil der Teilnehmer protestierte gewaltfrei. Eine Minderheit ließ sich auf Auseinandersetzungen mit der Polizei ein oder drückte ihren Protest mit Sabotageaktionen am Bauzaun aus. Die Einschätzungen zum Ablauf der Demonstration wichen je nach Standpunkt der Beobachter bzw. Autoren weit voneinander ab. Auf der einen Seite wurde von einem relativ friedlichen Verlauf gesprochen, während auf der anderen Seite von bürgerkriegsähnlichen Zuständen die Rede war. Diverse Gruppierungen zogen aus der Demonstration den Schluß, daß mit Großdemos das Atomprogramm nicht zu Fall gebracht werden kann und forderten erneut zu einer breiteren Widerstandspalette auf.

Im Laufe der nächsten Jahre wurde wiederholt versucht den Bau des AKWs durch Sabotageaktionen zu behindern. Die Fertigstellung des Kraftwerkes konnte dadurch nicht verhindert werden.

Erst nach der Reaktorkatastrophe von Tschernobyl wurde der Widerstand gegen das AKW neu belebt. Im Vorfeld der Demonstration vom 7.6.86 versuchten Anti-AKW Initiativen aus der ganzen BRD ein gemeinsames Aktionsprogramm zu entwickeln.

Einig war man sich darüber, daß die Demonstration am Bauzaun stattfinden solle und grundsätzlich jede Form des Widerstands zulässig sei. In einem Flugblatt hieß es dazu: „Lernen wir, unsere Angst vor der Konfrontation mit dem Staat, der Polizei und Justiz und auch der Mediengewalt zu überwinden durch gemeinsame Aktionsvorbereitungen mit Gleichgesinnten und durch gemeinsames gegenseitig stützendes Handeln. Verbinden wir Massenprotest und Widerstand. Entziehen wir den Atomgewaltigen ihre Macht durch die Verweigerung unseres Gehorsams."[11] Während der Demonstration wurden sehr harte Auseinandersetzungen zwischen Polizei und

Demonstranten registriert, bei denen es auf beiden Seiten zu zahlreichen Verletzten kam. Darüber hinaus entstand erheblicher Sachschaden.

Am 3.10.1986 erteilte das Kieler Sozialministerium überraschend die Betriebsgenehmigung für das fertiggestellte AKW. In Hamburg kam es daraufhin zu dezentralen Aktionen, wie „Besetzungen, Spaziergänge durch die Viertel, Überraschungsbesuche bei Behörden und den HEW".[12] Die schleswig-holsteinische SPD versuchte den Sofortvollzug der Betriebsgenehmigung durch eine einstweilige Verfügung zu verhindern.

Militante Gruppen, die mit einer ganzen Reihe von Anschlägen bisher einen Schaden von mehr als 10 Mio DM verursacht haben, kündigten weitere Gewaltaktionen an. Am 6.10.1986 blockierten ca. 120 Mitglieder kirchlicher und gewaltfreier Gruppen mehrere Stunden die Einfahrt zum Reaktorgelände.

Am 7.10.1986 veranstalteten verschiedene Bürgerinitiativen und die GAL eine Demonstration in Hamburg, bei der es zu Ausschreitungen kam. Ein Kundgebungssprecher propagierte eine neue Phase des Widerstands, da die traditionellen Protestformen keine Wirkung zeigten. Er forderte die Zuhörer auf, sich nicht mehr auf „pflegeleichte" Protestformen festzulegen und für das „buschfeuerartige Ausbrechen von Sabotageaktionen"[13] zu sorgen.

Nachdem Brokdorf ans Netz gegangen war, erlahmte der Widerstand.

4.2 Polizeiliche Vorgehensweise und Reaktionen

Der Konflikt um Brokdorf war von Beginn der Auseinandersetzungen an durch starke Polizepräsenz gekennzeichnet. So wurden schon im März 1976 mehrere Hundertschaften Polizei als Sicherungsgruppen bei einem Anhörungstermin in Wilster eingesetzt. Ein Polizeioffizier rechtfertigte diesen Einsatz damit, daß es „kein zweites Whyl geben (werde)".[14] Auch bei den Demonstrationen Ende 1976 und Anfang 1977 stand die Verhinderung einer Bauplatzbesetzung im Mittelpunkt der polizeilischen Einsatzstrategie. Um eine Besetzung zu verhindern, war der Bauplatz mit Stacheldraht und Wassergräben zu einer „Festung" ausgebaut worden. Bei der Demonstration selbst setzte die Polizei Tränengasgranaten ein, die auch auf friedliche Demonstranten aus Hubschraubern abgeworfen wurden. Verstärkt wurde der Polizeieinsatz durch BGS-Einheiten, was zu dem damaligen Zeitpunkt in diesem Ausmaß bei Demonstrationen gegen AKWs nicht selbstverständlich war.[15]

Die Diskussionen im Vorfeld der Demonstration am 28.2.1981 und das Verbot dieser Protestveranstaltung veranlaßte die Polizei zu umfangreichen Sicherungsmaßnahmen. Um Ausschreitungen vorzubeugen wurde für diesen Tag ein 20.000 Beamte umfassendes Polizeiaufgebot bereitgestellt. Die Dokumentation „Brokdorf 28.2.81“ des Arbeitskreises Politische Ökologie schildert die Maßnahmen der Polizei folgendermaßen: „Die Wilster Marsch nahm in den Tagen vor dem 28.2. immer mehr das Bild eines Heerlagers an. Einheimische und Durchreisende mußten mehrmalige Kontrollen über sich ergehen lassen. Höfe und Scheunen wurden durchsucht und nach Waffenähnlichem gefahndet. Alles, was in der Wilster Marsch nicht niet- und nagelfest war, wurde abmontiert (Verkehrsschilder), Steine wurden eingesammelt. Schließlich wurden in der Nacht vor dem 28. die Entwässerungsgräben abgelassen oder geflutet, um die Eisdecke zu zerstören. Landwirte widersetzten sich – teilweise erfolgreich – diesen Maßnahmen. Gegen das Verbot und den Atom/Polizeistaat fand entlang der B431 vor den Bauplatz am Abend des 27.2.77 ein Schweigemarsch mit 100 Leuten statt“.[16] Ein Frankfurter Pressefotograph bestätigte diese Darstellung: „Schon am Tag vor der Demonstration hat die Polizei eine Art Notstandsübung absolviert. Sehr einschüchternd wirkte allein ihre massenhafte Präsenz auf allen Straßen und Plätzen, die Einquartierung auf Höfen, Schulen usw.(...) Die totale Kontrolle, Überwachung und Abriegelung, das Gefühl keine Verbindung mehr nach draußen zu haben – werden die Telefone abgehört oder gar abgestellt – lassen alptraumhaft die Zukunft Atomstaat erahnen (...)“.[17]

Die Polizei versuchte durch weiträumige Absperrungs- und Kontrollmaßnahmen eine Demonstration in unmittelbarer Nähe des Baugeländes zu verhindern. Demonstranten wurden zum Teil schon an ihren Abfahrtsorten kontrolliert und für kurze Zeit festgehalten, Autobahnen wurden für mehrere Stunden gesperrt, und Sonderzüge der Bundesbahn wurden abgesagt. Die Maßnahmen trugen mit dazu bei, daß ein Großteil der Demonstranten den Kundgebungsort nur verspätet, zum Teil auch gar nicht, erreichte.

Die Demonstranten interpretierten diese Maßnahmen als Teil einer Strategie, die darauf abzielte, das Demonstrationsrecht zu untergraben und Widerstand zu brechen. „Weil die Angst vor behördlicher Registrierung in der Tat Menschen davon abhalten kann, sich öffentlich politisch zu artikulieren, wird alles getan, um auch möglichst deutlich zu machen, daß kontrolliert und registriert wird. So wird das Demonstrationsrecht auf den Hund gebracht, indem schon hunderte von Kilometern vor dem Versammlungsort potentielle Demonstranten gefilzt und ihre Daten gespeichert werden. Die politischen Freiheitsräume werden so systematisch in ein enges, durch Polizeispaliere gebildetes Flußbett gesperrt, bis es zu eruptiven Gegenmaßnahmen kommt, – bis die Gewaltfalle zuschnappt“.[18]

Bei Auseinandersetzungen gegen Ende der Demonstration wurden zahlreiche Demonstranten und Polizeibeamte verletzt. Gegen mehrere gewalttätige Demonstranten wurden von der Staatsanwaltschaft Strafanträge gestellt.

In zwei Fällen wurden Demonstranten zu mehrjärigen Freiheitstrafen verurteilt.

Für die Demonstration am 7.6.1986 erwartete die Polizei eine relativ große Zahl „militanter Störer aus mehreren Orten der Bundesrepublik und Berlin".[19] Durch starke Polizeieinheiten sollte die „Kontrolle verdächtiger Personen offensiv, konsequent und unter Ausschöpfung aller rechtlichen Möglichkeiten erfolgen."[20] Ein Polizeibeamter schilderte folgende Leitlinien für den Polizeieinsatz: „Insbesondere wurde auf die Gewährleistung einer friedlichen Versammlung hingewiesen und in diesem Zusammenhang der Unterschied zu der Brokdorf-Demonstration am 28. Februar 1981 herausgestellt. Weiterer Schwerpunkt der theoretischen Einsatzvorbereitung war das Erarbeiten eines Beweissicherungs- und Festnahmekonzeptes in Kooperation mit der Kriminalpolizei. In diesem Gesamtzusammenhang wurde zum Grundsatz erklärt, durch flexible polizeiliche Maßnahmen auch von einem außerhalb des KKW-Geländes liegenden Bereithaltungsorts Konfrontationen zu vermeiden, aber dennoch vor dem Hintergrund schwacher Innenschutz- und starker Außenschutzkräfte dem erwarteten starken militanten Störerpotential entgegenzuwirken, allgemein nicht nur der Pflicht der Prävention, sondern insbesondere der Pflicht der Repression nachzukommen".[21]

Bei Personenkontrollen in der Nähe von Kleve kam es zu erbitterten Auseinandersetzungen zwischen Demonstranten und der Polizei. Während die Polizei davon sprach, daß „maskierte, behelmte und bewaffnete Straftäter", Polizeibeamte ohne Schutzausrüstung an einer Kreuzung „überfallartig angriffen",[22] stellten AKW-Gegner die Auseinandersetzungen ganz anders dar. „Sie (die Polizisten) prügelten wie verrückt auf alle ein, griffen sich einzelne heraus und verhauten sie zu mehreren gleichzeitig. Die Leute schrien um Hilfe, andere flehten, die Beamten sollten doch aufhören, einige waren ziemlich verletzt, an Gegenwehr war überhaupt nicht zu denken, und die Polizisten brüllten, wir sollten uns verpissen. Die Situation war ausweglos".[23]

Auch am Kundgebungsgelände, in der Nähe des Kraftwerks, kam es zu Zusammenstößen zwischen Demonstranten und der Polizei. Das Vorrücken der Polizei in Richtung der bislang friedlichen Versammlung und der Einsatz von CS-Gas gegen diese Demonstranten, wurde von vielen AKW-Gegnern als provozierend empfunden. Ein Demonstrationsteilnehmer, der selbst bei der Kriminalpolizei arbeitet, sprach in diesem Zusammenhang von einer „unglaublichen Provokation durch die Polizei".[24]

Aus Protest gegen das Verhalten der Polizei während der Demonstration sollte am darauf folgenden Tag in Hamburg eine erneute Demonstration stattfinden. Schon zu Beginn der Demonstration wurden 838 Personen auf dem Heiligengeistfeld von der Polizei ‚eingekesselt' und bis zu 13 Stunden festgehalten. Dieses Vorgehen der Polizei wurde in der Öffentlichkeit erneut heftig kritisiert und war Thema mehrerer Sitzungen des Senats-Innenausschusses. Die Kritik hatte zur Folge, daß sich die Polizei bei späteren Demonstrationen, eher zurückhaltend verhielt.

4.3 Politische Antworten

Zu Beginn der Auseinandersetzungen wurde der Bau des AKW Brokdorfs von allen damals in den Parlamenten vertretenen Parteien unterstützt. Im Laufe der Auseinandersetzungen hat sich innerhalb der SPD und auch zum Teil in der FDP eine Neubewertung der Atomenergie vollzogen. Insbesondere in den norddeutschen Landesverbänden der SPD und der FDP nahm die Zahl der AKW-Gegner kontinuierlich zu. Der Hamburger Bürgermeister Klose wurde dabei zur Integrationsfigur der AKW-Gegner in der SPD, konnte sich aber gegen die Befürworter der Kernenergie innerhalb der Partei, insbesondere gegen den früheren Bundeskanzler Schmitt, nicht durchsetzen. Sowohl Klose, als auch der SPD-Oppositionsführer in Schleswig-Holstein, Mathiesen, traten 1981 von ihren Ämtern zurück. Unter Kloses Nachfolger Klaus von Dohnanyi, beschlossen die Sozialdemokraten im März 1983 den Ausstieg aus dem Projekt, worauf im Januar 1984 die HEW 30 % ihrer Anteile am KKW Brokdorf an die Preag verkaufte.

Die Auseinandersetzungen um das AKW Brokdorf und insbesondere die SPD-internen Konflikte haben mit dazu beigetragen, daß sich ‚links von der SPD' in Hamburg die GAL als politische Kraft etablieren konnte

Die Vertreter der konservativen Parteien, insbesondere der ehemalige schleswig-holsteinische Ministerpräsident Stoltenberg und sein Nachfolger Barschel, bestanden weiterhin auf den Bau des Reaktors. Wegen drohender Gefahren für die öffentliche Sicherheit und Ordnung verbot der CDU-Landrat des Kreises die Demonstration im Februar 1981. Diese Entscheidung wurde von der schleswig-holsteinischen Landesregierung unterstützt. Das Bundesverfassungsgericht erklärte in seinem ‚Brokdorfurteil' das Verbot der Demonstration für verfassungswidrig.

Vier Wochen nach der Reaktorkatastrophe von Tschernobyl gab der Kieler Regierungschef Barschel am 23. Mai bekannt, daß die für Juni 1986 geplante Inbetriebnahme des Reaktors in Brokdorf verschoben werde. Es solle geprüft werden, ob weitere sicherheitstechnische Auflagen notwendig seien. Nach den Ausschreitungen bei der Demonstration im Juni 86 forderten Mitglieder der CDU eine Verschärfung des Demonstrationsrechts. Vertreter der anderen drei Parteien lehnten eine Strafrechtsänderung ab. SPD und GRÜNE machten das Verhalten der Polzei für die Eskalation des Konfliktes verantwortlich und warfen dem schleswig-holsteinischen Innenminister Clausen „taktische Unfähigkeit“ vor.

Im Zusammenhang mit dem „Hamburger Kessel“ forderte die GAL den Rücktritt des Hamburger Innensenators Lange. Diese Rücktrittsforderung wurde zurückgewiesen. Der Hamburger Bürgermeister von Dohnany und Innenminister Lange entschuldigten sich jedoch offiziel für das Verhalten der Polizei.

Mit der Inbetriebnahme des Reaktors hat sich die politische Auseinandersetzung um das AKW Brokdorf entschärft.

5. Erfolg, Mißerfolg und Enttäuschungverarbeitung

Im Konflikt um das AKW Brokdorf konnten die Kernkraftgegner mehrere Teilerfolge erzielen, die endgültige Inbetriebnahme des Reaktors konnten sie nicht verhindern.

Als ein erster Teilerfolg wurde die vierjährige Bauunterbrechung vom Februar 1977 bis Anfang 1981 gewertet. In diesem Zeitraum bestand praktisch auch ein Moratorium beim Baubeginn anderer AKWs in der Bundesrepublik.

Auf die Entscheidung zum Weiterbau reagierten die Atomkraftgegner mit der bis dahin größten Demonstration gegen das AKW. Vor allem die Tatsache, daß sich an dieser Demonstration trotz Verbotes mehr als 100.000 Menschen beteiligten, wurde als ein weiterer Teilerfolg bewertet. „Die massive Durchbrechung des Verbots wurde zu einem Akt der Verteidigung demokratischer Rechte. „[25] „(...) das Demonstrationrecht wiedererobert zu haben, war wenigstens ein Teilerfolg (...)“.[26] Dennoch wurde aber für viele Gruppen auch deutlich, daß das Atomprogramm mit großangelegten Demonstrationen nicht gestoppt werden kann.[27] Mitglieder solcher Gruppen propagierten für die Zukunft radikalere Aktionsformen, wie Sabotageaktionen gegen die am Bau des AKWs beteiligte Firmen oder Einrichtungen der Elektrizitätsversorgungsunternehmen.

Ein Großteil der AKW Gegner zog sich nach der Demonstration im Februar 1981 aus der politischen Auseinandersetzung um das AKW Brokdorf zurück. Diejenigen die nicht resignierten, konzentrierten sich auf andere gesellschaftliche Konflikte, oder auf die Bewältigung der juristischen Konsequenzen der Demonstration.

Erst nach der Reaktorkatastrophe von Tschernobyl konnten noch einmal neue Mobilisierungserfolge erzielt werden. Die Demonstration am 7.6.1986 blieb aber weit hinter den Erwartungen der Kernkraftgegner zurück. Sie hinterließ bei großen Teilen der Bewegung Spuren von Resignati on und Ohnmacht. „Mit diesem Wochenende, der aufgeriebenen Demo am AKW, der Verhinderung des Konvois aus Hamburg kurz vor Kleve, der

Einkesselung am Sonntag auf dem Heiligengeistfeld, hatte sich ein Schock eingestellt, der noch einige Zeit weiterwirken sollte. Ein Nachdenken über diese neue Dimension von Polizeieinsätzen, die Fragen, was daraus für Schlüsse zu ziehen sind, setzte deshalb erst viel später ein. Erst einmal versuchte jede/r, allein damit fertig zu werden, was natürlich gehörig mißlang. (...) Die Palette der von uns angewandten Methoden um Brokdorf aufzuarbeiten, war vielfältig und widersprüchlich: Verdrängung durch Arbeit und Streß, Suche nach einer quasi militärischen Lösung durch ständig wiederholtes Ablaufen der Ereignisse ‚vor dem inneren Auge' oder vollkommener Rückzug aus persönlichen Kontakten und politischen Zusammenhängen".[25]

Der Konflikt um das AKW Brokdorf wurde durch die Inbetriebnahme des Reaktors zugunsten der Befürworter der Kernenergie entschieden. Dennoch hat sich seit Beginn dieses Konfliktes die Zahl der AKW-Gegner von einer kleinen Minderheit hin zu einer politisch bedeutsamen Gruppe und je nach Meinungsumfrage zu einer breiten gesellschaftlichen Mehrheit innerhalb der Bundesrepublik entwickelt.

6. Schlußfolgerungen zur Divergenz der Perspektiven in der Thematisierung der Konflikte

Im Laufe der Auseinandersetzung wurde das AKW Brokdorf zum Symbol sowohl für Gegner wie auch Befürworter der Kernenergie. Kein anderes Kraftwerk in der BRD wurde so heftig umkämpft wie dieser Reaktor und bei keinem anderen Atomkraftwerk waren die politischen Folgen dieser Auseinandersetzung so weitreichend. Der Konflikt um Brokdorf führte zum Rücktritt führender norddeutscher SPD Politiker, unterstützte aber auch gleichzeitig den Wandel der SPD von Befürwortern hin zu Gegnern der Kernenergie. Wenn auch zwischen BIs und GRÜNEN auf der einen Seite und SPD auf der anderen Seite noch erhebliche Differenzen über die Form und den Zeitpunkt eines Ausstiegs aus der Atomenergie bestehen, so hat es bei diesen ehemaligen Konfliktgegnern eine Annäherung in den verschiedenen Sichtweisen gegeben. In bezug auf die konservativen Parteien blieben die unterschiedlichen Sichtweisen dagegen erhalten, oder haben sich nach der Reaktorkatastrophe von Tschernobyl noch weiter verschärft.

Der Konflikt um Brokdorf war aber auch von Anfang an mit Fragen des staatlichen Gewaltmonopols, des Rechts auf Widerstands, der Erhaltung des Demonstrationsrechts und der Respektierung der politischen Grundordnung der BRD verbunden. In diesen Fragen hat es keine Annäherung zwischen den verschiedenen Konfliktparteien gegeben. Wenn auch die SPD und die FDP sich gegen eine Verschärfung des Demonstrationsrechtes wenden, so distanzieren sie sich doch deutlich von nicht-legalen Formen des Protestes.

Anmerkungen

1) Vgl. TRAUBE, K.: Brokdorf einst und jetzt. In: AUST, St.: Brokdorf, Symbol einer politischen Wende, Hoffmann und Campe, 1981, S. 23
2) Brokdorf: Der Bauplatz muß wieder zur Wiese werden!, BUU, Reihe Politische Ökologie, Materialien zu Umwelt und Gesellschaft 6, Hamburg, 1977, S. 13
3) Vgl. TRAUBE, K., a.a.O., S. 27
4) ebenda
5) ANTI-AKW-TELEGRAMM No. 4, AK Politische Ökologie, 4.8.77, S. 2
6) Vgl. Der SPIEGEL, 9/1981, S. 7
7) ebenda, S. 6
8) BROKDORF 28.2.81, Berichte – Bilanz- Perspektiven, BUU (Hrsg): Hamburg, 1981, S. 7
9) ebenda, S. 27
10) ebenda, S. 36
11) Die POLIZEI, Ausgabe 7/86, S. 275
12) Die TAGESZEITUNG, 8.10.86, S. 3
13) Die TAGESZEITUNG, 9.10.86, S. 5
14) TRAUBE, K., a.a.O., S. 26
15) ebenda, S. 30
16) BROKDORF 28.2.81, a.a.O., S. 10
17) ebenda, S. 47
18) BÜRGERRECHTE & POLIZEI, Cilip 24 (Civil Liberties and Police Ed.) Berlin, Nr. 2/1986, S. 8
19) BEREITSCHAFTSPOLIZEI-HEUTE, 7/86, S. 14
20) ebenda, S. 7
21) ebenda, S. 8
22) Vgl. ebenda, S. 10
23) Cilip, a.a.O., S. 12
24) HAMBURGER RUNDSCHAU, Nr. 24, 12.6.1986, S. 5
25) MARXISTISCHE BLÄTTER, 3/81, Bd. 19, S. 5

Literaturverzeichnis

ANTI-AKW-TELEGRAMM, No. 4, AK Politische Ökologie, 4.8.77

Bereitschaftspolizei-heute, 7/86

„BROKDORF 28.2.81", Berichte – Bilanzen – Perspektiven, BBU, AK Politische Ökologie, KB

„BROKDORF: DER BAUPLATZ MUß WIEDER ZUR WIESE WERDEN!, BBU, Reihe Politische Ökologie, Materialien zu Umwelt und Gesellschaft 6, Hamburg, 1977

„BROKDORF – DEMONSTRANTEN UND POLIZEI", Manuskript von Panorama Nr. 421 vom 17.6.86

CILIP, Bürgerrechte und Polizei, Nr. 2/86

FAZ, 9.6.86, S. 1f, „Sechzigtausend demonstrierten in Brokdorf, Wackersdorf und Hamm"

MARXISTISCHE BLÄTTER, 3/81, Bd. 19, S. 4-7

DIE POLIZEI, 8/86, S. 275ff, „Der Verlauf der Brokdorf – Demonstration im Juni 1986 aus polizeilicher Sicht und Wertung“
DIE RHEINPFALZ, 9.10.86, S. 1, „Proteste nach erster Kettenreaktion in Brokdorf“
SAARBRÜCKER ZEITUNG, 8.10.86, S. 2, „Brokdorf:Symbol des Streits um Kernkraft“
SAARBRÜCKER ZEITUNG, 9.10.86, S. 1, „Gewalttätigkeiten um Brokdorf“
SONNTAG AKTUELL, 8.6.86, S. 3, „Zorn und Zynismus dominierten“
DER SPIEGEL, 7/81, S. 28f, „Atomfilz in Hamburg“
DER SPIEGEL, 8/86, S. 26f, „Wichtigste Entscheidung seit 20 Jahren“
DER SPIEGEL, 9/81, S. 55f. „Mit allen Mitteln“
DER SPIEGEL, 11/81, S. 47f, „Flexible Taktik“
DER SPIEGEL, 20/82, S. 63ff, „Starke Wand“
DER SPIEGEL, 27/86, S. 53f, „Völlig verstört“
DER SPIEGEL, 27/86, S. 56f, „Der Brokdorfer Zwinger“
DER SPIEGEL, 43/86, S. 75ff, „Besserer Hühnerstall“
STROHM, H.: „Friedlich in die Katastrophe“, Eine Dokumentation über AKW, Frankfurt, 1981
SÜDDEUTSCHE ZEITUNG, 8.10.86, S. 1, „Kernkraftwerk Brokdorf geht in Betrieb“
SÜDDEUTSCHE ZEITUNG, 9.10.86, S. 1f, „Ausschreitungen in Hamburg den Grünen angelastet“
TAZ, 06.06.86
TAZ, 09.06.86
TAZ, 08.10.86
TAZ, 09.10.86
TAZ, 17.10.86
TRIERISCHER VOLKSFREUND, 8.10.86, S. 3, „Symbol der Atomgegner trotze jedem Proteststurm“
TRIERISCHER VOLKSFREUND, 9.10.86, S. 1, „Schwere Krawalle bei Anti-Brokdorf-Demonstration“
DIE WELT, 9.6.86, S. 1, „FDP sagt nein zur Änderung des Demonstrationsrechts“
DIE WELT, 9.6.86, S. 2, „Wieder einmal Brokdorf“
DIE WELT, 9.6.86, S. 4, „Rückzug hieße, den Staat aufgeben“

16. Verlaufsstudie: Gorleben, BRD 1974-85

1. Chronologie der Ereignisse

Auf einer Konferenz des deutschen Atomforums im April 1974 wird erstmals von einem Vertreter des Bundesministeriums für Forschung und Technologie das Konzept einer integrierten Entsorgungsanlage, d.h. der örtlichen Verknüpfung der Wiederaufarbeitung von abgebrannten Brennelementen aus Atomkraftwerken und der Endlagerung von nicht mehr verwertbaren radioaktiven Abfällen, vorgestellt. Das Konzept sollte bis spätestens 1985 verwirklicht werden.

Im Februar 1977 wird Gorleben im Kreis Lüchow-Dannenberg von der niedersächsischen Landesregierung als Standort für ein nukleares Entsorgungszentrum benannt. Auf diese Meldung hin kommt es zu spontanen Protesten der örtlichen Bevölkerung. Die bereits bestehende ‚Bürgerinitiative Umweltschutz Lüchow-Dannenberg‘, die bislang aus einer relativ kleinen und unbedeutenden Gruppe von Atomkraftgegnern bestand, konstituiert sich kurz darauf als eingetragener Verein.

In den nächsten Wochen organisieren die Atomkraftgegener mehrere Protestveranstaltungen, so z.B. eine ‚Sternfahrt nach Gorleben‘ am 23.2.1977 oder am 25.2.1977 eine ‚Trecker-Protest-Sternfahrt‘ nach Lüchow, an der sich einige hundert Bauern beteiligen.

Die erste Großkundgebung, die die BI Umweltschutz Lüchow-Dannenberg organisiert, findet mit mehr als 15.000 Teilnehmern am 12.3.1977 auf dem geplanten Baugelände statt. Entgegen Bedenken der Landesregierung verläuft die Demonstration friedlich. Am Rande des Baugeländes kommt es zur ‚Aktion Wiederaufforstung statt Wiederaufarbeitung‘. Bei dieser Aktion pflanzen Demonstrationsteilnehmer junge Birken auf einem durch Waldbrände geschädigten Teil des Baugeländes. Diese

Birken sollen als Sinnbild für wachsenden Widerstand gegen die Entsorgungsanlage und für die Idee des Lebens verstanden werden.

In der Zeit vom Sommer 1977 bis Anfang 1979 kommt es immer wieder zu Protestaktionen gegen die geplanten Atomanlagen. An diesen Aktionen sind primär die örtlichen Bürgerinitiativen, aber auch Atomkraftgegner aus anderen Teilen der Bundesrepublik beteiligt. Die BI Umweltschutz Lüchow-Dannenberg wächst innerhalb eines Jahres von 25 Mitgliedern auf das zehnfache an. In enger Verzahnung mit der BI wird im Sommer 1978 eine Rechtshilfegruppe, die die Finanzierung und juristische Beratung für die zu erwartenden Rechtsstreitigkeiten organisieren soll, ins Leben gerufen.

Am 14.2.79 beginnen in Gorleben die ersten Flachbohrungen zur Erkundung des Baugeländes. Zu diesem Zeitpunkt hat sich der Protest gegen das Gorleben-Projekt weit über lokale Grenzen hinweg ausgedehnt. BIs und Aktionsgruppen aus der ganzen Bundesrepublik solidarisieren sich mit den Atomkraftgegnern aus Gorleben und unterstreichen dies mit Informations- und Protestkampagnen in über 40 Städten der BRD.

Mit dem Beginn der Flachbohrungen wird auch die Polizeipräsenz im Landkreis verstärkt. In den folgenden Wochen kommt es zu zahlreichen Widerstandsaktionen in Form von Blockaden und Kundgebungen gegen die Flachbohrungen. Einen vorläufigen Höhepunkt bildet Ende März ein einwöchiger Treck von Bauern und Mitgliedern von Bürgerinitiativen aus dem Landkreis Lüchow-Dannenberg nach Hannover. An der Abschlußkundgebung am 31.3.79 beteiligen sich über 100.000 Atomkraftgegner aus der ganzen Bundesrepublik. Diese Kundgebung bildet damit die größte Demonstration in der Bundesrepublik seit den Protesten gegen die Wiederbewaffnung der BRD in den 50er Jahren.

Vom 28.3. bis zum 30.3.1979 veranstaltete die niedersächsische Landesregierung in Hannover eine internationale Expertenanhörung zu technischen Fragen des geplanten nuklearen Entsorgungszentrums. Vor allem die Auswahl der Wissenschaftler zu diesem „Gorleben-Hearing" stößt bei vielen Atomkraftgegnern auf Protest.

Am 28.3.1979 ereignet sich in Harrisburg (USA) der bis dahin größte Unfall in der Geschichte der zivilen Nutzung der Atomenergie.

Nach dem ‚Treck nach Hannover' kommt es zu weiteren Protestaktionen im Wendland. So blockieren in der Zeit vom 14. bis 16. Mai 1979 Bauern aus dem Landkreis Lüchow-Dannenberg die Ausfahrt der Bohrfahrzeuge, die hydrogeologische Bohrungen in Gorleben vornehmen sollen.

Am 16.5.1979 gibt der niedersächsische Ministerpräsident in einer Regierungserklärung den vorläufigen Verzicht auf den Bau einer Wiederaufarbeitungsanlage in Gorleben bekannt. Er begründet diesen Schritt damit, daß derzeit eine Wiederaufarbeitungsanlage bei der Bevölkerung „politisch nicht

durchsetzbar" sei. Mit der vorläufigen Absage an die Wiederaufarbeitungsanlage wird der gravierendste Konfliktpunkt beseitigt.
Das Planungsprojekt ,Endlager Gorleben' wird weitergeführt.

Wissenschaftliche Zweifel am Konzept der Endlagerung und unabhängige Gutachten, die den Gorlebener Salzstock aufgrund seiner geomorphologischen Lage als ungeeignet bezeichnen, führen zu einer Neubelebung der Diskussion um das geplante Endlager. Mit Sitzblockaden und symbolischen Protestaktionen an den Bohrplätzen, aber auch mit Sachbeschädigungen und handgreiflichen Auseinandersetzungen mit Sicherheitskräften demonstrieren Atomkraftgegner ihren Unmut über das geplante Endlager.

Am 10. September 1979 beginnen unter starkem Polizeischutz die vorbereitenden Maßnahmen für Tiefbohrungen auf dem Baugelände. Durch Sitzblockaden und Baumbesetzungen versuchen Demonstranten das Abholzen des Bohrgeländes zu verhindern, was jedoch nicht gelingt. Trotz weiterer Versuche, bei denen es immer wieder zu Auseinandersetzungen zwischen Atomkraftgegnern und den aufgebotenen Sicherheitskräften kommt, wird am 4.1.1980 die erste von drei vorgesehenen Tiefbohrungen durchgeführt. Störaktionen und Protestkundgebungen begleiten den Fortgang der Tiefbohrungen, können diese aber kaum behindern.

Am 3.5.1980 findet ein neues Widerstandskonzept der Atomkraftgegner seinen Ausdruck in der Platzbesetzung der dritten Bohrstelle 1004, an der rund 5.000 Demonstranten teilnehmen. Binnen kurzer Zeit entsteht ein Hüttendorf, das mehrere hundert Atomkraftgegner beherbergt und zur ,Freien Republik Wendland' ausgerufen wird. Über vier Wochen bleibt das Hüttendorf bestehen. Am 4.6.1980 beginnt die Räumung des Bohrgeländes. Mit etwa 3.500 Beamten, gepanzerten Sonderfahrzeugen, Hubschraubern, Wasserwerfern, Reiter- und Hundestaffeln wird das Anti-Atomdorf abgeriegelt. Planierraupen beginnen danach das Dorf dem Erdboden gleichzumachen. Die Platzbesetzer, die nur passiven Widerstand leisten, werden abgeführt. Als Reaktion auf die Räumung finden in vielen Teilen der Bundesrepublik Protestkundgebungen, Fackelzüge und Kirchenbesetzungen statt.

Bereits im September 1979 war Gorleben auch als möglicher Standort für ein Zwischenlager für abgebrannte Brennelemente von der Landesregierung vorgeschlagen worden. Gegen dieses Zwischenlager kommt es zunächst nur zu vereinzelten lokalen Protestaktionen. Mit dem Baubeginn im Januar 1982 nehmen die Widerstandsaktionen gegen dieses Projekt zu. Vor allem durch nächtliche Sabotageanschläge gegen Einrichtungen und Gegenstände der an dem Bau beteiligten Industrie, versuchen Teile der Atomkraftgegner den Bau des Zwischenlagers zu behindern.

Die erste überregionale Protestaktion gegen das Zwischenlager findet am 4.9.1982 statt. An diesem Tag kommt es neben Demonstrationen an möglichen Standorten für eine Wiederaufarbeitungsanlage in Hessen, Rheinland-Pfalz und Bayern auch in Gorleben zu einer Demonstration. An der Kundgebung vor der Baustelle des Zwischenlagers beteiligen sich rund 10.000 Menschen. Im Anschluß an die Kundgebung kommt es erstmals seit Beginn des Konfliktes um die Atomanlagen in Gorleben zu größeren gewalttätigen Auseinandersetzungen zwischen Demonstranten und der Polizei, mit zahlreichen Verletzten auf beiden Seiten. Mehrere Demonstranten werden verhaftet. Die BI Lüchow-Dannenberg distanziert sich in einer öffentlichen Erklärung von jenen Demonstranten, die an der Konfrontation mit der Polizei beteiligt gewesen waren. Am 5.9.1982 demonstrieren über 2.000 Menschen gegen die Verhaftungen und das Vorgehen der Polizei vom Vortag. Es kommt erneut zu gewalttätigen Auseinandersetzungen zwischen Demonstranten und Polizei.

Am 2.11.1982 veröffentlicht die BI Lüchow-Dannenberg die Meldung, daß Dragahn als neuer Standort für eine Wiederaufarbeitungsanlage in Niedersachsen vorgesehen sei. Gegen diese erneute Standortbenennung innerhalb des Wendlandes formiert sich neuer Widerstand, der in den verschiedenen Protestaktionen zum Ausdruck kommt. So wird im Januar 1983 eine Neuauflage des Trecks nach Hannover durchgeführt. An der Abschlußkundgebung beteiligen sich 5.000 Teilnehmer.

Am 24.3.1984 riegeln 15.000 Personen das Wendland mit einer Menschenkette symbolisch ab. Am 30.4.84 blockieren 5.000 Atomkraftgegner die Hauptverkehrswege im Wendland. Ein erneuter Blockadeversuch am „Tag X", an dem Tag, an dem die ersten Brennelemente ins Zwischenlager transportiert werden sollen, kann von der Polizei verhindert werden.

Die Inbetriebnahme des fertiggestellten Zwischenlagers wird Anfang 1985 vom Lüneburger Verwaltungsgericht untersagt.

1985 entschied sich die Betreibergesellschaft DWK für das bayrische Wackersdorf als Standort für eine Wiederaufarbeitungsanlage, was dann ebenfalls Kristallisationspunkt für eine starke Gegenbewegung wurde; bis die Betreibergesellschaft überraschend den Standort ganz aufgab.

Die Region Gorleben ist aber weiterhin als Standort für ein atomares Endlager vorgesehen, gegen das sich bis in die Gegenwart hinein immer wieder Protestbewegungen etabliert haben. Darüber hinaus hat die DWK den Bau einer Konditionierungsanlage im Landkreis Lüchow-Dannenberg angekündigt.

2. Hintergründe und soziale Bedingungen des Konflikts

Bis Anfang der 70er Jahre spielte für die Betreiber der bundesdeutschen Atomkraftwerke die Frage der Entsorgung nur eine untergeordnete Rolle. Man ging davon aus, daß die anfallenden Brennstoffe zunächst in den bestehenden englischen und französischen Wiederaufarbeitungsanlagen aufgearbeitet werden könnten und daß für die Entlagerung rechtzeitig die benötigte Kapazität zur Verfügung stehen würde. Störfälle in der englischen Wiederaufarbeitungsanlage Windscale führten 1973 zur vorübergehenden Stilllegung dieser Anlage. Die geplante Kapazitätserweiterung in der französischen Anlage La Hague verlief nicht plangemäß. Ebenso mußte eine belgische Versuchsanlage in Mol stillgelegt werden.

Vor dem Hintergrund dieser internationalen nuklearen Entsorgungssituation rückte eine nationale Lösung in den Vordergrund. Das auf der Reaktortagung des deutschen Atomforums im April 1974 vorgestellte Konzept einer integrierten Entsorgung sah vor, daß Wiederaufarbeitung, Spaltstoffrückführung, sowie Abfallbehandlung und – endlagerung in einem System an einem Standort zusammengefaßt werden sollten.[1] Da man im Zusammenhang mit der Endlagerung von radioaktiven Abfallstoffen in der BRD zu dem damaligen Zeitpunkt unterirdische Salzstöcke als die geeigneten Lagerstätten ansah, bot sich Niedersachsen aufgrund seiner geologischen Beschaffenheit als möglicher Standort für ein nukleares Entsorgungszentrum an. Die Entscheidung der Landesregierung fiel dann auf Gorleben im Landkreis Lüchow-Dannenberg.

Für die Auswahl dieser Region sprachen neben geologischen Faktoren auch wirtschaftliche und soziale. Mit 41 Menschen pro Quadratmeter ist das Wendland[2] die am dünnsten besiedelte Region in der BRD. Das Wendland verfügt über eine agraisch geprägte Wirtschaftsstruktur mit einem geringen Angebot an industriellen Arbeitsplätzen. Die Arbeitslosenqote betrug im Winter 1976/77 10,5 % und lag damit doppelt so hoch wie im Bundesdurchschnitt.[3] Vor allem viele junge Erwachsene sahen auf den verschuldeten elterlichen Höfen keine Zukunftsperspektive und wanderten ab. Das geplante Entsorgungszentrum schien einen Ausweg aus dieser Situation zu zeigen. So äußerte sich Harry Wilkens, Gemeinderat aus Gorleben wie folgt: „Dem Fortschritt (...) darf man sich nicht in den Weg stellen. Wir werden unseren Jungen etwas Bleibendes schaffen, die sollen nur mit den Mücken rüberkommen".[4] Die meisten Kommunalpolitiker im niedersächsischen Landkreis Lüchow-Dannenberg stimmten mit Wilkens' Ansichten überein.

Der überwiegende Teil der Bevölkerung blieb bei Standortbenennung zunächst abwartend, nur ein kleiner Teil bekundete offen die Ablehnung des Projekts. Im Laufe der Auseinandersetzung konnten die Gegner einen immer stärkeren Rückhalt in der Bevölkerung verzeichnen. Die Argumente der Atomkraftgegner richteten sich vor allem gegen die gesundheitlichen Gefahren der geplanten Anlagen, gegen die Zerstörung der gewachsenen Struktur des Landkreises und gegen die vermehrte Überwachung der Bürger, wie sie vor allem von Robert Jungk als zwangsläufige Folge der Plutoniumwirtschaft gesehen wurde.[5] Für den zuletzt genannten Bereich sahen viele Bewohner des Landkreises erste Anzeichen in der verstärkten Präsenz von Polizeikräften und der Zunahme von Personenkontrollen. Der Reaktorstörfall in Harrisburg wurde ebenfalls von den Atomkraftgegnern als Beweis für die Richtigkeit ihrer Argumentation angesehen und führte zu einer Intensivierung des Widerstandes.

Bei der einheimischen Bevölkerung stieß auch die Art und Weise auf Widerspruch, in der versucht wurde, das Projekt zu realisieren. So wurde kritisiert, daß das Bundesinnenministerium die Reaktorsicherheitskommission (RSK) und die Strahlenschutzkommission (SSK) angewiesen habe, „die Antragsformulare der Deutschen Gesellschaft für Wiederaufarbeitung von Kernbrennstoffen (DWK) für die Atommüllbank in Gorleben positiv zu beurteilen".[6] Außerdem stellte die DWK der Gemeinde ein Geldgeschenk in Höhe von 5 Millionen DM in Aussicht, wenn es zur Einrichtung einer Baustelle käme. Als die Gemeinderäte noch vor Abschluß der offiziellen Sicherheitsprüfung und trotz tausender von Einwendungen aus der Bevölkerung den Flächennutzungs- und Bebauungsplan verabschiedeten und damit ihr letztes Mittel zur Verhinderung des Zwischenlagers aus der Hand gaben, war dies für die Protestgruppen ein klarer Fall von Korruption.[7]

Nach der Einschätzung von Mitgliedern der Bürgerinitiative Lüchow-Dannenberg büßte die DWK durch diesen Vorgang sowie „dilettantische Informationspolitik (...) und (...) erpresserische Methoden beim Landkauf"[8] viel von ihrer Glaubwürdigkeit ein.

Für die starke überregionale Unterstützung durch Atomkraftgegner aus der gesamten BRD sprach vor allem die zentrale Bedeutung, die dem Entsorgungszentrum für den weiteren Ausbau der Kernenergie beigemessen wurde. Insbesondere durch die Entscheidung der Bundesregierung vom 14.6.1977, nach der die Erteilung der ersten Teilerrichtungsgenehmigung für weitere Kernkraftwerke an Fortschritte bei der Realisierung des Integrierten Entsorgungskonzeptes und die Erteilung der ersten Teilbetriebsgenehmigung an die Bereitstellung einer Zwischenlagermöglichkeit für 6 Jahre oder die vertraglich abgesicherte Abnahme des Brennstoffes für diesen Zeitraum gebunden werden sollte, wurde die Bedeutung des Entsorgungszentrums in Gorleben sowohl für die Betreiber von Atomkraftwerken, als auch für die Atomkraftgegner, hervorgehoben.[9]

Auch nach der vorläufigen Absage an eine Wiederaufarbeitungsanlage durch Ministerpräsident Albrecht im Mai 1979 blieb das Interesse der bundesdeutschen Anti-AKW-Bewegung an der Verhinderung der geplanten Anlagen in Gorleben weiterhin erhalten. Seine zentrale Bedeutung für die Anti-AKW-Bewegung verlor Gorleben mit dem Bekanntwerden anderer WAA-Standorte in Rheinland-Pfalz, Hessen und Bayern. Daran änderte sich auch nichts, als die Auseinandersetzungen um das Zwischenlager 1982 und 1984 nochmals für Aufmerksamkeit in den Medien sorgte. Auch die erneute Standortbenennung für eine Wiederaufarbeitungsanlage im Landkreis Lüchow-Dannenberg stieß nicht auf die von den lokalen Bürgerinitiativen erhoffte Resonanz.

Nach der Reaktorkatastrophe von Tschernobyl konzentrierte sich die wiedererstarkte Anti-AKW-Bewegung in erster Linie auf die geplante Wiederaufarbeitungsanlage in Wackersdorf und die Nuklearbetriebe in Hanau.

3. Umfang, Struktur und Zusammensetzung der Protestgruppen

Die Basis für den Protest gegen das Entsorgungszentrum Gorleben bildete die Bürgerinitiative Umweltschutz Lüchow-Dannenberg. Sie bestand bereits seit 1973. Zum Zeitpunkt der Entscheidung für Gorleben als Standort der geplanten Entsorgungsanlage waren in der Bürgerinitiative etwa 25 Mitgliedern engagiert. Die Mitgliederzahl wuchs bis 1980 auf ca. 400 Personen an, die sich auf sechs Ortsgruppen des Kreises, dem Bezugsraum der Initiative, verteilten.[10]

„Die soziale Zusammensetzung der Bürgerinitiative ist relativ heterogen, obgleich Angehörige der Mittelschicht, darunter Lehrer, Ärzte, Sozialarbeiter, Hausfrauen usw. überwiegen. Wenn auch unterrepräsentiert, finden sich einige Bauern, Handwerker und Rentner unter den Mitgliedern. Der Anteil der Jugendlichen und Studenten dürfte etwa dem der Gesamtbevölkerung entsprechen. Nach eigenen Beobachtungen haben Akademiker und städtisch geprägte Personen ein Übergewicht bei der Diskussion und Meinungsbildung. Hieraus läßt sich allerdings keine klare Differenzierung in einen internen Führungszirkel und eine schweigende Mehrheit ausmachen".[11] Zu diesem Ergebnis kommt Dieter Rucht, der sich ausführlich mit der Struktur der Bewegung auseinandergesetzt hat.

Die BI zählte zu den Gruppen, die sich der Gewaltfreiheit verpflichteten. Immer wieder distanzierte sie sich von militanten Aktionen und Gruppen. Nachdem die überregionale Bedeutung von Gorleben erkannt wurde, wuchs sehr schnell ein dicht geknüpftes Kontaktnetz zu gleichgesinnten Gruppen und Organisationen außerhalb des Landkreises, z.B. der ‚Emigrantengruppe' aus Hamburg und den diversen ‚Freundeskreisen', die sich ab Mitte 1977 in der gesamten BRD bildeten. Neben der BI Umweltschutz Lüchow-Dannenberg und ihren verschiedenen ‚Zweigstellen' auf überregionaler Ebene gab es noch weitere Organisationen, in denen sich gewaltfreie Gegner der Entsorgungsanlage zusammenfanden, so die ‚Bäuerliche Notgemeinschaft', in der sich mehrere hundert Bauern des Kreises engagierten, der Landfrauenverein und eine regionale ‚Atomkritische Ärztegruppe'.[12]

Das geplante Entsorgungszentrum aktivierte jedoch nicht nur gewaltfreien Protest. So sprach ein Bericht des Niedersächsischen Verfassungschutzes, der am 4.6.1980 in der lokalen Elbe-Jeetzel-Zeitung abgedruckt wurde, von „zu beobachtenden Aktivitäten extremistischer Gruppen aus Berlin, Hamburg, Bremen, Nordrhein-Westfalen und Göttingen".[13]

Über die altersmäßige und soziale Zusammensetzung jener Gruppen läßt sich mangels vorliegender Daten nur wenig sagen. Es kann jedoch davon ausgegangen werden, daß es sich hauptsächlich um Jugendliche und junge Erwachsene handelte, die dem links-politischen Spektrum der K-Gruppen, sowie der Sponti- und Autonomenszene zuzurechnen sind.

4. Konfliktdynamik und Eskalation

4.1 Strategien und Aktionen der Protestgruppen

Auf die Benennung Gorlebens als Standort der bundesdeutschen Wiederaufarbeitungsanlage reagierten Teile der Bevölkerung im Landkreis Lüchow-Dannenberg zunächst mit Bestürzung. Erste spontane Proteste folgten. Ohne gradlinige und bestimmte Vorgehensweise befürchteten die diversen Protestgruppen von offizieller Stelle kaum beachtet zu werden. Deshalb wollte man auf verschiedenen Treffen Konzepte des Widerstands ausarbeiten.

Schon frühzeitig beteiligten sich auch Gruppen aus anderen Regionen, vor allem Atomkraftgegner aus den norddeutschen Großstädten an den Aktionen und Strategiediskussionen der einheimischen Bevölkerung. 1977, beim Sommercamp in Gorleben tauchten die ersten Meinungsverschiedenheiten unter den Atomkraftgegnern auf. „Während die Bürgerinitiative und die engagierten Bauern ‚die Bohrungen mit allen rechtlichen und juristischen Mitteln verhindern' "[14] wollten, waren „die in den Großstädten lebenden Atomgegner bereit, weiterführende Aktionen zu machen".[15] Da kein Konsens über die Frage der Widerstandsformen gefunden werden konnte, vertagte man die Diskussion auf ein Arbeitstreffen in Trebel im Januar 1978. Bei diesem Treffen wurde das Konzept dezentraler Aktionen entwikkelt. So fand „am 30.6.78 der erste bundesweit geplante und koordinierte Aktionstag zu Gorleben im Bundesgebiet statt"[16], der u.a. durch den Beginn des Strompreisboykotts in Göttingen und Blockadeaktionen in Hamburg und Berlin gekennzeichnet war.

Nachdem im Herbst 1978 die Physikalisch-Technische Bundesanstalt (PTB) den Antrag auf ca. 100 hydrogeologische Untersuchungen gestellt hatte, wurde das Konzept dezentraler Aktionen weitergeführt. Hierzu zählen „die zweiten nationalen Aktionstage vom 27.10.-29.10. 1978 in Lüchow und die dritten bundesweiten Aktionstage am 19.1.1979 unter dem Motto: ‚Gorleben ist überall' ".[17]

Als am 14.3.79 die erste Probebohrung vorgenommen wurde, kam es überall im Bundesgebiet zu Solidaritätsaktionen. Im Landkreis selbst wurde versucht die Bohrungen durch direkte Blockadeaktionen zu behindern. Der ‚Treck nach Hannover' vom 25.3. bis 31.3.79 wurde zur bis dahin größten Demonstration der Anti-AKW-Bewegung und spiegelte zugleich den weiterhin wachsenden Protest wider.

Im Mai 1979 gab Ministerpräsident Albrecht das geplante Konzept der Wiederaufarbeitungsanlage auf und erklärte, es würde nur ein Endlager gebaut. Der Widerstand wurde dennoch mit Blockaden und einer Großdemonstration am 14.10.1979 in Bonn gegen das Atomprogramm der Bundesregierung fortgesetzt. Da diese Aktionen keinen Erfolg zeigten und im Januar 1980 die zweite Tiefbohrstelle 1002 eingerichtet wurde, trafen sich in Trebel „AKW-Gegner aus dem ganzen Bundesgebiet mit Leuten aus Lüchow-Dannenberg, um über andere Aktionsformen zu beraten".[18] Das Konzept der Platzbesetzung wurde hier ausgearbeitet. Damit trat der mit Protestschreiben begonnene Widerstand in eine neue Phase. Am 3.5.1980 besetzten Atomkraftgegner aus der gesamten BRD die geplante Tiefbohrstelle 1004 ihrem Konzept gemäß friedlich und riefen die ‚Freie Republik Wendland' aus.[19] Nach 33 Tagen wurde mit starkem Polizeiaufgebot das Hüttendorf der Atomgegner, die sich zuvor nach langwierigen Diskussionen auf ausschließlich passiven Widerstand geeinigt hatten, geräumt.

Insgesamt erlahmte der breite Protest in den darauffolgenden Jahren. Die BI und andere Gruppen entwickelten angesichts dessen das „Konzept eines Widerstands, bei dem alle offenen Aktionen so geplant sein müssen, daß sie von großen Teilen der Bevölkerung verstanden und von den aktiven Gegnern im Landkreis mitgetragen werden können."[20] In der Diskussion um die Gewaltfrage bildeten sich jedoch Gegensätze innerhalb der Gegnerschaft, die neue Gruppen mit eigenen Strukturen und Arbeitsbereichen entstehen ließen. Die diversen Gruppen agierten fortan mit ihren verschiedenen Aktionsformen eher nebeneinander als gemeinsam. Die Palette der Protestformen reichte von Gerichtsverfahren über wissenschaftliche Hearings bis hin zu militanten Stör- und Beschädigungsaktionen. Die militanten Gruppen rechtfertigten ihre Vorgehensweise gegen die ‚Atommafia' und ‚das ganze System' mit der Erkenntnis, daß durch Bitten und Proteste nichts zu erreichen sei.[21] Vielmehr wollten sie versuchen ihre Sache selbst in die Hand zu nehmen. Ihr erklärtes Ziel bestand in dem Versuch die Resignation aufzugeben und massenhafte Loyalitätsaufkündigungen gegenüber dem Staat ins Leben zu rufen, „bei der die Angst vor Bestrafung zurücksteht vor dem Willen, die atomare Bedrohung aufzuhalten".[22]

Im Aufruf für die Demonstration am 4.9.1982 treten die Unterschiede zwischen den einzelnen Gruppierungen deutlich zu Tage. Während die BI nur eine Demonstration mit Kundgebung veranstalten wollte, riefen andere Gruppen, die sich unter der Bezeichnung „Republik freies Wendland“ zusammenschlossen, zu einer 24-stündigen Belagerung des Baugeländes auf. Wenn auch für die Belagerung explizit darauf hingewiesen wurde, daß eine „Schlacht mit der Polizei“ nicht gewollt wäre, so weisen doch einzelne Aktionsvorschläge darauf hin, daß man nicht mehr bereit war aus Gründen der Gewaltfreiheit auf bestimmte Aktionsformen zu verzichten.[23] Im Anschluß an die Demonstration kam es dann auch erstmals zu größeren militanten Auseinandersetzungen zwischen Demonstranten und Polizei. Die BI Lüchow-Dannenberg distanzierte sich öffentlich von dem gewalttätigen Protest. Damit schien die Spaltung der Gorleben-Gegnerschaft endgültig vollzogen. Mit Solidaritätsbekundungen für Angeklagte und dem Verweis auf das gemeinsame Ziel wurde der zu erwartende Bruch zu Gunsten des Bemühens um eine geschlossene Opposition verhindert. Dennoch verliefen die weiteren Widerstandsaktionen auf getrennten Wegen. Während die gewaltfreien Organisationen vor allem mit juristischen Mitteln ihr Ziel zu erreichen versuchten, setzten radikale Gruppen weiterhin auf „aktiven Widerstand“ in Form von Blockaden und Sabotageaktionen. Mit der ‚Wendlandblockade‘ Ende April 1984 konnten diese Gruppen noch einmal einen größeren Erfolg für sich verzeichnen. Die erhoffte Solidarisierung der Bevölkerung blieb aber aus. Mit nächtlichen Anschlägen auf die verschiedenen Baustellen und Zulieferfirmen konnte zwar ein erheblicher Schaden angerichtet werden, die Fertigstellung des Zwischenlagers wurde aber nicht verhindert.

Vor allem nach der Reaktorkatastrophe von Tschernobyl nahmen die Anschläge auf Anlagen oder Zulieferer der Atomindustrie im Wendland ebenso wie im übrigen Bundesgebiet noch weiter zu.

4.2 Polizeiliche Vorgehensweise und Reaktionen

Zu Beginn der Auseinandersetzungen verhielt sich die Polizei zurückhaltend. Von gewalttätigen Zusammenstößen mit Demonstranten ist nach unseren Informationen nicht die Rede. Nach der überregionalen Ausweitung des Konflikts begann die Polizeiführung Vorsichtsmaßnahmen zu treffen, die „mit der erwarteten ‚Entscheidungsschlacht‘ um Gorleben begründet“[24] wurden. So hielt die Justizvollzugsanstalt Celle 100 Plätze für etwaige Demonstrationsstraftäter frei. Im Landkreis Lüchow-Dannenberg wurden rund 1.500 niedersächsische Bereitschaftspolizisten und Bundesgrenzschutzbeamte stationiert. Insgesamt erhöhte sich die Polizeipräsenz im Konfliktgebiet beträchtlich. Dies drückte sich in vermehrten Personenüberprüfungen und Autokontrollen aus.

Während der Bauplatzbesetzung im Mai 1980 hielt sich die Polizei im Hintergrund. Von behördlicher Seite wurden die Besetzer lediglich auf ihre Gesetzesübertretungen hingewiesen. Egbert Möcklinghoff, niedersächsischer Innenminister wollte „mit ziemlicher Geduld sowie einer ‚Überzeugungsoffensive‘ (...) bei den ‚utopischen Träumern auf 1004‘ zunächst ‚das Rechtsbewußtsein ins Wanken bringen‘, daß sie legal im Walde weilen, und ‚die noch Einsichtsfähigen‘ von denen trennen, ‚die Gewalt predigen‘ “.[25] Er wies gleichzeitig darauf hin, daß bei Bedarf geräumt werden würde. Dies geschah denn auch nach 33 Tagen der Besetzung. Die Räumung wurde durch ein 3.500 Mann starkes Polizeiaufgebot und unter erheblichen Materialeinsatz durchgeführt. Der Auftrag der Beamten lautete ‚sehr behutsam‘ vorzugehen und Sicherheit und Ruhe vor Schnelligkeit gehen zu lassen. Dennoch kam es zu Übergriffen einzelner Beamter, die im nachhinein von den Protestgruppen kritisiert wurden.

Bei der Gorlebendemonstration vom 4.9.1982 waren neben 1.300 Beamten der Bereitschaftspolizei, der Kriminalpolizei und des Bundesgrenzschutzes, auch eine ‚Strafverfolgungskommission‘ und spezielle Greiftrupps im Einsatz[26], um einen reibungslosen Verlauf der Kundgebung sicherzustellen. Es kam zu Auseinandersetzungen, bei denen die Sicherheitskräfte chemical mace, CN-Gas, Knüppel und Wasserwerfer einsetzten. Der Wasserwerfereinsatz, bei dem auch nicht militante Demonstranten erhebliche Verletzungen davontrugen, löste eine Welle des Protestes aus. Sechs Verletzte erstatteten am 3.12.82 Anzeige wegen ‚Verdachts der Körperverletzung im Amt‘.

1984, als das Zwischenlager in Betrieb gehen sollte, zeigte sich im Kreis Lüchow-Dannenberg die Polizei rund um die Uhr präsent. Kontrollen und Inspektionen von Bauernhöfen und Fahrzeugen wurden durchgeführt. „Die Polizei, so rechtfertigte der Lüneburger Regierungspräsident Klaus Becker die staatlichen Tag- und Nacht-Aktionen, tut ‚nur ihre Pflicht‘. Durch ‚Farbschmierereien‘, ‚Brand- und Sprengstoffanschläge‘ auf Straßen- und Schienenfahrzeuge sei seit 1983 im Kreis ein Schaden von ‚mehr als 2,5 Millionen Mark‘ entstanden. Die Rundum-Observation sei rechtens und ‚unbedingt erforderlich‘ “.[27] Die erhöhte Polizeipräsenz stieß bei großen Teilen der Bevölkerung auf Unverständnis und Ablehnung. So bezeichnete die Lokalzeitung „Das Heimatblatt“ das Vorgehen der Polizei als „DDR-Methoden“.[28]

Auch in Zukunft ist mit einer verstärkten Anwesenheit von Sicherheitskräften zu rechnen. Zur Sicherung des später gelagerten Atommülls wurden im Atommüllzentrum Lüchow-Dannenberg für 1.500 Polizeibeamte Unterkünfte erbaut.

4.3 Politische Antworten

Nach der Wahl des Standorts für das geplante nukleare Entsorgungszentrum, beharrte der niedersächsische Ministerpräsident Albrecht darauf, „eine Teilerrichtungsgenehmigung erst nach einer umfassenden Prüfung des Gesamtkonzepts auszusprechen".[29] Der massive Widerstand veranlaßte Albrecht das Konzept in der vorliegenden Form abzulehnen. In einer 45-minütigen Rede vor dem niedersächsischen Landtag begründete er „das Votum seiner Regierung damit, daß die Wiederaufarbeitung von Atommüll derzeit politisch nicht durchsetzbar sei".[30] An der Planung der Salzstockendlagerung wurde jedoch festgehalten. Damit begab sich die niedersächsische Landesregierung „in einen Konflikt mit der Bundesregierung, welche an der Option einer integrierten Entsorgungsanlage festhielt".[31]

Am 5.3.1980 stimmte der Kreistag Lüchow-Dannenberg dem Wunsch der Landesregierung ein Zwischenlager für abgebrannte Brennelemente zu errichten zu. Zwischen CDU und SPD bestand im Landkreis in bezug auf das geplante End- und Zwischenlager Einigkeit. Im September 1980 organisierten sich Kernkraftgegner in einer ‚Unabhängigen Wählergemeinschaft' (UWG) und erreichten mit 18 % Wählerstimmen 8 Sitze im Kreistag. Bei der SPD, die zu der Kommunalwahl keine eindeutige Aussage zur Entsorgungskonzeption abgab, zeigten sich Auflösungserscheinungen. Viele SPD-Abgeordnete, die das Entsorgungskonzept befürworteten, wanderten zur CDU ab. Als Gegenbewegung dazu erfolgte am 12.11.1981 ein Austritt von 27 Mitgliedern der SPD Lüchow.[32] Sie bildeten die ‚Gruppe 27', die in Form einer lockeren Diskussionsrunde auf öffentlichen Versammlungen informierte und Kontakte zur BI pflegte.

Dem Zwischenlager-Befürworter und Bürgermeister von Gartow Heinz Rathje wurde sowohl von dem damaligen Bundeskanzler Schmidt als auch von Oppositionsführer Kohl durch Besuche der Rücken gestärkt.

Im November 1982 griff Ministerpräsident Albrecht das Thema Wiederaufarbeitungsanlage wieder auf. Er verkündete, daß die Bevölkerungsmehrheit jetzt dafür sei. Neuer Standort sollte nicht mehr Gorleben, sondern das einige Kilometer entfernte Dragahn sein. Die niedersächsische Landesregierung hoffte, „‚daß Niedersachsen und die Bundesrepublik (mit der ‚Dreiheit' von Wiederaufarbeitungsanlage, Zwischen- und Endlager) auf dem Gebiet führend werden' (würde), so Albrechts Finanzminister Burkhard Ritz".[33] Diese Hoffnung erfüllte sich jedoch nicht, da nicht Dragahn, sondern Wackersdorf in der Oberpfalz von der DWK als Standort der Wiederaufarbeitungsanlage gewählt wurde.

5. Erfolg, Mißerfolg und Enttäuschungsverarbeitung

Nachdem Gorleben als Standort für das Entsorgungzentrum bekannt geworden war, gelang es lokalen Gruppen binnen kürzester Zeit Widerstand zu organisieren. Nach diversen Informationsveranstaltungen und Aufklärungsarbeit in der Bevölkerung, konnte bereits nach drei Wochen die erste Großkundgebung mit 15.000 Teilnehmern durchgeführt werden. Immer weitere Bevölkerungskreise wurden vor allem durch die BI Umweltschutz Lüchow-Dannenberg angesprochen und solidarisierten sich mit ihren Zielen. Der Protest gegen die geplante Anlage konnte mit öffentlichkeitswirksamen Aktionen auf eine überregionale Basis gestellt werden. Die Folgen dieser Öffentlichkeitsarbeit waren Demonstrationen, die bisweilen über 100.000 Personen zählten.

Den ersten durchschlagenden Erfolg für die Bewegung bedeutete die Absage des Ministerpräsidenten Ernst Albrecht an das Konzept der Wiederaufbereitungsanlage im Mai 1979. Vor allem das Zugeständnis, daß eine Wiederaufarbeitungsanlage politisch nicht durchsetzbar sei, wurde vielfach von den Bürgerinitiativen als Beweis für die Erfolgschancen von außerparlamentarischen Protestaktionen sowohl in Niedersachsen, als auch an anderen Standorten angesehen.

Die Absage an eine Wiederaufarbeitungsanlage bedeutete jedoch nur einen Teilerfolg für die Atomkraftgegner, da an den Planungen für ein Endlager für Atommüll festgehalten wurde. Desweiteren wurde der Bau eines Zwischenlagers in die Konzeption eingebracht.

Die Protestbewegung hatte auch mit internen Problemen zu kämpfen, die vor allem die Frage der Gewalt betrafen. Während man sich bei der Räumung der ‚Freien Republik Wendland' noch auf ein gewaltloses Verhalten einigen konnte, schien eine Spaltung der Bewegung nach der Demonstration vom 4.9.1982 vollzogen. Eine endgültige Zersplitterung der Gegner konnte durch langwierige interne Diskussionen verhindert werden. Man einigte sich darauf die Vielfalt von Aktionen der Einheit um jeden Preis vorzuziehen. Von nun an versuchten die verschiedenen Gruppen jeweils auf ihrem Wege Widerstand zu leisten. Aber weder die eingesetzten politischen und juristischen Mittel noch militante Gewalt konnten den Bau des Zwischenlagers verhindern.

6. Schlußfolgerungen zur Divergenz der Perspektiven in der Thematisierung des Konflikts

Die am Konflikt beteiligten Parteien argumentierten aus verschiedenen Blickwinkeln. Die Bundesregierung sah die Notwendigkeit eines nuklearen Entsorgungskonzepts aus atomrechtlichen Überlegungen gegeben. Die gesamte bundesrepublikanische Atomwirtschaft war, zumindest indirekt, von dem Bau einer Entsorgungsanlage abhängig. Verträge mit ausländischen Entsorgungsfirmen liefen aus und auf eine Verlängerung konnte nicht in jedem Fall gehofft werden.

Für den Kreistag der Region schienen vor allem wirtschaftliche Gründe für die Zustimmung zum angestrebten Projekt ausschlaggebend zu sein. Im strukturschwachen Wendland, das hauptsächlich von Bedarfszuweisungen des Staates lebte, sollte mit Hilfe der Atomindustrie ein Stück Unabhängigkeit erworben werden. Höhere Steuereinnahmen und eine verbesserte Infrastruktur wurden ebenso erwartet wie neue Arbeitsplätze. Diese sollten junge Arbeitnehmer an den Kreis binden und die Arbeitslosenquote senken.

Der lokale Widerstand erwuchs hingegen aus der „Sorge um Leben und Gesundheit, um den Erhalt der wirtschaftlichen Existenz und der gewachsenen Struktur des Landkreises".[34] Auch die Art und Weise der Durchsetzung des Projekts erzeugte Proteste im regionalen Bereich. Außerlokale Anti-AKW-Gruppen wiesen desweiteren auf die Gefahr eines sich aufbauenden Polizei- und Atomstaates hin.

In der unterschiedlichen Thematisierung des Konflikts spiegeln sich diese divergierenden Sichtweisen wider. Unterschiede in den Wertvorstellungen der Parteien sind ebenso erkennbar wie Diskrepanzen, die sich im Zusammenhang mit der Wahl der Mittel zur Austragung der Auseinandersetzung zeigen.

Anmerkungen

1) Vgl. hierzu: NATURWISSENSCHAFTLERGRUPPE NG350-MARBURG und GRUPPE ÖKOLOGIE-HANNOVER: Bericht Wiederaufarbeitung 1, Darstellung und kritische Wertung der Technologie, Sicherheit und energiepolitischen Bedeutung der Wiederaufarbeitung, Marburg 1982 , S. 1-4
2) Der Landkreises Lüchow-Dannenberg wird von seinen Bewohnern auch als Wendland bezeichnet. Im folgenden Bericht werden beide Bezeichnungen verwendet werden.
3) Vgl. RUCHT, D.: Von Wyhl nach Gorleben: Bürger gegen Atomprogramm und nukleare Entsorgung, München 1980, S. 112
4) DER SPIEGEL, Nr. 2/82, S. 36
5) Vgl. JUNGK, R.: Der Atomstaat, München 1977
6) TAZ-JOURNAL No.1, Ökologie, S. 31
7) ATOMMÜLLZEITUNG, Sonderausgabe 4. September, 1982, S. 12
8) ebenda, S. 12
9) Vgl. BERICHT WIEDERAUFARBEITUNG, a.a.O., S. 3
10) Vgl. RUCHT, D.: S. 115
11) ebenda, S. 116
12) Vgl. DER SPIEGEL, Nr.23/80, S. 61
13) RUCHT, D. a.a.O., S. 141
14) DIE TAGESZEITUNG-BERLIN/GORLEBEN-DOKUMENTATION, Nr. 306 vom 21.6.1980, S. 6

15) ebenda, S. 6
16) ebenda, S. 6
17) ebenda, S. 6
18) ebenda, S. 7
19) Vgl. ebenda, S. 7
20) ATOMMÜLLZEITUNG, Sonderausgabe 4. September 1982, S. 13
21) Vgl. ATOMEXPRESS, Nov./Dez. 1982, S. 11
22) ebenda, S. 10
23) Vgl. ATOMMÜLLZEITUNG, Sonderausgabe 4. September 1982 S. 16
24) ATOMMÜLLZEITUNG, Nr. 22, Febr. 1983, S. 31
25) DER SPIEGEL, Nr. 23/80, S. 61
26) Vgl. ATOMMÜLLZEITUNG, Nr. 21, Nov. 1982, S. 30
27) DER SPIEGEL, Nr. 29/84, S. 54
28) ebenda, S. 54
29) RUCHT, D., a.a.O., S. 102
30) TAZ-JOURNAL, Nr. 1, Ökologie, S. 44
31) RUCHT, D., a.a.O., S. 102
32) ATOMMÜLLZEITUNG, Nr. 18, März 1982, S. 13
33) DER SPIEGEL, Nr.12/84, S. 116
34) RUCHT, D., a.a.O., S. 144

Literaturverzeichnis

ATOMEXPRESS, Nov./Dez. 1982

ATOMMÜLLZEITUNG
- Nr.18, März 1982, Sonderausgabe 4. September, 1982
- Nr.1, November 1982
- Nr. 22, Februar 1983

JUNGK, R., Der Atomstaat, München 1977

RUCHT, D., Von Wyhl nach Gorleben, München 1980

NATURWISSENSCHAFTLERGRUPPE NG350-MARBURG und GRUPPE ÖKOLOGIE-HANNOVER: Bericht Wiederaufarbeitung 1, Darstellung und kritische Wertung der Technologie, Sicherheit und energiepolitischen Bedeutung der Wiederaufarbeitung, Marburg 1982

DER SPIEGEL
- 12/84, S.116 f, „Wind im Wendland“
- 36/84, S. 54 f, „Der Knackepunkt“
- 2/82, S. 36 f, „Gorleben ist noch lange nicht zu Ende“
- 23/80, S. 60 ff, „Gorleben: Am Tag X wird geräumt“

DIE TAGESZEITUNG, 21.6.80, 25. Woche, 3. Jahrgang, „Gorleben-Dokumentation“

TAZ-JOURNAL Nr. 1 – Ökologie, S. 28-64

17. Verlaufsstudie: Wackersdorf, BRD 1980-86

1. Chronologie der Ereignisse

Im Frühjahr 1980 erklären sich die Ministerpräsidenten von Bayern, Hessen und Rheinland-Pfalz bereit, innerhalb ihrer Bundesländer nach geeigneten Standorten für eine Wiederaufarbeitungsanlage (WAA) zu suchen. Anfang 1982 beantragt die Deutsche Gesellschaft für Wiederaufarbeitung von Kernbrennstoffen (DWK) in diesen drei Bundesländern den Bau einer WAA und benennt dazu jeweils einen Standort für die Anlagen. Einer dieser Standorte ist Wackersdorf, in der Nähe der bayrischen Kreisstadt Schwandorf. In Schwandorf hatte sich schon Ende 1981 eine Bürgerinitiative (BI) gegründet, nachdem Gerüchte über eine geplante WAA in Wackersdorf bekannt wurden. Mit Kundgebungen und Informationsveranstaltungen versuchte die ‚BI gegen die Errichtung einer atomaren Wiederaufbereitungsanlage' die Bevölkerung über die Gefahren einer WAA zu informieren.

Die erste überregionale Großveranstaltung findet am 27.3.1982 mit mehr als 15.000 Teilnehmer in Schwandorf statt. Eine weitere Großdemonstration mit rund 10.000 Teilnehmern wurde am 4.9.1982 in Regensburg durchgeführt. An diesem Tag finden auch Demonstrationen an den WAA-Standorten in Hessen, und Rheinland-Pfalz und am Zwischenlager in Gorleben statt. Während es in Gorleben zu Auseinandersetzungen zwischen Demonstranten und der Polizei kommt, verlaufen die anderen Demonstrationen friedlich.

Bis zu der endgültigen Entscheidung der DWK für den WAA-Standort Wackersdorf im Sommer 1985, konzentriert sich die BI Schwandorf vor allem auf die juristischen Einflußmöglichkeiten gegen die geplante WAA. Größere Demonstrationen finden in dieser Zeit nicht statt.

Am 15.8.1985 besetzen Demonstranten den Bauplatz in Wackersdorf. Die Räumung durch Bereitschaftspolizei und Sondereinsatzkommandos (SEKs) erfolgt noch am gleichen Tag.

Am 12.10.1985 beteiligen sich rund 50.000 Menschen an einer Großdemonstration in München gegen die geplante WAA.

Drei Tage nach Rodungsbeginn, am 14.12.1985, versammeln sich rund 40.000 Demonstranten auf dem Baugelände in Wackersdorf. Im Anschluß an eine Kundgebung beginnen Teilnehmer mit dem Bau eines Hüttendorfes auf dem Gelände der geplanten WAA. Am 16.12.1985 wird das Hüttendorf von mehreren tausend Polizisten geräumt. Die Räumung verläuft ohne Zwischenfälle. 869 „Bewohner" des Hüttendorfes werden von der Polizei erkennungsdienstlich behandelt und vorübergehend festgenommen. Fünf Tage später, am 21.12.85, errichten Demonstranten ein zweites Hüttendorf. Dieses Hüttendorf bleibt für mehr als zwei Wochen bestehen. In dieser Zeit besuchen zahlreiche Menschen aus der Region die „Republik freies Wackerland", so die Bezeichnung der Bewohner für ihr Hüttendorf, und versorgen die Bewohner mit Nahrungsmitteln.

Am 7.1.1986 wird dieses zweite Hüttendorf durch mehr als 5.000 Polizisten geräumt. Auch bei dieser Räumung leisten die 2.000 Platzbesetzer nur passiven Widerstand. 734 Demonstranten werden vorübergehend festgenommen.

Nach der Räumung des Hüttendorfes gehen die Rodungsarbeiten weiter. Die Betreiber errichten um die gesamte Baustelle einen Stahlgitterzaun. In der Folgezeit kommt es an diesem Sicherheitszaun immer wieder zu Auseinandersetzungen zwischen Polizei und Demonstranten.

Zu den bis dahin heftigsten Auseinandersetzungen kommt es während des Ostermarsches 1986. Zu dieser Demonstration hatten Vertreter der bayrischen Friedensinitiativen und der BIs gegen Atomanlagen aufgerufen. Schon im Vorfeld der Demonstration ging die bayrische Landesregierung davon aus, daß es bei dem Ostermarsch zu gewalttätigen Auseinandersetzungen kommen würde. Zwei Tage vor der Demonstration werden 279 WAA-Gegner in einem Zeltlager in der Nähe von Wackersdorf festgenommen. Ihnen wird Landfriedensbruch und schwere Körperverletzung vorgeworfen.

Am Ostermontag beteiligen sich rund 80.000 Menschen an der Kundgebung in der Nähe des Bauzaunes. Im Verlauf dieser Kundgebung kommt es zu schweren Auseinandersetzungen zwischen der Polizei und den Atomkraftgegnern. Die Polizei setzt erstmals in der Geschichte der BRD den Reizstoff CS-Gas ein. Zahlreiche Verletzungen bei Demonstranten und der Polizei sind die Folgen dieser Krawalle. Ein Demonstrant stirbt an den Folgen eines Asthmaanfalls.

Auch nach den schweren Ausschreitungen vom Osterwochenende und insbesondere nach der Reaktorkatastrophe in Tschernobyl am 26.4.1986 gehen die Auseinandersetzungen zwischen Demonstranten und Polizei weiter.

Zu den bislang blutigsten Ausschreitungen kommt es am Pfingstwochenende 1986. Rund 20.000 Menschen versammeln sich am Baugelände im Taxöldener Forst. Unter ihnen sind ca. 800-1.000 militante Kernkraftgegner, die mit Steinschleudern, Stahlkugeln, Molotowcocktails und einem Bagger gegen den Bauzaun vorgehen. Die Polizei setzt Wasserwerfer mit CS-Gas und CN-Gas ein, kann jedoch die Situation nicht unter Kontrolle bringen. Bilanz der dreitägigen Auseinandersetzungen: Mehr als 300 zum Teil schwer Verletzte, mehrere 100.000 DM Sachschaden, 16 Festnahmen durch die Polizei.

Eine für den 7.6.1986 geplante Demonstration wird aufgrund der erwarteten Ausschreitungen gerichtlich verboten. Dennoch finden sich etwa 20.000 WAA-Gegner am Bauzaun ein. Es kommt erneut zu blutigen Zusammenstößen zwischen radikalen Demonstranten und den 3.300 eingesetzten Polizeibeamten. Auch bei dieser Demonstration werden über 300 Menschen verletzt. 40 Personen werden von der Polizei festgenommen.

Eine für Juli 1986 am Bauzaun in Wackersdorf geplante Solidaritätsveranstaltung bekannter deutscher Rockstars zugunsten der BIs gegen die WAA wird mit Verweis auf die militanten Auseinandersetzungen der jüngsten Zeit von den Genehmigungsbehörden verboten. Eine Genehmigung für eine Veranstaltung in Burglangenfeld, ca. 20 km von Wackersdorf entfernt, wird erst nach mehreren Gerichtsverfahren erreicht. Das sogenannte ‚WAAhnsinnsfestival‘ wird zum größten Rockfestival in der bundesdeutschen Musikgeschichte. Rock- und Popstars aus der ganzen BRD spielen ohne Gage vor rund 100.000 Fans und AKW-Gegnern. Entgegen behördlicher Bedenken verläuft die zweitägige ‚Widerstandsaktion‘ friedlich. Nur wenige Demonstranten fahren zu der von starken Polizeikräften abgesicherten Baustelle.

Das „WAAhnsinnsfestival“ stellt vorerst die letzte bundesweitorganisierte Großdemonstration in Wackersdorf dar. Dennoch finden fast jeden Sonntag sogenannte „Waldspaziergänge“ zum Bauzaun statt. Bei diesen Demonstrationen kam es auch wiederholt zu Auseinandersetzungen zwischen Demonstranten und der Polizei. Weitere Aktionen bildeten die Blokkadeversuche im Herbst 1986 und ein erneuter Ostermarsch im April 1987.

2. Hintergründe und soziale Bedingungen des Konflikts

Durch die von der Bundesregierung im Juni 1977 erlassenen „Grundsätze zur Entsorgungsvorsorge für Kernkraftwerke“, war für die Betreiber von

Atomkraftwerken die Zwangslage entstanden, daß eine WAA bis Ende der 80er Jahre errichtet werden mußte. Nach der Absage des niedersächsischen Ministerpräsidenten an eine WAA revidierte die Bundesregierung 1980 die ‚Grundsätze zur Entsorgung' dahingehend, daß einer vorübergehenden Lagerung von abgebrannten Brennstäben in den geplanten Zwischenlager und Kompaktlager ein größerer Stellenwert beigemessen wurde.[1] Für die Betreiber von Kernkraftwerken bedeutete dies, daß sie für den Bau einer WAA einen größeren Zeitraum zur Verfügung haben würden, als dies ursprünglich der Fall war.

1982 beantragte die DWK zunächst in den Bundesländern Hessen, Rheinland-Pfalz und Bayern und später auch in Niedersachsen den Bau einer WAA mit einem Jahresdurchsatz von 350t. Die Anträge für die Anlagen in Hessen und Rheinland-Pfalz zog sie noch im gleichen Jahr zurück, nachdem sich herausstellte, daß in diesen Bundesländern die Bevölkerung an den jeweiligen Standorten und vor allem auch die Eigentumslage bei dem benötigten Baugelände einer schnellen Realisierung im Wege standen.

Anders dagegen in Bayern. Für die Auswahl des Standortes in Wakkersdorf in der Oberpfalz sprachen nach den Meinungen der Kernkraftkritiker eine Reihe von sozialen, politischen und wirtschaftlichen Faktoren.[2] Schwandorf, eine Kreisstadt mit ca. 30.000 Einwohner liegt in der strukturschwachen mittleren Oberpfalz. Die Region ist relativ dünn besiedelt und zählt zu den Gebieten mit der höchsten Arbeitslosenquote in Bayern. Die wirtschaftliche Entwicklung ließ zum Zeitpunkt der Standortbenennung ein weiteres Anwachsen der Arbeitslosenzahl erwarten. So ging man 1981 in der Region davon aus, daß die bayrische Braunkohleindustrie (BBI) in Wakkersdorf 1982 ihren Betrieb einstellen würde. Ebenso war zu erwarten, daß andere Industriebetriebe, wie Triumpf-Adler, Bayernwerk und das Stahlwerk ‚Maxhütte' ihre Beschäftigtenzahl weiter abbauen würden. Vor dem Hintergrund der Arbeitsplatzentwicklung hoffte nach Meinung der Atomkraftgeger die bayrische Landesregierung und die DWK, daß die Ansiedlung einer industriellen Großanlage wie der WAA mit 1.800 Arbeitsplätzen bei der Bevölkerung auf Zustimmung stoßen würde, zumal ein Großteil der Arbeitslosen zu einem „industriell gut vorgebildeten Arbeiterstamm" gehöre, bei dem die „Bereitschaft ... eine solche Anlage zu aktzeptieren größer sei als in rein ländlich strukturierten Gegenden."[3]

Für die Standortwahl Wackersdorf sprach nach Meinung von Kernkraftgegnern auch, daß das Land Bayern der DWK das für den Bau einer WAA benötigte Gelände ohne langwierige Enteignungsverfahren zu einem günstigen Preis zu Verfügung stellen konnte. Darüber hinaus erklärte sich die bayrische Landesregierung bereit, Infrastrukturmaßnahmen wie Gleisanschluß, Straßenbau usw. für die geplante WAA in die Wege zu leiten.

In den „stabile(n) politischen Verhältnissen"[4] in Bayern sehen Kernkraftgegner ein weiteres wichtiges Kriterium, daß möglicherweise auch bei der späteren Entscheidung zwischen Wackersdorf und Dragahn zugunsten einer WAA in Wackersdorf eine Rolle gespielt haben kann. Die absolute Mehrheit der CSU im bayrischen Landtag scheint auf lange Sicht nicht gefährdet, während in Niedersachsen die knappe Mehrheit von CDU bzw. CDU/FDP möglicherweise von einer Mehrheit von SPD und Grüne abgelöst werden könnte.

Dennoch scheint es so, daß die DWK und die Landesregierung die Akzeptanz einer WAA bei der Bevölkerung überschätzt habe. Seit der Standortbenennung hat die Zahl der WAA-Gegner stetig zugenommen. Die Ablehnung großer Teile der Bevölkerung basiert vor allem auf den möglichen Gefahren einer nuklearen Verseuchung der Region sowohl im ‚Normalbetrieb' als auch nach einem von den Gegnern für möglich erachteten Störfall. Die Angst vor radioaktiver Verseuchung hat sich nach der Reaktorkatastrophe von Tschernobyl weiter verstärkt.

Als weitere Gründe gegen die WAA führen die Gegner, ähnlich wie auch bei früheren Planungsvorhaben in Gorleben, die mit einer ‚Plutoniumswirtschaft' verbundenen Sicherheitsprobleme an. Der Weg in den Überwachungsstaat oder wie der Heidelberger Verfassungrechtler Alexander Roßnagel formulierte, der „radioaktive Zerfall der Grundrechte"[5] werden als zwangsläufige Folgen einer WAA angesehen.

Die mögliche militärische Nutzung von Plutonium aus einer WAA zum Bau von Atombomben wurde von den Gegnern ebenfalls häufig als Argument gegen eine WAA verwendet. Diese Verbindung von ziviler und militärischer Nutzung bildet auch den Hintergrund für gemeinsame Aktionen von Friedens- und Ökologiebewegung gegen die WAA.

Anders als bei dem geplanten Entsorgungszentrum in Gorleben gelang es den BIs in Wackersdorf zunächst nicht, die geplante WAA zum Symbol des Widerstands gegen die Atomenergie zu machen. Vorurteile gegen die konservative Bevölkerung in Bayern ließen viele Atomkraftgegner aus anderen Bundesländern zunächst abwarten. Erst nachdem Wackersdorf als einziger Standort für eine WAA übrig geblieben war, konnten auch Atomkraftgegner außerhalb Bayerns in stärkerem Maße für Aktionen mobilisiert werden. Dies zeigte eine Großdemonstration in München im Oktober 1985, an der rund 50.000 AKW-Gegner aus der ganzen Bundesrepublik teilnahmen, oder die Bauplatzbesetzungen im Dezember 1985 und die Demonstrationen zu Ostern und Pfingsten 1986. Die WAA in Wackersdorf wurde zu einem zentralen Aktionsschwerpunkt der Anti-AKW-Bewegung. So heißt es in einer Sonderausgabe der ‚Atom' zur Bundeskonferenz der Anti-AKW-Bewegung in Nürnberg im Januar 1987: „Die WAA in Wackersdorf ist das gefährlichste und gleichzeitig umstrittenste Atomprojekt in der BRD" und weiter „...kein Projekt eignet sich besser, um die internationalen Proteste gegen den Bonner Atomkurs mit dem Widerstand der Anti-AKW-Bewegung sowie der Friedensbewegung an einem Ort und zu einem Zeitpunkt zusammenzubringen".[6]

3. Umfang, Struktur und Zusammensetzung der Protestgruppen

Im Oktober 1981 wurde im Landkreis Schwandorf die ‚Bürgerinitiative gegen die Errichtung einer atomaren Wiederaufarbeitungsanlage' gegründet. Im Mai 1982, wenige Monate nach der offiziellen Standortbekanntgabe, zählte die BI bereits über 2.500 Mitglieder.[7] In der Umgebung von Schwandorf bildeten sich zahlreiche Ortsgruppen der BI Schwandorf, oder auch Initiativen auf eigenständiger Basis. Alle diese Initiativen schlossen sich im Sommer 1982 in einem Dachverband oberpfälzischer BIs zusammen, der mehr als 10.000 Mitglieder umfasste.[8]

Über die Mitgliederstruktur der BI Schwandorf lassen sich aufgrund der Datenlage keine eindeutigen Aussagen treffen. Man kann aber davon ausgehen, daß zu Beginn der Auseinandersetzungen um die WAA die bürgerlichen Kräfte überwogen haben. Dafür sprechen zum einen die Doppelmitgliedschaften einzelner Mitglieder in CSU und BI, bzw. in SPD und BI und zum anderen die Angst vor den „Chaoten aus den Städten", wie sie von Mitgliedern der BI als Bedenken gegen eine überregionale Demonstration im März 1982 vorgetragen wurde.[9] Die BIs in den nahegelegenen Städten Regensburg und Nürnberg setzten sich dagegen in erster Linie aus dem universitären Umfeld zusammen.

Im Laufe der Auseinandersetzungen konnten die BIs ihre Mitgliederzahl noch weiter ausbauen. Es gelang den BIs auch, schon bestehende Verbände wie den bayrischen Bund Naturschutz, verschiedene Fremdenverkehrvereine aus der Oberpfalz, den Landesverband der Grünen, den CSU-Ortsverband Schwandorf sowie mehrere Einzelgewerkschaften zur Unterstützung bei verschiedenen Aktionen zu gewinnen.

Die überregionalen bzw. bundesweiten Aktionen wurden in erster Linie durch Mitglieder der verschiedenen großstädtischen Anti-AKW-Gruppen getragen. Seit Sommer 1985 beteiligen sich zunehmend militante Atomkraftgegner, die sich selbst als „Autonome" bezeichnen, an den Auseinandersetzungen um die WAA. Vertreter der Bereitschaftspolizei schätzten, daß etwa „1.000 äußerst militante Chaoten" an den gewalttätigen Ausschreitungen während der Pfingstfeiertage beteiligt gewesen waren.[10] Insgesamt wird die bundesdeutsche Autonomenszene und ihr Umfeld auf mehrere tausend Mitglieder geschätzt. Sie setzt sich nach Aussagen des SPIEGELs aus „anpolitisierten Gymnasiasten, (...) angegrauten 68er wie frustrierte(n) Friedensfreunde(n), jugendliche(n) Alkoholiker(n) und arbeitslose(n) Drop-outs" zusammen.[11]

Inwieweit die Reaktorkatastrophe von Tschernobyl und die militanten Auseinandersetzungen um die WAA während des Jahres 1986 zu einer Veränderung im Umfang, Struktur und Zusammensetzung der Protestgruppen geführt hat, kann nicht beurteilt werden. Mitglieder der BIs gehen aber davon aus, daß seit Mai 1986 die Zahl der WAA-Gegner in der Region Oberpfalz um 30 % gestiegen ist und daß sich immer mehr Menschen aktiv am Widerstand beteiligen.

4. Konfliktdynamik und Eskalation

4.1. Strategien und Aktionen der Protestgruppen

Im Laufe der Entwicklung haben sich die unterschiedlichsten Gruppen und Verbände im Kampf gegen die WAA zusammengefunden. Ebenso unterschiedlich sind ihre Strategien, Zielsetzungen und Aktionen. Parteiverbände, Naturschutzvereinigungen und die oberpfälzischen BIs versuchten auf juristischen und politischen Wegen den Bau der WAA zu verhindern. Mit Informationsveranstaltungen, Gutachten und Demonstrationen oder einer Menschenkette um das geplante Baugelände wollten sie gewaltlos auf die Gefahren einer solchen Anlage aufmerksam machen und den Ausstieg aus der Atomwirtschaft propagieren. Zur Koordinierung der verschiedenen Aktionen wurde in Schwandorf ein „Anti-WAA-Büro" eingerichtet.

Schon zu Beginn der Auseinandersetzungen um die WAA gab es bei den örtlichen BIs Vorbehalte und Ängste wegen der möglichen Teilnahme von „fremden Chaoten" aus den Großstädten an Aktionen gegen die WAA. Man befürchtete, daß diese Gruppen die gewaltfreien Aktionsformen der Oberpfälzer unterlaufen könnten.

Mit der Errichtung des Sommerlagers 1985, an dem sich Kernkraftgegner aus dem gesamten Bundesgebiet beteiligten, sollten die Berührungsängste zwischen den einheimischen und den auswärtigen Atomkraftgegnern abgebaut werden. Punker und Autonome verteilten Flugblätter in den Dörfern in der Umgebung von Wackersdorf und versicherten darin, daß sie sich an die Widerstandskonzepte der BIs halten wollten.[12]

An der ersten Bauplatzbesetzung im August 1985 beteiligten sich trotz dieser Versuche, die einheimische Bevölkerung in ein gemeinsames Widerstandskonzept zu integrieren, nur wenige Menschen aus der näheren Umgebung. Das „brutale Vorgehen" der Polizei einerseits und der „passive" Widerstand der Demonstranten andererseits, führte bei Teilen der Bevölkerung zu Sympathiebekundungen für die Platzbesetzer.

Die Erfahrungen aus dieser Aktion bildete nach Meinung von Kernkraftgegnern eine wichtige Voraussetzung für die Mobilisierung der örtlichen Bevölkerung für die Bauplatzbesetzungen im Dezember 1985.[13]

Die Unterstützung der einheimischen Bevölkerung bei den Bauplatzbesetzungen und dem Bau der Hüttendörfer drückte sich entweder direkt durch die Präsenz auf dem Baugelände aus oder indirekt durch die Unterstützung der ‚Bewohner' des Hüttendorfes mit Baumaterialien und Lebensmitteln.

Bei den Räumungen der Hüttendörfer im Dezember 1985 und Januar 1986 leisteten die Atomkraftgegner nach eigenen Angaben keinen Widerstand, während es wiederholt zu Übergriffen der Polizei gekommen sein soll. Die Erfahrungen aus der Räumung und aus der 18tägigen Besetzung des Baugeländes, hat nach Einschätzung von AKW-Gegnern eine „Solidarisierungs- und Sympathisierungswelle in der einheimischen Bevölkerung ausgelöst".[14]

Die mehr als 1.500 Festnahmen nach den beiden Räumungen führten zu einer Erweiterung der Widerstandsthemen. Nicht nur der Widerstand am Baugelände, sondern auch der Widerstand gegen die Kriminalisierung von Atomkraftgegnern wurde als Widerstand gegen die WAA definiert, da man in der „Kriminalisierung der WAA-Gegner (...) ein Instrument zur gewaltsamen Durchsetzung der WAA" sah.[15]

Nach der Räumung des Hüttendorfes im Januar 1986 versuchten die WAA-Gegner ihren Protest gegen die Rodungsarbeiten und den Bau des Sicherheitszaunes in wöchentlichen „Sonntagsspaziergängen" zum Ausdruck zu bringen. An diesen Aktionen beteiligten sich häufig mehrere Tausend Menschen. Die Form des Widerstandes erreichte bei diesen Aktionen eine neue Qualität. Vor allem Atomkraftgegner aus der Autonomen-Szene waren nicht mehr bereit sich ausnahmslos auf passive Widerstandsaktionen einzulassen. Sabotageaktionen gegen Zulieferfirmen aber vor allem Zerstörungen am Bauzaun und Auseinandersetzungen mit der Polizei, prägten zunehmend den Alltag in der Region um die geplante WAA. Einen vorläufigen Höhepunkt bildeten dann die Auseinandersetzungen während des Ostermarsches 1986. Mehrere Tausend, meist vermummte Atomkraftgegner gingen mit Steinen, Schleudern und Molotowcocktails gegen den Zaun und die Polizeikräfte vor.

Nach der Reaktorkatastrophe von Tschernobyl nahm die Protestbereitschaft in der Region Oberpfalz noch weiter zu. Zwischen 10.000 und 20.000 Atomkraftgegner versammelten sich an den ersten Wochenenden nach dem Unfall an dem Baugelände. Diese „Sonntagsspaziergänge" waren häufig durch gewalttätige Auseinandersetzungen zwischen Demonstranten und der Polizei gekennzeichnet.

Ihren vorläufigen Höhepunkt erreichten diese gewalttätigen Proteste am Pfingstwochenende 1986. Anders als bei früheren Krawallen, beteiligten sich an diesen Auseinandersetzungen nicht nur Mitglieder der Autonomen, sondern auch ‚Normalbürger' aus der Region. So konnte beobachtet werden, daß Oberpfälzer Bürger mit Steinen warfen, oder Steine für andere militante Demonstationsteilnehmer sammelten, oder daß sie Baumaschinen beschädigten und Beschädigungen am Zaun mit Beifall und Gelächter begrüßten.[16]

Die gewalttätigen Auseinandersetzungen am Baugelände führten innerhalb der BIs zu heftigen Kontroversen über die weiteren Widerstandsformen. Distanzierungen von militanten AKW-Gegnern fanden aber nicht statt.

Mitglieder militanter Gruppen verlagerten ihre Aktivitäten nach den Pfingstkrawallen zunehmend auf für sie weniger riskante Aktionen. „Statt am Bauzaun, direkt vor Videokameras und Wasserwerfern zu agieren, verlegen sie sich auf Sabotageakte ins Hinterland (...)".[17] Sie versuchen auf diese Art und Weise Energiekonzerne, Kraftwerksbauer und deren Zulieferer zu treffen.

Diese Strategie ist allerdings innerhalb der Anti-AKW Bewegung umstritten. Die Bereitschaft „Gewalt gegen Sachen" als Aktionsform zu akzeptieren, hat nach der Reaktorkatastrophe von Tschernobyl auch bei bis dahin friedlichen AKW-Gegnern zugenommen.

4.2 Polizeiliche Vorgehensweise und Reaktion

Bis zum Sommer 1985 blieb die Polizei bei den verschiedenen Aktionen gegen die WAA zumeist im Hintergrund. Die Beamten beschränkten sich in erster Linie auf Verkehrskontrollen und Verkehrsregulierungen.

Nach der Entscheidung der DWK für den WAA Standort Wackersdorf im Sommer 1985 verstärkte die Polizei ihre Präsenz in der Region. Ständige ‚Waldspaziergänge' am Gelände der geplanten WAA durch Mitglieder der BIs veranlaßten die Polizei zu verstärkten Kontrollmaßnahmen. „(...) selbst Kontrollen von Pilz- und Blaubeerensammlern durch Bereitschaftspolizei sind an der Tagesordnung."[18] Die Bevölkerung in der Region reagierte auf die zahlreichen Kontrollen zunächst noch gelassen.

Das Vorgehen der Polizei bei der Räumung der ersten Bauplatzbesetzung im August 1985 und bei der Räumungen im Dezember 1985 und im Januar 1986 stieß dagegen bei vielen Bewohnern in der Region auf Empörung. Bei diesen Räumungen waren jeweils mehrere Tausend Bereitschaftspolizisten sowie SEKs und Grenzschutzeinheiten im Einsatz. Obwohl die Demonstranten ihren eigenen Angaben nach nur passiven Widerstand leisteten, kam es wiederholt zu Schlagstock- und Tränengaseinsatz. Insgesamt wurden über 1.500 Demonstranten vorübergehend festgenommen. Vertreter von BIs gehen davon aus, daß die Polizei sich bei diesen Festnahmen in erster Linie auf Personen konzentrierte, die nicht aus der Region stammten, um so eine „Spaltung des Widerstandes“ herbeizuführen.[19]

Das Verhalten der Polzei führte bei vielen Einheimischen zu Sympathiebekundungen mit den auswärtigen Atomkraftgegnern und verstärkte auch die Bereitschaft zum weiteren Protest. „Die massiven und unverhältnismäßigen Polizeieinsätze haben sehr dazu beigetragen, daß so manchem Oberpfälzer die Augen aufgingen.“[20]

Mit dem Beginn der Baumaßnahmen nahmen die Polizeikontrollen weiter zu. Vor allem im Vorfeld des Ostermarsches 1986 wurden mehrere Wohnungen und Scheunen durchsucht, die von Oberpfälzern Bürgern für auswärtige WAA-Gegner als Unterkunft zur Verfügung gestellt worden waren. Am Karfreitag wurden 240 ‚Bewohner‘ eines Zeltlagers festgenommen und zwei Tage in verschiedenen bayrischen Haftanstalten festgehalten. Diese Maßnahme wurde mit Steinwürfen auf ein Fernsehteam des bayrischen Rundfunks und auf einen Polizeihubschrauber begründet.

Bei den gewalttätigen Ausschreitungen am Ostermontag 1986 waren mehrere tausend Polizisten im Einsatz. Bei dem mehrstündigen Wasserwerfereinsatz setzte die Polizei erstmals in der Geschichte der BRD CS-Gas ein. Infolge des unkontrollierten Einsatzes dieses Giftgases wurden auch bis dahin friedliche Demonstranten vom Gas betroffen. Dies führte häufig zu einer aktiven Unterstützung der militanten Atomkraftgegner durch bis dahin friedliche Atomkraftgegner. Demonstrationsteilnehmer berichten wie Oberpfälzer Bürger Steine ausgruben und diese an vermummte Autonome weiterreichten mit der Bemerkung, daß die jüngeren weiter werfen können.[21]

Bei den Auseinandersetzungen am Pfingstwochenende 1986 setzte die Polizei wiederum CS-Gas gegen die Demonstranten ein. Zum Teil wurden Gasgranaten aus Hubschraubern in die Menschenmenge geworfen. Der Spiegel beschreibt das Verhalten der Polizei folgendermaßen: „Auf dem Höhepunkt der ‚Pfingstschlacht‘ (...) wußte sich die bayrische Polizei des Ansturms (etwa 1.000 gewalttätiger Autonomer) nur mehr mit Mitteln zu wehren, die ihr den Vorwurf eintrugen, sie habe sich schlicht von Rachegefühlen und der Lust auf Vergeltung leiten lassen“.[22]

Auch an Pfingsten führte das Vorgehen der Polizei zu einer Solidarisierungs- und Unterstützungswelle der einheimischen Bevölkerung mit den militanten Kernkraftgegnern. Im Vergleich zu den Osterauseinandersetzungen beteiligten sich noch mehr Oberpfälzer Bürger direkt an den Ausschreitungen.

Die Polizei rechtfertigte ihr Vorgehen mit der unmittelbaren Bedrohung ihres Lebens durch die Angriffe der „Chaoten“. So sah der Bremer Polizeioffizier Herman für die Polizisten nur die Mögichkeit zurückzuschlagen, wenn sie das Gefühl haben, es ginge um Leben und Tod.[23]

Auch nach den Demonstrationen an Pfingsten mußte die Polizei wiederholt gegen militante Demonstranten am Bauzaun vorgehen. Mit großräumigen Absperrungen und Durchsuchungen von PKWs und Wohnungen nach möglichen Waffen wurde versucht, militante AKW-Gegner schon im Vorfeld von möglichen Straftaten abzuhalten.

Bei den Polizeieinsätzen seit Beginn der Rodungsarbeiten wurden über 4.000 Personen festgenommen. In 2.481 Fällen wurde ein Strafverfahren eröffnet. Dem Amtsgericht Schwandorf wurden sieben neue Richter und dem Landgericht Amberg zweieinhalb neue Richter zugeordnet. Darüberhinaus wurden dreizehn neue Staatsanwälte in der Region eingesetzt.

Durch die polizeilichen und juristischen Maßnahmen im Zusammenhang mit dem Bau der WAA sahen viele WAA-Gegner ihre Befürchtungen in bezug auf einen „Atom- und Polizeistaat“ bestätigt.

4.3 Politische Antworten

Schon zu Beginn der Auseinandersetzungen um die WAA in Wackersdorf machte die bayrische Landesregierung deutlich, daß sie sich mit allen ihr zur Verfügung stehenden Mitteln für die Durchsetzung des Projekts einsetzen werde. CSU-Generalsekretär Stoiber erklärte im März 1982 gegenüber der Mittelbayrischen Zeitung: „Zur Durchsetzung des Projektes kann nicht mehr von der Verwaltung getan werden als getan worden ist.“[24]

Auf kommunaler Ebene bezogen auch Vertreter der CSU gegen die geplante WAA Stellung, so z.B. der CSU-Ortsverband Schwandorf und Mitglieder des Kreistages Schwandorf.

Bis zum Rodungsbeginn im Dezember 1985 bezogen sich die Stellungnahmen von Politikern je nach politischer Fraktion auf die ökonomische und energiepolitische Notwendigkeit bzw. Überflüssigkeit der WAA. Mit der Eskalation des Konfliktes, insbesondere nach den gewalttätigen Ausschreitungen an Ostern und Pfingsten 1986, rückte die ‚Gewaltdiskussion‘ in den Vordergrund. Vertreter der Bundesregierung und der bayrischen Landesregierung unterstellten den WAA-Gegnern und vor allem auch den Grünen ein strategisches Interesse an dem Kernkraftkonflikt. So behauptete Bundeskanzler Kohl, „die Grünen forderten die Stillegung aller Kernkraftwerke nur, um die Bonner ‚Republik sturmreif zu machen‘.“[25] Ebenso erklärte Regierungssprecher Ost nach den Pfingstkrawallen, daß es den Chaoten, die mit brutaler Gewalt die Polizisten angegriffen hatten, nicht um die Sache ging, sondern um eine Attacke gegen den Staat.[26]

Als Reaktionen auf die Gewalteskalationen wurden von der CDU vor allem polizeitaktische und juristische Gesichtspunkte aufgezeigt. Zu den polizeitaktischen Maßnahmen zählt die Einführung von Gummigeschossen. Trotz Bedenken von verschiedenen Sachverständigen gegen einen Einsatz dieser Distanzwaffen kündigte der bayrische Innenminister Hillermeier den Einsatz dieser Gummigeschosse bei möglichen Ausschreitungen wärend des ‚WAAhnsinnsfestivals' an. Er begründete die Entscheidung mit dem Hinweis, „die Verteidigung des WAA-Projekts erfordere eine offensivere Einsatzkonzeption als bisher".[27] Er vertrat weiterhin die Ansicht, daß bei den Pfingstkrawallen in Wackersdorf Schußwaffengebrauch aus Notwehr gerechtfertigt gewesen wäre.

Für die Staaatsanwaltschaft forderten Politiker weitergehende Kompetenzen zur Bekämpfung radikaler Demonstranten. So verlangte der bayrische Ministerpräsident eine Verschärfung des Haftrechts. Sein Innenminister forderte, wie andere Unionspolitiker auch, nachdrücklich die Wiederaufnahme des 1970 abgeschafften Landfriedensbruch-Paragraphen.[28] Außerdem müsse das „Vermummungsverbot für Demonstranten (...) von einer bloßen Ordnungswidrigkeit zum haftbedrohten Vergehen hochgestuft werden".[29]

Oppositionspolitiker und Mitglieder der FDP machten für die Krawalle in Wackersdorf auch polizeitaktisches Fehlverhalten mitverantwortlich. So äußerte FDP-Generalsekretär Helmut Hausmann, daß in Bayern alles von der Polizei getan wurde, „damit sich die friedlichen Leute mit den Chaoten solidarisieren".[30]

Der frühere Hamburger Bürgermeister Klose vermutete, daß die politische Rechte durchaus an gewaltsamen Ausschreitungen interessiert sei. „Wenn die Polizei den lästigen Demonstranten ordentlich einheizt, dann ist das durchaus im Sinne derer, die sich als Vertreter von ‚Law and Order' darstellen oder abbilden lassen" und weiter äußerte sich Klose „Gewalt bei Demonstrationen lenkt ab von der Sache, um die es geht"[31]

Auch die Entscheidung die Polizei mit neuen Distanzwaffen auszurüsten stieß bei den Oppositionsparteien auf heftige Kritik. Der SPD-Europaabgeordnete Gerhard Schmitt warf der bayrischen Landesregierung vor, sie verlasse „den Kreis der zivilisierten Europäer, sie nehme bewußt schwere körperliche Schäden auch von Unbeteiligten und Kindern in Kauf".[32]

Mitglieder der Grünen reagierten auf die Äußerungen konservativer Politiker mit einer weiteren Unterstützung und Teilnahme an Aktionen in Wackersdorf. Sie setzten sich dabei auch über das Versammlungsverbot der bayrischen Landesregierung hinweg.

5. Erfolg, Mißerfolg und Enttäuschungsverarbeitung

Erste Erfolge im Widerstand sah man in der 18tägigen Bauplatzbesetzung Ende Dezember 1985. Wenn auch das Hüttendorf abgerissen wurde, so zeigte sich doch für viele WAA-Gegner, daß die Pläne der bayrische Landesregierung durch Protestaktionen behindert werden können. Als eine wichtige Erfahrung aus der Bauplatzbesetzung wurde auch die Unterstützung durch die einheimische Bevölkerung angesehen.

Als Erfolg für die Anti-AKW- Bewegung werten militante AKW-Gegner auch die Teilnahme von bis dahin friedlichen Bürgern aus der Oberpfalz an den gewalttätigen Auseinandersetzungen während des Pfingstwochendes 1986. In dieser Aktion sahen sie einen Beleg für die Einheit der Anti-AKW-Bewegung und daß es der Regierung nicht gelungen war, die Gegner der WAA in friedliche und gewalttätige Demonstranten zu spalten.

Im Verlauf des Konfliktes wurden mehrere tausend AKW-Gegner im Zusammenhang mit Widerstandsaktionen gegen die WAA festgenommen und wegen verschiedenen Straftaten angeklagt.

6. Schlußfolgerungen zur Divergenz der Perspektiven in der Thematisierung des Konflikts

Im Konflikt um die WAA in Wackersdorf standen sich beide Seiten mit scheinbar unversöhnlichen Positionen gegenüber.

Die WAA-Gegner sehen in der Verhinderung der Anlage eine wichtige Voraussetzung für den Ausstieg aus der Atomenergie und die Verhinderung eines Atom-und Überwachungsstaates. Ein Teil der WAA-Gegner verbindet mit diesem Konflikt auch den Kampf um eine andere gesellschaftliche Grundordnung.

Die Befürworter der WAA betonen neben der ökonomischen- vor allem auch die innenpolitische Notwendigkeit der Anlage. In diesem Konflikt geht es für sie auch um die Aufrechterhaltung der öffentlichen Ordnung, die Anerkennung des staaatlichen Gewaltmonopols und die Respektierung parlamentarischer Entscheidungen. Nach der Reaktorkatastrophe von Tschernobyl haben sich beide Seiten noch weiter voneinander entfernt. Mittlerweile hat die Betreibergesellschaft ihre Pläne eingestellt.

Anmerkungen

1) Vgl. HIRSCH, H.: Überblick über die Entsorgungspolitik in der Bundesrepublik Deutschland und Alternativen zur Wiederaufarbeitung, In.: NATURWISSENSCHAFTLERGRUPPE NG 350 MARBURG (Hrsg.): Bericht Wiederaufarbeitung, Darstellung und kritische Wertung der Technologie, Sicherheit und energiepolitischen Bedeutung der Wiederaufarbeitung, Marburg 1982, S. 1-8

2) Vgl. ATOMMÜLLZEITUNG: Sonderausgabe, 4. September 1982, S. 8
3) ATOMMÜLLZEITUNG: Nr.19, Mai/Juni 1982, S. 31. Die Autoren des Artikels zitieren hier eine Stellungnahme der DWK ohne genaue Quellenangabe.
4) Der SPIEGEL: 42/1984, S. 26
5) ebenda, S. 25
6) LÜNEBURGER ARBEITSKREIS GEGEN ATOMANLAGEN (Hrsg.): Sonderausgabe der ATOM zur Bundeskonferenz der Anti-AKW Bewegung, Februar 1987, S. 47)
7) Vgl. ATOMMÜLLZEITUNG: Nr. 19, S. 32
8) Vgl. ATOMMÜLLZEITUNG: Sonderausgabe 4. September 1982, S. 8
9) Vgl. ATOMMÜLLZEITUNG: Nr. 19, S. 32
10) Vgl. BEREITSCHATSPOLIZEI HEUTE: Nr. 6/86, S. 5
11) Der SPIEGEL 30/86, S. 32
12) Vgl. RADI AKTIV, bayerisches Anti Atom Magazin: Nr. 13, April 1987, S. 63
13) Vgl. BBU-MAGAZIN: Nr. 3, Oktober 1985, S. 7
14) Vgl. RADI AKTIV: Nr. 6., 1986, S. 4
15) ebenda: S. 36
16) Vgl. RADI AKTIV: Nr. 8, 1986, S. 14
17) BBU-MAGAZIN: 1/86, S. 8
18) BBU-MAGAZIN: 3/85, S. 6
19) BBU-MAGAZIN: 4/86, S. 9
20) RADI AKTIV: 6/86, S. 36
21) Vgl. RADI AKTIV: 8/86, S. 64
22) Vgl. DER SPIEGEL: 31/86, S. 61
23) Vgl. DER SPIEGEL: 30/86, S. 27
24) MITTELFRÄNKISCHE ZEITUNG zitiert nach: ATOMMÜLLZEITUNG: Nr. 19, 1982, S. 34
25) DER SPIEGEL: 30/86, S. 27
26) Saarbrücker Zeitung vom 20.5.1986, S. 1
27) DER SPIEGEL: 30/86, S. 50
28) Vgl. DER SPIEGEL: 31/86, S. 68
29) ebenda S. 75
30) ebenda S. 61
31) ebenda
32) DER SPIEGEL: 30/86, S. 50

Literaturverzeichnis

ATOMMÜLLZEITUNG

Nr.19, Mai/Juni 1982, darin: „WAAnsinnspoker in der Oberpfalz", S. 30ff; „Bericht eines Betroffenen – Die Oberpfalz im März", S. 32; „Zivile und militärische Kernenergienutzung", S. 13

Sonderausgabe, ‚4. September' 1982, darin: „Technologiepolitik gegen die Interessen der Bürger – Wem nützt die Wiederaufarbeitung", S. 3ff; „Wird die Oberpfalz zur Atompfalz?", S. 8f

BBU-MAGAZIN

1/86

3/85
4/86
BEREITSCHAFTSPOLIZEI HEUTE, 6/86
HIRSCH, H.: Überblick über die Entsorgungspolitik in der Bundesrepublik Deutschland und Alternativen zur Wiederaufarbeitung, In.: NATURWISSENSCHAFTLERGRUPPE NG 350 MARBURG (Hrsg.): Bericht Wiederaufarbeitung, Darstellung und kritische Wertung der Technologie, Sicherheit und energiepolitischen Bedeutung der Wiederaufarbeitung, Marburg 1982
LÜNEBURGER ARBEITSKREIS GEGEN ATOMANLAGEN (Hrsg.): Sonderausgabe der ATOM zur Bundeskonferenz der Anti-AKW Bewegung, Februar 1987
RADI AKTIV
6/86
8/86
3/87
SAARBRÜCKER ZEITUNG vom 20.5.1986, darin: „Blutige Krawalle in Wackersdorf – Fast 400 Verletzte – Randalierer stürmen Züge", S. 1
DER SPIEGEL
42/84, darin: „Religiöser Eifer", S. 25ff
30/86, darin: „Wenn der erste auf Demonstranten schießt (...)", S. 26ff; „Harter Aufschlag! Große Genauigkeit!", S. 28f; „Nur naß werden, das juckt die nicht", S. 30f
31/86, darin: „Als gäbs nur Verbrecher und Terroristen", S. 56ff; „Der Horizont ist generell zu eng", S. 70f

18. Verlaufsstudie: Startbahn West, BRD 1978-84

1. Chronologie der Ereignisse

Im April 1984 wurde auf dem Flughafen Frankfurt eine neue Startbahn in Betrieb genommen, die über 15 Jahre lang Gegenstand juristischer und politischer Auseinandersetzungen war und schließlich in den Jahren 1978-1982 ein Kristallisationspunkt der ökologischen Protestbewegung der Bundesrepublik in ihrem Kampf gegen Umweltzerstörung wurde.

Im Herbst 1978 verkaufte die hessische Landesregierung Land an die Flughafen Frankfurt Main AG (FAG) und ermöglichte damit den Baubeginn. Eine gerichtliche Entscheidung über die Zulässigkeit des Projektes stand noch aus. Kurz darauf schlossen sich verschiedene gegen das Projekt bestehende Initiativen zu einer „Bürgerinitiative gegen die Flughafenerweiterung“ zusammen und verstärkten die Mobilisierung und Information der Öffentlichkeit. So kam es zwischen 1978 und 1980 zu vielfältigen Informations- und Protestaktionen.

Im Anschluß an die Urteilsverkündung des Verwaltungsgerichtshofes Kassel, welche das Planfeststellungsverfahren für rechtens erklärte und nach Beginn der ersten Rodungsarbeiten, kam es zu einer Vielzahl von Protest- und Widerstandsformen. Fahrraddemonstrationen, Hungerstreik, Großdemonstrationen mit mehr als 10.000 Teilnehmern und gewaltfreie Behinderungs- und Wiederaufforstungsaktionen waren neue Formen des Konflikts, der nun erstmals Merkmale aktiven Widerstands enthielt. So bauten die Startbahngegner im Wald ein Hüttendorf, das in der Folge zum Symbol des Widerstands und zum Ausdruck der Entschlossenheit ihres Kampfes wurde.

Der überraschende Beginn der Rodung des Baugeländes im Herbst 1980 traf die Startbahngegner unvorbereitet. Die Dorfbewohner bereiteten sich nun auf eine mögliche Räumung vor und bewachten die Vorgänge am Bauplatz. Alarmpläne und Telefonketten wurden weiter ausgearbeitet, die Verteidigung des Waldes wurde organisiert. Ein Jahr später kam es zum ersten Zusammenstoß zwischen Polizeikräften und Demonstranten. Die gewaltfreie Besetzung eines bereits abgeholzten Teil des Baugeländes wurde von der Polizei ohne Zwischenfälle aufgelöst. Proteste und Demonstrationen am Baugelände wiederholten sich in den nächsten Wochen und führten zu gewaltsamen Auseinandersetzungen.

Der Konflikt eskalierte nach der überraschenden Räumung des Hüttendorfes: Bürgerkriegsähnliche Szenen zwischen Polizei und alarmierten Demonstranten im Flörsheimer Wald führten am Abend in vielen deutschen Städten zu Solidaritätsdemonstrationen.

Am 12.11.1981 kam es zu der bisher größten Demonstration gegen die Startbahn. 150.000 Startbahngegner versammelten sich in der hessischen Landeshauptstadt, um die Unterschriften zur Einleitung eines Volksbegehrens zu überbringen. Der Staatsgerichtshof lehnte den Antrag als rechtswidrig ab. Angesichts des weiteren Ausbaus der Startbahn wurde das Scheitern des Widerstands deutlich.

Während am Baugelände gewalttätige Auseinandersetzungen mit der Polizei zum Alltag wurden, zerstritt sich die Bewegung über die weitere Strategie. Lediglich spektakuläre Urteile gegen Demonstranten vermochten den Zerfall der Bewegung kurzfristig aufzuhalten.

1984 wurde der Bau der Startbahn 18 West vollendet.

2. Soziale Hintergründe und Bedingungen

Bereits Ende der 50er Jahre begann die Flughafen Frankfurt Main AG (FAG) im Rahmen eines Generalausbauplanes mit der Prüfung einer Flughafenerweiterung, um das bestehende und das zu erwartende Verkehrsaufkommen bewältigen zu können. Unter Hinzuziehung mehrerer Gutachter entschied man sich für den Bau der Startbahn 18 West, für deren Realisierung ein Waldstück von 4 km Länge und 600 m Breite gerodet werden sollte. Nachdem der Planfeststellungsbeschluß im März 1968 vom Verwaltungsgericht aufgrund formaler Mängel aufgehoben wurde, erging drei Jahre später ein zweiter Planfeststellungsbeschluß, gegen den bis zum Jahr 1980 über 9.000 Einwendungen von Bürgern und 109 Klagen (darunter 13 Städte, Gemeinden und ein Landkreis) vorlagen.

Die regionalen Bedingungen für eine Bürgerbewegung gegen den Bau der Startbahn waren günstig. In einem Ballungsraum mit ca. 1,5 Millionen Menschen gelegen, würde durch den geplanten Bau eines der letzten geschlossenen Waldgebiete zerstört, das in seiner ökologischen Funktion und als Naherholungsgebiet für die Anwohner von zentraler Bedeutung war. Eine Vielzahl von Bürgern war durch die juristischen Auseinandersetzungen und die Informationen der einzelnen Initiatoren hellhörig geworden. Die Ökologiebewegung in der BRD hatte sich inzwischen überlokal organisiert und eine eigene Infrastruktur ausgebaut, worauf die Startbahngegner zum Teil zurückgreifen konnten. Schließlich existierte in der Stadt Frankfurt eine Vielzahl (jugendlicher) Subkulturen, die die Startbahnbewegung als Ressource zu mobilisieren suchte.

Die juristischen Auseinandersetzungen erreichten mit dem Urteil des Verwaltungsgerichtshofes in Kassel für einen schnellstmöglichen Bau der Startbahn im Oktober 1980 ein Ende.

Der Beginn der ersten Rodungen im Startbahnwald trug zu einer starken Veränderung der Auseinandersetzungen bei. In der Phase der gerichtlichen Entscheide hatten die Startbahngegner auf die hessische SPD-Führung vertraut, die immer wieder betonte, daß die Erteilung einer Baubewilligung auf die Entscheidung, ob gebaut werde oder nicht keinen Einfluß habe. Die Landesregierung betonte Ende der sechziger Jahre immer wieder ihre neutrale Rolle und die Offenheit der Entscheidung. Diese Haltung änderte sich nach dem abschließenden Gerichtsurteil. Man verwies jetzt auf die juristische Entscheidung. Die hessische Landesregierung argumentierte nun, daß der Startbahnbau nicht mehr zu verhindern sei, da die FAG eine privatrechtliche Körperschaft darstelle. Eine Verhinderung des Startbahnbaus sei somit ein Eingriff in das Eigentumsrecht und verfassungswidrig. Diese Argumentation wirkte auf die Startbahngegner angesichts der Aktionäre der „Privatfirma“ FAG nicht glaubwürdig (Land Hessen 45 % , Stadt Frankfurt 30 %, BRD 25 %).[1]

Durch die Schaffung von Sachzwängen, wie dem Landverkauf an die FAG (Herbst 1978), der Enteignung nicht verkaufter Waldflächen und der Genehmigung der Bauarbeiten trotz fehlender wasserrechtlicher Genehmigung seitens der Landesregierung, verloren viele Bürger das Vertrauen in das Funktionieren rechtsstaatlicher Regeln. Sie warfen den Regierenden Arroganz und Selbstherrlichkeit vor.

Im Mittelpunkt der Begründung der Befürworter der neuen Startbahn stand die luftverkehrstechnische Notwendigkeit. Auch von politischer Seite wurde die nationale und internationale Bedeutung des Rhein-Main-Flughafens bzgl. seiner Verkehrsfunktion als mitteleuropäischer Luftverkehrsknotenpunkt betont. Im Verlauf der Auseinandersetzungen um eine Flughafenerweiterung kamen Experten beider Seiten zu teilweise unterschiedlichen Einschätzungen. Unbestreitbar war die Tatsache, daß der Flughafen zu Spitzenzeiten an der oberen Kapazitätsgrenze betrieben wurde. Kontroversen gab es bei der Frage, ob eine Erweiterung notwendig sei oder nicht. Es bestanden erhebliche Diskrepanzen zwischen den dem Planfeststellungsbeschluß zugrundeliegenden Wachstumsprognosen und der tatsächlichen Entwicklung des Verkehrsaufkommens. Der Flughafen verzeichnete bis zum Jahr 1982 stagnierende bzw. rückläufige Flugbewegungen.[2] Selbst die FAG rechnete in einer internen Prognose vom April 1982 mit einem deutlichen Rückgang der Flugbewegungen in den 90er Jahren.[3] Bezweifelt wurde ein um mindestens ein Drittel höherer Anteil an der Gesamtkapazität durch den Bau einer dritten Bahn. Realistische Studien gingen von einem Kapazitätsgewinn zwischen 6 % und 8 % aus.[4]

Ein häufig genanntes Argument für den Bau war der Verweis auf Arbeitsplätze. So sprach Regierungschef Börner von einer Entscheidung zwischen 30.000 Arbeitsplätzen und 200 Hektar Wald. Die Zahl der in Aussicht gestellten Arbeitsplätze verringerte sich nach und nach. In seiner Regierungserklärung im Februar 81 sprach er von 10.000 – 14.000 neuer Beschäftigungsmöglichkeiten und als die FAG später erklärte, es gehe um die Sicherung der noch vorhandenen Arbeitsplätze trug dies nicht gerade zur Glaubwürdigkeit beschäftigungspolitischer Gesichtspunkte für den Bau der Startbahn bei. Das Standardargument der Regierung wurde immer stärker in Zweifel gezogen.

Der Verdacht, daß der Bau der Startbahn-West in erster Linie militärischen Zwecken dienen könne, erhärtete sich, seit bekannt wurde, daß der zivile Flugverkehr sich nicht den Prognosen der 60er Jahre gemäß entwickelte. Von vielen Startbahngegnern, insbesondere der DKP und ihr nahestehenden Gruppen, wurde das Argument von einer dem „US-Imperialismus dienenden Nato-Startbahn“ und einer „Startrampe für den Völkermord in der Dritten Welt“, „für die Eingreiftruppen der USA im Nahen Osten“ und den Angriffskrieg gegen die UDSSR“ vorgebracht.[5] Sie trugen Dokumente und Indizien zusammen, mit denen sie ihre Vorwürfe zu belegen suchten. Autoren der Hessischen Stiftung für Friedens- und Konfliktforschung kamen allerdings zu dem Ergebnis, daß mit hoher Wahrscheinlichkeit kein militärisches Motiv für die Erweiterung des Frankfurter Flughafens bestehe.[6]

Ökologische Auswirkungen eines Baues der Startbahn wurden bereits in den 60er Jahren diskutiert. Man befürchtete nicht wiedergutzumachende Schäden an der Natur wie Zerstörung von Biotopen, Wald- und Erholungsflächen, Beeinträchtigungen der Luft, des Grund- und Trinkwassers sowie Lärmbelästigungen und gesundheitliche Gefährdungen. Hierzu gab es eine Vielzahl fachlicher Argumente und Gegenargumente.

Zusammenfassend ist festzustellen, daß viele Fragen umstritten waren. Insbesondere Fragen, die das Zusammenwirken einzelner umweltbelastender Faktoren wie Verkehr, Industrie, Flughafen etc. betrafen, blieben offen.

3. Umfang, Struktur und Zusammensetzung der Protestgruppen

Anfänglich, als der Protest als öffentliche Debatte in Form von Plakataktionen und Informationsveranstaltungen stattfand, waren die Träger des Widerstandes eine Art „politische Provinzelite“. Neben verschiedenen Kreis- und Gemeindegremien sowie lokalen Parteigliederungen (vor allem der SPD) waren es in erster Linie Naturschutzverbände und lokale Honoratioren, die sich zusammen mit betroffenen Anwohnern in verschiedenen Interessengemeinschaften organisierten. Später war das Spektrum der Startbahngegner weiter gefächert. So waren neben den o.g. Gebietskörperschaften, Parteien und Umweltschutzorganisationen viele mehr oder weniger informelle Aktionsgemeinschaften, Bürgerinitiativen und autonome Gruppierungen als Protestgruppen vertreten. Es zeigte sich, daß die Bereitschaft zum Protest bei den unmittelbar Betroffenen, beispielsweise den umliegenden Gemeinden, am stärksten war.

Die Auseinandersetzung um die Startbahn West in Frankfurt entwickelte sich zunächst ohne eine dominierende Beteiligung Jugendlicher. Menschen unterschiedlicher Berufe, aller Altersgruppen und aller Parteien beteiligten sich am Widerstand gegen den Bau der Startbahn. Es waren in erster Linie lokale Politiker, Naturschutzverbände, betroffene Bürger und Kommunen, die in jahrelangen juristischen Auseinandersetzungen ihre Interessen durchzusetzen versuchten. Erst mit ihrem Scheitern auf dieser Ebene und mit der Transformation des Konflikts auf die politische Ebene, das heißt: erst durch die Hinwendung zu vielfältigen spontanen Aktionen,

Protesten, Demonstrationen wurde der Konflikt auch attraktiv für Jugendliche unterschiedlicher ideologischer Orientierung. Für viele von ihnen wurde der Kampf um die Startbahn, die direkte Konfrontation mit den staatlichen Instanzen, bald zum Kristallisationspunkt einer gemeinsamen politisch-ökologischen Denk- und Lebensweise. Obwohl die Jugendlichen in dieser Phase des Massenprotests und des aktiven Widerstands das Bild der Startbahnbewegung bestimmten, waren sie also nicht die Initiatoren der Bewegung. Sie konnten allerdings als Ressource mobilisiert werden und prägten dann durch ihre besonders medienwirksamen Aktionen das Bild des Konflikts.

Problematisch sind Aussagen über den Umfang der Startbahn-West-Bewegung. Je nach Form der Aktionen waren es zwischen 220.000 Unterstützern eines Volksbegehrens, 150.000 Demonstranten auf einer Großdemonstration in der Landeshauptstadt, 10.000-20.000 Teilnehmer mehrerer Demonstrationen am Baugelände und schließlich ca. 1.000 bis 3.000 aktive Widerständler, die sich auch an direkten Aktionen (gewalttätige Aktionen eingeschlossen) gegen den Bau der Startbahn beteiligten.[7] Die Zahlen schwanken je nach Quelle und je nach betrachteter Konfliktphase und müßten hinsichtlich der Aktivitäten und Unterstützungsformen differenziert werden.

4. Konfliktdynamik und Eskalation

4.1 Strategien und Aktionen der Protestgruppen

In der ersten Phase, d.h. unmittelbar nach den ersten Plänen der Flughafen AG im Jahre 1961 gab es von seiten der Startbahngegner keine Demonstrationen. Es wurden Beschwerden, Bittbriefe und Petitionen an den hessischen Landtag gerichtet, es gab ca. 10.000 Privateinwände gegen das Planfeststellungsverfahren und über 100 Klagen u.a. von Städten und Gemeinden. Erst als Ende der siebziger Jahre die Startbahngegner ihre Interessen in gerichtlichen Entscheidungen nur unzureichend berücksichtigt sahen, verstärkten die Initiatoren ihre Öffentlichkeitsarbeit und versuchten, durch Mobilisierung der Bevölkerung Unterstützung für ihre Ziele zu finden. Der Protest intensivierte sich. Protestformen wie Hungerstreik, Blockaden, Massendemonstrationen und andere Formen des direkten Widerstandes, wie der Bau eines Hüttendorfes, wurden nun angewandt. Die Bewegung erreichte eine Politisierung und starke Ausweitung des Protestes, die in der landesweiten Mobilisierung ihren Höhepunkt fand (gelungene Kampagne zum Volksbegehren). Große Teil der Öffentlichkeit erklärten ihre Solidarität mit den Startbahngegnern. Die Rodungsarbeiten, die im Herbst 1980 begannen, verdeutlichten den Startbahngegnern den möglichen Mißerfolg ihres Widerstandes. Diskussionen über weitere Perspektiven der Bewegung zeigten erstmals interne Differenzen auf. Der Widerstand lief auf zwei unterschiedlichen Ebenen weiter. Im Mai 1981 gründete sich eine Aktionsgemeinschaft, die Unterschriften zur Einleitung eines Volksbegehrens sammelte. Die Ausweitung der Bewegung über die Region hinaus und die Verknüpfung mit anderen, ähnlich orientierten Protesten der Ökologiebewegung wurden hierdurch verstärkt. Gleichzeitig wurde der Widerstand der Bewohner des Hüttendorfes entschlossener. Das Dorf als Symbol der Verteidigung des bedrohten Gebietes wurde Anziehungspunkt vor allem für Jugendliche aus den Städten, die direktere Widerstandsformen vorzogen und im Kampf gegen den Staat und seine Repräsentanten die einzigen Erfolgschancen sahen.

Die Handlungsmuster der Protestgruppen umfaßten verschiedene Strategien wie: Mobilisierung, Werbung, verfahrensrechtliche Protestformen, Verweigerung, symbolischer Widerstand und ziviler Ungehorsam. Erst ab Oktober 1981, nachdem trotz zähen Widerstands, das sogenannte 7-Hektar-Gelände geräumt und mit einer Mauer umgeben worden war, kam es einige Tage später zu aktiver Gewaltanwendung. Sachbeschädigungen am Baugelände, an Polizeifahrzeugen, Einrichtungen der FAG, Brandanschläge auf Baufahrzeuge, Funkfeuereinrichtungen und das Planungsbüro und Angriffe auf Polizeibeamte mit Steinen, Wurfgeschossen etc. fanden statt.

Im Anschluß an die massive Flughafenblockade im November 1981, die von Politikern und weiten Teilen der Medien als „gezielte Störung der öffentlichen Ordnung“ dargestellt wurde, kam es zu einer Spaltung innerhalb der Startbahngegner. Nach der juristischen Ablehnung des Antrags auf das Volksbegehren, den erfolglosen Versuchen zum Bau neuer Hüttendörfer, der gescheiterten Besetzung von Baulos II und zahlreicher Anlagen und Ermittlungsverfahren sah ein militanter Teil der Startbahngegner die einzig mögliche Antwort in gewalttätigen Aktionen. Auf den größeren Teil der Widerstandsgruppe wirkte jedoch die „Erfolglosigkeit“ demoralisierend. Die Bewegung begann sich aufzulösen.

4.2 Polizeiliche Vorgehensweise und Reaktionen

Bei den Polizeieinsätzen an der Startbahn West handelte es sich durchweg um Großeinsätze mit phasenweise 5.000 Beamten. Zum Einsatz kamen Kräfte aus allen Bundesländern mit Ausnahme Berlins. Die polizeiliche Vorgehensweise kann grob in zwei verschiedene Strategien unterteilt werden. Während sie zunächst (bei der Räumung des 7-Hektar-Geländes) zurückhaltend vorging, wandte sie Tage später eine „harte Linie“ an. Bei verschiedenen Einsätzen (Räumung des Hüttendorfes, Großdemonstrationen, Blockaden) kam es zu schweren Auseinandersetzungen zwischen Polizei und Startbahngegnern, in deren Verlauf die Ordnungskräfte Gummiknüppel, Tränengas und Wasserwerfer einsetzten, um sich gegen gewalttätige

Demonstranten zu wehren bzw. den Schutz der Baumaßnahmen zu gewährleisten. Im Zusammenhang mit den Einsätzen wurde in den Medien und insbesondere von den betroffenen Protestgruppen Vorwürfe erhoben, die von gewalttätigen Übergriffen der Polizei auf gewaltlose, friedliche Bürger und von unverhältnismäßigen Einsätzen berichteten. Etlichen Augenzeugen zufolge sei der Strahl des Wasserwerfers mit einer Tränengaswassermischung gegen eine friedlich sitzende Menge gerichtet worden. Auch gab es Berichte, daß Polizisten mit Gummiknüppeln auf wehrlose und gewaltlose Startbahngegner geschlagen hätten.[8] Die Polizeiführung hingegen sah den Ausgangspunkt der Gewalt bei den Gegnern, aus deren Reihen Gegenstände wie Steine, Flaschen, Stahlkugeln und -muttern gegen die Beamten geworfen wurden. Da die Gewalttäter jeweils aus dem Schutz der großen Menge der Protestierenden heraus agierten, seien sie nur schwer bzw. gar nicht auszumachen gewesen. Um nicht ständig weiteren Angriffen ausgesetzt zu sein, habe die Polizei aktiv werden müssen. Daß bei einigen dieser Einsätze auch nicht gewalttätige Personen, ältere Leute, Frauen und Kinder in Mitleidenschaft gezogen wurden, sei angesichts des ungeschickten Verhaltens dieser Personengruppe, die zudem die Polizeibeamten behindert habe, nicht zu vermeiden gewesen. Die Polizeiführung räumte ein, daß bei verschiedenen Gelegenheiten die Lage eskaliert sei. Sie stellte allerdings klar, daß sich die Ordnungskräfte zu Beginn jeweils passiv verhalten und erst nach massiven Angriffen Offensiv-Taktiken angewandt hätten.

Daß die Einsätze insbesondere für junge, unerfahrene Polizeibeamte eine starke Belastung darstellten und viele angesichts der geleisteten Überstunden, der Kritik – teilweise aus eigenen Reihen – und der psychischen und physischen Belastung gereizt waren, wurde von Beamten und Polizeigewerkschaft eingeräumt.[9]

Die Einsatzbereitschaft der Ordnungskräfte wurde sowohl von Polizeiführung als auch von politischer Seite wiederholt gelobt. Aufgetretene Mängel, hinsichtlich der Flexibilität und entstandenen Zeitverzögerungen bei Einsätzen in Frankfurts Innenstadt und im Flughafenbereich seien nicht auf mangelnde Qualifikation sondern auf fehlende Ortskenntnisse der eingesetzten Beamten zurückzuführen.

Den Vorwurf, der von Staatsanwaltschaft und Politikern erhoben wurde, daß zu wenige Festnahmen im Verlauf gewalttätiger Aktionen erfolgt seien, wies die Polizeiführung zurück. Angesichts der Vorgehensweise militanter Startbahngegner – Agieren aus und Wiedereintauchen in den Schutz der Masse oder auch Angreifen aus kleinen Gruppen heraus, die äußerst beweglich und schnell zur Flucht bereit sind – sei eine Festnahme von Störern nur schwer möglich gewesen; insbesondere auch in Anbetracht der relativ schwerfälligen und auffälligen Reaktionsmöglichkeiten der Hundertschaften.

Den in die Hundertschaften integrierten speziellen Festnahmeeinheiten sei eine erfolgreiche Aufgabenbewältigung aus verschiedenen Gründen (Erfahrungen, Ausbildung, Motivation) nicht gelungen. Demgegenüber wurde der Einsatz der Spezialeinheiten, insbesondere des SEKs und der technischen Funktionsgruppen von der Polizeiführung als gelungen bezeichnet.

Von Polizeiseite allgemein beklagt wurde die unsichere aktuelle Rechtslage, welche oftmals schwierig nachzuvollziehen gewesen sei und zu Schwierigkeiten bei der Planung und Vorbereitung von Polizeieinsätzen geführt habe. Die Polizeiführung sah es als eine Notwendigkeit an, die eingesetzten Beamten über die Rechtslage zu informieren, einerseits um sie in die Lage zu versetzen mit den Startbahngegnern argumentativ diskutieren zu können und andererseits um einer Demotivation entgegenzuwirken. Dies wurde durch entsprechende Informationsblätter, die an die Beamten verteilt wurden, zu erreichen versucht.

Bezüglich der Ausrüstung und der Einsatzmittel wurde aus den Reihen der Polizeiführung Kritik geäußert. So hätte der Einsatz des Wasserwerfers häufig nicht den gewünschten Erfolg gehabt, da das Einsatzgelände (Bodenbeschaffenheit, Bäume) die Wirkung vermindert habe. Die Anwendung von Reizstoffnebelwerfern und Reizstoffwurfkörpern, für deren Einsatz Tränengaswerfertrupps gebildet worden waren, habe ebenfalls häufig nicht die erwünschte Wirkung gezeigt. In diesem Zusammenhang wurde die Forderung nach Distanzwaffen erhoben, die es ermöglichen würden, gegen aus größerer Entfernung agierende Gewalttäter anzugehen.

4.3 Politische Antworten

Innerhalb der etablierten Parteien gab es nicht nur Zustimmung zu dem Startbahn-Projekt. So wurde beispielsweise bereits 1978 in Mörfelden-Walldorf die „Parteienaktionsgemeinschaft gegen die Flughafenerweiterung“ unter Beteiligung der örtlichen CDU, SPD, FDP und DKP gegründet, deren Mitglieder sich aktiv für die Verhinderung des Baus einsetzten. Sie begannen nach der Urteilsverkündung des Gerichts für die Startbahn einen Hungerstreik im Foyer des Mörfeldener Rathauses. Die regierende SPD/FDP Koalition wurde durch den Startbahnkonflikt phasenweise vor eine innere Zerreißprobe gestellt. So drohte beispielsweise Wirtschaftsminister Karry mit dem Bruch der Koalition für den Fall, daß Ministerpräsident Börner nachgeben werde. Der innerparteiliche Widerstand gegen das Projekt war insbesondere im Flughafenumland sehr groß. Ein Unterbezirkssonderparteitag der SPD Hessen Süd forderte die Landesregierung mit 90 % der Stimmen der Delegierten auf, „einen unnötigen Bau der Startbahn“ zu verhindern.[10] Es wurde ein öffentliches Hearing unter Beteiligung von Experten gefordert, das wenige Monate später zustandekam.

Um die gereizte Stimmung und den Sturm der Entrüstung nach dem endgültigen Gerichtsentscheid für die Erteilung der Baubewilligung zu vermindern veranstaltete die Regierung im Februar 1981 eine entsprechende Landtagsanhörung, die von den Gegnern der Startbahn, insbesondere der Bürgerinitiative als „Kasperltheater" und als „Scheinlegitimation" der Landesregierung bezeichnet wurde.[11] Im Vorfeld hatte der damalige Wirtschaftsminister Karry erklärt: „Das Hearing kann ausgehen wie es will. Die Startbahn wird gebaut."[12] Ergebnis der Anhörung waren einige Tausend Protokollseiten. Die öffentliche Anhörung blieb jedoch ohne konkrete Ergebnisse. Diffamierungen der Startbahngegner häuften sich. So bezeichnete Innenminister Gries die Hüttenbewohner als „kriminelle Chaoten und Asoziale".

Daß die Landesregierung das Projekt unter allen Umständen realisieren wollte, wurde u.a. an ihrem Verhalten im Zusammenhang mit dem Volksbegehren, das die Bürgerintiative 1981 einleitete, deutlich. Die Forderung von Bürgerinitiativen, evangelischer Landeskirche und der Polizeigewerkschaft Hessens, die Rodungs- und Bauarbeiten bis zum Entscheid über das Volksbegehren auszusetzen, wurde abgelehnt.

Nachdem die Ereignisse bereits eskalierten und es auf beiden Seiten bei Demonstrationen, Hüttendorfräumung etc. viele Verletzte gegeben hatte, sagte Innenminister Gries bei Verhandlungen mit Vertretern der BI, im Verlauf einer Großkundgebung im November 1981 zu, sich bei der Regierung dafür einzusetzen, daß der FAG ein einstweiliger Baustopp empfohlen werde (nachdem die Unterschriften für das Volksbegehren offiziell eingereicht sein würden). Allerdings erklärte er bereits zwei Tage später in einem Interview der BILD-Zeitung: „Es gibt kein Zurückweichen vor der Gewalt der Straße und es gibt keinen Baustopp."[13]

Ohne die notwendige Einreichung eines Gesetzesentwurfes und der Unterschriften der Startbahngegner formal abzuwarten wurde unter Polizeischutz das erste Baulos abgeholzt.

Die Vorgehensweise und Reaktionen der politisch Verantwortlichen umfaßte ein breites Spektrum. Zu Anfang der Protestwelle reagierte der Ministerpräsident mit „Sachzwangargumenten". Nachdem die endgültige juristische Entscheidung gefällt war, rückten neben den bisherigen Kapazitätsargumenten beschäftigungspolitische Gesichtspunkte in den Vordergrund. Man betonte die Vorteile, die das Projekt mit sich bringen würde – Arbeitsplatzschaffung und -erhaltung, strukturpolitische Aspekte, nationale Bedeutung des Flughafens und seine besondere Rolle für Frankfurt als Handels- und Finanzzentrum, größere Sicherheit für Luftverkehr etc. Zugeständnisse von seiten der Regierungsvertreter wurden mit Ausnahme des Landtagshearings und der von Innenminister Gries erwägten Möglichkeit eines Baustopps nicht gemacht. Ministerpräsident Börner verband das Votum für die Startbahn im Juni 1981 mit der Vertrauensfrage, die zu seinen Gunsten entschieden wurde. Die Bundesregierung intervenierte, bezog klar und eindeutig Stellung für eine Flughafenerweiterung und stärkte dadurch die Position der hessischen Landesregierung. Auf dem außerordentlichen Landesparteitag im Juni 1981 votierte die Mehrheit der Parteimitglieder für eine Fortsetzung der bisherigen Politik und damit auch für ein Festhalten am Bau der Startbahn.

5. Verarbeitung und Auswirkung des Protestes

Im Jahre 1984 wurde die Startbahn West in Frankfurt fertiggestellt. Damit hat die Bewegung gegen die Startbahn ihr selbstgestelltes Ziel nicht erreicht. Dennoch sind einige Besonderheiten und politische Folgewirkungen festzuhalten.

Die Startbahn-West-Bewegung war in zwei Hinsichten ein Novum für die westdeutsche Ökologiebewegung: Wie kaum ein anderer Konflikt um technische Großprojekte wurde die Bewegung gegen die Startbahn West von den betroffenen Bürgern der Region getragen. Sowohl in ihrer altersmäßigen und sozialen Zusammensetzung als auch in der Dauerhaftigkeit und Kontinuität des Protests war die Bewegung bisher einzigartig in der Geschichte der Ökologiebewegung.

Der Protest gegen die Startbahn konnte als eine Massenbewegung in der unmittelbar betroffenen Region organisiert werden. Fragen der ökologischen und politischen Grenzen von technologischen Großprojekten wurden zu Dauerthemen in den Medien und fanden ihren Ausdruck in den Wahlergebnissen. Sowohl auf kommunaler als auch auf Landesebene verloren die etablierten Parteien Wählerstimmen, während die Partei der Grünen nunmehr auch die Interessen der Startbahn-Gegner direkt in die politischen Entscheidungsprozesse miteinbringen kann. Die Bewegung fand so einen Halt im Parlament (vgl. Tabelle).

Als Resümee läßt sich feststellen, daß die Bewegung ihre konkreten Ziele nicht erreichen konnte, daß aber durch die enorme Publizität in den Medien eine Beeinflussung der öffentlichen Meinung stattfand, deren sichtbarster Ausdruck die Partei der GRÜNEN und das Einschwenken auch der etablierten Parteien auf ökologische Probleme sind.

Tabelle: Wahlen zum Hessischen Landtag 1982. Ergebnisse auf Landesebene, Stadtebene, im Landkreis und in einem Dorf in unmittelbarer Nähe der Startbahn West

	Hessen	Frankfurt	Groß-Gerau-Ost*	Mörfelden-Walldorf**
CDU	45,6 %	44,8 %	39,2 %	34,3 %
SPD	42,8 %	40,3 %	39,6 %	27,8 %
FDP	3,1 %	2,9 %	2,2 %	2,1 %
Grüne	8,0 %	11,3 %	18,2 %	33,5 %
Andere	0,5 %	0,5 %	0,8 %	2,2 %

* Landkreis, in dem die Startbahn West liegt
** Dorf, angrenzend an die Startbahn West
Quelle: Frankfurter Rundschau, 28.9.1982

Anmerkungen

1) Vgl. SCHWEIZERISCHE BEOBACHTERGRUPPE: Der Konflikt um die Frankfurter Flughafenerweiterung, Basel 1981, S. 8
2) Vgl. RUCHT, D. (Hg): Flughafenprojekte als Politikum. Die Konflikte in Stuttgart, München und Frankfurt, Frankfurt, N.Y., 1984, S. 248
3) Vgl., ebd., S. 249
4) Vgl., ebd., S. 251
5) Vgl. ARBEITSGRUPPE FRIEDEN: Krieg und Frieden und die Startbahn West, in: Bürgerinitiative gegen die Flughafenerweiterung Frankfurt Rhein-Main (Hg): Nur wer sich bewegt spürt seine Fesseln, Offenbach; 1982; S. 182ff
6) Vgl. MÜLLER, H. & SCHMIDT, H.J.: Zusammenfassung des Startbahn-Reports, in: Bürgerinitiative gegen die Flughafenerweiterung, a.a.O., S. 182 ff
7) Vgl. DIE TAGESZEITUNG; 12.4.1984, RUCHT, D., a.a.O., S. 234ff
8) Vgl. SCHWEIZERISCHE BEOBACHTERGRUPPE, a.a.O., S. 11, 13; KEBER, W.: Prügel, Presse und die Polizei: Journalisten und die Startbahn West, in: Bürgerinitiative gegen die Flughafenerweiterung, a.a.O., S. 117 ff
9) Vgl. SPIEGEL,48/1981, S. 26 ff
10) Vgl. BÜRGERINITIATIVE GEGEN DIE FLUGHAFENERWEITERUNG, a.a.O., S. 14
11) Vgl. ebd., S. 15
12) SCHWEIZERISCHE BEOBACHTERGRUPPE, a.a.O., S. 9
13) SCHWEIZERISCHE BEOBACHTERGRUPPE, a.a.O., S. 16

Literaturverzeichnis

ARBEITSGRUPPE FRIEDEN: Krieg und Frieden und die Startbahn West in: Bürgerinitiative gegen die Flughafenerweiterung Frankfurt Rhein-Main (Hg): Nur wer sich bewegt spürt seine Fesseln, Offenbach, 1982

BÜRGERINITIATIVE GEGEN DIE FLUGHAFENERWEITERUNG FRANKFURT RHEIN-MAIN (Hg): Nur wer sich bewegt spürt seine Fesseln, Offenbach, 1982

INSTITUT FÜR MARXISTISCHE STUDIEN UND FORSCHUNGEN: Keine Startbahn West !-Protestbewegung in einem überlasteten Ballungsraum, Frankfurt 1981

KARASEK, H.: Das Dorf im Flörsheimer Wald, Darmstadt, Neuwied, 1981

KEBER, W.: Prügel, Presse und die Polizei. Journalisten und die Startbahn West, in: Bürgerinitiative gegen die Flughafenerweiterung Frankfurt Rhein-Main (Hg), a.a.O.

MÜLLER, H. & SCHMIDT, H.J.: Zusammenfassung des Startbahn-Reports in: Bürgerinitiative gegen die Flughafenerweterung Frankfurt Rhein-Main (Hg), a.a.O.

RUCHT, D. (Hg): Flughafenprojekte als Politikum. Die Konflikte in Stuttgart, München und Frankfurt, Frankfurt, N.Y., 1984

SCHWEIZERISCHE BEOBACHTERGRUPPE: Der Konflikt um die Frankfurter Flughafenerweiterung, Basel , 1981; S .8

WEBER, E.: Startbahn 18 West – Gedanken zu einer Bewegung. in: Marxistische Blätter, 1/82, Bd. 10

DER SPIEGEL

48/1981: „Die Polizei hat die Schnauze voll“
46/1981: „Blut und Schreie“
43/1981: „Tut leid“
01/1982: „Allerhand Spielsachen“
44/1981: „Legalität lehrt das Fürchten“
43/1982: „Gottgleiche Potenz“
03/1984: „Geschlossenes Visier“
26/1981: „Dauernd Rambazamba“
43/1981: „Echt toll, was hier läuft“
04/1983: „Hebel mit Hintermann“
46/1983: „Pfeiler wackelt“
17/1985: „Gestochen scharf“

19. Verlaufsstudie: Larzac, Frankreich 1970-83

1. Chronologie der Ereignisse[1]

Der Konflikt um die Erweiterung des schon bestehenden Truppenübungsplatzes auf dem Larzac-Plateau in Südfrankreich hat eine 10jährige Geschichte. Die Planungen werden im Oktober 1970 durch die Indiskretion eines gaullistischen Abgeordneten anläßlich des départementalen Parteitages der U.D.R. bekannt. Für großflächige Manövertätigkeiten soll ein Gelände von 13.000 ha für die Armee bereitgestellt werden, das überwiegend landwirtschaftlich genutzt wird. Linke Gruppierungen in der benachbarten Stadt Millau und eine erste Organisation, die sich gegen das Projekt engagiert („Association pour la Sauvegarde du Larzac et de son Environnement"), beginnen kurz nach der Bekanntwerdung der Pläne mit einer Informationskampagne. Am 9. Mai 1971 findet auf Initiative der linken Gruppen eine erste Demonstration von Millau nach dem Kasernenstandort La Cavalerie statt, an der 1.500 Menschen teilnehmen. Die von den Erweiterungsplänen betroffenen Bauern beginnen erst im Herbst des gleichen Jahres mit der Organisation eigener Protestaktionen: Am 23. September 1971 werden mehrere Ladungen Steine vor die Kaserneneinfahrt in La Cavalerie sowie das Haus des Bürgermeisters geschüttet; am 6. November sind auch die Bauern auf der bis dahin größten Demonstration (6.000 Teilnehmer) präsent.

Ein Teil der Camperweiterungsgegner beteiligt sich in der Folgezeit an Verhandlungen mit Regierungsvertretern, um eine Kompromißlösung zu erreichen. Trotz mehrerer Anläufe in den folgenden Jahren bleiben die Unterredungen ohne Ergebnis, da sie von der Mehrzahl der am Protest Beteiligten nicht gutgeheißen werden. Inzwischen sprechen sich auch die regionalen Gremien (u.a. der Generalrat/Conseil Général des Département Aveyron) gegen die Erweiterungspläne aus.

Seit Frühjahr 1972 beginnt sich der Protest von der regionalen auch auf die nationale Ebene auszudehnen und gewinnt dabei an inhaltlicher Breite. In ganz Frankreich werden Unterstützungskomitees gegründet, in denen sich die radikaleren Campgegner sammeln; gewaltfreie Aktionsgruppen – wie etwa diejenige des spanischen Philosophen Lanza del Vasto – bringen sich in die Widerstandsbewegung ein und führen eine Fastenaktion durch (19.3.-1.4.1972). In den Sommermonaten finden nun regelmäßige Großveranstaltungen zur Solidarität mit den Larzac-Bauern statt, an denen Zehntausende von Menschen teilnehmen (1972: 15.000, 1973: 80.000, 1974: 100.000 Teilnehmer).

Die betroffenen Bauern finden unterdessen eigene Formen der Dokumentierung und Festigung ihrer Protesthaltung: Sie schwören feierlich, daß sie ihre Grundstücke nicht an die Armee verkaufen werden („Eid der 103", 28.3.1972). Staatlicherseits wird im Oktober 1972 das Informations- und Anhörungsverfahren über den „öffentlichen Nutzen" des Projekts anberaumt, das seitens der Gegner zum Gegenstand juristischer Klagen und weiterer Widerstandsaktionen gemacht wird: Bei Beginn der „Enquête d'Utilité Publique" blockieren Larzac-Bauern mit 2.000 Schafen den Zugang zum Rathaus von La Cavalerie, wo die Akten für das Verfahren ausliegen. Auch am 25.10.1972 werden Schafe für die Protestaktionen herangezogen, die diesmal unter dem Eiffelturm in Paris grasen und ein großes Medienecho auslösen. Im Januar 1973 wird mit einer Traktorprotestfahrt ein weiterer spektakulärer Vorstoß in die Regierungshauptstadt unternommen.

Eine explizit antimilitaristische Komponente erfährt der Protest im Sommer 1973, als der Start für eine Kampagne von Wehrpaßrücksendungen gegeben wird, an der sich im Verlauf der kommenden Jahre mehrere Tausend Menschen beteiligen. Weitere z.T. illegale Formen zivilen Ungehorsams folgen: Ohne Baugenehmigung werden auf dem Erweiterungsgelände Bauten (Schafställe, ein Kultur- und Informationszentrum) errichtet; Manöver der Armee werden massiv behindert (ab Mai 1974); von der Armee bereits aufgekaufte Höfe und Äcker werden besetzt und bestellt (ab Oktober 1974). Daneben gründen die Campgegner eine Landkaufgesellschaft, mit der sie die Kaufoperationen der Armee erschweren.

Eine konfrontative Wendung nimmt der Protest mit Beginn der Enteignungsverfahren (Februar 1975); es kommt zu Aktenverbrennungen, Rathausbesetzungen und -blockaden. Formfehler bei der „Erklärung des öffentlichen Nutzens" („Déclaration d'Utilité Publique") bewirken jedoch, daß auch die Enteignungsverfahren vorläufig eingestellt werden müssen. Fortgesetzte geheime Landkaufoperationen der Armee führen am 28.6.1976 zur Besetzung der Kaserne von La Cavalerie, wo die Aktivisten die Vertragsunterlagen einsehen wollen. Die Polizei stürmt die Gebäude unter Tränengaseinsatz und nimmt 14 Bauern und 8 Kriegsdienstverweigerer fest, was eine Solidaritätsdemonstration mit ebenfalls unfriedlichem Verlauf am folgenden Tag auf den Plan ruft. Eine weitere Großoffensive wird von Polizei und Armee ab Oktober 1976 mit der Räumung besetzter Höfe angegangen.

In den Jahren 1977 und 1978 werden seitens der Protestbewegung Aktionsformen der Vorjahre weitergeführt, obwohl unterdessen eine massive strafrechtliche Aufbereitung der Protestaktivitäten durch die Gerichte einsetzt. Zudem wird versucht, die national recht stark verwurzelte Solidaritätsbewegung mit dem Larzac durch einen gemeinsamen Protestmarsch nach Paris (8.11.-2.12.1978) der Öffentlichkeit vor Augen zu führen. Trotz Provokationsversuchen autonomer Gruppen verläuft die Abschlußkundgebung des Marsches (50.000 Teilnehmer) weitgehend gewaltfrei. Eine letzte große Medienwirksamkeit erreicht die Protestbewegung mit der Errichtung eines Zeltlagers durch Larzac-Bauern vor dem Eiffelturm, das nach drei Tagen von der Polizei geräumt wird.

Die 1981 durch ihren Wahlsieg an die Regierung gelangten Linksparteien lassen das Projekt – ihrem Wahlversprechen folgend – schließlich noch im Juni desselben Jahres fallen. Im Sommer 1983 wird noch einmal mit einer Großkundgebung (10.000-15.000 Menschen) der „Sieg“ über die Armeeplanungen gefeiert.

2. Hintergründe und soziale Bedingungen des Konflikts

Der Larzac ist ein karges, dünnbesiedeltes Hochplateau von etwa 1.000 qkm Fläche im südlichen Teil Frankreichs (Ausläufer des Zentralmassivs). Seine Bewohner leben heute noch zu einem bedeutenden Teil von der Landwirtschaft, hier wiederum besonders von der Schafzucht.

Bis in die 60er Jahre hinein bleibt der weitaus größte Teil der Bevölkerung dem politischen Konservatismus verbunden. Während etwa in den Nachbardépartements häufig linke Mehrheiten vorzufinden sind, wird das Département Aveyron, zu dem der Larzac gehört, von den politisch rechten Parteien beherrscht. Die politische Landschaft kommt allerdings in den 60er Jahren in Bewegung, als die heimische Lederindustrie in eine Krise gerät und eine Reihe von kleineren und mittleren Betrieben schließen muß (Überseekonkurrenz, Kunststoffproduktionen ersetzen zunehmend Lederwaren). Da in der Region aber kaum industrielle Arbeitsplätze zur Verfügung stehen, müssen die arbeitslos gewordenen Beschäftigten meist in andere Regionen abwandern.

Mit der anhaltenden Krisensituation in der Lederindustrie beginnen auch die regionalen Politiker der Regierungsparteien mit Überlegungen, wie der wirtschaftlichen Krisenlage zu begegnen sei. Im Januar 1971 organisieren die örtlichen Linksparteien und -gewerkschaften in Millau (Zentrum der

Lederindustrie) eine Protestdemonstration gegen Fabrikschließungen, an der mehr als 5.000 Menschen teilnehmen. Zur gleichen Zeit konkretisieren sich nun aber auch die Erweiterungspläne für den Truppenübungsplatz auf dem Larzac. Seit 1902 existiert hier ein 3.000 Hektar großer Truppenübungsplatz. In den 50er Jahren werden die ersten Erweiterungspläne bekannt, die aber von den Militärs wieder fallengelassen werden. In den 60er Jahren fordern dann lokale Gewerbetreibende die Erweiterung des bestehenden Militärgeländes, wovon sie sich geschäftliche Vorteile erhoffen. Auch einige Bauern unterstützen dieses Begehren, um brachliegendes Land günstig verkaufen zu können.

Der spätere gaullistische Abgeordnete des Aveyron macht die geplante Erweiterung des Truppenübungsplatzes bei den Kommunalwahlen von 1971 zu einem wichtigen Wahlkampfschlager und verspricht die Schaffung von 2.000 neuen Arbeitsplätzen durch die geplante Vergrösserung des bestehenden Militärlagers. Der Erfolg eines solchen Wahlversprechens bleibt auch nicht aus: Trotz einer weiteren, von den linken Parteien und Gewerkschaften erfolgreich durchgeführten Demonstration (wieder mehr als 5.000 Teilnehmer) nach der Schließung der größten Handschuhfabrik Frankreichs (mehr als 500 Beschäftigte), gewinnt der Kandidat der Rechtsparteien in Millau. Nach den Wahlen ist dann nicht mehr von 2.000 Arbeitsplätzen durch die Erweiterung des Truppenübungsplatzes die Rede, sondern nurmehr von 50-80 neuen Stellen.

Unterdessen hat auch der Protest gegen die geplante Erweiterung begonnen, wenn er auch zu diesem Zeitpunkt noch kaum von der Öffentlichkeit wahrgenommen wird. Die Gerüchte um die Camperweiterung haben sich bis Ende Oktober 1970 gehäuft, ohne daß allerdings von Regierungseite eine offizielle Bestätigung gegeben wird.[2] Mitglieder der linkssozialistischen Partei P.S.U. sind die ersten, die den Gerüchten nachgehen. Daneben beginnen sich auch Kriegsdienstverweigerer und Umweltschützer für die Angelegenheit zu interessieren. Von den Larzac-Bauern selbst sind in diesem Zeitraum nur sehr wenige aktiv.[3]

Die geplante Erweiterung des Truppenübungsplatzes bedroht 107 Bauernhöfe und Weiler, wovon viele direkt weichen müßten (Hof und Landbesitz liegen innerhalb der geplanten Erweiterungszone von über 13.000 Hektar), während die übrigen Weide- und Ackerflächen verlieren würden, wodurch auch sie ökonomisch bedroht wären. Bedroht sind außerdem einige Käsefabrikanten, die wichtige Milchlieferanten verlieren würden.

3. Umfang, Struktur und Zusammensetzung der Protestgruppen

Nicht lange nach dem Einsetzen der ersten, mehr individuellen Proteste gegen die geplante Camperweiterung gründen die Kritiker des Projekts eine erste Vereinigung, die „Association pour la Sauvegarde du Larzac et de son Environnement“ (Januar 1971), deren Mitglieder sich vor allem aus Kreisen lokaler und regionaler Honoratioren und regional relevanter Gruppierungen rekrutieren. Die Larzac-Bauern, als direkt Betroffene, sind in dieser Vereinigung kaum vertreten. Dieser Zusammenschluß lehnt zwar die Erweiterungspläne ab, signalisiert aber seine Kompromißbereitschaft, indem eine partielle Vergrößerung des Übungsgeländes akzeptiert wird. Nur kurze Zeit später (Februar 1971) sieht sich die „Association“ der Konkurrenz linker Gruppierungen ausgesetzt, die sich zunehmend am Protest beteiligen.[4] Dabei sind besonders die Mitglieder der kleinen linkssozialistischen Partei P.S.U. aktiv, die z.T. auch der Anti-Atomwaffen-Bewegung angehören (z.B. der M.D.P.L.= Mouvement pour le Désarmement, la Paix et la Liberté). Die P.S.U.-Aktivisten aus Millau rufen zusammen mit der M.D.P.L. zur ersten Protestdemonstration gegen das Erweiterungsprojekt auf (Mai 1971; 1.500 Teilnehmer). Die Teilnehmer des Protestmarsches stammen aus einem breiten Spektrum der unterschiedlichsten Proteströmungen Frankreichs (kleinere Linksgruppierungen, Pazifisten und Gewaltfreie, Ökologisten, Anhänger alternativer Gruppen, Regionalisten u.a.). Es fehlen allerdings die Larzac-Bauern. In der Folgezeit sind maoistische Gruppen besonders aktiv, wie etwa der „Secours Rouge“ aus Millau, der von Studenten naheliegender Universitäten (Montpellier, Toulouse) gegründet worden ist, oder auch Mitglieder der „Gauche Prolétarienne“. Die Maoisten haben beschlossen, bei den Larzac-Bauern direkt zu agitieren, um sie für den Widerstand gegen die Camperweiterung zu gewinnen. Die linken Gruppierungen gründen 1971 die ersten „Comités de Soutien“, und zwar in Rodez und Millau.

Neben diesen linksextremen Gruppen sind seit Beginn des Protests auch gewaltfreie Gruppen aktiv.[5] Hier ist in erster Linie die „Communauté de l'Arche“ zu nennen, eine nach dem Muster indischer Ashrams gegliederte Lebensgemeinschaft, die von dem spanischen Philosophen Lanza del Vasto unweit des Larzac-Plateaus gegründet worden ist (1948).[6] Bereits in den 50er Jahren unternehmen Mitglieder dieser Gemeinschaft Fastenaktionen zum Protest gegen das französische Atomwaffenarsenal und Anfang der 60er Jahre gegen die Einrichtung eines Internierungslagers auf dem Larzac, in dem Nordafrikaner interniert wurden, weil sie verdächtig waren, die algerische Befreiungsbewegung zu unterstützen. Neben den Arche-Mitgliedern engagieren sich auch andere gewaltfreie Gruppen gegen die Erweiterungspläne, hier besonders das „Mouvement pour une Alternative Non-Violente“ (M.A.N.), das den in Frankreich sehr verbreiteten Vorstellungen eines Selbstverwaltungssozialismus nahesteht. Im Unterschied zur „Arche“, die eher als religiöse Gemeinschaft zu bezeichnen ist, verfolgt das M.A.N. einen politischen Pazifismus, der nach politischem Einfluß strebt.[7]

Die am Protest beteiligten Gruppen gründen Ende 1971 ein „Comité de Coordination pour la Sauvegarde du Larzac", das die Interessen von mehr als zweihundert Gruppen bündeln soll. Inzwischen beginnt in ganz Frankreich die Gründung von Larzac-Komitees, in denen sich vor allem diejenigen sammeln, die die Camperweiterung ganz ablehnen und dies mit einer grundsätzlichen Gesellschaftskritik verbinden. Die gemäßigten Campkritiker gründen eine eigene Vereinigung, das „Comité Départementale de Sauvegarde du Larzac", in dem sich Vertreter der meisten departemental relevanten Gruppen beteiligen (Vertreter départementaler politischer Gremien, landwirtschaftlicher Verbände, kirchlicher Gruppierungen, aber auch Sozialisten und linke Gewerkschafter).

Die Bauern beginnen erst langsam sich am Widerstand zu beteiligen.[8] So gründen sie 1972 eine eigene Gruppierung, die „103", eine Bezeichnung, die darauf verweist, daß 103 der 107 betroffenen Landwirte das Projekt ablehnen. Dieser Zusammenschluß arbeitet auf zwei Ebenen: Einmal werden Entschlüsse auf Vollversammlungen gefällt; daneben erfolgt die Meinungsbildung vor allem im Nachbarschaftsbereich. Ab 1974 werden verschiedene Arbeitsgruppen gegründet (Öffentlichkeitsarbeit, juristische Beratung, Veranstaltungen etc.).

An den Protestaktionen beteiligen sich zunehmend auch Arbeiter aus den umliegenden Industriebetrieben. Die Larzac-Bauern wiederum unterstützen verschiedene Arbeitnehmerproteste.[9] Als z.B. die LIP-Fabrik in Besançon von Polizeieinheiten umringt wird (die LIP-Arbeiter haben ihre Fabrik während des Konkursverfahrens besetzt und leiten die Produktion anschließend in Selbstverwaltung),[10] blockieren die Bauern mit ihren Traktoren die Nationalstraße auf dem Larzac (14.8.1973).

Damit ist bereits in der ersten Phase des Widerstands gegen die Camperweiterung ein breites regionales Bündnis der verschiedensten Gruppen zu beobachten, welches mehr und mehr auch überregionale Unterstützung erhält. Aufgrund der Heterogenität der sich am Protest beteiligenden Gruppen treten bald interne Differenzen zutage.[11] Die verschiedenen Gruppierungen versuchen jeweils ihre Positionen durchzusetzen und erstreben z.T. die Übernahme einer Führungsrolle. So stehen anfangs die gemäßigt-konservativen Kräfte im Vordergrund, während später die linken Larzac-Komitees zunehmend an Einfluß gewinnen.

Aber auch die teilnehmenden Larzac-Bauern stellen keine einheitliche Gruppe dar. Auf dem Larzac findet man ein geographisch geprägtes Gefälle vor. Während im Süden überwiegend kleinere Bauernhöfe mit alteingesessenen Bauernfamilien anzutreffen sind, hat sich im Norden in den 50er und 60er Jahren eine neue und junge Bauerngeneration angesiedelt, deren Höfe modern eingerichtet sind und bessere Einkünfte erwirtschaften.[12] Von daher kommt es zwischen den Bauern im Süden und Norden häufig zu Rivalitäten. Aufgrund solcher Differenzen sind es im Laufe des Konflikts sieben Bauern, die „eidbrüchig“ werden und ihr Land an die Armee verkaufen.

Den Bauern gelingt es allerdings weitgehend, ihre Unabhängigkeit gegenüber den anderen am Protest beteiligten Gruppen zu wahren. Sie arbeiten sowohl mit den lokalen und regionalen Honoratiorengruppen zusammen als auch mit Vertretern von Linksparteien, der extremen Linken, der Gewaltfreien, der Regionalisten und anderer Gruppierungen. Trotz ihrer relativen Unabhängigkeit durchlaufen die Larzac-Bauern einen Entwicklungsprozeß. Die meisten unter ihnen sind bei Beginn des Protests dem traditionell konservativen ländlichen Milieu verhaftet und nehmen auch nicht an den Protestaktionen teil. Erst langsam beginnen sie sich zu politisieren und nehmen zusehends eine ablehnende Haltung gegenüber den konservativen politischen Kräften der Region ein. Teilweise übernehmen sie auch Positionen von linken Gruppen, Gewaltfreien, Ökologisten und Regionalisten.

Bleibt der Protest bis 1972 überwiegend lokal und regional begrenzt, so breitet sich der Widerstand ab 1973 auch auf nationaler und internationaler Ebene aus (Gruppen aus der Bundesrepublik und anderen Nachbarländern Frankreichs, bis hin zu Nordiren, Palästinensern und nordamerikanischen Indianern), was sich vor allem auf den Großveranstaltungen im Sommer manifestiert.

Der Erfolg dieser Veranstaltungen verbreitert auch die politische Basis der Teilnehmerschaft: Neben den Larzac-Bauern findet man linke Gewerkschafter, Sozialisten (1974 ist beispielsweise auch der Parteivorsitzende der Sozialistischen Partei, François Mitterrand, anwesend), Ökologisten, verschiedene gewaltfreie Gruppierungen, Anarchisten bis hin zu linksextremen Splittergruppen und Gruppen von Autonomen. Das Engagement der kommunistischen Partei (P.C.) und der ihr nahestehenden Gewerkschaft C.G.T. bleibt allerdings kurzlebig; sie ziehen ihre Teilnahme an einer Demonstration wegen „Teilnahme unkontrollierter Elemente“ wieder zurück, womit offenbar die verschiedenen Gruppen der extremen Linken gemeint sind.[13]

An den Demonstrationen, den freiwilligen Arbeitseinsätzen und den Hofbesetzungen auf dem Larzac beteiligen sich überwiegend Angehörige junger Altersgruppen. Die Blockadeaktionen werden meist von den Bauern selbst durchgeführt, da diese infolge ihrer Verfügbarkeit und dauernden Anwesenheit auf dem Plateau auf die Vorgehensweise staatlicher Institutionen unmittelbar und rasch reagieren können.

Angaben zur Zusammensetzung der beteiligten Protestgruppen lassen sich auch aus zwei vorliegenden Auswertungen gewinnen: Einmal aus der Analyse der Teilhaber an den Landkaufgesellschaften (Groupement Foncier Agricole = G.F.A.),[14] die zur Verhinderung des Verkaufs von Gelände an die Armee gegründet werden, und zweitens aus der Betrachtung der Benutzer des von den Protestgruppen errichteten Friedenszentrums auf dem Larzac.[15] Ein großer Teil der G.F.A.-Aktionäre stammt aus der Mittelschicht (Angestellte, Beschäftigte des öffentlichen Dienstes, Angehörige freier Berufe). Hervorzuheben ist der hohe Anteil von Lehrern (fast 25 %) und der niedrige Anteil von Arbeitern (4 %) und Bauern (ausgenommen der Larzac-Bauern). Die Aktienzeichner kommen aus ganz Frankreich, wobei Paris (25 %) und Lyon (15 %) die höchsten Anteile aufweisen. Erstaunlicherweise stammen nur 6 % der G.F.A.-Mitglieder aus dem Aveyron selbst. Die Benutzer des Friedenszentrums gehören zu einem sehr großen Teil jungen Altersgruppen an, wobei die unter 22jährigen fast ein Drittel der Benutzer ausmachen und damit den höchsten Anteil stellen. Nur 6 % der Veranstaltungsteilnehmer sind älter als 45 Jahre. Nach Berufspositionen aufgeschlüsselt, stellen – wie auch schon bei den G.F.A.-Aktionären – Lehrer den größten Anteil (25 %), gefolgt von Studenten (16 %) und Beschäftigten aus sozialen Berufen (12 %), während erneut Arbeiter einen geringen Prozentsatz ausmachen. Die Teilnehmer rekrutieren sich aus ganz Frankreich, und der Anteil einheimischer Benutzer bleibt gering.

Abschließend bleibt hier festzuhalten, daß die am Widerstand gegen die Camperweiterung beteiligten Gruppen den unterschiedlichsten politisch-ideologischen Strömungen zuzurechnen sind, mehrheitlich höhere Bildungsabschlüsse aufweisen (hoher Anteil von Lehrern und Studenten), meist dem Mittelschichtmilieu angehören und überwiegend jüngeren Altersgruppen entstammen.[16] Die am Protest beteiligten Larzac-Bauern, die zum großen Teil eine jüngere Bauerngeneration repräsentieren, nehmen beim Konflikt eine Sonderstellung ein. Während die übrigen Protestgruppen vor allem bei den größeren Protestveranstaltungen zu finden sind, übernehmen die Larzac-Bauern bei vielen kleineren Protestaktionen eine herausragende Rolle (z.B. Blockadeaktionen auf dem Larzac, Protestfahrt und -marsch nach Paris etc.).

4. Konfliktdynamik und Eskalation

4.1 Strategien und Aktionen der Protestgruppen

Zu Beginn des Protests gegen die Erweiterung des Truppenübungsplatzes auf dem Larzac verfolgen die beteiligten Personen und Gruppen eine Aufklärungs- und Informationsstrategie. Die gemäßigt-konservativen Kritiker des Erweiterungsprojekts (hier vor allem die „Association pour la Sauvegarde du Larzac et de son Environnement“- A.P.S.L.E.) unternehmen Aktionen im Rahmen traditioneller Konfliktlösungsschemata: Sie wenden sich an die politischen Entscheidungsträger und versuchen durch Verhandlungen Kompromißlösungen zu erreichen, die auf eine begrenzte Erweiterung des Militärgeländes hinauslaufen. Um von allen denkbaren Gesprächspartnern (Politiker, Verwaltungsbeamte, Armeevertreter) akzeptiert zu werden, wird stets besonderer Wert auf Überparteilichkeit gelegt. Die lokalen Honoratioren versuchen, ihren Einfluß bis hinein in Regierungskreise geltend zu machen. Die Bauern-Vertreter boykottieren schon bald die Verhandlungen der Notabeln mit den Regierungsbeamten, da sie keine Kompromisse mit der Gegenseite eingehen möchten.[17]

Nachdem die linken Gruppierungen immer aktiver werden, sehen die gemäßigten Campkritiker ihre dominierende Position gefährdet und versuchen, die neu hinzugekommenen Protestgruppen auszugrenzen. Als etwa verschiedene linke Gruppen zur Demonstration am 9.5.1971 aufrufen, melden sich gerade die Notabeln der A.P.S.L.E. zu Wort und raten den Larzac-Bauern ab, an dieser Protestveranstaltung teilzunehmen, da gewalttätige Auseinandersetzungen zu erwarten seien. Es nehmen dann tatsächlich nur sehr wenige Bauern an der Demonstration teil, wenn auch die Ursache hierfür eher im damals generell fehlenden Engagement der Bauern gegen das Erweiterungsprojekt zu sehen ist und weniger in der Aufforderung zur Nichtteilnahme durch die „Association". Die Gruppen der extremen Linken versuchen in der Folgezeit, die Bauern für den Widerstand zu gewinnen. Dazu starten etwa maoistische Studenten des „Secours Rouge" Befragungsaktionen bei den Bauern, während andere Gruppen freiwillige Arbeit bei den Bauern leisten.

Im Herbst 1971 unternehmen die Bauern ihre erste eigenständige Protestaktion: Sie schütten mehrere Traktorladungen mit Steinen vor die Kaserneneinfahrt in La Cavalerie sowie vor das Haus des Bürgermeisters. Zu diesem Zeitpunkt äußern einige Bauern, daß sie nötigenfalls auch gewalttätige Aktionen unternehmen würden.[18] Ihre Aktivitäten bleiben jedoch eher von spektakulärer Gewaltfreiheit als von militanter Gewalttätigkeit geprägt. Im Zusammenhang mit dem Beginn des administrativ vorgesehenen Anhörungsverfahrens (Enquête d'Utilité Publique – E.U.P.; Oktober 1972) blokkieren sie unter anderem den Rathausplatz in La Cavalerie mit 2.000 Schafen und verzögern dadurch den Beginn der E.U.P. Anschließend werden von den Campgegnern massenweise Einwände gegen das Armeeprojekt in den ausliegenden Unterlagen vermerkt (insgesamt nahezu 10.000 Widersprüche). Während der Dauer der E.U.P. unternehmen die Bauern ihre erste spektakuläre Aktion in Paris (Oktober 1972), wo es ihnen gelingt, 60 Schafe unter dem Eiffelturm grasen zu lassen.[19] Die Aktion wird von den Bauern kommandoähnlich vorbereitet und durchgeführt. Die Schafe werden in der Nacht in einem getarnten LKW nach Paris gebracht; Campgegner aus Paris sind in verschiedenen Cafés postiert, um Presse, Rundfunk und Fernsehen im geeigneten Augenblick zu informieren.

Weitere spektakuläre Protestaktionen der Larzac-Bauern folgen, die auch von anderen Protestgruppen unterstützt werden: Demonstrationszug mit Traktoren nach Paris (Januar 1973), Protestmarsch nach Paris (Ende 1978), Besetzung von Grundstücken und Höfen auf dem Larzac (ab Ende 1973; bis 1980 werden 115 Hektar Land illegal landwirtschaftlich genutzt),[20] illegale Bauprojekte (Schafställe, Kulturzentrum, Friedenszentrum) u.a. Im Jahre 1980 starten die Bauern eine weitere, bis zuletzt geheimgehaltene Protestaktion in Paris: Etwa 70 Personen errichten in der Nähe des Eiffelturms ein Zeltdorf, das erst nach fünf Tagen von der Polizei geräumt wird.

Nicht unwesentlichen Anteil am Zustandekommen der spezifischen strategischen Ausrichtung der Aktivitäten der Bauern nahmen regionalistische und gewaltfreie Organisationen, die sich am Protest beteiligten.[21] Die okzitanischen Regionalisten nehmen aus mehreren Gründen am Widerstand gegen die Camperweiterung teil: Erstens geht es ihnen um die Verbreitung regionalistischer Vorstellungen im ganzen südlichen Frankreich, während sie vorher ihre Aktivitäten vor allem auf die Region des Languedoc beschränkt haben. Zweitens kann hier zum erstenmal eine Institution des Zentralstaates direkt infrage gestellt werden. Drittens wollen sie den Notabeln nicht das Feld für deren regionale Lösungsmodelle überlassen.[22] Bei den Gewaltfreien tritt besonders die Gruppe um Lanza del Vasto in den Vordergrund, die zum Protest gegen die Camperweiterung eine Fastenaktion unternimmt (März 1972). Die Bauern werden gerade von ihren Aktionen und Vorstellungen beeinflußt und verfolgen nun ihrerseits Aktionen mit gewaltfreiem Charakter. Werden vorher keine bestimmten Strategien mit genau festgelegten Aktionsformen angewandt und auch radikalere Protestformen nicht ausgeschlossen, so wenden sich die Larzac-Bauern jetzt mehr und mehr einer Strategie mit spektakulären Widerstandsformen aber gewaltfreiem Grundcharakter zu.

Aus dem klassischen Repertoire gewaltfreier Aktion übernehmen die Bauern insbesondere Strategien gezielter Behinderungen des Gegners. So werden z.B. Militärfahrzeuge bei Manöverübungen angehalten und durch Blockaden an der Weiterfahrt gehindert.[23] Das Instrument der Blockade wenden die Protestgruppen auch an, um die Aktivitäten staatlicher Stellen im Zuge der Enteignungsverfahren gegen verkaufsunwillige Bauern zu stören. So werden Sitzblockaden auf den Zufahrtsstraßen zu den zu enteignenden Grundstücken und Höfen durchgeführt, so daß der Enteignungsrichter mehrere Male unverrichteter Dinge umkehren muß. Bei einem erneut angesetzten Enteignungsverfahren werden Rathäuser blockiert oder unzugänglich gemacht.

Das Zurücksenden von Wehrpässen an das Verteidigungsministerium geht ebenfalls auf eine traditionelle Protestform pazifistischer Gruppen zurück. Es handelt sich immerhin um sechzig Larzac-Bauern, die im April 1973 ihre Wehrpässe zurückschicken und damit eine Welle weiterer Wehrpaßrücksendungen in ganz Frankreich auslösen.[24] Eine ähnliche Strategie wird mit Steuerverweigerungsaktionen versucht, einer Protestform, die in Frankreich im Zusammenhang mit der atomaren Aufrüstung seit Anfang der 70er Jahre praktiziert wird. Die entstandenen Steuerverweigerungsgruppen konzentrieren ihre Aktionen ab 1973 auf den Konflikt um die Erweiterung des Truppenübungsplatzes auf dem Larzac und behalten 3 % ihrer Steuern zurück (bis 1976 ca. 2.000 Steuerverweigerer).

Neben den genannten Protestformen, die aus juristischer Sicht illegal sind, unternehmen die Protestgruppen auch legale Protestaktionen. Mit der Gründung verschiedener Landkaufgesellschaften (ab 1974) versuchen die Camperweiterungsgegner den Landkäufen des Verteidigungsministeriums zuvorzukommen. Es gelingt ihnen mit einer geschickt gewählten Kaufpolitik, weitzerstreut Grundstücke innerhalb der vorgesehenen Erweiterungszone zu erwerben. Die Grundstücke muß dann die Armee wiederum mittels einer Enteignungsprozedur in ihren Besitz bringen. Parallel zu den Landkäufen unternehmen die Protestgruppen auch juristische Schritte gegen die Camperweiterung. Zwar wird eine Klage gegen die E.U.P. in letzter Instanz abgewiesen (1976), der juristische Einspruch gegen die ergangenen Enteignungsverfügungen verläuft jedoch erfolgreich, so daß die Enteignungsverfahren aufgrund von Formfehlern neu eingeleitet werden müssen.

Zur Strategie der Protestgruppen gehört auch eine aktive Aufbauarbeit auf dem Larzac, um zu zeigen, daß das Hochplateau wirtschaftlich sinnvoll genutzt werden kann. An verschiedenen Aufbauarbeiten nehmen insgesamt mehrere tausend Freiwillige teil. Auch nach der Aufgabe des Erweiterungsprojekts durch die sozialistische Regierung (Sommer 1981) arbeiteten die Larzac-Bauern und andere Gruppen an der Entwicklung eines landwirtschaftlichen Zukunftsmodells für den Larzac (eine Art Kooperative ist geplant).[25]

Die medienwirksame Stütze des Widerstands gegen das Ausbauprojekt bildeten schließlich die zahlreichen Demonstrationen, die im Larzac, in den umliegenden Städten und in Paris stattfinden. Zu diesen Protestveranstaltungen ruft jeweils ein breites Bündnis der am Protest beteiligten Gruppen auf. Sie finden meist in den Sommermonaten statt und entwickeln sich nicht selten zu Großereignissen mit bis zu 100.000 Teilnehmern.

Insgesamt bleiben die Proteste weitgehend gewaltfrei. Nur bei wenigen der sehr zahlreichen Protestveranstaltungen kommt es zu gewalttätigen Zwischenfällen: Bei der Großdemonstration auf dem Larzac im August 1974 wird der überraschend erschienene Vorsitzende der Sozialistischen Partei, François Mitterrand, von einer Demonstrantengruppe tätlich angegriffen; dem Ordnerdienst gelingt es jedoch, die militante Gruppe abzudrängen. Im März 1975 kommt es in Millau beim Versuch der Besetzung der Unterpräfektur durch Campgegner zu Auseinandersetzungen zwischen Demonstranten und Polizeieinheiten, wobei mehrere Personen verletzt werden.[26] Nach dieser Eskalation setzt bei den Protestgruppen eine Diskussion darüber ein, wie solche Zwischenfälle zu vermeiden seien. Auch die Abschlußveranstaltung des Protestmarsches der Larzac-Bauern nach Paris (Dezember 1978) verläuft unfriedlich: Eine größere Gruppe von Autonomen (mehrere Hundert) greift die anwesenden Polizeieinheiten an, welche daraufhin Tränengasgranaten einsetzen.[27] Da aber die übrigen Demonstrationsteilnehmer sich nicht an der Aktion der Autonomen beteiligen, ziehen diese sich wieder zurück.

Die Diskussion um die Gewaltfrage ist innerhalb der am Larzac-Konflikt beteiligten Protestgruppen gerade 1977 äußerst intensiv und lebhaft.[28] Nur zwei Wochen vor der auf dem Larzac geplanten Demonstration ist es beim Protest um den Bau des Schnellen Brüters in Creys-Malville zu gewalttätigen Ausschreitungen gekommen, die mit dem Tod eines Demonstranten ein tragisches Ende nehmen. Ein Teil auswärtiger Campgegner vertritt eine radikale Position und hält den bisherigen Protest für zu harmlos, was allein schon daran zu erkennen sei, daß die Demonstration auf dem Larzac, im Gegensatz zur Protestdemonstration in Creys-Malville, von der Präfektur nicht verboten worden ist. In dieser Situation befürchten viele der gewaltfreien Gegner des Erweiterungsprojekts, daß es zu gewalttätigen Auseinandersetzungen kommen würde.[29] Deshalb wird der gewaltfreie Charakter des Larzac-Widerstands besonders herausgestrichen.

Zur Strategie der Protestgruppen läßt sich insgesamt sagen, daß gewaltfreie Protestformen eindeutig dominiert haben, während sich radikalere Vorstellungen nicht durchsetzen können. Die Larzac-Bauern nehmen während des Konflikts eine zentrale Stellung ein. Ihr großes Engagement und die Option für eine gewaltfreie Strategie zwingen auch die anderen beteiligten Protestgruppen, sich den Protestformen der Bauern anzuschließen, wenn sie nicht die Sympathie der unmittelbar Betroffenen verlieren wollen.

4.2 Vorgehensweisen und Reaktionen von Polizei und Militär

Bei den ersten Protestdemonstrationen auf dem Larzac und in den umliegenden Städten verhält sich die Polizei sehr zurückhaltend. Erst als sich der Widerstand mehr und mehr verbreitet und teilweise auch radikalere Formen annimmt, gibt die Polizei ihre Zurückhaltung auf. Als z.B. die Häuser von Befürwortern der Camperweiterung mit Parolen versehen werden, werden die Bauern als Urheber verdächtigt, und die Polizei führt Verhöre und häufige Ausweiskontrollen durch.[30] Andererseits scheinen die Polizeibeamten den gewaltfreien Protestaktionen oft unvorbereitet und überrascht gegenüberzustehen, was sich in hilflosen Reaktionen äußert. So geben bei einer Ankettungsaktion der Bauern vor dem Militärkasino in La Cavalerie (11.3.1972) die herbeigerufenen Polizisten bald ihre Versuche auf, die Demonstranten abzudrängen. Bei verschiedenen Blockade- und Behinderungsaktionen bleiben die herbeigekommenen Polizeieinheiten untätig und ziehen sich nach Funkgesprächen mit der Präfektur und teilweise gar mit dem Innenministerium wieder zurück.[31] Nur selten werden die Blockaden aufgelöst, wobei es auch zu unkontrollierten Reaktionen einzelner Polizeibeamter gegen Demonstranten kommt.

Die Manöverbehinderungen und Hofbesetzungen werden oft zu strategischen Planspielen zwischen Militär- und Campgegnern: Die Armee unternimmt bei Truppentransporten Ablenkungsmanöver, um Blockadeaktionen zu vereiteln, worauf sich wiederum die Protestgruppen schnell einstellen. Um Hofbesetzungen zuvorzukommen, richten sich Armeeabteilungen in den vom Verteidigungsministerium bereits erworbenen Höfen ein, worauf die Campgegner mit der Errichtung von Zeltlagern vor diesen Höfen reagieren. Hierbei kommt es bisweilen zu Übergriffen gegen die Demonstranten. Daneben verstärkt die Armee ihre Manöveraktivitäten auf dem Larzac, wobei auch nächtliche Übungen in unmittelbarer Nähe von Dörfern abgehalten werden.

Überraschend werden Hofbesetzungen zunächst von den Behörden stillschweigend toleriert und die Besetzer teilweise sogar als Landwirte anerkannt.

Eine juristische Aufarbeitung der Widerstandsaktionen gegen das Erweiterungsprojekt im Larzac findet in verstärktem Maße erst ab 1975 statt. Obwohl die ersten Aktivitäten der Wehrpaßrücksender auf das Jahr 1973 zurückgehen, kommt es erst gegen Ende des Jahres 1975 zur Strafverfolgung der Aktivisten. Auf unteren Gerichtsebenen werden meist geringe Geldstrafen verhängt oder auch Freisprüche ausgesprochen, die später allerdings von höheren Instanzen aufgehoben und meist in höhere Strafen verwandelt werden. Die Larzac-Bauern unter den Wehrpaßrücksendern werden hier weitgehend von einer Strafverfolgung ausgeklammert, während in erster Linie auswärtige Campgegner herausgegriffen und verurteilt werden.[32]

Ein ähnliches richterliches Vorgehen wurde gegenüber den Campgegnern beobachtet, die im Juni 1976 in die Kaserne von La Cavalerie eindrangen, um sich die Beweisunterlagen für Landkäufe der Armee zu beschaffen (siehe Chronologie). Auch hier fallen die Strafen für Ortsansässige wesentlich geringer aus.

Die Betreiberseite verhärtet zwar ihre Vorgehensweise gegen die Campgegner mit zunehmender Dauer des Konflikts, was etwa an der Räumung einiger besetzter Höfe ablesbar ist, verhält sich aber uneinheitlich. So werden einerseits die Gegner der Erweiterung des Truppenübungsplatzes strafrechtlich verfolgt, während andererseits behördliche Anordnungen nicht ausgeführt werden oder die Polizei bei illegalen Blockadeaktionen untätig bleibt. So werden z.B. gegen die illegalen Bauten Abrißanordnungen erlassen, die in der Folge nicht vollzogen werden. Auch wird die für den Sommer 1977 geplante Großdemonstration auf dem Larzac nicht verboten, was insofern erstaunt, als es nur kurze Zeit vorher in Creys-Malville zu gewalttätigen Auseinandersetzungen gekommen ist, die sich in der emotional angespannten Situation auch auf dem Larzac wiederholen könnten.[33] Im darauffolgenden Jahr verbietet die Präfektur in Paris zunächst die nach dem Protestmarsch der Larzac-Bauern geplante Abschlußkundgebung in Paris mit dem Hinweis auf eine „Gefährdung der öffentlichen Ordnung“. Nachdem aber die etablierten Linksparteien und -gewerkschaften weiterhin zur Teilnahme an dieser Veranstaltung aufrufen und auch bekannte Künstler und Schriftsteller in einer großen Anzeige in „Le Monde“ dieses Anliegen unterstützen, wird das Demonstrationsverbot wieder aufgehoben und eine andere Demonstrationsroute genehmigt.[34] Die Polizei ist mit einem starken Aufgebot anwesend (10.000 Polizeibeamte) und setzt Tränengas ein, als sie von einer Gruppe Autonomer angegriffen wird.

Insgesamt ist die Vorgehensweise der Polizei recht uneinheitlich und besteht weniger in einer vorausplanenden Strategie als in einer Reaktion auf das Verhalten und die Aktionen der Protestgruppen. Zu polizeilichen Zwangsmaßnahmen gegen Demonstranten kommt es relativ selten, wohl auch, weil die Campgegner gewaltfreie Protestaktionen unternehmen und sie häufig die aktive Unterstützung etablierter politischer, gewerkschaftlicher und berufsständischer Gruppierungen genießen.

4.3 Politische Antworten

Die Entscheidung für die Erweiterung des Truppenübungsplatzes auf dem Larzac wird von Regierungsseite in Paris ohne die vorherige Zurateziehung und Information lokaler und regionaler politischer Gremien getroffen. Danach werden zwar die regionalen Vertreter der Regierungsparteien unterrichtet, die wiederum aber keine Informationen an die betroffenen Bauern weitergeben. Selbst der Präfekt des Aveyron wird erst sehr spät informiert.[35] Die Verantwortlichen in Paris scheinen sich schon Mitte der 60er Jahre mit dem Projekt der Camperweiterung zu befassen. Darauf deutet die Tatsache hin, daß ab 1965 größere Grundstücke auf dem Larzac von in Paris lebenden Personen aufgekauft werden, die Kontakte zu Regierungskreisen haben (darunter auch ein Abgeordneter der U.D.R.). Diese erworbenen Grundstükke werden dann zehn Jahre später mit erheblichem Gewinn an die Armee verkauft. Die Bewohner des Larzac erfahren erst Anfang der 70er Jahre von der Existenz der Erweiterungspläne: Erst als die Bauern auf einem Département-Parteitag der U.D.R. entsprechende Zwischenfragen stellen, erhalten sie von einem Abgeordneten die Bestätigung, daß solche Pläne existieren.

Nachdem der Widerstand gegen das Projekt eingesetzt hat, heben die regionalen und auch nationalen Vertreter der Regierungsparteien wiederholt hervor, daß es innerhalb der Protestbewegung „linksextremistischer Umtriebe“[36] gebe. Sie sprechen den Argumenten der Campgegner jegliche Seriosität ab und leugnen die Präsenz gemäßigter Gruppen unter den Kritikern des Projekts. Eine Ausgrenzung der Protestgruppen wird auch von einem Zusammenschluß von Geschäftsleuten aus La Cavalerie („Mouvement pour la Paix et l'Ordre sur le Larzac“) vorgenommen, die ihre Parolen gegen die Campkritiker durch Plakataktionen verbreiten.

Mit der zunehmenden Verbreitung des Widerstands ändert auch die Betreiberseite ihre Haltung zusehends. Regierungsvertreter signalisieren mehrere Male ihre Kompromißbereitschaft.[37] So sollen die großen landwirtschaftlichen Betriebe im Norden des Plateaus ausgeklammert werden, indem das Erweiterungsgebiet weiter nach Süden verlegt werden soll. Neben dieser Verlagerung nach Süden soll die Erweiterungsfläche einmal um 115 Hektar, dann um mehr als 5.000 Hektar verringert werden. Das Erweiterungsprojekt wird allerdings zu keiner Zeit grundsätzlich in Frage gestellt. Seine Notwendigkeit wird mehrmals in der Nationalversammlung bekräftigt. Der Verteidigungsminister gibt offen zu verstehen, daß die Durchführung der Camperweiterung schon aus Prinzip sichergestellt werden müsse. Es wird befürchtet, daß ein Nachgeben auf dem Larzac gleichzeitig auch jedes andere Projekt der Anlegung von Truppenübungsplätzen gefährde. Der Minister setzt auf den Zeitfaktor: Mit Dauer des Konflikts laufe sich auch der Widerstand langsam tot, eine Einschätzung, die sich allerdings nicht bewahrheitet.

Der fortdauernde Protest läßt Regierungs- und Armeevertreter nicht unbeeindruckt. So werden etwa die Wehrpässe, die die Larzac-Bauern an das Verteidigungsministerium zurückgesendet haben, wieder an die Bauern zurückgeleitet, ohne daß eine strafrechtliche Verfolgung eingeleitet wird. Als sich allerdings die Zahl der Wehrpaßrücksender erheblich erhöht, setzt eine selektive Strafverfolgung ein, die die Bauern weitgehend ausspart und auswärtige Protestteilnehmer herausgreift. Diese Bevorzugung der Bauern läßt sich auch auf deren Verbindung zu den regionalen Bauernverbänden zurückführen. Die Vertreter dieser Standesorganisationen sind ihrerseits z.T. Mitglieder in den Regierungsparteien, die eine Kompromißlösung mittels Verhandlungen erreichen wollen. Eine zu starke Kriminalisierung der Larzac-Bauern könnte dazu führen, daß diese sich radikalisieren und die Kontakte zu ihren Standesorganisationen abbrechen, was wiederum eine Kompromißlösung erschweren würde.

Die linken Oppositionsparteien schließen sich dem Widerstand zunächst auf regionaler, dann auch auf nationaler Ebene an. Abgeordnete der Sozialistischen Partei bringen das Erweiterungsprojekt mehrmals in der Nationalversammlung auf die Tagesordnung. Sie fordern u.a. eine Untersuchung der wirtschaftlichen Folgen der Projektrealisierung, was allerdings von den Regierungsparteien stets abgelehnt wird. Die Betreiberseite verweist stets auf die positiven wirtschaftlichen Impulse, die eine Camperweiterung mit sich bringen würde, womit die Campkritiker für das Projekt gewonnen werden sollen.

Kurz vor den Präsidentschaftswahlen von 1981 verhalten sich die Verantwortlichen zurückhaltend, da sie den Larzac-Konflikt aus dem Wahlkampf heraushalten wollen. So werden die Enteignungsverfügungen nicht umgesetzt.

Nach dem Sieg von François Mitterrand und der Regierungsübernahme der Linksparteien wird das Projekt – wie vorher versprochen – aufgegeben (Juni 1981). Die von der Armee bereits aufgekauften Grundstücke werden in einer Übergangsphase an die lokale S.A.F.E.R. übergeben, die die Staatsgrundstücke zu verwalten hat[38] : Diejenigen, die ihre Grundstücke an die Armee verkauft haben oder enteignet worden sind, haben ein prioritäres Rückkaufrecht. Die übrigbleibenden Grundstücke werden entweder an Larzac-Bauern oder an Neuansiedler verpachtet. In einer späteren Phase sollen die Staatsgrundstücke von den Pächtern kollektiv verwaltet werden. Der Larzac besitzt für die Linksregierung Modellcharakter. Entsprechende lokale Selbstverwaltungsmodelle sollten in ganz Frankreich geschaffen werden.[39]

5. Erfolg, Mißerfolg und Enttäuschungsverarbeitung

Der Protest gegen die Erweiterung des Truppenübungsplatzes auf dem Larzac setzt gleich nach der Verdichtung der Gerüchte um die Erweiterungspläne ein. Er konzentriert sich zu diesem Zeitpunkt auf die unmittelbar betroffene Region und mobilisiert noch keine größeren Bevölkerungsteile. Dann aber breitet sich der Widerstand relativ schnell aus und findet wachsende Unterstützung. Die Mobilisierungserfolge werden insbesondere an den großen Demonstrationen sichtbar, die mehrere Jahre lang im Sommer auf dem Larzac stattfinden. In ganz Frankreich werden mehr als 300.000 Unterschriften gegen die Camperweiterung gesammelt. Eine Reihe größerer französischer Städte bilden symbolische Patenschaften mit Höfen und Gemeinden auf dem Larzac. Die Campgegner erhalten Solidaritätsbekundungen aus verschiedensten politischen, weltanschaulichen und religiösen Richtungen, von der extremen Linken bis hin zu den Bischöfen von Rodez, Montpellier und Toulouse.

Von den 103 Larzac-Bauern, die feierlich beschlossen haben, keines ihrer Grundstücke an die Armee zu verkaufen, sind lediglich sieben „eidbrüchig“ geworden.

Auf Betreiben des Stadtrats wird 1979 in Millau ein „Referendum“ organisiert, an dem sich nahezu 70 % der wahlberechtigten Bevölkerung beteiligen – kaum weniger als bei offiziellen Wahlen – und in dem sich fast 90 % der Teilnehmer gegen das Erweiterungsprojekt aussprechen.[40]

Mit den häufigen Blockade- und Behinderungsaktionen und der Mißachtung behördlicher Entscheidungen gelingt es den beteiligten Protestgruppen, die Realisierung des Projekts um Jahre zu verzögern. Die Behörden sind gezwungen, das Verfahren zur E.U.P. um fünf weitere Jahre zu verlängern und die Enteignungsverfahren neu einzuleiten, da die Erweiterungsgegner vor Gericht Formfehler in den Verfahren geltend machen können.

Erfolgreich verlaufen auch die Wehrpaßrücksendeaktion (bis 1980 mehr als 4.000 Wehrpaßrücksendungen) und die Bildung von Landkaufgesellschaften (die G.F.A.s gewinnen bis 1979 mehr als 6.000 Teilhaber).[41] Die G.F.A.s behindern die Landkäufe der Armee und erreichen durch ihre strategisch geschickte Kaufpolitik (weit verstreuter Grundstückserwerb), daß die Armee auf ihren erworbenen Grundstücken keine Manöver durchführen kann.

Der Erfolg der Proteste zeigt sich auch am Verhalten der Betreiberseite, die es teilweise unterläßt, ihr zustehende behördliche Schritte umzusetzen, wie z.B. die nach den Abrißverordnungen für illegale Bauten vorgesehenen Maßnahmen. Nachdem die Campgegner genau auf der Trasse der im Bau befindlichen Bahnlinie zum Truppenübungsplatz ein Kulturzentrum errichten, unterbricht die Armee die Bauarbeiten und schlägt eine neue Trassenführung vor.

Ein Erfolg des Widerstands besteht auch darin, daß der Protest gegen die Camperweiterung 10 Jahre lang aufrechterhalten werden kann.

Der weitgehend gewaltfreie Charakter der Protestaktion und die breite Solidarität gerade auf lokaler und regionaler Ebene beeindrucken die Betreiberseite offensichtlich, die es ihrerseits nicht wagt, härtere Polizeieinsätze führen zu lassen.

Die meisten der Aktionen und Proteste der Gegner der Camperweiterung verlaufen zwar erfolgreich in bezug auf Mobilisierung und Medienöffentlichkeit; insgesamt können der Betreiberseite jedoch nur geringe Kompromisse abgerungen werden. Die konservative Regierung stellt das Projekt an sich nie in Frage.

Mit dem Wahlsieg der Linksparteien im Jahre 1981 tritt allerdings eine veränderte Situation ein, und das Projekt wird von der neuen Regierung fallengelassen. Damit ist der Widerstand gegen die Erweiterung des Truppenübungsplatzes letztlich erfolgreich, auch wenn dieser Erfolg unter einer veränderten politischen Konstellation zustandegekommen ist. Der Protestbewegung ist es vor allem gelungen, die Durchführung des Projekts zu verzögern. Ohne den Protest wäre die Camperweiterung höchstwahrscheinlich längst vollendete Tatsache, die kaum mehr rückgängig zu machen wäre.

6. Schlußfolgerungen

Im Widerstand gegen die Erweiterung des Truppenübungsplatzes auf dem Larzac beteiligt sich ein breites Spektrum verschiedener politisch-ideologischer Strömungen, und dies bereits seit der Anfangsphase des Konflikts. Die Larzac-Bauern nehmen schließlich eine Schlüsselposition ein. Ihre Führungsrolle wird von den meisten anderen beteiligten Protestgruppen akzeptiert. Dies rührt vor allem daher, daß die Larzac-Bauern die am unmittelbarsten betroffene Gruppe ist. Die Camperweiterung hätte eine grundlegende Veränderung ihrer Lebensbedingungen zur Folge gehabt.

Indem die Bauern mit allen beteiligten Gruppen zusammenarbeiten und sich für eine im wesentlichen gewaltfreie Strategie entscheiden, sind extreme Positionen weitgehend ausgeschlossen. Dies gilt sowohl für die Konfrontationsstrategie maoistischer Gruppen, die auch Gewalt als Strategieelement befürworten, als auch für die Verhandlungsstrategie gemäßigt-konservativer Erweiterungskritiker. Die meisten der beteiligten Larzac-Bauern lehnen die Camperweiterung grundlegend ab. Obwohl die Bauern während des Konflikts eine relative Autonomie bewahren, werden sie durch die Vorstellungen und Positionen anderer Protestgruppen beeinflußt. Besonders Elemente gewaltfreier, ökologischer und regionalistischer Positionen sind in der Argumentation der Bauern wiederzufinden.

Für die Ökologiebewegung, den Regionalismus und pazifistische Strömungen bedeutet der Larzac-Konflikt eine Gelegenheit zur Bestätigung und Verbreitung ihrer Vorstellungen. Ähnliches gilt für die beteiligten linkssozialistischen Gruppen, die auf dem Larzac eine Möglichkeit zur Realisierung ihres Modells eines Selbstverwaltungssozialismus sehen.

Die lange Dauer des Larzac-Konflikts und der relative Erfolg des Widerstands, d.h. die Verzögerung der Projektrealisierung, verleihen der Auseinandersetzung einen hohen Symbolwert: Sie wird für viele französische Protestbewegungen zu einem bevorzugten Handlungsfeld. Neben den Protesten um den Bau von Atomkraftwerken ist der Larzac-Konflikt eines der zentralen Objekte der neuen sozialen Bewegungen in Frankreich während der 70er Jahre.

Der weitgehend gewaltfreie Charakter der Auseinandersetzungen und die breite regionale und auch landesweite Solidarisierung mit den Campgegnern wirkt auch auf das Verhalten von Polizei und politischen Verantwortungsträgern zurück, die kaum mehr härtere Einsätze anordnen. Betreiberseite und Campgegner wollen sich die Möglichkeit zu Verhandlungen offenhalten. Strafrechtliche Schritte gegenüber den beteiligten Protestgruppen konzentrieren sich auf auswärtige Campgegner, während die Larzac-Bauern weitgehend ausgeklammert werden.

Mit dem Wahlsieg der Linksparteien ist 1981 eine neue Situation entstanden. Die neue Regierung hält ihr Wahlversprechen und gibt die Erweiterungspläne auf.

Anmerkungen

1) Hier sind nur die wichtigsten Aktionen und Vorgehensweisen von Protestgruppen und Betreiberseite aufgeführt. Detaillierte Chronologien finden sich in: a) COLOMBOL, J.: Résistance du Larzac (1971-1977). In: LES TEMPS MODERNES, Vol. 32-1977, S. 1978 ff. b) HARDY, Y./EMMANNUEL, L.: L ... comme Larzac, Paris 1974, S. 335 ff. c) BURMEISTER, H./TONNÄTT, V.: Larzac – Zu kämpfen allein schon ist richtig, Frankfurt a.M. 1981, S. 29 ff. d) HERTLE, W.: Larzac 1971-1981, Kassel 1982, S. 264 ff.
2) zur Entwicklung der Gerüchte um den Ausbau des Truppenübungsplatzes vgl. LEBRIS, M.: Les fous du Larzac, Paris 1975, S. 68 ff.
3) Zu diesem Zeitpunkt stehen die Larzac-Bauern den auswärtigen Protestgruppen noch mißtrauisch gegenüber: vgl. HOLOHAN, W.: Le conflit du Larzac. In: SOCIOLOGIE DU TRAVAIL, 3-1976, S. 286 f.
4) Vgl. hierzu HARDY, Y., a.a.O., S. 69 ff.
5) Vgl. auch ebd., S. 76 ff.
6) zur Gemeinschaft der „Arche" vgl. HERTLE, W., a.a.O., S. 57 f.
7) Vgl. ebd., S. 58 ff.
8) Vgl. HARDY, Y., a.a.O., S. 89 ff.
9) Vgl. ebd., S. 95 ff.
10) Vgl. ebd., S. 231 ff.
11) Vgl. hierzu HERTLE, W., a.a.O., S. 44 f., 84, 150 ff., 175 f., 201
12) Vgl. BEAU, G.: Vie ou mort du Larzac, Paris 1974, S. 37 ff. und 47 ff.
13) Vgl. HERTLE, W., a.a.O., S. 123 f.
14) Zahlen aus: CENTRE PRESSE, 4.4.1977
15) Angaben aus einem Rundbrief der Initiatoren des Friedenszentrums; zitiert nach: HERTLE, W., a.a.O., S. 133 f.
16) Die hier gemachten Angaben stammen aus: a) HERTLE, W., a.a.O. b) HARDY, Y., a.a.O. c) HOLOHAN, W., a.a.O. d) Zeitungs- und Zeitschriftenartikel in: LE

MONDE, LIBERATION, LE NOUVEL OBSERVATEUR, CENTRE PRESSE, MIDI LIBRE

17) Vgl. HERTLE, W., a.a.O., S. 41 ff. und HARDY, Y., a.a.O., S. 69 ff.
18) Vgl. HERTLE, W., a.a.o., S. 46
19) Vgl. MONDNER, K./BARDET, O.: Südfrankreich – Okzitanien?, München 1978, S. 77 f.
20) Vgl. HERTLE, W., a.a.O., S. 168 f. und S. 206
21) zu den Aktivitäten der okzitanischen Regionalisten auf dem Larzac: vgl. ZEIMET, H.-J.: Regionalismus in Frankreich: Das Beispiel Okzitanien, Diplomarbeit, Trier (Fachbereich IV – Soziologie; Universität Trier) 1984, S. 74-81
22) Vgl. HOLOHAN, W., a.a.O., S. 292 f.
23) Vgl. HERTLE, W., a.a.O., S. 120 f. und 168 f.
24) Vgl. ebd., S. 105 ff.
25) Vgl. LIBERATION, 22./23.8.1981, S. 11-14. 7.5.1985, S. 18 f.
26) Vgl. LE MONDE, 16.3.1975, S. 13
27) Vgl. HERTLE, W., a.a.O., S. 192
28) Vgl. ebd., S. 175 f.
29) Vgl. ebd., S. 159 f.
30) Vgl. ebd., S. 42 ff.
31) Vgl. ebd., S. 127, 151, 174, 211
32) Vgl. ebd., S. 105 ff.
33) Vgl. ebd., S. 160
34) Vgl. LE MONDE, 24.11.1978, S. 3
35) Vgl. HERTLE, W., a.a.O., S. 28
36) Vgl. ebd., S. 79-81
37) Vgl. ebd., S. 152
38) Vgl. LIBERATION, 22./23.8.1981, S. 12
39) Vgl. ebd., S. 13
40) Vgl. HERTLE, W., a.a.O., S. 193
41) Vgl. LE MONDE, 13.11.1980, S. 13

Literaturverzeichnis

BEAU, G.: Vie ou mort du Larzac, Paris 1974

BURMEISTER, H./TONNÄTT, V.: Larzac – Zu kämpfen allein schon ist richtig, Frankfurt a.M. 1981

COLOMBOL, J.: Resistance du Larzac (1971-1977). In: LES TEMPS MODERNES, Vol. 32-1977

HARDY, Y./EMMANNUEL, G.: L ... comme Larzac, Paris 1974

HERTLE, W.: Larzac 1971-1981, Kassel 1982

HOLOHAN, W.: Le conflit du Larzac. In: SOCIOLOGIE DU TRAVAIL, 3-1976

LEBRIS, M: Les fous du Larzac, Paris 1975

MONDNER, K./BARDET, O.: Südfrankreich – Okzitanien?, München 1978

ZEIMET, H.-J.: Regionalismus in Frankreich: Das Beispiel Okzitanien, Universität Trier 1984, Diplomarbeit

CENTRE PRESSE,
04.04.1977

LIBERATION,
21.08.1981, S. 9
22./23.8.1981, S. 11
07.05.1985, S. 18
LE MONDE,
16.03.1975, S. 13
24.11.1978, S. 3
13.11.1980, S. 13
03.12.1980, S. 44
25.08.1981
LE NOUVEL OBSERVATEUR,
29.08.1981

4.5 Fremdenfeindliche Unruhen

20. Verlaufsstudie: Die Eskalation fremdenfeindlicher Gewalt 1991-1993 in Deutschland

1. Vorbemerkung
2. Migrationsströme zwischen 1988-1994
3. Fremdenfeindliche Straf- und Gewalttaten zwischen 1990-1995
3.1 Entwicklung
3.2 Täter
4. Interaktions- und Eskalationsprozesse
4.1 Gemeinden vor dem Problem der Aufnahme von Asylbewerbern: zur Genese sozialer Spannungen
4.2 Die Eskalation lokaler Konflikte zwischen Anwohnern, Asylbewerbern und der Verwaltung und die Veränderung politischer Gelegenheitsstrukturen
4.3 Der Ausbruch und die Eskalation der Gewalt: die Veränderung des Sympathisantenumfeldes rechter und gewaltbereiter fremdenfeindlicher Gruppen
4.4 ‚Erfolgserlebnisse' angesichts der Schwäche staatlicher Kontrollorgane
4.5 Medienvermittelte Ausbreitung und Nachahmungseffekte
4.6 Die Entstehung von Feindbildern, die Ausweitung der Opfergruppen und die Verhärtung der fremdenfeindlichen Szene
5. Zwischenergebnis und Konsequenzen für die Theoriebildung

1. Vorbemerkung

Ausgehend von der These, daß die Welle fremdenfeindlicher Gewalt als Ausdruck neuer sozialer Konflikte im Kontext der Immigrationsbewegungen der letzten Jahre zu verstehen ist, wird hier im folgenden zunächst kurz die Entwicklung der Einwanderung in den letzten Jahren sowie die Entwicklung der fremdenfeindlichen Straf- und Gewalttaten skizziert. Im Anschluß daran werden dann (ergänzend zu den täterorientierten empirischen Analysen) eine Reihe von fremdenfeindlichen Anschlägen und Krawallen zu Beginn der 90er Jahre in ihrer Entwicklung rekonstruiert und die Frage gestellt, welche Interaktions- und Eskalationsprozesse die verschiedenen Ereignisse kennzeichnen, welche Rolle allgemeine politische Diskussionen spielen, inwiefern lokale Konflikte als Kristallisationspunkte dienen, und schließlich welche Diffusions- und Nachahmungseffekte für die Eskalation der Gewalttätigkeiten kennzeichnend sind. Die Ereignisse, die hier analysiert wurden, umfassen sowohl kollektive fremdenfeindliche Krawalle und Pogrome wie in Hoyerswerda und Rostock mit entsprechenden ‚copy cat riots' (Nachahmungsereignisse) in Wismar und Quedlinburg, als auch Anschläge einzelner fremdenfeindlicher Gruppen (Brandanschläge wie in Hünxe und Saarlouis).

Grundlage für die Rekonstruktion dieser Ereignisse waren die Berichte in den Medien, Dokumentationen zu den Ereignissen von anderen Institutionen (Polizei, Ausländerbehörden) sowie ergänzend Experteninterviews mit Kommunalpolitikern, Polizeibeamten, Sozialarbeitern, Ausländerbeauftragten, Richtern und vereinzelt auch beteiligter Jugendlicher.

2. Migrationsströme zwischen 1988-1994

In der vorliegenden Arbeit wird versucht, die Eskalation fremdenfeindlicher Straf- und Gewalttaten in den frühen 90er Jahren im Kontext einer rapiden Zunahme der Einwanderung (und einer defizitären politisch administrativen Bewältigung derselben) zu verankern. Dies zu tun, ist nach meiner Ansicht notwendig, wenn man verstehen will, welche neuen gesamtgesellschaftlichen Konfliktlinien und Problemlagen als strukturelle Spannung der fremdenfeindlichen Gewalt zugrundeliegen. Ein solcher Versuch ist gleichwohl riskant, weil er einige moralische Tabus des öffentlichen Diskurses verletzt und leicht Anlaß für Mißverständnisse bietet. Allzuoft wird man mit der Kritik konfrontiert, eine solche Perspektive mache die Opfer zu Tätern (wobei freilich empirisch-analytische Zusammenhänge mit moralischen Fragen vermischt werden) oder eine solche Perspektive lasse sich von der Vorstellung leiten, Gesellschaften verfügten über einen natürlichen Sättigungspunkt, was die Aufnahme von Immigranten betrifft, und jenseits dieses kritischen Punktes seien aggressive Abwehrreaktionen sowohl selbstverständlich als auch erwartbar.

Die folgende Darstellung bezieht sich jedoch nicht auf die absoluten Anteile von Ausländern an der Bevölkerung insgesamt, sondern vor allem auf ein sehr kurzfristiges und sehr starkes Anwachsen der Immigrationsbewegung. Die Argumentation, die hier verfolgt werden soll, geht also weniger von strukturfunktionalistischen Vorstellungen als von einer zeitgeschichtlich historischen Perspektive aus, in der vor allem Aspekte des Wandels und die Bedeutung von nicht vorhersehbaren Ereignissen für Gesellschaften dargestellt werden soll. Sie geht daher auch nicht der Frage nach, unter welchen strukturellen Bedingungen Gesellschaften wieviel an Einwanderung vertragen. Daher will ich im folgenden auch nicht die Geschichte der Ausländer bzw. der Einwanderungen in aller Ausführlichkeit darstellen. Hier geht es vielmehr in erster Linie darum, vor allem die jüngeren Einwanderungsschübe in ihrer Problematik deutlich zu machen sowie auf die defizitären politisch administrativen Formen der Reaktion und Bewältigung hinzuweisen.

Die Bundesrepublik Deutschland war seit ihrer Gründung immer wieder mit Einwanderungsschüben konfrontiert. Unmittelbar nach dem Krieg und in den Gründerjahren waren es insgesamt mehr als 10 Millionen Flüchtlinge und Vertriebene aus den ehemaligen deutschen Ostgebieten, deren Eingliederung bewältigt werden mußte und bis in die späten 50er Jahre dauerte. Zu diesem Zeitpunkt lag die Zahl der ausländischen Arbeitnehmer nur bei etwa 130.000. Infolge des enormen Wirtschaftsaufschwungs der 50er und 60er Jahre sowie der durch den Mauerbau (1961) gestoppten Zuwanderung von Arbeitskräften aus der DDR kam es zur ersten großen Anwerbungswelle ausländischer Arbeiter. Die Zahl der Ausländer stieg daher Anfang der 60er Jahre auf 686.000 1961 und auf 1.244.000 1966 und nach der zweiten Anwerberwelle Ende der 60er Jahre auf 2.6 Millionen an. Dies war der vorläufige Höchststand. 1973 wurde angesichts der weltweiten Krise der Weltwirtschaftskonjunktur (Ölkrise) ein genereller Anwerbungs- und Vermittlungsstop durch die Bundesregierung verhängt, der bis heute in Kraft ist. Nach dem Anwerbestop wuchs die Zahl der Ausländer jedoch weiter bis Anfang der 80er Jahre auf über 4 Millionen an, v.a. durch den Nachzug von Familienangehörigen (aber auch seit Anfang der 80er Jahre durch die höhere Zahl der Asylbewerber) bedingt ist. Im Jahre 1995 lag die Zahl der Ausländer bei insgesamt etwa 7 Millionen.

Für den Zeitraum zwischen 1985 und 1999 veränderten sich insbesondere die Zahlen der Aussiedler und der Asylbewerber rasant nach oben. Von 38.968 Aussiedlern, die im Jahr 1985 nach Deutschland kamen, stieg die Zahl auf 202.673 im Jahre 1988 und auf 379.075 im Jahre 1990 an. Die Zahl der Asylbewerber entwickelte sich von 35.278 für 1984 auf 103.076 im Jahre 1988 und schließlich 438.191 im Jahre 1992. Wie diese Zahlen zeigen, haben wir es also in den letzten Jahren mit zwei zeitlich parallel verlaufenden Einwanderungswellen zu tun, die ihren vorläufigen Höhepunkt in den frühen 90er Jahren hatten. Sie unterschieden sich zudem von der Zuwanderung aufgrund der Familienzusammenführung dadurch, daß hier der Staat und die Kommunen in Form der Sozialhilfe, der zur Verfügungstellung von Unterkünften und Wohnraum im besonderen Maße gefordert und belastet wurden. Nicht nur der Zugang von Aussiedlern, sondern auch von Asylbewerbern hat die Bundesrepublik im Vergleich zu anderen EG-

Ländern besonders stark betroffen. Der Anteil der BRD an dem Asylbewerberzugang innerhalb der EG lag seit 1988 ständig jenseits der 50 %, d.h. mehr als die Hälfte aller in die EG-Staaten kommenden Asylbewerber sind nach Deutschland gekommen.

Diese Zahlen verdeutlichen insgesamt, daß die Bundesrepublik Deutschland in den Jahren zwischen 1985 und 1995 mit zwei unabhängig voneinander existierenden Einwanderungswellen von Immigranten unterschiedlichster Herkunft und unterschiedlichster Zusammensetzung zu tun hatte, die in dieser Form so noch nicht vorgekommen waren. Diese Entwicklung ist vor allem durch den Wegfall des ‚Eisernen Vorhangs' und in starkem Maße auch durch den Balkankrieg ausgelöst worden.

Die im folgenden Kapitel vorgenommenen zeithistorisch deskriptiven beschreibenden Analysen versuchen daher darauf aufmerksam zu machen, welche Konsequenzen diese Immigrationswellen für die Kommunen, für die Gesellschaft insgesamt hatten. Im Kontext dieser Arbeit geht es dabei nicht darum, einen mechanistischen Zusammenhang zwischen den beschriebenen strukturellen Spannungen und den Gewaltereignissen zu unterstellen, vielmehr soll deutlich gemacht werden, daß zwischen strukturellen Spannungen, Handlungsweisen und Reaktionen stets Prozesse der Bewertung und der Interpretation von Vorgängen und Reaktionen stecken, so daß die Information über die Migration nur vollständig ist, wenn zugleich auch die gesellschaftlichen, vor allem auch die politisch administrativen Reaktionen und Maßnahmen sowie der öffentliche Diskurs darüber ergänzend herangezogen werden. Von entscheidender Bedeutung erscheint mir in diesem Zusammenhang die Frage, unter welchen Bedingungen und in welchen Milieus es zur Entwicklung und Verstärkung von der Vorstellung kam, daß die Anwesenheit und die weitere Zuwanderung von Immigranten illegitim sei und daß angesichts der defizitären politischen administrativen Reaktionen selbst gewaltsame Vorgehensweise gegen die Immigrantengruppen eine gewisse Legitimität für sich in Anspruch nehmen können. Ich denke, daß insbesondere diese Frage der Genese einer Illegitimitätsvorstellung von entscheidender Bedeutung ist, wenn man die Reaktion auf die jüngsten Einwanderungswellen untersuchen will. Dies dürfte im übrigen ein wichtiger Unterschied zur Situation in der Nachkriegszeit sein (in der die Integration von über 10 Millionen Flüchtlingen und Vertriebenen durchaus auch eine Vielzahl von Problemen schaffte): daß sich in der damaligen Zeit keine Vorstellungen der Illegitimität in diesem Maße entwickeln und auch kollektiv wirksam werden konnten, hängt sicherlich weniger mit ethnischen oder staatsbürgerlichen Kriterien zusammen als mit der zeitgeschichtlichen Situation und Erfahrung der Menschen.

3. Fremdenfeindliche Straf- und Gewalttaten zwischen 1991-1995

3.1 Entwicklung

Sowohl für die Theorie der fremdenfeindlichen Gewalt als auch für die politisch-praktischen Schlußfolgerungen sind präzise Zahlen über den Umfang der Gewalt und insbesondere über die Veränderung des Gewaltausmaßes im Zeitverlauf von besonderer Bedeutung. Die dadurch erkennbaren kurz- und mittelfristigen Schwankungen des Gewaltniveaus verweisen darauf, daß die Gewalttätigkeit in einer Gesellschaft auch etwas mit sozialen Spannungen und Konflikten und ihrer politischen und rechtlichen Bewältigung oder Nichtbewältigung zu tun hat.

Wir wollen daher hier einen Blick auf die polizeilich registrierte Entwicklung der fremdenfeindlichen Straf- und Gewalttaten werfen, weil anhand dieser Zahlen bereits wichtige Hinweise zur Struktur und Dynamik fremdenfeindlicher Handlungen gewonnen werden können und zugleich Bedingungen benannt werden können, die eine Eskalation und Diffusion der Gewalt fördern oder sie begrenzen. Die Untersuchung bezieht sich nicht ausschließlich auf Gewalttaten sondern umfaßt auch andere Delikte, sofern diese fremdenfeindliche Hintergründe haben (siehe Abb. 1): insbesondere die Verbreitung von Propagandamitteln, Störung des öffentlichen Friedens, Bedrohungssachverhalte spielen hier eine wichtige Rolle. Abbildung 1 gibt einen Überblick über die verschiedensten Deliktarten, die in der Statistik der fremdenfeindlichen Straftaten von Bedeutung sind. Sie bezieht sich auf die Grundgesamtheit dieser Untersuchung von Tatverdächtigen und gibt die Verteilung der verschiedenen Delikttypen wider, wobei bei Mehrfachtätern sowie bei Handlungen, die mehrere Straftatbestände erfüllen, jeweils nur das schwerste Delikt registriert wurde. Von daher dürften in dieser Abbildung die Anteile der Gewaltdelikte im Vergleich zu den Nicht-Gewaltdelikten (Propagandadelikte etc.) höher sein, als dies für die Gesamtzahl der verübten fremdenfeindlichen Straftaten der Fall ist.

Abbildung 1: Tatmerkmale (nur schwerstes Delikt)
in Prozent der gültigen Fälle

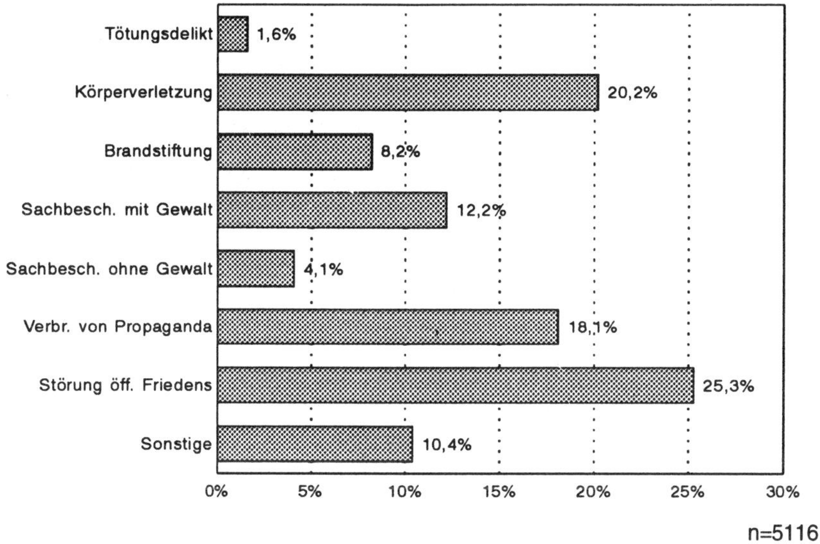

Von entscheidender Bedeutung ist hier vor allem die Frage, was sich hinsichtlich der quantitativen Entwicklung der polizeilich registrierten fremdenfeindlichen Straf- und Gewalttaten in den letzten vier Jahren verändert hat.

Abbildung 2 macht deutlich, daß sich mit dem Jahr 1991 erstmals eine dramatische Erhöhung der Gesamtzahl der gemeldeten fremdenfeindlichen Straftaten eingestellt hat. Von durchschnittlich etwa 250 jährlich gemeldeten fremdenfeindlichen Straftaten in den Jahren 1987 bis 1990 schnellt die Zahl im Jahre 1991 auf 2.427 hoch, was eine Verzehnfachung der Durchschnittswerte für die vorangegangenen Jahre bedeutet. Hier muß freilich berücksichtigt werden, daß eine flächendekkende und systematische statistische Erfassung fremdenfeindlicher Straf- und Gewalttaten vor 1991 nicht existierte, so daß ein entsprechender Vergleich nur unter Vorbehalt vorgenommen werden kann. Dies beeinflußt die Größenordnung der Steigerung im Jahre 1991, ändert jedoch nichts an der deutlichen Zäsur, die das Jahr 1991 hinsichtlich der Entwicklung fremdenfeindlicher Straftaten darstellt. Weitaus die meisten dieser 2.427 registrierten fremdenfeindlichen Straftaten, nämlich 1.852 (= ca. 76 %), entfallen auf Verbreitung von Propagandamitteln, Störungen des öffentlichen Friedens, Sachbeschädigungen ohne Gewaltanwendung etc. Doch auch bei typischen Gewaltdelikten wie bei

Angriffen gegen Personen mit 239 Fällen und bei Brandanschlägen mit 336 Fällen im Jahre 1991 ist ein dramatischer Zuwachs gegenüber den Vorjahren feststellbar (BKA1992/Bundeslagebericht). Betrachtet man die monatliche Verteilung der fremdenfeindlichen Straftaten im Jahre 1991, so ergibt sich folgendes Bild: In den ersten sieben Monaten des Jahres 1991 wurden durchschnittlich etwa 50 fremdenfeindliche Straftaten pro Monat registriert, ohne daß deutliche Schwankungen zu verzeichnen sind. Im August steigen die Zahlen dann erstmals deutlich an, und zwar auf insgesamt über 100, im September dann auf 313 und im Oktober (nach dem ausländerfeindlichen Pogrom von Hoyerswerda) gar auf 964 Straftaten, davon alleine 148 Brandanschläge. Im November und Dezember 1991 ist dann wiederum ein deutlicher Rückgang der fremdenfeindlichen Straftaten feststellbar, jedoch nicht auf das gleiche Niveau wie vor der Eskalationswelle. Das Jahr 1991 stellt also eine deutliche Zäsur in der Entwicklung fremdenfeindlicher Straf- und Gewalttaten dar, die in dieser Größenordnung nicht als Resultat verstärkter und verbesserter polizeilicher Wahrnehmung, sondern als Ausdruck tatsächlicher Veränderungen gewertet werden muß. Im Jahr 1991 haben fremdenfeindliche Straf- und Gewalttaten dramatisch zugenommen.

Das Ausmaß an fremdenfeindlichen Straf- und Gewalttaten stabilisiert sich Ende des Jahres 1991 auf einem insgesamt deutlich höheren Niveau, und zwar bis Mitte 1992, mit leicht abnehmender Tendenz. Danach kommt es im September 1992 (v.a. nach den ausländerfeindlichen Krawallen in Rostock) zu einem erneuten dramatischen Anstieg fremdenfeindlicher Straf- und Gewalttaten und zu einer Stabilisierung auf hohem Niveau: im September, sowie auch (nach dem Mordanschlag in Mölln) im November und Dezember 1992 wurden erstmals monatlich mehr als 1.000 fremdenfeindliche Straftaten registriert. Für 1992 ist daher insgesamt erneut ein deutlicher Anstieg fremdenfeindlicher Gewalt- und Straftaten um mehr als 100 % auf 6.336 (gegenüber 2.427 für das Jahr 1991) festgestellt worden.

Gegenüber dem Monat Dezember 1992, in dem 1.030 fremdenfeindliche Straftaten registriert wurden, ist für die ersten fünf Monate des Jahres 1993 zunächst ein deutlicher Rückgang um bis zu 50 % zu verzeichnen. Nach dem fremdenfeindlichen Brandanschlag in Solingen am 29.5.1993 zeigt sich dann jedoch für den nachfolgenden Monat Juni wiederum eine deutliche Zunahme der registrierten fremdenfeindlichen Straftaten: mit 1.307 ist es der bisher höchste Stand an monatlich registrierten Straftaten, eine Verdreifachung gegenüber dem Vormonat.

Abbildung 2:

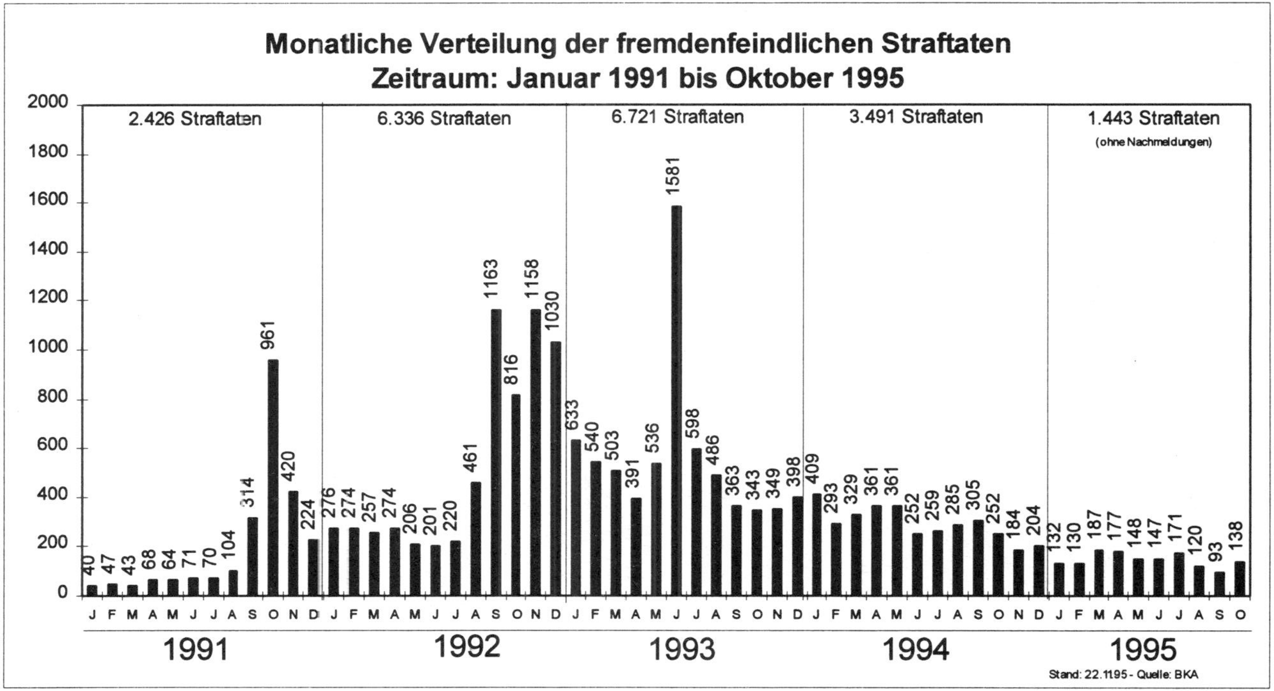
Monatliche Verteilung der fremdenfeindlichen Straftaten
Zeitraum: Januar 1991 bis Oktober 1995
2.426 Straftaten
6.336 Straftaten
6.721 Straftaten
3.491 Straftaten
1.443 Straftaten
(ohne Nachmeldungen)
2000
1800
1600
1400
1200
1000
800
600
400
200
0
40 47 43 68 64 71 70 104 314 961 420 224
276 274 257 274 206 201 220 461 1163 816 1158 1030
633 540 503 391 536 1581 598 486 363 343 349 398
409 293 329 361 361 252 259 285 305 252 184 204
132 130 187 177 148 147 171 120 93 138
J F M A M J J A S O N D J F M A M J J A S O N D J F M A M J J A S O N D J F M A M J J A S O N D J F M A M J J A S O
1991
1992
1993
1994
1995
Stand: 22.11.95 - Quelle: BKA

Der Anstieg der fremdenfeindlichen Straf- und Gewalttaten betrifft, wie schon nach den Ereignissen von Hoyerswerda 1991 und Rostock 1992, sowohl Brandanschläge als auch Angriffe auf Personen (versuchte und vollendete Tötungsdelikte), in besonderem Maße aber andere Straftaten wie z.B. Bedrohungssachverhalte. Insgesamt ist für 1993 im Vergleich zum Vorjahr nochmals eine leichte Steigerung der registrierten Fälle von fremdenfeindlichen Straftaten um ca. 6 % festzustellen, wenngleich in der 2. Jahreshälfte 1993 und speziell auch für das 1. Halbjahr 1994 eine kontinuierliche und deutliche Reduzierung der monatlichen Zahlen erkennbar ist. Anfang des Jahres 1994 ist erstmals wieder das Straftatenaufkommen auf dem Niveau vom Anfang des Jahres 1992 (obwohl zweifelsfrei heute sensibler und entsprechend systematischer registriert und ermittelt wird und daher vergleichsweise mehr Taten registriert werden).

Was läßt sich aus diesen Ereignisdaten und ihrer Entwicklung in den letzten vier Jahren herauslesen?

1. Für den Zeitraum zwischen August 1991 und Juni 1993 ist insgesamt eine deutliche Zunahme an registrierten fremdenfeindlich motivierten Straf- und Gewalttaten festzustellen. Die Zunahme fremdenfeindlicher Straftaten betrifft (rechtsextremistische) Propagandadelikte, Gewaltdelikte gegen Personen und Brandstiftung an Asylbewerber- und Ausländerwohnheimen in nahezu gleichem Maße: die Veränderung in den verschiedenen Deliktgruppen verlaufen fast synchron, wenngleich Brandanschläge und Gewaltdelikte gegen Personen in der Regel geringere Zuwachsraten aufweisen, verglichen mit Propagandadelikten und Bedrohungssachverhalten. Proportional betrachtet machen Brandanschläge (auf Ausländerwohnungen, Asylbewerber- oder Aussiedlerunterkünfte) und Gewaltangriffe gegen Personen (Tötungsdelikte und Körperverletzung) zwischen 25 % und 30 % der fremdenfeindlichen Straftaten aus. Ihr Anteil ist zwischen 1991 und 1993 nahezu konstant geblieben mit ca. 30 %. Der Rest, also etwa 70 % aller registrierter fremdenfeindlicher Straftaten entfällt auf Propagandadelikte, Bedrohungssachverhalte, Sachbeschädigung und Störungen des öffentlichen Friedens. Faßt man die Sachbeschädigung mit Gewaltanwendung sowie Bedrohungsdelikte jedoch ebenfalls als Gewaltdelikte auf, so steigt der Anteil der Gewalttaten an den fremdenfeindlichen Straftaten auf ca. 50 % an. Eine Phänomenologie der fremdenfeindlichen Handlungen würde deutlich machen, daß wir es hier mit sehr unterschiedlichen Delikten zu tun haben: Sie reichen von Beleidigungen und psychischer Beeinträchtigung über direkte Drohungen (mit Gewalt) bis hin zu körperlichen Angriffen gegen Personen und kollektiven Angriffen und Pogromen mit Todesopfern, und umfassen spontane, ungeplante Angriffe ebenso wie den instrumentell kalkulierten Einsatz der Gewalt. Dies läßt darauf schließen, daß hier verschiedene Grup-

pen aktiv sind: einerseits politisch motivierte, strategisch kalkulierende rechtsextremistische Parteien und Gruppierungen, andererseits gewaltorientierte, expressive, fremdenfeindliche Jugendgruppen (vor allem Skinheads, Hooligans) und schließlich zunächst unpolitische Jugendliche und frustrierte Anwohner und Nachbarn von Asylbewerberwohnheimen. Sie alle hatten zu Beginn der 90er Jahre einen gemeinsamen Konflikt- und Kristallisationspunkt für ihren Rassismus, ihre Fremdenangst und ihre Unzufriedenheit im Widerstand gegen die Asylbewerber- und Aussiedlerunterkünfte gefunden.

2. Die quantitative Eskalation und die dramatische Zunahme fremdenfeindlicher Ereignisse verlaufen nicht kontinuierlich, sondern in Sprüngen. Einzelne dramatische Ereignisse, über die ausführlich in den Medien berichtet wird, wirken als Auslöser von Eskalations- und Mobilisierungswellen. Die Welle der Gewalt erreicht ihren ersten Kumulationspunkt unmittelbar nach den Angriffen auf die Ausländer- und Asylbewerberwohnheime Ende September 1991 in Hoyerswerda, die – wie bekannt – mit dem Abtransport aller Ausländer aus den betreffenden Unterkünften endeten. Der ‚Erfolg' der Gewalttäter in Hoyerswerda stellt für die weitere Entwicklung der Gewalt- und Straftaten einen zentralen Mobilisierungsfaktor dar: Nachahmungsaktionen in der ganzen Bundesrepublik lassen die Zahl der fremdenfeindlichen Straftaten und Gewaltdelikte im Anschluß daran auf Höchstwerte ansteigen und bewirken zugleich eine räumliche Diffusion der Gewalt, insbesondere durch Aktivierung von gewaltbereiten Gruppen anderenorts. Der gleiche Mobilisierungs- und Rekrutierungseffekt kann auch nach den ‚erfolgreichen' Krawallen in Rostock Ende August 1992 und sogar nach dem furchtbaren Brandanschlag in Solingen (29.5.1993) beobachtet werden. Die Existenz entsprechender fremdenfeindlicher und gewaltbereiter Gruppen vorausgesetzt, scheint die mediale Berichterstattung über entsprechende gewalttätige Aktionen, selbst wenn diese – wie in Solingen – furchtbare Menschenopfer gefordert haben, neben Abschreckungswirkungen immer auch erhebliche Resonanz- und Nachahmungseffekte zu haben.

3. Große Eskalations- und Mobilisierungswellen ebben nicht einfach wieder auf ein Voreskalationsniveau ab, sondern führen unter bestimmten Bedingungen für längere Zeit zu einer Stabilisierung von fremdenfeindlichen Straf- und Gewalttaten auf einem höherem Niveau. Für die Wochen nach Rostock konnten wir eine Verstetigung und Veralltäglichung der Eskalation über längere Zeit hinweg feststellen. Die Gründe dafür liegen zum einen in veränderten ‚Erfolgserwartungen' für gewalttätiges und fremdenfeindliches Handeln aufgrund ‚erfolgreicher' Vorgänger, zum anderen in reduzierten Sanktionserwartungen aufgrund staatlicher Unterreaktionen. Diffuse Gewaltbereitschaften konkretisieren und verfestigen sich durch

solche Erfahrungen. Die Ausweitung der Gewalt ist also in starkem Maße nicht nur von der Existenz sozialer Spannungen und gewalt- bzw. aktionsbereiter Gruppen, sondern auch von der Arbeit der Kontrollorgane abhängig.

4. Anders als Hoyerswerda, Rostock und Solingen markiert der Anschlag von Mölln nicht den Beginn einer Eskalation, sondern den Höhepunkt einer Eskalations- und Nachahmungswelle. Unmittelbar nach den Ereignissen von Mölln und insbesondere auch nach den Gegendemonstrationen und Lichterketten Ende des Jahres 1992 war eine Reduzierung der tatsächlichen Gewalttaten und auch der Gewalttoleranz und -bereitschaft in der Bevölkerung festzustellen. Mit den Gegendemonstrationen hat sich die bis dahin schweigende Mehrheit zu Wort gemeldet. Dies hat auch den rechtsextremistischen, rassistischen und fremdenfeindlichen Gruppen deutlich gemacht, daß sie nach wie vor eine Minderheit sind, daß sie keineswegs von einem Großteil der Bevölkerung unterstützt werden, und daß sie in Zukunft wohl nicht mehr mit der gleichen Toleranz in der Bevölkerung rechnen können, wie dies z.T. in den Jahren 1991/92 der Fall war.

5. Diese Veränderung in der Stimmung der Bevölkerung, ein entschiedeneres staatliches Vorgehen gegen Rechtsextremisten und Gewalttäter und sicherlich auch die Wirkungen des Asylkompromisses haben die ‚Erfolgserwartungen' und Risikostrukturen der Täter verändert und damit insgesamt zu einer für die letzten zwölf Monate bis Juni 1994 deutlich erkennbaren Reduzierung fremdenfeindlicher Straftaten beigetragen. Dieser Rückgang der fremdenfeindlichen Gewalt darf freilich nicht als Entwarnung verstanden werden. Der Rückgang ist zunächst typisch für die Struktur und Dynamik kollektiver Gewalt, die sich stets zyklisch, in unsteten Wellenbewegungen äußert. Eine Reduzierung von Straf- und Gewalttaten selbst über viele Monate hinweg ist daher kein Indiz für eine Reduzierung der fremdenfeindlichen Gewaltpotentiale, sondern verweist eher auf veränderte Gelegenheitsstrukturen, höhere Sanktionserwartungen, geringere Resonanz im Umfeld sowie möglicherweise – besonders im Bereich des organisierten Rechtsextremismus – auf veränderte Strategien.

Ob die Reduzierung der Straf- und Gewalttaten gegen Fremde stabilisiert werden kann, wird längerfristig wiederum davon abhängen, wie sich der Einwanderungskonflikt entwickelt und welche politischen Antworten gefunden werden. Sicherlich haben die Konflikte und die Eskalationen der letzten Jahre dazu geführt, daß sich die Rekrutierungsbasis für rechtsextremistische Organisationen und Gruppen verbessert haben: denn ein Teil der fremdenfeindlichen Gewaltszene wird sich mit ihrem Fremdenhaß am ehesten von rechten Parolen und Ideologien angesprochen fühlen und hat daher insgesamt das Aktions- und Gewaltpotential der rechtsextremistischen Szene verstärkt. Von daher ist mit einer Radikalisierung der politischen Einstellungen und einer Verfestigung der entsprechenden Aktions- und Gewaltbereitschaften bis hin zu einem rechten Terrorismus in einem Teil der Szene durchaus zu rechnen. Die Welle an Nachahmungstaten unmittelbar nach Solingen scheint ein Indikator dafür zu sein, daß ein Teil der fremdenfeindlichen und rechten Gewaltszene selbst durch furchtbare Opfer in ihren Aktionen nicht mehr abgeschreckt wird und für ethisch-moralische Appelle nicht mehr ansprechbar sein dürfte. Wenn diese Beobachtungen richtig sind, so bedeutet dies, daß wir mit fremdenfeindlich-rassistischen Straf- und Gewalttätern als einem Dauerproblem auch weiter rechnen müssen, selbst wenn die Resonanz und die Mobilisierungseffekte in der Bevölkerung derzeit deutlich gesunken sind.

Die hier dargestellten Ereigniszahlen verweisen darauf, daß die Art und Weise, in der sich Protest und Unzufriedenheit artikulieren und politische Gewalt sich ereignet, hochgradig von spezifischen politischen Lagen und Problemen sowie von den gesellschaftlichen und staatlichen Antworten und Reaktionen abhängig ist. Sie geben darüber hinaus jedoch keine Hinweise auf die soziodemographischen Strukturen der Gewalttäter und ihre individuellen Motive und Einstellungen, so daß es sinnvoll ist, sie durch täterbezogene Daten zu ergänzen.

3.2 Täter

Wie sind nun die Personen zu kennzeichnen, von denen die Gewalt gegen Fremde ausgeht[1]? Auf der Basis von mittlerweile mehr als 6.000 Fragebögen, die Polizeibeamte in den sechzehn Bundesländern für den Zeitraum vom 01.01.1991 bis zum 31.12.1993 entsprechend den polizeilichen Ermittlungsakten ausfüllten, ergibt sich folgendes Bild (vgl. Willems, 1993; Willems et al., 1994):

Die überwiegende Mehrzahl der Tatverdächtigen bei fremdenfeindlichen Straf- und Gewalttaten sind junge Männer unter 20 Jahren, viele davon noch Schüler oder Lehrlinge/Auszubildende. Sie sind nicht in erster Linie Schulabbrecher oder Personen ohne jeden formalen Bildungsabschluß, sondern haben (sofern sie nicht noch Schüler sind) ganz überwiegend einen niedrigen bis mittleren Bildungsabschluß. Der Anteil der arbeitslosen Jugendlichen an den Tatverdächtigen ist etwas höher als die Arbeitslosenquote unter Jugendlichen insgesamt. Selbsterfahrene Arbeitslosigkeit scheint also *ein* Risikofaktor unter anderen zu sein.

---

1 Die Daten sind mit der Unterstützung des Bundeskriminalamtes sowie der Landeskriminalämter und der Kripo-Dienststellen in den sechzehn Bundesländern erhoben worden. Wir danken allen beteiligten Beamten für die geleistete Arbeit.

Für viele Täter lassen sich Affinitäten und Zugehörigkeiten zu Skinheadgruppen und sonstigen diffus fremdenfeindlichen Gruppen nachweisen. Die Zugehörigkeit zu explizit rechtsextremistischen Gruppen fällt im Vergleich dazu deutlich geringer aus. Sie ist in den neuen Bundesländern häufiger als in den alten. In größerem Umfang werden Jugendliche aktiv, die wegen sonstiger Straf- und Gewalttaten bereits vorbelastet sind. Von daher ist anzunehmen, daß eine bereits entwickelte Jugenddevianz und Bandengewalt angesichts der Fremdenfeindlichkeit ihres Umfeldes ein neues Betätigungsfeld gefunden hat. Hier sind zum Teil stabile Gewaltbereitschaften und entwickelte kriminelle Karrieren zu finden, aber auch berufliche Negativerfahrungen und private Beziehungsprobleme kommen hier zusammen. Von besonderer Bedeutung sind jedoch ganz alltägliche Freizeitgruppen und Freundescliquen, die weder als politisch (rechts) ausgerichtet noch als feste Gruppen oder gar Organisationen anzusehen sind. Der größte Teil der Tatverdächtigen sind daher unauffällige, ‚normale' Jugendliche und Ersttäter.

Die typische fremdenfeindliche Straf- und Gewalttat ist eine von Gruppen oder aus Gruppen heraus begangene Tat. Einzeltäterschaften sind die Ausnahme. Auch rechtsextremistische Steuerungs- und Organisationsversuche waren bisher nur begrenzt erfolgreich. Fremdenfeindliche Straf- und Gewalttaten ereignen sich besonders häufig in Kleinstädten und ländlichen Gemeinden; dies gilt für die neuen Bundesländer stärker noch als für die alten. Die Tatverdächtigen entstammen fast ausschließlich dem lokalen und regionalen Umkreis der Tatorte. Der unmittelbare Zusammenhang mit den Konflikten um Asylbewerberheime scheint darin auf. Hier zeigt sich, daß die Strukturen der Tätergruppen andere Merkmale aufweisen als die Verteilungen der allgemeinen Einstellungen in der Bevölkerung gegenüber Fremden.

4. Interaktions- und Eskalationsprozesse

4.1 Gemeinden vor dem Problem der Aufnahme von Asylbewerbern: zur Genese sozialer Spannungen

Die Welle fremdenfeindlicher Gewalt zu Beginn der 90er Jahre hat sich vor dem Hintergrund eines enormen Anstiegs von Asylbewerbern in Deutschland entwickelt, der v.a. durch die dramatischen politischen Veränderungen der Jahre 1989-91 in Osteuropa ausgelöst wurde und den kaum jemand vorhergesehen hat. Die damit verbundenen Ängste und Sorgen in der Bevölkerung sowie die Probleme der Kommunen, die durch die Aufnahme der Asylbewerber bedingt waren, sind politisch lange unterschätzt und übersehen worden. Sie bilden den Kristallisationspunkt für den Konflikt um das Asylrecht und damit zugleich den Ausgangspunkt für die Entwicklung fremdenfeindlicher Gewalt.

Die Asylverfahrenspraxis der vergangenen Jahre hat die Hauptlast der wohnungspolitischen und sozialen Bewältigung der Aufnahme von Asylbewerbern weitgehend auf die Kommunen abgeladen. Die Kommunen sind durch die jeweiligen Zuteilungsentscheidungen häufig überlastet, ihre Handlungsspielräume sind entsprechend eingeschränkt. Sie sind auf die vielfältigen Probleme und Konflikte, die sich in Folge der Aufnahme von Asylbewerbern und ihrer Versorgung ergeben, nicht vorbereitet und daher in der Bewältigung der damit verbundenen Diskussionen, Spannungen und Auseinandersetzungen überfordert.

Hier wurde an einem Beispiel versucht aufzuarbeiten, wie sich die kommunale Praxis bezüglich der Aufnahme und der Betreuung von Asylbewerbern darstellt. Wir haben dazu eine Stadt gewählt, die keineswegs als Synonym für Fremdenfeindlichkeit und Gewalt steht, die aber – wie viele andere deutsche Klein- und Mittelstädte – dennoch mit fremdenfeindlicher Gewalt konfrontiert ist.

Saarlouis ist eine saarländische Kreisstadt mit ca. 38.500 Einwohnern. Nach Aussagen des Bürgermeisters der Stadt hat es seit Mitte der 80er Jahre durch Zuweisung erste spürbare Erhöhungen der Asylbewerberzahlen gegeben. Im Jahr 1987 und Anfang des Jahres 1988 waren es 90 bis 100 Personen. Im Laufe des Jahres 1989 ist die Zahl auf 313 Personen angewachsen. Im Oktober des Jahres 1992 betrug nach Auskunft des zuständigen Sozialarbeiters die Zahl der Asylbewerber ca. 600 Personen, die in fünf Sammelunterkünften und ca. 40 Wohnungen untergebracht waren.

Durch die Zuteilung von Asylbewerbern sah sich die Stadt gezwungen, bei einer ohnehin schlechten Wohnsituation, öffentlich um Wohnraum für Asylbewerber zu werben. In den Regionalzeitungen fanden sich eine Vielzahl von Annoncen, in denen die Stadt die Bevölkerung um die Vermietung von Wohnraum an die Stadt als Mieterin bat, um diese den Asylsuchenden zur Verfügung stellen zu können. Durch diese Anmietungen wurden die Wohnungen dem übrigen Markt entzogen, was mit Konflikten und Problemen verbunden war. So ist dem Pressedienst der Kreisstadt Saarlouis vom 20.08.1990 zu entnehmen: Der Oberbürgermeister habe mehrfach „in der Vergangenheit auf die zunehmend katastrophalen Verhältnisse in den Gemeinden hingewiesen. Über die den Gemeinden zwangsweise auferlegten Pflichten zur Unterbringung von Asylbewerbern, Obdachlosen, Aus- und Übersiedlern sammle sich sozialer Konfliktstoff, insbesondere bei den ‚normalen Wohnungssuchenden' an". Dem entspricht auch die Aussage des Bürgermeisters, den wir zu dieser Problematik befragt haben: „Hier kommen junge, alleinstehende Mütter zu mir in die Verwaltung. Sie stehen vor mir, und fragen natürlich, warum die Stadt Geld hat, um Wohnungen für Asylbewerber anzumieten und entsprechend herzurichten, und sie selbst gehen leer aus. Die Leute sind dann natürlich unzufrieden und fühlen sich ungerecht behandelt."

Die Situation wurde prekär, als die Wohnungskapazitäten zur Unterbringung einzelner Familien von Asylbewerbern erschöpft waren. Sollten die Asylbewerber zunächst auf unterschiedliche Stadtteile verteilt und eine Ghettobildung so vermieden werden, zeichnete sich bald ab, daß dies nicht mehr möglich sein würde. Dies löste erneute Debatten und Streit zwischen den Parteien aus.

Die bevorstehende unvermeidbare Unterbringung von Asylbewerbern in Sammelunterkünften entwickelte sich zunächst zum Parteienstreit zwischen SPD und der oppositionellen CDU. Insbesondere von seiten der CDU wurde immer wieder Kritik an der Asylpolitik der SPD-geführten Landesregierung geübt, die der Stadt Asylbewerber zuweise, die dadurch entstehenden Probleme vor Ort aber ignoriere. Der Verwaltung, insbesondere dem Oberbürgermeister, wird vorgeworfen, sich nicht rechtzeitig um die Unterbringung der Asylbewerber bemüht zu haben und soziale Aspekte bei der Unterbringung und der Verteilung über die Stadt zu vernachlässigen. Unter Bezugnahme auf Erfahrungsberichte des Ordnungsamtes wurden als mögliche Folgen einer Einquartierung von Asylbewerbern in Sammelunterkünften vor allem Kriminalität und Alkoholprobleme erwähnt (Saarbrücker Zeitung vom 30.08.1990). Dieser Streit erhielt einen neuen Impuls, als im Saarlouiser St. Orannaheim zunächst ohne Wissen der verantwortlichen SPD-Kommunalpolitiker von der Landesregierung eine Dependance der Landesaufnahmestelle Lebach beschlossen wurde, da die Kapazitäten dort mittlerweile ausgelastet waren. Bemängelt wurde insbesondere die mangelnde Kommunikation und Koordination zwischen der Landesregierung und der Stadt Saarlouis. Auch von der lokalen SPD waren Klagen darüber zu hören, daß die Stadt in dieser Sache kein Mitspracherecht hat: „‚Das Land hat an uns vorbei entschieden', sagte der Oberbürgermeister. (...) ‚Ich könnte mir sehr viel anderes im Orannaheim vorstellen'" (Saarbrücker Zeitung vom 19.08.1992).

Eine verantwortungsvolle Politik, die ihr Handeln auch an möglichen Konsequenzen ausrichtet und sich daher vorweg um Akzeptanz bemühen würde, war angesichts der Entwicklung der Asylbewerberzahlen und der Asylverfahrenspraxis der letzten Jahre in vielen Kommunen kaum möglich gewesen. Die Konsequenz: die Anwohner und Nachbarn von Asylbewerberunterkünften werden mit Entscheidungen konfrontiert, an denen sie nicht beteiligt wurden und die schon aus diesen Gründen nur schwer zu akzeptieren sind.

In Saarlouis zeigte der anhaltende Zustrom von Asylbewerbern schon bald seine Wirkung in der Bevölkerung. Bedenken und Ängste wurden nicht nur hinter vorgehaltener Hand geäußert, sondern offen bekundet. Zwar konnte die Unterbringung von asylsuchenden Familien und Einzelpersonen in Wohnungen oder Häusern in unterschiedlichen Stadtteilen noch relativ problemlos durchgeführt werden; doch im Vorfeld der Planung von Sammelunterkünften entwickelte sich nicht nur in der Opposition, sondern vor allem in der Bevölkerung heftiger Widerstand. Um dem Einzug der Fremden Einhalt zu gebieten, wurden Unterschriftensammlungen veranstaltet, Proteste organisiert und Bürgerinitiativen gegründet.

Nachdem die Stadt beschlossen hatte, das Sozialgebäude der ehemaligen Stadtgärtnerei zur Unterbringung von Asylbewerbern mit einem Kostenaufwand von 110.000 DM für die erforderlichen baulichen Instandsetzungsmaßnahmen herzurichten (Saarbrücker Zeitung vom 30.08.1990), kam es zu ersten Beschwerden der Anwohner, die schließlich in einem Rechtsstreit endeten: „Alles begann damit, daß die Stadtverwaltung im Fundus der eigenen Immobilien prüfte, ob sich nicht Räumlichkeiten für Asylbewerber finden lassen. Man wurde fündig: Das sogenannte Sozialgebäude der ehemaligen Stadtgärtnerei steht leer. (...) Nach Einschätzungen des Rathauses könnte man hier rund 30 Asylbewerber beherbergen. Eine Verwaltungs-Delegation besichtigte die Örtlichkeiten und befand sie für gut. Diese Ansicht teilten einige Nachbarn nicht. Sie legten bei der Stadt schriftlich Beschwerde ein. Als Gründe trugen sie nach Angaben des Bürgermeisters vor, das viel bewunderte Flair der Stadt werde gefährdet. Soziale Probleme seien zu befürchten, der Wohnwert der eigenen vier Wände werde gefährdet etc. (...) Nach Meinung des Anwalts der Anlieger erhebe auch niemand Einspruch dagegen, wenn in diesem Haus der ehemaligen Gärtnerei eine Familie mit etwa fünf Personen untergebracht werde. Die geplante Belegung mit 30 ähnele aber mehr ‚Hasenställen'." (Saarbrücker Zeitung vom 28.08.1990). In einem weiteren Fall ging es ähnlich zu. In dem Verlagsgebäude einer ehemaligen Druckerei sollten 15 Wohneinheiten für Asylbewerber eingerichtet werden. Hiermit waren die Anlieger allerdings nicht einverstanden: „Die Stadtverwaltung und protestierende Anwohner (...) hatten sich nach verschiedenen erfolglosen Gesprächen vor den Schranken des Verwaltungsgerichtes wiedergesehen. Die Anlieger, die rund 150 Unterschriften gesammelt hatten, waren empört über die Tatsache, daß die Stadt ihnen ein Asylantenwohnheim ‚vor die Haustüre' setzte" (Saarlouiser Stadtrundschau vom 20./21.02.1991). Die Juristen entschieden in beiden Fällen zunächst zugunsten der Stadt Saarlouis, so daß die Gebäude bis auf weiteres für die Unterbringung von Asylbewerbern genutzt werden können.

Die Probleme und Schwierigkeiten der Kommunen bezüglich der Unterbringung von Asylbewerbern, wie sie hier beispielhaft für die Stadt Saarlouis beschrieben wurden, waren über diesen Einzelfall hinaus typisch für die Situation einer großen Vielzahl von Kommunen in Deutschland zu Beginn der 90er Jahre. Ihre Ursachen liegen weniger in einem fehlenden guten Willen der (kommunalen) Politiker und Behördenvertreter, als vielmehr daran, daß die Versorgung von unerwartet vielen Asylsuchenden mit Unterkünften und Verpflegung in einer Zeit finanzieller und wohnungsmarktpolitischer Engpässe (nicht nur in den Kommunen) notwendigerweise kompliziert und schwierig war. Von daher waren mit diesen neuen Aufgaben der Kommunen zugleich eine Vielzahl von Problemen und Konflikten verbunden. Die Städte mußten ihrer Verpflichtung zur Unterbringung von Asylbewerbern nachkommen, für das Anmieten von Unterbringungsmöglichkeiten Sorge tragen, den Lebensunterhalt gewährleisten und die Asylbewerber beraten und betreuen. Dies führte aber bei der einheimischen Bevölkerung zu Konkurrenzgefühlen und Vorstellungen einer ungerechtfertigten Bevorzugung von Asylbewerbern, die sich in Protesten und Beschwerden äußerten.

4.2 Die Eskalation lokaler Konflikte zwischen Anwohnern, Asylbewerbern und der Verwaltung und die Veränderung politischer Gelegenheitsstrukturen

Neben den Schwierigkeiten der Kommunen, was die Unterbringung und Versorgung der Asylbewerber angeht, und den damit entstandenen (neuen) Konkurrenzen und Konfliktlinien zwischen Asylbewerbern und einheimischen Bevölkerungsgruppen (Wohnungssuchende, Sozialhilfeempfänger, Anwohner von Asylbewerberheimen etc.) spielten jedoch bald vermehrt auch die Verhaltensweisen und Probleme, die von den Asylbewerbern ausgehen, eine zentrale Rolle in der öffentlichen Diskussion. Auch hier wieder einige Beobachtungen zu Saarlouis.

Schon seit Ende 1989 wurde in der Öffentlichkeit über Probleme innerhalb der verschiedenen Ausländergruppen berichtet: „Schwierigkeiten mit Asylbewerbern treten, so der Erfahrungsbericht der Stadtverwaltung, bei akuten Krankheiten durch übermäßigen Alkoholgenuß und Gewalttätigkeiten der Bewohner von Sammelunterkünften untereinander auf. (...) Dabei wird auch in kritischen Fällen die Polizei zu Hilfe genommen" (Saarbrücker Zeitung vom 29.12.1989). Die Polizei: Und dann ist da ein Riesenhaus mit 30 oder 35 Ausländern verschiedenster Herkunft. Das geht von Polen über Rumänen bis zu Afrikanern. Und da prallen in diesem Haus die Mentalitäten aufeinander. Das ist Wahnsinn, welche Unterschiede es da gibt, welche Aktivitäten die an den Tag legen. Und das führt zu Reibungen, die nach außen dringen.

Auch das konkrete Verhalten der ‚Fremden' in der Öffentlichkeit führte in der Folge zunehmend zu Beschwerden, die an die Stadt Saarlouis herangetragen wurden. Daneben sahen die Kommunen sich aber auch mit Problemen der Asylbewerber untereinander konfrontiert, die nicht selten zu Gewalttätigkeiten führten und durch das Eingreifen der Polizei reguliert werden müssen. Die Vorurteile und Befürchtungen im Umfeld der Wohnungsgebäude von Asylbewerbern, die z.T. bis zum Rechtsstreit vor Gericht geführt haben, fanden hier teilweise ihre Bestätigung und führten immer wieder zu Protesten, wie uns die Polizei berichtete:

„Das geht von überlauter Musik, die sie im Sommer nachts hinter dem Haus machen, zum Feuer, zum Lagerfeuer, wo sie grillen und kochen. Das geht soweit, daß sie ihre Geschäfte in Nachbargärten erledigen, daß sie in den Garten von Nachbarn gehen, Gemüse holen usw. Das ist Wahnsinn für die Leute. Dann rufen die Leute immer wieder, daß die Polizei kommen soll. (...) Wir haben hier in Saarlouis ein sehr hohes Straftatenpotential von Ausländern, das muß man ganz ehrlich sagen. (...) Wir haben fast nur noch mit Ausländern zu tun. Das geht über Betrugsdelikte, über Eigentumsdelikte, einfachen Kaufhausdiebstahl. In diesen Fällen müssen Polizei und Stadtverwaltung eingreifen, sei es nur, daß sie den Müll immer wieder durch eine Firma beseitigen lassen müssen".

Die Medienberichterstattung zu diesem Thema schürte zudem die Ängste und Vorurteile in der Bevölkerung, die sich teilweise aufgrund negativer eigener Erfahrungen im Alltag bestätigten und insgesamt eine ablehnende feindliche Atmosphäre zwischen Asylbewerbern und ansässiger Bevölkerung schufen. Nocheinmal zu Saarlouis:

Neben der tatsächlichen Wohnungsnot und der öffentlich geführten politischen Diskussion wurde insbesondere in einem regionalen Wochenblatt das Klima in und um Saarlouis in Sachen Asylpolitik ‚angeheizt' durch Schlagzeilen wie: „‚Kurgäste' nach Saarlouis? Stadtgärtnerei soll ‚Hilton' für Romas, Sintis und Zigeuner werden – Bürgerinitiative protestiert –" oder „Bungalow für Asylanten – Stadt Saarlouis schlägt alle Rekorde". „In Neuforweiler fand Kurdenfamilie eine ‚Nobelherberge' für 2.000 DM Miete". So ist dann auch vom „Bonner Großzügigkeitsministerium" die Rede, das es ermögliche, Asylbewerber in Luxusherbergen unterzubringen, wohingegen „notleidende deutsche Familien (...) wegen einer Unterstützung von vielleicht 100 DM hundert Versuche machen müssen, um etwas zu ernten."

Saarlouis war kein Einzelfall, weder was die kommunalen Probleme und Schwierigkeiten angeht noch was die Entwicklung ausländerfeindlicher Stimmungen betrifft. Eine Analyse der Vorfeldereignisse ausländerfeindlicher Krawalle in einer Reihe von anderen Städten (Hoyerswerda, Rostock, Greifswald, Hünxe) in den letzten zwei Jahren zeigte, daß den kollektiven Krawallen und ausländerfeindlichen Taten jugendlicher Banden meist erhebliche Spannungen zwischen Asylbewerbern und der ansässigen Bevölkerung vorausgingen und daß sich der Protest und Widerstand z.B. gegen die

Asylbewerberwohnheime meist schon in Form von Petitionen, Unterschriftensammlungen, formalen Beschwerden etc. manifestiert hatte. Die vorhandenen Spannungen und Empörungen wurden jedoch in der Regel nicht ernst genommen oder unterschätzt; Versuche von kommunalpolitischer Seite, hier zu vermitteln, Gespräche aufzunehmen und über neue Lösungen nachzudenken, gab es nur selten – und wenn, dann kamen sie wie in Rostock-Lichtenhagen meist zu spät. Nach Aussagen von Anwohnern und Lokalpolitikern kam es bereits im Vorfeld der Ausschreitungen von Rostock-Lichtenhagen zu erheblichen Spannungen zwischen Asylbewerbern und der Bevölkerung.

Der anhaltende Zustrom von Asylbewerbern in das seit langem überfüllte Wohnheim im Stadtteil Rostock-Lichtenhagen war für Asylbewerber und Anwohner gleichermaßen unzumutbar, ein konfliktfreies Zusammenleben beider Parteien im Alltag war nicht zu gewährleisten. Dies bestätigen die Aussagen des Ausländerbeauftragten der Stadt Rostock. „Es gab eine Vielzahl von Beschwerden, Protesten, Anrufen der Bewohner ringsherum und man muß wirklich sagen, es war nicht der Zustand, wo man sagen kann mit mehr Verständnis und mehr Toleranz wäre das alles zu bewältigen gewesen. Es war sowohl für die Asylbewerber, als auch die Vietnamesen nebenan, als auch für die deutschen Anwohner so wirklich nicht zumutbar". Die Asylbewerber, größtenteils Roma und Sinti aus Rumänien, mußten wegen der starken Überlastung der Unterkünfte auf dem Rasen vor dem Wohnheim und auf Balkonen Quartier beziehen. Die Anwohner in unmittelbarer Nachbarschaft fühlten sich durch das Ausmaß der Verschmutzung und durch das ‚oft aufdringliche Verhalten' der Asylbewerber bis zum äußersten strapaziert. Im Vorfeld der gewalttätigen Krawalle in Rostock-Lichtenhagen kam es zu einer Unterschriftenaktion und zu zahlreichen Protestäußerungen der Anwohner aus der unmittelbaren Umgebung des Asylbewerberheimes, die sich auf diesem Weg Gehör verschaffen und auf die bestehenden Probleme aufmerksam machen wollten. In der Woche vor dem Ausbruch der Krawalle erschienen Ankündigungen in einer Rostocker Zeitung, nach denen es Proteste vor dem Heim geben solle. Die Anwohner fühlen sich mit ihren Problemen und Belastungen alleingelassen und machten auch die Erfahrungen, daß ihr friedfertiger Protest erfolglos blieb. Dazu folgende Stellungnahme des Ausländerbeauftragten der Stadt Rostock: „ (...) sie [die Anwohner: d.V.] fühlten sich eben in dieser Situation tatsächlich allein gelassen. Es tat sich für sie nichts Spürbares, um diesen Zustand zu verändern, trotzdem sie eigentlich versucht haben, all das, was an demokratischem Instrumentarium da ist, um auf Probleme aufmerksam zu machen und Veränderungen zu fordern, auszunutzen. Das alles (...) kann natürlich in keiner Weise einen Angriff auf Menschen entschuldigen, aber es soll die Situation deutlich machen". Lokalpolitiker räumten ein, daß aufgrund dieser angespannten Situation, die ihnen bekannt war, Anstrengungen unternommen wurden, weitere Ausweichunterkünfte bereitzustellen. Die Spannungen wurden jedoch in ihrer Brisanz und Explosivität unterschätzt, das Vertrauen in die Politik und ihre Fähigkeit zur Problemlösung war bereits verspielt.

Lokalpolitische Versäumnisse vor Ort und die nur zögernde Handlungsbereitschaft der Politiker, die gespannte Situation zwischen der Bevölkerung und den Asylbewerbern durch entsprechende Maßnahmen schnellstmöglich zu entschärfen, trugen zu einer ,emotionalen Eskalation' im Vorfeld der Krawalle und fremdenfeindlichen Aggressionen bei. Unmutsäußerungen, Proteste sowie eine Unterschriftenaktion der Bevölkerung mit dem Ziel, auf akute Probleme hinzuweisen, wurden nicht gehört. Folglich fühlten sich die Menschen in Rostock-Lichtenhagen mit ihren Sorgen und Ängsten nicht ernst genommen, sie fühlten sich im Stich gelassen. Dies erklärt wohl die breite Toleranz und Unterstützung der Anwohner, die den Randalierern Beifall klatschten oder teilweise selbst Steine warfen. Die angreifenden Jugendlichen konnten sich als eine ,Art politische Vorhut begreifen, die agiert, während der Staat versagt'.

Auch in Hünxe gab es vor dem spektakulären Brandanschlag in der Planungsphase eines Asylbewerberheimes Proteste gegen das Heim. Der Tenor der Meinungen in Hünxe zeigt sich in folgender Aussage:

> „Wie kann man uns das antun, hier in diesem friedlichen, freundlichen, netten Dorf, hier so viele Ausländer hereinzusetzten, die verderben uns doch unsere Gemeinschaft" und „muß das denn sein, daß das hier in eine homogene Gruppe, in eine Siedlungsgemeinschaft hineinkommt, kann man das nicht irgendwo anders hinmachen" (so faßte ein Vertreter der AWO diese Stimmung zusammen).

Auf öffentlichen Veranstaltungen zeigte sich eine Kontroverse quer durch die Parteien. Von verschiedenen Politikern wurde die These vertreten, hier ein Asylantenheim, das geht nicht, das ist für uns unerträglich. Das Asylantenheim wurde trotz der Proteste eingerichtet. Das Haus war den Jugendlichen des Ortes zuvor als Jugendtreff in Aussicht gestellt worden.

Die Kommunen waren zu Beginn der neunziger Jahre also nicht nur hinsichtlich der wohnungspolitisch und finanziellen Bewältigung der Unterbringung von Asylbewerbern oft überfordert, sondern ließen auch in der kommunalen Umsetzung erhebliche Defizite erkennen. Dies betrifft sowohl den Umgang mit den Asylbewerbern, denen z.T. menschenunwürdige Verhältnisse zugemutet wurden, als auch die Insensibilität bezüglich der Sorgen der einheimischen Bevölkerung. Angesichts der Akzeptanzprobleme vor Ort und den z.T. berechtigten Sorgen und Ängste wäre eine Politik von Nöten gewesen, die nicht von oben nach unten schlicht durch- und umsetzt, was einmal beschlossen wurde, sondern sich aktiv unter Einbeziehung der Nachbarn und Bürger um andere Lösungen bemüht hätte.

Die Asylverfahrenspraxis der letzten Jahre hat jedoch Interaktionsprozesse und Erfahrungen zwischen Asylbewerbern und der einheimischen Bevölkerung gefördert, die von vielen als Konflikte und Belastungen wahrgenommen wurden und die Kristallisationspunkte für die Entwicklung von entsprechenden Einstellungen und Gewaltbereitschaften waren.

Die Beziehungen zwischen Asylbewerbern und einheimischer Bevölkerung waren daher oft von vorneherein durch Ablehnung, Mißtrauen und Argwohn bestimmt, ohne daß man für diese Ablehnung schon fremdenfeindliche Motive oder Xenophobie annehmen müßte. Rassistische Vorurteile, ethnische Stereotype und fremdenfeindlich-nationalistische Parolen gewannen für manche Bürger erst angesichts dieser Erfahrungen, dieser Probleme und Konflikte an Evidenz und Plausibilität. Sie können auch hinsichtlich der individuellen Bewältigung erschütterter lebensweltlicher Gewißheiten und Strukturen eine wichtige kognitive und psychische Funktion haben.

Die Entwicklung fremdenfeindlicher Einstellungen bis hin zu der Toleranz von und Bereitschaft zur Gewaltanwendung wurde also ganz erheblich durch politisches und bürokratisches Handeln und Nicht-Handeln im Vorfeld und die dadurch bedingten Lernerfahrungen beeinflußt. Die gewalttätigen Krawalle entwickelten sich keineswegs aus dem Nichts heraus, sondern vor dem Hintergrund vorhandener Konflikte und Spannungen zwischen Asylbewerbern, einheimischer Bevölkerung und Verwaltung. Dies jedoch wurde von den politischen Parteien und Verwaltungen nicht wahrgenommen oder aber in ihrer sozialen Sprengkraft weit unterschätzt.

Hier spielen nun auch die politischen Entscheidungen und Nicht-Entscheidungen eine Rolle, die nicht auf kommunaler Ebene, sondern auf Länder- und Bundesebene angesiedelt sind. Angesichts des starken Zustroms von Asylbewerbern und der damit verbundenen Probleme und Konflikte vor Ort hat der Streit in den großen Parteien um die Asylpolitik und das Ausbleiben schneller Entscheidungen die politischen Gelegenheitsstrukturen für rechtsradikale und gewaltbereite Gruppen verändert. Die politischen Parteien zeigten sich weitgehend unfähig, sich in der Sache zu verständigen und gemeinsame Konzepte zu entwickeln, oder auch nur angesichts der sich abzeichnenden Spannungen und Unzufriedenheit zu verdeutlichen, daß auch die Sorgen und Probleme vor Ort ernst genommen werden. Die Stimmungen und Probleme vor Ort wurden statt dessen oft moralisch diskreditiert (‚Rassisten‘, ‚Faschisten‘) oder aber für den Parteienstreit instrumentalisiert (‚SPD-Asylanten‘).

In dieser Situation konnten rechtsradikale Gruppen ihre ausländerfeindlichen Problemdefinitionen und Forderungen in den öffentlichen Diskurs einbringen und so die öffentliche Meinung hinsichtlich der Asylproblematik deutlich beeinflussen. Dies wiederum hat die großen Parteien in Bewegung gebracht, die dann ihre Wahl-Programme anpaßten. Die Folge war, daß bis dahin tabuisierte und marginalisierte rechte politische Themen und Forderungen von den großen Parteien aufgegriffen wurden und sich nun auf der formalen politischen Agenda plazieren konnten. Damit wurde eine bestimmte Problemdefinition radikaler Minderheiten politisch hoffähig gemacht, wurden ausländerfeindliche Einstellungen und Gewaltbereitschaften normalisiert und legitimiert. In relativ kurzer Zeit haben sich so fremdenfeindliche Einstellungen und entsprechende Gewalttoleranzen in Teilen der Bevölkerung in ganz erheblichem Maße verstärkt.

4.3 Der Ausbruch und die Eskalation der Gewalt: die Veränderung des Sympathisantenumfeldes rechter und gewaltbereiter fremdenfeindlicher Gruppen

Diese Veränderung der öffentlichen Meinung in Teilgruppen der Bevölkerung, insbesondere die Zunahme fremdenfeindlicher Einstellungen und Handlungsbereitschaften bei gleichzeitigem Vertrauensverlust in die etablierten Parteien, hatte nun (für den weiteren Verlauf und die Genese fremdenfeindlicher Gewalt) bedeutsame Rückwirkungen auf die rechtsradikalen, fremdenfeindlichen und gewaltbereiten Subkulturen. Gewaltbereite Jugendgangs sowie Fascho- und Skinheadgruppen und rechtsextremistische Organisationen gab es nicht erst seit dem Jahre 1991, sondern schon lange vorher. Bereits Anfang der achtziger Jahre tauchen die Skins in der BRD auf, die sich in ihrer Provokation der Nazi-Symbolik bedienen und sich von Beginn an sowohl in England als auch in Deutschland an gewalttätigen und rassistischen Ausschreitungen beteiligen. Im Jahre 1988 schätzt der Verfassungsschutz ihre Zahl auf 2.500 ein. Seitdem ist die Zahl der gewaltbereiten Skins jährlich angestiegen, heute werden mehr als 6.000 gewaltbereite Skins geschätzt. Durch Beobachtung von Polizei und Verfassungsschutz waren die verschiedenen gewalttätigen und rechtsradikalen Problemgruppen seit langem bekannt. Und auch in den Gemeinden und Städten hatten sie meist schon ihre Spuren hinterlassen.

So gab es etwa in der Stadt Quedlinburg lange vor den Ereignissen im September 1992 eine starke Präsenz rechtsorientierter und gewaltbereiter Gruppierungen vor allem auch unter Jugendlichen. „Rechtsradikale melden, das Gebiet ‚sei sehr im kommen‘. Einheimische trauen NPD und Republikanern bei der nächsten Kommunalwahl 15 bis 20 Prozent der Wählerstimmen zu“. Ein städtisches Jugendzentrum diente als Treffpunkt der rechten

Szene. Es wird berichtet von einer „selbsternannten Bürgerwehr" der Jugendlichen, die „versuchen, Quedlinburg ein bißchen sauberzuhalten" und dies „mit schlimmen kriminellen Aktionen". Den Berichten zufolge kam es bereits zu mehreren Gewaltangriffen, so etwa „im Frühjahr '92" gegen einen „Mitbürger, den die Bürgerwehr als asozial betrachtete"; des weiteren wird berichtet von gewalttätigen Angriffen gegen Körperbehinderte und Ausländer in der näheren Umgebung der Stadt Quedlinburg.

Auch von Hoyerswerda wissen wir, daß es seit Anfang der 80er Jahre, nachdem man ungefähr 500 Gastarbeiter aus Mosambique und Vietnam im Ausländerwohnheim untergebracht hatte, immer wieder zu gewalttätigen Auseinandersetzungen kam, und sich auch in den 80er Jahren eine regimeoppositionelle Punkbewegung, allerdings mit rechter Ausrichtung, sowie auch vereinzelt rechtsradikale Sinhead- und Neonazigruppen etabliert hatten. Nach der Wende verstärkten sich die Übergriffe gegen Ausländer. Im Mai 1991, gut ein halbes Jahr nach der Wiedervereinigung, berichtete der Spiegel u.a. davon, daß bewaffnete Neonazis eine zu diesem Zeitpunkt in Hoyerswerda gastierende Punkband in einen Hinterhalt lockten und mit Steinen, Knüppeln und Tränengas traktierten. Nach polizeilicher Schätzung bestanden die rechtsradikalen Skinhead- und Neonazigruppierungen bis zu den Ausschreitungen aus ca. 60 lose verbundenen Mitgliedern, zuzüglich weiterer ca. 40 zugereister ‚Kameraden'. Angereiste Dresdner Neonazi-Gruppierungen versuchten dabei immer wieder die Skinheads in ihre Parteiarbeit einzubinden, was jedoch mit wenig Erfolg beschieden war.

In Greifswald wurden die dort untergebrachten Asylbewerber im November 1991 von randalierenden Fußballfans angegriffen, die sich als Teil einer äußerst gewaltorientierten jugendlichen Subkultur schon lange vorher etabliert und auch in Fanclubs organisiert hatte, und über deren Gewaltbereitschaft und deutsch-nationale Orientierung die Öffentlichkeit informiert war.

In Hünxe, Mölln und Solingen wußte man über die Existenz sowohl rechtsradikaler und rechtsextremistischer Gruppierungen und Parteien, als auch von gewaltbereiten Jugendlichen und den gewaltaffinen Skingruppen und fremdenfeindlichen Jugendbanden, lange bevor es zu Mordanschlägen mit furchtbaren Folgen kam.

Doch wurden die rechten, fremdenfeindlichen und gewaltbereiten Jugendlichen in den 80er Jahren meist gerade wegen dieser fremdenfeindlichen, nationalistischen und rechtsradikalen Einstellungen nicht ernst genommen und wegen ihrer Parolen gesellschaftlich ausgegrenzt und stigmatisiert. Die Stigmatisierung selbst wurde zum zentralen Aspekt der kollektiven Identität dieser Gruppen, die sich als Außenseiter und Ausgegrenzte verstanden.

Mit dem Streit um die Asylpolitik und dem damit einhergehenden ‚Legitimationsgewinn' fremdenfeindlicher Einstellungen und Meinungen in der Bevölkerung vor Ort machten diese Gruppen dann jedoch die Erfahrung, daß ihre Gewaltbereitschaft, sofern sie sich gegen Asylbewerber richtete, nicht zur gesellschaftlichen Ächtung, Stigmatisierung und Sanktionierung führte wie früher, sondern im Gegenteil bei Teilen der Bevölkerung Verständnis, Sympathie und auch Unterstützung findet. Oft haben die Jugendlichen längst vor den spektakulären fremdenfeindlichen Ereignissen bereits in einer Vielzahl von alltäglichen fremdenfeindlichen Handlungen und Aktionen die Erfahrung gemacht, daß sich ihnen niemand entgegenstellt, daß sie in vielen Fällen risikolos und konsequenzenlos gegen Asylbewerber vorgehen können und dabei eher noch Unterstützung aus der einheimischen Bevölkerung bekommen. Dies äußerte sich am deutlichsten bei den großen fremdenfeindlichen Krawallen in Hoyerswerda 1991 und in Rostock-Lichtenhagen im Jahr 1992.

In Rostock wurden 50-100 Gewalttäter von z.T. 1.000-2.000 Zuschauern und Unterstützern geschützt, die mit den Randalierern nicht nur sympathisierten, sondern sie auch durch Parolen und Gesten in ihrem Tun bestärkten und zu mehr Gewalt aufforderten. Bei den gewalttätigen Krawallen in Hoyerswerda gab es jeweils mehrere hundert, zeitweise bis zu 1.000 Schaulustige, die die ca. 40-50 gewalttätigen Jugendlichen anfeuerten und nach Auskunft des Polizeisprechers jede ‚erfolgreiche' Attacke mit ‚frenetischem Beifall' quittierten. Die Masse habe das Ereignis gefeiert wie ein Volksfest.

Und bei den ausländerfeindlichen Krawallen in Quedlinburg und Wismar stieg die Zahl der Gewalttäter kontinuierlich mit der Zahl der Schaulustigen und Unterstützer im Verlauf der Krawalle an.

Und auch vor den spektakulären, furchtbaren Morden von Mölln und Solingen hatten Jugendliche bei einer Vielzahl kleinerer, alltäglicher Formen der ausländerfeindlichen Aggression, der Beleidigung und Schmähung, die Erfahrung gemacht, daß sie von den Erwachsenen, den Eltern, den Nachbarn und Anwohnern nicht kritisiert, sanktioniert und ausgegrenzt wurden, sondern daß ihnen zumindest von Teilen der Bevölkerung Verständnis entgegengebracht wurde oder man sich mit ihnen gar demonstrativ solidarisierte: ‚Das sind keine Nazis', so eine Aussage in Rostock, ‚das sind unsere Kinder'.

Dieser erfahrene Zuspruch war nun aber von großer Bedeutung sowohl für die Selbstdefinition der rechten und gewalttätigen Gruppen als auch für die weitere Eskalation der Gewalt. Die gewalttätigen fremdenfeindlichen Gruppen konnten sich damit zum erstenmal als Vertreter ‚allgemeiner' Interessen definieren und haben durch die klammheimliche oder auch offene Unterstützung durch Teile der Bevölkerung eine neue Selbstdefinition und kollektive Bedeutung erfahren. Viele haben sich als nationale Avantgarde, als nationale Kämpfer für deutsche Interessen verstanden und sich in dieser Rolle eine historische Bedeutsamkeit zuschreiben können: als die radikalen Vorkämpfer einer fremdenfeindlich-nationalistischen Bewegung, deren Genese und Formierung in großen Mobilisierungswellen wir in jüngster Zeit beobachten konnten.

4.4 ‚Erfolgserlebnisse' angesichts der Schwäche staatlicher Kontrollorgane

Die Steigerung fremdenfeindlicher Gewalthandlungen seit 1991 läßt sich jedoch nicht alleine auf die gestiegene Zunahme von Asylbewerbern, die Entwicklung der Probleme vor Ort und die ‚Ohnmacht' oder Kompetenzdefizite der politischen Parteien und Verantwortungsträger zurückführen. Auch der Verweis auf existierende gewalttätige Gruppen, die angesichts der allgemeinen Fremdenfeindlichkeit ein neues, ‚sinnstiftendes' Betätigungsfeld gefunden haben, vermag nicht hinreichend zu erklären, in welchem Ausmaß und mit welcher Intensität sich die fremdenfeindlichen Angriffe fortsetzen konnten. Um insbesondere die Dynamik und die Diffusion der Gewalt zu verstehen, bedarf es daher zusätzlicher Überlegungen, die sich auf die Erfahrung der Gewalttäter (und derer, die es noch werden wollen) beziehen, daß Gewaltanwendung ein effizientes und ‚erfolgreiches' Mittel ist. Wo und weshalb konnten solche Erfahrungen gemacht werden?

Die Rekonstruktion gewalttätiger fremdenfeindlicher Krawalle und Übergriffe hat deutlich gemacht, daß insbesondere die Schwächen der Kontrollinstanzen (v.a. in den neuen Bundesländern) sowie die Unterstützung und der Schutz durch die Bevölkerung es den Gewalttätern ermöglicht haben, ihr Handeln als ‚erfolgreich' und zudem als relativ risikofrei zu erfahren. Die Veränderung der Gratifikationsstrukturen sowie der Kosten- und Risikostruktur von Gewalt haben zur weiteren Eskalation und Ausweitung der Krawalle entscheidend beigetragen. So konnten die gewalttätigen Gruppen in Hoyerswerda und Rostock, und später auch in Wismar und Quedlinburg über mehrere Tage und Nächte Angriffe und Aktionen gegen Asylbewerber- und Ausländerheime durchführen und schließlich auch gegen die Polizei selbst vorgehen, ohne daß diese in der Lage war, die Ausschreitungen zu kontrollieren und die Täter festzunehmen.

In Hoyerswerda begannen die fremdenfeindlichen Ausschreitungen am Dienstag, den 17.9, nachdem auf dem Wochenmarkt eine Gruppe von 8 Skinheads mehrere Vietnamesen überfallen hatten. Als die Polizei eingriff und die Skinheads abdrängen konnte, verstärkten sich diese zahlenmäßig auf ungefähr 40 Personen und zogen mit Brandflaschen bewaffnet zum Ausländerwohnheim, in dem sich ca. 70 Gastarbeiter aus Mosambique und Vietnam aufhielten. Dort warfen sie Molotowcocktails. Tags darauf setzte sich die Randale weiter fort. Am Mittwoch, den 18.9. kam es zu einer Prügelei zwischen Rechtsradikalen und Heimbewohnern, an der sich aber nun auch Nachbarn, die sonst eher durch Applaudieren die jugendlichen Gewalttäter maßgeblich unterstützten, gewaltsam mitbeteiligten. Am Donnerstag, den 19.9., weiten sich die Ausschreitungen aus, nachdem aus Cottbus und Magdeburg Skinheadgruppen zur Verstärkung angereist kamen. Es beginnt an diesem Tag die erste größere Schlacht, in der die Angreifer mit Molotow-Cocktails, Eisenstangen und Stahlkugeln vorgehen.

Am Freitag, den 20.9. zieht die Polizei etwa drei Hundertschaften zusammen und versucht durch die Verteilung von Flugblättern die Lage in Hoyerswerda zu entspannen. Doch gegen Abend kommt es auf dem Marktplatz zu einer erneuten Zusammenrottung von etwa 50 Skinheads und Rechtsradikalen. Stark alkoholisiert, mit Bierdosen und Schlagstöcken in der Hand, rufen sie immer wieder Parolen wie ‚Ausländer raus!‘ oder ‚Niggerschweine, verpißt euch!‘. Die Auseinandersetzungen verlagern sich auch auf andere Objekte und entwickeln sich zunehmend zu einem Machtkampf zwischen Polizei und Jugendlichen.

Am Samstag, den 21.9. kommt es zur ersten Kapitulation der Ordnungskräfte und Politiker vor den gewalttätigen Gruppierungen. Zwei Busse bringen etwa 60 mosambikanische Gastarbeiter weg, wobei man der Überzeugung war, daß sich die Lage scheinbar beruhigt hätte. Doch die Ausschreitungen gehen noch zwei Tage weiter und spitzen sich weiter zu, nachdem am Sonntag, den 22.9. mehrere hundert Gegendemonstranten aus Berlin in Hoyerswerda angekommen waren. Insbesondere in der Umgebung des Asylantenheimes kam es zu Schlägereien zwischen Rechtsradikalen und Autonomen, die sich auch in den späten Abendstunden noch fortsetzten.

Unter dem Druck der ununterbrochenen Gewalttätigkeiten wurde beschlossen, das attackierte Asylbewerberheim am Montag, den 23.9. zu räumen. Dies sollte zur Sicherheit der Bewohner geschehen, für die ein erhebliches Sicherheitsrisiko eingetreten sei. So verließen am Montag morgen weitere ca. 150 Asylbewerber in Bussen die sächsische Kleinstadt, unter massivem Polizeischutz vor ungefähr 1.000 applaudierenden Zuschauern. Die Anwendung von Gewalt hatte sich als effizientes Mittel zur Durchsetzung politischer Ziele erwiesen.

Auch die Ausschreitungen in Rostock Ende August 1992 erstreckten sich über einen Zeitraum von insgesamt fünf Tagen und Nächten und sind ein Prototyp für eine unkontrollierbare Eskalationsdynamik und erfolgreiche Gewaltanwendung.

Am Samstag, den 22.8 gegen sechs Uhr abends hatten sich etwa 150 Personen zunächst vorwiegend Jugendliche vor der Zentralen Aufnahmestelle (ZAST) für Asylbewerber des Landes Mecklenburg-Vorpommern in der

Rostocker Vorstadt Lichtenhagen versammelt. Etwa zwei Stunden später kam es zu den ersten gewaltsamen Angriffen gegen das Asylbewerberheim, in dem zu diesem Zeitpunkt rund 230 Menschen untergebracht waren, vorwiegend Roma und Sinti aus Rumänien. Mit Schottersteinen, Reizgas, Molotow-Cocktails und Feuerwerkskörpern versuchten die Angreifer das Heim zu stürmen. Eine sehr große Zahl der Anwesenden und Beteiligten rekrutierte sich mittlerweile aus frustrierten Anwohnern aus den umliegenden Stadtvierteln, sowohl Jugendliche als auch Erwachsene. Es waren z.T. auch Skinheads und andere rechtsorientierte Jugendliche beteiligt, die über Parolen und Slogans ihre ausländerfeindliche oder rechte Gesinnung zu erkennen gaben. Den etwa 150 randalierenden Angreifern in Rostocks Vorstadt Lichtenhagen standen anfangs nur wenige (Zahlen schwanken von 30-50), nur mangelhaft ausgerüstete Polizisten gegenüber, von dem Ausmaß der Gewaltbereitschaft völlig überrascht, in der Situation überfordert und den Angreifern nahezu hilflos ausgeliefert. Zusätzlich erschwert wurde das Vorgehen der Polizei durch eine zunehmende Zahl von schließlich nahezu 1.000 Zuschauern, die mit den Randalierern sympathisierten, ihnen Schutz boten, sie durch entsprechende Parolen in ihrem Tun bestärkten und anfeuerten. Zwar wurden im Laufe dieser ersten Krawallnacht die Einsatzkräfte der Polizei zunächst auf 150, später dann auf etwa 400 Mann verstärkt. Doch die Angriffe und Ausschreitungen dauerten bis in die frühen Morgenstunden.

Am Sonntag, den 23.8. erhalten die Ereignisse vom Vortag neue Dimensionen. Sowohl Angreifer, als auch Polizei zeigen sich verstärkt, besser vorbereitet und in zunehmendem Maße organisiert. Die Konfliktparteien rekrutieren sich nun überwiegend aus teilweise vermummten Jugendlichen, 12-16jährige, größtenteils aus Rostock, zusätzlich aus einer größeren Zahl jugendlicher Skinheads und Rechtsradikaler, die aus verschiedenen Teilen Deutschlands anreisen. Den Angreifern stehen zu diesem Zeitpunkt rund 800 Polizisten gegenüber. Die Angreifer versuchten in dieser Nacht wiederum das Heim zu stürmen, die Polizei rückte mit Schlagstöcken und Wasserwerfern vor. Etwa 140 Jugendliche wurden vorläufig festgenommen.

Am Montag, den 24.8. wurden erstmals Bewohner der Zentralen Anlaufstelle für Asylbewerber in andere Unterkünfte des Landes Mecklenburg verlegt. Doch die Zeichen der Schwäche und Nachgiebigkeit führten lediglich zu weiteren Gewalttätigkeiten. In der Nacht zum Dienstag kommt es zu einer erneuten Eskalation der Gewalt. Aus einer ca. 1.000köpfigen Menge gehen einige Dutzend Randalierer gegen das bereits geräumte Asylbewerberheim vor. Etwa 70 von ihnen zündeten Wohnungen im Erdgeschoß mit Brandsätzen an. Die Polizeibeamten, zu diesem Zeitpunkt rund 600 Mann, die sich einige hundert Meter entfernt gesammelt hatten, schreiten zunächst nicht ein, sichern sich lediglich hinter ihren Schutzschildern, in der Annahme, so heißt es, das Gebäude sei leer. Tatsächlich jedoch befanden sich in dem geräumten Gebäude Treppenaufgänge mit jeweils angeschlossenen Wohnungen, die seit jeher als Ausländerwohnheim benutzt wurden. Auch die Feuerwehr rückte erst mit Verspätung zur Brandbekämpfung an. Die Feuerwehrmänner wurden bei Löscharbeiten von ‚Randalierern' behindert. Die Polizei räumte erst nach zwei Stunden die Zufahrten vor dem Heim, so daß die Löschfahrzeuge an den Brandherd gelangen konnten.

Die gewalttätigen Angriffe auf Ausländerheime in Rostock-Lichtenhagen und die Auseinandersetzungen mit der Polizei gehen noch zwei Tage weiter bis es einer aufgerüsteten und verstärkten Polizei schließlich gelingt, die Straßenschlacht zu beenden.

Für die psychische Dynamik, die die Krawalle von nun aber tragen sollte, waren diese primären ‚Erfolgserfahrungen' der Randalierer in Hoyerswerda und Rostock von großer Bedeutung. Eine angesichts der Gewalt zurückschreckende Polizei führt bei gewalttätigen Gruppen zu einem euphorisch erlebten Machtgewinn und einer berauschenden und stimulierenden Anarchie- und Anomieerfahrung, was für den weiteren Verlauf der Krawallereignisse von großer Bedeutung ist. Gewalt wird als lustvoll und befreiend erlebt, sie erscheint als relativ risikolos einsetzbar und wird dann auch für viele, bis dahin Unbeteiligte und weniger Risikobereite attraktiv. Sie zieht Zuschauer und Beobachter ebenso an wie gewaltbereite Gruppen aus anderen Städten.

„(...) die Polizei hat auch keine Stärke demonstriert, sondern Schwäche. Und wenn eine Polizei Schwäche demonstriert, gegen solche gewalttätigen Gruppen, dann haben sie (...) sofort eine zunehmende Gewaltbereitschaft auf der Störerseite. Und das war auch (in Rostock: d.V.) erkennbar. (...). Diese ganze Geschichte muß man so sehen, daß Erfolge gegen die Polizei immer hohe Motivation für gewalttätige Störer sind. Das hat man vorher erlebt. Gleichwohl sind ja viele Festnahmen getätigt worden, (...). Aber das hat nicht unbedingt dazu geführt, daß jetzt eine dämpfende Wirkung auf die Gewaltbereitschaft eintrat".

An allen Orten, in denen Gewalt ausgebrochen und eskaliert ist, zeigen sich klare Parallelen, was die Dynamik der gewalttätigen Krawalle angeht. Es gibt sowohl vergleichbare Verhaltensstrukturen der Tätergruppen und Sympathisanten als auch ähnliche Eskalationsmechanismen, die eine bestimmte Eigendynamik in den Gewaltzyklus einbringen. Die mangelnde Polizeipräsenz und ihre praktizierte Zurückhaltung vor allem in der jeweiligen Aufschwungs- bzw. Anfangsphase des Gewaltzyklus führte unmittelbar zu einer weiteren Eskalation der Gewalt. Die Angreifer, gewaltbereite Kinder und Jugendliche, werden in ihrer Gewaltbereitschaft durch vermeintliche Schwächen ihres Gegners, der Polizei, bestärkt und stimuliert. Es entstehen anomische Situationen, Phasen der Gesetzlosigkeit und Regellosigkeit, die das Gefühl entstehen lassen, ‚selbstregulierend in ein starres System' eingreifen zu können und mit dem Mittel der Gewalt tatsächlich etwas zu erreichen. Die Gewalttäter machen die Erfahrung, daß massive kollektive Gewaltanwendung risikolos durchgeführt werden kann, selbst gegen die Polizei: dies ist eine ‚Erfolgserfahrung', die ständig neue Motivation und Stimulanz für die Auseinandersetzungen erzeugt.

4.5 Medienvermittelte Ausbreitung und Nachahmungseffekte

Doch Hoyerswerda und Rostock-Lichtenhagen sind nicht nur deshalb zum Synonym für fremdenfeindliche kollektive Ausschreitung geworden, weil hier über mehrere Tage und Nächte hinweg das staatliche Gewaltmonopol vorgeführt und außer Kraft gesetzt wurde. Sie haben darüber hinaus für die Entwicklung fremdenfeindlicher Gewalttaten in ganz Deutschland entscheidende Bedeutung, weil sie Mobilisierungseffekte hatten und Nachahmungstaten andernorts auslösten.

Angesichts der Ereignisse in Hoyerswerda und Rostock machten die gewalttätigen Gruppen die Erfahrung, daß die massive Anwendung von Gewalt ‚erfolgreich' ist: ‚Erfolgreich' jetzt nicht nur in dem Sinne, daß sie risikolos ausgeübt werden kann und mediale Selbstinszenierung ermöglicht, sondern erfolgreich im Hinblick auf die Durchsetzung politischer Ziele und die Lösung lokaler Konflikte: durch die Anwendung von Gewalt ist es in Hoyerswerda und Rostock gelungen, die Verlegung von Asylbewerbern in andere Unterkünfte zu erzwingen und ‚die Stadt ausländerfrei zu machen', wie es im ausländerfeindlichen Jargon heißt. Diese Erfahrungen ‚erfolgreicher' Gewaltanwendungen sind von entscheidender Bedeutung für die Diffusion und Eskalation von Gewalt. Das Lernen am erfolgreichen Modell hat daher gerade für die Erklärung einer wellenartigen Eskalation und Ausweitung von Gewaltaktionen nach spektakulären ‚Einzelerfolgen' eine große Bedeutung.

Sowohl die Ereignisse von Hoyerswerda als auch die von Rostock-Lichtenhagen und jetzt wieder die Morde von Solingen hatten wahre Mobilisierungs- und Rekrutierungseffekte hinsichtlich fremdenfeindlicher und rechter Gewalttaten ausgelöst und haben zu einer Intensivierung und Verstetigung von Gewaltereignissen über Wochen hinweg geführt. Nach Hoyerswerda kam es noch in der gleichen Woche zu Brandanschlägen und Angriffen auf Asylbewerberheime und Aussiedlerwohnheime in Deuben, Saarlouis, Saarwellingen, Thierdorf bei Dresden, Freiburg und Essen. Selbst der zeitlich etwas später folgende Anschlag in Hünxe (Westfalen) war, wie wir mittlerweile wissen, durch die Erfahrung von Hoyerswerda ausgelöst und stimuliert worden. Die Täter glaubten, nun auch in ihrer Stadt etwas tun zu müssen und zu können. Der gleiche Mobilisierungseffekt kann auch nach den ,erfolgreichen' Krawallen in Rostock Ende August aufgezeigt werden. Insbesondere in Quedlinburg und Wismar kam es zu heftigen Nachfolgeereignissen, bei denen wie in Rostock-Lichtenhagen ein hohes Maß an Gewalt und Aggression über Tage hinweg aufrechterhalten wurde. Darüber hinaus kam es zu einer Verstetigung und Veralltäglichung von Gewaltanschlägen gegen Ausländer über mehrere Wochen hinweg.

Insbesondere in Bezug auf die Eskalation und Diffusion von fremdenfeindlicher Gewalt und anderen kollektiven Gewaltformen werden daher bestimmte Funktionen der Medien deutlich, die freilich unabhängig von den Intentionen derer sind, die verantwortlich zeichnen:

a) Durch die flächendeckende Berichterstattung über spektakuläre Ereignisse und insbesondere über politisch motivierte Gewaltanwendungen kommt den Medien im Kontext der fremdenfeindlichen Gewaltentwicklung (aber auch im Kontext der neuen sozialen Bewegungen der siebziger und achtziger Jahre) eine wichtige Koordinierungs- und Informationsfunktion zu. Der relativ geringe Grad organisatorischer Verfestigungen und infrastruktureller Vernetzung in den fremdenfeindlichen Subkulturen hat nicht zuletzt auch damit etwas zu tun, daß die Information und Mobilisierung von Gleichgesinnten und Unterstützern in der Regel durch die Berichterstattung in den Medien sichergestellt wird.
b) Durch spektakuläre Aktionen und insbesondere durch Gewaltanwendung können radikale Gruppen zudem die Aufmerksamkeit der Medien erlangen und eine Berichterstattung der Ereignisse, aber auch der Hintergründe und Absichten der Täter sicherstellen. Die Medien stellen also eine Art ,Aufmerksamkeitsprämie' für Gewaltanwendung bereit. Viele Gewaltereignisse im Kontext politischer Auseinandersetzungen und Konflikte sind möglicherweise auch gezielt auf die mediale Berichterstattung hin inszeniert. Für die Gewaltakteure gilt es daher auch immer als ein Kriterium des ,Erfolgs' ihrer Aktionen, wenn sie damit überlokal in den Medien präsent sind. Darüber hinaus hat die Berichterstattung über Gewalttätigkeit auch individuelle Belohnungseffekte: für manchen jugendlichen Gewalttäter entwickelt sich aufgrund der medialen Aufmerksamkeit ein Gefuhl kollektiver Bedeutsamkeit und eine entsprechende subkulturelle Aufwertung ,vom Schläger zum Kämpfer zum Helden' (Eckert 1993a).

Freilich gehen solche Verstärkerwirkungen nicht allein von den Medien aus und sind auch nicht ausschließlich zurückzuführen auf die Unterstützung durch die ,bystander' und Sympathisanten. Eine große Rolle insbesondere zum Verständnis der seriellen Entwicklung und Eskalation von Gewalt spielen auch jene Reaktionen auf die primären Gewalttaten, die als eine Negierung von Opfern und von Schädigungen durch die Gewaltanwender interpretiert werden können. Solange Menschen nicht wirklich physisch verletzt oder gar getötet wurden, waren in der Öffentlichkeit Reaktionen und Stimmen zu hören, die weniger über die Gefährdung der Gewaltopfer, als vor allem über die ‚verständlichen' Frustrationen der Täter redeten. So wurde nach Rostock gar von einem führenden Landespolitiker geäußert, ‚es sei ja niemand zu Schaden gekommen'.

4.6 Die Entstehung von Feindbildern, die Ausweitung der Opfergruppen und die Verhärtung der fremdenfeindlichen Szene

Auf eine Reihe von situativen Faktoren und kontingenten Bedingungen der Entwicklung und Eskalation der fremdenfeindlichen Gewalt zu Beginn der 90er Jahre haben wir in diesem Kapitel bereits hingewiesen. Hier soll nun ein weiterer Aspekt hervorgehoben werden.

Fremdenfeindliche und rechtsradikale Einstellungen und auch entsprechend motivierte Gewaltbereitschaften und Gewalttaten hat es in den letzten Jahrzehnten in Deutschland immer schon gegeben. Insbesondere rechtsradikale Ideologien, rassistische Feindbilder und ethnozentrische Vorurteile und ihre Verbreitung weit über den rechten Rand hinaus werden daher auch als Hintergrund für die gegenwärtige Fremdenfeindlichkeit vermutet: diese grundlegenden Denkweisen und kollektiven Bewußtseinsstrukturen seien in einer Phase der Rezession, der kollektiven Verunsicherung und der Bedrohung erworbenen Wohlstands bei vielen Bürgern als eine Art pathologische Angstreaktion wieder durchgebrochen.

Aufgrund dieser historischen Erfahrungen ist es durchaus berechtigt, wenn auf diese Kontinuität des Phänomens der Fremdenfeindlichkeit verwiesen wird. Dennoch gilt es auch hinsichtlich der fremdenfeindlichen Gewalt in den 90er Jahren zunächst empirisch zu fragen, welche spezifischen historischen Bedingungen und Erfahrungen ihr zugrundeliegen; und auch, was sie von dem bisher bekannten Phänomen der Fremdenfeindlichkeit unterscheidet.

Die fremdenfeindliche Gewalt entwickelte sich diesmal nicht primär auf Basis tradierter, im kollektiven Bewußtsein bereitgestellter gesellschaftlicher Feindbilder und Vorurteile des Rechtsradikalismus (Juden, Türken etc.), sondern hatte einen ganz spezifischen Kristallisationspunkt und – wenigstens am Anfang – ein klar umrissenes Feindbild und Opferbild: die ‚Asylanten' oder speziell noch die ‚Schein- oder Wirtschaftsasylanten'. Dieses kollektive Feindbild vom ‚Scheinasylanten', der nicht berechtigt sei, hier zu sein, dessen Versuch hier zu bleiben als kriminell eingestuft wurde, und dessen Anwesenheit in der Nachbarschaft als Provokation empfunden wurde, hatte für die Entwicklung und Ausweitung der Fremdenfeindlichkeit wichtige Konsequenzen: Man konnte den ,Scheinasylanten' ablehnen und bekämpfen auch ohne in den Verdacht zu geraten, Rassist oder Rechtsradikaler zu sein: die Rechtsprechung, die großen Parteien, und nahezu alle bedeutenden gesellschaftlichen Institutionen und Organisationen waren sich in der Illegitimität und Ablehnung der ,Scheinasylanten' einig. Die Konstruktion des ,Scheinasylanten' im öffentlichen Diskurs hat deutliche Züge einer symbolischen Zurichtung eines legitimen Aggressionsobjektes. Sie hat fremdenfeindliche Reflexe, Aversionen, Schuldzuweisungen und Gewaltbedürfnisse ausgelöst bzw. legitimiert, die dann auch jenseits der primären Feind- und Opfergruppen der ,Scheinasylanten' stets neue (sekundäre) Opfer- und Feindgruppen finden konnten: zunächst die Polen und Gastarbeiter aus Vietnam und Mosambique in den neuen Bundesländern, dann auch die Linken, die Schwulen, die Behinderten und schließlich die Türken. Und es hat jenen Mut gemacht und den Boden bereitet, die rassistischen Ideologien anhängen und für die der ,Asylant' nur stellvertretend für alle Fremden und alles ,Nicht-Völkische' und ,Nicht-Deutsche' steht. Natürlich haben viele in der Bevölkerung diese Ausweitung des Feindbildes und potentieller Opfergruppen hin zu einem allgemeinen Rassismus und einer allgemeinen Fremdenfeindlichkeit nicht mitgemacht. Dieser Prozeß hat sich vielmehr weitgehend auf den Kern der fremdenfeindlichen, rechten und gewaltbereiten Gruppen beschränkt. Daher geht mit der Ausweitung der Opfergruppen auch eine Verhärtung und Isolation der rechten und fremdenfeindlichen Szene einher. Ausdruck und Anzeichen der zunehmenden Verhärtung, Verkapselung und Selbstbezüglichkeit der gewalttätigen Fremdenfeindlichkeit ist vor allem die Tatsache, daß selbst brutalste Anschläge mit erheblichen Opfern noch Nachahmungs- und Mobilisierungseffekte haben. Während nach Mölln noch für eine kurze Zeit ein Rückgang der Anschläge und auch Distanzierungen innerhalb der fremdenfeindlichen Szenen registriert werden konnten, hat der Anschlag von Solingen in einer Vielzahl von Städten zu Nachahmungstaten geführt. Die Brutalisierung und Verhärtung drückt sich auch darin aus, daß trotz der bekannten tödlichen Folgen, ja man müßte sagen, wegen ihnen, es verstärkt zu Brandanschlägen gegen Wohngebäude und Unterkünfte von Ausländern kommt. Doch mit der Ausweitung der Opfergruppen auf alles Fremde, alles ,Undeutsche' und ,Unbekannte' geht nicht nur eine Verhärtung und Brutalisierung der rechten und fremdenfeindlichen Szene bis hin zum Terrorismus einher, sondern zugleich auch die stärkere Organisation von ,Gegengewalt'. Während sich die bisher vom Fremdenhaß in erster Linie betroffenen Asylbewerber lediglich in Notwehrsituationen gelegentlich zur Wehr setzten und allenfalls in den gewaltbereiten Autonomen- und Antifa-Gruppen eine selbsternannte ,Gegenwehr' hatten, entwikkelte sich mit der Ausweitung der Opfergruppen auf die Türken die Perspektive einer kontinuierlichen und starken ‚Gegengewalt'.

5. Zwischenergebnis und Konsequenzen für die Theoriebildung

Unsere Ergebnisse lassen die Entwicklung und Ausbreitung fremdenfeindlicher Gewalt als Ausdruck eines neuen zentralen gesellschaftlichen Konfliktes verstehen. Vor dem Hintergrund lokaler Spannungen im Umfeld von Aussiedler- und Asylbewerberunterkünften und der zunächst ergebnislosen Asylverfahrensdiskussion der politischen Parteien wurden einerseits neue Gewaltbereitschaften erzeugt, andererseits bereits existierende unpolitische Gewaltbereitschaften politisch aufgeladen und legitimiert. Gewalt konnte in dieser Situation als ‚effektives' und ‚erfolgreiches' Mittel zur Erzeugung von Aufmerksamkeit und zur ‚Lösung' lokaler Probleme angesehen werden. Nachdem das Risiko für die Gewalttäter aufgrund mangelnder Polizeipräsenz im Osten zunächst deutlich reduziert war, stellte die ‚erfolgreiche' Gewaltanwendung – durch die Medienberichterstattung flächendeckend verbreitet – ein Signal für Nachahmungshandlungen in Ost und West dar. Anders als bei einer Reihe von gewalttätigen Eskalationen in den Konflikten zwischen den neuen sozialen Bewegungen und dem Staat in den 70/80er Jahren ist die Serie fremdenfeindlicher Gewalttaten Anfang der 90er Jahre nicht durch staatliche Überreaktionen ausgelöst oder verstärkt worden, sondern im Gegenteil durch Unterreaktionen: durch mangelnde polizeiliche Präsenz, fehlende Durchsetzungsfähigkeit und – wie manche glauben – auch durch fehlende Bereitschaft von Polizei und Justiz, gegen rechte Gewalt mit der gleichen Entschiedenheit vorzugehen wie gegen linke Gewalt. So kam es zu der rasanten Eskalation und räumlichen Diffusion fremdenfeindlicher Gewalttaten und zu Mobilisierungsgewinnen für rechtsextreme und fremdenfeindliche Gruppen in Teilen der Bevölkerung, die als Bedingung für die Genese und Stabilisierung einer sozialen Bewegung von Rechts von Bedeutung sind.

Eine solche Konfliktperspektive macht deutlich, daß es sich bei den fremdenfeindlichen und rechtsextremistischen Mobilisierungen der letzten Jahre weder um ein gesellschaftliches oder politisches Randproblem handelt, noch um ein reines Jugendproblem. Die fremdenfeindlichen Aktionen haben als Hintergrund vielmehr jenen neuen gesellschaftlichen Konflikt um die Einwanderung und ihre Folgen, und der als strukturelle Spannung den Kristallisations- und Ausgangspunkt auch für weitere spezifische Mobilisierungen bilden kann (Willems 1993; Eckert 1993; ähnlich auch Jaschke 1992).

Die Erfahrungen der letzten Jahre deuten darauf hin, daß mit fortschreitender Einwanderung Ethnizismus zu einer zentralen Dimension der Politik werden kann. Durch Einwanderung werden kulturelle Standards relativiert,

Fremdheitserlebnisse erzeugt, Lebensgewohnheiten verändert und Konkurrenzsituationen (z.B. auf dem Wohnungsmarkt) verschärft. Dies kann einerseits zu neuen Konflikten auf Grund ethnisch-kultureller Divergenzen führen, andererseits zur Ethnisierung tradierter Konfliktlinien (z.B. der Verteilungskonflikte) (Esser 1988). Es führt in jedem Fall jedoch zu einem Konflikt um die Frage, in welchem Maße und in welcher Form eine Einwanderung (welcher Gruppen) ermöglicht werden sollte. Dieser Konflikt um die Einwanderung betrifft derzeit nicht nur Deutschland, sondern ist in einer Reihe von anderen europäischen Staaten existent und hat auch in anderen Ländern (vgl. England, Frankreich etc.) bereits zu einer Stärkung rechtsradikaler Parteien und Gruppierungen, zu einer Aktivierung ethnozentristischer Einstellungspotentiale und zu einem Anwachsen rechtsextremistischer und fremdenfeindlicher Gewalttaten beigetragen. Er wird als Ausgangs- und Kristallisationspunkt für fremdenfeindlich-nationalistische Agitation und rechtsextremistische Mobilisierung wohl auch in Zukunft dienen können.

Es gibt also gute Gründe für die Befürchtung, daß es angesichts der vorhandenen Probleme und Konflikte, der Unzufriedenheits- und Protestpotentiale in der Bevölkerung und der handlungsbereiten rechtsradikalen und rechtsextremistischen Organisationen und Parteien, deren zunehmende Vernetzung erkennbar ist (Uhrlau 1994), längerfristig zur Ausbildung und Stabilisierung einer rechten sozialen Bewegung kommen kann. Die hier rekonstruierten Eskalationsprozesse, Konflikthintergründe und Mobilisierungserfolge lassen erste Ansätze erkennen. Obwohl fremdenfeindliche oder gar rassistische Einstellungen sich in den letzten Jahren in unserer Gesellschaft insgesamt nicht weiter ausgebreitet haben (Willems 1993), hat sich außerhalb des organisierten Rechtsextremismus ein neues Konflikt- und Gewaltpotential gebildet, das in bestimmten Situationen für bestimmte Aktionen mobilisierbar ist: es wird getragen insbesondere von Jugendlichen aus eher bildungsfernen Teilen der Bevölkerung, die auch generell (d.h. nicht nur in bezug auf politische Ziele) eine höhere Gewaltbereitschaft haben.

Ob die rechtsextremistischen Parteien in der Lage sein werden, diese situative Kooperation und Unterstützung auch in eine dauerhafte Bindung oder gar politische Identifikation umzuwandeln, ist derzeit schwer zu prognostizieren. Gegenwärtig haben sich die Rekrutierungschancen rechtsextremistischer Parteien erst einmal verschlechtert, und zwar aus folgenden Gründen:

a) Ein entschiedenes polizeiliches und juristisches Vorgehen gegen fremdenfeindliche Straf- und Gewalttäter hat die Kosten- und Risikostruktur fremdenfeindlicher Handlungen verändert. Insbesondere viele unpolitische Jugendliche und Mitläufer, die nicht fest in rechten, fremdenfeindlichen oder gewaltaffinen Gruppen und Organisationen eingebunden sind und bis dahin noch keine typische Delinquenz- oder Radikalisierungskarriere entwickelt haben, werden dadurch abgeschreckt.

b) Der Einsatz von Gewalt gegen Fremde ist in seinen Wirkungen ambivalent. Gewalt vermag sowohl Nachahmungs- als auch Abschreckungswirkungen zu haben. Abschreckende Wirkungen hat die Gewalt vor allem auf Sympathisanten und potentielle Unterstützer sowie auf jene Täterpotentiale, die noch nicht politisch radikalisiert und daher für moralisch-ethische Fragen noch nicht immunisiert sind. Dies betrifft vor allem jüngere Tatverdächtige, deren Anteil an den Tätern insgesamt – wie unsere Analysen zeigen – nach den Mordtaten von Mölln und Solingen deutlich zurückgegangen sind.

c) Mit der Entscheidung über die Änderung des Asylgesetzes (‚Asylkompromiß‘) hat sich zum einen die offizielle Politik in der ‚Ausländerfrage‘ wieder als handlungs- und entscheidungsfähig dargestellt und ist zum anderen die Zahl der Asylbewerber deutlich zurückgegangen. Dies reduziert die Ängste, Spannungen und Konflikte in den Kommunen und nimmt dem zentralen Agitationsthema der rechten und fremdenfeindlichen Szenen, dem ‚Ausländerproblem', seine unmittelbare radikalisierende, polarisierende und gewaltlegitimierende Wirkung. Von daher finden fremdenfeindliche und rechtsradikale Einstellungen und politische Parolen nicht mehr im gleichen Maße Resonanz in der Bevölkerung (also jenseits der rechtsradikalen und/oder gewalttätigen Cliquen und Banden), wie dies in den vorausgegangenen Jahren z.T. der Fall war.

d) Der Rechtsextremismus und die Fremdenfeindlichkeit selbst sind mittlerweile zu einem zentralen öffentlichen Thema und Problem geworden. Dies ruft Gegenmobilisierungen hervor und verändert die Erfolgserwartungen und Gelegenheitsstrukturen rechter und fremdenfeindlicher Gruppen. Konnten die rechtsradikalen Strategen in den Jahren 1991/92 noch hoffen, wenigstens hinsichtlich der ‚Ausländerfrage‘ größere Teile der Bevölkerung beeinflussen zu können und wenn nicht kulturelle Hegemonie, so doch die Meinungsführerschaft in dieser Frage zu erringen, so haben die Lichterketten und Demonstrationen Ende des Jahres 1992 und die veränderten Stimmungen in der Bevölkerung deutlich gemacht, daß sie wohl keine Chance haben, als nationale Avantgarde größere Anerkennung zu finden und eine ‚rechtsnationalistische kulturelle Hegemonie‘ zu etablieren.

Selbstverständlich werden die rechtsextremistischen Parteien auch weiterhin versuchen politisch Einfluß zu nehmen, ihre Unterstützungsbasis auszuweiten. Ob sie freilich eine breiter angelegte rechte und nationale Bewegung aufbauen werden können, wird langfristig nicht nur von ihren Ressourcen und Strategien, sondern in starkem Maße von der weiteren Entwicklung der Zuwanderung und ihrer politisch-administrativen Bewältigung abhängig sein.

IV. Vergleichende Analyse der empirischen Studien und theoretische Folgerungen

1. Vergleichende Analyse der verschiedenen Verlaufsstudien

Ein erster Schritt in dem Vorhaben, die Fülle des empirischen Materials zu ordnen, zu systematisieren und für eine vergleichende Darstellung aufzubereiten, ist die Unterscheidung verschiedener Konflikttypen. Ich will Krawalle mit ethnischem Hintergrund (Riots), Jugendproteste im engeren Sinne, Hausbesetzerbewegungen, Ökologie- und Friedensbewegung als soziale Bewegungen sowie fremdenfeindliche Unruhen einander gegenüberstellen und Gemeinsamkeiten und Unterschiede herausarbeiten. Die Einordnung der verschiedenen Konfliktfälle ist mitunter problematisch, da sich die Phänomene überschneiden und vermischen:

Krawalle in segregierten Stadtvierteln mit ethnischem Hintergrund (Immigrantenkonflikte) sind als solche leicht identifizierbar und deutlich von den anderen Konflikttypen verschieden. Es handelt sich dabei um gewalttätige Unruhen von Jugendlichen der zweiten und dritten Einwanderergeneration (vor allem in Frankreich und Großbritannien). Differentia specifica sind hier die Jugendlichen verschiedener ethnischer Minoritäten als Trägergruppen.

Als Jugendproteste habe ich dagegen nur jene Krawalle und Proteste bezeichnet, denen jugendspezifische Themen und Konflikte zugrundeliegen (Jugendzentren etc.).

Deshalb habe ich Hausbesetzerbewegungen als eigenen Konflikttypus aufgeführt, weil in ihnen keine jugendspezifische Thematik im Vordergrund steht, obwohl hinsichtlich der Protestgruppen große Überschneidungen mit Jugendprotesten vorhanden sind.

Der vierte Konflikttypus, soziale Bewegungen, unterscheidet sich von den anderen sowohl hinsichtlich inhaltlicher und organisatorischer Merkmale als auch in bezug auf die Trägergruppen und den Verlauf des Konfliktes.

Die fremdenfeindlichen Unruhen schließlich verweisen zwar auch – wie die Unruhen von Migrantenjugendlichen – auf das gleiche Konfliktfeld. Migration und das Verhältnis von Majoritäten und Minoritäten thematisieren jedoch andere Aspekte und haben andere Trägergruppen (und sind sicherlich auch moralisch anders zu bewerten).

Anhand eines Kriterienkatalogs, der auch der Darstellung in den Verlaufsstudien zugrundelag, habe ich die Informationen zu den verschiedenen Protestereignissen, Krawallen und sozialen Bewegungen zusammengetragen und systematisiert. Dabei geht es darum, durch die Analyse verschiedener Aspekte von öffentlichen politischen Konflikten sowohl Gemeinsamkeiten als auch Unterschiede herauszuarbeiten.

1.1 Lokalität vs Überlokalität: die Konfliktgenese

Riots, Jugendproteste, Hausbesetzungen und fremdenfeindliche Unruhen sind zunächst in hohem Maße lokal gebunden an den Ort ihrer Entstehung, weil in der Regel neben allgemeinen strukturellen Voraussetzungen ganz spezifische Situationen und Kristallisationspunkte von großer Bedeutung für ihre Entwicklung sind. Allerdings gibt es bei diesen Konflikttypen eine Reihe von Nachahmungsaktionen, die zur Ausweitung und Generalisierung der Konflikte führen können, und oft – wie bei den „copy-cat-riots" in den britischen Großstädten im Sommer 1981 (s. hierzu v.a. Verlaufsstudie 4 Moss-Side/Manchester) und den fremdenfeindlichen Krawallen der frühen neunziger Jahre in Deutschland (Verlaufsstudie 20) – eine Intensivierung der Konflikte zur Folge haben. Voraussetzung für eine Ausbreitung ist zum einen das Vorhandensein entsprechender struktureller Bedingungen (wie Integrationsdefizite und Diskriminierungserfahrungen vieler Migrantenjugendlicher in Großbritannien; oder kommunale Defizite bei der Bewältigung von Immigration wie in Deutschland), zum anderen die Existenz hinreichend großer potentieller Akteursgruppen, von denen Gerechtigkeits- und Ungerechtigkeitsvorstellungen entwickelt werden und sich entsprechend Handlungsbereitschaften erzeugen lassen. Bei den britischen Beispielen dürfte dies die Ausweitung der Konflikte und die Intensität der Nachfolgeaktionen erklären. Umgekehrt blieb der Umfang der Hausbesetzungen in Westdeutschland hinter dem Beispiel Berlins zurück, da die spezifischen Voraussetzungen („kritische Masse") oft lokal nicht gegeben waren (vgl. hierzu Verlaufsstudien 8 Nürnberg und 11 Freiburg).

Anders verhält es sich bei der Friedens- und Ökologiebewegung. Diese Bewegungen sind, wenn auch locker und in konkurrierenden Organisationen und Konferenzen, überlokal organisiert; lokale Konflikte um einzelne Standorte von Großtechnologie- oder Rüstungsprojekten spielen v.a. eine Rolle für die Entwicklung und Ausweitung von sozialen Bewegungen, d.h. zur Mobilisierung zusätzlicher Unterstützung. Nachdem sich Soziale Bewegungen einmal organisiert und ‚etabliert' haben, bilden lokale Konflikte starke Symbol- und Kristallisationspunkte für die Bewegungen. Diese Tatsache wird deutlich am Beispiel Brokdorf (Verlaufsstudie 15) und Wackersdorf (Verlaufsstudie 17). Eine Ausnahme bilden hier allerdings die französischen Beispiele: in Plogoff und etwas weniger deutlich ausgeprägt im Larzac verbanden sich ökologische bzw. rüstungskritische Bestrebungen mit regionalistischen Strömungen; die Protestbewegungen wiesen damit einen stärkeren lokalen/regionalen Bezug auf (vgl. hierzu: Verlaufsstudie 14 Plogoff und 20 Larzac).

Schematisch zusammengefaßt ergeben sich folgende Stichworte zur Konfliktgenese:

1. Immigrantenkrawalle	2. Jugendproteste	3. Hausbesetzungen	4. Soziale Bewegungen	5. Fremdenfeindliche Unruhen
lokal, starke Nachahmungswirkung	lokal (Nachahmung begrenzt wirkungsvoll)	lokal (Nachahmung begrenzt wirkungsvoll)	überlokal, mit lokalen Schwerpunkten (Ausnahme: Regionalismus)	lokal, starke Nachahmungswirkung

1.2 Organisationsgrad und Handlungsvoraussetzungen

Die an den jeweiligen Konflikten beteiligten Protestgruppen unterscheiden sich deutlich hinsichtlich ihres Organisationsgrades. Bei den Riots in Großbritannien ebenso wie bei den fremdenfeindlichen Krawallen in Deutschland ist keine spezifische, auf politischen Protest angelegte Organisation der beteiligten Akteure, darunter viele Jugendliche, festzustellen. Nur in begrenztem Umfang stützt sich die Formierung der Protestgruppen auf subkulturell geprägte Zugehörigkeiten; bei den britischen Beispielen etwa auf den Rastafari-Kult der karibischen Einwanderer (z.B. Verlaufsstudie 5, Birmingham – Handsworth); bei den fremdenfeindlichen Krawallen in Deutschland z.T. auf gewaltaffinen, rechten und fremdenfeindlichen Gruppen der Skinheads und Hooligans. Stärker aber ist die Genese und Stabilität des Protests mit territorialen Merkmalen verknüpft, ist die Rekrutierung und Zusammensetzung der Akteure durch die gemeinsame Nachbarschaft und das Wohnen im selben Stadtteil bestimmt. Die Protestgruppen bilden sich erst spontan nach einem auslösenden Ereignis und in der folgenden Konfrontation. Das Vorhandensein ethnischer, subkultureller und territorialer Formen kollektiver Identität ist die entscheidende Voraussetzung für das kollektive Handeln dieser Gruppen.

Auch typische Jugendproteste kennen nur einen geringen Organisationsgrad. Organisationskerne wie Jugendgruppen, Jugendzentrums- und Kulturinitiativen, die in der Anfangsphase als Kristallisationspunkte dienen, verlieren meist im Konfliktverlauf an Bedeutung. Die Protestteilnehmer rekrutieren sich aus jugendspezifischen Subkulturen, die ein Geflecht von persönlichen Bekanntschaften und oft informellen Informationskanälen bereitstellen und über vorgängig vorhandene gemeinsame Wertmuster Grundlagen bewegungsspezifischer Realitätsinterpretationen liefern (vgl. hierzu Zürich). Die ‚Szenen' haben jedoch nur einen gering verfestigten Organisationscharakter.

In den Merkmalen der subkulturell vorgeformten Interpretationsmuster, der Rekrutierung durch persönliche Bekanntschaften aus der ‚Szene' und der Funktion der Vollversammlungen ähneln sich Jugendproteste und Hausbesetzerbewegungen. Allerdings stehen am Ausgangspunkt der Hausbesetzungen meist Initiativen, die gegenüber den Jugendprotesten einen höheren organisatorischen Verfestigungsgrad besitzen und eine stärker geplante politische Strategie verfolgen (vgl. Beispiel 12, Berlin). Damit überlappen sie sich in der Analyse mit den Sozialen Bewegungen, deren Strukturen im wesentlichen durch lokale Initiativgruppen (Bürgerinitiativen etc.) und überlokale, regionale und nationale Koordinierungsgremien zu kennzeichnen sind (s. hierzu Verlaufsstudien 16 Gorleben, Verlaufsstudie 18 Startbahn West). Die folgende Tabelle gibt einen Überblick über den Organisationsgrad der Protestgruppen:

1. Immigrantenkrawalle	2. Jugendproteste	3. Hausbesetzungen	4. Soziale Bewegungen	5. Fremdenfeindliche Unruhen
Keine Organisation von Protestgruppen, Proteste territorial begrenzt, spontane Erweiterung und Auflösung	jugendspezifische Organisationskerne, jugendspezifische Subkulturen u. Szenen (Mobilisierungspotentiale), Inszenierung von Anlässen, spontane Erweiterung	Initiativgruppen als Organisationskerne, politische Subkulturen als Mobilisierungspotentiale	Lokale Initiativgruppen, überlokale Koordinierungsgremien, systematische Strategieplanung, Tendenzen der Institutionalisierung und Professionalisierung	geringer Organisationsgrad, subkulturelle Szenen und Gruppen als Mobilisierungspotential

1.3 Trägergruppen

An den Riots sind im wesentlichen die Immigrantenjugendlichen der zweiten und dritten Generation beteiligt, meist Arbeitslose oder Schüler, verstärkt (zumindest in Großbritannien) durch weiße Jugendliche in ähnlicher Situation und aus derselben räumlichen Umgebung (vgl. Verlaufsstudie 3 Toxteth).

Jugendproteste sind in hohem Maße getragen von Schülern, Studenten, Lehrlingen und jugendlichen ‚Drop-outs' (Beispiele hierzu finden sich in den Studien 8 Nürnberg, 9 Zürich und 10 Paris). Die Altersgruppen sind meist jünger als bei den Hausbesetzungen, die sich ebenfalls zum einen aus marginalisierten Gruppen (wie zum Beispiel aus Wehr- und Zivildienstflüchtigen in Berlin) zum anderen aus jüngeren Mittelschichtsangehörigen (Studenten und Sozialarbeiter) zusammensetzt (vgl. Verlaufsstudie 12 Berlin bzw. 11 Freiburg).

Friedens- und Ökologiebewegung zeigen zwar auch einen deutlichen Schwerpunkt bei den 18 bis 35-jährigen, sind jedoch altersmäßig wesentlich heterogener als alle anderen hier thematisierten Konflikttypen. Unter den Akteuren dominieren insbesondere Schüler, Studenten, Lehrer und in Sozialberufen Tätige; z.T. können auch in größerem Umfang Teilnehmer im Rentenalter rekrutiert werden (siehe hierzu Beispiel 16 Gorleben 3 und auch 18 Frankfurt). Die verschiedenen Teilnehmergruppen sind jedoch nicht in gleichem Maße an den einzelnen Phasen der Konflikte und den in ihrem Verlauf zur Anwendung kommenden Aktionsformen beteiligt. Gerade bei den Sozialen Bewegungen läßt sich eine verstärkte Beteiligung Jugendlicher feststellen, wenn sich der Konfliktaustrag von der institutionalisierten Ebene (Diskussionen, Klagen, Petitionen usw.) eher unkonventionellen Formen wie öffentlichen Protesten, Demonstrationen, Blockaden etc. zuwendet. Auch zeigen sich, wie in der Berliner Hausbesetzerbewegung, gewisse Tendenzen zur Polarisierung: Besetzer mit besseren Ausbildungs- und Berufsperspektiven neigen eher einer Verhandlungslösung zu, während sich die marginalisierten Gruppen in stärkerem Maße an gewalttätigen Auseinandersetzungen beteiligen.

Die fremdenfeindlichen Krawalle gingen zunächst v.a. von männlichen Jugendlichen mit niedrigem bis mittlerem Bildungsstatus aus, die auf lokaler Ebene in unterschiedlichen Gruppen und Subkulturen integriert waren. Sie fanden freilich Unterstützung und Rückhalt auch in der Erwachsenenbevölkerung vor Ort, selbst wenn diese sich nicht unmittelbar an den Aktionen beteiligten.

Die Zahl der Protestteilnehmer ist zunächst einmal abhängig von der räumlichen Ausdehnung der Proteste und ihrer Infrastruktur. Mit der Erweiterung der räumlichen Grenzen, aber auch mit der zeitlichen Dauer ergibt sich jedoch auch eine Differenzierung der Protestteilnehmer und -unterstützer nach Graden der Involviertheit.

An den Riots beteiligten sich jeweils einige hundert meist jugendliche Bewohner eines Stadtteils. Die Zahl wuchs meist während der Auseinandersetzung. An den Plünderungen beteiligten sich auch Erwachsene und Bewohner umliegender Bezirke (s. hierzu die Verlaufsstudien 1-5 zu Großbritannien). Eine Verbreiterung der Proteste etwa in Form einer Solidaritätsbewegung fand jedoch nicht statt. Im Sommer 1981 kam es aber im Anschluß an die Toxteth-Riots zu einer Reihe von Nachahmungsaktionen in verschiedenen britischen Industriestädten und, verbreitet durch die Fernsehberichterstattung, sogar in außereuropäischen Ländern (Casablanca).

Die Beteiligung an Jugendprotesten läßt sich differenzieren nach einem Kern von Aktivisten, der regelmäßig an Veranstaltungen und Vollversammlungen teilnimmt, und Sympathisanten, die das Protestanliegen durch gelegentliche Demonstrationsbeteiligung unterstützen. In den von uns untersuchten Beispielen sind der ersten Gruppe mehrere hundert bis tausend Jugendliche zuzurechnen, die zweite erreicht eine Größenordnung um zehntausend (Beispiel 9 Zürich).

Ein ähnliches Bild ergibt sich bei der Hausbesetzerbewegung, wo die Gruppe der aktiven Besetzer (deren Größe zwischen den einzelnen Beispielen stark differiert) zu einzelnen Aktionen bis zu 15.000 Unterstützer mobilisieren konnte (s. Verlaufsstudien 11 Freiburg und 12 Berlin).

Soziale Bewegungen werden oft mitgetragen durch die Zustimmung weiter Bevölkerungsteile. Für einzelne ihrer Forderungen (z.B. Verzicht auf Stationierung neuer Atomwaffen) können sie gar auf demoskopisch ermittelte Mehrheiten in der Bevölkerung verweisen. Zu Großveranstaltungen mobilisieren sie bis zu einer halben Million Teilnehmer. Kundgebungen an einzelnen Standorten von industriellen oder militärischen Großprojekten erreichten Teilnehmerzahlen von mehreren Zehntausenden (s. Verlaufsstudie 17 Wackersdorf). Soweit uns Zahlen über die jeweilige örtliche Verankerung der Protestbewegungen vorlagen, lagen diese bei einigen tausenden Mitgliedern von Protestinitiativen im regionalen Umfeld der umstrittenen Projekte (Beispiele: 13 Malville; 18 Startbahn West).

Für die fremdenfeindlichen Krawalle in Deutschland zu Beginn der neunziger Jahre gab es anfangs etwa in Hoyerswerda und Rostock größere Krawalle, die in ihrem Verlauf mehrere hundert Akteure mobilisieren konnten und sich zu mehrtägigen Straßenschlachten mit der Polizei ausweiten konnten. Dabei wurden die gewalttätigen Aktionsgruppen jeweils von einer großen Zahl ‚unbeteiligter‘ Zuschauer und Sympathisanten unterstützt.

Die Nachahmungsaktionen begrenzen sich jedoch meist auf gewalttätige Aktionen kleinerer Gruppen von 5-20 Personen.

In der schematischen Darstellung ergibt sich folgendes Bild der Trägergruppen:

1. Immigrantenkrawalle	2. Jugendproteste	3. Hausbesetzungen	4. Soziale Bewegungen	5. Fremdenfeindliche Unruhen
Jugendliche Immigranten der zweiten und dritten Generation, Arbeitslose, Schüler (ethnisch und territorial bestimmte Zusammensetzung)	Schüler, Studenten, Lehrlinge, Besucher von Jugendzentren	Studenten, Sozialarbeiter, marginalisierte Gruppen	Heterogene Teilnehmerschaft besonders Schüler, Studenten, Lehrer, Sozialberufe, Rentner, lokal Betroffene	Jugendliche mit niedrigem Bildungsstatus, lokal und ethnisch bestimmte Zusammensetzung

1.4 Dauer der Konflikte

Eine deutliche Abgrenzung der Konflikttypen voneinander ergibt sich hinsichtlich ihrer Dauer. Die Ausschreitungen der Immigrantenjugendlichen dauerten jeweils nur einige Tage an, wiederholten sich z.T. einige Male in einem Zeitraum von einigen Wochen und hörten dann auf (vgl. Verlaufsstudien 1-6 zu Großbritannien und Frankreich). Jugendzentrumskonflikte füllten einen Zeitraum von mehreren Monaten, die Auseinandersetzungen um das Züricher Jugendzentrum nahmen sogar in mehreren Wellen einen Zeitraum von etwa zwei Jahren ein. Die Welle der Hausbesetzungen dauerte in der Bundesrepublik im wesentlichen drei Jahre an (abgesehen von den Frankfurter Ereignissen anfangs der siebziger Jahre), in den Niederlanden noch wesentlich länger. In den Ereignissen in Berlin und Freiburg im Mai und Juni 1987 zeigt sich ein Wiederaufflackern der Hausbesetzerbewegung.

Auch die fremdenfeindlichen Unruhen in Deutschland waren von wellenartigen Eskalationen gekennzeichnet, die sich insgesamt über mehrere Jahre hinzogen. Die verschiedenen sozialen Bewegungen sind in der Regel organisatorisch verfestigt, ihre Aktivitäten daher auf Dauer gestellt – wenngleich auch hier Phasen der starken Mobilisierung und Aktivitäten (z.B. bei konkreten Konfliktfällen und Kristallisationspunkten) von eher ruhigen Phasen zu unterscheiden sind. Für die Ökologiebewegung läßt sich eine Formierung etwa um 1973/74 feststellen, die Anfänge der Friedensbewegung lassen sich in der Nachkriegsgeschichte über die Ostermärsche in den sechzigern und die „Kampf-dem-Atomtod"-Kampagne bis zur Wiederbewaffungsdebatte anfangs der fünfziger Jahre zurückverfolgen. Beide Bewegungen sind heute noch lebendig.

Die Dauer der Proteste scheint damit nicht nur von der Aktualität der Themen abhängig sondern auch vom Organisationsgrad der Trägergruppen.

Das Schema zeigt einen Überblick über die Dauer der untersuchten Konflikte:

1. Immigrantenkrawalle	2. Jugendproteste	3. Hausbesetzungen	4. Soziale Bewegungen	5. Fremdenfeindliche Unruhen
kurzlebig, Wiederholungstendenz	kurzlebig	mittlere Dauer	langfristig stabil	kurzlebig, Wiederholungstendenz

1.5 Konflikt- und Gewaltinteresse

Der Ausbruch der Konflikte und ihr Verlauf wird wesentlich auch von den Konfliktinteressen der Trägergruppen bestimmt. Während bei den Riots und auch bei den fremdenfeindlichen Krawallen kein organisiertes Konflikt- oder Eskalationsinteresse feststellbar ist, eskalatives Verhalten vielmehr stark spontane, eruptive Züge trägt, lassen sich bei Jugendprotesten, Hausbesetzungen und sozialen Bewegungen durchaus Bemühungen feststellen, Konflikte kalkuliert einzugehen und die Durchsetzung der Interessen auch durch eine strategisch geplante Eskalation der Mittel und Aktionsformen zu organisieren und auf Dauer zu stellen.

Je stärker organisiert diese Bewegungen sind und je mehr sie damit in der Lage sind Protesthandeln zu planen, um so eher kommt es jedoch auch zu einer Ausdifferenzierung von Teilstrategien, die von unterschiedlichen Trägergruppen verfolgt werden können. Dabei stehen Vorgehensweisen mit sehr geringem expressivem Charakter (z.B. juristische Schritte) neben anderen mit einem hohen Grad an Selbstdarstellungs- und Selbsterfahrungsmöglichkeiten (z.B. direkte Aktionen an Standorten), die vor allem für Jugendliche attraktiv sind (vgl. Verlaufsstudien 18, Startbahn West)

Ähnlich wie mit dem Eskalationsinteresse als Tendenz zur Ausweitung und Intensivierung des Konflikts verhält es sich mit dem Gewaltinteresse.

Bei den Riots entfaltet es sich spontan und meist unmittelbar auf einen als Provokation empfundenen Anlaß hin (s. Verlaufsstudie 1 Bristol, 2 Brixton, 3 Toxteth). Auch die fremdenfeindlichen Krawalle waren zunächst durch ein eher expressives Gewaltinteresse gekennzeichnet, daß jedoch insbesondere in den Nachahmungswellen durchaus auch instrumentelle Züge annahm, weil der „Erfolg" von Gewaltanwendung gelernt worden war.

Abgesehen von prinzipiell an Gewalt interessierten Teilgruppen entwikkelt sich ein Gewalt-interesse bei Auseinandersetzungen des Jugendprotestes, der Hausbesetzer und der Ökologiebewegung erst im Laufe des Konflikts als Resultat von Enttäuschung und Ohnmacht oder unmittelbare Folge von Konfrontation. Gewalt wird dabei durchaus auch instrumentell – als strategisch kalkulierbares Druckmittel – eingesetzt. Die Friedensbewegung unterscheidet sich hier freilich von der ansonsten strukturell ähnlichen Ökologiebewegung durch ein deutlich geringeres Gewaltinteresse.

Generell scheint das Eskalations- und Gewaltinteresse abhängig von den entsprechenden kulturellen und subkulturellen Merkmalen der Trägergruppen sowie von den zur Verfügung stehenden Ressourcen. Protestgruppen, die zur Durchsetzung ihres Anliegens nicht auf institutionalisierte Partizipationsmöglichkeiten zurückgreifen können bzw. nicht über die strukturellen und finanziellen Mittel verfügen, diese effektiv zu nutzen, sind in einem hohen Maße auf die Erlangung öffentlicher Aufmerksamkeit angewiesen. Die Selektionsmechanismen der Medien prämieren dabei spektakuläre Ereignisse, v.a. auch Gewalt, durch den Umfang ihrer Berichterstattung (vgl. hierzu insbesondere Studie 9 Zürich). In dem Maße, in dem sich Bewegungen etablieren und ihre Stellungnahmen auch ohne spektakuläre Aufhänger Gehör finden, scheint sich Gewalttätigkeit dann auf einzelne Teilgruppen zu reduzieren. Für die Friedensbewegung, die ihren Protest in starkem Maße auf moralischen Kategorien aufgebaut hat, scheidet Gewalt als Aktionsmittel weitgehend aus, da ihre Anwendung einen Verstoß gegen ihr Selbstverständnis darstellen würde. Das Interesse an der Eskalation des Konflikts wird hier zwar mit regelverletzenden Aktionen, aber unter Ausschluß von Gewalttätigkeit verfolgt, wenn man einmal von terroristischen Gruppen absieht, die gleichzeitig ihren „antiimperialistischen Kampf" führen.

Das Gewaltinteresse der beteiligten Gruppen läßt sich kurz so darstellen:

1. Immigrantenkrawalle	2. Jugendproteste	3. Hausbesetzungen	4. Soziale Bewegungen	5. Fremdenfeindliche Unruhen
expressiv, spontan; hohe Gewaltaffinität	expressiv-instrumentell	eher instrumentell (expressiver Anteil)	stark instrumentell mit expressiven Anteilen	stark expressiv, spontan hohe Gewaltaffinität
		instrumentelles Gewaltinteresse entsteht im Konflikt		

1.6 Konfliktgegner und Konfliktadressaten

Riots als ungeplante, spontane Krawalle haben keine ausformulierten politischen Intentionen und Ziele und richten sich daher auch nicht explizit an politische Instanzen. Sie reagieren zwar auf unerträgliche Lebensumstände und Diskriminierungen und sind insofern durchaus als ‚politisch' einzustufen; sie tun dies jedoch in der Regel spontan und unsystematisch als Folge konkreter Provokationen und Ereignisse. Unmittelbarer Konfliktgegner und -adressat bei den Riots ist vielmehr die Polizei: an deren Handeln entzünden sich häufig die Krawalle; zugleich wird die politische Praxis als Ausdruck der gesellschaftlichen Geringschätzung der Migrantengruppen interpretiert und die Polizei stellvertretend für das „System" zum Gegner. Jugendproteste und Hausbesetzerbewegungen dagegen, in denen von Beginn an politische Forderungen und Ziele eine wichtige Rolle spielen, sehen ihre Adressaten primär in den Stadtparlamenten (wie beispielsweise im Falle Zürich, Studie 9, Freiburg, Studie 11.). Allerdings kann auch die Polizei im Laufe der Auseinandersetzungen zum Konfliktgegner und zum Teil auch zum primären Adressaten des Protests werden, wenn etwa Polizeieinsätze von den Protestgruppen als unverhältnismäßig interpretiert werden oder Festnahmen vorgenommen werden. In Nürnberg, Zürich und Berlin überlagerte die Forderung nach der Freilassung festgenommener Protestteilnehmer zumindest zeitweise das ursprüngliche Thema des Konflikts.

Friedens- und Ökologiebewegung adressieren ihre Aktionen letztlich an die nationalen Parlamente; dabei benutzen sie Öffentlichkeit, Medien und gesellschaftliche Gruppen als unmittelbare Adressaten. Konfliktgegner der Ökologiebewegung sind zudem Industrie- und Energieversorgungsunternehmen. Die Auseinandersetzung mit ihnen wird sowohl juristisch wie argumentativ (vgl. Studie Verlaufsstudie 15 Brokdorf, 18 Startbahn West), aber mittlerweile auch mit terroristischen Anschlägen und Sabotageakten geführt (vgl. Studie 13 Malville oder auch 17 Wackersdorf). Ähnlich wie bei Jugendprotesten und Hausbesetzungen kann auch hier die Polizei gelegentlich Konfliktgegner und primärer Adressat sein.

Bei den fremdenfeindlichen Unruhen hingegen ist der primäre Adressat und Konfliktgegner keine staatliche Institution sondern Minderheitengruppen in der Bevölkerung, auch wenn es im Verlauf der Konflikte zur Auseinandersetzungen mit der Polizei und zu stärker an politische Adressaten gerichtete Forderungen kommt. Ähnlich wie bei den spontanen Krawallen von Migrantenjugendlichen stehen auch hier diffuse Emotionen und Unzufriedenheit mit einer bestimmten gesellschaftlichen Praxis (der Immigration und Integration von Minderheiten) im Vordergrund. Sie werden auch hier nicht systematisch formuliert und in politischen Forderungen umgesetzt sondern führen zu einer nur für diesen Konflikttypus typischen eigenen Praxis: der Pogrome, der gewalttätigen Verfolgung und Vertreibung.

Vereinfacht dargestellt sind die Adressaten der einzelnen Protesttypen:

1. Immigrantenkrawalle	2. Jugendproteste	3. Hausbesetzungen	4. Soziale Bewegungen	5. Fremdenfeindliche Unruhen
Polizei, Stadtparlamente	Stadtparlamente	Statdtparlamente, Immobilienbesitzer	Parlamente, Großindustrie	Minderheiten
	Im Verlaufe der Konflikte oftmals Polizei			

1.7 Aktionsformen und charakteristische Konfliktverläufe

Riots entwickeln sich in der Regel aus Auseinandersetzungen mit der Polizei, die sich zu Straßenschlachten ausweiten. Plünderungen und Zerstörungen von Geschäften schließen sich an. Ihren Ausgang nahmen die meisten britischen Riots von punktuellen Anläßen, die als Provokation interpretiert und mit Gegenprovokation beantwortet wurden. Ein anschauliches Beispiel liefern die Toxteth-Riots, wo die Jugendlichen die als ungerechtfertigt und schikanös empfundene Festnahme einer der ihren mit Steinwürfen auf einen Streifenwagen beantworteten, den sie unter einem Vorwand herbeigerufen hatten (vgl. Verlaufsstudie 3 Toxteth). Eine ausgefeilte Form der Provokation der Polizei sind die „Rodeos“ der Immigrantenjugendlichen in Frankreich. Die Konfrontation eskalierte bei den Auseinandersetzungen zwischen Immigrantenjugendlichen und Polizei meist in kurzer Zeit (Stunden bis maximal einen Tag nach dem provozierenden Anlaß) zu Straßenschlachten. Verlor die Polizei zeitweise die Kontrolle über bestimmte Gebiete, Straßenzüge oder Stadtviertel, kam es dort zu Plünderungen und Brandstiftungen. Diese Abläufe konnten sich einige Tage bzw. Nächte wiederholen, bis die Ausschreitungen erloschen (vgl. Studie 6, Lyon/Paris).

Bei den Jugendprotesten geht den Aktionen, die zum Zusammenstoß mit der Polizei führen, in der Regel eine Phase kultureller und politischer Manifestationen voraus, in der sich auch die rudimentären Organisationsstrukturen der Protestbewegung herausbilden. Der Protest wird zunächst oft in demonstrativen Aktionen geäußert, die nicht unmittelbar auf gewalttätige Eskalation angelegt sind. Zur Konfrontation kommt es meist erst dann, wenn diese Demonstrationen aufgelöst oder verboten werden oder wenn ihre unfriedlichen Begleiterscheinungen einen Polizeieinsatz auslösen (Zürich). Dann finden, wie auch bei den Riots, rasch eskalierende Krawalle und Straßenschlachten statt. Der längere Verlauf der Auseinandersetzungen eröffnet häufig eine zweite Ebene des Konfliktaustrags, nämlich Verhandlungen mit den örtlichen Autoritäten (s. hierzu Verlaufsstudie 11 Freiburg). Wurden die in den Verhandlungen erzielten Zugeständnisse der Autoritäten an die Protestgruppen später zurückgenommen (Anlaß dafür waren oft einzelne Krawallereignisse), oder erwiesen sie sich aus der Sicht der Protestgruppen als ungenügend (wie in Zürich die finanziellen Mittel zur Renovierung des Jugendzentrums), kam es wieder verstärkt zu Zusammenstößen.

Diesem Schema des Konfliktverlaufs bei Jugendprotesten entspricht auch eine Variante der Hausbesetzerkonflikte. Werden Besetzungen zunächst toleriert, dann aber geräumt oder bei gleichgelagerten Objekten verhindert, sind in der Regel Krawalle die Folge (vgl. die Fälle 11 Freiburg und 12 Berlin). Eine andere mögliche Variante, die wir allerdings in dieser Studie nicht untersucht haben, ist die unmittelbare Räumung jeder Besetzung (wie sie in München durchgeführt wurde). Eine solche Strategie reduziert vermutlich die Chancen der Etablierung einer Besetzerszene und die Erfolgserwartungen einer potentiellen Bewegung. Eine dritte Variante, die hier ebenfalls nicht untersucht wurde, ist die zeitweise in Amsterdam praktizierte, nämlich die Duldung und weitgehende Legalisierung von Besetzungen. In dem Zeitraum, in dem diese Praxis gehandhabt wurde, gab es nach den vorliegenden Informationen keine größeren Auseinandersetzungen in unmittelbarem Zusammenhang mit der Krakerbewegung.

Soziale Bewegungen schlagen vielfach zunächst den Rechtsweg ein, v.a. wenn die Verhinderung eines geplanten Projekts Ziel des Protestes ist. Mit Informationsveranstaltungen, Hearings, Petitionen und Unterschriftensammlungen suchen sie eine Verbreiterung ihrer Mobilisierungsbasis, bevor sie mit Demonstrationen oder regelverletzenden Aktionen wie Blockaden und Bauplatzbesetzungen spektakuläre, mediengerechte Ereignisse inszenieren. Die Eskalation zur Gewalt wird augenfällig z.B. in Bauzaunkämpfen; z.T. gehören auch Sabotageakte zum Aktionsrepertoire einiger Gruppen (wie an den Fallbeispielen 15 [Brokdorf] oder auch 13 [Malville] verdeutlicht wird).

Die fremdenfeindlichen Unruhen kristallisieren sich zunächst als Angriffe gegen Wohnungen und Häuser von Immigranten sowie als Übergriffe gegen Personen, die auf Grund ihrer äußeren Erscheinung (Hautfarbe, Kleidung etc.) als ‚Ausländer' angesehen wurden: hierbei werden Praktiken angewandt, die auf unmittelbare Zerstörung und Vertreibung der Minderheitengruppen ausgerichtet sind.

In den sozialen Bewegungen existieren in der Regel unterschiedliche Aktionsformen in den fortgeschrittenen Phasen des Konfliktverlaufs nebeneinander her. Sie werden von verschiedenen Strömungen innerhalb der Bewegungen getragen, zwischen denen es häufig zu Kontroversen über Strategiefragen kommt. Der Mobilisierungsgrad sozialer Bewegungen schwankt mit der Bevorzugung verschiedener Aktionsformen. Phasen hoher Mobilisierung zu Massenmanifestationen wechseln sich ab mit Phasen, in denen die Bewegungen nur in Form von Organisationskernen in Erscheinung treten. Diese Organisationskerne bilden eine wichtige strukturelle Ressource Sozialer Bewegungen und sind Bedingung für die Kontinuität des Protests.

Das folgende Schema zeigt einen Überblick über die vorherrschenden Aktionsformen in den einzelnen Konflikttypen:

1. Immigrantenkrawalle	2. Jugendproteste	3. Hausbesetzungen	4. Soziale Bewegungen	5. Fremdenfeindliche Unruhen
Provokationen, spontane Straßenschlachten, Kampf mit Polizei, Plünderungen	expressive Aktionen, Demos, Besetzungen, Verandlungen, Straßenschlachten	Besetzungen, Demos, Verhandlungen, Straßenschlachten	Rechtsstreit, Hearings, Petitionen, Unterschriftensammlungen, Besetzungen, Demos, Bauzaunkämpfe, Sabotage	Gewalttätige Angriffe, Pogrome, Vertreibungen

1.8 Beiträge staatlichen Handelns zur Konfliktentstehung

Ich habe im folgenden versucht, diejenigen Elemente staatlichen Handelns, die eine Eskalation der Konflikte begünstigten, herauszuarbeiten. Dabei will ich an dieser Stelle nicht erörtern, ob und wie Konflikte selbst vermeidbar wären. Vielmehr geht es darum deutlich zu machen, daß vor allem die oft nicht intendierten Konsequenzen bestimmter Reaktionsweisen zu einer Eskalation beitragen können.

Zunächst sollen diejenigen Elemente staatlichen Handelns, die aus der Sicht der Protestgruppen für die Entstehung der Konflikte maßgeblich sind, benannt werden.

Übereinstimmend nannten die Rioters die polizeiliche Praxis in den zu einem hohen Prozentsatz von Farbigen bewohnten Stadtvierteln als Ursache der Konflikte (vgl. die Studien 1 Bristol bzw. 2 Brixton, ähnlich aber auch in Berlin, 7). Die Entstehung dieses Phänomens läßt sich als Folge eines Etikettierungsprozesses beschreiben: Die Polizei nahm zunächst bei den farbigen Jugendlichen eine erhöhte Rate bestimmter kleinkrimineller Delikte (häufig Drogenvergehen) wahr. Sie reagierte darauf mit verstärkter Polizeipräsenz in den betreffenden Wohnvierteln, was u.a. zur Folge hatte, daß sich die Zahl der festgestellten Delikte weiter erhöhte. Dies hatte wiederum eine höhere Polizeipräsenz, zahlreichere Festnahmen und v.a. spezielle Überwachungspraktiken (Razzien, ,stop-and-Search'-Praxis) zur Folge, die andernorts kaum zum Einsatz kamen. Die Konsequenz war, daß sich die Bewohner der überwiegend farbigen Stadtteile von der Polizei systematisch diskriminiert und verfolgt fühlten. Übergriffe einzelner Polizeibeamter verstärkten diesen Eindruck noch. Beim Ausbruch der Krawalle wirkte sich schwerwiegend aus, daß die Polizei keinen Gebrauch von vorhandenen institutionalisierten Kommunikationskanälen (Community liason officers) machte, um die Absicht und den geplanten Umfang ihrer Aktionen der ,Black Community' mitzuteilen. Die polizeilichen Einsätze wurden deshalb als globale Angriffe auf die Bewohner der Viertel wahrgenommen; die Freund-Feind-Polarisierung verstärkte sich (deutlich wurde dies vor allem in den Verlaufsstudien von Brixton (2), Manchester (4) und Birmingham (5)).

Bei den Jugendprotesten ist der Ausgangspunkt die Nichtwahrnehmung oder Nichtanerkennung jugendspezifischer Lebensstile und der aus ihnen resultierenden Bedürfnisse. Diese subkulturellen Stile werden oft als Abweichung betrachtet. Reaktionen sind dann ebenfalls die erhöhte Überwachung der betreffenden Gruppen, was zur Polarisierung der Situation beitragen konnte, da diese Überwachungsmaßnahmen als Provokation empfunden wurden (Verlaufsstudien Nürnberg, Verlaufsstudie 8).

Für die Eskalation der Hausbesetzerkonflikte spielten die fehlenden politischen Reaktionen auf die Wohnraumproblematik, (hier ist vor allem der Mangel an billigen Wohnungen und solchen, die dem Bedürfnis v.a. junger Menschen nach alternativen Wohnformen in Wohngemeinschaften entgegenkommen, zu nennen), die Grundstücksspekulation und die sozialen Folgen der Stadtsanierung eine wichtige Rolle. Da trotz eingestandener Fehler und offensichtlicher Versäumnisse meist keine staatlichen Maßnahmen zur Beseitigung der Wohnungsmisere erfolgten, erschienen Besetzungen als Mittel der Selbsthilfe für viele akzeptabel (vgl. Verlaufsstudie 12 Berlin, s. auch Studie 11 Freiburg). Ihre unsystematische polizeiliche und juristische Sanktionierung ließ die staatlichen Interventionen als willkürlich und ungerechtfertigt erscheinen. Das Sympathisantenpotential der Bewegung weitete sich dadurch aus (s. Studie 12, Berlin).

Sind es bei den Jugendprotesten und Hausbesetzungen eher punktuelle soziale Probleme, die im Rahmen kurzfristiger und begrenzter politischer Maßnahmen zu lösen oder zu entschärfen gewesen wären, so geht der Aufschwung der Friedens- und Ökologiebewegung auf eine generelle Trägheit des politischen Systems zurück, auf grundlegend neue und langfristig virulente Fragestellungen rechtzeitig zu reagieren. Politische Parteien müssen, wenn sie Interessen oder Themen aufgreifen, vermitteln oder durchsetzen wollen, Kosten-Nutzen-Rechnungen erstellen. Sie wägen also ab, was ein bestimmtes Thema an Stimmen einbringt und was es an Stimmen kostet. Es ist klar, daß im politischen Prozeß manche Themen zunächst mehr kosten als bringen. Die Parteien sparen daher unter Konkurrenzbedingungen systematisch bestimmte Themen aus. Dort, wo die etablierten Parteien diese Themen nicht aufgreifen, wo also gleichsam in dem Oligopol der großen politischen Konzerne bestimmte Themen ausgespart werden, siedeln sich, wie das unter Marktbedingungen üblich ist, ‚Kleinanbieter' wie Bürgerinitiativen und soziale Bewegungen an. Diese Gruppen haben zunächst nur das Hilfsmittel, durch spektakuläre Aktionen und das bedeutet häufig durch Konfrontation mit staatlichen Instanzen, die öffentliche Meinung zu mobilisieren (vgl. Studie 16 Gorleben). Erst wenn die öffentliche Meinung driftet, ziehen, wie sich an den Themen der Frauen-, der Ökologie- und der Friedensbewegung zeigen läßt, Parteien und Wirtschaftsverbände nach.

Den fremdenfeindlichen Krawallen ging eine Phase starker, politisch wie bürokratisch unbewältigter Migrationsschübe voraus, die sich etwa bei der Vergabe von Sozialwohnungen oder der Einrichtung von Asylbewerberheimen etc. bei Teilen der Bevölkerung deutlich bemerkbar machten. Unzufriedenheit und Unmut in der Bevölkerung, die sich z.T. auch in Form von Petitionen und Protestschreiben äußerten, wurden politisch nicht wahrgenommen. Zugleich wurde von den verschiedenen politischen Parteien aus wahltaktischen Gründen die Stimmung gegen verschiedene Migrantengruppen mit angeheizt.

Nachfolgend eine schematische Zusammenfassung der Beiträge staatlichen Handelns zur Konfliktentstehung:

1. Immigrantenkrawalle	2. Jugendproteste	3. Hausbesetzungen	4. Soziale Bewegungen	5. Fremdenfeindliche Unruhen
verfehlte Stadtentwicklungs- und Integrationspolitik, selektives Policing, Massierung der Polizei, Schikanen	Nichtanerkennung abweichender/subkultureller Lebensstile, Überwachung, fehlende Infrastruktur für Jugendliche	Inkonsistente Politik, Nichtreaktion auf Wohnungsprobleme, Flächensanierung, Subvention von Wohnungsspekulation	Nichtberücksichtigung von sozialen und ökologischen Problemen, Kartellierung etablierter Interessen, Trägheit gegenüber neuen Themen	Politisch und bürokratisch unbewältigte Migrationsschübe

1.9 Beiträge staatlichen Handelns zur Eskalation des Konfliktaustrags

Nicht nur an der Entstehung von Konflikten, sondern auch an ihrem Verlauf und ihrer Eskalation sind die staatlichen Institutionen als Konfliktparteien beteiligt. Bei den Riots bezieht sich dies vor allem auf den Polizeieinsatz. In den britischen Riots (wie auch bei den Züricher Jugendunruhen) führte die polizeiliche Annahme, die Protestgruppen seien in einem hohen Maße gewaltbereit, zu einer dementsprechenden Ausrichtung des Einsatzes und erwiesen sich dann als „self-fullfilling-prophecy“ (vgl. insbesondere Verlaufsstudie 3 Toxteth oder auch 9 Zürich).

Eine wichtige Rolle in der Eskalation oder Deeskalation von Konfrontationen spielt die Einsatztaktik und das Auftreten der Polizei. Starre Einsatzmuster und die Übertragung von Erfahrungen aus anderen Kontexten erweisen sich häufig als ineffektiv und ungeeignet zur Kontrolle und Befriedung von Konflikten (s. 5 Birmingham oder 6 Lyon/Paris).

Massiver Polizeieinsatz etwa kann, je nach Art und Zeitpunkt der Einsätze, unterschiedliche Konsequenzen haben. Er kann zunächst abschrekkend und somit kurzfristig befriedend wirken, wird jedoch stets auch als Provokation verstanden und trägt so mittelfristig zur Spannungssteigerung und Erhöhung der Eskalationsgefahr bei.

Eine zurückhaltende und geringe Polizeipräsenz zu Beginn von Protestveranstaltungen erwies sich in einigen Fällen als geeignetes Mittel, eine Erhöhung der Spannung und das Entstehen feindseliger Haltungen zu verhindern und somit Konflikte friedlich auszutragen (vgl. hierzu Verlaufsstudie 11 Freiburg). Erwiesen sich aber Polizeikräfte im Laufe gewaltsamer Auseinandersetzungen als zu schwach, motivierte dieses ‚Erfolgserlebnis' die Rioters zu verstärkten Zerstörungen und Plünderungen.

Für den Ausbruch von Straßenkämpfen und Zerstörungen bei Jugendunruhen spielte die vorangegangene Verhinderung von Demonstrationen eine wichtige Rolle. In diesem Zusammenhang erwies sich eine gesetzliche Regelung wie in der Schweiz, nach der jede nicht zuvor amtlich genehmigte Demonstration, unabhängig von ihrem Verlauf, illegal ist, als fatal. Gerade Jugendproteste verfügen meist weder über eine stabile organisatorische Struktur noch über eine einheitliche Strategie und können deshalb Protestaktionen kaum längerfristig planen. Die Kriminalisierung jeglichen spontanen kollektiven Protests aber verwischt die Grenzen zwischen friedlichem und gewalttätigem Verhalten. Ein wichtiger verschärfender Faktor bei Jugendprotesten ist ein undifferenzierter Polizeieinsatz gegen gewalttätige wie friedliche Teilnehmer gleichermaßen. Vor allem der Einsatz von Tränengas läßt eine Differenzierung kaum zu (s. Verlaufsstudie 18 Startbahn West). Eine unterschiedslose Behandlung der Protestteilnehmer löst aber gerade bei denen, die die polizeiliche Reaktion auf ihr eigenes (friedliches) Verhalten als unangemessen empfinden, Empörung aus und steigert so die Eskalationsbereitschaft (dies wurde im Fall Wackersdorf, Studie 17 deutlich). Ähnliches gilt für die pauschale Etikettierung und Diffamierung von Protestgruppen durch die Politiker (vgl. Verlaufsstudie 18 Startbahn West; auch Verlaufsstudie 7 Berlin-Kreuzberg).

In den Hausbesetzerkonflikten war es die Inkonsistenz der staatlichen Reaktionen, die zur Eskalation beitrug. Für die Betroffenen war unkalkulierbar, ob sie mit Nutzungsverträgen oder mit Räumung und Strafverfolgung zu rechnen hatten. Verhandlungen mit einer Behörde (Senat, Baubehörde etc.) wurden durch Maßnahmen der anderen Behörde (Innenbehörde, Justiz, Staatsanwaltschaft) konterkariert, so daß viele Jugendliche von staatlicher ‚Willkür' und ‚Repression' gegen die Hausbesetzungen überzeugt waren. Einzelereignisse wie Fehlverhalten einzelner Polizisten oder provozierend empfundene Demonstrationen staatlicher Macht werden in einer solchen Situation schnell zum Auslöser neuer Konfrontationen.

Bei der Betrachtung des Umgangs des Staates mit den Sozialen Bewegungen ist zu unterscheiden zwischen Reaktionen, die sich auf die Bewegungen als überlokale, kulturelle und politische Phänomene beziehen und der räumlich begrenzten Konfrontation an Standorten umstrittener Projekte.

Für die Auseinandersetzung an den Standorten gilt vieles, was bereits unter den anderen Konflikttypen dargestellt wurde. Massive Polizeipräsenz wirkt provozierend, wenn sie über eine ganze Region ausgedehnt wird und einhergeht mit Überwachung, Straßenkontrollen und Durchsuchungen oder gar der Verhinderung von Demonstrationen (vgl. Verlaufsstudie 13 Malville; auch 17 Wackersdorf). Mit derartigen Aktionen gerät die Polizei in die Rolle des Gegners. Das Konfliktthema verlagert sich dann meist; der Protest richtet sich nun v.a. gegen die Vorgehensweise und Präsenz der Polizei. Hohe Strafen, die als unverhältnismäßig empfunden werden, haben zwar einen gewissen Abschreckungseffekt. Sie fordern jedoch auch Solidaritätsbeweise in Form von ‚Befreiungsaktionen' und Gewaltaktionen gegen die Polizei und Justiz heraus. Eine ungleiche juristische Behandlung ähnlicher Delikte mit unterschiedlichem politischen Hintergrund (Sitzblockaden der Friedensbewegung vor Militäranlagen, Streikposten vor Werkstoren und LKW-Blockaden auf Autobahnen) verringert für viele Protestteilnehmer die Glaubwürdigkeit von Rechtsgrundsätzen und das Vertrauen in die Justiz.

Ein weiterer wichtiger politischer Faktor der Eskalation von Friedens- und Ökologiekonflikten ist der Mangel an plebiszitären Elementen im politischen System. Da außerparlamentarische Initiativen oft kein Forum für ihr Anliegen finden und vorhandenene potentielle Ansprechpartner in Politik und Verwaltung häufig den Dialog mit der Bewegung und die Auseinandersetzung mit den durch sie repräsentierten Themen verweigern, sehen sich die Bewegungen veranlaßt, öffentliche Aufmerksamkeit durch spektakuläre Aktionen zu erwecken. Spektakulär aber ist, was neu ist und daher die Gefahr einer möglichen gewaltsamen Eskalation in sich trägt. Politische Proteste und soziale Bewegungen haben daher unter den gegebenen politischen Bedingungen häufig nur dann Erfolge (zumindest hinsichtlich der Aufmerksamkeit, die ihnen von den Medien, von Wissenschaftlern und Experten gewidmet wird), wenn sie ihren Forderungen durch Drohungen und gewaltsame Aktionen Nachdruck verleihen können. Gewalt, so die Erfahrung vieler Aktivisten, Streetfighter wie friedlicher Demonstranten, zahlt sich dann eben doch aus. Diese ‚Lernprozesse' und Erfahrungen zu unterbinden, wäre Aufgabe der Verantwortlichen in Politik und Polizei.

Anders als bei den beschriebenen Konflikttypen war die Eskalation und Ausbreitung der fremdenfeindlichen Krawalle in erster Linie dadurch bedingt, daß eine verunsicherte, schwache und unerfahrene Polizei (in den neuen Bundesländern) auf die ersten Pogrome mit großer Zurückhaltung reagierte oder schlicht nicht in der Lage war, die gewalttätigen Ausschreitungen zu kontrollieren. Dies führte z.T. zum völligen Rückzug der Polizei aus bestimmten Gebieten (vgl. den no-go-areas in den riots in Großbritannien), was die Eskalation der Gewalt weiter anstachelte.

Die Beiträge staatlicher Reaktionen auf die Eskalation des Konfliktaustrags sind hier kurz zusammengefaßt:

1. Immigrantenkrawalle	2. Jugendproteste	3. Hausbesetzungen	4. Soziale Bewegungen	5. Fremdenfeindliche Unruhen
Mißachtung von Symbolen, unsensibler Umgang mit Konfliktsituationen, besonders Einsatz von Spezialeinheiten, ‚Overpolicing', Rückzug einmal eingesetzter Kräfte bei Krawallen (no-go-areas)	Unterdrückung / Verbot von Demonstrationen, Diffamierung/ Etikettierung, undifferenzierter Polizeieinsatz (Tränengas)	Unkalkulierbarkeit staatlicher Politik, Übergriffe der Polizei, staatliche Machtdemonstrationen	*(überlokal:)* Fehlen plebiszitärer Elemente, Etikettierung, Dialogverweigerung, Drohung mit Sanktionen, Ungleichbehandlung *(vor Ort:)* Unterdrückung von Demonstrationen, weiträumige Überwachung, undifferenzierte Polizeieinsätze	Polizeiliche Unterreaktionen; no-go-areas

1.10 Lernprozesse und Konflikterfahrungen

In der Konfrontation von Protestgruppen und Vertretern staatlicher Autorität m chen alle Beteiligten Erfahrungen, die ihr zukünftiges Handeln mitbeeinflussen. Konflikterfahrungen und ihre mehr oder weniger bewußte Verarbeitung führen zu Lernprozessen, die ein wichtiges Stück politischer Sozialisation darstellen und die wesentlichen Einfluß auf künftiges Konfliktverhalten haben.

In den meisten hier untersuchten Beispielen endeten die Auseinandersetzungen mit einem Mißerfolg der Protestgruppen. Ganz eindeutig ist dies bei den Riots der Fall. Nach kurzer Zeit brachte die Polizei die Ausschreitungen unter Kontrolle. Die Riots brachten auch langfristig keine nennenswerten Veränderungen der zugrundeliegenden sozialen Bedingungen wie Wohnsituation und Arbeitslosigkeit. Die beteiligten Jugendlichen reagierten auf diesen Ausgang überwiegend mit Resignation. Sie fühlen sich verstärkt der dominanten Kultur wie auch der traditionellen Kultur ihrer Eltern entfremdet. Von der Gesellschaft sehen sie sich durch Arbeitslosigkeit, Wohnsituation und Polizei ausgegrenzt.

Für viele Jugendliche konkretisierte sich in der Konfrontation mit der Polizei ein bereits vorher vorhandenes diffuses Feindbild. In der Verfestigung von Stereotypen, die eine starke Polarisierung zwischen den farbigen Jugendlichen und der Polizei beinhalten, liegt möglicherweise ein Grund, warum die Reformen, die die Polizei nach den Riots einleitete (s. Verlaufsstudie 13) nicht in dem gewünschten Maße erfolgreich waren; ein erneutes Aufflackern der Riots in den folgenden Jahren konnten sie nicht verhindern (vgl. Verlaufsstudie 2 Brixton oder auch 3 Toxteth). Die Selbstabgrenzung der farbigen Jugendlichen drückt sich in einer verstärkten Polarisierung der Interpretationsmuster zwischen „wir" und „die" aus; damit werden auch Bewertungskriterien des Handelns verändert. Legitimität wird stärker von den subkulturellen Orientierungen der eigenen Gruppe bestimmt. Die Normen der Gesellschaft, der man sich nicht zugehörig fühlt, verlieren an Bedeutung.

In Großbritannien wie in Frankreich (und mittlerweile auch in Deutschland) bildeten sich Gruppierungen von jungen Immigranten, in denen sich die Erfahrung kollektiver Marginalisierung niederschlägt. Während die britische Entwicklung bisher stärker zur Bildung einzelner subkultureller Gruppen und Initiativen führte (Rasta-Kult), organisierte sich in Frankreich bereits eine eigene, überlokale Bewegung, die auf Integration hinarbeitet (SOS-Rassisme). Diese Bewegung umfaßt jedoch nur einen Teil der Betroffenen. Ein anderer Teil verharrt in Resignation, die durch sporadische Auflehnung durchbrochen wird, wie die Riots 1985/1986 zeigen.

Unterschiedliche Bewältigungsstrategien zeigen sich auch in der Folge der Jugendproteste und der Hausbesetzer-, Friedens- und Ökologiebewegung. Ein Teil der Protestteilnehmer reagiert auf Mißerfolge mit Resignation und Rückzug. Unter den weiterhin Aktiven versucht ein Großteil, durch Institutionalisierung der Bewegungen den Konflikt auf Dauer zu stellen und damit die Aussicht auf spätere Erfolge offenzuhalten. Andere erhoffen sich Erfolge durch eine Radikalisierung der Aktionsmittel, die in extremen Einzelfällen bis hin zum Terrorismus reicht. Häufig kommt es in dieser Phase zu Spaltungstendenzen der Bewegungen, wobei die Gewaltfrage einen wichtigen Differenzierungspunkt darstellt.

Eine andere Variante des Umgangs mit Mißerfolg, die charakteristisch für viele Anhänger der Sozialen Bewegungen ist, ist der Wechsel zu neuen Themen und Konfliktfeldern. Ökologie- und Friedensbewegung können auch nicht als ‚single-issue-movements' hinreichend erfaßt werden. Die hohe und rasche Mobilisierbarkeit von Anhängern für bestimmte aktuelle Anlässe erklärt sich wesentlich aus dem hohen Grad personeller Überschneidungen zwischen den Teilbewegungen. In den Sozialen Bewegungen hat sich ein Potential generalisierter Protestbereitschaft herausgebildet, das innerhalb eines weitgesteckten Rahmens ökologischer, friedenspolitischer und sozialpolitischer Themen mobilisierbar ist. Die vielfältige Erfahrung aus Konflikten und Konfrontationen mit staatlichen Instanzen schlägt sich offenbar zumindest bei einem Teil dieses Potentials in generalisiertem Mißtrauen gegenüber dem Staat nieder.

Die fremdenfeindlichen und z.T. rechtsradikalen Akteure der fremdenfeindlichen Krawalle in Deutschland mußten nach einer kurzen Phase des Erfolgs und der Unterstützung in weiten Teilen der Bevölkerung erkennen, daß es ihnen nicht gelungen ist, ihren Protest auszuweiten und auf Dauer zu stellen. Die Phase der Mobilisierung hat nicht zu einer organisatorischen Verfestigung einer ‚rechten' sozialen Bewegung geführt. Gleichwohl haben viele der Akteure die Erfahrung gemacht, daß sie mit ihren Aktionen und Forderungen weit über die eigenen Gruppen, Subkulturen und rechten Parteien hinaus in der Bevölkerung Unterstützung finden.

1.11 Gesellschaftliche und politische Konsequenzen der Proteste

Zur Frage, welche Auswirkungen die Krawalle in segregierten Stadtvierteln, die Jugendproteste, Sozialen Bewegungen und fremdenfeindlichen Unruhen auf die Gesellschaft hatten, lassen sich einige allgemeine Aussagen formulieren und einzelne Beispiele gesellschaftlicher und politischer Reaktionen herausstellen.

Die meisten untersuchten Protestphänomene erreichten nicht ihr eigentliches Anliegen. Dort, wo sie teilweise erfolgreich waren, traten in der Regel andere Faktoren hinzu, die politische Entscheidungen mitbeeinflußten. So sind die Ausbildungsprogramme für arbeitslose Jugendliche, die die britische Regierung beschloß, wohl nur zum Teil eine Reaktion auf die Riots. Die Revidierung von Sanierungskonzepten in der Bundesrepublik mag u.a. auch auf die Hausbesetzungen und die durch sie forcierte öffentliche Kritik zurückzuführen sein; daneben spielen finanzielle Engpässe (gerade am Beispiel Berlin, Studie 12) eine wichtige Rolle. Als konkreter Erfolg der Hausbesetzerbewegung können die Nutzungsverträge angesehen werden, mit denen eine Reihe von Besetzungen vertraglich abgesichert wurden. Daß in der Bundesrepublik der Ausbau der Kernenergie bis heute weit hinter den Planungen der siebziger Jahre zurückblieb und z.B. die Betreibergesellschaft den Bau einer WAA in Wackersdorft einstellte, ist eine Tatsache, die ebenfalls nur bedingt den Protesten der Ökologiebewegung zuzurechnen ist. Dagegen ist die Annahme nicht ohne weiteres von der Hand zu weisen, daß der gegenüber den früheren Prognosen verminderte Energieverbrauch der privaten Haushalte, der die Kürzungen am Atomprogramm mitverursachte, ein Ergebnis auch der Öffentlichkeitsarbeit der ökologischen Initiativen sei. Hier verdeutlicht sich die Komplexität der Wirkungsweise Sozialer Bewegungen.

Auch die fremdenfeindlichen Unruhen haben – bis auf einige „Anfangserfolge" – weder die Umsiedlung der Immigrantengruppen noch einen generellen ‚Zuzugstopp' bewirken können. Sie haben jedoch eine umfassende Diskussion über Migrations- und Integrationsfragen ausgelöst, die heute sehr viel stärker als vorher, von dem Bewußtsein gekennzeichnet ist, daß die Aufnahme- und Integrationskapazitäten der Gesellschaft in gegebenen Zeiträumen begrenzt sind.

Ein besonderer Aspekt der Reaktion auf Proteste betrifft die Polizei. Hier ist zunächst einmal eine technische Aufrüstung und Veränderung der Einsatzkonzepte in den letzten Jahren festzustellen. Neben Bemühungen, die Polizei für Konfrontationen stärker auszurüsten, wurden aber auch Versuche unternommen, die Polizeipraxis so zu verändern, daß sie stärker präventiv wirksam werden kann. Hier ist vor allem Großbritannien zu nennen, wo die Polizei wiederholt zum Auslöser von Riots geworden war. So wurde die Ausbildung der Polizei revidiert, um einer Ausbreitung latenten oder manifesten Rassismus in der Polizei entgegenzuwirken und einer stigmatisierenden Behandlung ethnischer Minderheiten durch Polizeibeamte vorzubeugen. Durch die verstärkte Rekrutierung von Angehörigen ethnischer Minderheiten für den Polizeidienst wurde versucht, die Polarisierung und die Identifikation der Polizei als ‚Feind' zu durchbrechen. Mit der Einrichtung kommunaler Gremien bemühte man sich, die Beziehungen zwischen Polizei und Bevölkerung zu verbessern; Kontakte zwischen Vertretern der ‚Black Communities' und der Polizei wurden institutionalisiert. Ähnliche Ansätze und Überlegungen sind auch in anderen Ländern zu finden.

Generell ist anzunehmen, daß Protestphänomene trotz der relativen Erfolgslosigkeit hinsichtlich politischer Entscheidungen auch weiterhin auftreten werden. In den Protestbewegungen drücken sich zwei Konfliktdimensionen aus, die vermutlich den gesellschaftlichen Wandel auch in Zukunft wesentlich beeinflussen werden:

Die Proteste werfen einerseits die Frage der Integration ethnischer, regionaler oder altersspezifischer Subkulturen in den gesamtgesellschaftlichen Kontext erneut auf:

- die faktische soziale und kulturelle Exklusion von Jugendlichen der zweiten und dritten Einwanderergeneration;
- die „Selbstsozialisation" von Jugendlichen im Verein mit den modernen Medien, die zu sozialen und kulturellen Aktivitäten führt, die für die

Gesellschaft insgesamt oft nicht mehr verständlich und selten akzeptabel sind;

- der Widerspruch zwischen der gesetzlich geförderten Altbausanierung und dem damit zusammenhängenden Leerstehen von Wohnungen einerseits und den wachsenden Bedürfnissen von Jugendlichen und jungen Erwachsenen an billigem Wohnraum andererseits;
- die zunehmenden Wanderungsbewegungen von Süd nach Nord und von Ost nach West und die dadurch entstehenden Ängste unmittelbar als Anwohner von Sammelunterkünften Betroffener und die wachsenden Vorstellungen über illegitime Bereicherung der Einwanderer, die sich insbesondere bei niedrigqualifizierten Bevölkerungsgruppen in Deutschland ausbreiten. Hoffnungen auf eine allmähliche Assimilierung gesellschaftlicher Teilkulturen scheinen sich nicht zu bestätigen.

In allen Fällen zeigt sich, daß die präventive Sensibilität des politischen Systems sehr gering ist, daß aber öffentliche und insbesondere gewalttätige Auseinandersetzungen ein nahezu unfehlbares Mittel sind, die Agenda der Politik zu bestimmen.

Ob die entsprechenden Konflikte dann institutionalisiert werden, das heißt, einer geregelten und kontinuierlichen Bearbeitung zugeführt werden, bleibt freilich offen. Manche Konflikte, insbesondere die generationstypischen, ‚wachsen sich aus', andere, wie z.B. der Ökologiekonflikt, institutionalisieren sich, wieder andere – wie z.B. die Exklusion der Jugendlichen aus Einwandererfamilien – bleiben ungelöst. Zu hoffen wäre, daß die Lehren aus dem jüngsten Konflikt, dem Einwanderungskonflikt, gezogen werden und forcierte Integrationsbemühungen einerseits und Einwanderungsbegrenzung andererseits aktiv vorangetrieben werden und das öffentliche Interesse nicht wieder erlischt, sobald die Gewalttaten zurückgegangen sind. Längerfristig müßte jedoch die Sensibilität des politischen Systems erhöht werden: Wenn neu in der Gesellschaft entstehende Konflikte im Parlament über Jahre hinweg lediglich für überkommene Fronten funktionalisiert werden, wird es immer wieder zur Straßengewalt kommen. Möglicherweise braucht diese Gesellschaft, ähnlich wie Familienberichte und Jugendberichte vorgelegt werden, eine kontinuierliche Berichterstattung über soziale, nicht-institutionalisierte Konflikte und eine Einrichtung, die kontinuierliche „Konflikttrainings" für Politiker, Verwaltungsbeamte, Polizei, Unternehmen und Protestgruppen anbietet, um die Kompetenz zur deeskalierenden Behandlung von Konflikten zu erhöhen (Schwind/Baumann,1990).

2. Die Ergebnisse der Verlaufsstudien in ihren Konsequenzen für die Theorie

In einem ersten Auswertungsschritt wurden die hier unterschiedenen Konflikttypen anhand ausgesuchter, im Rahmen meiner Fragestellung relevanter Kriterien verglichen und einander gegenübergestellt. Angesichts der Fülle des empirischen Materials sind Rückfragen an die Theorie hier sinnvoll und möglich. Sicherlich kann eine explorative Studie nicht darauf abzielen, Theorien und Hypothesen im engen methodologischen Sinne zu testen. Die hier vorgenommene empirische Rekonstruktion und Deskription liefert jedoch vielfältige Informationen, wie sie im Rahmen streng deduktiv-nomologischer Forschung kaum wahrgenommen werden können. Sie eröffnet dadurch die Möglichkeit, über die Grenzen der einzelnen theoretischen Modelle hinauszublicken und – als Rückmeldung – Hinweise für die weitere Theoriearbeit zu geben. Ich will daher nun auf der Basis der vorliegenden Verlaufsstudien einige Schlußfolgerungen und Fragen formulieren, die an den im theoretischen Teil der Arbeit dargestellten Ansätzen anknüpfen. Dies soll freilich nicht bedeuten, daß hier gleichsam ein systematisches Falsifikations- oder Verifikationsprogramm verfolgt würde, in dem jeder der vorweg diskutierten theoretischen Ansätze vor dem Hintergrund der empirischen Analyse diskutiert und beurteilt würde. Ich werde mich vielmehr vor allem auf jene Fragen konzentrieren, die auch als Grundlage für die Organisation des empirischen Materials gedient haben, und zu denen daher auch empirische Ergebnisse vorliegen. Diese werden vor dem theoretischen Hintergrund der struktur-analytischen Ansätze, der Deprivationsansätze, der interaktionistischen und individualistischen (ökonomischen) Ansätze sozialen Protests und sozialer Bewegungen diskutiert. An einigen Stellen jedoch reicht der empirische Befund auch über die Theorien hinaus, so daß die Schlußfolgerungen dann größere theoretische Eigenständigkeit erhalten.

Ich will zunächst mit einer Diskussion der makro-soziologischen, struktur-analytischen Erklärungsansätze beginnen und ihre begrenzte Brauchbarkeit zur Analyse der hier untersuchten Typen der nicht-institutionellen politischen Konflikte darstellen (2.1). In einem zweiten Schritt werde ich zeigen, daß interaktionistische Erklärungen mit strukturellen Annahmen zu einem fruchtbaren Analysekonzept verknüpft werden können (2.2). Punkt 2.3 verweist auf die verschiedenen Entstehungsbedingungen von relativer Deprivation, die in den hier diskutierten Konflikttypen eine Rolle spielen. Relative Deprivation wird dabei als „Ursache“ von Konflikten verstanden. Ich werde dann (2.4) darauf hinweisen und daß neben Deprivationen auch unpolitische und situativ erzeugte Motive Protestpartizipation erklären können, daß Deprivationen also nicht nur Ursache, sondern auch „Folge“ von Konflikten sein können (sekundäre Deprivationen). In Punkt 2.5 will ich dann zeigen, daß aus einer Strukturanalyse und Ressourcenbeschreibung allein noch keine Schlußfolgerungen hinsichtlich der Entwicklungsprozesse und Entwicklungsstufen abzuleiten sind, daß vielmehr Konfliktverläufe prinzipiell als unvorhersehbar angesehen werden müssen, solange nicht die situative Veränderung der Handlungskalküle erfaßt werden kann. Dazu könnten die ökonomischen Theorien individuellen Handelns, insbesondere die Wert-Erwartungstheorie beitragen. In Kapitel 2.6 verweise ich auf die Konjunkturen der öffentlichen Aufmerksamkeit und die dem Protestengagement inhärente Instabilität als zwei wesentliche Ursachen für die zyklische Entwicklung von Konflikten. Kapitel 2.7 diskutiert die oft unterstellte Irrationalität kollektiven Verhaltens, Punkt 2.8, die Eskalation als ein sich selbst verstärkender Prozeß. Den Abschluß bilden einige Überlegungen zur Bedeutung der Perspektivität für die Konfliktdynamik (2.9).

2.1 Strukturelle Spannungen: keine hinreichende Bedingung zur Erklärung nicht-institutionalisierter politischer Konflikte

Makro-soziologische oder struktur-analytische Erklärungsansätze gehen – wie ausgeführt – von der Annahme aus, daß soziale Unruhe und politischer Protest dann entstehen, wenn bestimmte strukturelle Spannungen in einer Gesellschaft vorliegen. Sie konzentrieren sich daher in ihrer Analyse vor allem auf die Identifizierung von strukturellen Bedingungen als den „objektiven“ Ursachen von Protest und reklamieren damit auch eine gewisse prognostische Qualität für ihre Erklärungsmodelle.

Wie die hier dargestellten Fälle von nicht-institutionalisierten politischen Konflikten jedoch verdeutlichen, ist die Existenz struktureller Spannungen allein noch kein hinreichender Prognose- oder Erklärungsfaktor für das Entstehen von öffentlicher Unruhe und politischem Protest.

Sicher waren die sozialstrukturellen Hintergründe der spontanen Unruhen und Krawalle von Immigrantenjugendlichen in Großbritannien und in Frankreich (vgl. Verlaufsstudien 1-6), aber auch der Mai-Krawalle in Berlin 1987 (Verlaufsstudie 7) sehr ähnlich; die Krawalle (Riots) entwickelten sich jeweils in städtischen „Problemgebieten“, die durch hohe Arbeitslosigkeit (besonders unter Jugendlichen), hohe ethnische, soziale und/oder subkulturelle Segregation, schlechte Wohnsubstanz und defizitäre Infrastrukturausstattung gekennzeichnet sind. So lagen etwa die Ausländeranteile an der Wohnbevölkerung in Bristol – St. Paul, London – Brixton, Manchester – Moss Side etc. (s. Verlaufsstudien 1 und 3) bei 30 bis 50 %. Die Arbeitslosenquoten lagen in diesen betroffenen Stadtteilen jeweils weit über dem städtischen Durchschnitt, und waren vor allem für die farbigen Jugendlichen besonders hoch: in Liverpool – Toxteth (Verlaufsstudie 3) waren über 60 % der farbigen Jugendlichen arbeitslos, in Manchester – Moss Side (Fallstudie 4) über 50 % der der 16-24jährigen männlichen West-Inder, in Birmingham – Handsworth gar bis zu 70 % (Verlaufsstudie 5). Ähnliche Zahlen beschreiben die Situation der ausländischen Jugendlichen in französischen Großstädten wie Lyon oder Paris (vgl. Verlaufsstudie 6), aber auch die Situation in Berlin-Kreuzberg – obwohl hier die Krawalle nicht von ausländischen Jugendlichen ausgingen, sondern vielmehr von deutschen Jugendlichen, vor allem von marginalisierten Gruppen (Arbeitslose, Drogenabhängige, Aussteiger, Schulabbrecher) und Teilen einer politischen Subkultur, für die Kreuzberg in den letzten beiden Jahrzehnten Anziehungspunkt geworden ist.

Auch für die Genese fremdenfeindlicher Unruhen in Deutschland lassen sich zunächst ähnliche strukturelle Hintergründe eruieren: städtische Problemgebiete, erhöhte Jugendarbeitslosigkeit, schlechte Wohnsubstanz etc. Sozial-strukturelle Spannungen spielen also in diesen Konflikttypen sicherlich eine entscheidende Rolle. Aber reichen diese sozial-strukturellen Bedingungen, auch als Erklärungsfaktoren aus?

Zumindest auf den ersten Blick ist für die Krawalle in den segregierten Stadtvierteln ein *unmittelbarer* Zusammenhang zwischen sozio-strukturellen Bedingungen und Protest offensichtlich, der die struktur-analytischen Erklärungsmodelle und die darin enthaltene Deprivationsthese zu bestätigen scheint. Bei näherer Betrachtung stellen sich Zweifel an dieser einfachen Erklärung ein.

Zunächst kann ganz allgemein festgehalten werden, daß sicherlich in jeder Gesellschaft mehr „strukturelle Spannungen" identifizierbar sind, als es politischen Protest und soziale Unruhe gibt. Soziale Ungleichheit oder ethnische und kulturelle Diskriminierung führen also nicht in jedem Fall zu öffentlichen politischen Konflikten. Die sozio-ökonomischen und ethnisch-rassischen Bedingungen, wie sie als Hintergrund der Krawalle von Bristol, London, Liverpool etc. (vgl. Verlaufsstudien 1-7) dargestellt worden sind, liegen in ähnlicher Weise auch in vielen anderen Großstädten Großbritanniens, Frankreichs, Deutschlands und auch in anderen europä-ischen Ländern vor, ohne daß es dort zu diesen Entwicklungen gekommen wäre. Und sie waren z.T. in anderen Stadtteilen von Bristol, London oder Birmingham noch wesentlich stärker ausgeprägt als in denjenigen, in denen sich die Krawalle schließlich entwickelten. So waren zwar Anfang der 80er Jahre Unruhen von Jugendlichen aus ethnischen Gruppen in Großbritannien erwartet worden. Aber daß sie gerade in Bristol ausbrachen und nicht in den stärker deprivierten städtischen Vierteln von Liverpool oder London überraschte alle (Verlaufsstudie 1, Bristol). Die vielfach durchaus plausiblen nachträglichen Rekonstruktionen der „strukturellen Ursachen“ von sozialen Unruhen, mit der auch Wissenschaftler die Notwendigkeit oder gar die Unvermeidbarkeit von solchen Entwicklungen zu „beweisen“ suchen (siehe etwa die Desintegrationsthoerie im Kontext der fremdenfeindlichen Unruhen in Deutschland), erweisen sich daher als nur wenig tauglich. Strukturelle Bedingungen allein sind deshalb, selbst für diesen Konflikttypus keinesfalls eine *hinreichende* Bedingung für das Entstehen von politischer Unruhe, wie die Verlaufsstudien zu den verschiedenen Fällen von riots deutlich machen.

Die übrigen Verlaufsstudien (insbesondere zu Jugendprotesten und sozialen Bewegungen) geben nun Hinweise darauf, daß die Annahmen der struktur-analytischen Theorien über die Existenz struktureller Spannungen auch als *notwendige* Voraussetzung von Protest nicht generell haltbar sind. Die struktur-analytischen Ansätze gehen davon aus, daß sie mit der Identifizierung von strukturellen Spannungen als den objektiven „Ursachen“ von politischem Protest zugleich auch die (potentiellen) Protestgruppen sozialstrukturell eingrenzen und definieren können. Die strukturellen Spannungen (altdeutsch: Klassenlagen) existieren danach stets für bestimmte soziale Gruppen einer Gesellschaft (soziale Klassen), von denen angenommen wird, daß sie auch als Träger des Protests aktiv werden. Die Frage, wie und unter welchen Bedingungen sich „objektive“ Strukturen in subjektive Deprivationen (und schließlich in entsprechende Handlungsbereitschaften) umsetzen, wie also (in marxistischer Terminologie) sich aus einer gemeinsamen „Klassenlage“ auch ein gemeinsames „Klassenbewußtsein“ bildet, wird im Vergleich zur Identifizierung der objektiven „Ursache“ oft als zweitrangig behandelt. Aus dieser struktur-analytischen Annahme über den strukturellen Zusammenhang zwischen Ursachen und Protestgruppen wäre zu folgern, daß die verschiedenen Protestgruppen intern ein hohes Maß an Gemeinsamkeiten hinsichtlich sozio-ökonomischer Merkmale aufweisen müßten. Vor dem Hintergrund der hier vorliegenden empirischen Daten zu verschiedenen Konflikttypen kann diese These jedoch nur für einen Konflikttypus bestätigt werden, nämlich die Krawalle von (ethnischen oder subkulturellen) Minderheiten in segregierten Stadtvierteln. Sie sind als Ausdruck gemeinsamer struktureller Bedingungen einer bestimmten sozialen Gruppe anzusehen: in Bristol, London, Liverpool, Lyon (Fallstudien 2, 3, 6) waren dies vor allem Immigrantenjugendliche verschiedener ethnischer Gruppen, in Berlin Jugendliche einer (alternativen) Subkultur; und in allen Fällen (einschließlich Berlin-Kreuzberg, Verlaufsstudie 7) waren die Protestteilnehmer überdurchschnittlich oft ohne Ausbildung oder arbeitslos. Doch selbst in diesen Konfliktfällen sind bei genauer Analyse über die Dauer der Riots hinweg zusätzliche andere Teilnehmer mit unterschiedlichen Motiven und Interessen auszumachen: die Beispiele von Bristol (Verlaufsstudie 1), London-Brixton (Verlaufsstudie 2) und Birmingham-Handsworth (Verlaufsstudie 4) zeigen, daß neben farbigen Jugendlichen auch eine (nicht genau quantifizierbare) Gruppe von weißen Jugendlichen beteiligt waren, und daß neben Jugendlichen aus den entsprechenden Stadtvierteln auch eine Vielzahl von Teilnehmern aus anderen Stadtvierteln oder gar anderen Städten sich beteiligten; sie zeigen auch, daß die Motive, Interessen und Aktivitätsmuster der Beteiligten sich z.T. erheblich unterscheiden und keineswegs eindeutig als Ausdruck kollektiver Deprivationserfahrungen zu interpretieren sind.

In den anderen hier untersuchten Konflikttypen (vor allem Jugendproteste und soziale Bewegungen (vgl. Verlaufsstudien 8-19) sind die Protestgruppen in ihrer sozio-demographischen Struktur als äußerst heterogen zu beschreiben. So sind zwar Jugendliche in all diesen öffentlichen politischen Konflikten die zahlenmäßig größte Gruppe der Protestteilnehmer. Doch wie die Verlaufsstudien zum Jugendprotest und zur Hausbesetzerbewegung (Verlaufsstudien 8-12) zeigen, waren neben den Jugendlichen (Schülern, Lehrlingen oder Studenten) stets auch ältere Teilnehmer in diesen Konflikten engagiert. Ältere politische Aktivisten aus anderen (früheren) Protestbewegungen hatten vor allem bei den Schülerprotesten in Paris (Verlaufsstudie 10), bei den Jugendzentrumsprotesten in Zürich (Verlaufsstudie 9) aber auch bei den Hausbesetzerbewegungen in Berlin (Verlaufsstudie 12) entscheidende Initiativfunktion. Sozialarbeiter, Eltern, Lehrer, Künstler, schlossen sich in Zürich und Paris dem Protest der Jugendlichen an; Prominente offerierten Partnerschaftsmodelle für Hausbesetzer in Berlin (Verlaufsstudie 12); Eltern, Lehrer und Politiker setzten sich in Nürnberg für die Freilassung der inhaftierten Jugendlichen ein (Verlaufsstudie 8). In den stärker organisierten Ökologie- und Friedensbewegungen sind Jugendliche zwar ebenfalls in starkem Maße vertreten: Sie dominieren vor allem das Bild bei unkonventionellen öffentlichen Aktionen. Darüber hinaus jedoch sind Teilnehmer aller Altersgruppen vertreten (vor allem auch ältere Mitbürger, Rentner), besonders in jenen Phasen, in denen versucht wird, mit institutionalisierten Mitteln (z.B. Rechtsmittel) das Ziel zu erreichen.

Auch hinsichtlich der sozialen Zusammensetzung fügen sich Jugendprotest, Hausbesetzerbewegung und Soziale Bewegung keinesfalls der Vorstellung von soziostrukturell definierbaren Großgruppen mit gemeinsamer sozialer Lage. Neben Studenten, Akademikern, Künstlern und Literaten („humanistische Intelligenz"), die als Initiatoren und Hauptträgergruppen eine besondere Rolle spielen, waren stets auch andere soziale Gruppen in die Protestbewegungen involviert: in Wackersdorf (Verlaufsstudie 17), Gorleben (Verlaufsstudie 16), Startbahn West (Verlaufsstudie 18) und Brokdorf

(Verlaufsstudie 15) konnten Teile der lokal betroffenen Bevölkerung (z.B. Bauern, Arbeiter) mobilisiert werden oder waren gar maßgeblich, zunächst über institutionalisierte Wege wie Verfahren und Rechtslagen, dann auch mit eigenen Bürgerinitiativen an der Entstehung einer lokalen Protestbewegung beteiligt. In Plogoff (Verlaufsstudie 14) und Creys-Malville (Verlaufsstudie 13) in Frankreich, wo sich regionalistische Bewegungen und Ökologiebewegung z.T. verbinden, waren es gar verstärkt lokale und regionale Gruppen quer durch alle soziale Schichten, die als Initiativ- und Organisationsgruppen für die ökologische Bewegung fungierten. Die Problembereiche, die im Jugendprotest, Hausbesetzerbewegung und sozialer Bewegung thematisiert werden, lassen sich daher nicht bestimmten gesellschaftlichen Großgruppen (sozialen Klassen, ethnisch oder religiösen Gemeinschaften, Alters- oder Geschlechtsgruppen) und ihren partikularen Interessen zuordnen, sie sind also nicht einfach Ausdruck klar eingrenzbarer struktureller Spannungen oder eines spezifischen „Klasseninteresses". Dies gilt auch dort, wo Protestgruppen in sich relativ homogen sind.

2.2 *Kollektive Definitions- und Interpretationsprozesse und ihre strukturellen Voraussetzungen – eine Kombination interaktionistischer Ansätze mit struktur-analytischen Überlegungen*

Aus den bisher dargestellten Ergebnissen läßt sich folgern, daß die Existenz objektiver struktureller Spannungen (an sich) nicht als hinreichende Bedingung für das Entstehen politischer Proteste angesehen werden kann. Strukturelle Spannungen können nur dann als ein ursächlicher Faktor von Protest anerkannt werden, wenn sie von gesellschaftlichen Gruppen als „soziale Probleme" perzipiert und als ungerechtfertigt (illegitim) interpretiert werden. Die ‚normative Revision' geltender gesellschaftlicher Problemdefinitionen steht daher notwendig am Anfang. Dies verweist auf die zentrale Rolle der Perzeptions-, Kommunikations- und Interpretationsprozesse für die Entstehung nicht-institutionalisierter politischer Konflikte, die in den struktur-analytischen Erklärungsansätzen kaum eine Rolle spielen, dagegen aber von den am symbolischen Interaktionismus orientierten Theorien kollektiven Verhaltens analysiert worden sind. Die Verlaufsstudien zeigen nun aber, daß die kollektive Entwicklung von innovativen Definitionen, Interpretationen und Bewertungen bestehender sozialer oder politischer Sachverhalte ihrerseits an strukturelle Voraussetzungen und Bedingungen gebunden ist, die nicht unter dem Begriff der sozialen Lage oder der strukturellen Spannung subsumierbar sind.

Auf einer gesamtgesellschaftlichen Ebene sind dies:

(a) Die Veränderungen der (relativen) sozialen Position bereits bestehender gesellschaftlicher Gruppen durch kollektive Aufwärts- oder Abwärtsmobilität (oder die Erwartung derselben) und daraus folgenden Erfahrungen von relativer Deprivation. Für die hier vorliegenden Verlaufsstudien waren diese Erklärungen insbesondere für die fremdenfeindlichen Unruhen von Bedeutung: die Proteste und Krawalle gegen Ausländer fanden überall dort vermehrt Zustimmung, wo Ängste vor einer ‚Deklassieruung' und vor einem Verlust des sozialen Status (relativ zu anderen Gruppen) am stärksten vorhanden waren (vgl. Fallstudie 20) und mit generalisierten Vorstellungen von ‚Ungerechtigkeit' verbunden wurden.

(b) Das Entstehen neuer gesellschaftlicher Gruppen.

(b1) Hier spielt vor allem die Expansion des Bildungssystems und die Entstehung eines neuen, unspezifischen gesellschaftlichen Problematisierungs- und Thematisierungspotentials eine entscheidende Rolle. Wie vor allem in den Verlaufsstudien zum Jugendprotest (8-10), zu den Hausbesetzerbewegungen (11, 12) sowie zur Ökologiebewegung in der BRD (Verlaufsstudien 15, 16, 17, 18) deutlich geworden ist, lassen sich zumindest die zentralen Träger- und Initiativgruppen der verschiedenen Formen des politischen Protests durch eine hohe, meist akademische Qualifikation und vielfach auch durch Berufe im sozialen, oder kommunikativen Dienstleistungssektor kennzeichnen. Hier ist ein neues gesellschaftliches Reflexionspotential vorhanden, das das Verhältnis von Mensch, Gesellschaft und Umwelt in verschiedenen Bereichen neu thematisiert, neu interpretiert und bewertet. Diese Gruppen reklamieren nicht allein partikularistische Interessen sondern verweisen auf die nicht-intendierten und nicht-perzipierten Effekte und die sozialen und ökologischen Kosten ökonomischer und politischer Entwicklungen. So richtet sich der Protest der Hausbesetzer in Berlin gegen eine verfehlte Sanierungspolitik und gegen die Auswirkungen einer bestehenden Subventionspolitik, die zur Spekulation mit Wohnraum führt und zur Verödung der Innenstädte beiträgt (Fallstudie 12). Die Ökologiebewegung wendet sich gegen weitere Zerstörung von Natur und (ebenso wie die Friedensbewegung) gegen die Anhäufung von Gefährdungspotentialen als selbsternannter Anwalt zukünftiger Generationen (Verlaufsstudien 13-18).

(b2) Mit diesem neuen Reflexionspotential ist – zeitlich versetzt – auch ein neues Potential an marginalisierten Jugendlichen angewachsen. Die Expansion des Bildungssystems, die in den 60er Jahren im Zeichen der Chancengleichheit vorangetrieben wurde, hat auch zur verschärften Konkurrenz um Schulnoten und knappe gesellschaftliche Positionen geführt.

Auch die drastische Lehrstellenverknappung in der ersten Hälfte der 80er Jahre und wieder Anfang der 90er Jahre sowie die Jugendarbeitslosigkeit, die durch das Aufeinandertreffen von wirtschaftlicher Rezession und geburtenstarken Jahrgängen entstand, führte zu verstärkten Selektionsprozessen. Zweifellos gab es dabei erfolgreiche und/oder anpassungsfähige Jugendliche. Daneben wuchs aber auch die Gruppe der Erfolglosen, deren Gefühle zwischen Resignation und Aggression schwanken.

Seit dem Ende der 70er Jahre strömen daher in die Protestbewegungen zunehmend auch Jugendliche ein, die in der verschärften Konkurrenz um Lehrstellen, schulischen Aufstieg, Arbeitsplätze und Wohnungen weniger erfolgreich waren. Sie spielten vor allem bei den Jugendunruhen in Zürich (Verlaufsstudie 9) und bei der Hausbesetzerbewegung in Berlin und Freiburg (Verlaufsstudien 12 und 11), und v.a. bei den fremdenfeindlichen Unruhen (Verlaufsstudie 20) eine wichtige Rolle, vor allem auch für die Eskalation der Konflikte. Es handelt sich hierbei nicht um deprivierte „Gruppen", sondern um Einzelne, die aufgrund ihrer Deprivationserfahrungen ‚differentielle Assoziationen' eingehen.

Auf einer mittleren Ebene sind intermediäre Organisationen, Gruppen, Netzwerke die strukturelle Voraussetzung für die kommunikative Erzeugung und soziale Befestigung neuer Realitätsdefinitionen, neuer Erwartungshaltungen und kollektiver Vorstellungen von Ungleichheit und Ungerechtigkeit. Sie bilden damit die Voraussetzung für die Entwicklung von Handlungsbereitschaften und für die rasche Mobilisierung von Unterstützung. In diesen subkulturellen Netzwerken werden generelle Protestmotivationen und potentielle Handlungsbereitschaften bereitgehalten, die von unterschiedlichen Bewegungen, sofern sie mit ihren Zielen an die subkulturellen Wertorientierungen und Ziele anschließen, relativ leicht mobilisiert werden können. In Zürich (Verlaufsstudie 9), Nürnberg (Verlaufsstudie 8), Berlin (Verlaufsstudie 7) waren es vor allem die informellen Netzwerke, Treffpunkte, Kneipen einer ‚linken' jugendlichen Subkultur und Alternativszene, in der die protestrelevanten Wirklichkeitsdefinitionen, Motivationen und Handlungsbereitschaften erzeugt wurden. Ebenso konnten die Hausbesetzerbewegungen in Berlin und Freiburg sowie die Ökologiebewegungen in ihrer überlokalen Ausbreitung auf entsprechende politische (alternative) Subkulturen und ihre rudimentären Infrastrukturen vor allem in den Städten zurückgreifen. Darüber hinaus stützen sich vor allem soziale Bewegungen auf eine Vielzahl von lokalen und überlokalen Gruppen, Organisationen, Vereine und Koordinationszentren, die die strukturelle Basis für ein dauerhaftes Engagement darstellen (vgl. Verlaufsstudien 13-18). Auch die fremdenfeindlichen Unruhen hatten in Form einer gewaltaffinen und tendenziell rechten, fremdenfeindlichen Subkultur (Skins, Neonazis, Hooligans etc.) ein

Reservoir an Unterstützung, das leicht mobilisierbar war und in denen vergleichbare und anschlußfähige Motive und Einstellungen vorhanden waren.

Lediglich für die hier beschriebenen Fälle von ethnischen Krawallen in den Städten Großbritanniens (Verlaufsstudien 1-5) lassen sich keine auf den politischen Protest ausgerichteten intermediären Gruppen und Organisationen nachweisen. Zwar gibt es vereinzelte Ansätze einer ethnisch-religiösen Subkulturbildung, speziell der Jugendlichen in diesen Gebieten: etwa die Rastakultur und Drogensubkultur in London-Brixton, Liverpool-Toxteth, Birmingham-Handsworth (Verlaufsstudien 2-5). Diese haben jedoch in der Regel bisher kaum organisatorische Struktur gefunden. Lediglich um bestimmte Freizeit-Treffpunkte oder Lokale haben sich informelle Netzwerke aufgebaut, die jedoch meist keinen politischen Charakter haben.

Wo intermediäre Strukturen fehlen, bilden sich daher protestrelevante Deprivationen, Motivationen und Handlungsbereitschaften offensichtlich nur sporadisch und nur für kurze Zeit aus: etwa wenn bestimmte „dramatische Ereignisse“ kollektiv vorhandene „generalisierte Überzeugungen“ oder „Schlüsselinterpretationen“ aktualisieren. Voraussetzung für ein gemeinsames Handeln als Reaktion auf diese Ereignisse sind dann vor allem kollektive Identitätsvorstellungen und Loyalitätserwartungen, die sich an ethnisch-rassischen und territorialen Merkmalen festmachen (vgl. u.a. Liverpool-Toxteth, Verlaufsstudie 3, aber auch die fremdenfeindlichen Unruhen, Verlaufsstudie 20), oder aber aufgrund situativer Ereignisse, etwa durch gemeinsam erlittene Polizeieinsätze, die in Konflikten selbst erzeugt werden (vgl. z.B. die Eskalationsprozesse in Zürich, Verlaufsstudie 9). Dies verdeutlicht gerade für die nicht-organisierten, spontanen Krawalle die konstitutive Bedeutung der Interaktion (hier: der Polizeiaktion) für die Entwicklung des Konflikts.

Hier kann festgehalten werden, daß das Fehlen intermediärer Strukturen (subkultureller Netzwerke, Gruppen, Organisationen) – als wichtige Voraussetzung für Protestaktionen – in konkreten Situationen zwar durch die Aktualisierung kollektiver, d.h. z.B. ethnischer oder nachbarschaftlicher Identitäten oder auch durch die situative Erzeugung kollektiver Solidaritäts- und Loyalitätsgefühle (etwa durch klare Freund/Feind-Bilddefinitionen, dichotome Realitätsannahmen und kontrastverschärfende Informationen) kompensiert werden kann; für die mittel- und langfristige Stabilisierung und Institutionalisierung der Proteste als Bewegung sind sie jedoch unvermeidbar.

2.3 *Relative Deprivation als „Ursache“ von Konflikten: Veränderte Bezugsgruppenorientierungen, subkulturelle Organisation und spezifische Interaktionserfahrungen*

Deprivationen, Enttäuschungen und Frustrationen sind also nicht eine notwendige und unmittelbare Folge von strukturellen Spannungen (Lebenslagen). Sie können vielmehr – darauf haben die Theorien der relativen Deprivation hingewiesen – unter sehr unterschiedlichen strukturellen Bedingungen entstehen und sind entscheidend von subjektiven, bzw. sozialen Vergleichs-, Interpretations- und Bewertungsprozessen abhängig. Die vorliegenden Studien verweisen auf drei unterschiedliche, empirisch relevante Bedingungen, unter denen relative Deprivation als „Ursache“ von Konflikten eine Rolle spielen.

A) Veränderte Bezugsgruppenorientierung

Wie die Verlaufsstudien zu den Krawallen der Jugendlichen verschiedener ethnischer Gruppen in Großbritannien und Frankreich zeigen (Verlaufsstudien 1-6), sind die Hauptträgergruppen dieser Unruhen die Jugendlichen der zweiten Einwanderergeneration. Diese leiden zwar nicht unter schlechteren ökonomischen und sozialen Bedingungen als ihre Eltern; aber sie befinden sich dennoch in einer gänzlich anderen Situation, aus der heraus sie die sozio-ökonomischen Bedingungen anders bewerten: anders als ihre Eltern, die in der Hoffnung auf Arbeit kamen und meist mit der Hoffnung auf Rückkehr in die Heimat lebten, sind die Jugendlichen der zweiten Einwanderergeneration in einer Gesellschaft groß geworden und sozialisiert worden, die sie auch als die ihre begreifen und an die sie daher ihre Erwartungen und Forderungen richten. Sie definieren ihre legitimen Erwartungen im Vergleich zu der Gruppe der gleichaltrigen einheimischen Jugendlichen und erfahren so die Struktur der ethnisch-sozialen Ungleichheit und Diskriminierung als ungerechtfertigt und unerträglich (vgl. dazu Verlaufsstudie Bristol, 1 aber auch Lyon, 6). Es ist also in diesem Fall nicht eine relative Veränderung der sozio-ökonomischen Lage oder der strukturellen Realisierungschancen bestehender Erwartungen sondern eine Umdefinition der relevanten (als rechtmäßig zustehend erachteten) Erwartungen und Ziele selbst (als Folge des Wandels der Zukunftsorientierung und damit der relevanten Bezugsgruppen), die das Entstehen der Deprivation erklärt.

Auch für ein Verständnis der fremdenfeindlichen Unruhen gegen Migrantengruppen in Deutschland spielen entsprechende Vorstellungen eine wichtige Rolle. Zwar hatte sich auch hier bei den Akteursgruppen (insbesondere den männlichen Jugendlichen aus niedrigen Bildungsmilieus mit z.T. hoher Arbeitslosigkeit) die eigene sozio-ökonomische Lage nicht unmittelbar verändert. Vor dem Hintergrund der neuen sozialen Gruppen von Immigranten veränderten sich jedoch die ‚Realisierungserwartungen': man fürchtete in der Konkurenz um billigen Wohnraum, Arbeitsplätze und staatliche Transferleistungen mit den neuen Migrantengruppen um die Realisierung eigener Ziele und Erwartungen.

B) Subkulturelle Erzeugung von Deprivationen

In den Verlaufsstudien zum Jugendprotest in Zürich (Verlaufsstudie 9) sowie zu der Hausbesetzerbewegung von Berlin (Verlaufsstudie 12) zeigt sich, daß relative Deprivation durchaus auch als ein typisches Produkt von jugendlichen Subkulturen und prä-existenten Organisationen und Gruppen verstanden werden kann. Die subkulturellen Netzwerke aus persönlichen Beziehungen, informellen Gruppen, politisch oder kulturell aktiven Gruppen (vgl. die Rolle der Kulturinitiativen in Zürich, Verlaufsstudie 9) bilden ein dichtes Kommunikationsnetz, in dem individuelle wie kollektive Biographien, Bedürfnisse, Interessen, Hoffnungen und Erwartungen neu definiert werden können.

Ähnliches gilt übrigens auch – wenn auch etwas geringer ausgeprägt – für die gewaltaffinen Gruppen und rechten Subkulturen im Kontext der fremdenfeindlichen Gewalt.

Entsprechend der subjektiven Erfahrungen in diesen Netzwerken, die neue kollektive Deutungs- und Sinnmuster stabilisieren, aber auch durch die Beispiele anderer Gruppen in anderen Städten erscheint es dann vielen möglich, diese Ziele und Erwartungen über die spezielle Subkultur hinaus zu generalisieren und von der Gesellschaft einzufordern bzw. selbst umzusetzen. So werden übersteigerte Erwartungen erzeugt, die dann, wenn sie als Forderungen an die Politiker herangetragen werden, notwendig enttäuscht werden müssen. Die Hoffnung der Züricher Jugendlichen auf ein selbstverwaltetes Jugendzentrum (Verlaufsstudie 8), der Freiburger und Berliner Jugendlichen auf eigene Häuser als Wohn-, Arbeits- und Kulturzentrum (Freiräume; vgl. Verlaufsstudien 11, 12) verdeutlichen diese sozialpsychologische Dynamik von Subkulturen hinsichtlich der Erzeugung von Ansprüchen, Erwartungen und Wirklichkeitsdefinitionen, die dann stets auch Deprivationen nach sich ziehen. Das Vorhandensein von Deprivationen muß also nicht unbedingt als Folge struktureller Spannungen interpretiert werden. Durch eine Kombination der Theorien relativer Deprivation mit anderen theoretischen Ansätzen (Bezugsgruppentheorie; Subkulturtheorie) kann hier für die Theorie und Forschung im Bereich der nicht-institutionalisierten politischen Konflikte einiges an empirischer Sensibilität gewonnen werden.

C) Deprivationserfahrung als Konsequenz von Interaktion

Drittens schließlich kann relative Deprivation das Ergebnis von Vorerfahrungen sein, die etwa ausländische Jugendliche (Fallstudien 1-6) oder generell Jugendliche in städtischen Problemgebieten mit den staatlichen Kontrollorganen (vor allem mit der Polizei) machen. Voraussetzung ist hier die Stigmatisierung, die eine diskriminierende Praxis nach sich zieht. Besonders in London-Brixton und Birmingham-Handsworth war es eine weitere Verschärfung dieser bereits als unerträglich empfundenen Kontrollpraktiken, die den Krawallen voraus gingen. Die relative Deprivation, die sich so ausbildet, bezieht sich vor allem auf die Vorgehensweise der Polizei und äußert sich dann typischerweise auch in spontanen, eruptiven, gegen die Polizei gerichteten Krawallen (anti-police-riots), in denen nicht dezidiert politische Forderungen sondern die „Revanche“ an der Polizei für die alltäglich erfahrene Diskriminierung, Überwachung und Kontrolle im Vordergrund steht.

2.4 Unpolitische und situativ erzeugte Motive der Protestpartizipation: relative Deprivation als „Folge“ von Konflikten

Die Ergebnisse der Verlaufsstudien lassen aber auch den Schluß zu, daß protestrelevante Deprivationen, Motive und Handlungsbereitschaften nicht generell die notwendige Voraussetzung für Protesthandeln sind und damit als unabhängige Variable zur Erklärung politischen Protests gelten können. Sozialpsychologische Ansätze, die davon ausgehen, daß Protesthandlungen nur durch spezifische Deprivationserfahrungen, Frustrationen oder Motive zu erklären sind, vernachlässigen vielmehr andere, auch unpolitische, aber dennoch handlungsrelevante Faktoren, wie sie etwa als individuelle Präferenzen von den ökonomischen Theorien des kollektiven Handelns eingeführt werden: Neben dezidiert ökonomischen Interessen sind dies vor allem soziale Gratifikationen (Status, Prestige, Anerkennung) psychische und emotionale Anreize (Spannungssuche; „fun-seeking motives“ und „thrill-motivation“), aber auch moralische Identifikationsangebote.

Die Krawalle in Manchester/Moss-Side (Verlaufsstudie 4), in Lyon (Verlaufsstudie 6), aber auch in Berlin-Kreuzberg (Verlaufsstudie 7), zeigen, daß die gezielte Provokationen der Polizei häufig Ausdruck der Langeweile, der Ereignislosigkeit und Leere des Alltags vieler Jugendlicher ist und daß dahinter auch die Suche nach Abwechslung, nach außeralltäglichen Erfahrungen und Erlebnissen steht.

Auch für viele Übergriffe im Kontext der fremdenfeindlichen Unruhen sind auf seiten der Tätergruppen häufig zunächst „banale" Motive wie Langeweile und ‚Suche nach Action' auszumachen. Darüber hinaus verdeutlicht gerade der typische Verlauf von spontanen Krawallen und auch von ungewollten Eskalationen politischer Protestaktionen, daß die Anwesenheit vieler Teilnehmer bei bestimmten „auslösenden Ereignissen" durchaus zufällig sein kann, und daß situativ erzeugte Motivationen, partikularistische Loyalitäten und kollektive Identitätsvorstellungen für die spontane Aktivierung eine wichtige Rolle spielen: in Bristol-St.Paul (Verlaufsstudie 1) waren eine Vielzahl von Kindern und Jugendlichen zufällig Augenzeuge einer Polizeirazzia; in London-Brixton (Fallstudie 2) und Liverpool-Toxteth (Verlaufsstudie 3) wurden die Unruhen ausgelöst als befreundete Jugendliche einem der ihren gegen die „vermeintlichen" Übergriffe der Polizei helfen wollten; auch in Jugendprotesten, in der Hausbesetzerbewegung und Ökologiebewegung spielt die Mobilisierung von Teilnehmern über persönliche Beziehungen (Freundschaften, Bekanntschaften) und aus unpolitischen Motiven (Abwechslungs- und Spannungsmotive; auch Abstoßungseffekte im Sinne Hirschmans [1984]) eine wichtige Rolle; vgl. Verlaufsstudien 8-18). Häufig sind es zunächst nicht so sehr gemeinsame politische Überzeugungen und Vorstellungen als vielmehr die gemeinsamen, situativ erlebten Bedrohungen durch die Polizei, das gemeinsame „Erleiden" von Polizeimaßnahmen oder die gemeinsame Ablehnung als illegitim oder ungerecht angesehener Praktiken, die ausschlaggebend für die aktive Partizipation vieler zufällig anwesender, vorbeikommender, mitlaufender, zuschauender oder nur sympathisierender Teilnehmer sind. Sie offerieren neue Identitätsangebote und spezifische Gratifikationen, die handlungsleitend sein können.

Soziale Gratifikationen durch Beteiligungen an kollektiven Protestaktionen spielten etwa bei den fremdenfeindlichen Krawallen eine große Rolle. Viele bis dahin eher marginalisierte und stigmatisierte Jugendliche (rechte Gewalttäter, delinquente Jugendliche) konnten innerhalb ihrer Gruppen und auch angesichts der Zustimmung durch Nachbarn und Anwohner subjektiv eine Karriere vom „Schläger" zum „Kämpfer für deutsche Interessen" erleben

Nur unter Berücksichtigung dieser Motivvielfalt ist es möglich, die interne Differenziertheit der Protestgruppen und die differentiellen Ziele und Handlungsweisen unterschiedlicher Teilnehmer adäquat zu erfassen.

Angesichts dieses Ergebnisses aus den Verlaufsstudien läßt sich schließen, daß bestimmte Deprivationserfahrungen, „normative Revisionen" (im Sinne Turners 1972a) und veränderte Realitätsdefinitionen selbst oft erst durch die Teilnahme am Konflikt erzeugt werden können. Sie sind daher nicht in jedem Fall Voraussetzung für Protesthandeln, sondern oftmals Resultat desselben, d.h. ein spezifisches Sozialisationsergebnis von Konflikterfahrungen (sekundäre Deprivation). Ein Indiz dafür ist die hohe Wahrscheinlichkeit von Nachfolgeaktionen, oft an „symbolischen" Daten oder Orten (vgl. die Mai-Krawalle in Berlin 1987 und 1988; oder das Wiederaufflackern der 81er Krawalle in Großbritannien im Jahre 1985, Verlaufsstudie 2 und 4). Ein weiteres Indiz ist die stärkere Entwicklung von organisierten politisch aktiven Gruppen wie etwa die „Community Defense Committees" in Liverpool (Verlaufsstudie 2), von anti-rassistischen Organisationen in Lyon (Verlaufsstudie 6), aber auch die stärkere Orientierung auf eine eigene ethnische oder subkulturelle Identität (s. dazu etwa Manchester Moss-Side, Verlaufsstudie 4; Berlin-Kreuzberg, Verlaufsstudie 7).

2.5 *Die Kontingenz des Konfliktverlaufs und die situative Veränderung von Handlungschancen und Handlungsbereitschaften: der Erklärungsanteil von Wert-Erwartungstheorien*

Wie die Verlaufsstudien gezeigt haben, lassen sich die Entstehung und insbesonders der Verlauf nicht-institutionalisierter politischer Konflikte nicht aus Strukturanalysen oder aus den sozio-ökonomischen Merkmalen der Protestgruppen ableiten oder gar prognostizieren. Zwar spielen Strukturanalysen etwa zur Bestimmung der Ressourcen und damit der potentiellen Handlungsmöglichkeiten eine wichtige Rolle; da jedoch der Einsatz der Ressourcen in seinen Auswirkungen nicht vollständig kalkulierbar ist, sind Ressourcen im Hinblick auf den Konfliktverlauf höchst ambivalent. Die Erfahrungen von Zürich (Verlaufsstudie 8), Liverpool-Toxteth (Verlaufsstudie 2) oder der Startbahn West (Verlaufsstudie 18) zeigen, daß der Versuch staatlicher Institutionen, etwa durch den massiven Einsatz von Polizeikräften und durch repressive Maßnahmen den Verlauf politischer Protestaktionen zu kontrollieren, gerade gegenteilige Wirkung haben kann: er kann den Protestgruppen neue Ressourcen in Form von Solidaritätswellen zuführen, und kann zudem zu einer Fundamentalisierung des Konflikts und zu einer Radikalisierung der Aktionsformen zumindestens bei Teilen der Protestgruppen führen. Umgekehrt können auch Bürgerinitiativen und Protestgruppen die Wirkungen der eingesetzten Ressourcen nicht vollständig kontrollieren. So kann der Rückgriff auf medienwirksame, aber regelverletzende oder gewaltsame Mittel dazu führen, daß die Öffentlichkeit, die Politiker und die Polizei die Protestgruppen als „Krawallmacher" bagatellisieren oder gar kriminalisieren. Die Wirkung der Ressourcen ist also stets von den Reaktionen (Interpretationen, Bewertungen und Handlungen) der anderen Konfliktbeteiligten abhängig.

Der Verlauf von nicht-institutionalisierten politischen Konflikten ist daher nicht als eine systematische Anwendung (etwa kontinuierliche Intensivierung) von strukturell vorgegebenen Ressourcen interpretierbar, der Konfliktverlauf also nicht als eine feste Abfolge vordefinierter (möglicher) Entwicklungsstufen beschreibbar.

Die Ergebnisse der Verlaufsstudien lassen vielmehr den Schluß zu, daß nicht-institutionalisierte politische Konflikte in ihrem Verlauf grundsätzlich als kontingent und damit als unvorhersehbar gesehen werden müssen. Sie können als ein System interdependenter Interaktionen interpretiert werden. Die Unvorhersehbarkeit der Verlaufs und die dem Konflikt inhärente „Eigendynamik" ergibt sich dann aus der grundlegenden Perspektivenverschränkung und der Orientierung der Konfliktparteien an den (tatsächlichen, potentiellen oder antizipierten) „Zügen" des Gegenübers. Der Modus der Konfliktinteraktion selbst kann somit als entscheidender dynamischer Faktor verstanden werden. Mit jeder Interaktionssequenz zwischen den Konfliktparteien wird eine neue Konfliktkonstellation und eine neue Konfliktsituation erzeugt, in der sich die Randbedingungen für individuelles wie auch für kollektives Handeln anders darstellen. Dies hat, wie die Wert-Erwartungs-Theorien zeigen, Konsequenzen für die jedem Handeln zugrundeliegenden Kosten-Nutzen-Bilanzierungen, die nun – angesichts veränderter Randbedingungen – aktualisiert werden müssen. Bisherige Handlungsweisen und Aktionsformen erweisen sich als ineffizient, als zu teuer, oder als kontraproduktiv; neue Handlungschancen, die bisher nicht wahrgenommen wurden, eröffnen sich; und Handlungsweisen, die bis dahin als zu risikoreich erschienen, können sich nun als erfolgsversprechend, als lohnend anbieten. Durch die Konfliktinteraktionen selbst werden somit innovative Elemente (Handlungsmöglichkeiten und Handlungsanreize) erzeugt, die so nicht vorhergesehen werden können. Dies führt freilich nicht bei allen Beteiligten zu gleichen Konsequenzen, sondern ist je nach spezifischen Motivlagen, Präferenzen, Kosten-Nutzen-Kalkülen und Risikoeinschätzungen der einzelnen Teilnehmer und Teilnehmergruppen verschieden. Die unterschiedlichen Reaktionen (z.B. Rückzug vs Gewaltorientierung) der Protestteilnehmer auf repressive Maßnahmen der Polizei etwa bei den Demonstrationen an der Startbahn West (Verlaufsstudie 18), in Wackersdorf (Verlaufsstudie 17), aber auch bei den Krawallen der Jugendlichen in Berlin-Kreuzberg (Verlaufsstudie 7) oder in Liverpool-Toxteth (Verlaufsstudie 3) legen es nahe, von solchen (rationalen) Kalkulationen der individuellen Teilnehmer auszugehen. Je nach individuellen Motiven, Realitätsannahmen etc. werden in Konfliktsituationen jeweils die Gratifikationen, die sich etwa aus der Gruppenzugehörigkeit, aus der Erwartung unmittelbarer oder zukünftiger Erfolge, ableiten lassen den Risiken der Kriminalisierung oder körperlichen Gefährdung gegenübergestellt. Entgegen der Vorstellung von der Einheitlichkeit und Homogenität des kollektiven Verhaltens werden dann eher die differentiellen Reaktionen und Partizipationsformen von Teilnehmern in den Vordergrund gerückt. So ist zu erklären, warum auf den massiven Einsatz von Polizeikräften gegen die Demonstranten, etwa bei der Räumung des Hüttendorfes (Startbahn West, Verlaufsstudie 18) oder bei der Räumung besetzter Häuser (Verlaufsstudie Freiburg 11 und Berlin 12) ein Teil der Jugendlichen mit Rückzug oder Resignation reagierten, andere jedoch mit einer Stabilisierung und Radikalisierung der Protestbereitschaft; und warum auf den temporären Rückzug der Polizei und damit auf die Reduzierung der Kontrolle und Sanktionsdrohung (eine typische Situation etwa bei den Krawallen in städtischen Problemgebieten (Verlaufsstudie 7)) jeweils nur ein Teil der Anwesenden und nicht einmal in erster Linie diejenigen, die auch in den gewalttätigen Auseinandersetzungen mit der Polizei dominierten, zur Plünderung von Geschäften, zur Brandstiftung etc. übergehen (vgl. dazu Berlin-Kreuzberg, Verlaufsstudie 7).

Neue Konfliktsituationen legen also stets auch neue Interpretationen und neue Handlungsformen nahe. Die Protestgruppen werden in ihren Realitätsdefinitionen, in ihrem Selbstverständnis, in ihrer internen Zusammensetzung (neuer Zulauf, Abwanderung, Veränderung der Machtstrukturen) in ihren Aktionen und in ihren Beziehungen zu den anderen Konfliktparteien entscheidend beeinflußt durch die Verhaltensweisen, Reaktionen und Definitionen dieser Konfliktparteien. Dies gilt freilich auch für die anderen Konfliktparteien (etwa Gegenbewegungen) und auch – wenn auch begrenzt – für die Polizei. Zwar versuchen die jeweiligen Konfliktparteien der Vielzahl nicht vorhersehbarer Lagen und undefinierter Situationen dadurch zu begegnen, indem sie bei ihren Teilnehmern stabile Einstellungen und Handlungsbereitschaften erzeugen, die auch durch unvorhersehbare und kritische Situationen durchtragen (z.B. durch kontrastverschärfende Informationen, durch Freund-Feind-Bilder, oder durch dichotome Realitätsannahmen). Dennoch läßt sich auch mit diesen Mitteln die Eigendynamik konkreter Konfliktsituationen und die Unvorhersehbarkeit der jeweiligen Reaktionen auf diese undefinierten Situationen nur begrenzt reduzieren. Dies liegt nicht zuletzt daran, daß in Konfliktsituationen Wahrnehmung, Interpretation und Handlung ganz entscheidend durch Emotionen (Wut, Angst, Empörung) und unmittelbare Konflikterfahrungen beeinflußt sind, die neue Interpretationen, neue Legitimationsanforderungen nach sich ziehen. Insbesondere die erlittene oder die ausgeübte Gewalt provoziert eine Umdefinition der Wirklichkeitsannahmen und erzeugt nicht nur neuen Legitimationsbedarf, sondern auch neue Handlungsbereitschaften und Handlungsmuster. Um den Verlauf und die Eskalation von Konflikten daher verstehen und erklären zu können, bedarf es einer theoretischen Perspektive, die offen ist für den Einfluß der situativen Bedingungen und der durch sie erzeugten Veränderungen der Handlungsweisen. Im Zentrum stehen muß hier eine Analyse der Interaktionssequenzen zwischen den Konfliktparteien, sowie der Definitions- und Interpretationsbemühungen innerhalb der jeweiligen Gruppen. Das Konflikthandeln kann dann als Ergebnis permanenter Definitions- und Interpretationsprozesse angesehen werden, das prinzipiell unvorhersehbar ist, da in die Definitionsprozesse jeweils neue situative Bedingungen und Verhaltensweisen der Konfliktgegner mit eingehen, die neue Handlungskalküle bedingen können.

2.6 Mittelfristige Konfliktzyklen und ihre Ursachen: Konjunkturen öffentlicher Aufmerksamkeit und die Außeralltäglichkeit des Protestengagements

Auch wenn konkrete Konfliktverläufe daher unvorhersehbar und im vorhinein nicht bestimmbar sind, so lassen sich dennoch mittel- und langfristige Regelmäßigkeiten nicht-institutionalisierter politischer Konflikte feststellen, die die für Protestbewegungen typischen zyklischen Schwankungen zwischen Phasen des öffentlichen Protestes und der erfolgreichen Mobilisierung von Unterstützung und Aufmerksamkeit und den Phasen zwischen diesen spektakulären Aktionen, in denen sich die Aktivitäten der Protestaktionen auf die Arbeit weniger organisierter Gruppen und Initiativen reduziert, erklären können. Auf die zentrale Rolle der Enttäuschung für die Erzeugung zyklischen Engagements hat bereits Hirschman (1984) hingewiesen (vgl. Kap. II,2.3.5). Was sind weitere möglichen Ursachen für die Protestzyklen?

A) Die Rolle der Medien

Protestbewegungen haben keine institutionalisierten Machtmittel zur Verfügung, um ihre Themen und ihre Anliegen in die öffentliche und politische Diskussion einzubringen. Sie sind daher auf die „Hilfe“ oder „Mitarbeit“ der Massenmedien angewiesen. Da die Aufmerksamkeit der Medien und der Öffentlichkeit nicht mit gewohnten Mitteln zu erzielen ist, bedarf es der neuen spektakulären, ungewohnten Aktionsform. Je mehr die Protestgruppen in der Lage sind, die Aufmerksamkeit der Medien auf sich zu ziehen, desto höher sind ihre Chancen neue Teilnehmer und Unterstützung zu rekrutieren und zu mobilisieren. Dies führt zu einer Ausweitung und einem starken Anwachsen der Bewegung (was hinsichtlich der Eskalation fremdenfeindlicher Gewalt eine ganz besondere Rolle gespielt hat). Insofern jedoch nicht beliebig viele Aktionsformen zur Verfügung stehen, und die

Protestgruppen selbst auch aus verschiedenen Gründen heraus nur begrenzte Eskalationsinteressen haben, können sie nur auf ein limitiertes Arsenal an „Spektakel“ zurückgreifen. Mit der häufigen Wiederholung von Aktionsformen nützt sich aber deren Aufmerksamkeitswert für die Medien und die Öffentlichkeit ab. Demonstrationen verlieren dann schnell ihren Nachrichtenwert und sind (für einige Zeit zumindest) nicht mehr in der Lage, öffentliches Interesse und zusätzliche Unterstützung zu mobilisieren. Es bedarf dann meist einer Phase der Abstinenz, bis Aktionsformen wieder genügend Aufmerksamkeitswert „anreichern“ können. Durch die Abhängigkeit von den Massenmedien unterliegen Protestbewegungen daher zyklischen Schwankungen, die den Modezyklen in anderen Bereichen nicht unähnlich sind. Protestbewegungen mobilisieren zudem Unterstützung durch konkrete Ereignisse und vor allem durch spektakuläre Aktionen. Sie sprechen daher auch unpolitische Motive und Bedürfnisse an, die gerade auf die Außeralltäglichkeit von Situationen angelegt sind und für eine kontinuierliche Arbeit, etwa in Aktionsgruppen, nicht ausreichen.

B) Überzogene Erwartungen und Probleme der Erfahrungsverarbeitung

Die Teilnehmer an Protestaktionen erfahren typischerweise den Kontrast zwischen der öffentlichen Aufmerksamkeit in den Medien und ihrer Machtlosigkeit im Hinblick auf den politischen Entscheidungsprozeß. Dieser Kontrast muß von den Beteiligten psychisch verarbeitet werden. Für die Protestgruppen stellt sich damit vordringlich die Frage nach der Enttäuschungsverarbeitung. Es ist anzunehmen, daß Protestteilnehmer nach vielfachen ergebnislosen Versuchen der politischen Einflußnahme ihre bis dahin gehegten Erfolgs- und Realisierungserwartungen bezweifeln (vgl. dazu etwa die Annahmen der utilitaristischen Handlungstheorie) und zu neuen Handlungsalternativen greifen. Nur bei einigen werden diese Enttäuschungen in erfahrungsimmunen, dogmatischen gefestigten Überzeugungen stabilisiert werden und zu einer Intensivierung und Radikalisierung der Handlungsbereitschaften führen.

Viele jedoch werden ihr politischen Engagement reduzieren oder sich gar ganz zurückziehen, auch wenn die Protestgruppen versuchen, durch eine Erzeugung von Gruppensolidarität und Loyalität sowie durch die Generalisierung der Themen und die Verlängerung der Zeithorizonte diesen Enttäuschungsreaktionen vorzubeugen. Es braucht dann oft eine neue Generation von Protestteilnehmern, die ganz von vorne anfangen können oder eines neuen Themas damit sich wieder ein Zyklus des Protests entwickelt.

2.7 *Die scheinbare Irrationalität kollektiven Verhaltens*

Welche grundlegenden Aussagen können nun über das Verhalten von Menschen in Konfliktsituationen, etwa bei Unruhen, Ausschreitungen, Krawallen oder großen Ansammlungen, gemacht werden? Stimmt es, daß sich Menschen in der ‚Masse', also etwa bei Demonstrationsveranstaltungen, anders verhalten, als sie dies sonst im Alltag tun würden; daß sie ihre Entscheidungen weniger kritisch abwägen und kontrollieren; daß sie stärker unter dem Einfluß von Ereignissen und Emotionen handeln und dadurch enthemmter und radikaler sind; daß daher kollektive Gleichschaltung an die Stelle individueller Unterschiede tritt?

Die Massenpsychologie in der Tradition von Le Bon (1938) und auch die Theorien kollektiven Verhaltens, etwa Blumer (1978), behaupten dies und gehen davon aus, daß es das Ergebnis von emotionaler Ansteckung oder wechselseitiger Stimulation sei. Gegen diese Hypothesen lassen sich anhand unserer Untersuchungsergebnisse jedoch begründete Einwände geltend machen.

a) Die behauptete Einheitlichkeit des Verhaltens aller Teilnehmer von kollektiven Aktionen ist weder für geplante Aktionen von Protestgruppen (Demonstrationen, Blockaden etc.) noch für spontane Krawalle haltbar. Menschen, die in solchen Situationen anwesend sind, zeigen sehr unterschiedliche Verhaltensweisen und können sich in ganz unterschiedlichem Ausmaß an bestimmten Aktionsformen beteiligen – eine ‚Gleichschaltung' aller Anwesenden und eine ‚Vereinheitlichung' der Verhaltensweisen läßt sich anhand unserer Studien nicht bestätigen.
Sie wären noch am ehesten dort zu erwarten, wo Unruhen und Krawalle spontan entstehen, ausgelöst durch Einzelereignisse, die die Situation dominieren und das Verhalten der Menschen entscheidend bestimmen können, weil es keine vorher festgelegten Verhaltensabsichten und Handlungskonzepte gibt. Und in der Tat ist gerade für die Riots einerseits und fremdenfeindliche Krawalle andererseits die aktive Beteiligung von Anwesenden sehr hoch. Dennoch: auch hier gilt, daß sich weder alle Anwesenden an den Krawallen beteiligen, noch daß diejenigen, die aktiv werden, alle in der gleichen Art und Weise handeln. Selbst bei den Krawallen, die der Darstellung der Massenpsychologen von ‚spontaner Masse' am ehesten entsprechen würden, selbst dort also zeigt sich, a) daß aus der großen Menge der Anwesenden nur relativ kleine Gruppen, nie aber alle Anwesenden aktiv und gewaltsam gegen die Polizei vorgehen und sich an Straßenschlachten beteiligen; b) daß ebenfalls nur relativ kleine Gruppen sich an Brandstiftungen und Plünderungen beteiligen; c) daß diejenigen, die gegen die Polizei protestieren und mit Ge-

walt vorgehen, sich häufig nicht an Plünderungen beteiligt haben; daß hier vielmehr auch andere Gruppen die Gunst der Stunde nutzten. Dies zeigt sich besonders deutlich an den Ereignissen in Berlin-Kreuzberg, wo gerade die Gruppe der ‚Autonomen' und ‚Antiimperialisten', die in den Auseinandersetzungen mit der Polizei dominierten, sich gegen die wahllosen Plünderungen und Zerstörungen von kleinen Läden durch andere Gruppen stellten; d) daß ein großer Teil der Anwesenden eher passiv bleibt und sich an dem Verhalten der anderen nicht aktiv beteiligt; selbst wenn Solidarisierungseffekte Teile der Anwesenden oder Zuschauer mobilisieren können, so werden doch nie alle Anwesenden emotional ‚angesteckt' und zu einheitlichem Verhalten stimuliert. Die individuelle Entscheidungsfähigkeit und Selbstkontrolle der Teilnehmer gehen also nicht notwendigerweise verloren.
Die Ergebnisse dieser Untersuchung bestätigen daher in diesem Punkt die Hypothesen der interaktionistischen Theorien über die ‚differentielle Partizipation' im kollektiven Verhalten (siehe Darstellung in II,3, vor allem die Annahmen von Turner/Kilian [1972]). Ähnlich differenziert zeigt sich das Verhalten von Protestteilnehmern bei Demonstrationen und damit verbundenen gewalttätigen Auseinandersetzungen mit der Polizei. Auch hier ist ein einheitliches Verhalten aller Anwesenden, bedingt durch ‚Ansteckung', mit den vorliegenden Daten nicht zu belegen. Natürlich können Solidarisierungseffekte und Konformitätsdruck in den Gruppen die aktive Unterstützung, etwa von Gewälttätern, verbreitern. Dies setzt jedoch in der Regel voraus, daß die eigene Gewaltanwendung gegen die Polizei als ‚Gegengewalt' legitimiert und das Verhalten der Polizei als ‚brutal' oder ‚unangemessen' kritisiert werden kann; oder daß bestimmte Vorstellungen (z.B. politische Ideologien, Feindbilder etc.) und „Neutralisierungstechniken" (vgl. dazu die Beiträge von Sykes und Matza (1971) zur Delinquenzforschung), vorhanden sind, die die Bedeutung des eigenen Handelns relativieren (man kämpft gegen die ‚Staatsmaschinerie' und nicht gegen einzelne Polizisten; man plündert ‚anonyme' Kaufhäuser, aber nicht kleine Läden etc.).
So hat es für die gewaltsame Eskalation der jüngsten fremdenfeindlichen Unruhen eine große Rolle gespielt, daß hier zu einem nicht geringen Teil Jugendliche aus stark gewaltaffinen Gruppen mobilisiert wurden, für die Gewaltanwendung als ‚normal' und daher nicht eigens begründungspflichtig galt. Andererseits gab es gerade in den Aktionen der Friedens- und Ökologiebewegung stets deutliche Bemühungen, der Eskalation der Gewalt entgegenzutreten, sogar bis hin zu Versuchen, die Polizei aktiv vor Gewalttätern aus den eigenen Reihen zu schützen. Auch dies verdeutlicht die Fähigkeit zur Reflexion und Selbstkontrolle

selbst in Eskalationssituationen, und die Bedeutung handlungsrelevanter Normen und sozialer Erwartungen, wie dies Turner/Kilian (1972) für kollektives Verhalten definiert hat. Die Einheitlichkeit kollektiven Protestverhaltens wird daher am ehesten dann erreicht, wenn entweder alltägliche Handlungsweisen und Praktiken nahtlos auf Konfliktsituationen übertragen werden können (homogene subkulturelle Milieus), bzw. dann, wenn sich Gruppen gezielt auf bestimmte, z.B. begrenzte Formen des Protestes vorbereiten und durch verschiedene soziale und psychische Techniken versuchen, ein gemeinsames Handlungsniveau zu stabilisieren (etwa durch Etablierung von ‚Bezugsgruppen' in der Friedensbewegung, im empirischen Teil beschrieben). Zumindest im letzten Fall ist eine Vereinheitlichung des Verhaltens also sozial hoch voraussetzungsreich und nicht etwa Folge der Außerkraftsetzung sozialer Bezüge und sozialer Normen.

b) Die Intensivierung der Auseinandersetzungen durch äußere Impulse und ‚Interstimulation' (z.B. durch als unangemessen interpretierte Polizeiaktionen) ist kein Automatismus, keine zwangsläufige Entwicklung, sondern kann vielmehr durch die Selbstbegrenzungs- und Selbstregulierungsmechanismen gestoppt werden, die in kollektivem Verhalten wirksam werden. Die Mechanismen der Selbstbegrenzung können unterschiedlich sein:
   – Der Versuch der Berliner ‚Autonomen', die Plünderungen und Zerstörungen zu begrenzen auf Eigentum des ‚Großkapitals', verweist auf ideologische Muster der Konfliktbegrenzung und Handlungsregulierung.
   – Bei den Krawallen der Jugendlichen in Großbritannien hatten ethnische Zugehörigkeit bzw. die Ausgrenzung als ‚rassistisch' oder ‚ausländerfeindlich' ebenfalls eine wichtige Selektionsfunktion während der Plünderungen.
   – In der Friedensbewegung ist die generelle, ethisch motivierte Ablehnung der Anwendung von Gewalt als Begrenzung des Konfliktverhaltens wirksam; statt dessen werden viele Aktionen des regelverletzenden aber gewaltfreien Widerstandes wichtig.
   – In der Ökologiebewegung hat vor allem die Unterscheidung zwischen ‚Gewalt gegen Sachen' und ‚Gewalt gegen Personen' eine wichtige Rolle gespielt. Aus diesem Grunde wurden die Aktionen von gewalttätigen Gruppen etwa gegen Bauzäune und Bauanlagen häufig von den Demonstrationsteilnehmern toleriert und z.T. aktiv unterstützt, während gewalttätige Angriffe auf Polizeibeamte in der Regel abgelehnt wurden.
   – Als in Rostock-Lichtenhagen nach den Angriffen auf ein Haus für Asylbewerber und ehemalige Vertragsarbeiter der DDR sich die Gewalt

zu Straßenschlachten mit der Polizei ausweiteten und auch ein ,Trabi' in Brand gesteckt wurde, war man sich schnell einig, daß „deutsches Eigentum" kein legitimes Ziel der Angriffe sein dürfe.

Diese Beispiele verdeutlichen, daß menschliches Handeln in ,Massensituationen' durch eine Reihe von Besonderheiten gekennzeichnet ist, die es möglicherweise deutlich von Handeln in Alltagssituationen unterscheiden. Menschen verlieren in der ,Masse' wie auch in der sozialen Gruppe zwar nicht ihre Persönlichkeit und ihre Fähigkeit zu Reflexion und Selbstkontrolle, weil sie – emotional infiziert – gesichtsloser Teil der ,Massenseele' würden; dennoch wird ihr Handeln durch Bedingungen beeinflußt, die sich aus der Anwesenheit vieler Menschen und vor allem aus der Zugehörigkeit zu Protestgruppen ergeben:

- Konformitätsdruck und Solidaritätserwartungen der Gruppe,
- Wir-Gefühl und das Erleben kollektiver Identität,
- Machterfahrung in der Gruppe,
- Reduzierung des individuellen Handlungsrisikos,
- Entwicklung partikularistischer Loyalitäten,
- unmittelbare Face-to-Face-Kommunikation, woraus sich eine erhöhte Bedeutung von Gesten, Mimik für die Kommunikation und vor allem von Gefühlen für die Handlungssteuerung ergeben.

Viele Beobachtungen von kollektivem Verhalten können daher besser verstanden und differenzierter dargestellt werden, wenn man die Bedeutung dieser sozialen Faktoren für das Handeln von Menschen berücksichtigt. Wir erkennen dann zwar, daß Gefühle für das Verhalten bei Demonstrationen und Protestaktionen eine besondere Bedeutung haben, daß sie aber nicht die sozialen Handlungsbezüge und Regeln außer Kraft setzen, sondern vielmehr selbst erst als Resultat kollektiver Interpretations- und Legitimationsprozesse verstanden werden müssen. Die Annahme, ,emotionale Ansteckung' und ,Interstimulation' seien der grundlegende Mechanismus allen kollektiven Verhaltens, erscheint dann als unzutreffende und unzulässige Generalisierung und Vereinfachung. Die hier herausgearbeiteten Faktoren kollektiven Verhaltens, die an den typischen Handlungsbedingungen in sozialen Gruppen orientiert sind, sind für das Verständnis von Protesten und öffentlichen Auseinandersetzungen deshalb von Bedeutung, weil politische Proteste und Demonstrationen nicht von einer großen Zahl einander fremder, anonymer Individuen durchgeführt werden, die nebeneinander und unabhängig voneinander handeln. Die angebliche ,Masse' ist vielmehr intern differenziert und strukturiert durch eine Vielzahl neben- und miteinander agierender Gruppen und sozialer Einheiten mit unterschiedlicher Größe, Struktur,

Überzeugungen und Handlungsmöglichkeiten. Sie bilden den sozialen Kontext für die Orientierung und das Verhalten des Einzelnen in kollektiven Situationen, die keinesfalls anomisch sind, sondern ihre eigene Normen und Regeln haben oder produzieren.

Verhalten in Konfliktsituationen ist darüber hinaus jedoch auch am Verhalten der anderen Konfliktparteien ausgerichtet. Hier sind einige typische Aspekte der Konfliktdynamik und der Eskalation zu beschreiben, die auf der interaktiven Interdependenz und Perspektivenverschränkung der Konfliktparteien aufbauen.

2.8 Eskalation als sich-selbst-verstärkender Prozeß

Soziale Bewegungen und organisierte Protestgruppen versuchen, durch immer neue, spektakuläre Formen des Protests und eine Steigerung der Mittel bis hin zur Regelverletzung und Gewalt öffentliche Aufmerksamkeit zu erlangen und zusätzliche Unterstützung zu mobilisieren. Sie haben also durchaus, wenn auch zumeist begrenzt, ein Interesse an der Eskalation von Konflikten. Umgekehrt kann auch die Polizei versuchen, durch präventiven Einsatz von Gewalt und durch Drohung mit Gewalt gemäß ihres gesetzlichen Auftrags von illegalen Aktionen abzuschrecken. Die Intensivierung und Eskalation von Konflikten kann somit durchaus im Interesse der jeweiligen Konfliktparteien liegen und das Ergebnis rationaler Kalkulationen sein.

Freilich sind die Konsequenzen einer solchen Strategie für die Handelnden nie vollständig vorhersehbar. Die instrumentelle Eskalation der Mittel und Aktionsformen hat vielmehr unerwartete und sicherlich auch nicht-intendierte Folgen, die dann nicht einfach wieder rückgängig gemacht werden können und dazu führen, daß die Eskalationsprozesse eine Eigendynamik gewinnen, die für die Konfliktparteien nicht mehr zu steuern ist.

Einige dieser möglichen Folgen von Eskalationsprozessen, die dann gleichzeitig Voraussetzung für eine weitere unkontrollierbare Eskalation der Konflikte sind, sind in typischen Veränderungen und Umgestaltungen in der Strategie der Konfliktparteien, in der Konfliktkonstellation und in der Konfliktwahrnehmung zu sehen (siehe dazu Oberschall, 1973).

a) *Veränderungen in den Aktionsformen, Strategien und Taktiken* der Konfliktparteien: etwa eine vermehrte Anwendung von Drohungen, Regelverletzungen oder gewaltsamen Mitteln;
b) Die *Erzeugung neuer Konfliktthemen*, Anlässe und Forderungen aus dem Konfliktverlauf heraus;

c) Die *Ausweitung der relevanten Konfliktthemen* sowie die *Generalisierung* oder Fundamentalisierung der *Konfliktinhalte*, was Konfliktlösungen eher unwahrscheinlich macht (etwa, wenn Protestgruppen den ,Kampf' nicht mehr um ein Jugendzentrum, sondern gegen ,das System' führen, oder wenn für die Polizei Demonstranten generell zu ,Störern' oder ,Kriminellen' werden oder für die Politiker zu ,Extremisten' oder ,Sympathisanten des Terrors').

d) Das *Anwachsen und die Umstrukturierung der Konfliktgruppen*. Dazu gehört die Ausweitung der Protestbewegungen durch gezielte Mobilisierung von Unterstützung und Anwerbung von Verbündeten sowie die zunehmende Dominanz gewaltorientierter Gruppen als Ergebnisse interner Umstrukturierungen (vgl. Hausbesetzerbewegung). Auf seiten der Polizei kann es zum verstärkten Einsatz von SEK-Truppen, zivilen ,Greiftrupps' etc. kommen. Entsprechend der veränderten Konfliktlage sind auch Veränderungen in den Führungspositionen zu erwarten.

e) Die *verstärkte Investition von Ressourcen*, ein verstärktes Engagement und eine stärkere Einbeziehung der Konfliktgruppen und der einzelnen Personen in die Auseinandersetzung, verbunden mit stärkeren Selbstverpflichtungen und Loyalitätserwartungen. Dies blockiert die Wahrnehmung von alternativen Handlungen.

f) Eine *Veränderung in der Orientierung* der Konfliktgruppen und der Interaktionen zwischen ihnen: Konflikthandeln wird nicht mehr so sehr an den eigenen Zielen und Interessen ausgerichtet, sondern auch an den unterstellten Zielen des Konfliktgegners, den es jetzt zu bekämpfen gilt. Dessen Verhalten und Reaktionen werden damit handlungsbestimmend, vor allem, wenn sie als illegitim angesehen werden. Wird der Kampf gegen den Gegner und die Revanche am Gegner zum eigentlichen Ziel des eigenen Handelns, dann werden interaktive Prozesse ausgelöst, die zunächst nicht mehr zu stoppen sind (run-away-escalation). Verbunden mit der Veränderung der Beziehungen zwischen den Konfliktparteien ist das Entstehen von Stereotypen und der Abbruch von Kommunikation (etwa das Verbot von Gesprächen für die Polizeibeamten; oder die Verhinderung von Kooperation mit der Polizei bei der Organisation und Vorbereitung von Demonstrationen bei den Protestgruppen). Oberschall hat diese Entwicklungen als Prozesse der Polarisierung auf unterschiedlichen Ebenen beschrieben und darauf hingeweisen, daß sie die Regulierung des Konflikts unwahrscheinlich machen (Oberschall, 1973, S. 288) und eine weitere Intensivierung und Eskalation der Auseinandersetzung bewirken.

Die aus diesen Veränderungen resultierenden Prozesse der Eskalation lassen sich dann in Form von Aktions-Reaktionsspiralen beschreiben. Dieses Modell des Konflikthandelns besagt, daß die Konfliktbeteiligten ihr eigenes Handeln am Handeln des Konfliktgegners ausrichten. Eskalationen sind dann das Ergebnis einer aufeinander bezogenen, unmittelbaren Abfolge von Aktion und Reaktion, die sich wechselseitig verstärken und so zu einer unkontrollierbaren Steigerung der Intensität des Konflikts führen. Es ist daher Neidhardt zuzustimmen, wenn er schreibt: „Eskalationen sind Prozesse zirkulärer Interaktion, bei denen sich alle Beteiligten in Richtung wachsender Abweichung stimulieren. Jeder Schritt der einen Seite erfährt positives feed-back durch die andere. Es ereignen sich Reiz-Reaktions-Sequenzen, mit denen der Konflikt in sich verstärkende Turbulenzen trudelt" (Neidhardt, 1984, S. 25). Nimmt man nun an, daß hier mit „zirkulärer Interaktion" bzw. mit „Aktions-Reaktionsspiralen" keine Beziehung zwischen Interaktionspartnern im behavioristischen Sinne als (Reiz-Reaktions-Reflex) unterstellt wird, daß vielmehr interpretative Vorgänge (wenn auch zu einer Art „roletaking" verkürzt) gemeint sind, dann wird deutlich, daß Perzeptions- und Interpretationsprozesse an Eskalationsprozessen beteiligt sind. Einige dieser Prozesse seien im folgenden skizziert.

2.9 Die Bedeutung der Perspektivität für die Konfliktdynamik

2.9.1 Die Legitimierungsfunktion differentieller Interpunktion und kausaler Attribuierung

Die unterschiedliche Konstruktion der Wirklichkeit in Subkulturen und Protestgruppen auf der einen Seite und staatlichen Institutionen auf der anderen führt zur ‚differentiellen Interpunktion' von Ereignissen, wie dies Watzlawick u.a. (1969), für die interpersonelle Wahrnehmung gezeigt haben. Die Interpunktion von Ereignissen ist nicht nur grundlegende Voraussetzung von Verstehen und damit von Handeln überhaupt. Sie ist auch interessenbedingt und wird daher besonders in Situationen, in denen eigenes Verhalten vor sich selbst oder vor Dritten legitimiert werden muß oder aber das Verhalten des Konfliktgegners diskreditiert und kritisiert werden kann, zu diskrepanten Ergebnissen führen. Dies gilt besonders für Konfliktsituationen, in denen die Hauptakteure auf die Unterstützung durch Dritte angewiesen sind. Die Kreisförmigkeit der Interaktion in Konfliktspiralen macht es für Außenstehende praktisch unmöglich zu entscheiden, ob eine bestimmte Handlung von A Ursache oder Folge einer bestimmten Handlung von B ist. Dies gilt jedoch nicht für die Wahrnehmung der Konfliktgegner. Diese haben in der Regel klare Vorstellungen darüber, wo etwa Konfrontationen ihren Anfang haben und wie Aktionen als Ursache bzw. Folge aufeinander bezogen sind. Die Strukturierung von Ereignisfolgen dient ihnen vor allem als Instrument der Schuldzuweisung und Selbstrechtfertigung in der aktuellen Auseinandersetzung (Heider, 1969). Konfliktbeteiligte versuchen meist, die Schuld für gewaltsame Eskalation von Konflikten ihrem Gegner zuzuschreiben und den Anfang von Handlungsketten entsprechend festzulegen. Die Gewalt der Demonstranten ist dann für die Demonstranten ,nur' eine Reaktion auf die Provokation der Polizei, während für die Polizeibeamten die eigene Gewaltanwendung ,nur' die notwendige Reaktion auf die Gewalt der ,Chaoten' ist. Im folgenden sollen einzelne Aspekte der besonderen Bedeutung der Perspektivität für die Analyse der Konfliktdynamik hervorgehoben werden.

2.9.2 Die Verschränkung der Perspektiven im Konflikt

Das Verhalten der Polizei wird von Demonstranten wahrgenommen und interpretiert, genauso wie das Verhalten der Demonstranten von der Polizei wahrgenommen und interpretiert wird. Die jeweiligen Interpretationen sind dann wieder Voraussetzungen für neue Handlungen, erzeugen neue Handlungsbereitschaften und Handlungsdruck. Das Bild, das Konfliktgegner voneinander haben, wird durch den Modus der Interaktion bestimmt, wie dies Laing (1973) für Dyaden beschrieben hat. Auf diese Weise können vorher unbestimmt vorhandene Vorurteile verstärkt und generalisiert werden. Die Polizei verliert in den Augen der Demonstranten dann häufig den Charakter einer neutralen Instanz und wird zum Konfliktgegner. Ebenso werden Demonstranten dies für die Polizei. Gruppen, die an einer Eskalation des Konflikts interessiert sind, können daher versuchen, einen harten Polizeieinsatz zu provozieren, um die eher friedlichen Demonstranten auf ihre Linie zu bringen. Ebenso kann ein „unverhältnismäßiger" Polizeieinsatz (der z.B. aufgrund fehlender Information, zum Schutz von Objekten, aufgrund von Ängsten und Aggressionen oder zur Vorsorge für die eigenen Polizisten durchgeführt wird), zu der Übernahme des Feindbildes Polizei durch zunächst friedliche Gruppen führen. Die Vorstellungen über die Polizei als ,Instrument der Unterdrückung' und der Demonstranten als ,gewalttätige Revolutionäre' (Verlaufsstudie 4, 6, 19) können sich so wechselseitig bestätigen und damit zu einer Eskalation der Gewalt führen. Oberschall (1973) spricht hier von einer Eskalation der Wahrnehmungen, der Einstellungen und Ideologien. Verfestigen sich diese Wahrnehmungs- und Interpretationsmuster zu Stereotypen, so kann dies langfristige Wirkungen haben.

2.9.3 Motivunterstellung und ‚self fulfilling prophecy'

Entscheidend für die Eskalation ist auch die Unterscheidung der Konfliktparteien zwischen offenem Verhalten und vermuteten zugrundeliegenden Gefühlen, Absichten, Zielen. Auslöser und Anlaß für das Handeln von A ist nicht allein das tatsächliche Handeln von B, sondern vielmehr die Interpretation dieses Verhaltens durch A. Das Handeln des Konfliktgegners wird als Ausdruck bestimmter Ziele und Handlungsabsichten gedeutet. Dem Konfliktgegner werden daher stets bestimmte Motive, Interessen und Einstellungen zugeschrieben. Mummendey hat dies auch als Voraussetzung für die Interpretation eines Ereignisses als Aggression definiert (Mummendey, 1980). In Konfliktsituationen, die durch Mißtrauen und fehlende Kommunikation gekennzeichnet sind, entwickeln diese Attribuierungsprozesse ihre eigene Dynamik; denn nur allzu leicht drängen nicht nur Unsicherheit, Angst, fehlende Informationen und stereotyp-vorgefertigte Vorstellungen vom Gegenüber, sondern auch schlichte Vorsicht den Attribuierungsprozeß in Richtung der Annahme der schlimmsten Möglichkeit. Konflikthandeln wird dann entsprechend dieser als real unterstellten Annahmen konzipiert und löst nun seinerseits, im Sinne einer ‚self-fulfilling-prophecy', die vom Gegenüber erwartete Reaktion aus. Die Vorwegnahme des Verhaltens der jeweiligen Konfliktgegner im eigenen Auftreten und Verhalten wird vom jeweils Anderen als Bestätigung des eigenen Bildes vom Gegner erfahren, auf das er nun seinerseits reagieren muß. Einige Beispiele: Die Erfahrung von Polizisten, daß selbst aus gewaltfrei angekündigten Demonstrationen noch Gewalt gegen sie ausgeübt wurde, hat das Bild der Polizei von Demonstranten als Chaoten und Krawallmacher verstärkt und bei der Polizei zu technischen Verbesserungen in der Ausrüstung, zu veränderten Strategien und auch zu aggresiverem Verhalten geführt, was wiederum auf das Verhalten der Demonstranten zurückwirkt. Dem entsprechen Erfahrungen, die Demonstranten machten: Als in Zürich ‚Rädelsführer' in Präventivhaft genommen wurden; als in Berlin besetzte Häuser geräumt wurden, obwohl der Senat den Abschluß von Nutzungsverträgen in Aussicht gestellt hatte; als in Frankfurt eine Volksabstimmung über die Startbahn gerichtlich abgelehnt wurde; als in Zürich, Berlin und Frankfurt die Erfahrung gemacht wurde, daß das Verhalten der Polizei bei Protesten und bei illegalen Aktionen immer auch von der Stärke der Protestgruppen abhängig ist – drängte sich für viele Jugendliche das Bild auf, daß Politiker, Richter und Polizei sich weder an ihre Abmachungen noch an geltendes Recht halten, sondern beides opportunistisch zu ihren Zwekken einsetzen. Diese Erfahrungen führten zur Radikalisierung der Protestszene, die nun ihre eigenen, gewaltsamen Aktionen mit dem Hinweis auf das Verhalten des Gegners legitimierte und damit Polizei-Reaktionen auslösten, die die unterstellten Motive und Absichten zu bestätigen schienen.

2.9.4 ‚Emerging norms' und relative Deprivation als Produkte der Konfliktinteraktion

Die Theorie der ‚emerging norms' (Turner/Kilian, 1972) versucht, der internen Dynamik gruppenspezifischer Produktion von Realitätsinterpretationen, von normativen Verhaltensstandards, von Erwartungen und Hoffnungen gerecht zu werden. Diese Erwartungen und Hoffnungen entstehen mit besonderer Intensität in der interaktiven Dynamik eines Konflikts.

So war der Erfolg der Jugendlichen in anderen Schweizer Städten hinsichtlich der Realisierung eines eigenen Jugendzentrums für die Züricher Jugendlichen ein Zeichen für die Realisierbarkeit und für die Legitimität ihrer Forderungen. Illegalen Aktionen und Krawallen gehen folglich häufig Erfahrungen voraus, die zeigen, daß sich die Eskalation des Konfliktes bezüglich der Erzeugung von Aufmerksamkeit und der Durchsetzung von Forderungen lohnen kann. Die eigenen Ziele werden als durchsetzbar wahrgenommen. Konfliktinteraktionen erzeugen also aus sich heraus ‚rising expectations' als entscheidende Motivation für weitere Proteste und eine Steigerung der Mittel. So haben die ersten ‚Erfolge' der fremdenfeindlichen Aktionen in Hoyerswerda 1992 dazu geführt, daß viele fremdenfeindlichen und rechtsextremistischen Jugendliche in anderen Städten nun ebenfalls gemeinsam gewalttätig gegen Unterkünfte von Asylbewerbern losgegangen sind. Auch die ersten Erfolge der Hausbesetzer in Berlin haben wieder andernorts Mut gemacht für weitere Hausbesetzungen. Um so größer waren dann das Unverständnis und das Gefühl der Illegitimität bezüglich der staatlichen Reaktionen, wenn diese neueren Hausbesetzungen verhindert oder die besetzten Häuser geräumt wurden.

Die Erfolgserlebnisse – und wenn sie nur darin bestehen, soviel Widerstand in kurzer Zeit mobilisiert zu haben – werden zudem als Trend über die augenblickliche Konfliktsituation hinaus extrapoliert. Zumeist wird nicht bedacht, daß die Gefühle der Empörung und Hoffnung nicht auf Dauer tragen und ein entsprechender Einsatz nicht kontinuierlich durchzuhalten ist. Daher entstehen überschießende Erwartungen, die irgendwann der Enttäuschung zum Opfer fallen müssen. Auf das Anwachsen von Erwartungen in Konflikten folgt daher stets auch die Erfahrung der Nichterfüllbarkeit von Wünschen, der Nichterreichbarkeit von Zielen und der Nichteinlösbarkeit von Erwartungen. Mit dieser Erfahrung einer im Konflikt erzeugten ‚relativen Deprivation', verliert nicht nur der Staat in den Augen der Protestgruppen an Glaubwürdigkeit und an Legitimität , sondern verschärft sich die Alternative von Resignation und Rebellion.

2.9.5 Konflikterfahrung und individuelle Lernprozesse

Ich will mich nun der Frage zuwenden, welche dauerhaften Veränderungen sich in den Wahrnehmungs- und Interpretationsmustern der Konfliktbeteiligten durch ihre Konflikterfahrung ergeben, mit anderen Worten: was wird in den Konflikten gelernt?

Konflikte lassen sich über weite Phasen zunächst als Situationen geringer Strukturierung darstellen. Routinisierte Handlungsdispositionen erweisen sich als unzulänglich; jeder Handlungsschritt setzt neue Orientierung und Entscheidung voraus. Jeder Schritt von A eröffnet B mehrere Handlungsalternativen, von denen jede einzelne wiederum A vor die Wahl der Reaktionsform stellt. Das eigene Verhalten und das Verhalten des Konfliktgegners ist somit schwerlich langfristig planbar.

Dies läßt sich am Beispiel des Schachspiels verdeutlichen, bei dem selbst geübte Spieler nicht in der Lage sind, über eine relativ geringe Zahl von Zügen hinaus den Spielverlauf in allen Möglichkeiten zu berechnen. Anders aber als im Schachspiel können sich die Parteien, insbesondere die Polizei, in nichtinstitutionalisierten Konflikten nur beschränkt darauf verlassen, daß der Gegner sich an ein zugrundeliegendes Regelwerk halten wird. Die Unüberschaubarkeit der Situation steigert sich dadurch noch.

Da alltägliche Orientierungsmuster versagen, kann die Handlungsfähigkeit nur durch den Erwerb neuer Muster wieder hergestellt werden: es muß gelernt werden. Dieser Lernprozeß kann nun aus mehreren Gründen nicht einfach als rational gesteuerte Umorientierung und zielgerichtetes Lernen betrachtet werden. Was aber sind typische Kennzeichen des Lernens in Konflikten?

a) Konflikte stellen Situationen mit hohem Handlungsdruck dar. Dadurch verkürzt sich zwangsläufig die Zeit, die für Reflexion und Planung zur Verfügung steht. Das Handeln der Konfliktbeteiligten hat daher oft eher den Charakter spontaner Reaktionen auf unmittelbar vorausgegangene oder erwartete Ereignisse.
b) In Konfliktsituationen beeinflussen Emotionen und Affekte das Handeln der Beteiligten (Schachter, 1971 und Tannenbaum, 1980). Die Unüberschaubarkeit der Situation, das Versagen gewohnter Orientierungsmuster, die unkalkulierbare Bedrohung durch den ‚Gegner‘ und die physische Gefährdung angesichts gewalttätiger Eskalationen – sie tragen zur Entstehung von Gefühlen der Ohnmacht, der Verunsicherung und Angst bei. Durch Angst wird die Wachsamkeit und kognitive Sensibili-

tät zunächst erhöht (Lazarus, 1980). Die Lernbereitschaft wird so gesteigert. Zugleich aber löst Angst stets auch aversive Reaktionen aus, d.h. sie drängt zur schnellen Beseitigung des Angstzustandes. Dies führt auf der kognitiven Ebene zu einer Reduzierung des Lernhorizontes und zu einer Entdifferenzierung der Lerninhalte: Kontrastverschärfende und einseitig selektierte Informationen werden bevorzugt (Hassenstein, 1972). Dies erklärt die erhöhte Bereitschaft zur Übernahme einfacher, plausibler Interpretationsmuster, wie sie etwa in stereotypen Freund-Feind-Vorstellungen verfestigt sind. Dies kann nun dazu führen, daß nicht mehr das friedliche Verhalten der Mehrheit des Gegenübers wahrgenommen wird, sondern sich die Aufmerksamkeit fast ausschließlich auf die Gewalt weniger richtet. Militante Demonstrantengruppen bestimmen so schnell das polizeiliche Bild von den Demonstranten generell, während umgekehrt die Übergriffe einzelner Polizisten zum Inbegriff polizeilicher Vorgehensweise werden.

c) Emotionen spielen nicht nur im Hinblick auf die Konfliktgegner und die von ihnen ausgehende ‚Bedrohung‘ eine Rolle. Sie begleiten zugleich auch die Erfahrungen in der Gruppe und das eigene Handeln. Demonstranten wie Polizisten berichten von intensiven, manchmal fast euphorischen Gefühlserlebnissen der Gruppensolidarität, der Handlungskompetenz sowie der Macht und Überlegenheit. Die Eigengruppe stellt konkrete Handlungsanweisungen und Legitimationsmuster zur Verfügung und verspricht gleichzeitig Schutz vor dem Gegner. Solidarität wird zur beherrschenden Norm. Die Konfliktteilnehmer erfahren diese Bindung an die Gruppe in der Regel nicht als normativen Anspruch; sie erleben sie vielmehr als Gefühle des Vertrauens, der Sicherheit und Geborgenheit sowie als der Zusammengehörigkeit und Solidarität. Eine manichäische Polarisierung in hell und dunkel, gut und böse ist die Folge.

d) Unabhängig von der Richtung der Gefühle wird durch die starke emotionale Stimulierung in der Konfliktsituation die Einprägsamkeit des Gelernten gesteigert. Es behält deshalb auch über die konkrete Situation hinaus an Wirkungskraft und erhöht den Widerstand gegen die Aufnahme zusätzlicher, anderslautender Informationen. Daraus resultiert häufig der Anschluß des Einzelnen an Gruppen, die die neue Kognition stützen, indem sie deren Realitätsgehalt bestätigen. Die Selbstbeobachtung von Polizisten, daß sie dissonanzerzeugende soziale Kontakte zunehmend meiden, veranschaulicht diese Entwicklung. Dies gilt ebenso für die Spaltung und Differenzierung von Protestgruppen bis hin zur extremen ‚Abschottung‘ einzelner Gruppen im Terrorismus. Die Prozesse der Polarisierung hören also nicht mit dem Ende der unmittelbaren Konfrontation auf, sie laufen weiter und führen zu einer Verfestigung der Realitätsannahmen. Diese Realitätsannahmen, die dann oft den Charakter von Feindbildern annehmen, sind nun aber Ausgangspunkte für das Handeln in neuerlichen Konfliktsituationen. Das eigene Vorgehen richtet sich dann wieder nach dem erwarteten Verhalten des Gegenübers, der seinerseits nun seine Erwartungen bestätigt sieht. Eskalation entwickelt sich nun als Prozeß der ‚self-fulfilling prophecy', wenn sie nicht durch Erschöpfung oder Aussichtslosigkeit unterbrochen werden.

Was in Konflikten gelernt wird, wird also ebenso wie durch die Interaktionserfahrungen mit dem Gegenüber auch durch die Erfahrungen in der Eigengruppe bestimmt (vgl. dazu die Überlegungen von Eder, 1982 und Vester, 1970). In beiden Fällen wird das ‚Lernen im Konflikt' ganz entscheidend durch die konkrete, unmittelbare, gefühlsgeladene Konflikterfahrung beeinflußt und gesteuert. Die Entwicklung kollektiver Lernprozesse im Sinne eines zielgerichteten Lernens (etwa von effizienterem Konflikthandeln oder von gewaltfreier Orientierung) wird gleichzeitig eher unwahrscheinlich oder zumindest von zusätzlichen Voraussetzungen abhängig, die in einem kontinuierlichen Kommunikations- und Traditionszusammenhang wie er in sozialen Bewegungen ausgebildet wird, und einer Institutionalisierung von distanzierender Reflexion, wie sie die Wissenschaft gelegentlich bereitstellt, zu sehen wären.

2.10 Schlußfolgerungen für die soziologische Theorie und Forschung und die politische Praxis

Was kann nun abschließend für die Theorie und Forschung in diesem Feld festgehalten werden, und welches können die Schlußfolgerungen für die politische Praxis sein?

a) Die Abschottung von struktur-analytischen, interaktionistischen und individualistischen Theorien des politischen Protests gegeneinander läßt sich überwinden. Damit werden nicht nur Verlaufsprozesse begreifbar; es wird dann auch deutlich, daß Konflikte nicht nur das Resultat von sozialem Wandel sind, sondern sich in ihnen auch neue Strukturen und Lebensformen ausbilden können, sie also auch sozialen Wandel *produzieren.* So konstitutierte sich beispielsweise über die Ökologiebewegung eine neue gesellschaftliche Konfliktlinie, die zunehmend an Bedeutung gewann und nach Institutionalisierung drang. Systemtheoretisch gesprochen können Konflikte also gesellschaftliche Variationsprozesse sein, von denen noch nicht ausgemacht ist, ob sie sich stabilisieren. Diese strukturbildende Leistung von Konfliktprozessen wird jedoch nur sichtbar, wenn man die Trennung von individualistischen, interaktionistischen und struktur-analytischen, von mikro- und makrosoziologischen Paradigmen durchbricht.

b) Die Technik der vergleichenden historischen Rekonstruktion von Konflikten (hier in Form der Verlaufsstudien) ermöglicht eine Überprüfung von theoretischen Vorannahmen und kann so zur Präzisierung und Weiterentwicklung der Theorie beitragen. Sie hat darüber hinaus heuristischen Wert für die Entdeckung von Regelmäßigkeiten in Konflikten und kann auch deutlich machen, daß es von kontingenten Rahmenbedingungen abhängt, ob Konflikte zur Ausbildung neuer Strukturen führen oder nicht.

c) Die in dieser Untersuchung gewonnene Einsichten in ein weitgehend unerforschtes Feld sozialer Wirklichkeit lassen sich nicht auf einige Punkte reduzieren. Dennoch erscheint es sinnvoll, einige mögliche Schlußfolgerungen auch für die politische Praxis zu pointieren. Ich gehe dabei von der Annahme aus, daß die Konflikte selbst unvermeidlich sind, daß aber der Austrag der Konflikte rationalisiert und möglichst ohne den Einsatz von Gewalt gestaltet werden sollte. Die Untersuchung gibt Aufschluß über die Komplexität und Differenziertheit der Sachverhalte, auf die sich politische Steuerungsversuche beziehen. Nur wer sich ihrer bewußt ist, kann sich für typische Probleme sensibilisieren und über mögliche unerwartete oder unbeabsichtigte Wirkungen von politischen Interventionen aufklären. Eine verantwortungsvolle Politik hat daher stets auch die Konsequenzen des eigenen Handelns mitzubedenken. Die hier präsentierten Informationen über die Protestgruppen, über die Rolle der Perspektiven im Konflikt und über Gesetzmäßigkeiten, Eigendynamik und Eskalationsprozesse von Konflikten erlaubt es, potentielle Deeskalationsbeiträge politischen Handelns zu erkennen und zugleich auch die Handlungsbedingungen der Gegenseite wahrzunehmen. Es wird dann möglich, die Bewertung des eigenen Handelns aus der Sicht des Gegenübers vorzunehmen und so einer Dämonisierung des „Gegners" vorzubeugen. Akzeptiert man die Unvermeidbarkeit von Konflikten als fundamentales Merkmal einer *jeden* Gesellschaft, dann dürfte es auch möglich sein, die produktiven Chancen wahrzunehmen, die in nicht-institutionalisierten Konflikten für *unsere* Gesellschaft enthalten sein können.

V. Konflikte als Herausforderung für die Demokratie

Vieles deutetet darauf hin, daß der Wandel der modernen Welt neue Probleme schneller erzeugt, als wir sie mit den verfügbaren politischen Institutionen lösen können. Die Wissenschaft ist aufgefordert, neues Wissen zu produzieren; Unternehmen erschließen neue Märkte und entwickeln neue Produkte; Künstler entdecken neue Weisen ästhetischer Erfahrung, und Publizisten formulieren neue Nachrichten. Die Veränderungen in den verschiedenen Teilsystemen der Gesellschaft wie Wirtschaft, Politik, Wissenschaft etc. folgen weitgehend der Logik des jeweiligen gesellschaftlichen Teilsystems, und Innovation wird gerade dadurch gesichert, daß Abstimmungen mit anderen Teilen der Gesellschaft zunächst unterbleiben (Luhmann, 1981). Dennoch haben diese Innovationen Auswirkungen auf andere Bereiche, Auswirkungen, die in der Perspektive der Urheber häufig nicht mitbedacht werden, die aber immer wieder zu Friktionen führen und langwierige Anpassungs-, Abwehr- und Kontrollbemühungen nötig machen. Vor dem Hintergrund der hier präsentierten Zusammenschau nichtinstitutionalisierter Konflikte lassen sich erschiedene aktuelle Konfliktlinien herausarbeiten, die moderne Gesellschaften kennzeichnen:

Erstens: Der ‚Fortschritt' oder ‚Wandel', der aus wissenschaftlich-technischer Forschung und deren Anwendung in der Konkurrenz von Unternehmen und Staaten resultiert, überwindet nicht nur vormalige Knappheit und entschärft damit frühere Verteilungskämpfe, sondern schafft auch neue Knappheiten und einen darum erhöhten gesellschaftlichen Regelungsbedarf. Dies läßt sich an der Sequenz von (1) technischem Fortschritt in der Fischfangtechnik, (2) Überfischung der Meere, (3) Fischereikriegen, (4) Fischfangkonferenzen, (5) vereinbarten Fangquoten und schließlich (6) der Einrichtung von Fangquotenkontrollbehörden zeigen. *Naturbeherrschung* muß daher zunehmend durch gesellschaftliche *Selbstbeherrschung*, also Politik, Gesetze und Polizisten kompensiert werden. Rechtliche Regelungen dieser Art sind aber zumeist nicht interessenneutral; sie tangieren und verändern bestehende Interessenlagen in unterschiedlichen Weisen und sind daher selbst Gegenstand des Konflikts. Obendrein müssen Rahmenbedingungen eines ökologisch verantwortlichen Handelns auf internationaler Ebene verankert werden, wenn die Wettbewerbsfähigkeit einzelner Unternehmen und Nationen nicht in Frage gestellt werden soll.

Zudem geraten lokale Interessen an unversehrtem Leben und überlokale Interessen an Verkehr und Versorgung, wie er bei neu zu bauenden Flughäfen, Autobahnen, ICE-Trassen und Kraftwerken immer wieder ausbricht, zunehmend in Konflikt.

Zweitens eröffnen sich auch neue *Konflikte zwischen Interessensstandpunkten* und *Wertstandpunkten*. Die weltweite Ausdehnung von Marktmechanismen und die Ausbildung spezialisierter Teilsysteme in Wissenschaft, Wirtschaft und Politik haben die Tendenz der Neutralisierung der moralischen Aspekte von Entscheidungen zur Folge: ‚Wenn ich es nicht tue, tut es jemand anderes.' Bei gegebenen ökonomischen und politischen Interdependenzen sind zudem die Folgen des eigenen Handlungsbeitrags meist nur schwer absehbar. Im Gegenzug zu dieser Entwicklung verselbständigen sich moralische Gesichtspunkte in eigenen Diskursen und versuchen, über die Massenmedien auf das politische System einzuwirken. In ihnen werden die Aspekte thematisiert, die in der einzelwirtschaftlichen und politischen Spezialisierung auf beschränkte Ziele unter bestehenden Konkurrenzverhältnissen an den Rand geraten. Träger dieser moralischen Diskurse sind typischerweise Personengruppen, die hinsichtlich der jeweils gewählten Themen nicht interessengebunden sind und keine Rücksichten zu nehmen brauchen: Jugendliche, Lehrer, Künstler, Wissenschaftler, Journalisten, Theologen. Um das expandierende Bildungs- und Kommunikationssystem herum ist darum ein eigenständiges Potential von Kritik und Einflußnahme entstanden, das sich unterschiedlichen Themen zuwenden kann, die in ökonomischen oder machtpolitischen Kalkülen zu kurz kommen oder zu kurz zu kommen scheinen. Auf diese Weise kommt es zu einem höchst spezifischen Konflikttypus. Auf der einen Seite stehen Vertreter von Unternehmen, Verwaltungen und Politiker, die professionell und interessengeleitet argumentieren, auf der anderen Seite stehen ‚volunteers', die (auf verschiedenen Stufen der Professionalität) wertbezogen handeln und für sich ‚die Moral' reklamieren. Mittlerweile hat sich auf dieser Seite bereits ein journalistischer und politischer Karrierepfad mit eigenen Institutionen etabliert. *Interessengeleitete Zweckrationalität* und *prinzipiengeleitete Wertrationalität* liegen auf diese Weise zunehmend in Konflikt miteinander (Eckert/Willems, 1992).

Neben diesen beiden Konflikttypen kommt es gegenwärtig zu einem *dritten Typus*. In der Logik von Weltwirtschaft und Weltkultur liegt es, daß nicht nur Kapitalströme um die Welt gehen, Produkte gehandelt und Ideen ausgetauscht werden, sondern auch arbeitende und arbeitssuchende Menschen wandern. Daraus entsteht zunehmend *ein Konflikt um Einwanderung*. Auf der einen Seite stehen hier die arbeitssuchenden Migranten und ihre Anwälte, die kosmopolitischen Gruppen des Bildungsbürgertums, für die weltweite berufliche Verbindungen und kulturelle Orientierungen bereits Teil ihrer Identität geworden sind. Auf der anderen Seite stehen eher lokal orientierte Bürger, deren soziale Identität sich durch die wechselseitige Bestätigung unter kulturell homogenen Nachbarn aufbaut und perpetuiert. Der Konflikt spitzt sich zu, wenn die Einwanderung schubartig erfolgt und Menschen mit den Zuwanderern um Wohnraum, Arbeitsplatz und Leistungen des Staates bzw. der Versicherungsträger konkurrieren oder zu konkurrieren glauben. Dann können sie in fremdenfeindlichen und rassistischen Bewegungen mobilisiert werden. Die Akteure dieser Bewegungen können die beschriebenen Mechanismen der weltumspannenden Kommunikation nutzen, um eine – nur scheinbar paradoxe – Internationale der Fremdenfeindlichkeit aufzubauen. Der Konflikt zwischen lokalen und kosmopolitischen Orientierungen ist freilich nicht auf die Ängste bei verschärfter Zuwanderung beschränkt. Viele Menschen fühlen sich bereits durch die Konfrontation mit fremdartigen Lebensweisen in den Medien und im Erscheinungsbild der großen Städte irritiert. Fundamentalistische Reaktionen sind daher nicht allein das Ergebnis von raschem Kulturwandel, sondern zeigen in vielen Fällen Reaktanz gegenüber kultureller Heterogenität an, wie sie für die Weltgesellschaft typisch ist.

In all diesen neuen Konfliktfeldern verlaufen die Fronten anders als in den überkommenen, wie etwa den Spaltungen von Bürgertum und Arbeiterschaft, Land und Stadt, Kirche und Freigeist, in denen sich unser bestehendes Parteiensystem formiert hat. Eben darum können die jeweils Betroffenen die Artikulation ihrer Interessen kaum überkommenen Organisationen anvertrauen. Sie haben Grund, sich nicht vertreten zu fühlen und dementsprechend dem politischen ‚System' Legitimation zu entziehen.

Wir müssen also resümieren: Soziale und kulturelle Differenzierung der medial vernetzten Weltgesellschaft, die Folgeprobleme des wissenschaftlich-technischen Fortschreitens und die dramatischen Wanderungsbewegungen aufgrund des Wohlstandsgefälles fordern die Leistungsfähigkeit des politischen Systems auf immer neue Weise heraus. Wie kann dieses reagieren?

Anders als totalitäre und autoritäre Regime läßt Demokratie einen überaus weiten Selektionsbereich von Interessen und Ideen zu, die sich aufgrund der politischen Grundrechte artikulieren und organisieren können. Dementsprechend stabil und effizient müssen die Verarbeitungsprozeduren sein, die am Ende verbindliche Entscheidungen ermöglichen. Partizipation muß im Verlauf eines Entscheidungsprozesses – gleichsam trichterförmig – zunächst in weitem Umfang ermöglicht, später aber auch begrenzt werden, damit letztendlich Entscheidungen zustande kommen. Dies geschieht durch entsprechende Verfahren, wie Wahlen, Beratungen und Abstimmungen, in denen Beteiligungsrechte geregelt sind. Wenn Konfliktbeteiligte dabei eine faire Chance haben, ihre Interessen und Ideen einzubringen, werden sie auch eher eine Entscheidung als legitim respektieren, die ihren Interessen widerspricht (Luhmann, 1975).

Politische Parteien spielen in diesem Prozeß eine wichtige Rolle. Sie stehen jedoch immer unter dem Zwang, eine Vielzahl von lokalen und funktionalen Gruppen zu vertreten und sich darüber hinaus noch als Anwalt eines Gesamtinteresses glaubhaft machen zu müssen. Sie haben darum immer unterschiedliche Einzelinteressen in sich zu vermitteln und müssen darüber hinaus Kompromisse zwischen diesen und einem – wie immer jeweils politisch definierten – ‚Gesamtinteresse' eingehen. Daher haben sie nur eine beschränkte ‚Transportkapazität' für Einzelthemen, sind jeweils zu Kosten-Nutzenrechnungen gezwungen, müssen also prüfen, was die Vertretung einer neuen Forderung kostet, welche Einbußen in Kauf zu nehmen sind und welche Unterstützung zusätzlich zu erwarten ist. Eine an Mehrheitsgewinnung und Mehrheitsbehauptung orientierte Politik der *„Interessenaggregation"* muß also Unverträglichkeiten beachten und wird darum eine gewisse Intransigenz gegen neu und noch wenig ‚einträgliche' Interessen zeigen, die den komplizierten Ausgleich arrivierter, bereits am Platz vertretener Kräfte stören könnte. Das Modell, das Anthony Downs (Downs, 1957) in Anlehnung an Joseph Schumpeter (Schumpeter, 1956) als „ökonomische Theorie der Demokratie" entwickelt hat, ist daher zu korrigieren bzw. zu erweitern: Parteien als Großanbieter von Politik können häufig Spezialitäten nicht wirklich in ihr Sortiment aufnehmen, ganz ähnlich, wie große Wirtschaftskonzerne bestimmte Produkte nicht rentabel anbieten können, weil die Allgemeinkosten zu hoch werden. Dies gilt in der Konsequenz auch für Regierung und Staat.

In eben diese Nische stoßen nun politische Kleinunternehmer (Zald/McCarthy, 1970): Bürgerinitiativen als Organisationen und soziale Bewegungen als Organisationsnetze mit thematisch begrenzter Zielsetzung. Solange sie keine Mehrheiten bilden, sondern lediglich *auf* Mehrheiten einwirken wollen, haben sie eine andere Kostenstruktur. Sie brauchen keine Rücksichten zu nehmen, können sich ‚Feinde' und eben darum viel ‚Ehre' machen. So sind sie in der *„Interessenartikulation"* beweglicher. Sie können zweckspezifische Bündnisse unabhängig von Differenzen in anderen Fragen eingehen und zu den Mitteln der Provokation und Regelverletzung greifen, ohne langfristige Sanktionen im Hinblick auf andere von ihnen vertretene Anliegen fürchten zu müssen. So gesehen, sind sie Komplementärerscheinungen der Parteien. Sie verkörpern einen neuen Verbandstyp, dessen Ressourcen weniger in Geld und Präsenz in der Lobby als in den Techniken der Erzeugung von öffentlicher Aufmerksamkeit besteht. Weil die von ihnen artikulierten moralischen Gesichtspunkte die Kauf- oder Wahlentscheidung zumindest dann bestimmen können, wenn dies nicht viel kostet (einmal eine andere Tankstelle anzufahren oder eine andere Partei anzukreuzen), können sie Parteien, die Wählerstimmen brauchen, und Unternehmen, die für ihre Konsumgüter Kunden suchen oder halten wollen, massiv unter Druck setzen.

Dies bleibt nicht auf den Rahmen nationaler Interessenvertretung beschränkt. Denn der fortschreitende Ausbau der Kommmunikationssysteme rund um die Welt hat zur Folge, daß sich auch global immer mehr Menschen um spezifische Themen, Werte und Interessen zusammenschließen und deren Berücksichtigung verlangen können. Die Kultur der sich bildenden Weltgesellschaft organisiert sich mehr und mehr über Angebot und Nachfrage von Themen. Neben die großen, die Politik tragenden Säulen sozialer Klassen, Staaten und Konfessionen gruppieren sich immer mehr kleinere ‚Szenen' um selbstgewählte Themen, melden Gleichstellungs-, Mitbestimmungs- oder Schutzrechte für sich selbst oder ihre Klientel an bzw. versuchen die Veränderung des sozialen und politischen Status quo abzuwenden. Es ist abzusehen, daß diese öffentlichkeitswirksamen Ansprüche irgendwann einmal auch mit den kompliziertesten Sprach- und Quotenkompromissen nicht mehr wirklich zu befriedigen sind.

Aber auch soziale Bewegungen stoßen an ihre Grenzen. Zwar sichert ihre Präsenz im globalen Diskurs ihnen das Überleben, weil sie das schlechte Gewissen all derer mobilisiert, die eine globale Verantwortung spüren, aber selbst keine unmittelbaren Handlungsmöglichkeiten sehen und darum gerne ‚Ablaßscheine' kaufen. In der Verwirklichung ihrer Ziele aber sind sie letzten Endes nicht nur auf Öffentlichkeit, sondern auch auf Parteien, wohletablierte Verbände, Unternehmen und staatliche Instanzen angewiesen, wenn sie konkrete Änderungen bewirken wollen. Effektive Kurskorrekturen können nämlich verläßlich nur mit Hilfe von Verordnungen, Gesetzen, internationalen Vereinbarungen durchgesetzt und mit entsprechenden bürokratischen Apparaten implementiert werden.

Dies allerdings wird immer mehr dadurch erschwert, daß viele der zutage tretenden Probleme von Anfang an die Nationalstaaten übergreifen. So lassen sich beispielsweise Umweltfragen national schwer lösen, ohne die Wettbewerbsfähigkeit der Unternehmen auf dem Weltmarkt zu beeinträchtigen. Auch an den ökonomisch und politisch motivierten Wanderungsbewegungen zeigt sich, daß regionale Notlagen und innenpolitische Konflikte sehr rasch zu einem transnationalen Problem werden. Dies führt zwangsläufig zur Etablierung multinationaler Akteure, wie z.B. Greenpeace, amnesty international oder der Gesellschaft für bedrohte Völker. Solche Organisationen sind jedoch auf moralisch responsive Staaten angewiesen. Auf der Weltebene steht ihnen noch keine Institution gegenüber, die allgemein verbindliche Entscheidungen treffen und durchsetzen könnte. Die Vereinten Nationen gleichen evolutionstheoretisch immer noch dem alten Island vor tausend Jahren, in dem Recht gesprochen, aber kaum durchgesetzt werden konnte. Dies bedeutet nichts anderes, als daß die Regulierung der Konflikte durch Recht und Staat, auf der die Senkung des Gewaltniveaus *innerhalb* der Nationalstaaten ruhte, international nur ganz eingeschränkt zur Verfügung steht. Die Konsequenzen einer solchen Lage ist letztlich die ‚Ohnmacht der Moral', sind Instabilität und hohe Sicherheitskosten, die gleichwohl existentielle Risiken nicht ausschließen.

All dies spricht dafür, daß wir uns nicht auf die bestehenden Regulierungsformen beschränken dürfen, sondern auch nach neuen Ausschau halten müssen. Innenpolitisch wäre hier an nicht parteigebundene Verfahren zu denken, mit denen Konflikte ausgetragen und reguliert werden könnten, die quer zu den Konfliktlinien liegen, nach denen sich die parlamentarischen Parteien gebildet haben. Volksbegehren und Volksentscheid haben in vielen europäischen Nachbarländern gute Dienste geleistet. Auf der internationalen Ebene, in der wir uns noch auf der vorstaatlichen, gleichsam mittelalterlichen Stufe der Konfliktbearbeitung befinden, geht es darum, über Staatenbünde, über die Europäische Union, über die Vereinten Nationen quasistaatliche Regelungsinstanzen überhaupt erst sukzessiv zu begründen. Wenn die oben ausgeführten Überlegungen richtig sind, können solche Institutionen auf die Unterstützung (und die Kontrolle) durch eine globale (oder zumindest global orientierte) civil society zählen, deren Konstitution sich gegenwärtig abzeichnet, getragen von der Transnationalisierung der großen Unternehmen sowie der Globalisierung der Medien. Politische Akteure in ihr sind neben Staaten und Unternehmen die vielfältigen, sich gegenwärtig ausbreitenden und vernetzenden NGOs, die Prinzipien von Frieden, Freiheit und Solidarität ins öffentliche Bewußtsein rücken. Auch die Gewerkschaften werden versuchen müssen, stärker nationenübergreifend zu arbeiten, wenn die soziale Marktwirtschaft als historischer Kompromiß nicht grundsätzlich in Frage gestellt werden soll.

Aus diesen Gründen ist anzunehmen, daß das Projekt „Demokratie als Herrschaftsform" nicht abgeschlossen ist und auch in Zukunft nicht abschließbar sein wird. Immer wieder werden neue und noch nicht institutionalisierte Konflikte zu regulieren sein. Wer aber mit Karl R. Popper in Konflikten einen Steuerungsmechanismus komplexer Gesellschaften sieht, wird dies auch nicht von vorneherein bedauern. Denn im Streit der Ideen und Interessen werden zugleich neue Probleme wahrgenommen und Alternativen angedacht, so daß insgesamt eine höhere Sensibilität gegenüber Zukunftsproblemen entsteht. Wenn heute auf der Weltbühne neue und nichtstaatlich verfaßte politische Akteure auftauchen, entspricht dies lediglich der vorausgegangenen Globalisierung von Kapital und Information. Sie übersetzen soziale und ökologische Probleme in politische Konflikte und leisten damit einen wichtigen Beitrag für die Zukunft. Gleichwohl muß es immer wieder um die institutionelle Regulierung eben dieser Konflikte gehen, damit die Einbrüche der Legitimitätsgeltung von Demokratie und Recht wieder aufgefüllt werden, die bei eskalierenden Konflikten entstehen. Wenn das Ziel des Friedens nicht außer Sicht geraten soll, können nichtinstitutionalisierte Konflikte immer nur als Durchgangsphase akzeptiert werden, bis Verfahren entwickelt sind, in denen nicht nur Interessen und Ideen wahrgenommen, sondern auch verbindliche und legitime Entscheidungen hergestellt werden.

VI. LITERATUR

AFHELDT, H. (1993): Sozialstaat und Zuwanderung. In: Aus Politik und Zeitgeschichte. Beilage zur Wochenzeitung Das Parlament, B 7/93, 12. Februar, S.42-52.

ALLPORT, G.W. (1958): The Nature of Prejudice. New York (erstmals erschienen: 1954).

ASCH, S.E. (1951): Effects of Group Pressure upon the Modification and Distortion of Judgement. In: GUETZKOW, E. (Hg): Groups, Leadership and Men. Pittsburgh, S.177-190.

AVERILL, J.R. (1980): The Emotions. In: STAUB, E. (Hg): Personality. Basic Aspects and Current Research. Englewood Cliffs/NJ, S.133-199.

BAETHGE, M. u.a. (1983): Jugend und Krise – Krise aktueller Jugendforschung. Frankfurt/M.

BANTON, M. (1983): Racial and ethnic competition. Cambridge.

BARGEL, T. (1979): Überlegungen und Materialien zu Wertdisparitäten und Wertwandel in der BRD. In: KLAGES, H./KMIECIAK, P. (Hg.): Wertwandel und gesellschaftlicher Wandel. Frankfurt/M., S.147-184.

BARKER, R.G. (1975): Ecological Psychology: Concepts and Methods for Studying the Environment of Human Behavior. Stanford/CA.

BARNES, S.H./KAASE, M. u.a. (1979): Political Action. Mass Participation in Five Western Democracies. Beverly Hills/London.

BATESON, G. (1972): Steps to an Ecology of Mind. Collected Essays in Antropology, Psychiatry, Evolution and Epistemology. Chandler Publishing Company.

BECKER, J. (1993): Die Städte sind überfordert. Kommunale Erfahrungen mit Asylbewerbern. In: Aus Politik und Zeitgeschichte. Beilage zur Wochenzeitung Das Parlament, B 7/93, 12. Februar, S.53-59.

BECKMANN, M. (1979): Theorie der sozialen Bewegung. München.

BERGER, P./LUCKMANN, T. (1969): Die gesellschaftliche Konstruktion der Wirklichkeit. Frankfurt/M.

BERGMANN, W. (1994): Ein Versuch, die extreme Rechte als soziale Bewegung zu beschreiben. In: BERGMANN, W./ERB, R. (Hg.): Neonazismus und rechte Subkultur. Berlin, S.7-14.

BERGMANN, W./ERB, R. (Hg.) (1994): Neonazismus und rechte Subkultur. Berlin.

BKA, ABTEILUNG STAATSSCHUTZ (1992): Lagebericht – Fremdenfeindliche Straftaten im Jahr 1991. Meckenheim.

BLUMER, H. (1939): Collective Behavior. In: PARK, R.E. (Hg.): Outline of the Principle of Sociology. New York, S.219-280.

BLUMER, H. (1969): Social Movements. In: McLAUGHLIN, B. (Hg): Studies in Social Movements – A Social Psychological Perspective. New York, S.8-29.

BLUMER, H. (1972): Soziale Probleme als kollektives Verhalten. In: HEINZ, W.R./ SCHÖBER, P. (Hg.): Theorien kollektiven Verhaltens – Beiträge zur Analyse sozialer Protestaktionen und Bewegungen. Band 2. Darmstadt u. Neuwied, S.149-165.

BORNEWASSER, M./ECKERT, R./WILLEMS, H. (1996): Die Polizei im Umgang mit Fremden – Problemlagen, Belastungssituationen und Übergriffe. In: Schriftenreihe der Polizei-Führungsakademie: Fremdenfeindlichkeit in der Polizei? Ergebnisse einer wissenschaftlichen Studie. Lübeck, S.2-166.

BRAKE, M. (1981): Soziologie der jugendlichen Subkulturen. Frankfurt/M.

BRAND, K.W. (1982): Neue soziale Bewegungen. Entstehung, Funktion und Perspektive neuer Protestpotentiale. Opladen.

BRAUN, H. (1994): Über die Balance zwischen dem Fremden und dem Vertrauten. In: Deutschland. Zeitschrift für Politik, Kultur, Wirtschaft und Wissenschaft. Heft Nr.5, Oktober, S.44ff.

BUß, E. (1984): Entstehungsbedingungen der Masse. In: PROSS, H./BUß, E. (Hg.): Soziologie der Masse. Heidelberg, S.24-57.

BUß, E./HEINEMANN, A. (1984): Struktur und Führung der Masse. In: PROSS, H./BUß, E. (Hg.): Soziologie der Masse. Heidelberg, S.95 ff.

CLARKE, J. (1979): Die Skinheads und die magische Rückgewinnung der Gemeinschaft. In: HONNETH, A. u.a. (Hg.): Jugendkultur als Widerstand: Milieus, Rituale, Provokationen. Frankfurt/M., S.171-175.

DAVIES, J.C. (1969): The J-Curve of Rising and Declining Satisfactions as a Cause of Some Great Revolutions and a Contained Rebellion. In: GRAHAM, H.D./GURR, T.R. (Hg.): The History of Violence in America 4: Historical and Comparative Perspectives. New York.

DEUTSCHES JUGENDINSTITUT (Hg.) (1993): DJI-Jugendsurvey 1992. Erste Analysen und Ergebnisse. München.

DEUTSCHMANN, Ch. (1993): Fremdenfeindlichkeit im vereinten Deutschland. Manuskript.

DOWNS, A. (1957): An Economic Theory of Democracy. New York.

ECKERT, R. (1978): Terrorismus als Karriere. Einige Entstehungsbedingungen politisch motivierter Gewaltkriminalität. In: GEIßLER, H. (Hg.): Der Weg in die Gewalt. München, Wien.

ECKERT, R. (1993): Vom „Schläger“ zum „Kämpfer“. Jugendgewalt und Fremdenfeindlichkeit. In: LANDESZENTRALE FÜR POLITISCHE BILDUNG BADEN-WÜRTTEMBERG (Hg.): Aggression und Gewalt. Stuttgart u.a., S.136-160.

ECKERT, R./WILLEMS, H. (1986): Youth Protest in Western Europe: Four Case Studies. In: KRIESBERG, L. u.a. (Hg.): Research in Social Movements, Conflicts and Change. Volume 9. London, S.127-154.

ECKERT, R./WILLEMS, H. (1987): Jugendproteste im internationalen Vergleich – Jugendliche Subkulturbildung, städtische Gewaltpotentiale und staatliche Reaktion – eine vergleichende Untersuchung von Eskalationsbedingungen. Forschungsbericht. Trier.

ECKERT, R./WILLEMS, H. (zusammen mit Goldbach, H.) (1992): Konfliktintervention – Perspektivenübernahme in gesellschaftlichen Auseinandersetzungen. Opladen.
ECKERT, R./WILLEMS, H. (1993): Politisch motivierte Gewalt. In: Gewalt in der Gesellschaft. Eine Dokumentation zum Stand der Sozialwissenschaftlichen Forschung seit 1985. Informationszentrum Sozialwissenschaften. Bonn, S.24-59.
ECKERT, R./WILLEMS, H. (1994): Konstituiert sich eine fremdenfeindliche Bewegung? In: SCHÖNBOHM, W. (Hg.): Deutschland-Perspektiven. Positionen, Analysen, Komentare zu den zehn wichtigsten gesellschaftspolitischen Fragen. München, S.208-212.
ECKERT, R./WILLEMS, H. (1996a): Eskalationsmuster der Gewalt bei ausländerfeindlichen Jugendlichen. In: HILPERT, K. (Hrsg.) (1996): Die ganz alltägliche Gewalt. Eine interdisziplinäre Annäherung. Opladen, S.45-70.
ECKERT, R./WILLEMS, H. (1996b): Fremdenfeindliche Gewalt – Eine historische Emergenz? In: EDELSTEIN, W./STURZBECHER, D. (Hg.): Jugend in der Krise. Ohnmacht der Institutionen. Potsdam, S.95-129.
ECKERT, R./KAASE, M./NEIDHARDT, F. (unter Mitarbeit von Willems, H.) (1990): Ursachen, Prävention und Kontrolle von Gewalt aus soziologischer Sicht. Gutachten der Unterkommission III. In: SCHWIND, H.-D./BAUMANN, J. u.a. (Hg.): Ursachen, Prävention und Kontrolle von Gewalt. Analysen und Vorschläge der Unabhängigen Regierungskommission zur Verhinderung und Bekämpfung von Gewalt (Gewaltkommission). Band II: Erstgutachten der Unterkommissionen. Berlin, S.293-414.
EDER, K. (1982): A New Social Movement? In: Telos 52, S.5 ff.
ESSER, H. (1988): Ethnische Differenzierung und moderne Gesellschaft. In: Zeitschrift für Soziologie, 17, S.235-248.
EULER, H.A./MANDEL, H. (Hg) (1983): Emotionspsychologie. Ein Handbuch in Schlüsselbegriffen. München, Wien, Baltimore.
FEIERABEND, I.K. u.a. (1969): Social Change and Political Violence: Cross National Patterns. In: GRAHAM, H.D./GURR, T.R. (Hg.): The History of Violence in America. New York, S.690-730.
FIREMAN, B./GAMSON, W.A./RYTINA, S./TAYLOR, B. (1979): Encounters with Unjust Authority. In: KRIESBERG, L. (Hg.): Research in Social Movements, Conflicts and Change. Vol. 2, S.1-33.
FREUD, S. (1974): Massenpsychologie und Ich-Analyse (1921). In: FREUD, S.: Kulturtheoretische Schriften. Frankfurt/M., S.61-134.
GALTUNG, J. (1975): Strukturelle Gewalt. Beiträge zur Friedens- und Konfliktforschung. Reinbek.
GAMSON, W.A. (1975): The Strategy of Social Protest. Homewood/ILL.
GEIGER, T. (1967): Die Masse und ihre Aktion. Stuttgart (erstmals 1926).
GERHARDS, J. (1988): Emotionsarbeit: Zur Kommerzialisierung von Gefühlen. In: Soziale Welt, 39(1), S.47 ff.
GOFFMAN, E. (1980): Rahmen-Analyse – Ein Versuch über die Organisation von Alltagserfahrungen. Frankfurt/M. (englisch 1974).

GURR, T.R. (1969): A Comparative Study of Civil Strife. In: GRAHAM, H.D./GURR, T. (Hg.): Violence in America: Historical and Comparative Perspectives. Volume I, Washington S.473 ff.
GURR, T.R. (1970): Why Men Rebell. Princeton/NJ.
GURR, T.R. (1972): Rebellion – Eine Motivationsanalyse von Aufruhr, Konspiration und innerem Krieg. 1. Auflage. Düsseldorf, Wien.
HABERMAS, J. (1973): Legitimationsprobleme im Spätkapitalismus. Frankfurt/M.
HABERMAS, J. (1981): Theorie des kommunikativen Handelns. Frankfurt/M.
HAHN, A. (1992): Soziologie des Fremden. In: Studium Generale: Erfahrungen des Fremden. Universität Heidelberg. SS 1992, S.23-34.
HAHN, A. (1993): Identität und Nation in Europa. In: Berliner Journal für Soziologie, Bd. 3, Heft 2, S.193-203.
HALFMANN, J. (1984): Soziale Bewegungen und Staat. Nicht-intendierte Folgen neokorporatistischer Politik. In Soziale Welt, 35(3), S.294-312 .
HALL, S. (1981): Summer in the City. In: New Socialist, Sept./Oct.
HASSENSTEIN, B. (1972): Das spezifisch Menschliche an den Resultaten der Verhaltensforschung. In: GADAMER, H.G./VOGLER, P. (Hg.): Neue Anthropologie. Band 2: Biologische Anthropologie. 2. Teil. Stuttgart, S.60-96.
HEGNER, F. (1980): Historisch-gesellschaftliche Entstehungsbedingungen und politisch-soziale Funktion von Bürgerinitiativen. In: HAUFF, V. (Hg.): Bürgerinitiativen in der Gesellschaft. Villingen.
HEIDER, F. (1969): Soziale Wahrnehmung und phänomenale Kausalität. In: IRLE, M.: Texte aus der experimentellen Sozialpsychologie. Neuwied, Berlin, S.26-56
HEINEMANN, A. (1984): Individuum und Masse. In: PROSS, H./BUß, E. (Hg.): Soziologie der Masse. Heidelberg, S.70-94
HEITMEYER, W. (1987): Rechtsextremistische Orientierungen bei Jugendlichen. Weinheim, München.
HEITMEYER, W. (1992): Desintegration und Gewalt. In: Deutsche Jugend, 3, S.109-122.
HEITMEYER, W. u.a. (1992): Die Bielefelder Rechtsextremismus-Studie. Erste Langzeituntersuchung zur politischen Sozialisation männlicher Jugendlicher. Weinheim, München.
HERZ, T. (1979): Der Wandel der Wertvorstellungen in westlichen Industriegesellschaften. In: Kölner Zeitschrift für Soziologie und Sozialpsychologie, 31 (2), S.282-302.
HILL, P.B. (1993): Die Entwicklung der Eintellungen zu unterschiedlichen Ausländergruppen zwischen 1980 und 1992. In: WILLEMS, H. (zusammen mit Eckert, R., Würtz, S., Steinmetz, L.): Fremdenfeindliche Gewalt. Einstellungen, Täter, Konflikteskalation. Opladen, S.25-67.
HIRSCHMAN, A.O. (1974): Abwanderung und Widerspruch. Tübingen.
HIRSCHMAN, A.O. (1980): Leidenschaften und Interessen. Politische Begründungen des Kapitalismus vor seinem Sieg. Frankfurt/M.
HIRSCHMAN, A.O. (1984): Engagement und Enttäuschung. Über das Schwanken der Bürger zwischen Privatwohl und Gemeinwohl. Frankfurt/M.
HOFFMANN-LANGE, U. (Hg.) (1995): Jugend und Demokratie in Deutschland – Jugendsurvey 1. Opladen.

HOFSTÄTTER, P.R. (1957): Gruppendynamik – Kritik der Massenpsychologie. Hamburg (Neuauflage 1982).
HONDRICH, K.O. (1994): Das Fremde in uns. Soziologische Überlegungen zur Ausländerfeindlichkeit. In: DETTLING, W. (Hg.): Perspektiven für Deutschland. München, S.241-261.
HOPF, Christel u.a. (1995): Familie und Rechtsextremismus. Familiale Sozialisation und rechtsextreme Orientierungen junger Männer. Weinheim, München.
INGLEHART, R. (1977): The Silent Revolution. Changing Values and Political Styles Among Western Publics. Princeton/NJ.
JAPP, K.P. (1984): Selbsterzeugung oder Fremdverschulden. Thesen zum Rationalismus in den Theorien sozialer Bewegungen. In: Soziale Welt, 35(3), S.313-329.
JASCHKE, H.-G. (1992): Formiert sich eine neue soziale Bewegung von rechts? Folgen der Ethnisierung sozialer Konflikte. In: Blätter für deutsche und internationale Politik, Jg.37, 10.
KAASE, M. (1988): Political Alienation and Protest. In: DOGAN, M. (Hg.): Comparing Pluralist Democracies. Strains on Legitimacy. Boulder, London, S.114-142.
KAASE, M./KLINGEMANN, H. (1979): Sozialstruktur, Wertorientierung und Parteisystem – Zum Problem der Interessenvermittlung in westlichen Demokratien. In: MATTHES, J. (Hg.): Sozialer Wandel in Westeuropa. Frankfurt/M., S.530-573.
KAASE, M./NEIDHARDT, F. (1990): Politische Gewalt und Repression. Ergebnisse von Bevölkerungsumfragen. In: SCHWIND, H.-D./BAUMANN, J. u.a. (Hg.): Ursachen, Prävention und Kontrolle von Gewalt. Band IV. Berlin.
KARSTEDT-HENKE, S. (1980): Theorien zur Erklärung terroristischer Bewegungen. In: BLANKENBERG, E. (Hg.): Politik der inneren Sicherheit. Frankfurt/M., S.169-237.
KERSTEN, J. (1993): Männlichkeitsdarstellungen in Jugendgangs. Kulturvergleichende Betrachtungen zum Thema ‚Jugend und Gewalt'. In: OTTO, H.-U./ MERTEN, R. (Hg.): Rechtsradikale Gewalt im vereinigten Deutschland. Jugend im gesellschaftlichen Umbruch. Opladen, S.227-236.
KLAGES, H./HERBERT, W. (1983): Wertorientierung und Staatsbezug. Frankfurt/M.
KORNHÄUSER, W. (1959): The Politics of Mass Society. New York.
KRONER, B. (1972): Massenpsychologie und kollektives Verhalten. In: Handbuch der Psychologie. Göttingen, S.1433-1510.
KÜHNEL, W. (1995): Fremdenfeindlichkeit und Nationalismus. Korrelate sozialer Deprivation und politischer Unzufriedenheit. In: BERTRAM, H. (Hg.): Ostdeutschland im Wandel: Lebensverhältnisse – politische Einstellungen, Opladen, S.207-229.
LAING, R.D./PHILLIPSON, H./LEE, A.R. (1973): Interpersonelle Wahrnehmung. 2. Auflage. Frankfurt/M.
LANG, K./LANG, G.E. (1961): Collective Dynamics. New York.
LAZARUS, R.S./KANNER, A.D./FOLKMAN, S. (1980): Emotions: A Cognitive-Phenomenalogical Analysis. In: PLUTCHIK, R./KELLERMAN, H. (Hg.): Emo-

tion. Theory, Research, and Experience. Vol. 1: Theories of emotion. New York, S.189-217.
Le BON, G. (1938): Psychologie der Massen. Stuttgart (erstmals 1895).
LÖWENTHAL, R. (1979): Gesellschaftswandel und Kulturkrise. Zukunftsprobleme der westlichen Demokratien. Frankfurt/M.
LUHMANN, N. (1975): Legitimation durch Verfahren. Darmstadt, Neuwied.
LUHMANN, N. (1981): Politische Theorie im Wohlfahrtsstaat. München.
LUHMANN, N. (1988): Grenzen der Steuerung. In: LUHMANN, N. (Hg.): Die Wirtschaft und Gesellschaft. Frankfurt/M., S.324-349.
MARX, K. (1966): Der 18te Brumaire des Louis Bonaparte. In: ME-Studienausgabe. Band 4. Frankfurt/M. (Erstausgabe 1852).
MARX, K./ENGELS, F. (1966): Manifest der Kommunistischen Partei. In: ME-Studienausgabe, Band 2. Frankfurt/M. (Erstausgabe 1848).
MASLOW, A.H. (1954): Motivation and Personality. New York, Evanston, London.
MATZ, U./SCHMIDTCHEN, G. (1983): Gewalt und Legitimität. Opladen.
McCARTHY, J.D./ZALD, M.N. (1973): The Trends of Social Movements in America: Professionalization and Resource Mobilization. Morristown/N.J.
McCARTHY, J.D./ZALD, M.N. (1977): Resource Mobilization and Social Movements: A Partial Theory. In: American Journal of Sociology, 82 (6), S.1212-1241.
McDOUGALL, W. (1927): The Group Mind: A Sketch of the Principles of Collective Psychology with Some Attempt to Apply Them to the Interpretation of National Life and Character. 2nd Edition. Cambridge.
MERTON, R.K. (1949): Patterns of Influence: Local and Cosmopolitan Influences. In: MERTON, R.K. (1968): Social Theory and Social Structure. New York.
MERTON, R.K. (1957): Social Theory and Social Structure. 2. Auflage. Glencoe/ILL.
MERTON, R.K. (1979): Sozialstruktur und Anomie. In: SACK, F./KÖNIG, R. (Hg.): Kriminalsoziologie. Wiesbaden.
MULLER, E.N. (1979): Aggressive Political Participation. Princeton University Press.
MUMMENDEY, A. (1980): Aggressives Verhalten als soziale Interaktion. Bielefelder Arbeiten zur Sozialpsychologie Nr. 67, November.
MUMMENDEY, A. u.a. (1984): Social Psychology of Aggression. Berlin u.a.
MUMMENDEY, A./LINNEWEBER, V. (1981): Systematisierung des Kontextes aggressiver Interaktionen: Beziehungen zum Behavior-Setting-Konzept. Bielefelder Arbeiten zur Sozialpsychologie Nr. 78, September.
NARR, W.-D. (1979): Hin zu einer Gesellschaft bedingter Reflexe. In: HABERMAS, J. (Hg.): Stichworte zur geistigen Situation der Zeit. 2. Band. Frankfurt/M.
NEIDHARDT, F. (1980): Innere Prozesse und Außenweltbedingungen sozialer Gruppen. In: SCHÄFERS, B. (Hg.): Einführung in die Gruppensoziologie. Heidelberg, S.105-126.
NEIDHARDT, F. (1982): Soziale Bedingungen terroristischen Handelns. Das Beispiel der ‚Baader-Meinhof-Gruppe‘. In: von BAYER-KATTE, W. u.a.: Gruppenprozesse. Band 3 der Analyse zum Terrorismus. Opladen.

NEIDHARDT, F. (1985): Einige Ideen zu einer allgemeinen Theorie sozialer Bewegungen. Unveröffentlichtes Manuskript. Köln.
NEIDHARDT, F. (1986): Gewalt – soziale Bedeutungen und sozialwissenschaftliche Bestimmungen des Begriffs. In: KREY, V.: Zum Gewaltbegriff im Strafrecht. 1. Teil: Probleme der Nötigung mit Gewalt (§ 240 StGB). Wiesbaden, S.111-141.
NEIDHARDT, F. (1989): Gewalt und Gegengewalt. Steigt die Bereitschaft zu Gewaltaktionen mit zunehmender staatlicher Kontrolle und Repression? In: HEITMEYER, W. u.a. (Hg.): Jugend – Staat – Gewalt. Politische Sozialisation von Jugendlichen, Jugendpolitik und politische Bildung. Weinheim, München, S.233-243.
NEIDHARDT, F./RUCHT, D. (1993): Auf dem Weg in die „Bewegungsgesellschaft“? In: Soziale Welt, Heft 3, Jg.44, S.305-326.
OBERSCHALL, A. (1973): Social Conflict and Social Movements. Englewood Cliffs/NJ.
OFFE, C. (1980): Konkurrenzpartei und kollektive politische Identität. In: ROTH, R. (Hg.): Parlamentarisches Ritual und politische Alternativen. Frankfurt/M.
OHLEMACHER, Th. (1993): Bevölkerungsmeinung und Gewalt gegen Ausländer im wiedervereinigten Deutschland. Empirische Anmerkungen zu einem unklaren Verhältnis. Wissenschaftszentrum Berlin für Sozialforschung (WZB). Berlin, im November.
OLSON, M. (1971): The Logic of Collective Action. Public Goods and the Theory of Groups. Cambridge/MA.
OPP, K.D. (1979): Das ökonomische Programm in der Soziologie. In: ALBERT, H./ZAPF, K.H. (Hg.): Theorie und Erfahrung. Stuttgart, S.313-350.
OPP, K.D. (1984): Soziale Probleme und Protestverhalten. Opladen.
OPPENHEIMER, F.M. (1994): Konsumismus, ungezügelter Hedonismus, anarchische Nachgiebigkeit. Deutschland mit den Augen eines in Amerika lebenden Deutschen betrachtet. In: Frankfurter Allgemeine Zeitung, 12.1.1994, Nr.9, S.6.
PARK, R.E./BURGESS, E.W. (1921): Introduction to the Science of Sociology. Chicago.
PARSONS, T. (1945): Systematische Theorie in der Soziologie – Gegenwärtiger Stand und Ausblick. In: PARSONS, T. (1964): Beiträge zur soziologischen Theorie. Neuwied, Berlin, S. 31-64.
PFEIFFER, C. u.a. (1996): Kriminalität in Niedersachsen. Eine Analyse auf der Basis der Polizeilichen Kriminalstatistik 1988-1995. Forschungsbericht. Hannover.
PROSS, H./BUß, E. (Hg.)(1984): Soziologie der Masse. Heidelberg.
RAMMSTEDT, O. (1978): Soziale Bewegung. Frankfurt/M.
RASCHKE, J. (1985): Soziale Bewegungen. Ein historisch-systematischer Grundriß. Frankfurt/M.
REX, J. u.a. (1979): Colonial Immigrants in a British City: A Class Analysis. London.
SACK, F. (1984): Staat, Gesellschaft und politische Gewalt: Zur Pathologie politischer Konflikte. In: SACK, F./STEINERT, H.: Protest und Reaktion. Opladen, S.17-103.
SCHACHTER, S. (1971): Emotion, obesity and crime. New York u.a.

SCHACHTER, S./SINGER, J.E. (1962): Cognitive, Social, and Physiological Determinants of Emotional State. Psychological Review, 69, 1962, S.379-399.

SCHEERER, S. (1988): Ein theoretisches Modell zur Erklärung sozialrevolutionärer Gewalt. In: HESS, H. u.a.: Angriff auf das Herz des Staates – Soziale Entwicklung und Terrorismus. 1. Band: Analysen. Frankfurt/M.

SCHMIDTCHEN, G. (1983): Jugend und Staat. Übergänge von der Bürger-Aktivität zur Illegalität. Eine empirische Untersuchung zur Sozialpsychologie der Demokratie. In: MATZ, U./SCHMIDTCHEN, G. (1983): Gewalt und Legitimität. (Analysen zum Terrorismus Bd.4/1). Opladen.

SCHNEIDER, N.F. (1987): Ewig ist nur die Veränderung. Entwurf eines analytischen Konzepts sozialer Bewegungen. Frankfurt/M.

SCHWIND, H.-D./BAUMANN, J. u.a. (1990): Ursachen, Prävention und Kontrolle von Gewalt. Analysen und Vorschläge der Unabhängigen Regierungskommission zur Verhinderung und Bekämpfung von Gewalt (Gewaltkommission). Band I. Berlin.

SELG, H. (1972): Die Frustrations-Aggressions-Theorie. In: SELG, H. (Hg.): Zur Aggression verdammt. Berlin u.a.

SHERIF, M. (1935): A Study of Some Social Factors in Perception. In: Arch. Psychol., 187, 1935.

SHERIF, M./SHERIF, C. W. (1953): Groups in harmony and tension. New York.

SCHUMPETER, J. (1950): Kapitalismus, Sozialismus und Demokratie. München.

SMELSER, N.J. (1963): The Theory of Collective Behavior. New York.

SMELSER, N.J. (1972a): Theorie des kollektiven Verhaltens. Köln.

SMELSER, N.J. (1972b): Some Additional Thoughts on Collective Behavior. In: Sociological Inquiry, 42, 1972b, S.98 ff.

SMELSER, N.J. (1972c): Fragen über Reichweite und Problembereiche einer Theorie kollektiven Verhaltens. In: HEINZ, W.R./SCHÖBER, P. (Hg.): Theorien kollektiven Verhaltens – Beiträge zur Analyse sozialer Protestaktionen und Bewegungen. Band 1. Darmstadt u. Neuwied 1972c, S.79-88.

SMELSER, N.J. (1975): Theoretical Issues of Scope and Problems. In: EVANS, R.E. (Hg.): Readings in Collective Behavior, 2nd edition. Chicago, S.46-51.

SOLOMOS, J. (1984): Black Youth in the 1980-81 Riots: Official Interpretations and Political Responses.

STARZACHER, K. (1992): Protestwähler und Wahlverweigerer: Krise der Demokratie. Köln.

TANNENBAUM, P.H. (1980): Entertainment as Vicarious Emotional Experience. In: TANNENBAUM, P.H. (Hg.): The Entertainment Functions of Television. New York, S.107-132.

TAJFEL, H. (1982): Gruppenkonflikt und Vorurteil: Entstehung und Funktion sozialer Stereotypen. Bern, Stuttgart, Wien.

TENBRUCK, F. H. (1972): Die Soziologie vor der Geschichte. In: LUTZ, P.C. (Hg.): Soziologie und Sozialgeschichte. Sonderheft 16 der Kölner Zeitschrift für Soziologie und Sozialgeschichte. Opladen.

THOMPSON, R. H. (1989): Theories of Ethnicity. A ciritical appraisel. New York u.a.

TILLY, Ch. (1978): From Mobilization to Revolution. Massachusetts.

TURNER, R.H.: Collective Behavior and Conflict: New Theoretical Frameworks. In: Sociological Quarterly, 5, 1964, S.122 ff.
TURNER, R.H.: Collective Behavior. In: FARIS, R.E.L. (Hg.): Handbook of Modern Sociology, Chicago 1964, S.382 ff.
TURNER, R.H.: The Theme of Contemporary Social Movements. British Journal of Sociology. Band 20, 1969.
TURNER, R.H. (1972a): Kollektives Verhalten und Konflikt: Neue theoretische Bezugsrahmen. In: HEINZ, W.R./SCHÖBER, P. (Hg.): Theorien kollektiven Verhaltens – Beiträge zur Analyse sozialer Protestaktionen und Bewegungen. Band 1. Darmstadt u. Neuwied, S.120-134.
TURNER, R.H. (1972b): Die Wahrnehmung von Protest durch die Öffentlichkeit. In: HEINZ, W.R./SCHÖBER, P. (Hg.): Theorien kollektiven Verhaltens – Beiträge zur Analyse sozialer Protestaktionen und Bewegungen. Band 1. Darmstadt u. Neuwied, S.167-209.
TURNER, R.H. (1972c): Das Thema zeitgenössischer sozialer Bewegungen. In: HEINZ, W.R./SCHÖBER, P. (Hg.): Theorien kollektiven Verhaltens. – Beiträge zur Analyse sozialer Protestaktionen und Bewegungen. Band 2. Darmstadt u. Neuwied, S.102-127.
TURNER, R.H. (1974): Collective Behavior. In: The New Encyclopaedia Britannica. Vol. 4. Chicago, S.842 ff.
TURNER, R.H. (1981): Collective Behavior and Resource Mobilization as Approaches to Social Movements – Issues and Continuities. In: Kriesberg, H. (Hg.): Research in Social Movements, Conflicts and Change, Vol. 4. 1981, S.1-24.
TURNER, R.H./KILIAN, L. (1972): Collective Behavior. 2nd edition. Englewood Cliffs/NJ (erstmals 1957).
UEHLINGER, H.-M. (1988): Strukturen und Erklärungsmodelle politischer Partizipation in der Bundesrepublik Deutschland. Opladen.
UHRLAU, E. (1994): „Zur aktuellen Entwicklung des Rechtsextremismus". In: MURCK, M. u.a. (Hg.): Immer dazwischen: Fremdenfeindliche Gewalt und die Rolle der Polizei. Hilden.
VERFASSUNGSSCHUTZBERICHT (1993). Hrsg. vom Bundesminister des Innern. Bonn.
VESTER, M. (1970): Die Entstehung des Proletariats als Lernprozeß. Frankfurt/M.
WATZLAWICK, D./BEAVIN, J./JACKSON, D. (1969): Menschliche Kommunikation. Formen, Störungen, Paradoxien. Bern, Stuttgart, Wien.
WEBER, M. (1971): Gesammelte politische Schriften. Tübingen.
WEEDE, E. (1986): Konfliktforschung. Einführung und Übersicht. Opladen.
WIEGAND, E. (1993): Ausländerfeindlichkeit in der Festung Europa. Einstellungen zu Fremden im europäischen Vergleich. In: Informationsdienst Soziale Indikatoren (ISI). Sozialberichterstattung, Gesellschaftliche Trends, Aktuelle Informationen, Nr. 9, Januar 1993 (ZUMA-Publikation).
WILLEMS, H. (1989): Jugendprotest, die Eskalation der Gewalt und die Rolle des Staates. In: HEITMEYER, W. u.a. (Hg.): Jugend – Staat – Gewalt. Politische Sozialisation von Jugendlichen, Jugendpolitik und politische Bildung. Weinheim u.a., S.219-232.

WILLEMS, H. (1992): Fremdenfeindliche Gewalt. Entwicklung, Strukturen, Eskalationsprozesse. In: Gruppendynamik, 23, 4, S.433-448.

WILLEMS, H. (1993a): Zur Eskalation fremdenfeindlicher Gewalt: eine interaktionistische Interpretation kollektiven Verhaltens. In: Lebensverhältnisse und soziale Konflikte im neuen Europa. Verhandlungen des 26. Deutschen Soziologentages in Düsseldorf 1992. Hrsg. im Auftrag der Deutschen Gesellschaft für Soziologie von Schäfers, B., Frankfurt/M., New York, S.399-406.

WILLEMS, H. (1993b): Jugendgewalt in der modernen Gesellschaft. Allgemeine Entwicklungen und Erklärungsansätze. In: Bildung und Wissenschaft, 47, 2, S.18-26.

WILLEMS, H. (1993c): Gewalt und Fremdenfeindlichkeit. Anmerkungen zum gegenwärtigen Gewaltdiskurs. In: OTTO, H.-U./MERTEN, R. (Hg.): Rechtsradikale Gewalt im vereinigten Deutschland. Jugend im gesellschaftlichen Umbruch. Bonn, S.88-108.

WILLEMS, H. (zusammen mit Eckert, R., Würtz, S., Steinmetz, L.) (1993d): Fremdenfeindliche Gewalt. Einstellungen, Täter, Konflikteskalation. Opladen.

WILLEMS, H. (1994): Kollektive Gewalt gegen Fremde: historische Episode oder Genese einer sozialen Bewegung von rechts? In: BERGMANN, W./ERB, R. (Hg.): Neonazismus und rechte Subkultur. Berlin, S.209-226.

WILLEMS, H. (1995a): Right-wing Extremism, Racism or Youth Violence? Explaining Violence against Foreigners in Germany. In: new community, Volume 21, October 1995, Number 4, S.501-523.

WILLEMS, H. (1995b): Development, Patterns and Causes of Violence against Foreigners in Germany: Social and Biographical Characteristics of Perpetrators and the Process of Escalaltion. In: BJÖRGO, T. (Hg.): Terrorism and Political Violence. Special Issue on Terror from the Extreme Right. Volume 7, Spring 1995, Number 1, S.162-181.

WILLEMS, H./ECKERT, R. (1995): Wandlungen politisch motivierter Gewalt in der Bundesrepublik. In: Gruppendynamik, Heft 1, 26, S.89-123.

WILLEMS, H. (zusammen mit Eckert, R., Goldbach, H., Loosen, T.) (1988): Demonstranten und Polizisten. München.

WILLEMS, H./WÜRTZ, S./ECKERT, R. (1994). Analyse fremdenfeindlicher Straftäter. In: Der Bundesminister des Innern (Hg.): Texte zur Inneren Sicherheit. Bonn.

ZALD, M.N./McCARTHY, J.O. (1970): The Dynamics of Social Movements. Cambridge/Mass.

ZENTRUM FÜR UMFRAGEN, METHODEN UND ANALYSEN (ZUMA) (1980-1992): Allgemeine Bevölkerungsumfrage in den Sozialwissenschaften (ALLBUS): Mannheim.

ZIMMERMANN, E. (1994): Xenophobic Movements in Contemporary Germany. Paper presented in the Conference „Challenge to Democracy“. Tel Aviv University, May 22-24.

ZIEHE, T. (1975): Pubertät und Narzißmus. Frankfurt/M.